ANTİK KENTLER

ANTİK YAKINDOĞU, MISIR, YUNAN VE ROMA'DA KENTSEL YAŞAMIN ARKEOLOJİSİ

Koç Üniversitesi Yayınları: 67

Antik Kentler: Antik Yakındoğu, Mısır, Yunan ve Roma'da Kentsel Yaşamın Arkeolojisi
Charles Gates

İngilizceden çeviren: Barış Cezar
Redaksiyon: Canan Uğur, Çiçek Öztek
Düzelti: Fırat Kaya, Nihal Boztekin
Kitap tasarımı ve uygulama: Gökçen Ergüven
İç tasarım: Sinan Kılıç
Kapak tasarımı: Jelena Mirkovic Jankovic

Ancient Cities: The Archaeology of Urban Life in the Ancient Near East and Egypt, Greece, and Rome, 2nd Edition, 2011.

1. baskı: İstanbul, Eylül 2015
6. Baskı: İstanbul, Mart 2025

Baskı: Mega Basım Yayın Sanayi ve Ticaret A.Ş. Sertifika no: 44452
Cihangir Mh. Güvercin Cd. No: 3 Baha İş Merkezi A Blok K:3 Haramidere Avcılar/İstanbul +90 212 412 1700

Koç Üniversitesi Yayınları Sertifika no: 73024
UNVEST A.Ş. Koç Üniversitesi Merkez Kampüs, Sarıyer/İstanbul +90 212 338 1000
kup@ku.edu.tr • press.ku.edu.tr

Koç University Suna Kıraç Library Cataloging-in-Publication Data

Gates, Charles, 1950-

Antik kentler : antik Yakındoğu, Mısır, Yunan ve Roma'da kentsel yaşamın arkeolojisi = Ancient cities : the archaeology of urban life in the Ancient Near East and Egypt, Greece, and Rome / Charles Gates ; çeviren Barış Cezar ; yayına hazırlayan Çiçek Öztek, Canan Uğur.--altıncı baskı.-- İstanbul : Koç Üniversitesi, 2025.

616 pages ; 16,5x24 cm.-- Koç Üniversitesi Yayınları ; 67

Includes bibliographical references and index.

ISBN 978-605-5250-52-2

1. Cities and towns, Ancient. 2. Urban archaeology--Middle East. 3. Urban archaeology--Egypt. 4. Urban archaeology--Mediterranean Region. 5. Middle East--Antiquities. 6. Egypt--Antiquities. 7. Mediterranean Region--Antiquities. I. Cezar, Barış. II. Öztek, Çiçek. III. Uğur, Canan. IV. Title.

HT114.G3820 2025

Antik Kentler

Antik Yakındoğu, Mısır, Yunan ve Roma'da Kentsel Yaşamın Arkeolojisi

CHARLES GATES

Çizimler: Neslihan Yılmaz

İngilizceden çeviren: Barış Cezar

KOÇ ÜNİVERSİTESİ YAYINLARI

İçindekiler

KISIM İKİ

Şekil Listesi

Önsöz

Kent insan yapıtlarının ve kurumlarının en hayranlık verici, en kalıcı olanlarından biridir. İnsanı büyülemesi kaçınılmazdır: İncelenmesi ise hem görev, hem de saygı gösterisidir.
(KOSTOF 1991: 40)

Bu kitap antik Yakındoğu, Mısır, Yunanistan ve Roma'nın kent ve medeniyetlerinin arkeolojik bakışla sunumudur. Kitap boyunca odak noktası kentsel merkezlerdir: Mimari ve diğer maddi kalıntılar, tarihsel ve sosyoekonomik bağlamlar ve buralarda yaşamış insanların deneyimleri. Kitap bu kentsel merkezlerin izini Yakındoğu'nun MÖ dokuzuncu ve altıncı binyıllarda ortaya çıkışlarından MS dördüncü yüzyılın başlarında paganlığın sonlarına dek sürüyor. Ele alınan bölge modern Pakistan'daki İndus Vadisi'nden batıda İngiltere'ye kadar uzanan, Pers İmparatorluğu'nun denetiminde olup Büyük İskender tarafından fethedilen bölge ile Roma İmparatorluğu'nun en geniş halindeki topraklarının birleşimi olan devasa bir alan. Renkli ve karmaşık bir kültürler geçidi söz konusu: Sümerler ve Babilliler, Asurlar ve Mısırlılar, Minoslar ve Etrüskler, Yunanlılar ve Romalılar. Birbirinden alabildiğine farklı olan bu kültürler yine de uzun bir karşılıklı bağlantılar zinciriyle birbirine bağlıdır. Örneğin Romalılar, sanatsal ve düşünsel ilham için Yunanistan'a bakarken, Yunanlılar da Yakındoğu ve Mısır'daki başarıların getirdiği hareket olmasa çok daha farklı bir dünyada yaşıyor olurlardı. Bu birbirinden farklı kültürler bir Eski Dünya birliği meydana getiriyor ve birlikte ele alınmayı gerektiriyorlar. Kuşkusuz, kentleşme yalnızca Güneybatı Asya ve Akdeniz havzasıyla sınırlı değildi; ama Doğu Asya, Amerika, Sahra ve Sahra Altı Afrika'nın bağımsız kentsel gelenekleri bu kitabın kapsamının dışındadır.

Bu kitap iki ilham kaynağına dayanmaktadır. Çalışmamın ardında yatan birinci güdü, Emeline Hill Richardson'ın ortaya attığı ve North Carolina-Chapel Hill Üniversitesinin Klasikler Bölümündeki diğer arkeologlarca geliştirilen Akdeniz havzası ve Yakındoğu'nun antik kültürlerine popüler bir giriş dersi olan "Antik Kentler"e bir ders kitabı sağlama ihtiyacıydı. Bu ders hiçbir zaman tarafsızlık iddiasında değildi: Klasikler temelli olduğundan, anlaşılır bir şekilde ders programında antik Yakındoğu ve Mısır'dan daha çok Yunan ve Roma kentlerine ağırlık verilmişti. Dahası, kendi deneyim ve ilgi alanlarım nedeniyle, Doğu Akdeniz'deki mekânlara Batı Akdeniz ve Batı Avrupa'dakilerden daha çok vurgu yapıyorum; bu tercih en net Bölüm 24'te görülebilir. Bu son farklılık dışında, burada sunulan yer ve anıtların seçkisi makul derecede UNC–Chapel Hill'de "Antik Kentler" dersini sunanlar arasındaki (1980'lerde ben de o kişilerden biriydim) mutabakatı yansıtıyor.

İkinci ilham kaynağı ise daha uzak ve dolaylı. Uzun yıllar önce Yale Üniversitesi'nde arkeoloji lisansımı yaparken, Yunan kent planlaması konusunda son bir sözlü sınava girmeyi seçtim. Seçkin Maya, Karayipler, Çin, Mısır, Yakındoğu ve klasik arkeoloji uzmanlarının huzurunda, antik Yunan kentsel deneyimi konusundaki eksik bilgilerimi sergiledim. Bu kitap bir anlamda bu sözlü sınava tekrar girme fırsatı sunuyor ve tamamlanmasıyla lisans diplomamı gerçekten hak etmiş olduğumu hissediyorum.

Böyle bir kitap pek çok insanın yardımları olmadan tamamlanamazdı. Çizimlerin çoğunu Neslihan Yılmaz yaptı. Ona borcum çok büyük; son derece müteşekkirim. Ayrıca Bilkent Üniversitesi'ne 2001'de, birkaç yıllık bir duraklamadan sonra, çizimlerin üretiminin devam etmesini sağlayan Öğretim Üyesi Araştırma Geliştirme Bursu'nu verdikleri için teşekkür ederim. İnsani Bilimler ve Edebiyat Fakültesi Dekanı Bülent Bozkurt'a ve Arkeoloji ve Sanat Tarihi Bölümü'nün uzun yıllardır başkanlığını yapan İlknur Özgen'e de bu projeye uzun yıllar boyunca verdikleri destek için teşekkür ederim.

Bölümleri okuyarak, belli soruları cevaplayarak, çizimler bularak veya sırf "Antik Kentler"in amaçlarını tartışarak yardımcı olanlara da şükranlarımı ifade etmek isterim: Julian Bennett, Mary T. Boatwright, J.V. Canby, Ben Claasz Coockson, Toni Cross, Caroline Gates, Irene Gates, Matthew Glendinning, Nancy de Grummond, Ann Gunter, Salima Ikram, Janet Jones, Norbert Karg, Dominique Kassab Tezgör, J. Mark Kenoyer, Gerhard Koeppel, Richard Liebhart, Jerzy Linderski, Steven Lumsden, Erin Maloney, Joann McDaniel, Gregory Possehl, Nicolas Rauh, Margaret Reid, Gay Robins, Jeremy Rutter, G. Kenneth Sams, Gil Stein, Cheryl Ward, Patricia Wattenmaker, Laurette Wharton ve Irene Winter. Birinci Kısmın ilk taslaklarından birini okuyup yorum yaptığı için Mary Voigt'e, aynı şeyi İkinci ve Üçüncü Kısımlar için yapan Jennifer Tobin'e ve diğer çeşitli okuyuculara eleştiri ve önerileri için özellikle şükran borçluyum. Son olarak ise, uzun yıllar gösterdikleri örnek sabır ve nezaket için Richard Stoneman ile iş arkadaşları Catherine Bousfield ve Coco Stephenson'a ve yol boyunca cömertçe benden esirgemediği bilgisi, bilgece önerileri ve teşvikleri için Marie–Henriette Gates'e teşekkür ederim.

İkinci Basıma Önsöz

Antik Kentler'in ikinci basımının hedefi ilkiyle aynıdır: Tarihsel bağlamları içinde sunulmuş antik Yakındoğu, Mısır, Yunanistan ve Roma kentlerinin fiziksel görünüşlerine bir giriş. Vurgu kuramsal kaygılar üzerinde değildir, ama bu kitabın içeriklerine vâkıf olan okur bu konuları araştırmaya iyi bir hazırlık yapmış olur. Bu yeni basımda ilk basımın hataları düzeltilmiş, bazı yerler daha kapsamlı olarak elden geçirilmiş ve Göbekli Tepe (Bölüm 1), Deyrü'l Medine (Bölüm 6), Fenike kentleri (Bölüm 11), Sinop (Bölüm 18) ve Nîmes, Londra ve Trier (Bölüm 24) üzerine yeni bölümler eklenmiştir. Çizimler de bu doğrultuda artırılmıştır.

Bu yeni basımın hazırlanmasında yardımcı olan çok sayıda kişiye teşekkürlerimi ifade etmek benim için bir zevktir. İlk basımdaki görsellerin çeşitliliği ve kalitesi okurların önemle vurguladığı bir nokta olmuştu. Şansıma, ilk çizimleri yapan Neslihan Yılmaz bu proje üzerinde de çalışacak zaman bulabildi ve böylece ilk basım ile ikincisi arasında görsel istikrar sağlanmış oldu. Bütün çizimleri elden geçirerek kimilerinde ufak değişiklikler yaptı, kimilerini tekrar çizdi ve birkaç yeni harita, plan ve çizgi çizimler ekledi. Yeni fotoğraflar için ise Ben Claasz Coockson, Marie–Henriette Gates ve Ahmet Keten'e teşekkür etmek isterim.

Metnin elden geçirilmesinde Marie–Henriette Gates (Bölüm 1–3 ve Bölüm 8–11), Salima Ikram (Bölüm 5 ve 6), özellikle de Yunan ve Roma bölümleri için Valentina DeNardis, Katrina Dickson, Maura Heyn, Eric Kondratieff ve Francesca Tronchin'in dikkatli okumalarının büyük yardımı dokundu. Bu sonuncular *Antik Kentler*'i bir ders kitabı olarak kullanıp pedagojik etkinliğinin nasıl geliştirilebileceği konusunda değerli önerilerde bulundular. Kavramlar sözlüğü, zaman çizelgesi ve kitaba eşlik eden internet sitesi doğrudan bu yorumların bir sonucudur. Çok çeşitli konularda yardımları için, şu kişilere şükran borçluyum: Margaret Andrews ve Laura Humphrey (internet kaynakları), Gary Beckman (Hitit adlarının yazılışları konusunda mevcut görüşler), Franca Cole (bilgisayar dâhisi), Özlem Eser (kaynakçada yardım), Dominique Kassab Tezgör (Sinop konusunda), Gunnar Lehmann (demir çağında Levant'a bakış), Meriç Öztürk (geç antik dönem kentleri üzerine kaynakça), Evren Yüzügüzel (neolitik çağ ve tunç çağı Yakındoğu'su üzerine internet kaynakları), Thomas Zimmermann (Çayönü'nde metalurji). Tabii ki, Routledge'ın Klasikler, Arkeoloji ve Müze Çalışmaları editörü Matthew Gibbons, beni bu ikinci basımı hazırlamaya ikna etmemiş olsaydı bunların hiçbiri gerçekleşmezdi. Kendisinin desteği ve teşvikleri, yardımcıları Lalle Pursglove ve Amy Davis–Poynter'in üstün çalışmaları ve nezaketleri ile Routledge/Taylor&Francis'teki üretim ekibinin sayesinde bu çalışma gerçekleşmiş oldu.

Son olarak da, Amerikan Türk Araştırma Enstitüsü (ARIT) Ankara şubesinin uzun yıllar boyunca yöneticiliğini yapan, Kinet Höyük kazılarında birlikte çalıştığım arkadaşım Toni M. Cross'u (1945–2002) anmak isterim. Bu kitabı görmeye ömrü yetmedi, ama okusaydı çok hoşuna gideceğini biliyorum. Kitap üzerinde çalıştığım yıllar boyunca bana hep, "Sen sadece yaz. Her bir hatayı yakalayacağım diye uğraşma; yaptığın yanlışları sana gösterecek insanlar hep olacaktır," derdi. Bu yeni basımın haberi onu çok mutlu ederdi.

Ankara
Ağustos 2010

Kronoloji

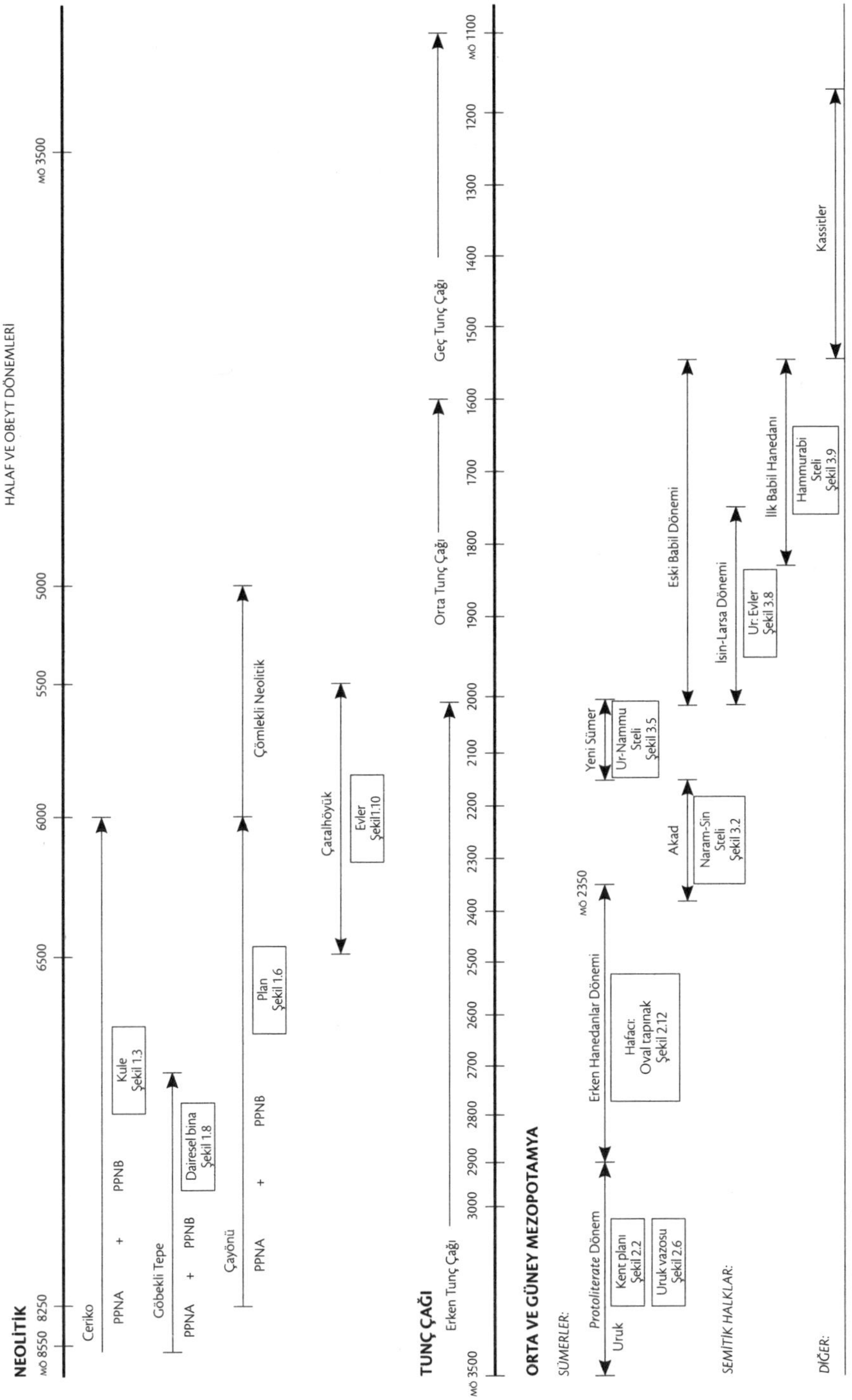
NEOLİTİK
MÖ 8550 8250
6500
6000
5500
5000
MÖ 3500
HALAF VE OBEYT DÖNEMLERİ
Ceriko
PPNA + PPNB
Kule Şekil 1.3
Göbekli Tepe
PPNA + PPNB
Dairesel bina Şekil 1.8
Çayönü
PPNA + PPNB
Plan Şekil 1.6
Çömlekli Neolitik
Çatalhöyük
Evler Şekil 1.10
TUNÇ ÇAĞI
Erken Tunç Çağı
Orta Tunç Çağı
Geç Tunç Çağı
MÖ 3500
3000
2900
2800
2700
2600
2500
2400
2300
2200
2100
2000
1900
1800
1700
1600
1500
1400
1300
1200
MÖ 1100
ORTA VE GÜNEY MEZOPOTAMYA
SÜMERLER:
Uruk
Protoliterate Dönem
Kent planı Şekil 2.2
Uruk vazosu Şekil 2.6
Erken Hanedanlar Dönemi
MÖ 2350
Hafacı: Oval tapınak Şekil 2.12
Yeni Sümer
Ur-Nammu Steli Şekil 3.5
SEMİTİK HALKLAR:
Akad
Naram-Sin Steli Şekil 3.2
Eski Babil Dönemi
İsin-Larsa Dönemi
Ur: Evler Şekil 3.8
İlk Babil Hanedanı
Hammurabi Steli Şekil 3.9
DİĞER:
Kassitler
İNDUS VADİSİ MEDENİYETİ
Mohenco-daro
Harappa (olgunluk) Evresi
Kent planı Şekil 4.2

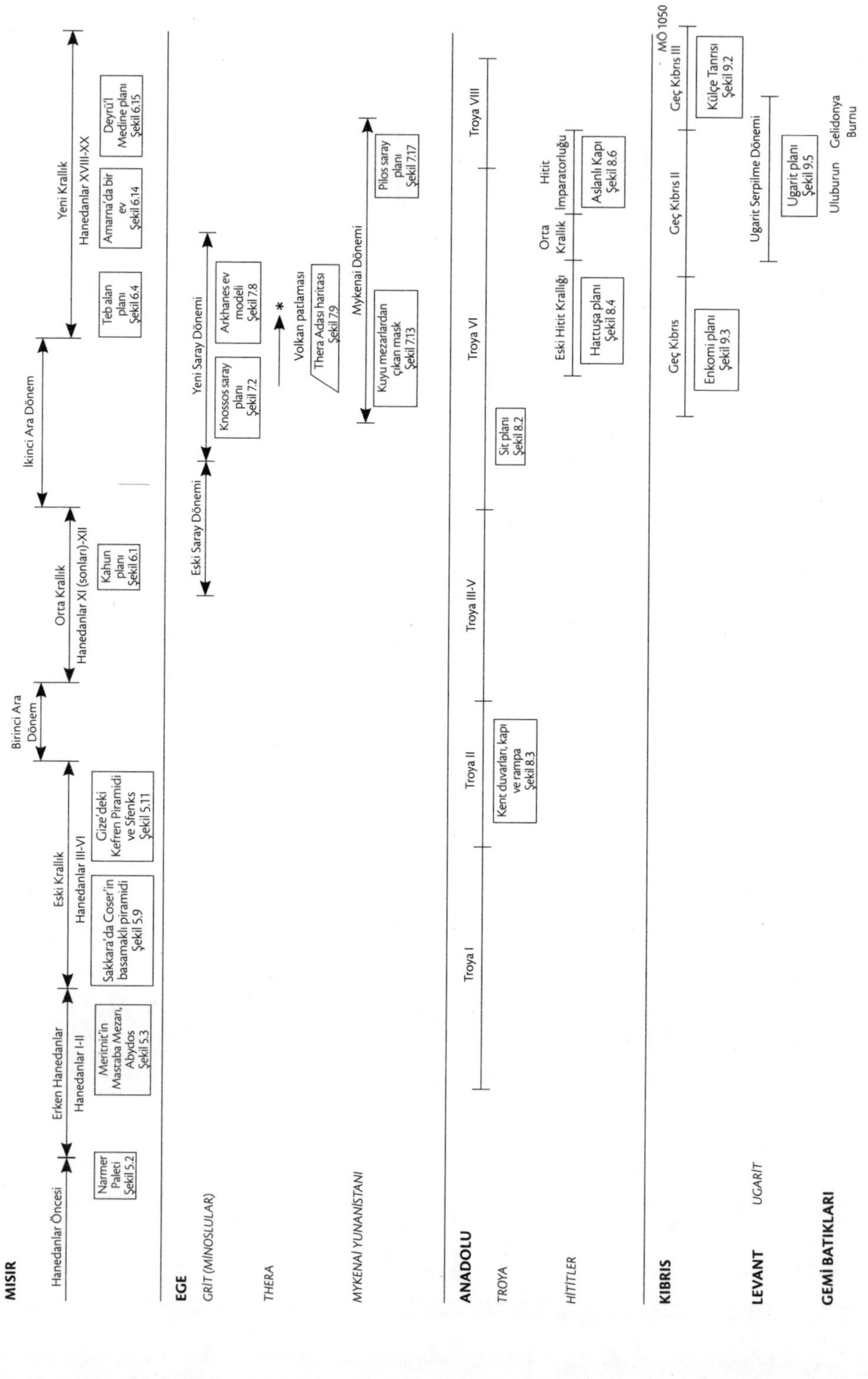

MISIR
Hanedanlar Öncesi
Narmer Paleti Şekil 5.2
Erken Hanedanlar
Hanedanlar I-II
Meritnit'in Mastaba Mezarı, Abydos Şekil 5.3
Eski Krallık
Hanedanlar III-VI
Sakkara'da Coser'in basamaklı piramidi Şekil 5.9
Gize'deki Kefren Piramidi ve Sfenks Şekil 5.11
Birinci Ara Dönem
Orta Krallık
Hanedanlar XI (sonları)-XII
Kahun planı Şekil 6.1
İkinci Ara Dönem
Yeni Krallık
Hanedanlar XVIII-XX
Teb alan planı Şekil 6.4
Amarna'da bir ev Şekil 6.14
Deyrü'l Medine planı Şekil 6.15
EGE
GRİT (MİNOSLULAR)
Eski Saray Dönemi
Yeni Saray Dönemi
Knossos saray planı Şekil 7.2
Arkhanes ev modeli Şekil 7.8
THERA
Volkan patlaması
*
Thera Adası haritası Şekil 7.9
MYKENAİ YUNANİSTANI
Mykenai Dönemi
Kuyu mezarlardan çıkan mask Şekil 7.13
Pilos saray planı Şekil 7.17
ANADOLU
TROYA
Troya I
Troya II
Kent duvarları, kapı ve rampa Şekil 8.3
Troya III-V
Sit planı Şekil 8.2
Troya VI
Troya VIII
HİTİTLER
Eski Hitit Krallığı
Hattuşa planı Şekil 8.4
Orta Krallık
Hitit İmparatorluğu
Aslanlı Kapı Şekil 8.6
KIBRIS
Geç Kıbrıs
Enkomi planı Şekil 9.3
Geç Kıbrıs II
Geç Kıbrıs III
Külçe Tanrısı Şekil 9.2
MÖ 1050
LEVANT
UGARİT
Ugarit Serpilme Dönemi
Ugarit planı Şekil 9.5
GEMİ BATIKLARI
Uluburun
Gelidonya Burnu

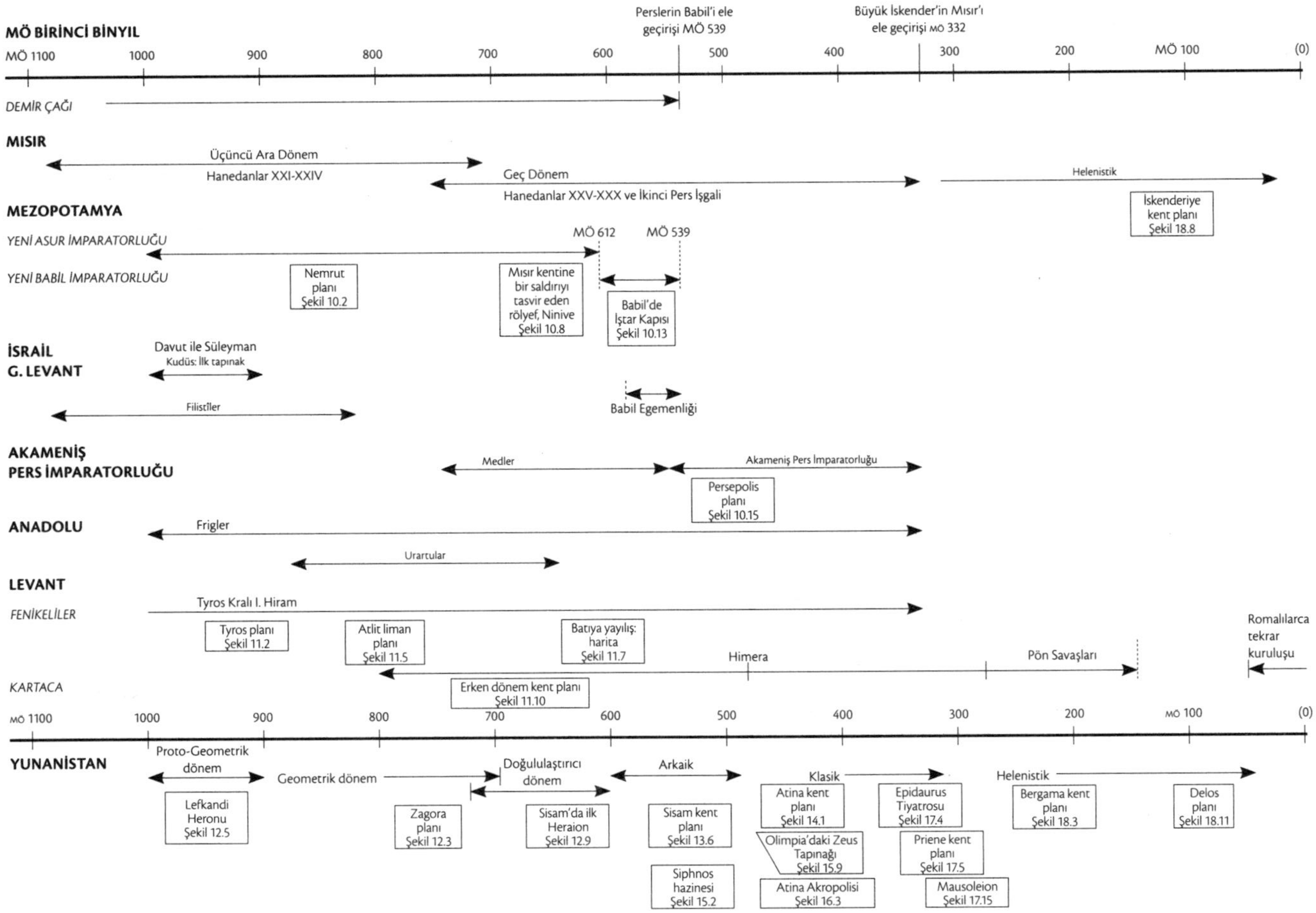
MÖ BİRİNCİ BİNYIL
Perslerin Babil'i ele geçirişi MÖ 539
Büyük İskender'in Mısır'ı ele geçirişi MÖ 332
MÖ 1100
1000
900
800
700
600
500
400
300
200
MÖ 100
(0)
DEMİR ÇAĞI
MISIR
Üçüncü Ara Dönem
Hanedanlar XXI-XXIV
Geç Dönem
Hanedanlar XXV-XXX ve İkinci Pers İşgali
Helenistik
İskenderiye kent planı Şekil 18.8
MEZOPOTAMYA
YENİ ASUR İMPARATORLUĞU
YENİ BABİL İMPARATORLUĞU
MÖ 612
MÖ 539
Nemrut planı Şekil 10.2
Mısır kentine bir saldırıyı tasvir eden rölyef, Ninive Şekil 10.8
Babil'de İştar Kapısı Şekil 10.13
İSRAİL
G. LEVANT
Davut ile Süleyman
Kudüs: İlk tapınak
Filistîler
Babil Egemenliği
AKAMENİŞ PERS İMPARATORLUĞU
Medler
Akameniş Pers İmparatorluğu
Persepolis planı Şekil 10.15
ANADOLU
Frigler
Urartular
LEVANT
FENİKELİLER
Tyros Kralı I. Hiram
Tyros planı Şekil 11.2
Atlit liman planı Şekil 11.5
Batıya yayılış: harita Şekil 11.7
KARTACA
Himera
Pön Savaşları
Romalılarca tekrar kuruluşu
Erken dönem kent planı Şekil 11.10
MÖ 1100
1000
900
800
700
600
500
400
300
200
MÖ 100
(0)
YUNANİSTAN
Proto-Geometrik dönem
Geometrik dönem
Doğululaştırıcı dönem
Arkaik
Klasik
Helenistik
Lefkandi Heronu Şekil 12.5
Zagora planı Şekil 12.3
Sisam'da ilk Heraion Şekil 12.9
Sisam kent planı Şekil 13.6
Siphnos hazinesi Şekil 15.2
Atina kent planı Şekil 14.1
Olimpia'daki Zeus Tapınağı Şekil 15.9
Atina Akropolisi Şekil 16.3
Epidaurus Tiyatrosu Şekil 17.4
Priene kent planı Şekil 17.5
Mausoleion Şekil 17.15
Bergama kent planı Şekil 18.3
Delos planı Şekil 18.11

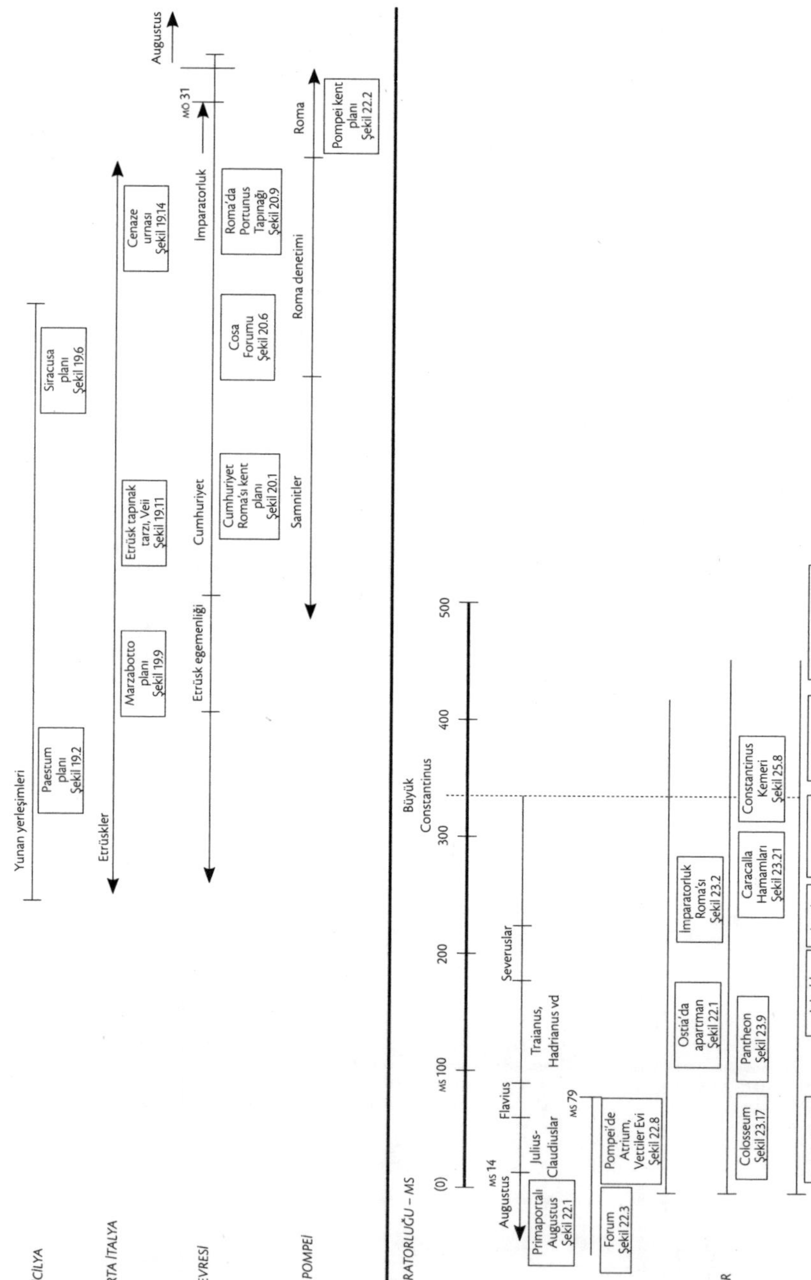
İTALYA
G. İTALYA/SİCİLYA
Yunan yerleşimleri
Paestum planı Şekil 19.2
Siracusa planı Şekil 19.6
ETRURİA/ORTA İTALYA
Etrüskler
Marzabotto planı Şekil 19.9
Etrüsk tapınak tarzı, Veii Şekil 19.11
Cenaze urnası Şekil 19.14
ROMA VE ÇEVRESİ
Etrüsk egemenliği
Cumhuriyet
İmparatorluk
MÖ 31
Augustus
Cumhuriyet Roma'sı kent planı Şekil 20.1
Cosa Forumu Şekil 20.6
Roma'da Portunus Tapınağı Şekil 20.9
CAMPANİA: POMPEİ
Samnitler
Roma denetimi
Roma
Pompei kent planı Şekil 22.2
ROMA İMPARATORLUĞU – MS
(0)
MS 100
200
300
400
500
Augustus
MS 14
Julius-Claudiuslar
Flavius
Traianus, Hadrianus vd
Severuslar
Büyük Constantinus
MS 79
POMPEİ
Primaportalı Augustus Şekil 22.1
Forum Şekil 22.3
Pompei'de Atrium, Vettiler Evi Şekil 22.8
ROMA VE OSTİA
Ostia'da apartman Şekil 22.1
İmparatorluk Roma'sı Şekil 23.2
ROMA: KİLİT YAPILAR
Colosseum Şekil 23.17
Pantheon Şekil 23.9
Caracalla Hamamları Şekil 23.21
Constantinus Kemeri Şekil 25.8
EYALETLER
Palmyra'da Bel Tapınağı Şekil 24.11
Atina'da Hadrianus Kemeri Şekil 24.1
Leptis Magna planı Şekil 24.14
Trier, Porta Nigra Şekil 24.18
Split'teki Diocletianus Sarayı Şekil 25.4
Kudüs'teki Kutsal Kabir Şekil 25.13
Konstantinopolis planı Şekil 25.14

Giriş

Hedefler, Yaklaşım, Kenti Tanımlamak, Tarihleri Belirlemek ve Bazı Pratik Bilgiler

> *Kent biçimleri, bunların gerçek işlevleri ve insanların bu biçimlerle bağdaştırdığı düşünce ve değerler, tek bir fenomeni oluşturur.*
> (K. LYNCH, aktaran KOSTOF 1991: 40)

Bu kitap antik Yakındoğu, Mısır, Yunan ve Roma dünyalarının kentlerini, ağırlıklı olarak fiziksel görünüm, kentsel biçim ve bu kentlerin kültürel ve tarihsel bağlamları üzerinde durarak inceler. Burada kilit unsur mimaridir: Antik kentleri, sokakları, meydanları ve bunların aralarındaki diğer alanları dolduran binalar; bunların kent planı içindeki düzenleri ve antik toplumlardaki işlevleri. Hedefimiz uzun zaman önce yaşamış insanlarca inşa edilmiş bina ve nesnelerin Akdeniz havzası ve Yakındoğu'daki uzak atalarımızın yarattıkları ve içinde yaşadıkları kentsel ortamları anlamamıza nasıl yardımcı olabileceklerini görmektir. Coğrafi koşullar da önemlidir; kitap boyunca vurgulanmışlardır. Bunlara ek olarak, yazılı kaynaklar da burada kapsanan yüzyılların büyük kısmı boyunca insanlar, faaliyetleri ve kaygıları hakkında son derece değerli bilgiler verir. Antik yaşamı aydınlatmak adına yazılı kaynaklardan sürekli yararlanılmıştır. Dolayısıyla, bu kitapta sunulduğu haliyle arkeoloji, pek çok uzmanlık tarafından beslenen bir disiplindir: Sanat ve mimarlık tarihi, kentçilik, antropoloji, coğrafya, tarih, filoloji ve edebiyat araştırmaları; antik Yakındoğu araştırmaları; *Kitab-ı Mukaddes* araştırmaları; Mısır bilimi ile Yunan ve Roma araştırmaları.

MÖ 8500'den MS dördüncü yüzyıla dek uzun bir dönemi kapsıyoruz. Bu türden bir araştırmanın en büyük hedeflerinden biri aynı bölgede uzun bir süreçte gerçekleşen değişimleri görmektir. Akdeniz dünyasıyla ilgilenen herkesin gözünde, ana ilham kaynağı büyük Fransız coğrafyacı ve tarihçi Fernand Braudel'dir (1902–85). Her ne kadar, en ünlü eseri *The Mediterranean and the Mediterranean World in the Age of Philip II*[1] Akdeniz'in daha sonraki dönemle-

---

1 Bkz. *II. Felipe Döneminde Akdeniz ve Akdeniz Dünyası*, çev. Mehmet Ali Kılıçbay, 1994.

rine (on altıncı yüzyıla) odaklansa da, çevresel ve insani etmenleri anlamak için ortaçağ ve modern dünya koşulları için olduğu kadar antikçağ için de geçerli bir çerçeve sunuyor. Umarım okurlar bu kültürel açıdan zengin bölgedeki insan eylemlerinin gidişatını değerlendirirken, uzun kronolojik bakıştan, Braudel'in deyimiyle *longue durée*'den keyif alırlar.

Kentin Tanımı

Bu kitabın konusu kent olduğuna göre, bu kavramı tanımlamak yararlı olur. Sözlüğe göre kent yerleşilmiş bir yerdir, ama nasıl bir yer? "Yerleşilmiş" sözcüğü kent kavramı açısından demografik kaygıların ana öneme sahip olduğunu düşündürüyor. "Kent" ve hatta "medeniyet" sözcükleri eski Fransızca *cité* (başkent) yoluyla Latince *civis* (yurttaş) ve *civitas* (topluluk, devlet, kent; yurttaşlık) sözcüklerinden gelir. Latince kent anlamına gelen sözcük *urbs* ise bize İngilizcedeki "*urban*" ve "*urbanism*"i ["kent" ve "kentçilik"] verir. Romalılar farklı ölçeklerdeki nüfus merkezleri olan kent, kasaba (*oppidum*) ve köy (*vicus*) arasında ayrım yapmıştı, ki biz de yapıyoruz. Bir kentin mutlak nüfusunun çok büyük olması gerekmez, ama (yerleşim merkezi sözcüklerini büyüklüklerine göre azalan sırada sıralayacak olursak) kent kasabadan, köyden ve mezradan büyüktür. Demografik açıdan, bir kent yalnızca kasaba ve daha küçük diğer yerleşim merkezleriyle karşılaştırıldığında kent olur. Ancak bu tanımlar görelidir ve gözlemcinin konumuna göre değişebilir. Bir köy sakini için, daha büyük bütün yerleşim yerleri kent sıfatını hak ediyor görünebilir.

Ek olarak, bir yerleşim yeri olarak bir kent (veya kasaba, vb.) kırsal kesimin karşıtı olarak da tanımlanır. Ancak, tanım gereği karşıt olmakla birlikte, kent ve kır birbirine bağımlıdır. Kırın kaynakları (toprak, hammaddeler, tarım ürünleri) kenti beslerken, kent de kırsal kesimi yönetir ve korur.

Kentin yoğun şekilde insan çeken bir yer olması, sunacak bir şeyleri olduğunu gösterir. Kenti çekici kılan etmenler çoğunlukla bir doğal kaynağa dayalı geçim (Kıbrıs'taki bakır gibi); ticarete elverişli bir coğrafi konum (örneğin, bir liman veya doğal bir kavşak); tarımsal refahı sağlayan ekolojik bir taban gibi ekonomiktir. Bu etmenler, askeri (savunulması kolay bir konum) veya ideolojik de olabilir. Hükümdarın tercihleri: orayı başkent seçmiştir veya ailesi oralıdır; mekân kutsal bir olaya sahne olmuştur veya kutsal bir nesne barındırır, bunlar ise kente kutsallık kazandırır ve hacıları çeker). Bu ekonomik ve ideolojik etmenler zaman içinde değişebilir veya yok olabilir. Liman çamur ve kum dolabilir, o alan sıtma bölgesi haline gelebilir (Roma'nın Paestum'unda olduğu gibi) ve bu

---

Ankara: İmge Kitabevi Yayınları—en.

nedenlerden ticaret ve tarım sona erebilir. Askeri ihtiyaçlar ve savunma ihtiyaçları değişebilir ve yeni hanedanlar başka yerlere yerleşebilir.

Öyleyse kent yerine getirdiği işlevlerle bağdaştırılır. Bu tür işlevler arasında, kentin evrenin merkezi olarak veya evrensel ya da ilahi hakikatleri yansıtır kabul edildiği törensel veya ritüelistik bir rol olabilir. Kent ayrıca idari veya ticari bir merkez işlevi ya da yukarıdaki üç işlevin herhangi bir bileşimini görebilir. Ne olursa olsunlar, bu tür işlevler kentin bir toplumdaki egemen rolünü yansıtır. Gerçekten de Mumford'a (1938: 3) göre kent, "bir topluluğun güç ve kültürünün azami şekilde yoğunlaştığı bir noktadır."

Kentsel nüfusun toplumsal örgütlenmesi gerçekten de bir kentin doğası hakkında çok şey anlatır. Yerleşim hiyerarşisinin tepesindeki kentler toplumsal olarak tabakalaşmış toplumların bir ürünüdür. Kent topluluk halinde yaşayan grubun geniş aile birimi, kafile veya kabileden büyük olması ve askeri, siyasal veya dini birimden (kale, ülke başkenti veya manastır gibi) daha çok çeşit içeren bir şey olarak örgütlenmesi durumunda ortaya çıkar. Dahası, kent sakinlerinin birbirini tanıması mümkün değildir; sayıları çok fazladır. Dolayısıyla "kent" kavramı nüfus içinde toplumsal ayrımlar ima eder. Nasıl kentsel-kırsal karşıtlığı farklılık gösteriyorsa, aynı şekilde kent içinde de yöneticiler (seçkin gruplar) ile yönetilenler, daha zenginler ile daha yoksullar arasında tezatlar bulunur. Kimileri diğerlerinden daha itibarlı olan mesleki uzmanlaşmalara dayanan iş farklılıkları da toplumsal hiyerarşiye katkıda bulunur. Ek olarak, sakinler arasında etnik ve dini farklılıklar da olabilir. Buradan Wirth'in 1938 tarihli kent tanımına geliyoruz: "Toplumsal açıdan heterojen bireylerden oluşan nispeten büyük, yoğun ve kalıcı bir yerleşim." Bu toplumsal ayrımlar bir kentin görüntüsünü ve planını etkileyebilir; belli bölgelerde tapınaklar ve saraylar yükselirken, başka yerlerde ticari ve sınai kuruluşlar ile aşağı sınıf meskûn semtleri gruplanabilir.

Kentin bununla bağlantılı bir tanımı da sosyoekonomiktir: Kent ekonomik olarak kendine yeten, ekonomik ve siyasal nüfuzu kendi sınırlarını aşan bir alanı kapsayan bir birimdir. Bu tür ayrıntılı bir tanım 1950'de Avustralyalı tarihöncesi uzmanı V. Gordon Childe tarafından antik Yakındoğu'daki kentlerin kökenlerine yönelik bir araştırmada, manidar şekilde "Kentsel Devrim" başlıklı bir makalede özet olarak sunulmuştu. Childe'a göre, ilk gerçek kentler on kıstas veya koşul sergiliyordu:

1) Kısıtlı bir alanda nispeten çok sayıda insanın yoğunlaşması.
2) Gelişmiş toplumsal tabakalaşma.
3) Yurttaşların çoğunun çiftçi olmasına rağmen, kimilerinin tarım dışı meslekler icra etmesi: zanaatkârlar, rahipler, tüccarlar, idareciler, vb.
4) Bir ekonomik artının üretilmesi ve buna kral veya tanrı gibi merkezi bir otorite tarafından el konması.

5) Yazı: Ekonomik faaliyetlerin, mitlerin, olayların ve ayrıcalıklılar ile aşağı sınıflar arasındaki farklılıkların meşrulaştırılmasına hizmet eden diğer ideolojik meselelerin kaydedilmesi.
6) Kesin ve öngörücü bilimler: Tarımsal üretim için hava durumu tahminleri.
7) Anıtsal kamusal mimari: tapınaklar, saraylar, tahkimatlar, mezarlar, vb.
8) Figüratif sanat.
9) Dış ticaret.
10) İkamet temelli grup üyeliği; tüm meslek ve sınıflardan insanların bir topluluk hissini paylaşması.

Childe'ın listesi tüm dünyadaki kentsel oluşumların çeşitliliğini açıklamada yetersiz olmakla eleştirilmiştir (bkz. Hansen 2008). Ama kullandığı kıstaslar Eski Dünya'da kentçiliğin yükselişini açıklamak için uygun bir başlangıç noktasıdır. Kıstasları Güneybatı Asya'ya uygulandığında kentlerin kökenleri, yazının geliştirildiği MÖ dördüncü binyıl olarak gözüküyor. Ama bu özelliklerden bazıları büyük ölçüde, Childe'ın 1950'deki makalesinden sonra incelenen çeşitli kasaba ve köylerden anlaşıldığı kadarıyla daha önce, neolitik dönemde ortaya çıkmıştı. Bu konuları Bölüm 1 ve 2'de, Levant, Anadolu ve Mezopotamya'nın ilk kentlerini incelerken ele alacağız.

Görüldüğü gibi, kent kavramı demografik, coğrafi, toplumsal, ekonomik ve ideolojik yönlere sahiptir. Kentler zengin, dolu, çok yüzlüdür; kenti her amaca uygun tek bir tanıma indirgemek ne mümkün ne de arzulanırdır. Yukarıda sunulan görüşleri bir çıkış noktası olarak kullanalım. Kent temasında farklı kültürlerin farklı dönemlerde yarattıkları çeşitlemeleri inceledikçe, konu ettiğimiz Akdeniz Havzası ve Yakındoğu'daki kentsel deneyime dair anlayışımızı geliştireceğiz.

Bilgi Kaynakları

Antik kentler hakkında bildiklerimiz çeşitli kaynaklardan gelir:

1) Antik dönemden günümüze sürekli kullanımda olan, örneğin 118–25 arasında Roma'da inşa edilip daha sonra kiliseye dönüştürülen Pantheon tapınağı gibi binalar ve modern zamanlara kadar süregelen, ilk olarak MÖ birinci yüzyılda Augusta Praetoria adıyla bir Roma askeri kolonisi olarak kurulan, Kuzey İtalya'daki Aosta'ya benzer kentlerin sokak sistemleri gibi antik kentsel planlar.
2) Artık kullanılmayan, ama antik işlevleri yazılı kaynaklarda belgelenmiş, ayakta duran Mısır piramitleri gibi anıtlar.
3) Arkeolojik kazı ve araştırmalar antik kentlerin planı, mimarisi, sanatı, ufak buluntuları (çömlek, metal alet, taş nesne) gibi maddi kalıntılarını ortaya çıkarır. Buluntu noktalarının özenle kaydedilmesi bu nesnelerin antik dö-

nemlerde yaşayan insanlarca nasıl kullanıldığını aydınlatabilir. El değmemiş gömütlerde bulunan sunular özellikle yardımcıdır, zira mezarlar farklı tarz ve kaynaklardan olabilecek nesneleri birbirine bağlayan kapalı bağlamlardır. Maddi kalıntılar, planlar ve mekân türleri, bir kültürün dini ve siyasal niteliği, diğer kent ve kültürlerle temasları hakkında ipuçları verir. Maddi nesneler ve maddi bağlamları arasından belirlenen örüntüler bunların antik yaşamlardaki rollerine dair yeni anlayışlar sağlayabilir ve eski yazarların atladıkları veya ilgilenmedikleri ilişkileri netleştirebilir.

4) Kentler ve anıtları, sakinleri ve faaliyetleri hakkında eski yazılı kaynaklar. Örneğin, Pausanias'ın MÖ ikinci yüzyılda Yunanistan'daki yolculukları üzerine anlattıkları, mekân ve anıtların paha biçilmez tasvirlerini verir. Ayrıca, yazılı halde günümüze gelmiş çok sayıda efsane vardır. Buradan sağlanan bilgiler kimi zaman arkeolojik buluntular tarafından tamamlanabilir hatta doğrulanabilir (Troya örneğindeki gibi), ama bazen de bu mümkün olmaz (Atlantis).

   Yazılı materyaller tabletler, yazıtlar, elyazmaları (genellikle günümüze gelen nüshalar antik zamanlardan sonra yazılmıştır) ile sikke ve mühür gibi küçük nesneleri de içerir. Metinler diğer maddi nesnelerin veremediği, isimler (kişilerin, kentlerin, devletlerin, binaların, nesnelerin, topografik şekillerin), tarihler veya zaman dilimleri, olay ve eylemler, kullanım ve davranışlarla sembolik ve dini öğeler de dahil olmak üzere eski insanların bir kültürü nasıl yorumladığı gibi ayrıntıları bize sağlayabilir. Antik yazılı materyaller maddi kalıntıları netleştirebildikleri veya tamamladıkları gibi alakasız veya güvenilmez de olabilirler. Dikkatli olmakta yarar vardır.

5) Etnografya, yani modern zamanlardaki kültürlerin yaşam tarzlarının sistematik kaydı da antikçağlarda kullanılan maddi nesnelerin işlev ve anlamlarına dair zengin bir açıklamalar yelpazesi sunabilir. Etnoarkeoloji özellikle arkeolojik kayıtlarda bulunan nesneleri yaratmış eski insanların davranışlarını aydınlatmaya yönelik bir etnografya alanıdır.

Tarihlerin Belirlenmesi

Bu kitapta sunulan antik kentler anlatısı, en erkenden (neolitik) en geçe (geç Roma İmparatorluğu) doğru kabaca kronolojik olarak düzenlenmiştir. Tarihler düzenli olarak verilmiştir; bunlar kültürlerin evrimini öğrenmeye ve değerlendirmeye yarayan bir çerçeve meydana getirir. Tarih, olayları birbirine bağlayan bir tutkaldır. İnsan başarılarının gerçekleşmesinin izini sürmemizi ve bu gelişmelerin nasıl ve neden meydana geldiğini anlamamızı sağlayan, daha genel anlamda tarihler zinciri veya mozaiği, ne olduğu ve nerede olduğu bilgisiyle birlikte ne zaman olduğunu bilmektir. Ama antik olayların tarihlerini kesin olarak belirlemek zordur. Bu kitapta tarihlerin yanında "yaklaşık" ibaresinin sıkça görülmesi, bilgilerimizin kesinlikten ne kadar uzak olabileceğini gösterir. Tüm arkeologların boğuştuğu tarihleme sorunu bulmacalarına metnin çeşitli yerlerinde değinilmiştir; burada da birtakım ön bilgilere yer verilmiştir.

İki farklı tür tarih vardır: *Nispi* ve *mutlak*. Nispi tarihleme sadece bir olayın bir diğerinden daha erken veya sonraya yerleştirilmesidir. Örneğin bu çömlek, o tunç hançerden daha önce yapılmıştır. Mutlak bir tarih ise kesin bir takvim tarihi belirler: Bu çömlek MÖ 4000'de, tunç kılıç MÖ 2300'de yapılmıştır. Batı medeniyetinde mutlak tarihler için kullanılan uzlaşımsal çerçeve, MÖ 46'da Julius Caesar tarafından yürürlüğe konan ve daha sonra 1582'de Papa XIII. Gregorius döneminde düzeltilen 365 ¼ günlük güneş yılına dayalı Jülyen-Gregoryen takvimdir. Tarihlerin İsa'nın doğumundan önce ve sonra olarak (sıfırıncı yıl sayılmaksızın) kaydedildiği sistem, MS altıncı yüzyılda İsa'nın doğumunun, tarihlerin ölçüldüğü nokta olmasını öneren ve bu olayın Roma kentinin kuruluşundan 753 yıl sonra olduğunu hesaplayan keşiş Dionysius Exiguus tarafından getirilmiştir. İÖ ve İS [BC: Before Christ (İsa'dan önce), AD: Anno Domini (İsa'nın doğduğu yıl, yani İsa'dan Sonra)] şeklindeki tarihleme uzlaşımları ile yakın zamanlarda bunların Hıristiyan öğelerden arındırılmış versiyonları [BCE: Before the Common Era ve CE: Common Era] ve MÖ 753'ün Roma'nın geleneksel kuruluş tarihi olarak kabul edilmesi de buradan gelir.

Arkeolojik materyallerin nispi tarihlendirilmesi esas olarak serileme ve tabakalanmanın (stratigrafi) yorumlanmasıyla belirlenir. Mutlak tarih radyokarbon ölçümleri ve dendrokronoloji (ağaçların yıllık büyüme halkalarınca oluşturulan şekillerin analizi ve eşleştirilmesi) gibi bilimsel tekniklerle ve tarihsel dönemlerde yazılı belgelerden edinilen bilgilerle, özellikle de tarihleri bizim Jülyen-Gregoryen takvimimize dönüştürülebileck astronomik gözlem kayıtları yoluyla hesaplanır.

Serileme

Serileme nesnelerin bir düzen veya seri içinde dizilmesi demektir. Arkeolojide serileme, insan yapısı nesnelerin en erkenden en geçe doğru varsayılan imalat tarihine göre bir dizi halinde sıralanması anlamına gelir. Sıralamada kilit olan üsluptur; üslup, insan yapısı bir nesneyi tanımlayan görsel, bileşimsel ve teknolojik özelliklerin birleşimidir. Nesneler biçim, süsleme, kullanılan maddeler ve tekniklerin ayrıntıları ve bunların görülme sıklıkları gibi ortak üslup özelliklerine göre gruplanır. Böyle herhangi bir insan yapısı nesne türü için, zaman içinde değiştiklerinden ötürü üslupsal bir gelişim dizisi ortaya atılabilir. Örneğin bu kitapta ele alınan bölge ve dönemlerde yapılan standart nesnelerden çömleklerin böyle analizlere tabi tutulması yaygındır. Çömlek serilemesinin ilk klasik formülasyonlarından birisi 1890'larda İngiliz arkeolog W.M. Flinders Petrie tarafından mezarları tarihlendirmek için hanedanlar öncesi Mısır seramiklerini incelerken geliştirilmiştir. İdeal olan, bir sıralamanın doğruluğunun tabakasal kazılardan elde edilen kanıtlarla (bkz. aşağıda) veya bağımsız tarihsel kanıtlarla doğrulanmasıdır. Ne var ki, bazen, Yunanlılarca MÖ yedi ila beşinci yüzıllar arasında üretilen gerçek boyutta çıplak erkek heykelleri olan *kouroi* örneklerinde olduğu gibi yirminci yüzyıl sanat tarihçilerince belirlenen serilemeli sıralama varsayılan, kazılarda doğrulanması kolay olmayan, hatta belki de yanlış tarzsal gelişim yasalarını (soyutlamadan natüralizme doğru bir ilerleme) izler.

Tabakalanma ve Höyüklerin Oluşumu

Tabakalanma, arkeolojik analizde temel bir kavramdır. Tabakalanmayı açıklamanın en iyi yolu höyüklerin yani Yakındoğu coğrafyasının tipik özelliklerinden olan çok dönemli yerleşimlerin tepe benzeri kalıntılarının oluşumuna bakmaktır.

Yakındoğu, pek çoğu doğal olmayan yükseltilerle antik yerleşimlerin birikmiş kalıntıları olan irili ufaklı tepelerle bezelidir. Bazen çevredeki tarlaların verimli olması durumunda antik mekânlar hâlâ modern köylerce işgal ediliyor olabilirler, bazen de harabeler boş arazide soyutlanmış olarak durur. Bu tür yapay tepelere Arapça, Farsça ve Türkçedeki karşılıklarıyla tel, tepe veya höyük (hüyük) adı verilir.

Yakındoğu'daki höyükler çarpıcı görünüşlerini çok tercih edilen bir yapı malzemesi olan açık havada kurutulmuş balçık tuğlalara, yani kerpiçlere borçludur. Yakındoğu'nun pek çok köşesinde, örneğin Sümer'de (Güney Irak), taş ve ağaç az bulunur. Bu nedenle buralarda ev ve tapınaklar tuğlalardan inşa edilmiştir. İşçiler kil açısından zengin toprağı (çatlamayı engellemek için) saman gibi bir meneviş ile karıştırarak bir kalıba döküp tuğla yapar ve daha sonra bunları kurumaları için güneşte bırakırlardı. Tuğlalar inşaatta kullanılabilecek derecede sertleşirdi. Bunları bir fırında pişirmek çok maliyetli, gereksiz yakıt israfı olarak görülürdü. Çatılar daha büyük dalların üzerine konan saz veya küçük dalların bir kil tabakasıyla örtülmesiyle yapılırdı; normalde bu yüzey insanların ağırlığını taşıyabilirdi. Bir beyaz badana tabakası (kireç sıva) dış duvarları rüzgâr ve yağmurdan korurdu. İçeride, yerler genellikle sıkıştırılmış topraktandı, bazen sıvayla da kaplanırdı.

Eninde sonunda evin yenisinin yapılması gerekirdi. Ev eskilikten çökebilir, duvarları kılcal etki yoluyla emilen nem nedeniyle veya böcek, hatta yılan kaynayan köklerce zayıflatılmış olabilirdi. Belki de yeni ev sahiplerinin o toprak parçasıyla ilgili başka planları olurdu. Ev taştan yapılmış olsaydı, o taşlar yeni evin yapımında kullanılabilirdi. Ama güneşte kurutulmuş çamur tuğlalar (kerpiç) sırf topraktan ibarettir. Dış öğeler tuğlaları aşındırır veya toza dönüştürür. Yıkıntıları taşıyacak buldozerler olmadığından, yeni evi inşa edenler o alanı dümdüz ederek molozları kalan duvar çıkıntılarının arasındaki boşluklara doldurur, yeni binayı eski evin kalıntılarının üzerine çıkarlardı. Bunun sonucunda toprak birkaç karış yükselmiş olurdu. Ve bu nesiller boyunca devam ettikçe höyüğün yüzeyi yavaş yavaş yükselmeye devam ederdi.

Arkeologlar açısından, yerleşim düzeylerini veya tabakaları belirlemek son derece önemlidir. Terk edilmiş bina (veya kül tabakası veya tümseğe kazılmış büyük çöp çukuru) yıpranmış kerpiç veya atılmış toprağın yanı sıra insan eylemlerinin kalıntılarını da barındırır. Çocuğun devirip kırdığı çömleğin parçaları, aile yemeğini bitirdikten sonra köpeğe verilen kuzu kemikleri, istilacılar kenti yağmalamadan hemen önce büyükannenin köşeye gömdüğü altın sikkeler: Tüm bu nesneler tek bir tabakanın kalıntıları içinde bir bütün olarak gruplanır. Sonra da, daha önceki ve sonraki tabaklardan nesnelerle karşılaştırılabilirler. Gerçekten de, yukarıda da belirttiğimiz üzere, insan yapımı nesnelerin tarzları zaman içinde değişiklik gösterir, bu da bize keşfettiklerimizi tarihlendirmek için değerli bir ayrım sağlar. Sonunda, örneğin çömlek parçamızı başka bir kazı yerinde, iyi belirlenmiş bir düzeyde bulunmuş başka bir parçayla eşleştirerek, bizim kazı yerimizdeki tabaka sıralamasını diğer kazı yerindekiyle bağlantılandırabiliriz.

Yerleşim tabakalarının böyle incelenmesine tabakalanma (stratigrafi) denir. Eğer tabakalardan hangisinin diğerlerinden önce veya sonra geldiğini belirleyebilirsek, onları ve onlarda bulunan nesneleri nispi bir sıralamaya yerleştirebiliriz. Burada "eğer" diyorum çünkü anlatılan ideal bir durumdur. Gerçekte, tabakaları belirlemek zor olabilir: Biçimleri düzensiz, toprak türü diğer birikimlerden pek ayırt edilemeyen veya daha önceki düzeylerin derinliğine (örneğin, bina temelleri veya çöp çukurlarına) iniyor olabilir. Dolayısıyla tabakalanma, yalnızca özel yeteneğe sahip bazı arkeologların üstesinden gelebildiği bir yorumlama sanatına dönüşebilir.

Mutlak Tarihler: Radyokarbon Yöntemi

Mısır ve Mezopotamya'da takvim sistemleri ve yazının keşfi ile tarihsel kayıtların tutulması sayesinde, MÖ dördüncü binyılın sonlarından, özellikle de üçüncü binyıldan kalma yerleşim düzeylerine, değişen güvenilirlik dereceleriyle mutlak tarihler atanabiliyor (bkz. aşağıda). Daha eski, yazı öncesi dönemler de, mutlak tarihlerin belirlenmesi, İkinci Dünya Savaşı'ndan hemen sonra Chicago Üniversitesi'nden Willard Libby karbon 14 tarihlendirme yöntemini geliştirene kadar tahminden öteye geçemiyordu. Araştırmacılar tarihlerin kesinliğini geliştirmeye, özellikle de güneybatı Amerika Birleşik Devletleri'ndeki iğnekozalaklı çam gibi uzun ömürlü ağaçlardan alınan dendrokronolojik örneklerin test edilmesiyle devam etmiştir.

Tüm organik maddeler az miktarda ve radyoaktif olmayan karbon (atom ağırlığı: 12) miktarına sabit bir oranda radyoaktif bir karbon izotopu olan karbon 14 içerir. Ama radyoaktif karbon 14 kararsızdır ve ufak ufak azot ve düşük enerjili radyasyona dönüşür. Yaklaşık 5.730 yılda orijinal miktarın yarısı kaybolur. Bir 5.730 yıl daha sonra ise, kalan karbon 14 yine yarıya düşer. Bu sırada normal karbon 12 miktarı sabit kalmıştır. Dolayısıyla karbon 14 ve karbon 12 miktarları arasındaki oran sürekli olarak, ama öngörülebilir bir hızda değişir. Libby ve meslektaşları değişim oranının süresini gözlemlemiş ve arkeolojik kazılardan elde edilen materyallerin tarihlendirilmesi amacıyla kullanımını yaygınlaştırmışlardır. Arkeolog yüksek organik içeriğe sahip, örneğin yanmış odun veya tohum gibi (yanma, nesnenin bozulmadan kalmasını sağlar) buluntulardan bir örneği, karbon 14 içeriğini ölçecek donanıma sahip bir laboratuara gönderir. İçeriği bilinen oranlardan oluşan bir listeyle karşılaştırarak mutlak bir tarih belirlenebilir. Radyokarbon yöntemiyle belirlenen tarihler 50.000 yıl geriye dek uzanabilir, ancak MÖ 35000'den öncesinde, örnekte gittikçe daha az miktarda karbon 14 kaldığından, ölçümlerin kesinliği azalır.

Bu yöntem de dört dörtlük değildir. Tüm radyokarbon belirlemelerde her zaman bir hata payı vardır: Örneğin, "MÖ 3540, artı/eksi 80 yıl." Artı veya eksi standart sapmayı gösterir: Yani, tarihin MÖ 3460 ve 3620 arasında olma ihtimali yüzde 66'dır. Sapma iki katına çıkarılacak olursa (örneğimizde artı/eksi 160 yıl), ihtimal yüzde 95'e yükselir.

Dahası, örnekler kirlenmiş olabilir (mesela, antik bir kazı alanında yuva kurmuş olan ve dışarıdan besin ve diğer maddeleri getiren modern karıncalarca) veya yorumlanması zor olabilir (ya 500 yıllık bir ağacın odunları yeni bir evde kullanılmışsa veya ateşte yakılmışsa?). Ayrıca bilim insanlarının kendileri de karbon 14'ün yarı ömrünün gerçek süresi ve karbon 14'ün her zaman aynı hızda çözülüp çözülmediği gibi konuları tartışmaya devam ediyor. Bu zorluklara rağmen, radyokarbon yöntemi tarih öncesi, hatta erken tarihi dönemlerde kronolojinin belirlenmesinde paha biçilmez bir rol oynamaya devam ediyor.

Mutlak Tarihler: Mısır ve Mezopotamya'da Tarihsel Kayıtlar

Yazı, yani bir dilin öğelerine karşılık gelen sembollerin sistematik kullanımı dünyada farklı yer ve zamanlarda birbirinden ayrı olarak icat edilmiştir. Yakındoğu ve Doğu Akdeniz'de, ilk yazı sistemleri MÖ dördüncü binyılın sonlarında birbirinin ardı sıra geliştirilen Sümer çiviyazısı ve Mısır hiyerogliferiydi. Ancak, daha önce de üst paleolitikteki (MÖ 15000–10000) çentikli kemiklerden, neolitikteki kil sembollere kadar çeşitli kaydetme sistemleri vardı. Ama tarihleri Jülyen-Gregoryen takvimle eşleştirilebilecek yazılı kayıt ve olaylara dayalı gerçek anlamda tarih yaklaşık MÖ 3100'de Mısır'da ve MÖ üçüncü binyılın ortalarında Güney Mezopotamya'da başlar.

Mısır tarihinin hanedanlara veya iktidardaki ailelere göre düzenlenişi, MÖ dördüncü yüzyıldan üçüncü yüzyıla uzanan Helenistik çağın başlarında İskenderiye'de yaşamış olan Manethon adında Yunanca konuşan bir rahibin işidir. Yazıları bağımsız olarak günümüze gelebilmiş değildir, ama Julius Africanus ve

Eusebius gibi geç Roma dönemi yazarlarının metinlerinde elden geçirilmiş olarak korunmuş, verdiği bilgiler muhtemelen yararlanmış olduklarına benzeyen türden, günümüze gelmiş Mısır kral listeleriyle desteklenmiştir. Manethon aşağı yukarı 2.500 yıllık bir dönemi kapsayan otuz hanedanı kaydetmiş ve her birindeki kralları, saltanat süreleriyle birlikte listelemiştir. Hatalara rağmen, çalışmaları Mısır tarihinin incelenmesi açısından çok değerli bir çerçeve olmaya devam ediyor.

Bu tarihsel çerçevenin mutlak kronolojisi Sirius yıldızının (Yunanlılar için Sothis, "Köpek Yıldızı") antik dönemlerdeki gözlemlenişine dayanır. 12. Hanedan firavunlarından III. Sesostris'in saltanatının yedinci yılındaki, 18. Hanedan yöneticilerinden I. Amenofis'in sekizinci yılındaki ve Roma İmparatorluğu dönemlerinde MS 139'daki gözlemler özellikle önemlidir. İlk gözlem genellikle MÖ 1872, ikincisiyse MÖ 1541 olarak hesaplanır. Ancak, bu eski kayıtların doğruluğu tamamen kesin değildir. Dahası, gözlemlerin yapıldığı yerler belirtilmemiştir; Memphis veya Heliopolis gibi kuzeyde bir yerde olduğu varsayılmakla beraber, astronomların güneyde, örneğin Teb veya esas Mısır'ın güney sınırındaki Elephantos'ta olmaları durumunda, tarihler biraz daha farklı olur. Böyle belirsizlikler 12. Hanedan'ın başlangıcı için kırk iki yıllık bir hata payı (MÖ 1979–37) ve 18. Hanedan'ın başlangıcı için on bir yıllık bir hata payı (MÖ 1550–39) verir.

Kesin bir mutlak kronoloji belirlenmesindeki diğer zorluklar arasında antik belgelerde bireysel saltanatların süresine ve muhtemel eşzamanlı saltanatların sayı ve sürelerine dair zaman zaman görülen çelişkiler sayılabilir. Bu sorunlara rağmen, 19. Hanedan döneminde papirüse yazılmış ve şimdi İtalya'nın Torino şehrindeki Mısır Müzesi koleksiyonunda bulunan Torino Krallar Listesi gibi kral listeleri sayesinde mutlak kronoloji, yaklaşık MÖ 3100'e, yani hanedanlık tarihçelerinin başlangıcına kadar geriye götürülebilir. 18. Hanedan döneminin sonlarından itibaren Mısır kronolojisinde mutabık kalınmıştır; MÖ birinci binyılda, Asur, Babil ve İbrani kaynaklarıyla kurulan pek çok bağıntı, kesin zaman belirlenmesini sağlar.

Mezopotamya kronolojisi Mısır'ınkinden daha karmaşıktır, çünkü bölgede her biri zamanı farklı kaydeden çok sayıda devlet olmuştur. Gündelik astronomik gözlemleriyle Babil Tarihçeleri ve adları tek tek yıllar için yafta olarak kullanılmış kral ve önemli memurların listesini içeren Yeni Asur Adlar Listeleri sayesinde MÖ 910–668 arasında kronoloji kesindir. MÖ 910'dan önce listelerde doldurulamayan boşluklar söz konusudur. Bunun sonucunda, daha önceki dönemlerin mutlak kronolojisini belirlemek adına farklı referans noktalarına ihtiyaç vardır.

MÖ üçüncü binyılda Sümerler için tarihsel belirlemelerin omurgasını, önceki 500 yıldaki çeşitli kentlerden kralları ve saltanat sürelerini listeleyen, MÖ 2100 civarında derlenmiş olan Sümer Kral Listesi oluşturur. Ama sorunlar vardır. Kil tabletler parçalanmış ve içerikleri çelişkili olabildiğinden, bir kentteki sıralamayı diğer kenttekiyle eşleştirmek zordur. Dahası, hanedan ve kralların nispi sıralaması güvenilir görünürken, olay ve dönemlere verilen mutlak tarihler o kadar güvenilir değildir. Ayrıca, en erken dönemlere dair bilgiler büyük ölçüde mitseldir ve bire bir doğru kabul edilmeleri imkânsızdır. En erken dönemdeki sekiz kralın her birinin binlerce yıl hüküm sürdüğü söylenir. Bu çağ İbrani Tevrat'ının başlarındaki öyküyü anımsatan bir büyük selle sona erer. Arkeolojik kazıların çeşitli alanlarında sel izleri bulunmuştur, ama tarihlerin farklı dönemlere ait olması, genelden daha çok yerel selleri akla getirir. Selden sonraki dönemde, krallar listesi daha güven uyandırmaya başlar. Liste Kiş Kralı Etana ile başlar ve Uruk'un Birinci Hanedan'ının beşinci kralı olan ve en iyi bilinen Mezopotamya anlatısı *Gılgamış Destanı*'nın kahramanı Gılgamış ile son bulur. Bu dönem II. Erken Hanedan (EH) dönemine paralel olabilir. Kral Listesi ve diğer metinlerin bize sağladıkları resim III. EH döneminde, yani MÖ üçüncü binyılın ortalarında daha net hale gelir.

MÖ ikinci binyılın ilk yarısının mutlak kronolojisi bir astronomik gözleme dayanır. Babil kralı Ammisaduka'nın saltanatının altıncı yılında yeni ay sırasında, şafaktan hemen önce ufukta Venüs gezegeni görülmüştür. Bu tür bir diziliş her altmış dört veya elli altı yılda bir meydana gelir, ki bu da tam kesinlikle mutlak bir tarih sağlayabilecek denli ender bir olay olmadığı anlamına gelir. Ammisaduka tahta, önemli kral Hammurabi'nin ölümünden doksan dört yıl sonra çıkmıştır; Babil'in kendisi Ammisaduka'nın ölümünden otuz bir yıl sonra I. Murşili yönetimindeki Hititler tarafından yok edilmiştir. Bu gözlem, bu dönemdeki Babil'in mutlak kronolojisiyle ilgili bir değil dört ihtimal ortaya çıkarır: Hammurabi'nin saltanatının başlangıcı için MÖ 1848, 1792, 1728 veya 1696; Babil'in yok oluşu için ise MÖ 1651, 1595, 1531 veya 1499. Bu tarihlere dayanan kronolojik sistemler yüksek, orta, alçak ve çok alçak olarak bilinir. Radyokarbon tarihlendirme yöntemi bile tartışmayı sonlandıramaz, çünkü belirlemelerdeki hata payı fazla büyüktür. Her sistemin ateşli savunucuları olmakla beraber, günümüzde Yakındoğu kronoloji uzmanlarının çoğunluğunca tercih edilen alçak kronolojiyi takip edeceğiz.

MÖ birinci binyıldan daha eminiz. Kullandığımız Jülyen-Gregoryen takvim geç Cumhuriyet dönemi sonlarında yaşayan Romalılarca geliştirilmişti. Dönemin Mezopotamya ve Mısır takvim sistemleri gibi, Yunan şehir devletlerince ve Helenistik krallıklarca kullanılan çeşitli tarih sistemlerinin çoğu bu takvime bağlanabilir. Bu sayede, mutlak kronolojinin çerçevesi sağlamdır.

Terminoloji Hakkında

Nispi ve mutlak tarihlendirme hakkındaki bilgiler dönem başlıkları verilen kültürel gelişmelerin nispi çerçevesini belirlemek için kullanılır: Helenistik dönem, Geç Roma İmparatorluğu, tunç çağı, demir çağı vb. Bu adlar yapaydır, ama öğrenciler ve uzmanlar için kullanışlı işaretlerdir.

Paleolitik, mezolitik ve neolitik dönemler (eski, orta ve yeni taş çağı), tunç çağı ve demir çağı terimleri on dokuzuncu yüzyılda, insanların kullandığı teknolojinin farklı evrelerini tarif etmek için geliştirilmiştir. Bu adlar, alet yapımında kullanılan ana maddelere göre belirlenmiştir. Daha basitten daha karmaşık teknolojiye doğru bir ilerleme varsayılmıştı. Ne var ki, devam eden araştırmalar bu tanımların fazla basit olduğunu ve insan gelişiminin diğer önemli öğelerini gizlediklerini göstermiştir. Örneğin, neolitik dönem (Bölüm 1'de öykümüz buradan başlıyor) gıda üretimi (tarım ve hayvancılık) ve çömlekçilik ile basit metal işçiliğinin (bakır ve bakırtaşı işçiliği) ortaya çıkışıyla tanımlanır. Halbuki genel resim daha karmaşıktır, zira kırsal hayvancılık gibi geleneksel geçim yöntemleri uygulanmaya devam edilmiştir. Bu tür özelliklerin varlığı ve yokluğuyla birlikte bölgesel farklılıklar da tanımları bulanıklaştırabilir. Dolayısıyla, bu dönem başlıklarını çeşitli teknolojik ve kültürel özelliklerin bileşimlerinin meydana geldikleri belli bir zaman aralığını belirtmek için kullanışlı çatı tanımlar olarak görmek daha yararlıdır.

Son olarak da, bölümlerde birazdan göreceğimiz üzere, farklı bölgelerin kültürel gelişmeleri ve kronolojik ayrımları ifade etmek için kendi özel terminolojileri vardır. Mezopotamya'da, "tunç çağı" tarihe dayalı terimlerle tanımlanır: *Protoliterate* veya Uruk, erken hanedan ve Akad dönemleri gibi. Benzer şekilde, tunç çağındaki Mısır da, daha geniş eski, orta ve yeni krallıklar birimlerinde gruplanmış tarihsel hanedanlara göre (yukarıda değindiğimiz gibi) dönemlere ayrılmıştır. Yeni başlayanlar, sabır ve dikkatle bu zahmetli terminoloji yapılarını kısa sürede sindirecek hale gelmelidir.

Pratik Bilgiler

Antik İsimlerin Yazılışı

Bu kitapta ele alınan kişi ve yer adları, farklı diller yabancı isimleri kendilerine uygun şekilde yorumladıkları için birkaç farklı şekilde yazıldı. Eski insanlar da benzer şekilde davranmıştı; örneğin Yunanlılar, Mısır isimlerini Yunanlaştırırken, Romalılar da Yunanca adları Latinceleştirmişti. Bir diğer zorluk da Mısır ve çiviyazılarının telaffuzlarının belirsiz olması ve araştırmacılar arasında tartışmalara yol açabilmesidir.[2]

Genel olarak, kişi ve yer adlarını ait oldukları kültürün dilinde söylendikleri şekliyle vermeye çalıştım. Kişi veya yer Yunan dönemine aitse Yunanca söylenişine sadık kaldım; önce Yunan sonra Roma dönemine aitse Latincesini kullandım.

2 Biz bu kitapta kişi ve yer adlarının yazımlarında *AnaBritannica*'yı temel aldık—en.

KISIM BİR

YAKINDOĞU VE DOĞU AKDENİZ KENTLERİ: NEOLİTİK ÇAĞ, TUNÇ ÇAĞI VE DEMİR ÇAĞI

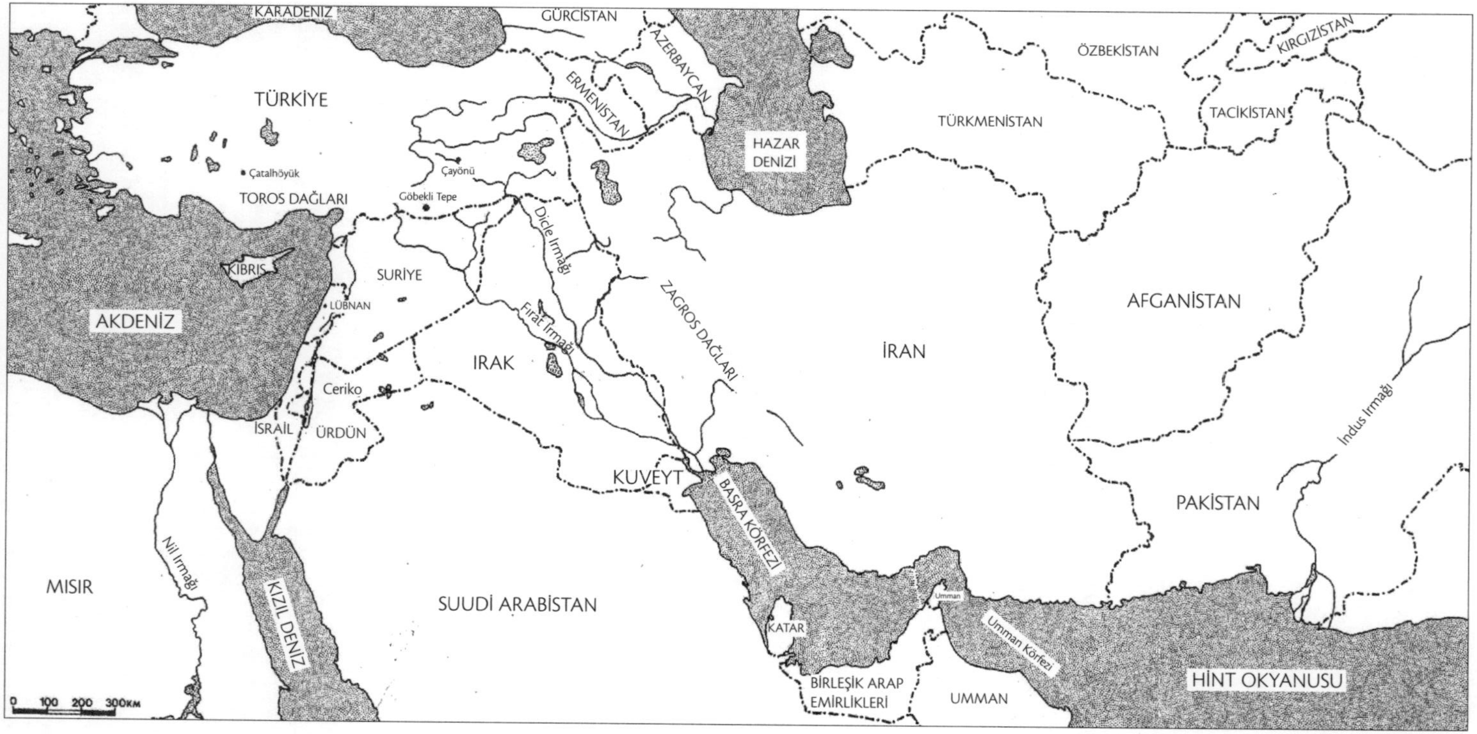

ŞEKİL 1.1 Yakındoğu'da neolitik kentler.

BÖLÜM 1

Neolitik Çağda Yakındoğu'daki Kasaba ve Köyler

- Üst paleolitik ve mezolitik dönemler: yaklaşık MÖ 35000–8550
- Yakındoğu'da neolitik dönem: yaklaşık MÖ 8550–5000
- Halaf ve Obeyt dönemleri: yaklaşık MÖ 5000–3500

Kentçilik insanlığın uzun tarihi içinde yakın zamanlı bir gelişmedir. Childe'ın on maddelik kent tanımına (bkz. Giriş) bağlı kalacak olursak, bu on maddenin hepsini karşılayan gerçek anlamda kentler MÖ dördüncü binyılda Güneybatı Asya'da ortaya çıkmıştır. Bu kentler hiç yoktan ortaya çıkmayıp, önceki 5.000 yıl boyunca Batı Asya'da ekolojik açıdan avantajlı konumlarda kurulmuş kasaba ve köylerin deneyimlerinden gelişmişlerdir. MÖ 10.000 civarında buzulların çekilmesiyle insanların toplumsal ve ekonomik gelişiminde radikal bir değişim için uygun, daha sıcak, daha nemli bir iklim oluştu. Neolitik dönem olarak bilinen bu yeni çağda erkek ve kadınlar ilk kez sabit yerleşim yerlerinde örgütlendiler, bitki ve hayvanların üretimini denetimleri altına aldılar. Childe'a göre bir kentin özelliklerini niteleyen on madde ilk defa bu uzun dönemin kasaba ve köylerinde ortaya çıktı.

Dolayısıyla, gerçek kentin uzun bir gelişim süreci olmuştur. Bu bölümde ilk önce antik Yakındoğu'nun fiziksel dünyası ile neolitik gıda üretimini ve bunun insan yerleşimi için anlamını ele aldıktan sonra, bu önemli çağda kasabaların gelişimini gösteren dört kazı alanından söz edeceğiz: Ceriko (Filistin'de), Çayönü ve Çatalhöyük (ikisi de Türkiye'de) ve daha geniş bölgesel anlamda önemli olduğunu düşündüğümüz törensel merkez Göbekli Tepe (Türkiye'de).

Coğrafya, İklim ve Neolitik Devrim

Antik Yakındoğu, Türkiye'den Pakistan'a kadar uzanan kültürleri içerir (**ŞEKİL 1.1**). Bu geniş alan çeşitli topografik ve iklimsel bölgeler içerir: alüvyon ovaları, yaylalar, dağlar ve çöl. Yakındoğu'nun kalbinde iki büyük ırmağın, Dicle ile Fırat'ın arasındaki Mezopotamya yatar. Bu bölge modern Irak, Kuzeydoğu Suriye ve Güneydoğu Türkiye'ye karşılık gelir. İki ırmağın daha uzun olanı Fırat aheste aheste Doğu Türkiye'nin dağlarından inerek Suriye'den geçip güneye, Irak'a doğru yönelir. Dicle de Türkiye'den doğar, ama güneye daha hızlı bir yoldan iner. İki ırmak Güney Irak'ta birleşir ve Şattü'l-Arap adında bataklıklı bir su yoluyla Basra Körfezi'ne akar.

Irak'ın güney yarısı düz, iklimi ise sıcak ve kurudur. Çiftçiler sulama için yağmurlara değil, ırmaklara bağlıdırlar. MÖ dördüncü ve üçüncü binyılda Sümer medeniyetinin serpildiği alan burasıdır.

Toros Dağları doğu-batı doğrultusunda dizilerek Güney ve Doğu Türkiye, Kuzey Suriye ve Kuzey Irak'tan geçerek Batı İran'daki Zagros Dağları ile birleşir. Dağların ardında büyük yaylalar vardır: Toroslar'ın kuzeyindeki Anadolu ve Zagros'un doğusundaki İran yaylaları. Uzak dağlık bölgeler Yakındoğu'nun büyük ırmaklarını besleyen karı sağlar. Zorlu coğrafya, toplumsal ve ekonomik birlikten caydırırken, ticaret ve insan hareketleri faal olabilir. Dağ halkları her zaman özerk ve bağımsız olmuştur ve antikçağlar boyunca, bugün de olduğu gibi, ovalardaki yerleşik kültürlere rahatsızlık vermiş veya dehşet saçmışlardır. Çöllerin sert ortamı da benzer şekilde özgür ruhlu insanlar meydana getirmiştir.

Dağlar ile ovaların arasında yaylalar veya bayırlar uzanır. Doğu ve Kuzey Irak'tan batıya doğru Kuzey Suriye'den geçerek Güney Levant'a (Lübnan, İsrail, Filistin ve Ürdün) doğru uzanan bu bölgeye genellikle Bereketli Hilal adı verilir (**ŞEKİL 1.2**). Bereketli Hilal'in bir parçası olmamakla beraber Orta ve Doğu Türkiye'deki Anadolu yaylası da aynı özellikleri paylaşır ve bu nedenle haritamızdaki yerini hak eder. Kuru yazlara rağmen, yılın daha serin aylarındaki yağış (yağmur ve bazı yerlerde kar) tarım için yeterlidir. Bu bölge zengin doğal kaynaklara sahipti; ilk insanlar için en önemlileri ceylanlar, meşe palamudu ve yabani otlardı. Ayrıca mevcut türler arasında, besin toplayıcılar için çok önemli olmamakla beraber neolitik dönemde evcilleştirilecek bitki ve hayvanların ataları da vardı. Buğday, arpa ve diğer tahıllar yabani olarak yetişirken, yabani koyun, keçi, sığır ve domuzlar da serbestçe dolaşıyordu.

Besin kaynaklarına ulaşımın kolay olduğu bu bölgede, ilk erkek ve kadınlar nispeten daha kolayca geçinebiliyordu. Yabani hayvanları avlayarak ve yenebilir bitkileri toplayarak yaşıyorlardı. Ufak gruplar halinde yaşıyor ve hayvanların izini sürmek veya olmuş meyve ve sebzeleri toplamak için mevsimsel olarak hareket ediyorlardı. Mağaralar gibi doğal sığınaklar genellikle mevsimsel yerleşim yeri işlevi görüyordu. Bu avcı ve toplayıcılar çakmaktaşı veya kemik parçalarından aletler yapıyorlardı; hatta Avrupalı çağdaşları av gibi önemli olaylardan büyüleyici sahneler boyuyor veya toplu anaç figürinleri yapıyorlardı. Bu durum dördüncü buzlanma boyunca devam etti. Bu uzun döneme geç pleistosen (jeolojik kavram) veya üst paleolitik ve ardından mezolitik (kültürel kavramlar) adları verilir.

Ama bu paleolitik ve mezolitik insanlar çömlekçilik sanatını veya metal işçiliğini bilmiyordu, okuma ve yazmaları yoktu veya besin kaynakları üzerinde pek bir denetim sahibi değildiler. Bu beceriler, tarım (bitki tarımı ve

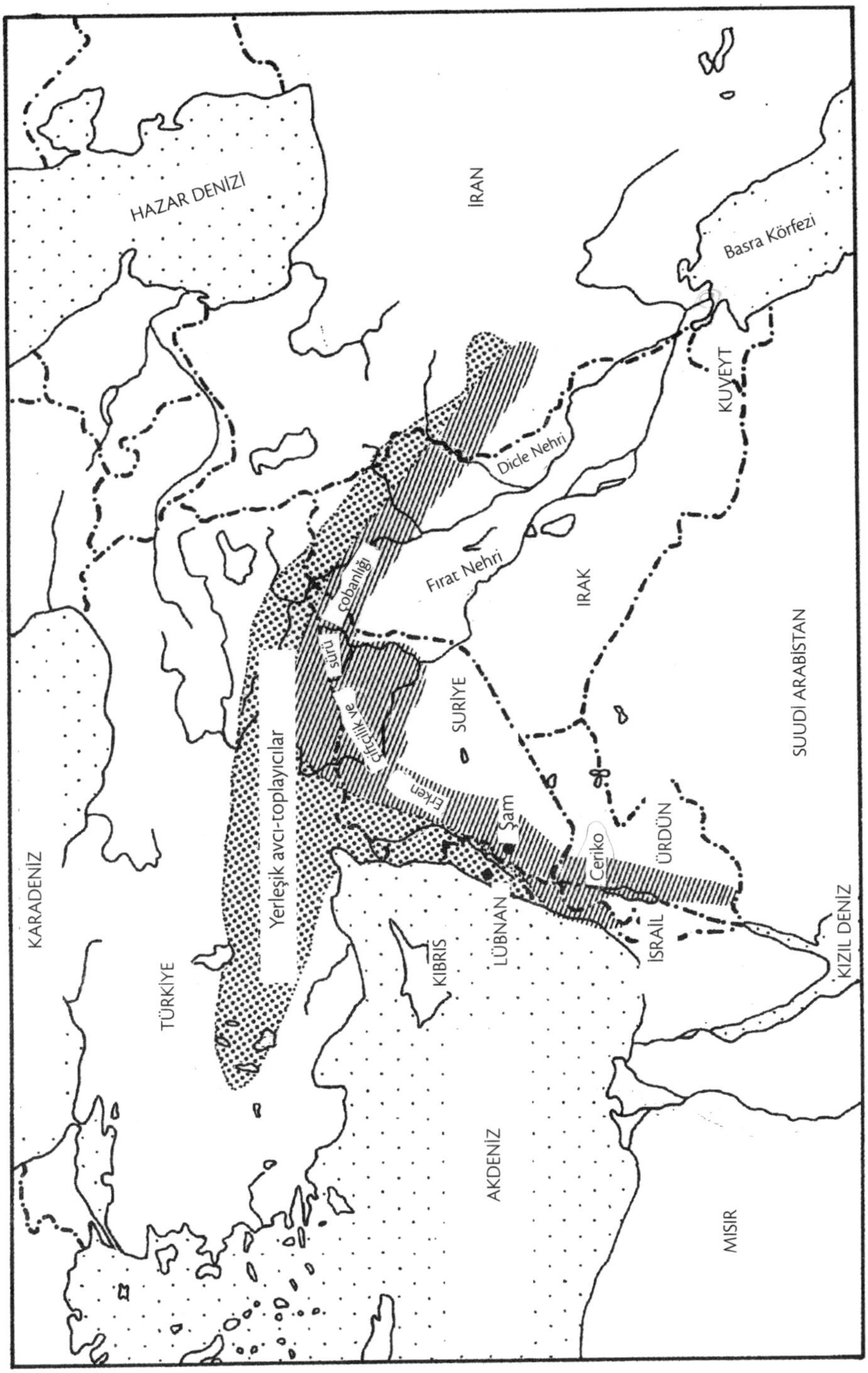

ŞEKİL 1.2 Çömlek öncesi neolitikte Bereketli Hilal, yaklaşık MÖ 7500–6500.

hayvancılık dahil), çömlek yapımı ve metalurji ile kil sembollerden yararlanan (ama henüz gerçek anlamda yazı değil) kayıt sistemleri neolitik dönemde Yakındoğu'da geliştirilmişti. Bu dönüşüm o kadar önemliydi ki Childe buna "neolitik devrim" adını vermişti. Ancak "devrim" sözcüğü yanıltıcı olabilir. Bunlar uzun dönemler süresince, farklı bölgelerde değişen hızlarda, çoğunlukla daha önceden var olan geçim ve mevsimsel hareket tarzlarıyla kaynaşarak veya birlikte var olarak geliştiler.

Çömlek veya metal nesnelerin varlığını herkes görebilir. Bunun aksine, bu geçiş döneminden kalma evcil ya da yabani bitki ve hayvan örnekleri için arayış özel beceriler ve eğitim gerektirir. Böyle erken dönem kazı alanlarında çalışan arkeologlar hayvan kemiklerini, bitki kalıntılarını ve daha küçük örnekleri kazıdan çıkan toprağı ince gözlü eleklerden geçirerek toplarlar. Bitki kalıntıları *yüzdürme* yoluyla da toplanabilir: Kazıdan çıkan topraktan bir parça suya dökülür; tohumlar ve diğer bitkisel kalıntılar yüzeye çıkar ve buradan kolayca alınabilirler. Tohum ve kemiklerin evcilleşmiş versiyonları yabani atalarına göre az da olsa değişmiş olduğundan, uzmanlar belli bir zaman ve yerde belli bir bitki ve hayvan türünün denetim altına alınma sürecinin ne kadar ilerlemiş olduğunu belirleyebilirler.

Mevcut bilgilerimize göre, bitkisel tarım Levant'ın güney taraflarında, muhtemelen Şam ile Ceriko arasındaki Levant koridorunda başlamış gibi görünüyor. Burada, çeşitli yenebilir yabani bitki ve hayvanların olduğu bu sulak alanlarda, insanlar MÖ dokuzuncu binyıl sonları ile sekizinci binyılın başlarında zaten yerleşimler (mevsimlik kamp alanları kadar basit olsalar da) kurmuştu. Yabani bitkilerin verimliliğini azaltan daha kuru bir iklimin başgöstermesi onları azalan yabani kaynakları desteklemek adına kendi bitkilerini yetiştirmeye itmiş olabilir. Bunun ardından daha nemli bir iklime geri dönülmesi de bu çiftçilik deneylerinin varlığını sürdürmesine ve gelişmesini sağlamıştı.

Hayvan evcilleştirme bitki yetiştiriciliğinden sonra ve Yakındoğu'nun daha geniş bir bölgesinde, Şam-Ceriko koridoruna ek olarak Anadolu ve Zagros (İran) yaylalarında gelişmiştir. Yerleşik çiftçiler MÖ sekizinci binyılın sonlarında ilk olarak keçi ve koyun sürüleri beslediler. Sığır ve domuzların yaygın olarak evcilleştirilmesi daha sonraları, MÖ yedinci binyılın sonlarında gündeme gelecekti.

Neolitik devrimle besin kaynakları üzerindeki denetimin geliştirilmesiyle insanların artık mevsimsel ve dalgalanan kaynaklardan yararlanmak için yer değiştirmelerine gerek yoktu, tek bir yerde kalabilirlerdi. Çiftçiler istedikleri gibi tohum ekebilirler (yerel iklim ve toprak şartlarına tabi olmak kaydıyla) ve hayvan sürüleri besleyebilirlerdi. Yabani hayvanların avlanması ve yabani bitkilerin toplanması devam edecekti, ama bu iş artık beslenmeyi desteklemek amacıyla yapılacaktı. Bu tür tarımsal ekonomi yıl boyu, kalıcı yerleşimlerin temelini oluşturuyordu. Ufak köy öbeklerinden kasabalar ve en sonunda da kentler doğacaktı. Ne kadar basit olursa olsun kalıcı yerleşimlerin varlığı bitki yetiştiriciliğinin bir ön koşuluysa tarım faaliyetleri de (bitki yetiştiriciliği ve hayvancılık) yerleşimlerin ve bunu izleyen kentçiliğin doğasını belirleyecek olan toprak kullanımı ve mülkiyeti kavramlarının doğmasına yol açacaktı.

Ceriko

Yaklaşık MÖ 9000'den günümüze yerleşilmiş olan Filistin'de Ürdün Irmağı Vadisi'ndeki Ceriko, Yakındoğu'daki ilk kalıcı yerleşimler konusunda önemli kanıtlar sunar. İngiliz arkeolog John Garstang'ın 1930–36 kazılarında ve daha kapsamlı olarak yurttaşı Kathleen Kenyon'un 1952–58 kazılarında keşfedilen Ceriko'daki ilk yerleşimler hâlâ bu kadar erken bir tarihte beklenmeyecek (ve benzeri de hâlâ olmayan) kasaba planı özellikleriyle bizi şaşırtmaya devam ediyor.

Ceriko'daki höyüğün ilk düzeylerinden ikisi bizim için özellikle ilgi çekicidir: Çömlek öncesi neolitik ("ÇÖN") A ve B evreleri, yaklaşık MÖ 8500–6000. Bunlar Ceriko'daki bilinen en eski, "Natufien" adı verilen mezolitik ve protoneolitik (en erken neolitik) avcı ve toplayıcılara atfedilen mevsimsel uğraşların izlerini taşıyan yerleşimlerin üzerinde uzanır. Bu ilk sakinler için asıl cazibe burada bir pınar, yani güvenilir bir su kaynağı olmasıydı.

Yaklaşık 4 hektarlık bir alana yayılmış olan ÇÖN A yerleşiminde hem evler, hem de tahkimat duvarı bulunmuştur (**ŞEKİL 1.3**). Evler yuvarlaktır ve güneşte kurutulmuş kerpiçten yapılmıştır. Ayrıca değişik yuvarlak biçimli tepeleri ("domuz sırtı" veya "bir yanı düz bir yanı dışbükey") vardır. Kasabanın, en azından batı tarafı, 3,6 metre yüksekliğinde etkileyici bir taş duvar ile kaba taşlardan örülmüş, taban çapı 9 metre ve günümüze ulaşan halinin yüksekliği 8 metre dairesel bir iç kule ve bunların önünde de taşa oyulmuş bir hendek ile korunmuştu. Kulenin içinde, bir ihtimal kült faaliyetlerinin yapıldığı tepesine çıkan merdivenler vardı. Duvar ve hendeğin kasabayı hangi tehlikeden koruduğu tartışma konusu olmuştur; insani ve doğal (mevsimsel ani seller gibi) düşmanlar ortaya atılmıştır. Bu karmaşık tahkimat sisteminin varlığı bile daha önceki avcı ve toplayıcılardan çok daha farklı şekilde örgütlenmiş bir toplum ima ediyor. Dışarıdaki insanlarla çatışmalar önemli bir savunma duvarı gerektirecek kadar ciddiydi, ayrıca doğanın egemenliğine boyun eğmek bir yana, ona boyun eğdirilebilirdi. Duvarın inşası sakinlerin uyum içinde, uzun süre çaba sarf etmesi demekti. Bu hayranlık verici bir mimari ve toplumsal başarıydı.

Kasabada obsidiyen nesnelerin varlığı uzak ülkelerle ticari temaslara işaret ediyor. Metal işçiliği öncesi bu çağda keskin bıçakların yapımında kullanılan bir madde olduğu için değer verilen, obsidiyen adlı volkanik cam türü, yalnızca birkaç dağınık ve Ceriko'nun sakinlerine göre uzak kaynakta bulunur. Burada bulunması bu erken dönemde bile materyallerin uzak mesafelere, bu örnekte Orta ve Doğu Anadolu'nun volkanik dağlarından taşınabildiğini gösteriyor.

Bunu izleyen ÇÖN B evresinde Ceriko muhtemelen toplumsal değişimlere işaret eden yeni mimari biçimler sergiler. Ev inşa edenler yuvarlak evleri bırakarak merkezi bir avlunun çevresine dizilen dikdörtgen odalara sahip dikdörtgen bir planı tercih etmeye başlamıştı. İnşaatta güneşte kurutulmuş kerpiçlerin farklı bir biçimi kullanılıyordu: Tepesinde çamur harcı tutması için parmak izleri bulunan "puro biçimli" tuğlalar. Ev dekorasyonunda duvarlar artık kırmızı veya pembe boyanmış, yerler alçıtaşı ile sıvanmış ve yerlerde kalan izlerin gösterdiği kadarıyla kimi zaman bir saz örgü örtüyle kaplanmış oluyordu.

ÇÖN B aynı zamanda dini faaliyetlere dair kanıtlar sunmuştu. Özellikle geniş bir oda (6 x 6 m) tapınak olabilir. Bir evin zemini altındaki dramatik buluntu, yüzleri özenle eklenmiş alçıyla ve gözleri deniz kabukları parçalarıyla tekrar yaratılmış olan on insan kafatasından oluşuyordu. Bunlarla bağlantılı olarak da saz örgünün üzerine kireç sıvayla yapılmış, deniz kabuklarından gözler eklenip boyanıp süslenmiş iki insansı figürin bulunmuştur. Daha sonra bu iki figürin modern Amman yakınlarında Ayn Gazal'da bulunmuş otuz iki örnekle de desteklenmiştir; boyları 0,35–1,00 metre olup bundan önceki dönemlerdeki daha ufak örneklere göre anıtsal boyuttadırlar (**ŞEKİL 1.4**). Bu nesnelerin herhalde kültsel bir amacı vardı; ilki belki ataların yüceltilmesiyle ilgiliyken, ikincisi tanrıları temsil ediyor olabilirdi. Ana toplumsal gruplamanın geniş aile olduğu çiftçi toplumlarında atalara ibadet önemli bir yere sahip olmuştur, çünkü uzun bir şecere, o ailenin toprağı üzerindeki hak iddiasına yetkinlik kazandırır, aile biriminin meşrulaştırılmasına ve istikrara kavuşturulmasına yardımcı olur.

Ekonomik bağlamda, ÇÖN B dönemi artan bir tarımsal refah gösteriyordu. ÇÖN A'da bitki yetiştiriciliğinin başarısı ÇÖN B süresince evcilleştirilmiş bitkilerin Yakındoğu'nun başka yerlerine de yayılmasına yol açmıştı. Ayrıca, hayvancılık da bu zamanlarda başlamıştı. Yerleşimlerin yakın çevresinde yabani av hayvanları azalmıştı, dolayısıyla besin için evcilleştirilmiş sürü hayvanlarından yararlanılırdı. Ana ürün olan etin yanı sıra, bu hayvanların "yan ürünleri" (süt, kıl, deri, nakliyat ve çekiş, yani saban ve araçların çekiminde kullanımları, vb.) de artık değerliydi. Bu tarımsal refahın sonuçları arasında tarımsal üretim fazlası, insan nüfusunda artış, mesleki uzmanlaşma (herkesin çiftçi olması gerekmiyordu) ve toplumsal örgütlenmede artan bir karmaşıklık bulunmaktaydı. Buna göre, Bar-Yosef ve Meadow'un ÇÖN B'yi "büyük medeniyetlerin doğuşu için demlenme dönemi" (1995: 92) olarak nitelemeleri de normaldir.

Ceriko'daki ÇÖN B kasabasından sonra, yerleşimde yaklaşık 1500 yıllık bir ara vardır. Toplumsal "proto-kentsel" sistemin bu çöküşü Ürdün'deki birkaç istisna hariç Güney Levant boyunca genel bir durumdu. Bu değişimin nedeni belli değildir. Sonunda Ceriko'ya tekrar yerleşilmişti, ama yerleşenler

ŞEKİL 1.3 Çömlek öncesi neolitik A devrinde merdivenli kule, Ceriko.

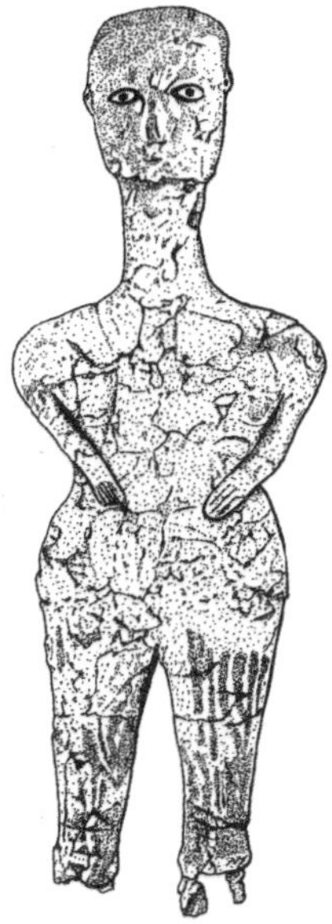

ŞEKİL 1.4 Çömlek öncesi neolitik B devrinde insan biçimli figürin, Ayn Gazal. Arkeoloji Müzesi, Amman.

önceki ÇÖN B kasabadan daha küçük, göçebe ve hayvancılıkla uğraşan bir topluluktu. Yeni sakinlerin becerileri arasında çömlek yapımı da vardı. Ama Ceriko artık yeniliklerin ön saflarında değildi. Daha MÖ yedinci binyılda, Ceriko'daki ÇÖN B evresiyle aynı zamanda çömlekçilik sanatı İran, Kuzey Irak ve Anadolu'da ortaya çıkmıştı bile.

Çayönü

Çayönü'ndeki kazılar yaklaşık MÖ 8250–5000 dönemindeki ilk kentlerin Ceriko'da görülen ÇÖN A ve ÇÖN B evrelerinden sonraki çömlekli neolitik evresine doğru gelişiminin izini sürmemizi sağlıyor. Bu uzun zaman dilimi boyunca gerçekleşen mimari ifade çeşitliliği ve metalurji gibi teknolojilerin ilk ortaya çıkışları özellikle çarpıcıdır. Ceriko'dan farklı olarak, Çayönü hiçbir zaman bir tahkimat duvarı olmamıştı. Burada gördüklerimiz farklı plan ve materyallere sahip evler, kamusal binalar ve farklı biçimlerde düzenlenmiş açık alanlardır. Çayönü bizlere neolitik dönemdeki muhtemel kasaba planlarının geniş bir yelpazesini sunuyor.

Çayönü kazı alanı Güneydoğu Türkiye'de, Diyarbakır'ın 60 km kuzeyinde, Dicle Irmağı'nın Toros Dağları'nın etekleri boyunca akan bir kolu üzerinde yer alır (**ŞEKİL 1.5**). Buradaki kazılar 1964–1991 yılları arasında İstanbul, Chicago (Oriental Institute), Karlsruhe ve Roma Üniversitelerince, ilk olarak Halet Çambel ve Robert Braidwood ile daha sonra Mehmet Özdoğan yönetiminde gerçekleştirilmiştir. Çayönü, Yakındoğu'daki neolitik kazı alanlarının en büyüğü olmasa da, bugüne kadar arkeolojik kazıda ortaya çıkarılmış en geniş neolitik yerleşime alanı (8.000 m^2) olma şerefine sahiptir.

ÇÖN (ÇÖN A ve ÇÖN B birlikte = Evre I) her biri tipik mimari tarza göre adlandırılmış altı alt evreden meydana gelir (**ŞEKİL 1.6**). En çarpıcı olanlar alt evre 2, 5 ve 6'dır. *Alt evre 1*, Yuvarlak Yapı alt evresinde köyde çamur, saman veya ot ve belki de tezekle kaplanmış dallardan oluşan sağlam bir dal örgüden yapılmış yuvarlak veya oval evler bulunurdu. Zeminler yer düzeyinin altındaydı. *Alt evre 2*, Izgara Plan alt evresinde, paralel taş duvarlardan oluşan ızgarayı andıran biçimde temellere sahip dikdörtgen evler vardı. Bu temellerin üzerine kaplanan zemin kireç ve kille kaplı dallardan meydana geliyordu. Üst yapı dal örgüden yapılmaya devam etti. Bu planda evlerin üç kısmı vardı: Bir yaşam alanı (yukarıda tarif edilen temellerin üzerinde), kapalı bir avlu ve küçük bir depolama alanı. Boy, plan ve yön olarak birbirine benzeyen evler bir dama tahtası biçiminde dizilmişti. Bu düzenlilik herkesin uyduğu, açıkça tanımlanmış mimari kuralların varlığını akla getiriyor.

Alt evre 3, Kanallı Yapı alt evresinde, ev temelleri büyük ölçüde doldurularak yalnızca su akış kanallarına yer bırakılmıştı. Köy alan olarak genişlemişti, ama evler daha büyük aralıklarla dağılmıştı. Yerleşimin doğu ucunda kazıcılarca "Plaza" adı verilen, özenle açık bakılmış bir bir kült alanı kurulmuştu. Bu alt evrede, kil zeminin üzerine iki sıra halinde geniş dikili taşlar yerleştirilmişti.

Alt evre 4, Kaldırımtaşı Döşeli Yapı alt evresinde, evler yeraltı sularından kanallar yerine çakıl dolgu ile korunmuştu. Plaza önceki haliyle devam etti.

Alt evre 5, Hücre Yapı alt evresinde evler eskisinden çok daha genişti. Tüm alt evrelerde olduğu gibi, daha eski binalar bilinçli şekilde terk edilmiş ve yeni türden binalar bunların üstüne örgütlü bir yenileme projesi kapsamında inşa edilerek doldurulmuştu. Taş temellerin, belki de depo odaları olarak kullanılan hücre benzeri bölmelere bölünmesi bu dönemdeki mimarinin tipik özelliğiydi. Üstyapılar dal örgü yerine kerpiçten yapılmıştı. Evlerin plan ve boyları çeşitlilik gösteriyor ve bazen geniş avlular da içeriyordu. Plaza'nın artık yerleşim yerindeki en büyük evlerce çevrelenmesi bu alanın önemini gösteriyordu. Dahası, evlerin içindeki buluntular da çeşitlilik gösteriyordu. Alt evre 2'nin aksine ev planları ve içeriklerindeki böylesi farklar işleyişte toplumsal ayrımları akla getiriyor: Childe'ın ikinci kent kıstası, "gelişmiş toplumsal tabakalaşma."

Alt evreler 1–5'te dört çarpıcı topluluk yapısı vardı. Son üçü ayırıcı mimari özellikleri ve içerikleri nedeniyle kült merkezleri olarak belirlenmiştir. Mimari alt evrelerdeki kesin konumları belli değildir, çünkü kazı alanının kenarlarında

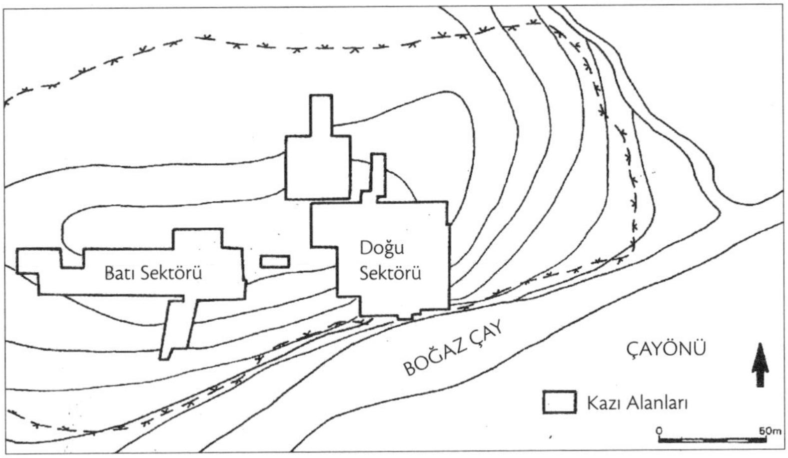

ŞEKİL 1.5 Çayönü genel kazı alanı planı.

kendi terasları üzerinde inşa edilmiş ve çeşitli inşa hareketleri boyunca varolmuşlardır. Yine de inşa sıralaması şöyle gibi görünüyor: İlki, geniş yuvarlak bir yapıydı. Bir sonraki, geniş "Saltaşlı Yapı" 2 metre uzunluğunda cilalanmış kireçtaşından bir zemine sahipti; zemine büyük taşlar dikilmişti. Üçüncüsü, en az altı kere tekrar inşa edilmiş olan "Kafataslı Yapı" her zaman insan iskeletleri veya parçalarını barındırmıştı. Bina ilk kazıldığında yetmiş insan kafatası bulunmuştu; kemikler 450'den fazla bireyin kalıntılarını içeriyordu. Bu yapı muhtemelen ikinci derece cenazeler için bir kemik eviydi. Belki de, Ceriko'daki atalara ibadetin başka bir çeşidi olan, ölülerin anılması için de bir odak işlevi görüyordu.

Dördüncü ve sonuncusuna ise "Terazzo Yapı" adı verilmişti. Çok sert, 40 cm kalınlığında cilalanmış çakıl taşları ve kireçtaşını yakarak yapılmış pembemsi kireçten meydana gelen, çok özenle hazırlanmış bir zemini bulunan büyük tek bir odadan oluşuyordu. Yere yerleştirilmiş beyaz taşlarla doğrusal desenler çizilmişti. Böyle "terazzo" zeminler başka yerlerde de bulunmuştur, ama bu dönemden sonra 5.000 yıl boyunca, demir çağına kadar, bu teknik unutulmuştu.

Alt evre 6, Büyük Odalı Yapı alt evresinde, köyün karakteri dramatik şekilde değişiyordu. Yerleşim küçüldü. Topluluk yapıları yoktu ve Plaza bir çöp atık yeri olarak kullanılıyordu. Evler yalnızca bir veya iki geniş odadan oluşuyordu. Çayönü'nde önemli bir toplumsal değişim olduğu açıktı; aşağıda belirtildiği gibi, ekonomik verilerden de değişim yönünde kanıtlar gelmişti.

Çömlekli neolitik (Evre II), yaklaşık MÖ 6000–5000, çömlekçiliğin ani ortaya çıkışıyla tanımlanır. Arada başlangıç, deneysel evreler belirlenmemiş olduğundan bu tekniğin dışarıdan geldiği varsayılır. Yerleşim dramatik bir

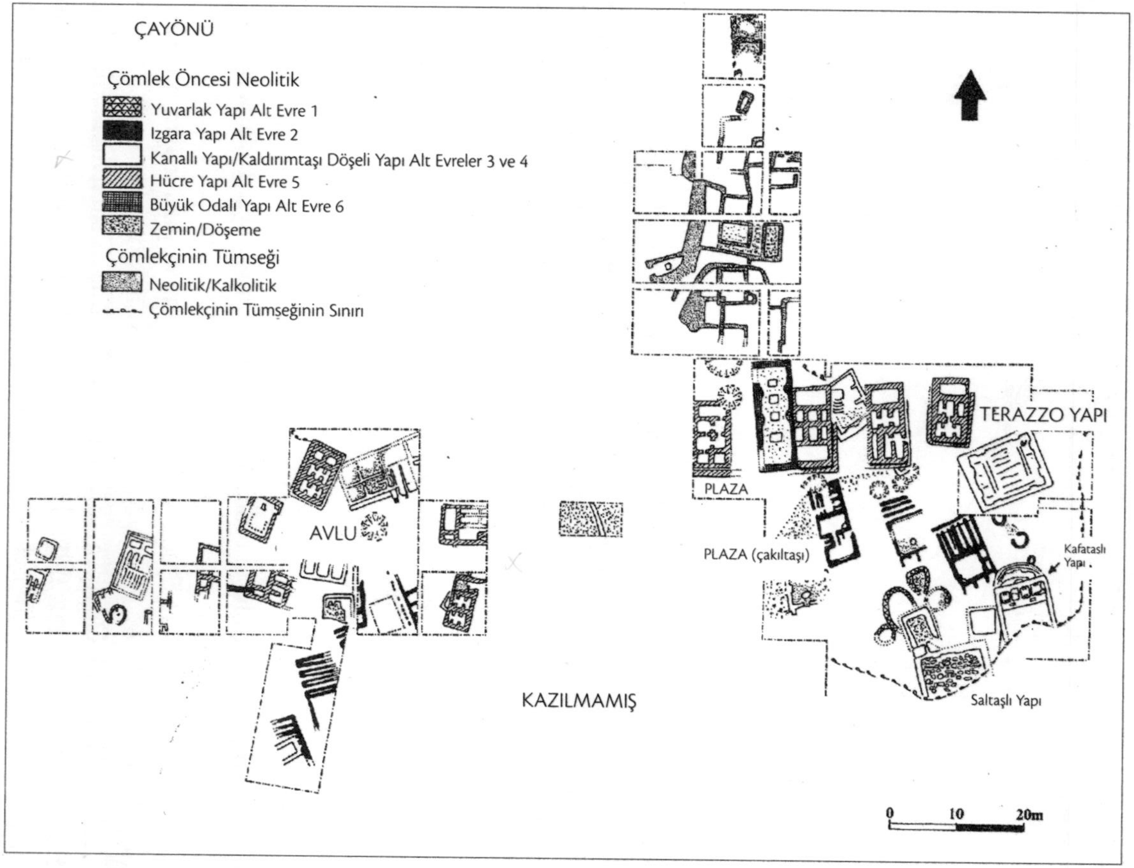

ŞEKİL 1.6 Neolitik ve kalkolitik düzeylere ait planlar, Çayönü.

boşluk olmadan önceki halinden devam eder, ama artık Izgara Plan alt evresinde (alt evre 2) yerleştirilen düzgün yapı düzeninin yerini dar sokaklar boyunca düzensiz biçimli ev öbekleri almıştır. Topluluk yapıları hâlâ yoktur.

Neolitik Çayönü'nün ekonomisine gelince, kazılar, köy ekonomisinin yerleşimin aralıksız devam ettiği bu 3.000 yıllık dönemde, besin toplayıcılığından besin üretimine doğru evrimini belgelemiştir. Alt evreler 1–5 süresince, köylüler yabani bitkilerin toplanması ve yabani hayvanların avlanmasına bağlıydı. Beslenme baklagiller, mercimek, fiğ yetiştiriciliği ve daha sonraları bunlara eklenen Einkorn buğdayıyla destekleniyordu. ÇÖN B'nin sonlarına doğru, Alt evre 5'te bu kalıp değişmeye başladı. Çok sayıda evcilleştirilmiş koyun ve keçi ortaya çıkarak beslenmenin düzenli bir parçası oldu. Yabani hayvanların avlanması kayda değer derecede azaldı.

Çayönü erken metalurji konusunda da çarpıcı kanıtlar sunmuştur. Yakınlarda bulunan bakır ve bakırtaşı Alt evre 2'de işlenmiştir. Alt evre 3 ve 4'te metal işçiliği artarken bundan sonra düşüşe geçmişti. İğne, kanca ve maktap uçları gibi aletler yapmak için cevher ısıtılmadan dövülüyordu; bu daha sonraları çok önem kazanacak bir teknolojiye basit bir başlangıçtı. Daha kolay biçimlendirmek için bakır öbeklerinin eritilmeden ısıtılması, yani tavlama da yapılıyordu. Çayönü'ndeki buluntular Yakındoğu'da bilinen ilk metal kullanımları arasındadır.

Boncuk yapımı ve dokuma gibi başka zanaatlar da icra ediliyordu. Ev yapımı bir keten kumaş izi Yakındoğu'da dokuma zanaatının ilk kanıtlarından biridir. Alet ve süslemelerde kullanılan obsidiyen ve deniz kabuklarının varlığı uzun mesafeli ticaretin göstergeleridir.

Çayönü'ndeki zanaatkârların bunları tam zamanlı olarak icra edip etmedikleri bilinmiyor. Eğer yaptılarsa, o zaman Childe'ın üçüncü kent kıstasını yerine getirmiş oluyorlar: "Çiftçilik dışında meslekler." Childe'ın listesindeki diğer etmenlerden Çayönü'nde mevcut olanlar arasında toplumsal tabakalaşma (yukarıda değinildi) ve anıtsal kamusal mimari de olabilir. Ama tanımındaki diğer öğeler eksiktir. Çayönü'ndeki kazıların bize gösterdiği, neolitik dönem boyunca toplumsal yaşamın nihayetinde MÖ dördüncü binyıl sonları ile üçüncü binyılın kentlerine dönüşecek olan belli özelliklerinin yavaş yavaş ortaya çıktığıdır.

Göbekli Tepe: Erken Neolitikten Bir Törensel Merkez

Son yılların sansasyonel keşiflerinden biri, erken neolitik insanlarının maddi dünyasında ideolojinin rolü hakkında büyüleyici sorular akla getiren, Güneydoğu Türkiye'de, Şanlıurfa'nın 15 km kuzeybatısındaki Göbekli Tepe adlı törensel merkezdir (**ŞEKİL 1.7** ve **1.8**). 1995'ten beri Klaus Schmidt yönetiminde Alman Arkeoloji Enstitüsü ile Şanlıurfa Müzesi'nden bir ekipçe kazılan bu

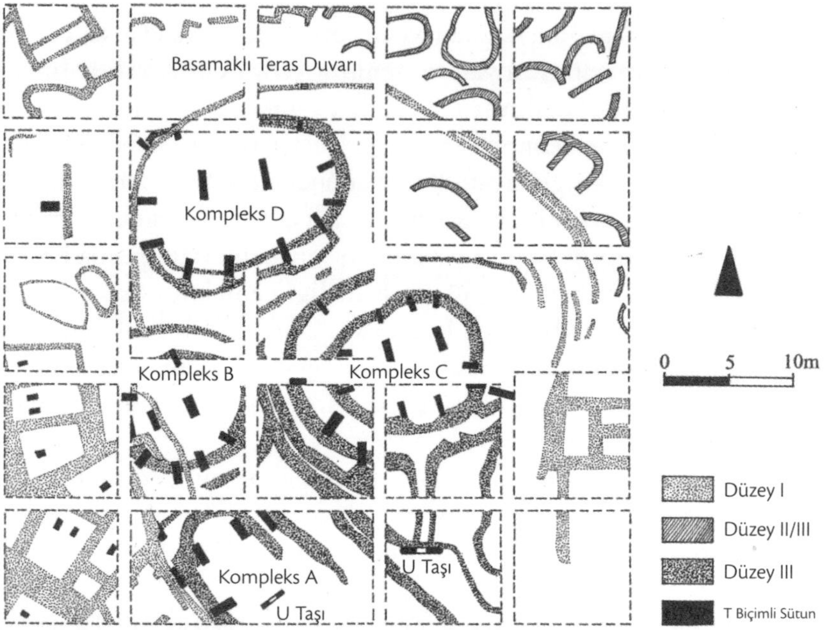

ŞEKİL 1.7 Merkez alan (2007'deki hali) planı, Göbekli Tepe.

ŞEKİL 1.8 Kompleks C (önde) ve Kompleks B, Göbekli Tepe.

ŞEKİL 1.9 Kompleks D'de kısmen çıkarılmış stel, Göbekli Tepe.

heyecan verici tepe, güney ve batı yamaçlarına yerleştirilmiş en azından yirmi dairesel odadan oluşur. Odalar, orijinal yüksekliklerine kadar doldurularak bilinçli şekilde "gömüldükleri" için gayet iyi korunmuş durumdadır.

Odalar bir taş duvar, bazen de bir dizi iç içe taş duvardan oluşur. Bazılarında, büyük, monolitik T biçimli taş sütunlar duvarlara dik açıyla, takviye ve çatı desteği olarak yerleştirilmiştir. Yine tipik olarak odaların ortasında monolitik, T biçimli, çok yüksek ve dikdörtgen kesitli iki sütun da çatıya ek destek olarak yerleştirilmiştir. Schmidt bu odaların yerde gömülü, girişin ise Güneybatı Amerika Birleşik Devletleri'ndeki Pueblo Yerlilerinin yeraltı törensel odaları olan kivalar gibi çatıdan olabileceğini düşündüğünü ifade etmiştir. Kazılan odaların en büyüğü çapı 12 metre (iç) ile 30 metre (iç içe dört duvarın en dışındaki) olan Kompleks C'dir. Sütunları 5 metre yüksekliğindedir.

Merkez sütunlar ile çevre duvarlara yerleştirilenlerin çoğu tipik olarak aslan, tilki, akbaba, yılan ve akrep gibi sıra sıra çok çeşitli korkutucu saldırgan hayvan, kuş ve böcekleri gösteren yontma rölyeflerle süslenmiştir (**ŞEKİL 1.9**). Her iki yanında uzun ince kollar ve elleri dar ön yüzde birleşmiş şekilde çizilmiş bazı sütunlar, insanları temsil ediyor gibi görünür. Bu imgelerin anlamları gerçekleştirilen ritüeller ve onların altındaki ideoloji ile bağlantılı olmalı, ama bunları bilemiyoruz.

Herhangi bir kalıcı yerleşim yokluğu, en azından bu dairesel komplekslerin temsil ettiği ilk düzeyde (Düzey III), bu yerin bir kültsel veya törensel merkez olduğunu açıkça gösterir. Bunun ötesinde, Göbekli Tepe hakkında pek çok şey hâlâ belirsizdir. Dairesel komplekslerin farklı zamanlarda inşa edildikleri düşünülmekte, ama hangi aralıklarla ve kimlerce yapıldığı bilinmemektedir. Bu tepeüstünün çevreye hükmeden konumu merkezin geniş bir bölgeden insanlarca geliştirildiği ve desteklendiğini düşündürtür. Bu insanlar kimdi? Köylü, göçebe veya avcı toplayıcı mıydılar? Taşların çıkarılması, yontulması ve inşaatta harcanan olağanüstü emeği kim örgütlemişti?

Kazı alanının kronolojisine gelince, Düzey III ÇÖN A'ya yerleştirilmiştir. Daha küçük daireler, küçük oval kulübeler ve dikdörtgen evlerin olduğu Düzey II ise ÇÖN B olarak belirlenmiştir. Karbon 14 sonuçlarına dayanarak, Schmidt Düzey III'ü MÖ onuncu binyıl sonları, Düzey II'yi ise MÖ dokuzuncu binyıl olarak tarihlendirmiştir. Bu mutlak tarihler tartışmalıdır; bazı araştırmacılara göre fazla erkendirler.

Bununla karşılaştırılabilecek yontulmuş imgelere sahip monolitik sütunlar gibi niteliklere sahip diğer tek kazı alanı, Fırat Irmağı'nın doğu kıyısında kült merkezi de içeren ÇÖN B yerleşimi Nevalı Çori'dir. 1993'te kazılan bu alan artık Atatürk Barajı'nın oluşturduğu gölün altında kalmıştır. Göbekli Tepe ile Nevalı Çori arasındaki uzaklık 70 km'dir. Göbekli Tepe'nin etrafında bu yarıçapın oluşturduğu çevrede erken neolitik dönemde benzer kültsel özelliklere sahip başka alanlar da olabilir. Bu konudaki bilgileri heyecanla bekliyoruz.

Çatalhöyük

Yukarıda değinilen neolitik dönem eğilimleri, kasaba planlamasında, mimaride, tarımda (hayvancılık dahil), teknoloji ve dinde gelişmeler, Çatalhöyük'te (Batı Türkiye, Konya yakınlarında) yaklaşık MÖ 6500–5000 tarihli iyi korunmuş on iki yapıda dramatik şekilde bir araya gelir. Kazı alanı uygun koşullara sahip bir çevresel ortam olan, Konya Ovası'nda bulunmaktadır. Jeomorfolojik incelemeler neolitik dönemde kasabanın bir ırmak, göl ve bataklıkların yakınında bulunduğunu, tepelerin de uzakta olmadığını gösterir. Kazı alanı doğu ve batı olmak üzere yan yana iki höyükten oluşur. Doğu höyüğü bizi burada ilgilendiren neolitik kalıntıları içerirken, batı höyüğünde yerleşim daha sonraki erken kalkolitik döneme aittir. Doğu höyüğü bu dönem için olağanüstü geniş olan 13 hektar gibi bir alana sahiptir. 1960'ların başlarında Ankara'daki İngiliz Arkeoloji Enstitüsü'nden James Mellaart tarafından yalnızca 0,4 hektarlık kısmı kazılmıştı, ama 1993'te şimdi Stanford Üniversitesinde olan Ian Hodder yönetiminde başlayan mevcut kazılar açığa çıkarılmış alanı genişletilmekte.

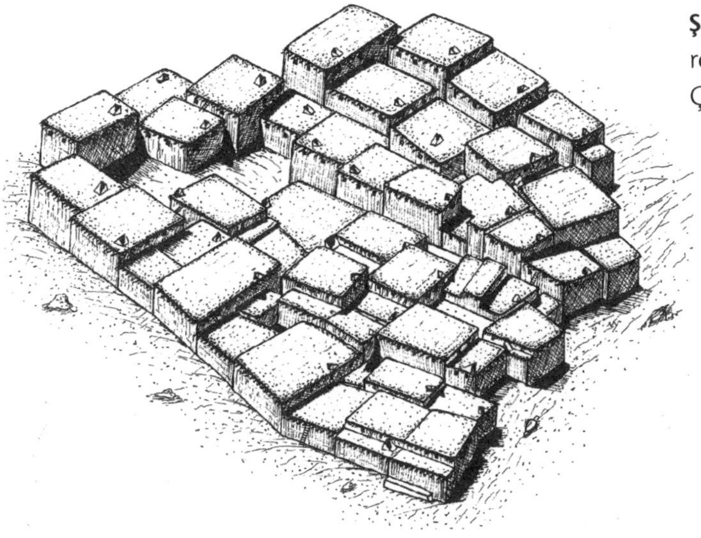

ŞEKİL 1.10 Evlere ait rekonstrüksiyon, Çatalhöyük.

Kasabanın görüntüsü Güneybatı Amerika Birleşik Devletleri'ndeki Amerikan Yerlilerinin *pueblo*'larını andırır ve antik Yakındoğu'da başka bir benzeri yoktur (ŞEKİL 1.10). Evler kerpiçten, çoğunlukla ahşap sütun ve kirişlerden oluşan bir iskelet üzerine yapılmıştı. Düz çatılar ahşap bir örgünün üzerine kaplanmış kilden meydana geliyordu. Evler öbek halinde, duvarları komşularınınkilere değecek şekilde dizilmişti. Her ne kadar kazı alanının çevresini sokaklarla birleştirilmiş ufak avlular kuşatsa da, yapı öbeğinin içinde avlular vardı, ama sokak yoktu. İnsanlar evlere düz çatılardan giriyor, yere bir merdivenle iniyorlardı. Kasaba eğimli zeminde bulunduğundan çatıların yükseklikleri değişiyordu. Bu balpeteği düzeni bir savunma sistemi olarak düşünülmüş olabilir mi? Tüm kazı alanında kullanılmış mıydı, yoksa yalnızca kazılmış olan bu semtte mi kullanılmıştı? Bu soruların bazıları yeni kazılar aracılığıyla cevaplanabilir.

Tipik bir evin nispeten küçük içi, zemin yüzölçümleri toplamı en fazla 30 m^2 olan bir ana odayla buna bitişik bir depo odasından meydana geliyordu. Duvarlarda yüksekte bulunan küçük pencerelerin ışık sağladığı ve tepede normalde bulunan delikle birlikte ocak ve fırınların dumanının çıkmasına imkân verdiği ileri sürülmüştür. Her evde bir ana platform ile bunun bir ucunda yükseltilmiş bir sıra olmak üzere en az iki alçak platform vardı. Bu sabit "mobilyalar" odanın farklı amaçlar, iş veya eğlence için bölünmesini sağlamış olmalı. Bunlara ek olarak, ölülerin kemikleri de, belki de cesetler dışarıda bırakıldıktan ve etler akbabalarca ayıklandıktan sonra bu platformların altına gömülüyordu. Sıra dışı gömülerden birinde yüzü kırmızıya boyanmış bir kafatası tutan genç bir kadının kalıntıları vardı. Ceriko'da olduğu gibi, bir evin zemininin altında ataların varlığı ilk tarımcıların toprağın ebedi mülkiyetini belirtmek, işgallerini meşrulaştırmak için başvurdukları bir yol olabilir. Böyle kent içi gömüler,

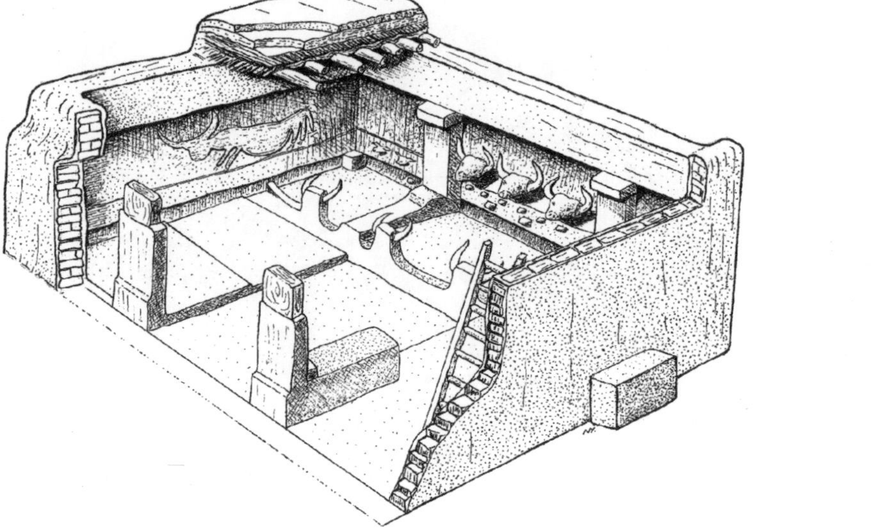

ŞEKİL 1.11 Tapınak ev rekonstrüksiyonu, Çatalhöyük.

daha sonraki klasik dönem mezarlıklarının özenle kent dışlarında tutulmasıyla keskin bir tezat oluşturur: Yunanlılar ve Romalılara göre, ölüler yaşayanların topraklarını tehdit eder, kirletirdi; dolayısıyla uzakta tutulmaları gerekirdi.

Mellaart'ın kazıları döneminde yüksek yeraltı su düzeyi sayesinde organik kalıntılar beklenmedik derecede iyi korunmuş durumdaydı. Yakın zamanlarda, yerel çiftçilik sektöründeki gelişmeler nedeniyle su düzeyi dramatik derecede düşmüştür; arkeolojik kalıntıların korunması olumsuz etkilenebilir. Çatalhöyük'te yetiştirilen bitkiler arasında tahıllar (arpa ve buğday gibi), kabuklu yemişler (fıstıklar ve bademler) ve baklagiller (bezelye ve acı fiğ) vardı. Büyük ölçüde vejetaryen beslenme, sığır, koyun ve keçi etiyle destekleniyordu. Sığır kemikleri üzerinde yapılan analizler sığırların evcilleştirilmiş olduğunu gösteriyor, ki bu Batı Asya'da bilinen en eski örneklerden biri. Avlanan yaban hayvanları arasında ise kızıl geyik, yaban domuzu, yabani sığır ve koyunlar sayılabilir (Gerçi yünlü tekstilllerin varlığı, yün evcilleştirilmiş hayvanlardan elde edilen bir ürün olduğundan, evcilleştirilmiş koyunların varlığını gösteriyor).

Çatalhöyük sakinleri arasında yetenekli zanaatkârlar da vardı. Basınçla parçalanmış, güzel obsidiyen mızrak uçları, ok uçları ve çakmaktaşından hançerler yontma taş aletleri yapanların becerilerinin bir göstergesidir. Kurşun kolyeler ve bakır cürufunun bulunmuş olması metalurji bilgisine işaret eder. Çömlekçi çarkı kullanılmadan hep elde yapılmış çömlekler, en erken düzeylerden itibaren mevcuttur, ama ahşap kâse, kupa ve kutular bulunması normalde yok olabilir materyallerden (deri, sepetler ve ahşap) kapların da gündelik yaşamda aynı derecede önemli bir rol oynadığını bize anımsatır. Yünlü ve belki de keten tekstillerin varlığı, tıpkı yakılarak korunan ahşap nesneler gibi alışılmışın dışında erken tarihli örnekler. Örgüde kullanılan desenler buradaki duvar resimlerinde tasvir edilmiş olabilir.

Çatalhöyük, obsidiyenin kilit bir mal olduğu kapsamlı bir ticaret şebekesinin parçasıydı. Burada bolca obsidiyen bulunması, Orta Anadolu'daki Karaca Dağ ve Hasan Dağ gibi volkanik dağlar düşünüldüğünde şaşırtıcı değil. Daha uzak mesafelerden gelen nesneler arasında özellikle boncuk olarak değerli Akdeniz'den deniz kabukları ve Sina'dan türkuvaz vardı.

Dini faaliyetlere dair de bol miktarda kanıt vardır. Çok sayıda inşa düzeylerine dağılmış kırktan fazla evin tapınak olduğu belirlenmiştir. Planları normal evlerden farklılık göstermemekle birlikte, dekorasyonları farklıdır. Zanaatkârlar bu odaları duvar resimleri, yontma rölyefler, serbest duran figürler ve gerçek boğa, dağ keçisi boynuzları ve tilki çeneleri ile donatmıştır (**ŞEKİL 1.11**).

Bir neolitik kasabasında yaşamı göstermeleri açısından duvar resimleri özellikle ilgi çekicidir. Bazı duvarlarda herhangi biri resim içerebilecek 100 kadar sıva katmanı vardır; bu da koruyucuların işlerini son derece zorlaştırır. Resim tekniği, beyaz sıvadan bir arkaplan üzerine yağla karıştırılmış doğal pigmentlerden oluşan boyanın uygulanması şeklindeydi. Resim konuları arasında yukarıda sözü edilen tekstil desenleri, başsız insanlara saldıran akbabalar, sığır ve geyik avları ile insanlarca inatla kovalanan yaban boğaları sayılabilir. Bir duvar resmi patlayan bir volkanın altında kasaba olabilecek bir şeyin stilize bir temsilini gösterir (**ŞEKİL 1.12**). Belli resimler alçı doldurularak yapılmış üç boyutlu rölyefler tarzındaydı. Bunlar boğa veya koç başlarını (genellikle rölyefe katılmış gerçek boynuzlarla), bazen leoparları ve bir de ayıyı (daha önce bir kadın figürü olarak teşhis edilmişti) temsil ediyorlardı.

Serbest figürler de benzer şekilde hayvanların büyülü gücüne ve bereket arzusuna vurgu yapar. Büyük bir kadının figürini (belki bir tanrıça?) bu inançları gayet etkili olarak ifade eder (**ŞEKİL 1.13**). İki leopar (veya panter) arasında oturan kadın, doğum yapma sürecindedir. Antik erkek ve kadınlar için bu

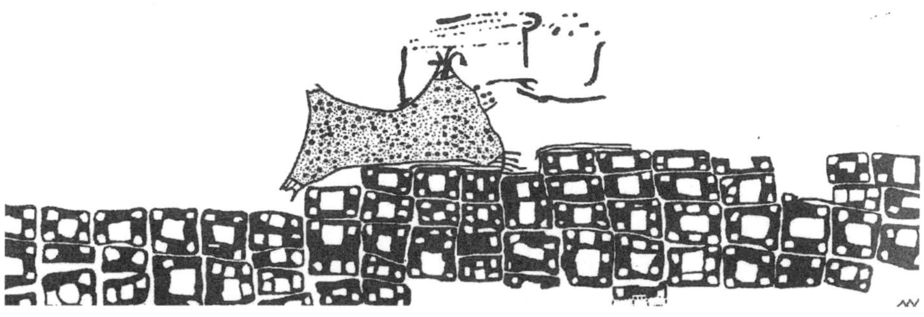

ŞEKİL 1.12 Patlayan volkan ve kente ait duvar resmi, Çatalhöyük. Anadolu Medeniyetleri Müzesi, Ankara.

ŞEKİL 1.13 Muhtemelen bir tanrıça olan oturan şişman kadına ait terakota figürin, Çatalhöyük. Anadolu Medeniyetleri Müzesi, Ankara.

kadının obezliği bol, güvenilir besin kaynakları anlamına geliyor olmalıydı. Refahı, doğurganlığı ve yaban hayvanları üzerindeki egemenliği onu neolitik çağ insanlarının ulaşmak istediklerinin çoğunun sembolü kılıyordu.

Çatalhöyük sakinlerinin dini uygulamalarını tekrar oluşturabilmek için daha sonraki okur yazar kültürlerde varlığı bilinen ve modern etnografya tarafından kaydedilen uygulamalarla benzetimlere dayanmak durumundayız. Çatalhöyük'teki resim ve heykellerin sunduğu çarpıcı imgeler bizi yorumlarımızdan emin olmaya itiyor. Ama dikkatli olmalıyız. 7.500 yıl önce yaşamış insanların inançlarının hâlâ büyük ölçüde karanlıkta olduğunu kendimize sürekli anımsatmalıyız.

Şeflik ve Devletlerin Gelişimi

Çatalhöyük'ün bu kadar ilgi çekmesinin nedeni kısmen ilk kazıldığında kültürel bağlamının büyük ölçüde bilinmemesi ve Yakındoğu'daki çağdaş yerleşimleri değerlendirebileceğimiz fazla bir araştırmanın mevcut olmamasıydı. Orta ve Güneydoğu Türkiye (Çayönü, vb.), Suriye, Irak ve İran'daki birbirini takip eden projeler bu resmin içini doldurmaya başlamıştır. Yine de, olağanüstü korunmuşluğuyla Çatalhöyük, bizlere diğer neolitik kasaba ve köylerin neye benzediğine dair fikir verme konusunda çok ayrıcalıklı bir yere sahiptir.

Çatalhöyük'ün MÖ altıncı binyıl ortalarında terk edilmesiyle, Orta Anadolu'daki çarpıcı yenilikler son buldu. Bölgede köyler var olmaya devam etti, ama önemli gelişmelerin odağı doğuya, Mezopotamya'ya doğru kaydı. Bundan sonraki 2.000 yılda, Halaf ve Obeyt dönemlerinde neolitik topluluklar adım adım merkezi siyasal sistemlere, yani şeflik ve devletlere doğru evrim geçirdiler. Bu evrimin son aşaması Sümerlerin büyük kentsel medeniyeti olacaktı. Şeflik tek bir yöneticinin, bir şefin iki veya daha fazla yerel grup üzerinde yetkiye sahip olduğu ve gücünün aşağı doğru bir astlar hiyerarşisi şeklinde dağıldığı siyasal sistemdir. Devlet ise iktidarın ekonomik, askeri, yasal ve ideolojik kurumların bileşimi olan merkezi bir hükümette olduğu daha resmi bir sistemdir. Devlet, işlerini kişidışı yollardan düzenleyebilir ve kararlarını desteklemek adına güç kullanıp cezalar dağıtabilir. Devletin tipik özelliklerinden biri toplumsal tabakalaşmadır; şefliğin de öyle.

Yakındoğu toplumlarının Halaf ve Obeyt dönemlerindeki gelişimi tartışmalı olmakla beraber, ana hatları kabaca belli gibi görünmektedir. Toplumsal örgütlenme çeşitlilik gösteriyordu. Bazı kasabalarda norm eşitlikçi, hiçbir grubun ayrıcalıklı olmadığı bir toplumken, diğer yerlerde topluluğun bazı üyelerinin diğerlerinden daha fazla statüye, ayrıcalığa ve mülkiyete sahip oldukları ekonomik ve toplumsal hiyerarşiler ortaya çıktı. Zaman içinde hiyerarşiler üstün gelecekti. Bunun nedeni, kimileri için zenginlik ve güç birikimi sağlayan, depolanabilecek ve ticarette kullanılabilecek fazla üretimi gerçekleştiren besin kaynaklarının yönetimi gibi görünüyor. Din böylesi bir eşitsizlik için ideolojik meşruluk sağlamış olabilir. Ayrıca bu dönemler teknolojide (çark yapımı çömlekler, sac metal), ulaşımda (yelkenli tekneler) ve tarımda (ağaç yetiştiriciliği) yeniliklere şahit olmuştu. Halaf ve Obeyt çömleklerinin Türkiye'nin Akdeniz kıyılarından İran'a kadar geniş bir alana yayılmış olmasından anlaşıldığı gibi ticaret şebekeleri varlıklarını sürdürmüşlerdi. Antik Yakındoğu'nun teknolojik, ticari ve toplumsal dünyası kendini yavaş yavaş gelişmiş kentlerin ortaya çıkışına hazırlıyordu.

BÖLÜM 2

Erken Sümer Kentleri

➤ Obeyt dönemi:	yaklaşık MÖ 5000–3500
➤ *Protoliterate* (Uruk) dönem:	yaklaşık MÖ 3500–2900
➤ Erken hanedanlar dönemi:	yaklaşık MÖ 2900–2350

Yakındoğu-Akdeniz havzasındaki ilk kentleri Güney Mezopotamya veya Sümer'de, Sümerler adını verdiğimiz bir halk kurdu (**ŞEKİL 2.1**). Bundan önceki 5000 yıl boyunca Güneybatı Asya'daki çevresel değişimlerin insanların besin üretimi üzerinde söz sahibi olmaları sonucunu getirdiğini görmüştük; bu, sabit yerleşimler de dahil olmak üzere çok büyük toplumsal değişimleri getirdi. Bu kasaba ve köylerin sosyoekonomik gelişimleri Childe'ın gerçek bir kentin özellikleri olarak ortaya attığı on kıstasın yavaş yavaş ortaya çıkışının izlerini taşıyordu. On kıstasın tümü nihayet MÖ dördüncü binyılın sonlarında Sümer'de ortaya çıktı.

Bu bölümde erken Sümer kentleri incelenecek. Gerçek kentlerin neden bitki ve hayvanların evcilleştirilmesi açısından çok önemli olan Bereketli Hilal ve Anadolu–Zagros yaylalarının parçası olmayan ufak bir bölgede, Güney Mezopotamya'da ortaya çıktığını öğreneceğiz. Sümerleri yerleşimlerini "kent" düzeyine yükselten aracı, yani yazıyı geliştirmeye iten etmenler neydi? Sümer kentinin tipik özellikleri neydi ve Bölüm 1'de değindiğimiz neolitik kasabalardan farkları nelerdi? Örnek olarak, özellikle Uruk kenti ile kuzeyindeki Habuba Kabira kolonisini inceleyeceğiz. Diğer iki kentin de çeşitli yönleri ele alınacak: Hafaci'te [Tutub] önemli bir dini kompleks olan Oval Tapınak ve Erken Hanedanlar III döneminden bozulmamış halde bulunan olağanüstü gömüler içeren Ur Kral Mezarları. Ama Uruk'a dönmeden önce Sümerler hakkında bazı bilgiler verelim.

Sümerler ve Çevreleri

Güney Mezopotamya'nın MÖ dördüncü binyıldan ikinci binyıl başlarına dek bilinen sakinleri Sümerler adlarını antik Akadların bu bölgeye verdiği "Şumer" sözcüğünden alırlar. MÖ dördüncü binyıl içinde keşfettikleri yazı sayesinde, Sümerler hakkında neolitik çağdaki adsız öncüllerine göre çok daha fazla şey biliniyor. Kil tabletlerinin günümüze kadar kalması ve kentlerinin kalıntıları, antik Yakındoğu'da gittikçe artan toplumsal karmaşıklığın izini daha emin şekilde sürmemizi sağlıyor.

Sümerler insanlık tarihinde tektirler. Dillerinin bilinen akrabaları yoktur. Mimarileri ve ürettikleri nesneler diğer bölgelerle etnik bağlara işaret etmez. Ancak, kentlerindeki maddi kalıntıların devamlılığı Sümerlerin zaten geç neolitik dönemde, MÖ altıncı binyılın sonlarında, yazıyı geliştirmelerinden çok önceleri, Güney Irak'a yerleşmiş olduklarını düşündürtür. Bölgede bilinen en eski yerleşimlerin ait olduğu bu çağa, bu erken dönem kalıntıları açısından bereketli bir kazı alanından dolayı Obeyt dönemi adı verilir. Bunu izleyen dönemler *Protoliterate* veya Uruk dönemi (Uruk kenti baskınken); daha sonra Sümer şehir-devletlerinin gittikçe zenginleştiği Erken Hanedanlar dönemidir (EH I, II ve III olarak gösterilen üç döneme ayrılır).

Sümerleri ayrı kılan özellik kentleriydi. Gerçekten de, bağımsız, kendi kendini yöneten kentler temel siyasal birimlerdi. Göreceğimiz gibi, bu açıdan Sümer, Antik Yunan'a benzer. Bu siyasal gelişmede belirleyici etmen coğrafya değil gibi görünüyor, çünkü Sümer arazisi düzdür, yalnızca ırmak ve kanallar vardır, oysa Yunanistan dağ ve vadilerle bölünmüştü. Bunun yerine dini nedenler söz konusu gibi görünüyor. Her Sümer kenti ismen bir tanrı veya tanrıçaya aitti. Dolayısıyla, ilahi bir ev olan tapınak, hem ritüel hem de ekonomik faaliyetlerin merkeziydi. Aynı zamanda bölgesel yönetim merkezi haline de geldi. Böyle bir tapınağın çevresinde gelişen her kasaba, hükümdar tanrı adına ölümlü bir

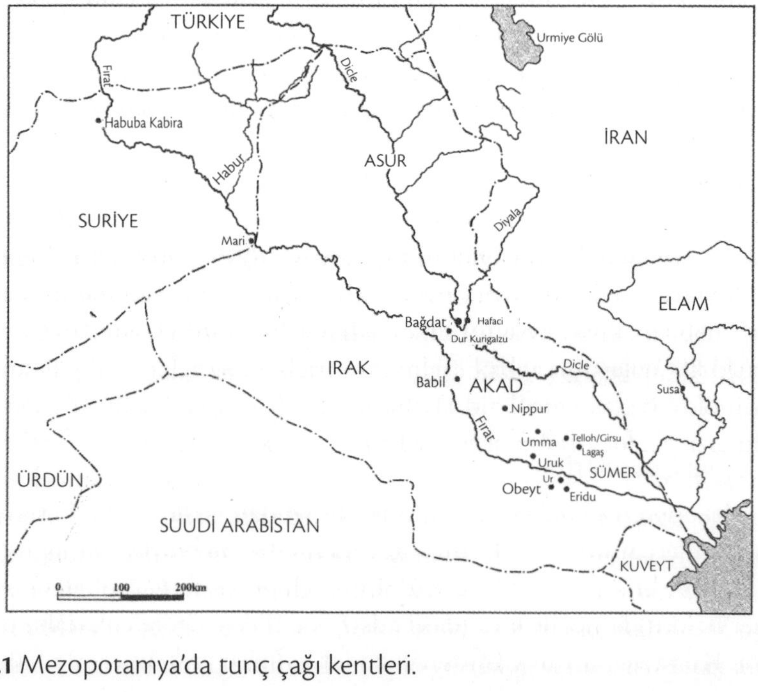

ŞEKİL 2.1 Mezopotamya'da tunç çağı kentleri.

krala (Sümercede *lugal*) veya naibe (*ensi*) emanet edilirdi. Sümer mitlerine göre krallık ilk olarak Eridu kentinde başlamıştı. Daha sonra bu kurum kopyalanarak diğer kasabalara yayılmıştı. Buna göre, şehir-devlet uzak kahramanlık dönemlerinde tanrı eliyle ortaya çıkmıştı; ilahi destekli şehir-devlet Sümerler için temel siyasal örgütlenme birimi olacaktı.

Tarım arazilerinin değerli olduğu bu bölgedeki toprak kavgaları sonucunda, Erken Hanedanlar döneminde kentler arasındaki rekabet kızıştı. Savaşlar insanları kırsal alanlardan artık ciddi tahkimatlarla korunmuş olan kentlere yöneltti. Kentlerden hiçbiri üstünlük sağlayamadı. Bunun yerine, şehir-devletin temel siyasal, dini ve toplumsal birim olarak pekişmesiyle sonuçlanan belli bir denge var oldu. Gerçekten de, yaklaşık otuz kent başkenti Kiş'te ve dini merkezi Nippur'da bulunan sözde bir federe birlik halindeydi. Bu birliğin üye kentlerinin yöneticileri arasından seçilen başkanı "Kiş Kralı" unvanını taşırdı.

Kentler neden Güney Mezopotamya'da doğdu? Sümer, bitki ve hayvanların evcilleştirildiği Bereketli Hilal ve çevresindeki yaylalara uzaktı. Ancak iki etmen Sümer'e tarımsal zenginlik sağlıyordu: Dicle ve Fırat ırmaklarının buraya bıraktığı alüvyonlu topraklar son derece bereketliydi ve iki büyük ırmağın kendisi de güvenilir tatlı su kaynaklarıydı. MÖ altıncı binyıldaki ilk yerleşimcilerin Bereketli Hilal'den getirdiği tarımsal yenilikler burada kök saldı, serpildi.

Kentlerin doğuşuna yol açan ekonomik ve toplumsal karmaşıklığın artışı Güney Mezopotamya içindeki farklı çevresel nişler arasındaki benzersiz bir etkileşimden kaynaklanmış olabilir. Bu bölge bereketli tarım arazilerinin yanı sıra bataklıklar (balıkçılık ve avlanma imkânları), step alanları (otlatmaya uygun) ile daha ileride dağlar ve deniz (uzak mesafe ticareti, odun, taş ve metaller gibi hammadde kaynaklarına erişim açısından önemli) içerir. Bölgenin nispeten küçük olması sayesinde bu nişler karşılıklı olarak erişime açıktı, bunun sonucunda bir sektörde çalışan insanlar diğerlerindekilerle ürün alışverişi yapabilirdi.

Sümer şehir-devletlerinin yükselişindeki diğer etmen de etkili bir sulama sistemi düzenleme ihtiyacıydı. Yazları kavurucu sıcak, kışları yumuşak ve ılık olan Orta ve Güney Mezopotamya'nın iklimi kuruydu. Başarılı bir tarım için sulamaya ihtiyaç vardı. Her ne kadar, ilkbahar sonunda Fırat ve Dicle, Türkiye ve Kuzey Irak'ın karla kaplı dağlarından gelen kar sularıyla yükselseler de, Mısır'dan farklı olarak burada alüvyon taşıyan ırmakların yıllık taşmaları çiftçilik açısından bir önem taşımıyordu. Sel dönemi olan ilkbahar sonları, kış ve yaz ekinlerinin yetiştirilme dönemleriyle pek çakışmıyordu. Bu nedenle, tarlalara doğru zamanlarda su getirmek ve yeni dikilmiş ekinleri sele kapılmaktan korumak için gelişmiş bir kanal sistemi geliştirilmişti.

Ancak, toprak suyu iyi kaldırmaz. Nil'in yıllık taşmaları Mısır tarlalarındaki zararlı tuzları götürürken, Mezopotamya'da sulama kanalları tuz getiriyor ama bunları geri götürmüyordu. Tuza dayanıklı arpa ana tahıl oldu. Ama bu tuzlar tarlalarda birikti ve yavaş yavaş toprağın o büyük bereketini yok etti. Arpa bile yaşamıyordu. MÖ üçüncü binyıl sonları kadar eski dönemelere ait belgelerden anlaşıldığı kadarıyla tuzlanma sorunu antik dönem insanlarını pek meşgul etmişti. Bir çareleri yoktu ve sonunda yenildiler.

Bugün bu düz, çoğunlukla bataklık alan ücra, yalnızca çobanlar ve küçük çiftçilerin kullandığı bir bölgedir. Bu bölgenin bir zamanlar serpilmiş bir kentsel medeniyet barındırdığını bizlere anımsatan yalnızca, araziye dağılmış çok sayıda höyüktür.

Uruk

Erken Sümer'deki en başat kent Uruk'tu (Arapçada *Warka*). Burada, uzun ve genellikle şanlı tarihi içinden Sümer kentçiliğinin önemli oluşum çağı olan *Protoliterate* dönem (Düzey IV ve III) Uruk'una odaklanacağız.

Başta Robert Adams ve Hans Nissen'in yönetiminde 1960'larda ve 1970'lerde yapılan arkeolojik araştırmalar Uruk'un *Protoliterate* dönemde bölgedeki açık ara en büyük yerleşim yeri olduğunu ortaya çıkarmıştır. Kent gerçekten de çok büyüktü. Obeyt ve *Protoliterate* dönemlerdeki en erken yerleşimlerin duvarları bulunamamış olmakla beraber, EH I dönemine ait kerpiç tahkimatların uzunluğu neredeyse 10 km idi ve 435 hektarlık devasa bir alanı çevreliyordu (**ŞEKİL 2.2**). Antik kentin olduğu kazı alanı Birinci Dünya Savaşı'ndan hemen önce Alman Şark Cemiyeti'nden ekiplerin yaptığı çalışmalardan itibaren yoğun şekilde incelenmiştir. Kazılar kentin başlıca kamusal yapıları olan tapınaklar üzerinde yoğunlaşmıştır.

Sümer kentlerinde anıtsal dini binaların önemi çarpıcıdır ve daha önceki neolitik kasabalardan önemli bir farkı vardır. Daha sonraki dönemlerde, kralların oturduğu saraylar bu merkezi konuma yükselir, ama daha ilk zamanlardan itibaren Sümer'de tapınaklar baskın olmuştur. Ne de olsa, yukarıda da değindiğimiz gibi, kentin ana tapınağında oturan tanrı veya tanrıça kentin ve herkesin gerçek yöneticisi kabul ediliyordu. Diğer tanrılar kente dağılmış daha küçük tapınaklarda yüceltilirdi. Uruk'un yanı sıra, Sümerlerce dünyadaki en eski kent olarak kabul edilen Eridu ve en önemli kutsal kent olan Nippur gibi diğer kentlerde de tapınaklar inşa edilir, tekrar biçimlendirilir ve yeniden inşa edilirdi; üzerinde durdukları tümsek de önceki tapınakların kalıntılarıyla gittikçe yükselirdi. Güney Mezopotamya'nın düz coğrafyasında bu platform kuleler insanların gözüne dağ gibi görünmüş olmalı. Nihayetinde "dağ" vazgeçilmez oldu, dolayısıyla eğer kentin gücü yetiyorsa, yeni bir tapınağa özel bir kutsal dağı yapılırdı. *Zigurat* adlı özel olarak inşa edilen bu basamaklı platformlar Mezopotamya mimarisinin kilit biçimlerinden biridir (En ünlü örnek olan Ur'daki Ur-Nammu zigurατı için bkz. Bölüm 3).

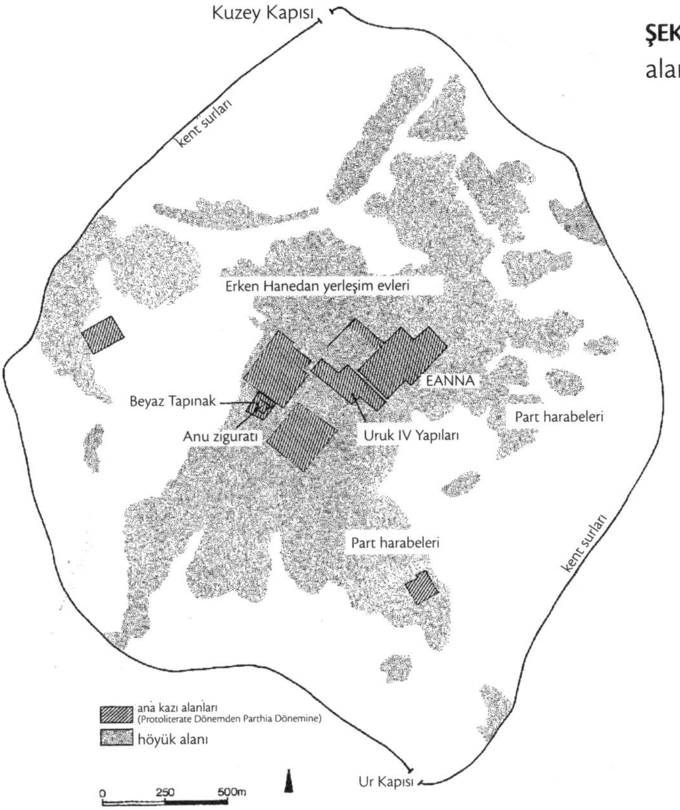

ŞEKİL 2.2 Uruk genel kazı alanı planı.

Bir Sümer kenti ayrıca yerleşim, yönetim (varsa saraylar da dahil), endüstriyel (zanaatkârların atölyeleri de dahil) faaliyetlere göre ve bir mezarlık olarak farklı bölgelere bölünürdü. Farklı toplumsal sınıflar bir arada ve karışıktı; farklı semtlerde birbirlerinden ayrılmış değillerdi. Benzer şekilde, işlevsel dağılımlar üst üste gelebiliyordu. Örneğin, yerleşim bölgeleri içinde dağınık şekilde zanaat atölyeleri bulunabiliyordu. Bu işlevlerin genel kent planında standart bir konumları yoktu.

Semtler cadde, duvar ve su kanallarına bölünmüştü. Öyle ki, bu sonuncusu Sümer kentlerine has bir şeydi. Bu kanallar daha geniş bölgesel su yolları sisteminin parçasıydı. Kentlerin yanlarından olduğu kadar, rutin şekilde içlerinden de geçmeleri Sümer coğrafyasındaki büyük önemlerine işaret ediyor. Teknelerin işleyebildiği kanallar, tümü de teknelerle ulaşılabilen ayrı pazarlar, ticari merkezler ve limanların doğmasına yol açmıştı.

Beyaz Tapınak ve Eanna Bölgesi

Uruk iki ana tapınak alanı içerirdi: *Beyaz Tapınak* ve *Eanna Bölgesi.* Biri, en azından ilerki dönemlerde, gök tanrısı An (veya daha sonra Akadlara göre Anu) (*Beyaz Tapınak*), diğeriyse onun kızı bereket, seks ve savaş tanrıçası İnanna'ya (*Eanna Bölgesi*) adanmıştı. Yaklaşık MÖ 3000 tarihli Beyaz Tapınak erken

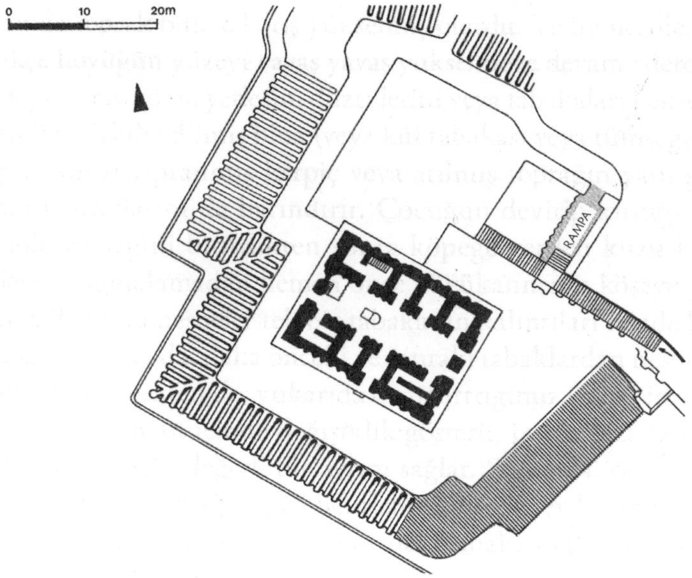

ŞEKİL 2.3 Beyaz Tapınak planı, Uruk.

Sümer "Yüksek Tapınak"larının güzel bir örneğidir (**ŞEKİL 2.3** ve **2.4**). Geçmişi en azından MÖ dördüncü binyıl başları/ortalarına kadar uzanan bir tapınağın en son inşa edilen hali 13 metre yüksekliğinde bir terasın üzerinde tek başına duruyordu. Tarihsel dönemlerde kentin bu bölgesinde Anu'ya ibadetin izleri olduğundan, tarihöncesinde de Beyaz Tapınak'ta An'a ibadet edildiği varsayılır.

Kerpiç duvarların dışı beyaz sıvayla kaplıydı; yapının modern adı da buradan gelir. Buna ek olarak, dış duvarlar payandalıydı. Bu tür payandalar Mezopotamya'da tuğla mimarisine üç boyutlu süslemeler katmanın tipik bir yolu olan çıkıntılı bir desen oluşturuyordu. Tapınağın "üç parçalı" kat planı üç uzun dikdörtgen birimden meydana geliyordu. Orta kısımdaki geniş holün bir ucunda kült heykeli için basamaklı bir kaide, ortasında ise bir sunak vardı. İki yandaki kısımlar küçük odalardan oluşuyordu. Merdivenler düz bir çatıya çıkıyordu.

Tapınağın girişlerinden biraz ötede, platformun kuzeydoğu yönündeki rampa görünür törenlerin önemine işaret eder. Rampa önce platformun tepesine tırmanan, sonra binanın çevresini dolanarak diğer taraftaki, belki uzun güneybatı, belki de kuzeybatı cephesindeki girişe yönelen bir tören alayının varlığını ima eder.

Uruk kenti antik tapınaklarının prestiji sayesinde MS üçüncü yüzyıla kadar varlığını sürdürdü. Ne var ki, Beyaz Tapınak'ın o zamana kadar kullanılmış olması pek muhtemel değildir. Buna karşın, kentin diğer başlıca tapınak bölgesi olan Eanna Bölgesi'nde, "göğün evinde"ki pek çok tapınakta ibadet MÖ ikinci

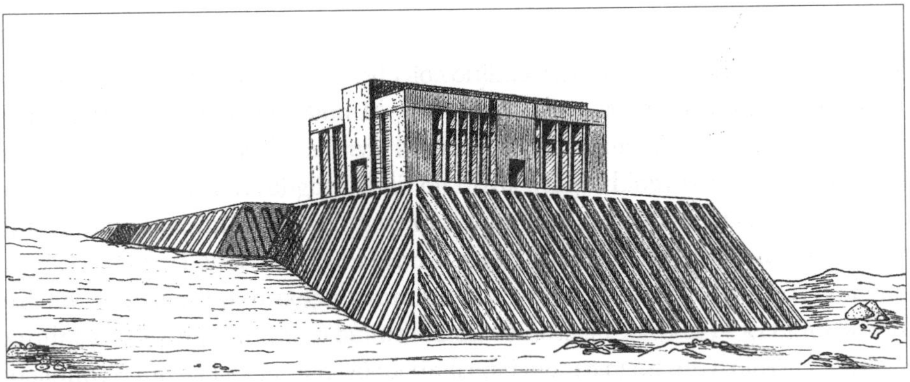

ŞEKİL 2.4 Beyaz Tapınak rekonstrüksiyonu, Uruk.

ve birinci yüzyılda devam etti (**ŞEKİL 2.5**). Bu bölgede tanrıça İnanna egemendi. Sümerlerden sonra da varlığını devam ettiren bu önemli tanrıça Akadlar ve Babilliler tarafından Astarte veya İştar adıyla benimsenmişti ve Anadolulu Kubaba (Kibele) ve Yunan tanrıçası Artemis ile de ortak özellikleri vardı.

Kazılar, Eanna Bölgesi'nin *Protoliterate* dönemde de uzun bir tarihi olduğunu, bu bölgede bir dizi tapınak ve bunlara bağlı dini binaların bulunduğunu ortaya çıkarmıştır. Bu yapılar çok hasarlıdır ve hiçbirinin planı kesin değildir, ama üç parçalı modelin görkemli ve süslü versiyonları olduğu anlaşılıyor. İki önemli *Protoliterate* düzeyden, IVb (önceki) ve IVa (sonraki), bazı yapılar **ŞEKİL 2.5**'te görülebilir. Geniş bir avlu ve revaktan oluşan Mozaikli Avlu Düzey IVb'de bölgeye yaklaşanlar için görkemli bir ön alan işlevi görüyordu. Buradaki mimari süslemeler dikkate değerdir: Geniş uçları parlak siyah, kırmızı veya

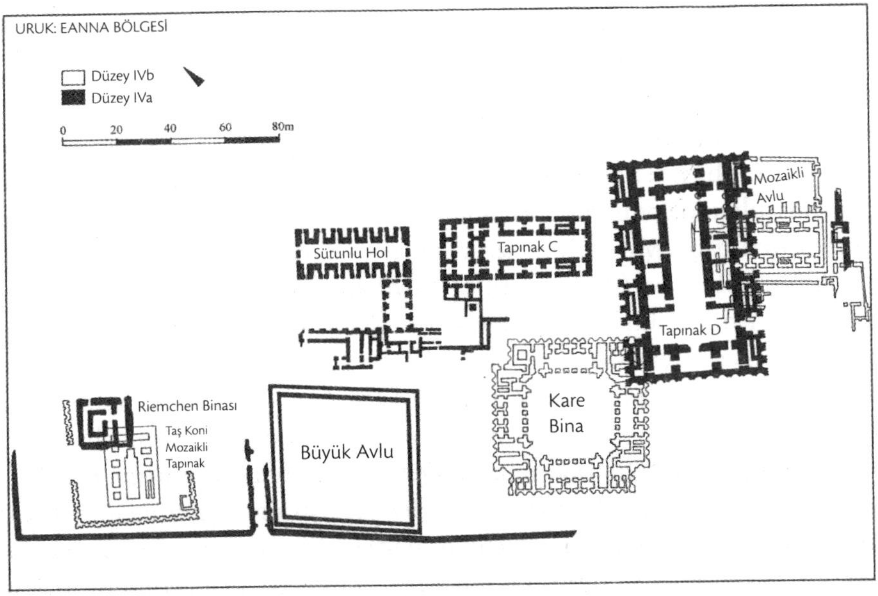

ŞEKİL 2.5 Eanna Bölgesi planı, Uruk.

beyaz sırla boyanmış pişmiş kilden geniş koniler sütun ve duvarların yüzeylerine şişkin tırnaklar gibi yerleştirilerek parlak renkli geometrik desenlerden oluşan devasa bir mozik yaratılmıştı. Bu tür koni mozaikler *Protoliterate* Sümer'deki inşaatçıların en çok tercih ettiği süslemelerden biri haline gelmişti.

An bölgesinin aksine Eanna bölgesindeki tapınaklardan hiçbiri yapay platformlar üzerinde yükselmiyordu. Pek çok defa yeniden inşa edilmiş ve yerine yenileri yapılmış olmakla beraber tümü de "toprak düzeyinde" tapınaklardı. Tek başına tapınakların iç planları simetrik olabilirken, mimari kompleks içindeki yapısal öğelerin yerleşiminde bir simetri yoktur. Beyaz Tapınak'ta kullanılan çok girişli standart üç parçalı planın yanı sıra, T biçimli bir tür kat planı da kullanılmıştır. Bu T biçimli plana iyi örnekler olan Düzey IVa tapınakları C ve D'de orta kısım şaşırtıcı ama tümüyle tesadüfi olarak Erken Hıristiyan bazilikalarını çağrıştıran bir biçimde iki kesişen kol halinde genişler. Yanık kalas buluntuları, orta odaların üstünde çatı olduğunu gösteriyor. İçeride sunaklar yoktu, ama yere gömülü ocaklar vardı. Tapınağın bir ucunun mimari açıdan daha öne çıkması kült heykelinin burada olduğunu düşündürtür.

Uruk'taki Dini İmgelem

Childe'ın kent kıstaslarından biri figüratif sanat üretimiydi. Gerçekten de resim sanatının Yakındoğu ve Akdeniz Havzası'nda kent yaşamının önemli bir unsuru haline gelmiş olması bölge insanlarının değişen ideolojilerinin bir yansımasıdır. Bu kitap boyunca resimsel imgelemleri, antik Yakındoğu'dan Roma İmparatorluğu'na antik kent sakininin yaşamına nasıl katkıda bulunduğunu göz önünde bulundurarak inceleyeceğiz.

Sümer kentlerinde resim sanatının gelişiminin başlarında dini imgelem önemli bir rol oynar. *Protoliterate* dönem Uruk'u bu geleneğin başlangıcından kilit örnekler sunmuştur. Hıristiyanlık MS dördüncü yüzyılda Roma İmparatorluğu'nun resmi inancı haline gelene dek antik Yakındoğu'daki din ve ritüelin özelliklerini çok büyük derecede etkilemiş olması, Sümerlerin dini uygulamalarını, tanrı ve tanrıçalarını, mitolojilerini ve kutsal mimarilerini özellikle ilgi çekici hale getirir. *Protoliterate* dönemde, yazılı belgeler henüz güvenilir bilgi sağlamadan önceki Sümer dinini öğrenmek için Uruk'ta bulunan Uruk Vazosu, heykel başı ve oyma süslemeli silindir mühür gibi sanat eserlerindeki tasvirlerden yararlanıyoruz.

Uruk Vazosu yüksek (modern kaidesi de dahil 1,05 m), ince uzun, kaymaktaşından, tanrıça İnanna'ya hürmet konulu yontma ritüel sahneleriyle süslü bir kaptır (**ŞEKİL 2.6** ve **2.7**). Eanna Bölgesi'nde bulunan vazo yaklaşık MÖ 3000'de yapılmıştır. Benzer ritüel kapları resimli, her zaman çiftler halinde, üzerlerinde silindir mühürlerde kült sahneleriyle bezelidirler, ki bu, söz konusu vazo için de geçerlidir. En önemli eylemler tepe satırda yer almaktadır: Burada bir rahibe, hatta belki İnanna'nın kendisi, erken Sümer uygulamalarına uygun olarak, tanrılara yaklaşırken çıplak olan rahiplerce getirilen armağanları kabul eder. Arkalarında ise tanrıçaya püsküllü bir kemer sunan ilginç ve büyük ölçüde hasarlı bir figür durur. Giyinik bir hizmetkârın beklediği bu önemli insan hükümdar olmalı. İnanna'nın arkasındaki tepeleri ilmekli ve arkalarından aşağı doğru flamaların sarktığı iki alem, tapınağın kapı direklerini temsil ederken, kapı direklerinin sağına doğru tapınağın içi gösterilmiştir. Sümer tarihi boyunca bu alemler İnanna'ya eşlik ederek onun kimliğini belirtir. Arkeoloji ve sanat tarihinde böyle tanımlayıcı özelliklere *atribü* adı verilir.

Vazonun daha dar orta bölgesinde çıplak rahipler yiyecek ve içecek adaklarıyla birlikte geçit halindedir. Daha ufak iki bölgeye bölünmüş olan en alt satır tanrıçaya bu zenginliği sağlayan iki dünyayı gösterir: hayvanlar (üst) ve bitkiler dünyası (alt). Bitkilerin hemen altındaki dalgalı şerit de Uruk topraklarının bereketinin asıl kaynağını temsil eder: Fırat Irmağı.

Hikâye gibi betimlenmiş geçit ve adak sahnelerinin antik Yakındoğu ve Akdeniz'de sayısız yankıları olmakla beraber, bu vazo benzersizdir. Antik Uruk'ta birisi de böyle düşünmüş olmalı ki tanrıçanın başının hemen üzerindeki kenar kısmını bakır perçinlerle onarma zahmetine girişmiştir.

Uruk Vazosu antik Yakındoğu ve Akdeniz sanatının iki önemli geleneğinin işaretlerini ve-

ŞEKİL 2.6 Eanna Bölgesi'nden kaymaktaşı Uruk vazosu, Uruk. Irak Müzesi, Bağdat.

ŞEKİL 2.7 Uruk vazosunun en üst sırası.

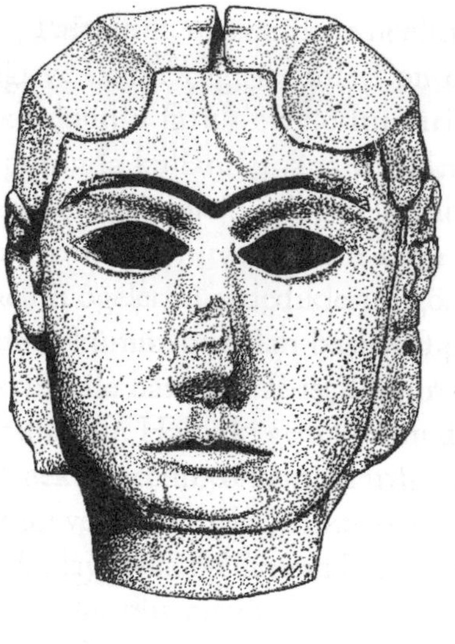

ŞEKİL 2.8 Eanna Bölgesi'nden kireçtaşı malzemeyle yapılmış kadın başı, Uruk. Irak Müzesi, Bağdat.

rir. Birincisi, vazo üzerindeki oymalar boyanmış olmalı, ki bu alışkanlık Yunan ve Romalı heykeltıraş ve mimarlarca da sürdürülmüştür. İkincisi, figürlerin profilden gösterilmesi, antik Yakındoğu, Mısır ve erken Yunanistan'da rölyef heykel ve resimlerde standart bir pozdur. Ancak MÖ altıncı yüzyılın sonlarında Yunan sanatçılar insan vücudunu çok çeşitli hareketler içinde tasvir ederek bu geleneği terk ettiler.

Protoliterate dönem Uruk'tan, antik Mezopotamya'nın en çarpıcı buluntularından biri olan ikinci nesne kireçtaşından, gerçeğinin üçte ikisi boyutunda, 20 cm yüksekliğinde bir kadın maskıdır (**ŞEKİL 2.8**). Bu da Eanna bölgesinde bulunmuştu. Bu bir tanrıçanın mı yoksa bir rahibenin mi yüzüydü? Mask bu haliyle de muhteşem görünmekle beraber, kakmalarla ve eklemelerle donatılmak üzere özenle hazırlanmış olduğu da unutulmamalı. Kadının başının üzerindeki geniş yivler gerçek görünümlü saç veya bir başörtüsünü tutan yüzeylerdir. Göz ve kaşlar renkli macunlar veya taşlarla doldurulmuştur.

Mask artık asıl halini canlandıramadığımız bir figürün tek bir parçasıdır. Düz arka yüzündeki dört delik düz bir yüzeye tutturulmasını sağlar. Maska eşlik eden vücuttan iz yoktur. Başka materyallerden yapılmıştı; kil veya ahşap olabilir. Boyanmış ve değerli taşlarla süslenmişse bu iki materyal de gayet iyi iş görebilir. Çeşitli materyallerden yaratılmış bu tür figürler Mezopotamya kaynaklı daha ileri tarihli metinlerde tasvir edilir; gerçekten de, çok mecralı figürler bundan böyle antik Yakındoğu ve Akdeniz'deki tüm kültürlerce üretilmiştir. Günümüzün dünyasından ise her şeyden çok oyuncak bebeklerin veya giysili dini heykellerin yapılışını çağrıştırır.

Son olarak da, ilk Uruk döneminde ortaya çıkan ve daha sonra antik Yakındoğu'ya has özelliklerden biri haline gelecek bir grup nesne de sıklıkla dini imgelemlerle bezenmişti: Silindir mühür. Damga mühür MÖ altıncı binyıldan itibaren kullanılmakla beraber, yuvarlak yüzeyine desenler oyulmuş taş silindirler mülkiyet veya yetki belirtmenin çok daha popüler bir yolu haline geldi. Kumaş, ip ve kille kapatılmış küpler; kille kapatılmış depo kilitleri ve kil tabletler üzerindeki belgeler bu ayırıcı resimlerle işaretlenmiş nesnelerdendi. Sahibi mührü döndürerek deseni nemli kil üzerine bastırırdı. Silindirler genellikle ip geçirilmesi için boydan boya delik olduklarından mühür, giysi veya bedene iliştirilerek taşınabilirdi (ŞEKİL 2.9). Neyse ki, antik Mezopotamyalılar geometrik desenlerle yetinmemişti. Tanrı, insan ve hayvanları hareket halinde görmek istiyorlardı. Bunun sonucunda, desenlerin bireyselleştirilmesi ihtiyacından dolayı son derece çeşitli olan bu minyatür sahneler antik Yakındoğu'daki dini inançlar hakkında önemli ipuçları sunar. Av ve savaş gibi din dışı konular bu kadar popüler değildi.

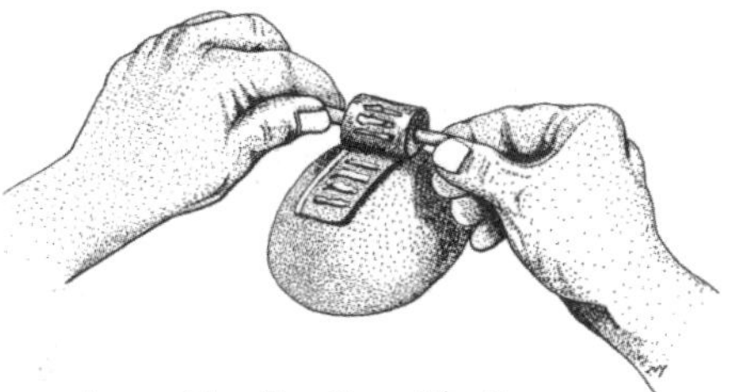

ŞEKİL 2.9 Bir silindir mührün kullanımı.

Silindir mühürlerin kendilerinin yanı sıra kilde bıraktıkları izler de arkeolojik kayıtlarda iyi korunmuştur. Oyma tarzı ve konular zaman içinde belirgin şekilde değiştiğinden mühürler tarihlendirme için yararlı göstergelerdir. Ayrıca, mühürlerin dağılımlarının izinin sürülmesi Mezopotamya ekonomileri, köy ve kentler arasında artan mal dolaşımı ve seçkin grupların bu kaynaklar üzerinde artan denetimleri hakkında değerli bilgiler sağlamıştır.

Silindir mühürlerin kullanımı Mezopotamya'ya has yazı sistemi olan çiviyazısının ömrüyle yakından bağıntılıdır. MÖ birinci binyılda çiviyazısının yerini alfabeler aldığında silindir mühürler de ortadan kalktı ve yerlerini tekrar damga mühürlere bıraktılar. Erken Sümer kentlerine devam etmeden önce, burada durarak bu yazı sistemini inceleyelim, zira bu antik Yakındoğu medeniyetinin büyük başarılarından biridir. Yukarıda bahsettiğimiz temsili sanat gibi, yazının gelişimi de özellikle Uruk kentiyle bağdaştırılır.

Yazının Gelişimi

Sümerlerin MÖ dördüncü binyıl sonları ile üçüncünün başlarında bürokratik bir kayıt aracı olarak geliştirdiği çiviyazısı Yakındoğu kültürleri için neredeyse 3.000 yıl boyunca başlıca yazı sistemi olacaktı. Sami (Akadça ve Ugaritçe) ve Hint-Avrupa (Elamca/Eski Farsça, Hititçe) ve Hurri-Urartu (Hurri dili ve Urartuca) gibi farklı ailelerden dillerce kullanıma uyarlanmıştı. MÖ birinci binyıl içinde bu sistem yerini daha basit Fenike alfabesi ile türevlerine bıraktı (Bugün kullandığımız Latin alfabesi de bunlardan biridir). Tarihlendirebildiğimiz en son çiviyazılı tabletler MS birinci yüzyıldan kalmadır. Bu yazının içerdiği bilgi ancak on dokuzuncu yüzyılda tekrar keşfedilecekti.

Çiviyazısı adını tek sesler, heceler veya bütün sözcükleri göstermek için çeşitli şekillerde birleştirilen V biçimli dar oyuklardan alır. Antik Mezopotamya'da kâtipler en çok tercih edilen yazı materyali olan kil tabletler üzerine üçgen uçlu bir kamış kalemi nemli yüzeye bastırarak yazarlardı. Sonra tabletler kurumaya bırakılırdı. Nadiren fırında bilinçli olarak veya kaza sonucu yangında sertçe pişerlerdi. Pişmiş tabletler son derece iyi korunmuştur; doğal şekilde kuruyanlar hasarlanmaya meyillidir. Irak ve komşu ülkelerdeki kazılar bu tabletlerden binlercesini ortaya çıkarmıştır; gerçi arkeologların bir tablet bulmadan önce yıllarca kazı yapmalarının gerekebileceğini ve pek çok kazı alanının hiç tablet içermediğini de belirtmekte yarar var. Tabletler ekonomi, toplum ve tarih üzerine büyük miktarda bilgi içerir ve antik Yakındoğu üzerine bildiklerimizin omurgasını oluştururlar. Bu tabletleri (veya başka herhangi tür yazıtları) inceleyenlere yazıtbilimci denir ve buna uzmanlaştıkları çiviyazısı dilini belirten bir sözcük daha eklenir. Örneğin Sümerolog, Hititolog veya on dokuzuncu yüzyılda Avrupalıların keşfettikleri ilk Mezopotamya kazı alanları olan demir çağı kentlerinin sakinleri olan halktan dolayı Asurolog (Akadça için).

Çiviyazısı, *Protoliterate* dönem sonlarında ilk olarak tapınakların hesap tutmak için kullandığı bir piktografi veya "proto-çiviyazısı" sisteminden gelişti. Uruk'un yazının ilk gelişiminde kilit role sahip görünmesinin nedeni bu tür proto-çiviyazısı tabletlerin en çok sayıda bu kentten, Eanna bölgesinde Düzey IV'dan gelmiş olmasıdır. Bu tabletlerin çoğu envanter listeleridir. Üzerlerinde, mesela, bir hayvan resminin yanında dairelerin onları ve çizgilerin birleri ifade ettiği bir sayı bulunur. Bu listeli tabletler ile pek çok Mezopotamya kazılarında bulunan, saymak için kullanılan kil semboller arasında bir bağıntı var gibi görünür. Denise Schmandt-Besserat'a göre, dış yüzeylerinde sayısal işaretler olan kil semboller (küre ve koniler) ve bullalar (içi boş toplar) daha kullanışlı olan kil tablet üzerindeki göstergeler sistemine dönüşmüştü. Sümerlerin yazıyı icat etmesinin özünde de sayı kaydetme prosedürünün kolaylaştırılması yatıyordu. Ancak, Schmandt-Besserat'ın kuramı tartışmalıdır. Kimi araştırmacılar proto-çiviyazısının daha önceki sembol ve bullalardan doğrudan türemeyip, bürokratik kayıt işi için kullanışlı bir araç olarak ayrıca ve hızlıca geliştirildiğine inanmaktadır.

"Dokuz koyun" veya "on beş sepet arpa"dan daha karmaşık bir şeyler söylenebilmesi için değişikliklere ihtiyaç vardı. Yazılarının orijinal logografik (sözcük başına bir sembol) niteliğini sürdürüp geliştiren Çinlilerin aksine, Sümerler bir hece yazısı yönünde ilerledi. Bazı resimler sözcükleri simgelemeye devam etti, ama diğerleri sesleri temsil etmeye başladılar. Gittikçe daha soyutlaşan resimler en sonunda sadece çivi izi öbekleri haline geldi. Bu dönüşüm yazının kullanımının dramatik şekilde yayıldığı Erken Hanedanlar döneminde tamamlanmıştı. Sümer çiviyazısı Akadça yazmak için kullanıldığında ek uyarlamalar yapıldı.

Akadça on dokuzuncu yüzyılın ortalarında çözülmüştü, ama Sümerce belgeler hâlâ enderdi ve çok iyi anlaşılamıyordu. Fransızların 1877'de Telloh'ta (antik Girsu) başlayan kazılarından ve 1889'dan itibaren Amerikalıların Nippur'daki kazılarından sonra Sümerce tabletler bol miktarda ortaya çıktı. Artık dil ayrıntılı olarak incelenebilirdi.

Habuba Kabira

1960'lardan itibaren yapılan keşifler *Protoliterate* dönemde Sümerlerin nüfuzlarını kuzeye doğru genişleterek Kuzey Mezopotamya ve Türkiye ile İran'ın komşu dağlık yörelerinde, Güney Irak'taki Sümer anayurdundan çok uzakta yerleşimler kurduklarını doğrulamıştır. Bu yayılmanın nedeni muhtemelen Sümer'in kendisinde bulunmayan hammaddelere erişimi güvence altına almaktı. Bu kasabalardan biri olan Kuzeybatı Suriye'de Fırat Irmağı kıyısındaki Habuba Kabira/Tel Kanas, Sümer kentleriyle o kadar çok ortak maddi kültüre (seramikler, mühürler ve ev tipleri) sahiptir ki, bazı araştırmacılar burayı yerli sakinlerden değil gerçek Sümerlerden oluşmuş bir koloni kabul ederler. Bilindiği kadarıyla Uruk veya Güney Mezopotamya'daki komşularının tümünden daha eksiksiz olan kasaba planı, Habuba Kabira'ya antik Yakındoğu kentlerinin erken dönem tarihinde özel bir yer kazandırır.

Habuba Kabira ve Tel Kanas, aynı alanın Fırat üzerindeki Tabka'da bir hidroelektrik barajı inşaatı sırasında, ayrı ayrı Alman ve Belçikalı arkeologlarca kazılan iki ayrı sektörünün modern Arapçadaki adlarıdır (**ŞEKİL 2.10**). Kentin antik adı bilinmiyor. Daha yüksekteki Tel Kanas alanı, Uruk'ta gördüğümüze benzer bir şekilde kentin başlıca tapınaklarını içeriyordu. Kuzeye doğru uzanan Habuba Kabira ise yerleşim bölgesiydi. Baraj gölünün altında kalmadan önce Habuba Kabira'nın yalnızca yüzde 15'i açığa çıkarılabilmişti.

Kent MÖ dördüncü binyıl sonlarında yalnızca yaklaşık 150 yıl varlığını sürdürmüştü. Daha sonra gelenlerin yıkıcı tekrar biçimlendirmelerinden böylece kurtulan kasabanın kat planı modern yüzeyin hemen altında iyi korunmuş durumdaydı. Kasaba Fırat kıyısında 1 km boyunca uzanıyordu. Sık aralıklarla dizilmiş çıkıntılı kare kulelerle donanmış, 3 metre kalınlığında, etkileyici bir duvar ile bunun önünde daha küçük bir duvarla kara tarafından korunuyordu. Duvarların içinde kalan alan tahminen 17 hektar kadardı. Batı duvarında iki kapı vardı, ama güneydeki muhtemel kapı yok olmuştu.

Kasaba kısa bir zaman zarfında bir bütün olarak inşa edilmişti, ki bu da zaman içinde genişleyen bir yerleşimden çok bir koloni olduğunu gösteren bir diğer etmendir. Kabaca ızgara plana sahip olan kasabanın bazı sokakları döşeliydi, ama çoğu çıplaktı, ayrıca atık ve çömlek kalıntıları serpiştirilmişti. Aynı zamanda çoğunlukla yassı taşlarla döşeli kanallardan oluşan etkileyici bir kanalizasyon ve su nakil sistemi vardı. Kasabanın kanalizasyonunun duvarların dışındaki topraklarla bağlantısı kiremitlerle ve terakota borularla sağlanıyordu.

Tel Kanas'ın güneyinde, yapısız alandaki bir su kanalı bir bahçenin varlığını ima eder.

Evler genişti. Düzensiz biçimlere sahip çalışma odaları ve mutfak içeren bir avludan evin kendisine giriliyordu. Ev planları ya (a) üç parçalı, Uruk'taki Beyaz Tapınak gibi geniş, yüksek tavanlı merkez oda ve iki sıra daha küçük, alçak tavanlı oda veya (b) iki parçalı, ana odanın yalnızca bir tarafında küçük odalar şeklindeydi. Ana oda çoğunlukla merkezi eksen üzerinde, Eanna tapınaklarında olduğu gibi her biri bir uçta olan iki ocak içeriyordu. Bu tür evlere giriş uzun taraftandı, yani küçük yan odalardan birindendi.

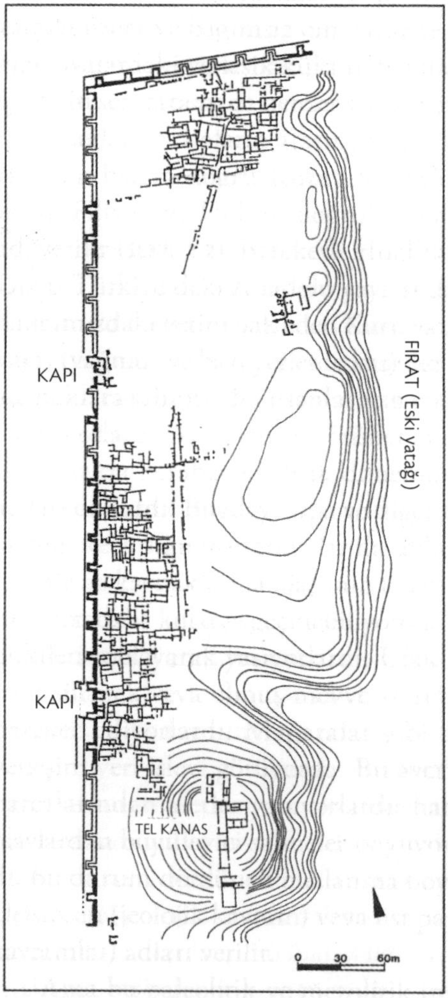

ŞEKİL 2.10 Habuba Kabira kent planı.

Belli sayıda imkâna sahip bir kasabada zengin, güçlü insanlara ait veya idari işleve sahip gibi görünen özellikle geniş evlerin belirlenememiş olması ilginçtir. Açık pazar alanları da yoktur. Ama Habuba Kabira bu açıdan sıradışı değildir. Uruk'ta Eanna bölgesindeki bir yapının toplantı salonu olarak hizmet ettiği iddia edilmiştir, ama bilindiği kadarıyla saraylar ancak Erken Hanedanlar döneminde ortaya çıkmıştı. Tüm dönemlerde, yönetim birimleri ve dükkânlar muhtemelen ayrı binalar yerine tapınak komplekslerinde dizili odalardaydı. Bunun dışındaki dükkânlar kasaba içinde dağınık olarak bulunmaktaydı.

Erken Hanedanlar Dönemi: Tarihsel Özet

Protoliterate dönemi izleyen Erken Hanedanlar dönemi (EH, ayrıca EH I, II ve III olarak alt dönemlere ayrılır) Mezopotamya'daki ilk tarihsel çağdır. Ancak, EH şehir-devletlerinin tarihi hakkındaki yazılı kanıtlar yaklaşık MÖ 2500–2400'e dek parçalıdır. Bu tarihlerden sonra kral listeleri güvenilir hale gelir (bkz. Giriş) ve kralların adlarının yazılı olduğu nesneler yaygınlaşır. Bu nedenle, arkeolojik buluntular bu döneme dair temel bilgilerimizi oluşturmaya devam eder. EH döneminin nispi tabakalanması Kuzeybatı Sümer'de, Bağdat'ın doğusunda Diyala Irmağı boyunca uzanan alandaki kazılarla belirlenmiştir. Bu alanlardan biri olan tapınakları açısından önemli Hafaci aşağıda sunulmuştur.

EH I boyunca Sümer kentleri arasında başat konumda olan Uruk bu yerini EH II ve özellikle de EH III'te kaybetmişti. Bu artan refah döneminde, artık pek çok kent siyasal ve ekonomik özerkliklerini kalıcı şekilde sağlama konusunda Uruk'u yakalamıştı. Ama bu dönemin barış içinde geçtiği pek söylenemez: Şehir-devletler arasındaki savaşlar hiç bitmiyordu. Hiçbiri birbirinden pek uzak olmayan bu kentler sıklıkla toprak için savaşırken, çok önemli su kaynakları da çoğunlukla ihtilaf konusu oluyordu. Günümüze gelen metinlerin çoğu Lagaş'tan olduğundan onlar ile ırmağın yukarısındaki baş düşmanları Umma arasındaki mücadeleler hakkında çok şey öğreniyoruz. Fransız arkeologların Telloh'ta (antik Girsu, Lagaş devletinde bir kasaba) buldukları ve artık Louvre Müzesi'nde (**ŞEKİL2.11A** ve **B**) sergilenen parçalanmış Akbabalar Steli'nde bu rekabetin bir tasviri günümüze gelmiştir. Rölyefler Lagaş *ensi*'si (hükümdarı) Eannatum'un Umma'ya karşı zaferini kutlar. EH Sümer'in güçlü hükümdarlarından biri olan Eannatum, bir grup miğferli, kılıçlı, bir kutuya yerleştirilmişçesine sıkı saflar halinde tasvir edilmiş piyadeye önderlik etmektedir. Başka bir yerde ise savaş arabasından, mızrak taşıyan, yürüyüş halinde bir asker grubunu yönetir. Arka yüzünde, Eannatum'un koruyucu tanrısı olan savaşçı tanrı Ningirsu düşmanlarını bir ağla yakalamış durumdadır. İmdugud (bazen Anzu adı da verilir) adlı aslan başlı kartal ise bu yakalanmayı izler. Bu kral ile tanrının işbirliği içinde kazandıkları zaferleri antik Yakındoğu'nun, Mısır'ın ve daha sonra da Roma İmparatorluğu'nun resmi, kraliyet sanatının resimsel imgeleminin başlıca öğelerinden biri haline gelmiştir.

EH dönemi ve Sümer üstünlüğünün ilk çağı, Akad'ın Semitik hükümdarı Büyük Sargon'un Uruk'un güçlü *ensi*'si Lugalzagesi'ye karşı zaferiyle ve ardından bütün bölgeyi fethiyle sonra erdi (bkz. Bölüm 3).

EH kent yaşamının çeşitli yönlerini aydınlatmak adına Hafaci'deki Oval Tapınak ve tapınak süslemelerini, ayrıca dini uygulamalar için de Obeyt ile Ur'da "Kral Mezarları" da denilen önemli bir mezarlığın kalıntılarını inceleyeceğiz.

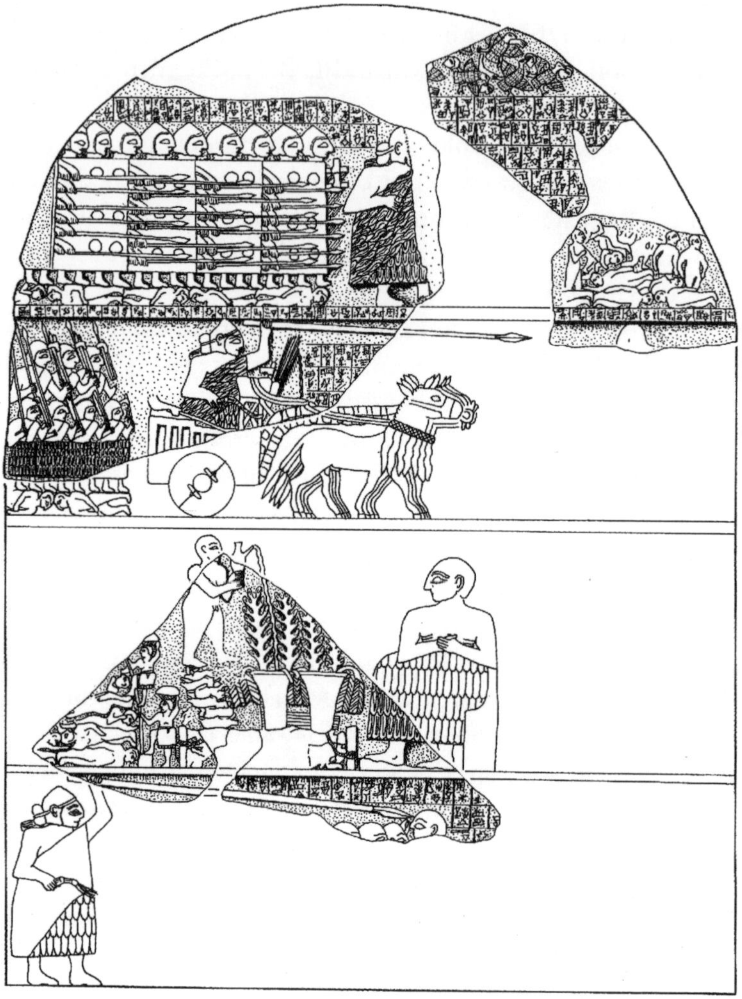

ŞEKİL 2.11A Akbabalar Steli'nin ön yüzü, EH III, Telloh (Girsu). Louvre Müzesi, Paris.

Erken Hanedanlarda Dini Yaşam: Hafaci'deki Oval Tapınak

EH döneminin Sümer kentleri bir suyolu üzerinde bulunur ve savunma duvarlarıyla korunurdu. Daha öncekiler gibi, koruyucu tanrı, eşi ve çocuklarının tapınakları kasabada önemli bir yere sahipti. Hem halka ait, hem de resmi daha küçük tapınaklar kent içine, dar, yılankavi sokaklarla kendini belli eden yerleşim bölgelerine dağılmıştı. Hükümdarın artan gücü ve zenginliğinin aynası olan dev sarayların inşası EH III döneminde başlamıştı. Eridu, Obeyt, Kiş ve kuzeybatıda Mari'de iyi örneklerine rastlanabilecek bu saraylar hem kralın ikametgâhı, hem de idari ve bürokratik merkezlerdi. Ancak Sümer kentlerinin belirleyici özellikleri dini yapılardı.

ŞEKİL 2.11B Akbabalar Steli'nin arka yüzü.

Protoliterate dönem Uruk'taki gibi bir "yüksek tapınak" ile "toprak düzeyi tapınaklar"ın birlikte var olması bir Sümer kentinin dini yapılarının planlarında devam eden bir kalıptır. Tüm EH "yüksek tapınaklarının" en çapıcısı, Bağdat'ın kuzeybatısında Diyala Irmağı havzasındaki Hafaci'te (antik Tutub) ortaya çıkarılan Oval Tapınak idi (**ŞEKİL 2.12**). Burada ibadet edilen tanrının kimliğini bilmediğimizden, tapınağın modern adı en çapıcı yönü olan dış duvarlarının sıra dışı oval biçiminden kaynaklanır. Bu "yüksek tapınağın" yanı sıra Hafaci kenti ayrıca etkileyici bir "toprak düzeyinde" tapınaklar kompleksi de içerirdi. Bu tapınakların başlıcalarından biri ay tanrısı Sin'e adanmıştı.

Oval Tapınak, kat planından yalnızca birkaç tuğla duvar kalmış kötü bir durumda olmasına rağmen, inşaatın üç evresi ile EH II ve III dönemlerindeki

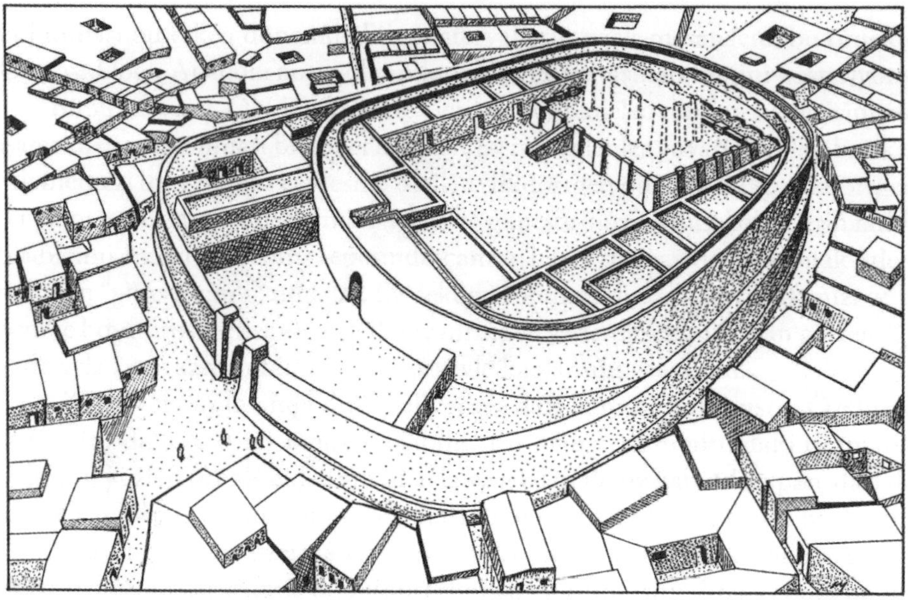

ŞEKİL 2.12 Oval Tapınak rekonstrüksiyonu, Hafaci.

tekrar biçimlendirme çalışmaları belgelenebilmişti. Duvarlar yapılmadan önce, yaklaşık 100 metre çapındaki büyük kutsal alan, 4,6 metre derinliğe kadar kazılmış ve temiz kumla doldurulmuştu. Kazıyı yöneten Chicago Üniversitesi Şark Enstitüsü'nden Pinhas Delougaz toprağın miktarını 64,000 m^3 olarak tahmin eder. Tanrının ikametgâhı için arınmış bir ortam yaratmayı amaçlayan bu ritüelistik hazırlıktan sonra bu alan oval bir duvarla çevrilmiştir. Yalnızca EH Mezopotamya'da popüler olmuş olan altları düz, tepeleri eğri olan düz dışbükey tuğlalar kullanılmıştı. Çapraz olarak, balık sırtı desen biçiminde dizilmişlerdi: Bir sıra sağa, bir sıra sola olacak şekilde.

Daha içteki bir oval, atölye ve depo olarak kullanılan odalarla çevrili bir dikdörtgen avlunun çevresini kuşatıyordu. Söz konusu tapınağın kalbindeki böyle dindışı uğraşlar bize tapınağın, manevi bir merkez olmasının yanı sıra ekonomik ve idari bir merkez olmasıyla da çokyönlü bir kavram olduğunu anımsatır. Bu avlunun arka tarafında asıl tapınak bir platform üzerinde duruyordu. Yalnızca platformun anahatlarıyla buraya çıkan bir merdivenin izleri kalmıştır. Tapınağın planı kesin olarak bilinmemektedir. Ancak dışında çıkıntılar olan bildiğimiz üç parçalı plan burada tekrarlanmamıştır; çünkü o tarz, EH I başlarında ortadan kalkmıştı. Rekonstrüksiyon çiziminde yakınlardaki Tel Asmar kentinden kanıtlara dayanarak basit bir tapınak sunulmuştur.

Oval Tapınak'ın bezemeleri tümüyle yok olmuştur, ama EH III (yaklaşık MÖ 2550) olarak tarihlendirilmiş, Obeyt'teki başka bir oval tapınakta bulunmuş geniş bir tunç lento bize ayrıntılı mimari süslemeler hakkında bir fikir vermiştir.

1,07 metre yüksekliğinde, ahşap çekirdeğin üzerine bakır saç kaplama lentonun üzerinde, saldırgan aslan başlı kuş İmdugud (Anzu adı da verilir) ile iki yanında sivri boyuzlara sahip iki geyiğin yüksek rölyef tasviri vardır (**ŞEKİL 2.13**). Bu tür canavarlar antik Mezopotamya'da büyülü koruyucu bir role sahipti. Bu lentonun ana tanrıça Ninhursag'ın tapınağının ana girişinin üzerinde bulunduğu, bakır kaplı benzer rölyef heykel parçalarının da tapınağın diğer duvarlarına ait olduğu düşünülmektedir. Diğer süslemeler arasında palmiye gövdesi biçiminde

ŞEKİL 2.13 Tunç lento, İmdugud (Anzu) ve geyikler, Obeyt. British Museum, Londra.

ŞEKİL 2.14 İbadetçileri tasvir eden taş figürinler, Tel Asmar. Irak Müzesi, Bağdat ve Oriental Institute, Chicago Üniversitesi.

kakmalı sütunlar ve duvarlarda kakmalı frizler bulunuyordu. Yapının kendisi yok olduğundan, süslemelerin tam yerleri bilinmemektedir.

Böyle tapınaklarda ibadet eden Sümerlerin görüntüsü heykel halinde, örneğin Tel Asmar'daki (Hafaci'nin de bir parçası olduğu antik Eşnunna devletinin başkenti) Kare Tapınak'ta bulunmuş bir grupta günümüze gelmiştir (**ŞEKİL 2.14**). EH II, yani yaklaşık MÖ 2700'den kalmadırlar. Daha geç tarihli (EH III) benzer örnekler üzerindeki yazıtlara göre, bu heykeller ibadet edenlerin tanrılara sunduğu sunulardı. Heykellerin en uzunları yarı ölçekte 0,75 metre yüksekliğindedir. Tanrıları değil, uygun dua duruşunda, elleri göğüslerinin önünde kenetli, ibadetçileri temsil ederler. Parlak beyaz ve siyah macun, deniz kabukları ve lapis lazuli doldurulmuş geniş göz çukurları ve kaş oyukları ile kare omuzlar ve sivri dirsekler bu heykellere farklı bir görünüm kazandırır. Kadınlar göğüs kısmı çapraz olarak bir omza atılmış basit kıyafetler giyerken, erkekler uçları saçaklı yün etekler giyer. Rahipleri baş ve yüzlerinin tıraşlanmış oluşundan tanıyabiliyoruz. Rahip olmayanların da kendilerine özgü saç tarzları vardır: Kadınlarda başın çevresini dolanıp arkada birleştirilen örgü bir kuyruk vardır, erkeklerin de saçları uzun, sakalları köşeli kesimlidir. Katlar halinde inen bu köşeli kesimli sakallar Mezopotamya medeniyeti boyunca moda olmaya devam edecekti (bkz. MÖ birinci binyıldan kalma Yeni Asur rölyefleri). Sakallardaki dalga desenlerinin sıcak demirlerle kıvırma veya parlatma gibi özel uygulamalardan mı kaynaklandığı merak konusudur.

Ur: Kraliyet Mezarları

Büyük Sümer kentlerinin en kapsamlı inceleneni Ur, özellikle İngiliz arkeolog Leonard Woolley'in Pennsylvania Üniversitesi Müzesi ve British Museum adına 1922–34 arasında yönettiği kazılarla ortaya çıkarılmıştır. Woolley'in keşiflerinin dışında bu kente karşı modern ilgiyi ateşleyen nedenlerden biri de bu kazı alanının, doğruluğu kuşkulu bir şekilde, Tevrat'a göre Hz. İbrahim'in yurdu olan Kaldelilerin Ur'uyla özdeşleştirilmesidir.

Güney Mezopotamya kentlerinin çoğu gibi Ur'da yerleşim MÖ beşinci binyıldan birinci binyıl ortalarına dek birkaç bin yıl boyunca sürmüştür. Burada EH kentin en ünlü kısmı olan Kraliyet Mezarları'nı inceleyeceğiz. Bir sonraki bölümde, dikkatimizi Ur'un daha ilerki, kentin en büyük hükümdarı Ur-Nammu'nun saltanatı dönemindeki özelliklerine yönelteceğiz: kent surları, zigguratı ile kent merkezi ve özel evler (**ŞEKİL 2.15**).

EH III döneminden kalma on altı Kraliyet Mezarı, tarih olarak Obeyt'ten Yeni Sümer dönemine dek yaklaşık 2.000 defin içeren merkezi bir mezarlıktaki ilk gömüler arasındadır. Burada gömülü insanlardan bazılarının adları mezarlarda bulunan nesnelerin üzerlerindeki yazılardan bilinir. Pu-abi, bir

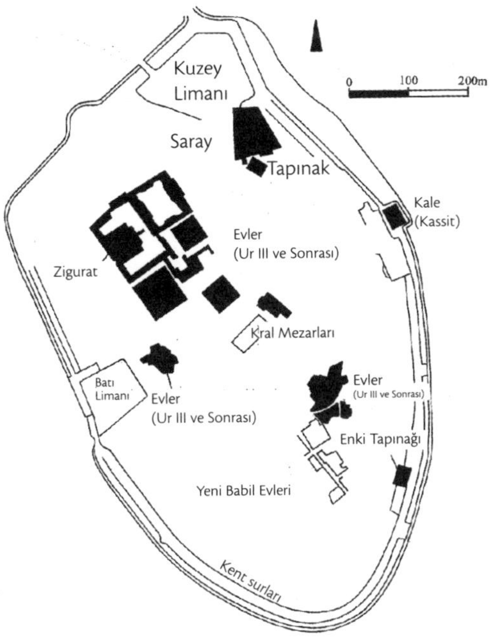

ŞEKİL 2.15 Ur kent planı.

kraliçe veya rahibe (Woolley Şubad adını vermişti) ile iki Ur kralı, Akalamdug ve Meskalamdug. Bilinmeyenler arasında yüksek düzeyli idareciler veya dini kişilikler olması da gayet muhtemeldir.

Ur'a özgü olan kral mezarları, sunular ve yapılarının ihtişamının yanı sıra, insan kurban edilmesini de içeren karmaşık cenaze ritüelinin izlerini taşıması açısından da çarpıcıdır. Her mezarda, önemli kişi, kimi zaman eşlik eden başkalarıyla ve muhteşem nesnelerden oluşan bir seçkiyle, dik bir rampanın dibindeki bir ya da daha fazla mezar odasına yerleştirilirdi. Cenaze törenine katılanlar düzgünce yerleştirilmiş olarak rampanın üzerinde yatarlar: Çekmiş oldukları tekerlekli araçların önünde olmak üzere, yük hayvanlarının kalıntıları ve askerlerle kadın nedimelerin kalıntıları vardır. Kıyafetleri yok olmuş olsa da, değerli metallerden takıları kalmıştı. İçinde yatanın adı bilinmeyen Mezar no. 1237 en yüksek sayıda naaş içerir: En şık altın mücevherlerini takmış altmış sekizi kadın, toplam yetmiş dört kişi söz konusudur. Bu refaketçiler ölüme istekle, kaderlerini kabullenmiş olarak mı gittiler? Hangi amaca hizmet ettiklerini düşünüyorlardı? Bu tür uygulamalara başka kentlerde rastlanmamıştır. Metinsel kanıtlar da ikna edici bir açıklama sunmaz.

Mezardaki Nesneler: Boğa Başlı Bir Lir ve Kraliyet Alemi

Mezarların bazıları Sümerli hırsızlarca yağmalanmış olmakla beraber, mücevherler, altın ve gümüşten kaplar, müzik aletleri, silahlar, oyun tahtaları gibi çok sayıda cenaze armağanı *in situ* olarak kalmıştır. Burada, boğa başı ve ses

ŞEKİL 2.16 Lir rekonstrüksiyonu, Ur. Pennsylvania Üniversitesi, Arkeoloji ve Antropoloji Müzesi, Philadelphia.

kutusu üzerinde kakmalarla bezenmiş bir lir ile Ur Kraliyet Alemi adı verilen iki nesne sunulmuştur.

Mezarlardan gelen birkaç örneğin içinde en iyisi olan bu lir, Kral Meskalamdug'un mezarında bulunmuştur (ŞEKİL 2.16). Ahşap kısımlar, çürümüş olmasına rağmen, lirin biçimi toprakta korunmuştur. Arkeologlar buradaki boşluğa sıvı alçı dökerek, biçim ve kalıcı süslemeleri doğru şekilde tekrar oluşturabilirlerdi. Yüksekliği 1,22 metre olan alet, tümü renkli materyallerle kakılmış altta ahşap bir ses kutusu ile her iki uçta dik kısımlardan meydana gelir. Tepedeki yatay çubuk ses kutusundan gelen telleri ve akort vidalarını tutar. Belki de kötülüğü uzak tutma amaçlı apotropaik bir imge olan sakallı altın bir boğa başı ön tarafı süsler. Böyle lirler yalnızca süs amaçlı değildi; Ur Kraliyet Alemi'nin bir yanında, bir rahibin keyifle neredeyse aynı bir aletin tellerini çaldığı görülür.

Kraliyet Alemi'nin kendisi bir harp veya lirin şık ses kutusu veya ilk düşünüldüğü gibi, bir direğe yerleştirilerek tören geçitlerinde kralın önünde taşınan bir alem olabilir (ŞEKİL 2.17). Ahşap çekirdeğin boyutları yaklaşık 20 x 45 cm'dir. Antikçağlarda mühürleme ve yapıştırmada kullanılan bir katran türü olan bitümle yüzey hazırlandıktan sonra, zanaatkâr lapis lazuliden yapılmış mavi bir arkaplan üzerine deniz kabuklarından figür ve sınırları çizerek mozaiği hazırlardı. Kraliyet Alemi, Sümerlerin en sevdiği süsleme tarzlarından biri olan kakmalarının çok iyi korunmuş olması kadar, figüratif sahneleri ve kraliyet imgelem ifadeleri açısından da dikkat çekicidir. Her yanda üç satır vardır; sahneler en alt satırdan en üste devam eden bir öykü olarak okunur. Bir yüz, "Savaş" kralı, piyadelerini ve savaş arabalarını düşmanları çiğnerken resmederken, bazen "Barış" adı verilen diğer yüz, şölenler, tarımsal ürünler,

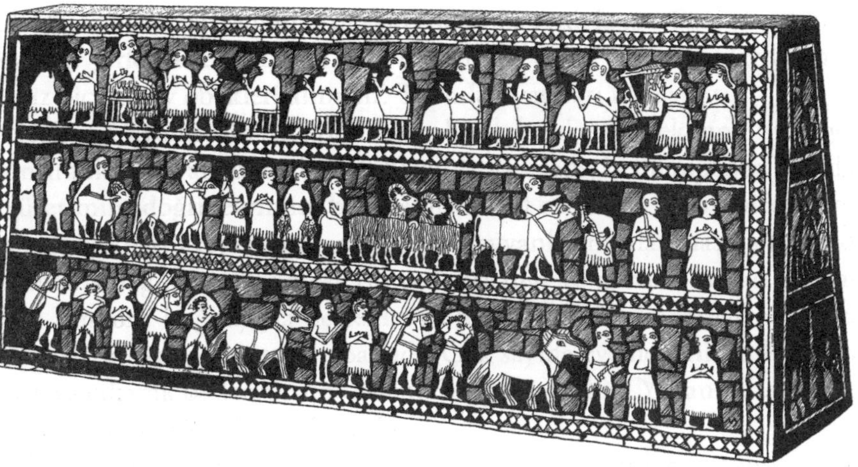

ŞEKİL 2.17 "Barış" ve "Kraliyet Alemi"nin ön yüzü, kakmalı panel, Ur. British Museum, Londra.

hayvanlar ve ganimetin taşınmasını tasvir eder. Tekerlekli araçlar ilk olarak daha önce, EH I döneminde, tipik savaş arabası olarak resmedilmiştir. Kraliyet Alemi'ndeki "Savaş" sahnesinde gösterilen hantal dört tekerlekli savaş arabalarını çeken hayvanların yaban eşekleri olduğu sanılıyordu. Suriye ve Filistin'de yapılan son araştırmalar ise eşekler ile çok küçük atların melezi olan katırlar olabileceklerini gösteriyor. Uzun zamandır atın Mezopotamya'ya MÖ ikinci binyıl ortalarında, Orta Asya'dan getirildiği düşünülmüştü. Bu konu da artık tartışmaya açıktır.

Çatılama Teknikleri: Kemer ve Tonozlar

Mezar odalarının çatıları özellikle ilgi çekicidir, zira Sümer yapılarının çatılarına ait kanıtlara ender rastlanır. Kalın kalaslar, saz veya palmiyelerin birleşik yapraklarından hasır örtü ve kil kaplama bir insanın ağırlığını taşıyacak kadar güçlü, sağlam bir ev çatısı yaratmak için yeterliydi. İç sütunların bir odanın boyunu, çatıyı taşıyabilecek şekilde bölmesi halinde, aynı sistem daha geniş binalarda da kullanılabilirdi. Kimi vakalarda kerpiç tuğlalardan oluşan daha gelişmiş bir çatılama çabasına girişilmişti. Ur Kraliyet Mezarları'nda odalar *bindirme* tekniği kullanılarak tuğla veya kireçtaşı molozlarıyla tonozlanmış veya nadiren de kubbelenmişti (bkz. aşağıda). Irak'ın kuzeydoğusundaki MÖ ikinci binyıla ait Tel al-Rimah'ta 1960'larda gerçekleştirilen kazılar, tonozlama teknikleri hakkında değerli ipuçları sunmuştur; kimileri *eğimli tuğla* tekniğiyle yapılmış iyi korunmuş kerpiç tuğla kemer ve tonozlar MÖ ikinci binyıl başlarına ait geniş bir tapınağın temel öğelerindendir.

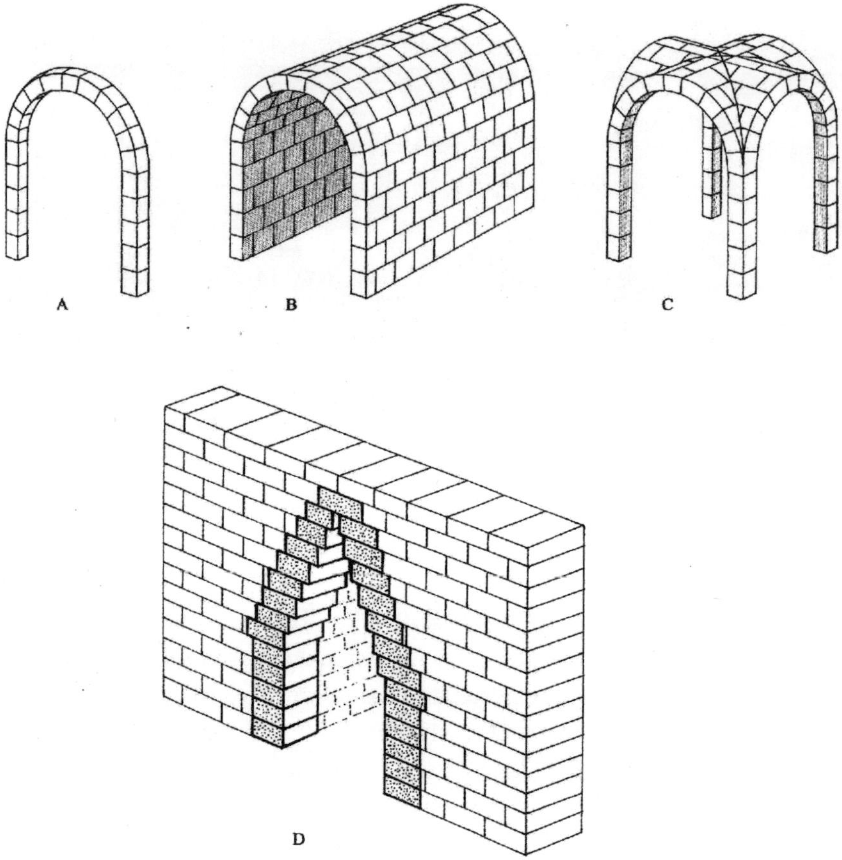

ŞEKİL 2.18 (a) Gerçek kemer; (b) Beşik tonoz; (c) Çapraz tonoz; (d) Bindirme kemere ait diyagram.

Gerçek kemer ve kubbe tonoza (yani kubbeye) doğru gelişme, antik Akdeniz ve Yakındoğu'daki önemli mimari gelişmelerden biridir ve bu kitabın ileri kısımlarında incelenecektir. Az önce bahsettiğimiz erken teknikleri, bindirme ve eğimli tuğla, açıklamak yaralı olacaktır. Ama ilk önce, bir *kemer* ile *tonoz* arasındaki ayrımın anlaşılması gerekir: Kemer bir giriş veya pencerenin üzerini kaplayan iki boyutlu bir açıklık iken tonoz üç boyutludur ve bir odayı kaplar. Kemer yapım ilkeleri çoğunlukla tonozlar için de geçerlidir.

Bindirme kemerde, her iki yanda, bir üstteki tuğlaların her biri biraz daha içe doğru çıkıntı yapar ve iki taraf en sonunda tepede birbirine kavuşur (**ŞEKİL 2.18D**). Kendi başına bırakılırsa bindirme kemer eninde sonunda çöker: Kemerli açıklığın boş olan ortasına doğru bastıran ağırlık, üst üste tuğlaların birbirine uyguladığı ağırlıkla yeterince dengelenmez. Bu sorunu aşmak için dış tarafa tuğlaların dış uçlarını aşağı doğru bastıracak, basıncı hemen alttaki

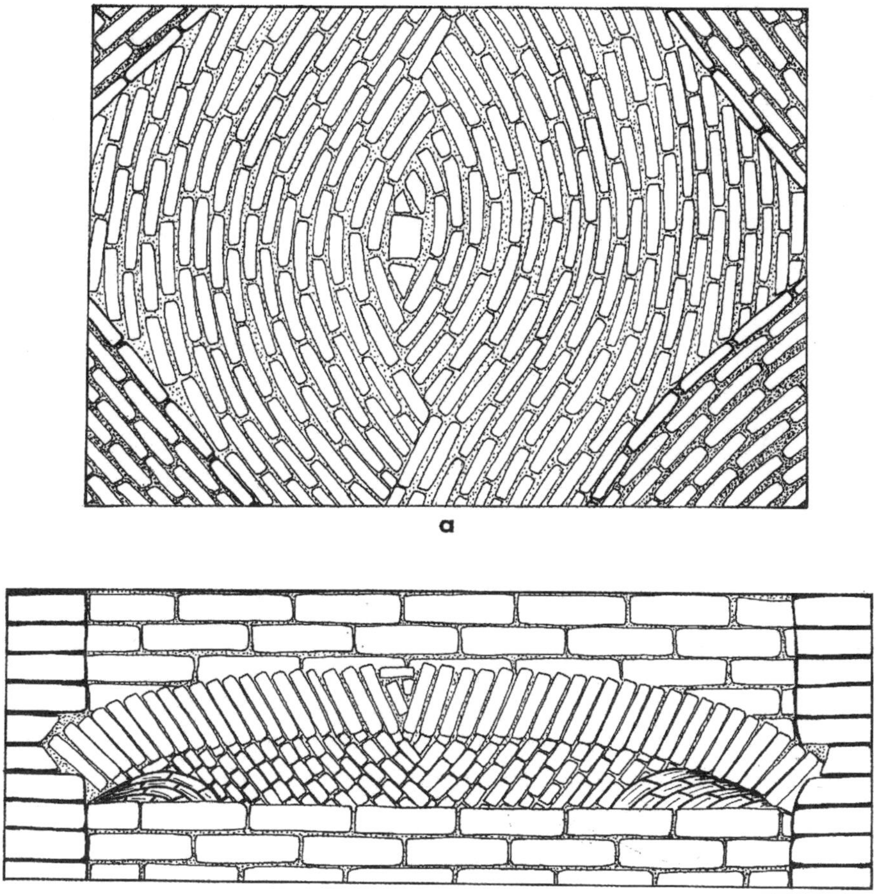

a

b

ŞEKİL 2.19 Eğimli tuğla tonoza ait diyagram: (a) Alttan görünüş; (b) Kesit.

tuğlaya yönlendirecek bir denge ağırlığı yerleştirilmesi gerekir. Eğer bir bindirme kemer sağlam bir duvarla iyi şekilde birleştirilirse ayakta durabilir. Buna karşın, bindirme tekniğiyle yapılan tonozlar, kapladıkları alan (evin bir odası gibi) küçük değilse asla kendi başlarına, denge ağırlığı olmadan duramazlar. Büyükçe tonozlar yeraltında, yapının çevresinde ve üzerinde gerekli denge ağırlığını sağlaması için sıkıştırılmış toprakla desteklenmiş olarak bulunurlar.

Bindirmeden farklı olarak *gerçek kemerde*, sürekli bir eğri çizmeleri için taşlar özel olarak takoz biçiminde kesilirler (**ŞEKİL 2.18A**). Kemerin tepesindeki takozun, yani kilit taşının biçim ve yerleştirilişi her taşın ağırlığının nasıl sadece aşağıya değil, yanlara da yönlendirildiğini gösterir. Kemeri destekleyen dikey payandaların dışarı doğru dağılmamak için desteklenmesi gerekir, ama kemerin kendisi çökmez. Bindirmede olduğu gibi, gerçek kemer yapımı ilkeleri üç boyutlu biçimler olan tonoz (Antik Akdeniz'de önemli iki türü *beşik tonoz* ve *çapraz tonoz*: ŞEKİL 2.18B ve C) ve kubbede de (yarım küre biçiminde bir tonoz) uygulanabilir.

Eğimli tuğla çatılama tekniği yukarıdaki iki yöntemin arasında bir yerdedir (ŞEKİL 2.19A ve B). Tuğlalar özel olarak takoz biçiminde kesilmez ve birbirlerinin üzerine düz şekilde de yerleştirilmez. Bunların yerine, her bir tuğla eğri bir çizgi oluşturacak biçimde hafifçe yana doğru yatırılır. Tepedeki boş yerler parçalarla doldurulur. Gerçek bir kubbeden çok daha zayıf olmasına rağmen böyle bir yapı kendi başına ayakta durabilir.

Özet

MÖ 2350'ye gelindiğinde kent toplumsal, ekonomik ve siyasal yaşamın merkezi olarak Güney Mezopotamya'da sağlam şekilde yerleşmiş durumdaydı. Malikleri tanrılar olan, onlar adına krallarca yönetilen Sümer kentleri bölgesel tarım ve su kaynaklarını denetimleri altında tutuyor, sanayiyi destekliyor ve yöresel olarak bulunmayan hammaddelerin arzını sağlayan uzun mesafe ticareti yapıyorlardı. Kentlerin kendileri tarımsal toprak ve bunlara yaşam veren suyollarının üzerinde yer alan müstahkem çekirdeklerdi. Koruyucu tanrının kente egemen olan tapınağı, kentin asıl dini, ekonomik ve idari merkeziydi. EH döneminde buna rakip dünyevi hükümdarın artan gücünün odağı olan kraliyet sarayları ilk kez ortaya çıktılar. Kasabalar ayrıca kanallar, sokaklar ve duvarlarla semtlere ayrılacaktı, ama bu bir Sümer kentinden diğerine tekrarlayan genel bir kalıp çerçevesinde değildi. Erken Sümer kentinin toplumsal ve ekonomik yönleri –ki burada Childe'a göre gerçek bir şehri oluşturan on kriteri hatırlamalıyız– arasında şunlar vardı: Hiyerarşik bir toplum; çeşitli tarımdışı meslekler; özellikle tarımsal uygulamalara yardımcı olmak amacıyla bilimsel gözlemlemenin gelişimi; geniş bir anıtsal mimari yelpazesi; kraliyet ve dinle ilgili kapsamlı bir imgeleme sahip figüral sanat ve MÖ 2350'ye gelindiğinde ilk geliştiriliş nedeni olan ekonomik verilerin yanı sıra mit, ritüel, tarihi ve çağdaş olayları da kaydetmek için kullanılan yazı. Neolitik dönemde ilkel kent ortaya çıkarken, MÖ dördüncü ve üçüncü binyıllarda Güney Mezopotamya'da tam anlamıyla kent doğmuştu.

BÖLÜM 3

Mezopotamya Kentleri: MÖ Üçüncü Binyıl Sonları ve İkinci Binyıl

➤ Akadlar:	yaklaşık MÖ 2350–2150
➤ Gutiler:	yaklaşık MÖ 2150–2000
➤ Sümerler (ikinci egemenlik dönemi):	
Yeni Sümer dönemi:	yaklaşık MÖ 2125–2000
Lagaşlı Gudea	
Ur III dönem (Üçüncü Ur Hanedanı):	yaklaşık MÖ 2100–2000
➤ Eski Babil dönemi:	yaklaşık MÖ 2000–1530
İsin–Larsa dönemi:	yaklaşık MÖ 2000–1760
Birinci Babil hanedanı:	yaklaşık MÖ 1830–1531
Babilli Hammurabi:	yaklaşık MÖ 1728–1686
➤ Kassitler:	yaklaşık MÖ 1530–1150

Bu bölümde Mezopotamya kentlerindeki incelememiz MÖ üçüncü binyıl sonlarıyla ikinci binyıla kadar gelecek. Bu, geleneksel Sümer şehir-devlet kavramının devletlerin, hatta imparatorlukların kurulmasıyla tehdit edildiği, Akadlar ve Üçüncü Ur Hanedanı'nın daha büyük, daha kapsamlı siyasal birimlerini ortaya çıkaran önemli siyasal değişimlerin olduğu bir dönemdir. Bu siyasal değişimlerle kentlerin ve hükümdarlarının ideolojilerinin her zaman için önemli öğeleri olan mimaride ve kraliyet imgelemlerinde yeni vurgular ortaya çıkmıştır. En çok, yukarıda Bölüm 2'de değindiğimiz Sümer kenti Ur ve bölgeye yüzyıllar boyunca egemen olacak Sümerli olmayan Orta ve Kuzey Mezopotamyalı Sami halklarından birince kurulan ve abidevi sarayıyla meşhur Mari kenti üzerinde duracağız.

Akadlar

Güney Mezopotamya'da birinci bağımsız Sümer şehir-devletleri çağı Akad Kralı Sargon'un (saltanatı yaklaşık MÖ 2370–2315) yaklaşık MÖ 2350'de bütün bölgeyi fethiyle sona ermişti. Bu kralın sureti, Kuzey Irak'ta Ninive'da çok daha sonraki dönemlere ait bir Yeni Asur tapınağında, bağlam dışı olarak bulunan, bir dökme bakır heykel başıyla günümüze gelmiş olabilir (**ŞEKİL 3.1**).

ŞEKİL 3.1 Akad döneminden tunç baş, Ninive. Irak Müzesi, Bağdat.

Arkadan bağlı özenle örülmüş saçı, kıvırcık sakalı ve sakin gülümsemesiyle bu baş şık ve huzurludur. Bu sükûneti bozanlar sadece, belki de hükümdarın düşmanlarının heykelde mevcut ruhu yok etmek için bilinçli olarak zarar verdiği hasarlı göz ve kulaklardır.

Akad devleti genelde Güneybatı Asya'daki ilk imparatorluk kabul edilir. Sargon'un krallığının kalbi Orta Mezopotamya'da, Babil ve modern Bağdat civarındaydı. Geleneksel Sümer iktidar merkezlerinden ayrılarak Agade (Akad) adlı yeni bir başkent kurdu. Arkeologları hüsrana uğratan, Agade'ın yerinin henüz belirlenememiş olması, dolayısıyla anlatabileceğimiz bir Akad kenti olmamasıdır.

Bununla beraber, Sargon'un ve ardıllarının faaliyetlerinden çiviyazılı tabletlerde bolca bahsedilmiştir. Sümer kentlerini fethettikten sonra Sargon gözünü doğuya, Elam'a (Güneybatı İran) ve daha sonra Dicle boyunca kuzeye ve batıya doğru Fırat boyunca Orta Anadolu'ya çevirdi. Antik anlatılara inanacak olursak, Arap yarımadasının güney ucuna ve Akdeniz'de Girit ve Kıbrıs'a kadar gitti. Bu çok büyük alanın yalnızca belli kısımları sıkı şekilde egemenlik altında tutulabildi. Ama bu seferler Akad ile uzaktaki kereste, metal ve diğer hammadde tedarikçileri arasında ticari temasları canlandırmış olmalı.

Sargon Sümerli değil Semitik idi. Konuştuğu Akadça, Sümerceye dayalı uyarlanmış bir çiviyazısıyla yazılmış olarak neredeyse 2.000 yıl boyunca Yakındoğu'nun ortak dili olacak ve zaman içinde yerini Aramcaya bırakacaktı. Sümer tabletlerindeki kişi ve yer adlarından anlaşıldığına göre, EH Sümer'de kayda değer miktarda Sami yaşıyordu. Mezopotamya'da kuzeye çıkıldıkça sayıları artıyordu. Nereden geldikleri Sümerler gibi belirsizdir. Farklı dillerine rağmen bu insanlar da aynı kültürel kalıpları, aynı dini inançları paylaşıyordu. Örneğin Sargon'un kızlarından Enheduanna, Sümerli Ur'un ay tanrısı olan Nanna'nın rahibesi olmuştu. Ne var ki, Akadlı hükümdarlar antik Mezopotamya'da yeni bir krallık kavramına katkıda bulunarak ölümlü hükümdarların, devlette tanrıların yerine mutlak otorite konumuna yükseltilmesine ön ayak olmuşlardır.

Naram-Sin Steli

Naram-Sin Steli pembe kumtaşından parabol biçiminde, bir yanında Akadların bugünkü Batı İran'a karşılık gelen bölgede yaşayan dağ halklarından biri olan Lullubi'ye karşı zaferinin anısına bir rölyef bulunan, neredeyse 2 metre yüksekliğinde bir levhadır (**ŞEKİL 3.2**). Burada rölyefteki başat konumuyla kutlanan muzaffer kral, Sargon'un torunu Naram-Sin'dir. Daha sonra, MÖ on ikinci yüzyılda Elamların Mezopotamya'yı bir istilası sırasında stel, ganimet olarak ele geçirilmiş ve Elam başkenti Susa'ya götürülmüştü. Fransız arkeolog Jacques de Morgan on dokuzuncu yüzyıl sonlarında ortaya çıkardığında buradaydı.

ŞEKİL 3.2 Naram-Sin Steli, Susa. Louvre Müzesi, Paris.

Askeri tema daha önceki Yakındoğu sanatından aşinadır, ama sahnenin kompozisyonu Sümer örneklerinden farklıdır. Naram-Sin dik ormanlık bir tepenin yamacında durmaktadır. Tanrısallık sembolü olan boynuzlu bir miğfer giymiş ve bir yay taşımaktadır. Ayaklarının dibinde, temsili yenilmiş düşmanlar grubu yaralı veya ölü olarak yatar. Stelin ortasında bir kurban baş aşağı bir uçuruma düşer. Kralın altında, kendi askerleri ya tepeden yukarı çıkmakta, ya da yukarı bakmak için başlarını çevirmektedir (sahnenin sağ tarafındakiler). Güneş ve Ay (gökteki iki rozet disk), burada tanrılar olarak Naram-Sin'e ve koni biçiminde bir dağa veya belki de parabol biçimli bir anma steline tepeden bakar.

Rölyef, daha eski Akbabalar Steli ile aynı propaganda amacına hizmet eder: Kralın ve büyük zaferinin yüceltilmesi. Akbabalar Steli'nde (**ŞEKİL 2.11**) savaşçıları arasında duran kral Eannatum'un kim olduğu asla kuşkulu değildir, zira doğal boyutundan daha büyük gösterilmiştir. Ama daha da büyük resmedilmiş tanrı Ningirsu da savaşın büyük ölçüde içindedir; hatta zafer aslında tanrının lehte müdahalesi sayesinde kazanılır. Naram-Sin steli bu ideolojik ve görsel temel üzerine yükselir, ama hükümdarın resimsel tasviri ve krallık kavramı yeni bir yönde ilerlemiş durumdadır. Artık Sümer sanatının dar yatay şeritleriyle kısıtlı olmayan Akad hükümdarı, tek bir büyük imge olarak temsil edilmiştir. Tepe yamacının çapraz çizgileri ve askerlerin yukarı dönük yüzlerinin yardımıyla da bakanın gözü doğrudan krala odaklanır. Diğer insanlardan çok daha büyük olduğu gibi, aynı zamanda sahnenin bütün üst yarısında neredeyse tek başınadır. En önemlisi, boynuzlu miğferinden anlaşılabileceği gibi, kendisi de tanrı olmuştur. Bu imgeyi doğrulayan metinler bize, Naram-Sin'e yaşadığı sürece bir tanrı olarak hitap edildiğini gösterir, ki bu ayrıcalığa sahip Mezopotamyalı ilk hükümdardır. Böylece kral, tanrılara atfedilen itibar ve mallarda pay iddiasında bulunabilirdi.

Güç ve ilahilik ifadeleri Naram-Sin ve oğlu Şar-Kalişarri'yi korumaya yetmedi. Sargon'un kurduğu artık aşırı yayılmış ve zayıflamış Akad hanedanı, Lullubi'nin komuşusu Batı İranlı başka bir dağ halkı olan Gutilerce sona erdirilmişti. Birkaç yüzyıl sonra bir Sümerli şair bu felaketi Naram-Sin'in işlediği günahkârca bir davranışa bağlıyordu. Bu şaire göre, Naram-Sin kutsal Nippur kentini yağmalamış ve tanrı Enlil'in tapınağı Ekur'u kirletmişti. İntikam olarak Enlil, Gutileri ortalığı yakıp yıkmaya göndermişti. Diğer Sümer kentlerini korumak için, başlıca tanrılardan sekizi Agade'nin Nippur'u maruz bıraktığı kaderin aynısını çekmesi gerektiğinde mutabık oldular:

> Kent, sen ey Ekur'a saldırmaya cüret eden, Enlil'i [kirleten],
> Koruların toz tepeleri gibi yığılsın ...
> Kanal tekneleri çekiş yollarında otlardan başka bir şey bitmesin,
> Üstüne, kanal tekneleri çekiş yollarında ve rıhtımlarında,
> Yaban keçileri, haşerat (?), yılanlar ve dağ akrepleri yüzünden hiçbir insan
> Yürüyemesin,
> Agade, tatlı akan sularının yerine acı su aksın.
> ("Agade'nin laneti: Ekur'un Öcü," Kramer 1963: 65)

Gerçekten de, bu mağrur kentin başına tam olarak da bunlar gelecekti.

Yeni Sümer Canlanışı: Tarihsel Özet

Akadların fatihi Gutiler, Mezopotamya'nın kontrolünü bir yüzyıldan daha az ellerinde tutular ve maddi kayıt olarak fazla iz bırakmadılar. Yavaş yavaş Sümer kentleri tekrar kendi egemenliklerini kurdular: Önce Gudea'nın hükümdarlığında Lagaş, daha sonra da yaklaşık MÖ 2120'de Gutilere karşı yaygın bir isyana önderlik eden Uruk. Guti tahakkümü nihayetinde Ur kralı Ur-Nammu tarafından sona erdirildi. Bunu izleyen yüzyıl boyunca Ur-Nammu ve dört ardılı birleşik bir Orta ve Güney Mezopotamya'yı yönettiler. Ur tarihindeki bu muazzam dönem Ur III dönemi veya Üçüncü Ur Hanedanı olarak bilinir. Resmi idari dil olarak Sümerce tekrar kullanıma konulmakla beraber, diğer yönlerden Ur III krallığı ilhamını Akad devletinden almıştı. Yönetim, vergi, ağırlık ölçüleri ve diğer ölçülerden dini ve askeri konulara kadar merkezileştirilmişti. Dahası, Ur III krallarının ikincisi Şulgi, Naram-Sin'in izinden giderek kendini tanrı ilan etti.

Lagaşlı Gudea

Lagaş şehir-devletinin Yeni Sümer kralı Gudea, Mezopotamya arkeolojisinde özel bir yere sahiptir. Telloh'taki (antik Girsu) ilk Fransız kazılarında bulunan tabletler saltanatını olağanüstü iyi bir şekilde anlatır. Ayrıca, kendisinin ve oğlunun suretleri bir dizi çarpıcı diyorit heykel biçiminde günümüze gelmiş durumdadır (ŞEKİL 3.3). Sundukları krallık görüntüsü Naram-Sin Steli'nde görülenden bariz şekilde farklıdır. Gudea için bir kralın kentine hizmet etmesinin en iyi yolu bir savaşçı değil, tanrıların sadık bir hizmetkârı olmaktır.

En fazla doğal boyutunun yarısı kadar olan heykeller daha önce Tel Asmar'daki EH ibadetçi figürinlerinde (ŞEKİL 2.14) gördüğümüz küçük ölçekli figürlerdeki tercihleri yansıtır. Heykellerin üzerlerindeki yazıtların figürlerin kral olduğunu belirtmesi büyük şans, çünkü yüz ve giyim özellikleri tek başlarına bunun göstergesi değildir. Bunlar gerçek portreler olmayıp, kralın ibadetçi konumundaki standartlaştırılmış, idealize edilmiş temsilleridir. Arada başı açık ve kel de olan Gudea genellikle tipik bir başlık olan geniş örgü kenarlı bir kep takar. İster oturur ister ayakta olsun, hep ellerini saygı içinde göğsünün önünde kenetler. Sıradışı bir örnekte, dizlerinde bir tapınağın planı çizili bir çizim tahtası durur. Tanrı Ningirsu bir rüyada Gudea'ya tapınağını tekrar yaptırmasını emretmiş; dindar kral hemen emri yerine getirmiş ve bunun anısına üzerinde açıklayıcı metniyle bu heykeli yaptırmıştır.

Heykeller tapınaklara hediye olarak verilirdi. Ne yazık ki, tam mimari bağlam bilinmemektedir. Telloh'ta, on dokuzuncu yüzyılın son çeyreğinde keşif yapanlar için, sert siyah taştan figürleri çıkartmak sorun olmazken, toza dönmüş bir temelden kerpiç tuğla tapınak duvarlarının kalıntılarını çıkarmak ilgi ve kabiliyetleri dahilinde değildi.

ŞEKİL 3.3 Diyoritten oturur halde Gudea heykeli, Telloh (Girsu). Louvre Müzesi, Paris.

Ur: Ur III ve İsin-Larsa Dönemleri

Ur kenti gücünün zirvesine MÖ üçüncü binyıl sonları ve ikinci binyılda, ilk önce Ur-Nammu ve ardıllarının krallığının başkenti olarak ulaştı. Elam istilasıyla Ur III krallığının çöküşünden sonraki İsin-Larsa döneminde kent tekrar canlanarak ekonomik refaha ulaştı ve itibarlı bir dini merkez olmayı sürdürdü. Bölüm 2'de EH III döneminden Kraliyet Mezarları'na bakmıştık. Kentin görünüşü hakkında, sonraki Ur III, İsin-Larsa ve Yeni Babil dönemlerinden gelen daha kapsamlı bilgileri burada ele alacağız; tahkimat duvarları, dini merkez ve yerleşim bölgeleri üzerinde duracağız (kent planı için, bkz. **ŞEKİL 2.15**).

İsin-Larsa döneminde en geniş haliyle kent yaklaşık 60 hektar alan kaplıyordu ve surları dışında da ek yerleşimler vardı. Standart ölçülerden biri olan, hektar başına tahmini ev sayısı ve hane başına tahmini insan sayısından hesaplanan asıl kentin nüfusu, hektar başına 200 kişiyi kullanacak olursak, yaklaşık 12.000 olabilir. Ama antik nüfusları belirlemenin son derece zor olduğunu ve modern uzmanların ileri sürdüğü sayıların arasında büyük farklar olduğunu unutmamak gerekir.

En geniş kent surları MÖ altıncı yüzyılda Yeni Babil hükümdarlarınca inşa ettirilmişti. Surların ve diğer yapıların tarihlendirilmesinde antikçağda hükümdarların sembolüyle işaretli tuğlalar kullanımı uygulamasının büyük payı vardır. Surlarda Ur-Nammu damgasını taşıyan tuğla bulamadığı için Woolley Ur III tahkimatlarının Elamlı fatihlerce bilinçli olarak yıkıldığını varsaymıştı. Ancak, etkileyici Yeni Babil dönemi surları yer ve görünüş açısından Ur III tahkimatlarına benziyor olabilir. Fırat'ın bir koluyla teknelerin işlediği bir kanal arasındaki burunda yer alan kente karadan yalnızca güneyden yaklaşılabiliyordu. Üç yandan suyla korunmasına rağmen, her tarafını kuşatan 27 metre kalınlığında etkileyici bir sur inşa edilmişti. Alt kısımlar dik eğimli bir kerpiç rampa veya *şevden* meydana geliyordu. Bu, mevcut tümseğin kenarlarını çevreliyor ve kapatıyordu. Bunun üzerinde pişmiş tuğladan üst kısım, asıl sur yükseliyordu. Su ve böyle büyük surlarla savunulan kent zaptedilemez görünüyor olmalı. Ama tarihte defalarca şahit olunduğu gibi, tahkimatlar ve silahlar yalnızca onları kullananlar kadar güçlüdür.

Ur'un Dini Merkezi

Ay tanrısı ve Ur'un koruyucusu olan Nanna ve karısı Ningal'ın kültüne adanmış dini merkez, Woolley'nin kazılarının odaklarından biriydi; bu nedenle, burası hakkında çok şey biliyoruz (**ŞEKİL 3.4**). Bu *temenos* veya kutsal alan, bir Sümer kentinin önemli binaları için geleneksel olduğu üzere kuzeybatıda yer alıyordu. Hayırlı kuzeybatı sektörünün en sağlıklı havaya sahip olduğuna inanılırdı. Kazı alanındaki binaların sıklıkla ana yön noktalarına yöneltilmiş olmasının ardında da böyle bir düşünce olabilir: Bir taraf normal olarak kuzetbatıya ve oradan gelen rahatlatıcı esintilere bakacaktı.

Köşeleri pusulanın ana yönlerine doğru olan *temenos*'un tümü aşağı yukarı 400 x 200 metre boyutlarındaydı. Binaların yalnızca temelleri kalmıştı,

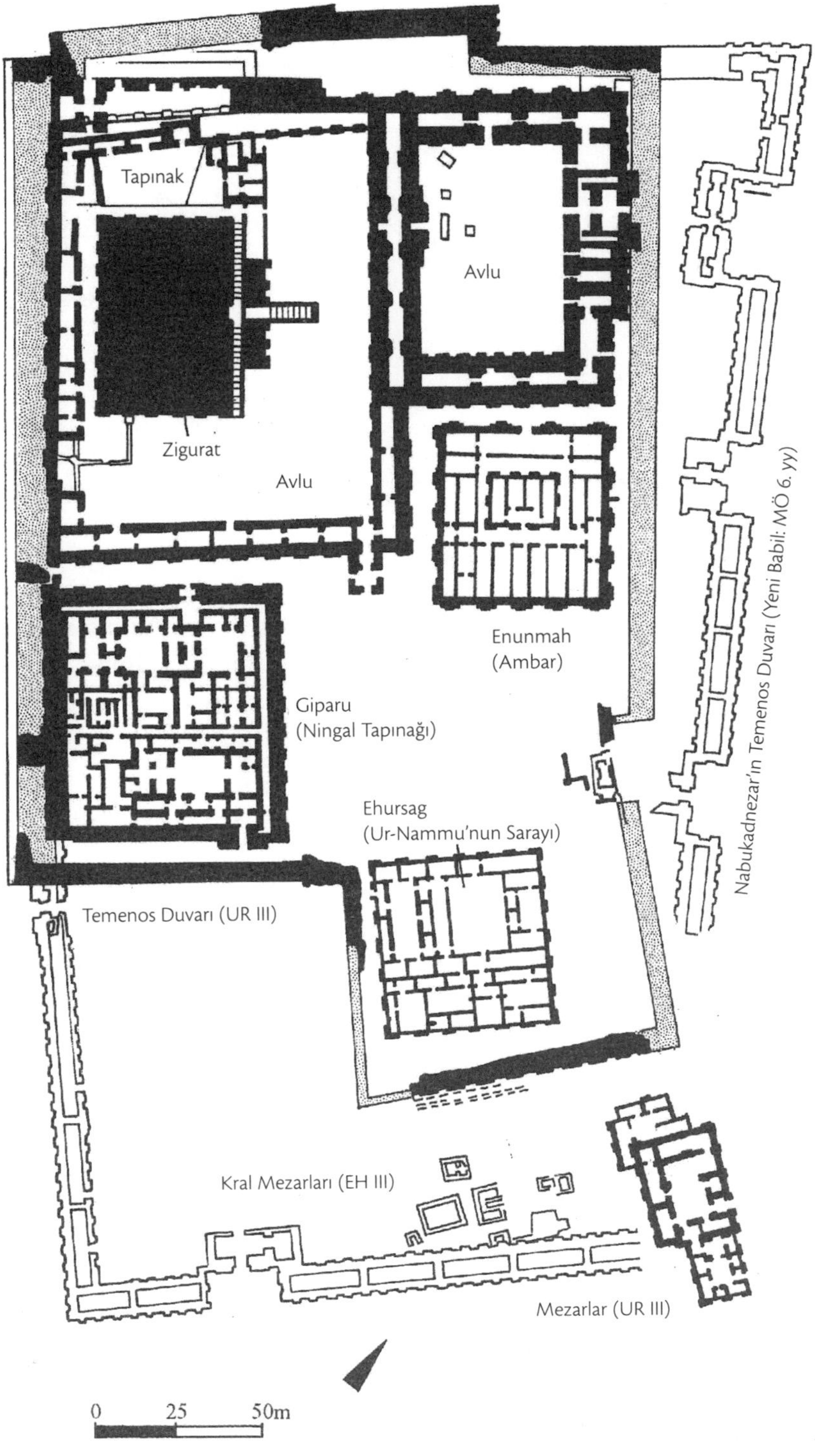

ŞEKİL 3.4 Ur'da dini merkeze ait plan.

ŞEKİL 3.5 Ur-Nammu Ziguratı rekonstrüksiyon, Ur.

üst kısımlar Ur III döneminin sonundaki Elam istilası sırasında yok olmuştu. Bölgede tapınaklar, avlular, dini personeli barındırmak için odalar, sunularla kült eşyalarını saklamak için depolar ve devasa bir zigurat bulunuyordu (bkz. aşağıda). Kat planında bölge, avluları koruyan çok sayıda kalın ve tekrarlayan duvarlar, esas olarak Ningal'e adanmış tapınaklar ve başrahibelerin ikametinden oluşan Giparu kompleksi gibi labirent benzeri binalarıyla gayet korkutucu gözüküyor.

Kutsal binalar grubuyla yakından bağlantılı ve muhtemelen duvarların sağladığı güvenliğe daha çok ihtiyaç duyan, kraliyet merkeziydi. Kral, ziyaretçilerini zigurat kompleksinin girişindeki küçük odalarda kabul ediyordu. Kralın sarayı Ehursag, yakında hemen doğudaydı, hemen arkasında da Kraliyet Mezarlığı yer alıyordu. Üçüncü Hanedan krallarının mezarları daha önceki EH Kral Mezarları kadar iyi gizlenmemişti. Antikçağlarda yağmalanmış olan bu mezarların yalnızca toprak düzeyindeki şapelleriyle, buradan yeraltındaki tonozlu mezarlara inen merdivenlerden oluşan mimarisi günümüze gelmiştir. Buradakiler EH mezarlarından çok daha büyük ölçekli bir yapıya sahiptir.

Temenos'taki en ünlü yapı, Mezopotamya'daki en iyi korunmuş örnek olan zigurattır (**ŞEKİL 3.5**). Ur-Nammu ve oğlu Şulgi döneminde inşa edilen zigurat, ilk inşasından sonraki 1.500 yıl süresince nesiller boyu Mezopotamya krallarınca ve modern zamanlarda Irak hükümetince restore edilmiştir.

Zigurat birbiri üstünde gittikçe daha küçülen platformlar halinde inşa edilen ve zirvesinde küçük bir tapınak barındıran bir kuledir. Bu ad "zirve" veya "dağ tepesi" (*ziqquratu*) ve "yüksek olmak" (*ziqaru*) anlamındaki Akadça sözcüklerden gelmiş olabilir. Düz bir coğrafyada göklere ve tanrılara uzanan yapay bir dağ işlevi görür ve MÖ beşinci binyıldan beri Mezopotamya tarzı "yüksek tapınaklar"ı taşıyan yüksek platformun geliştirilmiş bir halidir.

ŞEKİL 3.6 Ur-Nammu Steli, Ur. Pennsylvania Üniversitesi, Arkeoloji ve Antropoloji Müzesi, Philadelphia.

Ur'daki zigurat üç platformdan meydana gelir. Tepedeki tapınak yok olduğundan görünüşü varsayımsaldır. En aşağıdaki platformun boyutları 61 x 45,7 x 15 metredir. Görkemli üçlü bir merdiven buraya, daha sonraki iki kata ve tepedeki tapınağa kadar çıkar. Güneşte kurutulmuş kerpiç tuğlalar ve düzenli aralıklarla serilmiş saz örgüler yapının sağlam çekirdeğini oluşturur. Dış yüzey bitümle yapıştırılmış kalın (2,4 metre) daha dayanıklı pişmiş tuğlalarla örtülmüştü. En alt platformun cephesinin su gider delikleriyle dolu olması gözlemcilerin aklını meşgul eden bir ayrıntı olmuştur. Kömürleşmiş ağaç gövdesi buluntularına işaret eden Woolley terasların tepelerinde ağaçların olabileceğini ifade etmiştir. Delikler özellikle sulanan bahçenin suyunun çıkmasını sağlardı. Ziguratın ormanlı bir dağ olarak bu çekici görünüşü başka yerlerden doğrulanmamıştır.

Ur-Nammu Steli

Ur-Nammu'nun Ur *temenos*'undaki yapım projeleri, Woolley'nin kazıları sırasında keşfedilen parçalanmış durumdaki Ur-Nammu steli üzerindeki yontma rölyefle onurlandırılmıştır (ŞEKİL 3.6). Diğer Mezopotamyalı hükümdarlar gibi Ur-Nammu da dindarlığını yontu olarak kaydettirmek istemişti. Gudea'nın sanatı gibi bu stel de kralın askeri başarıları yerine tanrıları yüceltmesine vurgu yapar. Krallıkla ilgili mesajı Naram-Sin Steli'ndekiyle çok ters olduğu gibi, rölyefin kompozisyonu da önceki eserlerden farklılık göstererek geleneksel Sümer tarzında yatay şeritlere bölünmüştür. En iyi durumdaki satırda, kral bir tanrıça (solda) ve bir tanrı (sağda) olmak üzere iki farklı ilahın huzurunda, iki kere görünür. Her bir sahnede, bir platform üzerinde duran tanrı, uzun koni biçimli bir çömlekte yetişen bir bitki veya küçük ağaca libasyon dökmekte olan kralı izler. Kralın arkasında, ellerini yukarı kaldırmış bir kadın durur; bu da bir tanrıça ve kralı oturan tanrılara sunma görevini yerine getirir. Bunun altındaki, hasarlı bölgeler tanrının hayırlı bir işini, tapınağın inşasını resmeder. Başı tıraşlanmış bir rahibin eşlik ettiği Ur-Nammu inşaatçıların aletlerini taşır.

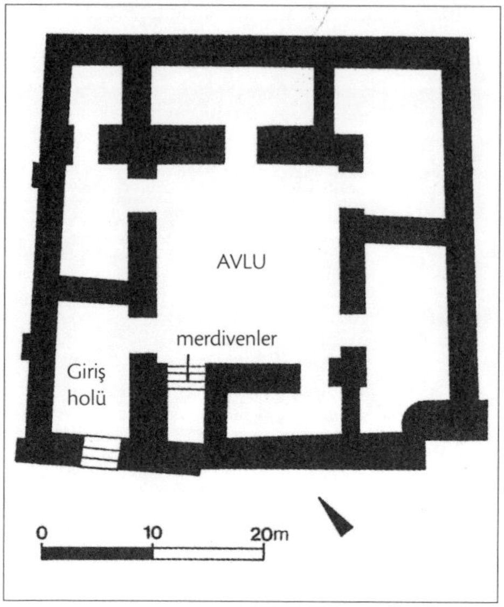

ŞEKİL 3.7 İsin-Larsa dönemine ait ev planı, Ur.

Tanrılara mahsus boynuzlu miğferi takan Nanna inşaat alanına yapılan bir geçitte onlara eşlik eder.

Özel Evler

Woolley kent içindeki birkaç yerleşim bölgesinde kazı yapmıştı. *Temenos*'un güneydoğusunda bulunan en iyi örnekler MÖ yirminci yüzyılda İsin-Larsa dönemindendir. Kıvrılan sokakları ve yığın halindeki evleriyle kent planı yaklaşık 1.200 yıl önceki *Protoliterate* dönem Habuba Kabira'nın düzenli planıyla tezat oluşturur. Düzenli aralıklarla doğrusal, geniş sokaklar yerleştirmek için bir çaba yoktu. Yaya ve yük hayvanlarına erişim sağlayan yollar ev sahiplerinin veya kent yetkililerinin pek umrunda olmuyordu. Sokaklar boyunca uzanan evler yıkılıp tekrar yapıldıkça yolların biçimi de değişip durmuş olmalı. Dahası, çöpler rastgele sokaklara atılırdı. Antik kentte, tıpkı bugün Ortadoğu'da olduğu gibi saygı ve ilginin odağı dışarıdaki kamusal sokaklar değil evin içi, kişinin özel alanıydı. Yine de bu kehanet metninden anlaşıldığı kadarıyla kamusal sokakların bir derece de olsa düzenlenmesi ihtiyacı kabul ediliyordu:

> Eğer bir ev binasıyla ana sokağı kapatırsa, o evin sahibi ölecek; eğer bir ev ana sokağı gölgelerse (sarkarsa) veya engellerse, o evde oturanların yüreği mutlu olmayacak.
>
> (Frankfort 1950: 111)

Ur'daki en büyük evler Habuba Kabira'daki benzerlerini gölgede bırakır. Açık bir avlunun çevresinde iki kat odadan meydana gelirler (**ŞEKİL 3.7** ve **3.8**). Bu Habuba Kabira'daki, bir avlunun arkasında tek bir kat ve tek bir dizi odadan oluşan ev planlarından farklıdır. Tüm dönemlerde tipik olduğu üzere, sokaktan görülen haliyle duvarlar süslemelerden tamamen yoksundur. İçerisi kati şekilde aile ile dostlarına aittir. Ayrıca, ölüler neolitik Çatalhöyük'ü anımsatan bir biçimde genellikle zemin katın altına, evin içinde gömülüyordu. Ama gömü uygulamaları çeşitlilik gösterebiliyordu. Kentlerin, çoğunlukla mezarlıklara ayrılmış bölgeleri olurdu.

Daha basit ev planları da vardı. Anlaşıldığı kadarıyla bunlar yerleşim bölgeleri boyunca ama ağırlıklı olarak kentin güney kısmında dağılmış bulunan dükkânlara aitti. Ev ve dükkânlara ek olarak kent planında sokak kavşaklarında bulunan küçük tapınaklar da vardı.

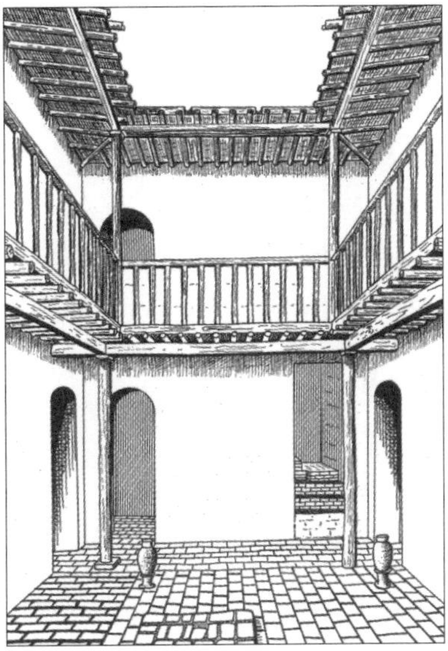

ŞEKİL 3.8 Bir evin içine ait rekonstrüksiyon, Ur.

Babilli Hammurabi ve Eski Babil Dönemi

Güney Mezopotamya'daki ikinci Sümer hâkimiyet dönemi MÖ on sekizinci yüzyıl sonlarında Babil kralı Hammurabi'nin iktidara gelişiyle sona erdi. Gerçekten de, antik Yakındoğu'nun büyük kentlerinden biri olan Babil önemli bir siyasal merkez olarak ilk defa bu dönemde ortaya çıktı. Hammurabi'nin başarıları oldukça büyüktü. Akadlı Sargon'un başarısını tekrarlayarak Kuzey ve Güney Mezopotamya'yı kontrolü altına almayı başardığı gibi, ülkenin yönetim sistemini de elden geçirdi. Özellikle Mezopotamya'nın geleneksel yasalarını yazılı şekilde derlemesiyle bilinen Hammurabi, hukuki reformlarını 2,1 metre yüksekliğinde Hammurabi Steli adı verilen, silindir bir bazalt stele yazdırdı (**ŞEKİL 3.9**). Stelin tepesinde Hammurabi'yi oturur haldeki adalet tanrısı Şamaş ile görüşür gösteren tek bir sahne vardır. Kralın tanrıyla etkileşimi Ur-Nammu Steli'ndekine benzer. Bu ikinci steldeki imgelemde, Ur-Nammu tanrı ve tanrıçaların önünde libasyon dökerek, kralın tanrılar karşısında gösterdiği saygıya vurgu yapar. Bunun aksine, Hammurabi diğer tanrılar olmadan doğrudan tanrıya danışıyor gibi görünmektedir. Tam olmasa da neredeyse eşitler arası bir ilişki söz konusudur.

Mezopotamya tarihinde Hammurabi ve onun hanedanının çağına Eski Babil dönemi adı verilir. Semitik Babillilerin yükselişiyle Sümerce, konuşma dili olarak ortadan kalktı ve yerini Akadçaya bıraktı. Ancak, dini ve edebi değerlerin aracı olarak saygı duyulan Sümerce, yazı dili olarak varlığını sürdürdü. Bu da Sümer kültürünün kalıcı gücünün bir göstergesidir.

Mari: Zimri-Lim'in Sarayı

Eski Babil kentlerine esas örnek, en iyi durumdaki yapıların MÖ birinci binyıl sonlarından olduğu (bkz. Bölüm 10) Hammurabi'nin başkenti Babil değil, Fırat üzerinde, modern Suriye'nin Irak sınırı yakınlarındaki Mari'dir.

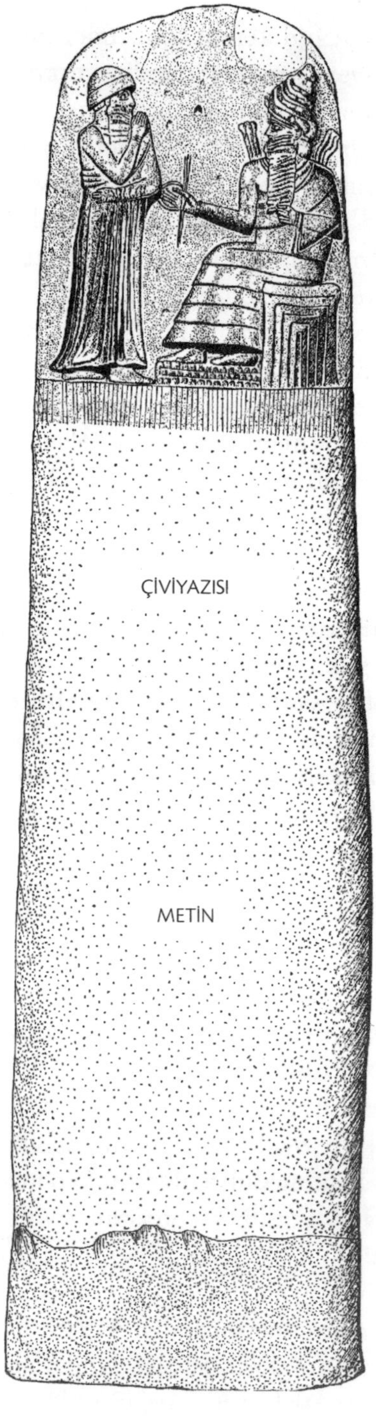

ŞEKİL 3.9 Hammurabi Steli, Susa. Louvre Müzesi, Paris.

MÖ on sekizinci yüzyılda Mari'nin başlıca binası olan Zimri-Lim Sarayı'nın sağladığı bilgiler 25.000'den fazla kil tabletten oluşan önemli buluntularla da sağlam şekilde desteklenmiştir; mimari, sanat ve metinler hep birlikte bize bu kentteki yaşamın eksiksiz bir tablosunu çizer. 1933'ten itibaren Fransız ekiplerce gerçekleştirilen kazılar sarayın duvarlarının ötesindeki kente pek dokunmamıştır. Sarayın kendisi, minyatür bir kasaba gibi göründüğü için bu eksiklik son dönemlere dek pek dikkat çekmemiştir.

Erken Hanedanlar döneminde zaten önemli bir kent olan Mari en parlak dönemine bölgesel bir hükümdar olan Zimri-Lim'in yaklaşık MÖ 1715–1700'deki saltanatında ulaştı. Zimri-lim ve Mari'nin sakinleri Semitikti. Akadça yazıyorlardı, ama Mari tabletlerinde bulunan özel adlar ve Akadça olmayan sözcükler onları Amoriler gibi halklarla birlikte kuzeybatı Semitik gruba yerleştiriyor. Batı ve Akdeniz'den kuzeydoğudaki Asur bölgesi ile güneydoğudaki Babil arasındaki ticaret yolları üzerindeki avantajlı konumu sayesinde Mari zenginleşti. Buradan geçen tüm mallarden vergi alınıyordu. Zimri-Lim'e miras kalan ve onun tarafından şaşaalı şekilde tekrar biçimlendirilen saray, yaklaşık MÖ 1700'de Babilli Hammurabi tarafından yok edilmişti, ama ilk olarak André Parrot yönetimindeki kazının ilk beş yılında ortaya çıkarılan kayda değer miktardaki kalıntılar hem mimariye, hem de MÖ on sekizinci yüzyılda toplum ve ekonominin işleyişlerine iyi bir bakış sağlar.

Bu saray antik Mezopotamya kentlerinin yönetiminde önemli bir değişimi gösterir. İlk Sümerler için, her şey nihai olarak tanrılara aitti; insanlar kentleri, toprakları ve bu toprakların ürünlerini yalnızca onların adına emaneten ellerinde tutuyorlardı. *Protoliterate* ve Erken Hanedanlar dönemlerinde kentlerdeki başlıca yapılar bu ilahi varlıkların şerefineydi. Ancak en sonunda hükümdar daha sağlam şekilde yerleşmiş bir otorite kazandı. Bu süreç EH döneminde başladı ama Akad İmparatorluğu ile bunun ardından gelen devletlerde ciddi derecede gelişti. Özellikle Akadlarla bağdaştırılan krallığın güçlenmesi özel bir icattan çok, siyasal birimin şehir-devletten imparatorluğa genişlemesiyle bağlantılıymış gibi görünüyor. Şehir-devletleri tanrılar yönetiyordu, ama imparatorluklar insanların ürünüydü. Krallığın böyle yüceltilmesi, yönettikleri topraklar pek imparatorluk düzeyinde olmayan daha sonraki hükümdarlara da cazip gelecekti.

Hükümdar rolündeki değişimlere kentsel mimarideki yeni vurgular eşlik ediyordu. Örneğin, Ur III döneminde hükümdarların sarayları, Ur gibi klasik şekilde Sümerli bir kentte bile, adım adım tapınaklara yaklaştı. Eski Babil dönemi Mari'sine gelindiğinde kralın ayrıcalıkları artık çok büyüktü. Krallık yönetimin hem seküler hem dini yönlerini kapsayan bir çatı haline gelmişti. Kraliyet sarayları EH döneminde de inşa ediliyordu, hatta Mari'de de önemli bir saray örneği vardır, ancak MÖ on sekizinci yüzyıldan önceki saray kompleksleri hakkında bilgilerimiz eksiktir. Adamakıllı kazılmış ve hakkında bol miktarda yayın yapılmış Zimri-Lim Sarayı'nın erken Mezopotamya saraylarının başlıca örneği olarak ününü kazanması arkeolojik keşif ve araştırma sürecindeki tesadüfler sayesindedir.

"Bana Zimri-Lim'in Sarayı'nı göster! Onu görmek istiyorum." MÖ on sekizinci yüzyılda Akdeniz kıyılarındaki Ugarit'in kralı, Orta Suriye'deki Yamhad'ın (modern Halep) kralına böyle yazmıştı. Gerçekten de saray dini ritüel, kamusal tören, hükümdarın özel yaşamı ve çok çeşitli ticari faaliyetler için ortak bir mekân oluşturan harika bir mimari kompleksti. Güneybatı ucunda 4 m'ye kadar yüksekliğiyle korunan kerpiç duvarları, maalesef yağmur, rüzgâr ve güneşe sürekli maruz kalmaktan ufalanıyor, ama bu durumda bile ziyaretçiler antikçağlardaki ününün nedenini anlayabilirler. Bugüne ulaşan zemin katında 260'tan fazla odadan oluşan bir kompleks olan sarayın boyutları 200 x 120 metre idi ve yaklaşık 3 hektarlık bir alanı kaplıyordu (**ŞEKİL 3.10**). Yer yer 4 metre gibi etkileyici bir kalınlıkta yığılmış kerpiç tuğlalardan meydana gelen dış duvarlar, kille sıvanarak korunmuştu. Ana giriş kapısı kuzeyde taş döşeme bir sokağın üzerindeydi. Bu kapıdan giren önemli bir ziyaretçi, sarayın kalbindeki iki geniş avluya (planda 131 ve 106) ve avlu 106'dan da bir bekleme odası (64) ve genellikle taht odası olarak tanımlanan bir kabul odası (65) olmak üzere iki kilit odaya geçerdi.

Avlu 106'nın güney duvarından, oda 64'e açılan girişin her iki yanı resimlerle süslenmişti. Kapının batısında kralın tahta çıkışı, doğusundaysa artık kötü şekilde parçalanmış olan bir kurban töreni tasvir edilmişti. Bu önemli

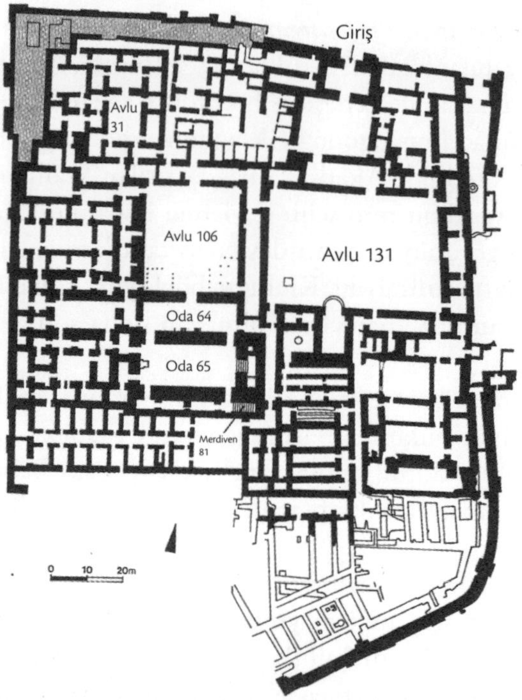

ŞEKİL 3.10 Zimri-Lim Sarayı planı, Mari.

figüratif sahneler çıkma bir çatı tarafından korunmuş olabilir. Avlunun diğer üç duvarında, yerden 2 metre yükseklikte kırmızı ve mavi geometrik desenli bir şerit uzanıyordu. Bu duvarların dibindeki diğer buluntular orijinal halinde başka imgelerin de var olduğuna işaret eder.

Mari'deki duvar resimlerinin en iyi bilineni olan Kralın Tahta Çıkışı, uygun şekilde buraya taht odasının girişine yerleştirilmiş, görsel bir mesaj iletiyor: Kral tanrılarca kutsanmıştır ve bunun sonucu tarımsal bolluktur (**ŞEKİL 3.11**). Resmin boyutları 1,75 x 2,50 metredir. Kilit sahne, ortada ufak dikdörtgen bir panelde, Sümer sanatını çağrıştıran bir biçimdedir. Üç tanrının daha huzurunda, bir ayağı bir aslanın sırtında duran tanrıça İştar iktidar alametlerini krala teslim eder. Bir daire ve bir sopadan oluşan alametler, Hammurabi Steli'nde Şamaş'ın Hammurabi'ye verdiği nesneleri andırır; ayrıca Ur-Nammu Steli'nde de bu nesneleri görebiliyoruz. Dolayısıyla, bu tema bize yabancı değil, ama burada sunulan ayrıntılar yenidir. Hemen bunun altındaki panelde, başlıklarındaki boynuzlardan tanrıçalar olduklarını anladığımız iki figür, içinden bir bitki (bitkisel bereketin sembolü) ve bu kurak bölgede yaşamın kaynağı olan Fırat Irmağı'nı temsilen, balıklarla bezeli sular çıkan vazolar tutmaktadır. Bu iki panel, iki uzun papirüs benzeri ağaç ve insanların meyve öbeklerine ulaşmak için tırmandıkları iki hurma palmiyesinin yarattığı olağanüstü bir manzara ile çevrilmiştir. Bahçenin sakinleri üç sıra olarak boğa, Mezopotamya mitolojisinde

ŞEKİL 3.11 Kralın tahta çıkışını tasvir eden duvar resmi, Mari. Louvre Müzesi, Paris.

çok sevilen bileşik yaratıklar olan griffonlar[3] ve kanatlı insan başlı aslanlar ile aslanların arkasında duran tanrıçalardan oluşur.

Hem Avlu 106, hem de Oda 64'te parçaları bulunan bir heykelle vazoları tutan tanrıçalar üç boyutlu bir hal kazanıyor. Halep Müzesi'nde sergilemek üzere birleştirilen neredeyse doğal boyutlardaki (1,43 metre) tanrıça dimdik, ayakları birbirine yapışık ve elbisesinin altından gözükür şekilde duruyor (**ŞEKİL 3.12**). Gözlerindeki kakmalar çıkmış, burnu da kırık, ama hoş gülümsemesi ve dolgun yüzü bu bereket tanrıçasına bugün bile etkili bir cazibe veriyor. Ayrıca, Marili zanaatkârlar bu heykeli bir çeşme olarak yapmıştır. Bir depodan gelen su, bedeninin içindeki kanaldan geçerek aynen duvar resmindeki gibi vazodan dışarı dökülürdü. Mari'nin sakinleri su imgelemlerine çok özen gösteriyorlardı.

Avlu 106'dan 64 ve 65 numaralı iki uzun ve dar odaya giriliyordu. Avludan girişin tam karşısındaki Oda 64'te üstü mermere benzeyecek tarzda süslenmiş kireçtaşı yüzeyli tuğladan bir podyum duruyordu. Podyuma merdivenlerin çıkması, Parrot'un da önerdiği gibi muhtemelen tepesinde tente olan bir platformun burada durduğunu düşündürtür. 65 numaralı iç oda sarayın taht odasıydı. Batı uçtaki alçak bir kaide tahtın yerini gösterir. Bunun karşısında, odanın doğu

3 Genellikle kartal başlı, kanatlı, aslan vücutlu yaratıklar; ancak farklı yerlerde farklı biçimlerde tasvir edilmişlerdir—çn.

ucundaki geniş merdivenler, genellikle tapınak olarak canlandırılan bir diğer platforma çıkar. Merdivenin iki yanındaki basamak ve heykel kaidelerinde yalıtım için bolca bitüm kullanılmış olması, belki de su akan vazolu tanrıçalarca sağlanan bol miktarda sıvının kullanıldığı ritüeller yapılmış olabileceğini düşündürtür.

Bu avlu ve kabul odalarından oluşan çekirdeğin çevresindeki odalar dört ana sektöre bölünebilir (**ŞEKİL 3.13**). Ancak bu odaların işlevleri tartışmalıdır. Tartışmalar, arkeolojik kalıntıları yorumlamanın zorluğunun bir göstergesidir. Bir oda üst kattan çökmüş materyaller veya sırf rastgele atılmış çöpler içerebilir veya yağmacılarca belirleyici içeriklerinden arındırılmış olabilir. Arkeolog bulduklarının doğru açıklamasının hangisi olduğunu nasıl bilebilir? Örneğin, Mari'de Parrot, kralın şahsi dairesini Avlu 31'in çevresinde gruplanmış kuzeybatı odalarına yerleştirmişti. Bir avlunun etrafına yerleştirilmiş odalarıyla geleneksel Mezopotamya evlerini çağrıştıran bu alan tuvaletler ve terakota banyo küvetleri gibi lükslerle donatılmıştır. Ancak Parrot'nun ardılı Jean-Claude Margueron bu sektörü yüksek rütbelilere uygun görürken, kralın evini Avlu 131'in güneyindeki uzun, dar depoların üzerindeki bir üst kata yerleştirmeyi tercih etti (**ŞEKİL 3.13**'te "Kralın İkametgâhı" olarak gösterilen bölgenin doğu ucu). Bahsedilen üst katlar antikçağlarda çökmüş ve yok olmuştu, ama Merdiven 81'in kalıntıları var olduklarını kanıtlıyor. Yorumlarını geriye kalan zemin kat odalarıyla sınırlayan Parrot, muhtemel üst katlar hakkında pek düşünce belirtmemişti.

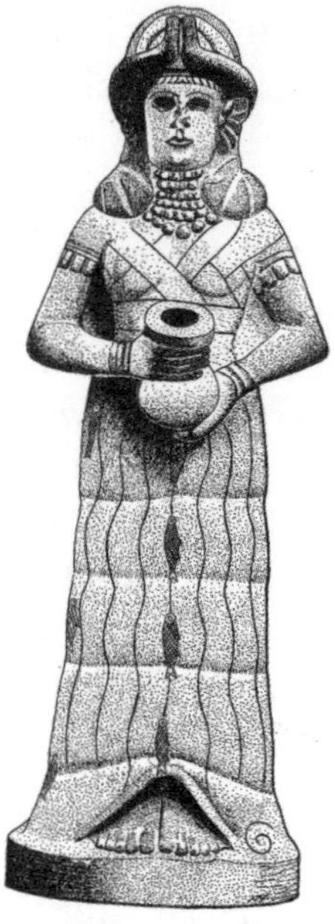

ŞEKİL 3.12 Mari'de bulunan, vazodan su döken tanrıça heykeli. Halep Müzesi.

Kassitler

Hammurabi'nin ordularınca yıkılışından sonra Mari kenti hiçbir zaman eski haline gelemedi ve burada yerleşim kalmadı. Hammurabi ve ardıllarının imparatorluğu ise çeşitli cephelerden tehditler karşısında yavaş yavaş eridi. Güneyde, Basra Körfezi'nden halklar kuzeye doğru ilerlerken, kuzeydoğudaki dağlardan da Kassitler bastırmaya başladılar. Öldürücü darbeyi MÖ 1531'de Babil'i ele geçirip yağmalayan Hitit kralı I. Murşili vurdu. Kısa sürede Anadolu'ya dönen I. Murşili, Mezopotamya'daki zaferini fetihe dönüştüremedi. Hititlerin yokluğunda Kassitler harekete geçerek Orta ve Güney Mezopotamya'nın denetimini ele geçirdi. Modern Bağdat'ın 30 km kadar batısında Dur Kurigalzu'da yeni

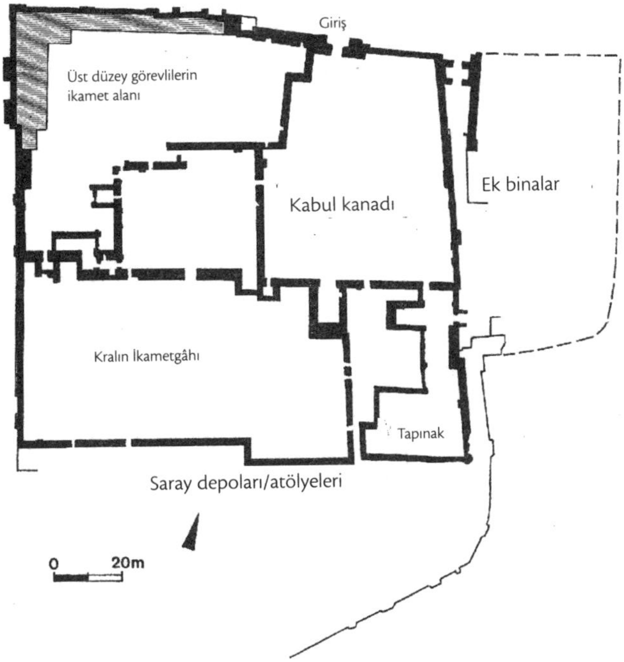

ŞEKİL 3.13 Zimri-Lim Sarayı'nın ana işlevsel birimleri, Mari.

bir başkent kurdular. Akadlar gibi, Kassitler de artık hükmettikleri bölgedeki geleneksel Sümer kültürünü özümsediler.

Antik Yakındoğu kentleri üzerine keşfimiz Güney ve Orta Mezopotamya'daki gelişmeler üzerinde yoğunlaşmış durumda. Bu sırada, kuzeyde Asurlar MÖ ikinci binyıl boyunca zenginleşti. MÖ dokuzuncu ile yedinci yüzyıllar arasındaki demir çağında, yurtlarından çıkacak ve sıradaki imparatorluk sahipleri olacak ve bu süreçte anıtsal kentler yaratacaklardı. Ama bu öykü Bölüm 10'da yer almaktadır. İlk önce dikkatimizi Güneybatı Asya ve Akdeniz Havzası'ndaki diğer tunç çağı medeniyetlerine, Sümer, Akad, Eski Babil ve Kassitlerin çağdaşlarına çevirelim.

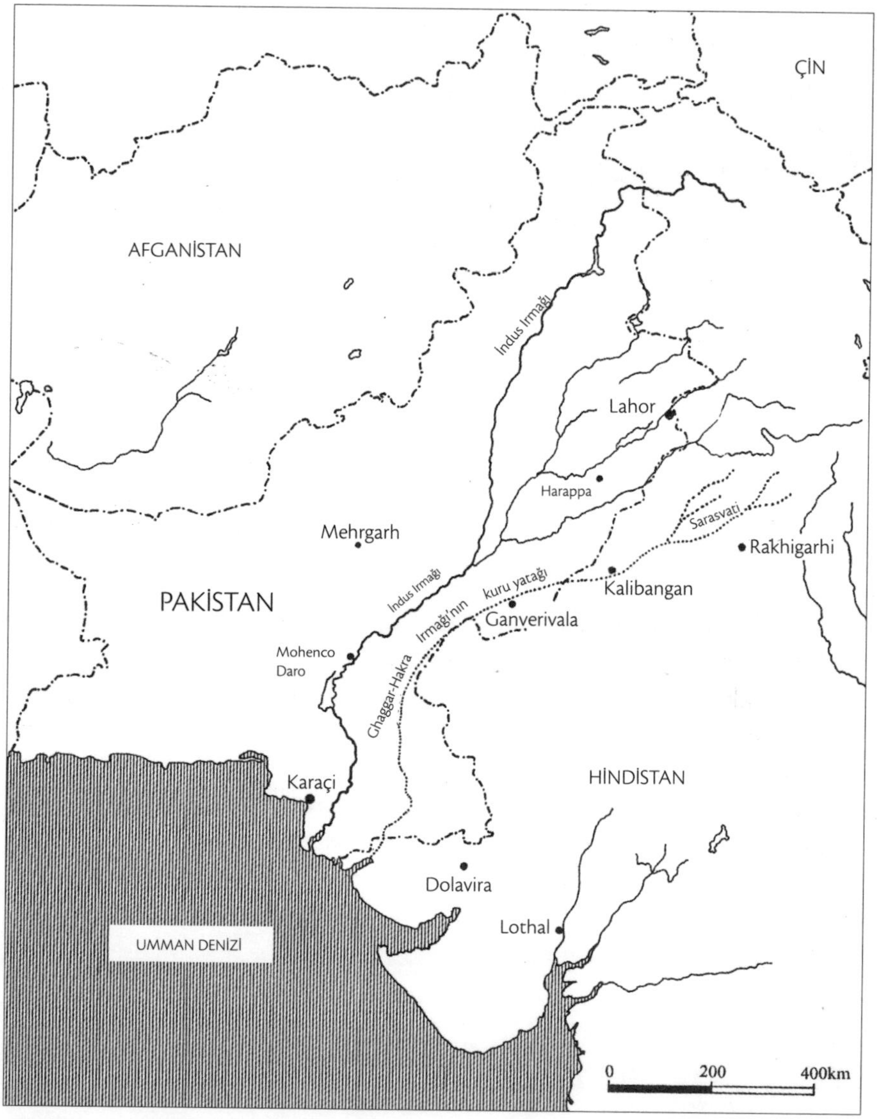

ŞEKİL 4.1 İndus Vadisi medeniyeti.

BÖLÜM 4

İndus Vadisi Medeniyeti'nin Kentleri

➤ İndus Vadisi Medeniyeti
Harappa veya Olgunluk evresi: yaklaşık MÖ 2600–1900

İndus Vadisi Medeniyeti ya da önemli kentlerinden birinin adıyla Harappa, MÖ üçüncü binyılda Kuzey Afrika ve Güneybatı Asya'daki üç büyük ırmak temelli medeniyetin ikincisidir. Mimari ve kent planlaması açısından kendilerine özgü tercihleriyle kentleri, daha batıdaki Mezopotamya ve Mısır'dakilerle öğretici bir karşılaştırma imkânı sağlar. Özellikle bazı açılardan Harappalılar ileri gibi görünmemektedir.

İndus Vadisi Medeniyeti kabaca birbirine paralel iki ırmağın, İndus ile artık kurumuş olan Sarasvati'nin (ya da Ghaggar-Hakra) alüvyonal ovasında, modern Pakistan ve Kuzeybatı Hindistan'a denk düşen bölgede ortaya çıkmıştı (ŞEKİL 4.1). Coğrafi ortamın genel benzerliği, mimari ile kent planlarındaki gelişmişlik Mezopotamya ve Mısır'da görülenlerle karşılaştırılabilir bir kültürel gelişme ima etmekle birlikte, maddi kayıtlardaki bazı önemli farklılıklar bu hipotezin değerlendirilmesini zorlaştırıyor. Birincisi, Mezopotamya kil tabletleri ve Mısır papirüsleri ile taş yazıtlarından elde edilen bilgi zenginliğinin antik İndus Vadisi'nde bir karşılığı yoktur. Harappalılar yazı kullanıyorlardı, ama yazıları henüz çözülememiştir. Çözülse bile sonucunda fazla bir şey elde edilmezdi: Çoğunluğu mühür veya mühürlemelerdeki yazıtlar genellikle pek kısa olur. İkincisi, toplumsal yapıları hakkında pek az şey biliyoruz. Bu yalnızca metinsel bilgi noksanlığından kaynaklanmıyor, zira metin dışı kanıtların da bu konularda büyük katkıları olabilir. Buradaki maddi kalıntılar, toplumsal ayrımlar hakkında net bir resim çizilmesine izin vermiyor. Örneğin, zengin mezar armağanlarına sahip şık mezarlar, yani daha batıdaki ülkelerde toplumun üst tabakalarını çok çarpıcı şekilde dikkatimize sunan türde gömüler burada yoktur. Bu Harappalı kentlerin yöneticileri bizim modern gözlerimiz karşısında henüz görünmezdirler. Üçüncü ve sonuncusu da, İndus Vadisi Medeniyeti MÖ ikinci binyıl başlarında çözüldükten sonra gelenekleri ardlarından gelen halklarca, en azından doğrudan devam ettirilmemişti. Dahası, geç antikçağlardan metinler de Harappalılar konusunda sessizdir. Bunun sonucunda, bu bölgenin Mezopotamya ve Mısır'da görülenle karşılaştırılabilir bir kültürel gelenek devamlılığı yoktur.

Yakın dönemlere dek, İndus Vadisi'ndeki asıl Harappa dönemi öncesi kültürel gelişmeler hakkında fazla bilgimiz yoktu. Harappa kentleri kısa sürede mi ortaya çıktı yoksa uzun ve yavaş bir gelişme döneminin sonuçları mıydı? Böyle önemli sorular cevaplanamıyordu. Örneğin, Mohenco-daro'dan gelen ipuçları yetersizdir ve zaten ilgili birinkintiler su tablasının, ırmağın getirdiği siltlerin altında kaldığı için ulaşılması da zordur. Mehrgarh gibi diğer alanlardaki kazılar artık bundan önceki 4.000 yıldaki, neolitikten tunç çağına, gelişmeleri belgeliyorlar. Ortaya çıkan tablo Anadolu, Levant ve Mezopotamya'da gördüğümüz türde yavaş bir gelişmeyi gösteriyor, ama tabii ki bölgesel farklılıklar da önemli düzeyde.

Ortam

İndus Irmağı, Güneybatı Tibet'teki Mansarovar Gölü'nden doğar. Batı'ya yönelerek Keşmir'den, daha sonra Güney'e doğru Pakistan'dan ve Pencap ile Sind'den geçtikten sonra Hint Okyanusu'na dökülür. Harappa kazı alanları Güneybatı Pakistan'dan, Hindistan'daki Kambay Körfezi'ne uzanan 1.200 km boyunca ve buradan içeri doğru ırmak ile kolları boyunca 1.600 km uzanan dev bir üçgen içinde yer alır. Bu bölge içinde coğrafi koşullar farklılık gösterir. Kuzey sektörün büyük kısmı yeterli yağış ve ırmakları sayesinde sulak bir bölge olan Pencap'ta kalır. Buradaki en iyi bilinen kazı Harappa'dakidir. Benzer büyüklükteki Rakhigarhi kazısı Pencap'ın doğu ucunda, Harappa'dan 350 km uzaklıkta, İndus Irmağı Medeniyeti'nin kuzeydoğu sınırındadır.

Pencap'ın hemen güneyinde daha kuru bir bölge olan Çölistan bulunur. Buradaki başlıca Harappa alanı Sarasvati Irmağı'nın üzerinde henüz kazılmamış bir kent olan Ganverivala'dır. Daha güneyde ise coğrafya ve iklimi Güney Irak'ı çağrıştıran sıcak, yağmursuz Sind bölgesi vardır. Bu bölgedeki en önemli kazı Harappa'nın 570 km güneyindeki Mohenco-daro'dur ve tüm Harappa alanları arasında en kapsamlı şekilde kazılmış ve en iyi bilinendir. Coğrafi bölgelerin sonuncusu Umman Denizi boyunca uzanan, büyük ölçüde yaşamaya elverişsiz, kayalık ve kısıtlı tatlı su kaynaklarına sahip kıyı bölgesidir. Bu elverişsiz koşullara rağmen, önemli Harappa kentlerinden Dolavira burada, küçük bir adada kurulmuştur (Ne var ki, o zamandan beri bölge siltle dolmuştur; **ŞEKİL 4.1** modern kıyı çizgisini gösterir).

Yukarıda bahsedilen beş yer, bilinen Harappa alanlarının en büyükleri olup önemli bölgesel merkezler oldukları belirlenmiştir. Daha küçük alanlardaki kazılar ve yüzey çalışmaları İndus Vadisi'ndeki kentçilik ve kırsal yerleşimler hakkında ek bilgiler sağlamıştır. Beş ana alan kuzeydoğudan güneye doğru düzenli sayılabilecek aralıklarla dağılmıştır. Her biri kendi tarımsal üretimi ve doğal kaynaklarına sahip geniş bir art bölgeyi kontrol ediyor olmalıydı.

Ayrıca, Dolavira deniz kıyısındaki konumundan da yararlanmış olmalı. Kendi bölgelerinde kuşkusuz hâkim durumda olan bu beş kentin veya tüm kent ve kasabaların tek bir devlet halinde birleşik mi olduklarını, yoksa Sümer'deki gibi temel yönetim biriminin şehir-devlet mi olduğunu bilmiyoruz.

Burada Mohenco-daro üzerine odaklanacağız, ayrıca Harappa bölgesinin en güneydoğu ucundaki daha küçük Lothal kentine de değinerek, bir taşra kasabasının plan ve mimari özelliklerini bir metropolle karşılaştıracağız.

Mohenco-daro

Mohenco-daro, yüzey araştırmaları sayesinde artık 250 hektardan fazla olarak tahmin edilen yerleşim alanıyla, İndus Vadisi Medeniyeti'nin bilinen en büyük kentidir. Kazılarla keşfedilmiş yaklaşık 80 ha'lık bir alanı kaplayan esas kent, bugün İndus Irmağı'na 5 km kadar bir mesafede iyi planlanmış bir kenttir. Harappa döneminde ırmağın kente daha yakın olup olmadığı bilinmiyor.

İlk olarak 1921'de R.D. Banarji, daha sonra 1922–27 arası Britanya egemenliğindeki Hindistan'ın ilk eski eserler direktörü olan John Marshall ve onun ardından 1931'e değin E.J.H. Mackay'nin yönetimindeki kazılar sayesinde Mohenco-daro en kapsamlı şekilde keşfedilmiş Harappa kentidir. İkinci Dünya Savaşı'ndan sonra çalışmalar İngiliz, Amerikalı ve Alman ekiplerce aralıklı olarak yürütülmüştür. Antikçağlarda en az üç kere büyük sellere maruz kalmış olan kent bugün hâlâ tehdit altındadır. Kılcal geçirgenlik yoluyla antik tuğla binalar toprağın derinliklerinden su çeker. Sular buharlaştıktan sonra geride kalan tuzlar yapıları eritir. Harappa mimarisinin hızla toza dönüşmesine karşı etkili bir koruma yöntemi henüz bulunamamıştır.

Kent surları henüz ortaya çıkarılmamış olmakla beraber, Marshall, Mohenco-daro'nun da Harappa ve başka daha ufak alanlardaki gibi tahkim edilmiş olduğunu varsaymıştı. Duvar, çevre ovadaki kazılmamış alüvyon birikintilerinin altında gömülü olmalıydı. Kent planı batıda yanıltıcı bir şekilde "kale" adı verilen daha yüksek bir kısım (**ŞEKİL 4.2**) ile doğuda daha alçak ve geniş bir kasaba olmak üzere iki ana sektörden meydana gelir. Başlıca Harappa alanlarında karakteristik olarak önemli kamusal binaların kuzeybatıda yer alması, Mezopotamya'daki uygulamaları akla getirir: Akla Ur kentinin kuzeybatısında bulunan zigurat ve *temenos* gelir. Ancak, Mezopotamya'nın aksine, aşağı kent, sokakların dik açılarla kesiştiği kabaca bir ızgara biçiminde yayılmıştı. Belki de kenti evrene bağlama gibi dini nedenlerle sokaklar pusulanın ana yönlerine bakıyordu. Başlıca farklılıklardan bir diğeri ise pişmiş tuğlalar yoğun olarak kullanılırken açık havada kurutulmuş kerpiç tuğlaların doldurma amacıyla kullanılmış olmasıydı. İki tür tuğla da 7 x 14 x 28 cm gibi stardart boyutlar halinde mevcuttu. Banyolarda daha küçük parçalara kesilebiliyordu

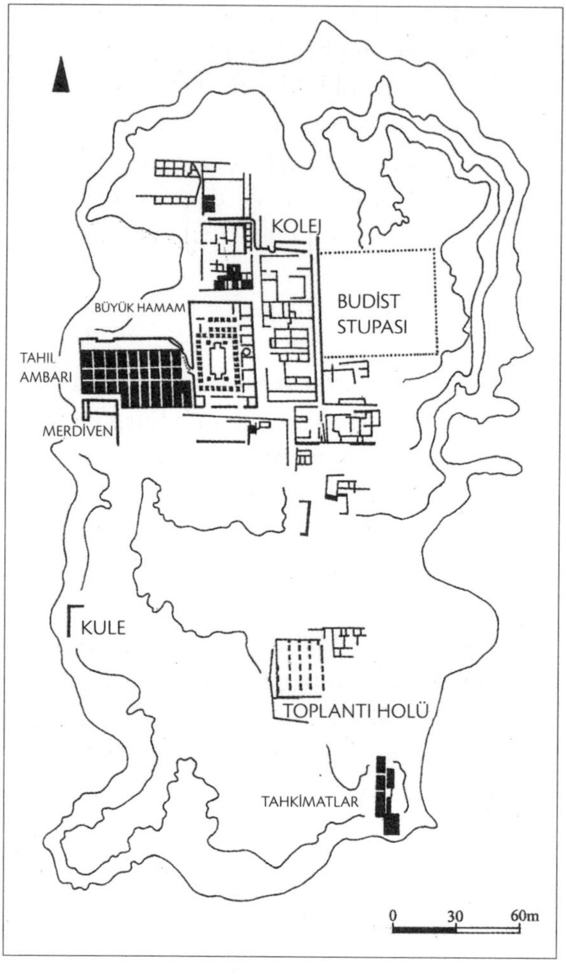

ŞEKİL 4.2 Mohenco-daro kale planı.

ve kuyular gibi kıvrımlı yapılar için takoz biçimli tuğlalar kullanılıyordu. Bu 1:2:4, kalınlık:en:uzunluk oranı, Harappa dünyasında standarttı. Bu oranlar tuğlaların yanı sıra oda, ev ve kamusal binaların tasarımlarında da kullanılıyordu. Benzer şekilde, Mohenco-daro'da bolca bulunan taş ağırlıklar, tek bir ağırlık ve ölçü sistemine uymaktadır.

Neden pişmiş tuğla? Pişmiş tuğlaların sellere karşı bir önlem olarak geliştirildiği ileri sürülmüştür. İlk olarak ne amaçla geliştirilmiş olurlarsa olsunlar, pişmiş tuğlalar suya dayanıklılığının ön plana çıktığı diğer yapılarda da standart hale geldi: Harappa kültüründeki sokaklarda rutin olarak inşa edilen suyollarının iç yüzeyleri boyunca. Böyle lağım şebekeleri, özel evlerin tuvaletlerinden yan sokaklara, oradan anacaddelerdeki büyük kanalizasyonlara Harappa kentlerinin ortak ayırt edici özelliklerinden biriydi. Bu tür sıhhi tesisat sistemleri çağdaşları olan Mezopotamya ve Mısır'daki çabaları çok geride bırakmıştı.

"Kale"

"Kale" bir kent merkezi olmalı. Göze çarpar bir fiziksel konumu vardır ve bazıları muhtemelen dini ritüel veya kamusal tören mekânları olan geniş, görkemli binalar içerir. Kale yaklaşık 400 x 200 metre boyutlarında, 6 metre kalınlığında kerpiçten bir destekleme duvarıyla çevrili kum ve siltten yapılmış yapay bir platform üzerine inşa edilmiştir. Ovadan 13 metre ve kentin geri kalanından da ciddi derecede yüksektir.

Büyüleyici, gizemli yapılarının kesin işlevlerini yalnızca tahmin edebiliriz. Daha önce de belirttiğimiz gibi metinsel kanıtlar bu konuda sessizdir. Ayrıca, arkeologlar bu binaların içlerinde işlevlerini açıkça ortaya koyan nesneler bulamadı. Günümüzde, böyle bir durumla karşı karşıya olan arkeologlar, sıklıkları ve bulunma noktaları özenle kaydedilmiş ve anlamlı örüntüler oluşturmak için incelenmiş çömlek parçaları, hayvan kemikleri ve bitkisel kalıntılar gibi mütevazı kalıntılardan cevap elde etmeyi umar. Ama 1920'lerde anıtsal mimari kalıntılara sahip kazı alanlarındaki standart uygulama böyle değildi. Üstelik, erozyon ve höyüğün üzerinde kilit bir konumdaki MS ikinci yüzyıldan kalma bir Budist stupası ve manastırının korunma ihtiyacı yüzünden "kale"nin planı tam olarak bilinmemektedir. Yine de çeşitli savlar ileri sürülebilir. Sümer kentlerinin tipik özelliği olan tapınaklarla karşılaştırılabilecek herhangi bir kült merkezi yoktur. Ayrıca seküler yöneticilerle bağdaştırılan binalar da noksandır; örneğin, saraylar veya kral mezarları. O zaman burada neler oluyordu?

Kaledeki en çarpıcı bina Büyük Hamam adı verilendir (**ŞEKİL 4.3**). Bu kompleksin çekirdeği yaklaşık 12 x 7 x 2,5 metre boyutlarında, pişmiş tuğladan aslen her iki kısa yanda bitümle sabitlenmiş kalas basamakları olan büyük dikdörtgen biçimli bir havuzdan meydana geliyordu. Banyonun zemini alçıtaşı harca yan yerleştirimiş kesilmiş tuğlalardan ve iç ile dış "tuğla kılıfları" arasında bir kat bitüm yalıtımdan oluşuyordu. Su yan odadaki bir kuyudan sağlanıyordu. Banyonun bir ucundaki bir açıklık, suyu höyüğün batı yanına boşaltan bir kanala bağlanıyordu.

Büyük Hamam açık havada, dört yanı revaklarla çevrili olarak duruyordu. Güneydeki girişinden uzun, dar bir odaya giriliyordu. Revağın ötesindeki bütün doğu yanı ufak, hücremsi odalardan meydana gelirken, kuzeyde ise düzensiz aralıklı bir dizi daha geniş oda vardı ve bunlardan en kuzeydeki bir kısmına merdivenle ulaşılıyordu. Genelde Büyük Hamam'ın daha ileri dönemlerdeki Roma banyolarının ana işlevleri olan sağlık ve keyiften çok, suyla ilgili bir ritüele hizmet ettiği varsayılır.

Büyük Hamam'ın batı yanında Mortimer Wheeler'ın 1950'deki keşifleri sonunda tahıl ambarı olduğunu belirlediği bir yapının temelleri bulunmuştur. Güney tarafında bir genişletme yapılmadan önceki orijinal çekirdeğinin ölçüleri 46 x 23 metre olan bu temeller, ikisi doğu-batı, sekizi (daha sonra dokuzu)

ŞEKİL 4.3 Mohenco-daro'da büyük hamam.

kuzey-güney yönünde dar geçitlerden oluşan bir ızgaraya bölünmüş yirmi yedi masif pişmiş tuğla bloktan meydana geliyordu. Bu temeller üzerinde yükselen yapının kendisi ahşaptandı. Tuğla poydumda, ahşap kirişlerin girmesi için açılmış yuvaların izlerine rastlanmıştır. Geçitler yapı ile içindekilerin havalanmasına yardımcı olurdu. Ne var ki, Wheeler'ın yorumları tartışmalıdır. Yapıya ait buluntular bu kuramı ne destekliyor ne de yalanlıyor, çünkü 1920'lerdeki ilk kazılarda özenle kaydedilmemişler. Bu durumda tek emin olabileceğimiz, büyük ahşap bir yapının varlığıdır. J.M. Kenoyer'a göre bunun geniş bir hol olması gayet mümkündür. Ancak, tasarım olarak bu tür bir işlev için uygun görülen diğer adaydan, daha güneydeki "toplantı alanı"ndan farklıdır (bkz. aşağıda).

Hindistan Pencap'ındaki Kalibangan'daki benzer bir yapı bu binanın da işlevine ışık tutabilir. Burada, Mohenco-daro'daki "tahıl ambarı"nda bulunmayan ritüel uygulamalara dair açık izler bulunmuştur. Kalibangan'daki kale tümseğinin güney kısmında, tuğla platformlar dar, tuğla döşeli geçitlerle ayrılmıştı. Bu platformların yüzeyleri hasarlıydı. Bir platformun üzerinde bir sıra halinde yedi ateş sunağının yanı sıra, hayvan kemikleri ve boynuzları, bir kuyu başı ve bir kanalizasyon içeren taş döşeli bir çukur keşfedilmişti. Güneyden geniş merdivenlerle girilen bu alan hayvan kurban etme, ritüel yıkanma ve bir kutsal ateş kültü için bir ritüel merkezi olmalıdır. Kalibangan'ın aşağı kısmında tuğla duvarlarla ayrılmış bir avluda da benzer ateş çukurları bulunmuştur. Ateşe tapınma daha sonraki Hint-Ârilerle bağdaştırıldığı için kimi araştırmacılar bu erken tarihte bile burada olduklarını ileri sürmüşlerdir.

"Tahıl ambarı" için bu tür işlevler düşünmek cazip olsa da, kazılar bunu destekleyen kanıtlar sunmamıştır. İki bina arasındaki bağlantı sadece anıtsal mimariye, kanallarla bölünmüş masif tuğla temeller bağlamında ortak bir yaklaşımdan ibaret olabilir, ki bu da çok çeşitli amaçlara uyarlanabilecek bir yapısal temeldir.

Mohenco-daro'daki Büyük Hamam'ın kuzey ve doğusundaki yapılar arasında "Kolej" adı verilen bir bina da vardır. Marshall bu yapıyı bir başrahip veya bir grup rahiple bağdaştırmıştır, ama böyle bir yorumu destekleyecek kanıtlar yoktur. İşlevi halen belirsizdir.

Kaledeki başlıca binaların sonuncusu güneydoğuda, yukarıda bahsettiklerimizden ayrı olarak yer alır. "Toplantı holü" adı verilen bu yapı orijinal halinde 28 m^2 alana sahiptir. İçi beşerli üç sıra tuğladan ahşap sütun kaidesi ile eşit koridorlara bölünmüştür. Zemin banyoların tipik zeminini anımsatan ince kesimli tuğla döşemedir. Çatıyı tutan sütun veya kirişlere sahip bu tür geniş kare odalara en çok Mısır'da ve Ahameniş Pers mimarisinde rastlanır ve dini ya da seküler büyük ölçekli kamusal toplantılar için kullanılır. Toplantı Holü adı bu benzetimden dolayı verilmiştir.

Aşağı Kent

Esas kent kalenin doğusunda yer alır. Takribi kuzey-güney ve doğu-batı yönlerinde uzanan sokaklar bu büyük bölgeyi yaklaşık 370 x 250 metrelik bloklara bölüyordu. Muhtemelen on iki bloktan yedisi arkeologlarca incelenmiştir. Kale kentin batı yakasındaki merkezi bloklardan birinde bulunuyor olabilir. Anacaddeler 10 metre genişliğe ulaşabilirken, yan sokaklar daha dar, 1,5–3,0 metre genişliğindeydi. Sokaklar döşemesiz olmalarına rağmen, pişmiş tuğladan üstü kapalı lağım borularıyla donatılmışlardı. Düzenli aralıklarla yerleştirilmiş üstü kapalı kapaklar borulara erişim sağlıyordu. Kil borular ve oluklar, atıkların özel evlerden sokaklardaki kanalizasyona ulaşmasını sağlıyordu. Kent sınırlarının dışına çıkarılan atıklara ne olduğu ise bilinmemektedir.

Özel evler rahata benzer. Tek odalı, orta boy (avlu ve bir düzine oda) veya büyük (birkaç avlu, birkaç düzine oda) gibi çeşitli boylarda olabiliyorlardı. Mezopotamya'da olduğu gibi buradaki evler de merkezi bir avluya odaklıdır. Bunun çevresini genellikle iki kat halinde odalar çevrelerdi. Duvarlarda standart yapı malzemesi pişmiş tuğlaydı. Bu farklı bir kentsel uygulamaydı, kasaba ve köylerde tipik olarak açık havada kurutulmuş kerpiç kullanılırdı. Evlerin zemini ya dövülmüş toprak ya da pişmiş veya açık havada kurutulmuş tuğladandı. Çatı materyalleri günümüze ulaşmamıştır, ama Yakındoğu'daki benzerleri gibi hafif kalas, sazlar ve kilden meydana geldiklerini tahmin edebiliyoruz. Kimi kare biçimli kesimler, belli ölçülere göre kesilmiş ahşap kirişlerin kullanıldığını gösteriyor; bu tür kirişler 4 metre gibi uzun mesafeleri kapsayabiliyordu. Duvarların iç yüzlerini kaplamak için bazen çamur sıvadan yararlanılmış olmakla beraber, duvarlar resimlerle süslenmemişti.

Evlerin çoğunlukla kendi kuyuları vardı. Gerçekten de, Mohenco-daro'da 600 kuyu bulunmuştur. Ayrıca evler, genellikle zemin katta olan banyolara da sahipti. Banyoların zemini düzgün kesilmiş tuğla döşeme veya bazı örneklerde tuğla tozu ve kireçten oluşan bir sıvaydı. Aynı teknikle inşa edilmiş daha küçük odaların ise tuvalet oldukları belirlenmiştir.

Kuşkusuz, kent boyunca yaşamsal, dini veya ticari türden farklı işlevlere sahip başka binalar da mevcuttu. Şunlar özellikle dikkat çekicidir. Kışlamsı, tek odalı konut grupları bulunmuştur; bunlar yoksullar veya köleler için inşa edilmiş olabilir. HR olarak gösterilen alandaki Ev A1 ya önemli bir ev ya da bir tapınak olabilir. Anıtsal girişi, yüksek bir platforma çıkan çifte merdivenleri ve üzerinde ender rastlanan, taştan, oturan bir figür heykeliyle öne çıkar. Kalın duvarlı veya sıra dışı planlara sahip diğer yapılar da biraz tereddütle tapınak olarak belirlenmiştir, ama kanıtlar pek ikna edici değildir. Aşağı kent boyunca teşhis edilenler arasında çömlekçi fırınları, boyacı tekneleri, metal işlemeciler, deniz kabuğundan süs eşyası yapılan dükkânlar ve boncukçular vardır.

Bu önemli kentte görülen mimari özelliklere, Harappa medeniyetinin kapladığı geniş bölge boyunca rastlanır. Pişmiş tuğla yapıların kalitesi, kent bloklarının kaba bir ızgara planı içinde düzenli yerleşimi, kapsamlı ve iyi işçiliğe sahip drenaj sistemi ve "kale"deki büyük yapılar Mezopotamya ve Mısır'dakiler kadar gelişmiş ve karmaşık bir toplumun göstergeleridir. Öte yandan, Harappa döneminin son evresinde Mohenco-daro, kent planlaması ve inşaat kalitesi açısından fark edilir bir kötüleşme yaşamıştı.

Lothal

Harappa dünyasının güneydoğu ucunda, Hindistan'ın Gucarat eyaletindeki Lothal harabeleri 1950'lerde Hindistan Arkeoloji Araştırmaları'ndan S.R. Rao tarafından araştırılmıştı. Mohenco-daro'dan çok daha küçük olmasına rağmen bu kent, kentsel planlama ve mimaride aynı kilit özelliklerden pek çoğuna sahiptir. Buradan, boyut farklılıklarının Harappa kentlerinin temel şablonunu etkilemediğini anlıyoruz.

Izgara plana ve iyi bir drenaj sistemine sahip olan kent, orijinal halinde bir tahkimat duvarı içinde 12 hektarlık bir alan kaplıyordu (**ŞEKİL 4.4**). Daha sonra kasaba, duvarın ötesine doğru büyüyerek iki katı bir alana ulaştı. Diğer Harappa alanları gibi, Lothal'in de kendi "kale"si vardı. 48,5 x 42,5 metre boyutlarındaki bu yapı kerpiçten yaklaşık 4 metre yüksekliğinde yapay bir platform üzerine inşa

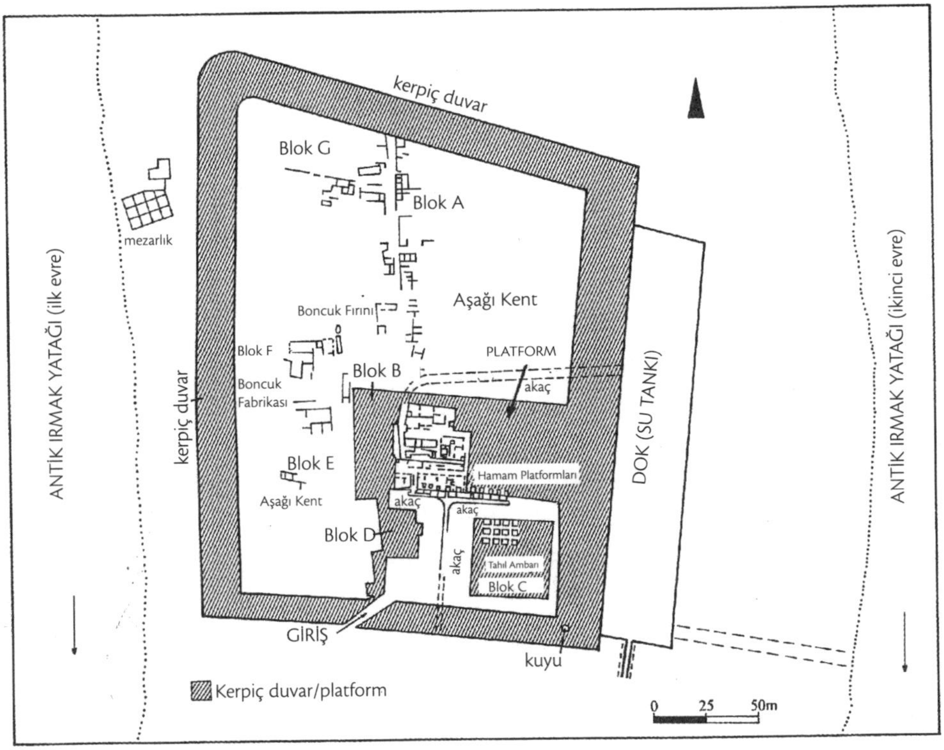

ŞEKİL 4.4 Lothal kent planı.

edilmişti. Ama bu kale, açıkça kasabanın içinde ve sıra dışı biçimde güneydoğu sektöründe yer alıyordu. Kale sellere karşı koruma, gıda stoklarının güvenceye alınması ve kasabanın yöneticilerinin itibarlarının bir göstergesi olma gibi işlevlere hizmet ediyor olabilirdi. Kalenin üzerindeki en çok dikkati çeken yapı, havalandırma kanallarına sahip ve kerpiç tuğlalardan yapılmıştır. Rao bunun muhtemelen bir ambarın temelleri olduğunu iddia etmiştir.

Asıl kentte ana sokak kuzey-güney doğrultusunda uzanır. Başlıca sokaklar 4–6 metre enindeyken, daha küçükleri yalnızca 2–3 metre kadardır. Evler pişmiş tuğladan yapılmıştı ve rutin şekilde tuğla döşeli lağım borularıyla donatılmışlardı. Aralarında bakır, altın dükkânları ve bir boncuk fabrikası da bulunan çeşitli atölyeler tespit edilmiştir.

Kent tümseğinin doğu yanında, kalenin ucunda Lothal'in en büyüleyici anıtı olan yaklaşık 225 x 37 x 4,5 metre boyutlu, pişmiş tuğla döşeli, büyük dikdörtgen bir havza boyunca uzanan, tuğladan büyük bir platform bulunur. Havzanın kısa kenarlarından birinde bir savak kapısı vardır. Kenarına doğru, belki de eski çıpalar olan ağır delik taşlar bulunmuştur. Arkeolog bu yapıyı ırmak boyunca Hint Okyanusu'ndan gelen gemiler için bir dok olarak kabul etmişti. Lothal, Sabarmati Irmağı'nın bir kolu yakınlarında, denizden yaklaşık

20 km içeridedir. Kanallar veya kollar ırmakla bir bağlantı sağlayabilirdi. Eğer bu yorum doğru ise, Lothal bize Batı Asya'dan olağanüstü erken ve gelişmiş bir liman tesisi örneği sunmuş oluyor. Ne var ki, daha yakın tarihli bir analizde bunun en azından modern su kaynaklarının tuzlu olduğu bu alçak bölgede dev bir tatlı su depolama tankı olabileceğini ileri sürülmüştür. Bu konu henüz netleşmiş değildir.

Tarım, Teknoloji, Zanaatlar ve Sanatlar

Harappa kentlerinin refahı başarılı tarıma dayanıyordu. Ayrıca, kentsel yaşam hiç kuşkusuz uzman işi olan çeşitli zanaatlarla zenginleşiyordu. Tarımda bolluk ırmağın doğal taşmaları sayesinde sağlanıyordu. Alüvyon birikintileri sulama sistemlerine ait tüm izleri örtmüş olduğundan sulama konusunda kanıtlarımız yoktur. Yetiştirilen ekinler arasında temel tahıllar buğday, arpa ve darı bulunuyordu. Hindistan sahilinin güneydoğu kısmında pirinç de yetiştirilmiş olabilir. Mohenco-daro ve Lothal'da pamuklu kumaş bulunması, Hint Yarımadası'nda tekstilcilik açısından çok büyük önem kazanacak bu bitkinin yetiştirilişine dair erken tarihli az sayıda kanıttan biridir. Yetiştirilen hayvanlar arasında biri hörgüçlü (**ŞEKİL 4.5B**) diğeri hörgüçsüz iki tür evcil sığır vardı. Yararlanılan diğer hayvanlardan bazıları manda, eşek ve fildir.

Günümüze ulaşmış zanaat ürünlerinden en iyi bilineni genellikle sabuntaşından yapılan damga mühürlerdir. Yaklaşık 2.000 örnek bulunmuştur. Çoğu kare olup arka yüzlerinde ip geçirilebilecek delikli bir kabartma vardır. Yuvarlak damga mühürler ve silindir mühürlere ender rastlanır. Taş parçası testereyle kesildikten sonra üzerine küçük bir keski ve bir matkapla tasarımlar çizilirdi. Tüm yüzeye alkalik bir cila uygulanır ve parlaklık sağlamak için ısıtılırdı. En tercih edilen konu hayvanlardı. Seçkide ağırlık, gündelik yaşamdaki hayvanların çoğunlukla bir alem, yemlik veya buhurdanlığın önünde tasvir edilmiş halleriydi, ama bazen hayal ürünü bileşik yaratıklara da rastlanıyordu (**ŞEKİL 4.5**). Çoğu mühürde yazılar da vardı. Lothal'de, "tahıl ambarı" veya "ambar"ın tuğla platformlarının havalandırma bacalarında arka yüzünde ip veya hasır izleri olan birkaç kil mühürleme bulunmuştu. Bu buluntu noktası, mühürlerin ticari bir işlevi olduğunu ima ediyor.

Bu tür damga mühürlerin yanı sıra, yamuk akik boncuklar, kemik kakmalar ve başka küçük nesnelere EH III'ten Larsa dönemine (MÖ 2600–1750) kadarki arada Mezopotamya kasabalarında rastlanmıştır. Gerçekten de, Harappalı tüccarlar, kaliteli banyo, tuvalet ve lağım borularıyla kendini gösteren evlerinden de anlaşıldığı gibi, Tel Asmar'da küçük bir koloni kurmuşlardı. Buna karşın, Harappa kazılarında Mezopotamya kaynaklı nesnelere çok ender rastlanır. Mezopotamya ve Güneybatı İran'dan (Susa) ithal edilenler, esas olarak

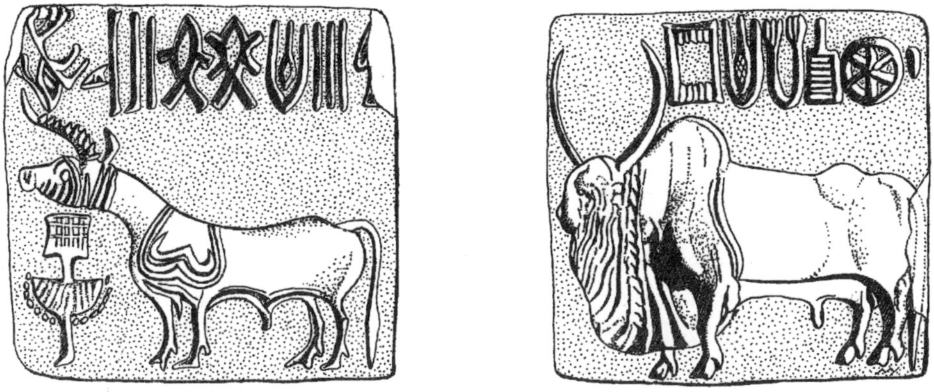

a b

ŞEKİL 4.5 Mohenco-daro'dan damga mühürler: (a) Tekboynuz ve (b) Hörgüçlü boğa. Ulusal Müze, Karaçi (a) ve İslamabad Müzesi (b).

Basra Körfezi'nden aracılarca teknelerle taşınan hammaddeler, gıda ve tekstil gibi dayanıksız ürünler olmalı. Karadan ticaret yollarına ait pek kanıt yoktur.

Metal işçiliği yapılıyordu; aletlerde bakır ve tunç, mücevherlerde altın kullanılıyordu. Neolitik dönem gelişmelerinden olan çömlek üretimi de devam etmişti. Bu dönemdeki örnekler arasında hem dekoratif, hem de anlaşıldığı kadarıyla dini motiflerle boyanmış olanlar vardı. Tekstil üretimine ait kanıtlar cılız olmasına rağmen, tekstiller Harappa yaratıcılığının odak noktalarından biri olabilir. Harappa kentlerinde bulunan materyaller, aletler ve üretimin farklı evrelerinde boncuklarla iyi belgelenmiş zanaatkârlardan biri boncukçuluktur. Yukarıda saydığımız ürünlerin yanı sıra kuş, hayvan ve insan biçiminde terakota figürinlere de sıkça rastlanır. Bu figürinler arasında sıkça karşımıza çıkan şık giyimli ve süslenmiş kadın, bir tanrıça olabilir. Taş ve metal heykeller nadirdi ve genellikle küçük ölçekliydi. Çoğu taş heykel örneklerinin tapınaklar için üretilmiş kült imgeleri olduğu düşünülür. Mohenco-daro'dan tunçtan bir dans eden kız heykelciği çok farklı bir amaca hizmet etmiş olmalıdır (**ŞEKİL 4.6**). Yaklaşık 11,5 cm yüksekliğinde ve kaybolan mum tekniği ile dökülmüş bu heykel bir tapınak yerine özel bir evden gelmişti. Bir kolye, şık saçlar ve bolca bilezik dışında çıplak olan bu kadın, kaygısız duruşu ve sakin, kendine güvenir ifadesiyle hoşa gider. Bu tür betimlemeler katı formalitenin çok daha tercih edildiği Güneybatı Asya sanatı için sıradışıdır.

Harappa temsili sanatında eksik olan, hükümdarların açıkça teşhis edilebilir imgeleridir. Ayrıca savaş tasvirleri de bulunmaz. Bu ikisi de, gördüğümüz üzere Mezopotamya sanatının olmazsa olmazlarıdır. Akdeniz, Mısır ve Yakındoğu'daki çok sayıda tunç çağı medeniyetleri içinde, benzer şekilde hükümdarları ve savaşı sanat kapsamına almayan yalnızca Minos Girit'idir (bkz. Bölüm 7). Başka

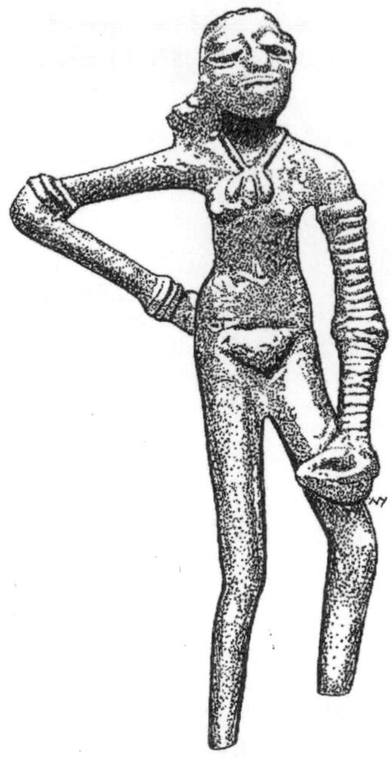

ŞEKİL 4.6 Mohenco-daro'da bulunan tunçtan dans eden kız figürini. Ulusal Müze, Yeni Delhi.

açılardan çok farklı olan bu iki kültürün, resim sanatı için uygun görülen konulara böyle farklı bir yaklaşım doğurabilecek ne tür ortak yönetimsel ve toplumsal öğelere sahip olabileceklerini merak etmemek mümkün değil.

Harappa Kentlerinin Sonu

İndus Vadisi Medeniyeti'nin Harappa evresi MÖ ikinci binyılın başlarında bir yerlerde sona erdi. Birleşik kent medeniyeti çözülerek, atalarının teknolojik ve mimari becerilerinden yoksun, yerel köy temelli kültürlere dönüştü. Çöküş pek çok etmenin sonucunda, zaman içinde gerçekleşti. Kimi öğeleri belirleyebiliyoruz. Seller, ormanların yok oluşu, aşırı otlatma ve Sarasvati Irmağı'nın kuruması gibi çevresel değişimler ekonomiyi zayıflattı. Muhtemel siyasal ve dini değişimler gibi başka etmenleri ise bilemiyoruz. Harappa kültürü üzerine modern çalışmaların başlarında, değişim nedeni olarak istilalar ileri sürülmüştü. Hint-Âri dillerini konuşanlar, Rig-Veda'nın yazarları ve bugünkü Hindistan'ın kuzey yarısının sakinlerinin büyük kısmının atalarının yarımadaya bu dönemde geldikleri düşünülüyordu. Ama Harappa kazı alanlarında istila belirtileri pek azdır. Mohenco-daro'nun en son yerleşiminde dağınık durumda bulunan uygun bir grup iskelet, şiddet olaylarının göstergesi olabilir, ama diğer yerlerde buna uyan buluntular henüz yoktur. Dolayısıyla artık Harappa kent kültürünün çözülüşünün açıklaması olarak doğrudan istila düşüncesi kabul görmüyor. Kuşkusuz, gelecekteki kazılar bu karmaşık olaylar dizisine ışık tutmayı sürdürecektir.

BÖLÜM 5

Piramitler Ülkesi Mısır

➤ Hanedanlar Öncesi:	yaklaşık MÖ 5000–3050
➤ İlk Hanedanlar (Arkaik): Birinci ve İkinci Hanedanlar	yaklaşık MÖ 3050–2675
➤ Eski Krallık: Üçüncü, Dördüncü, Beşinci ve Altıncı Hanedanlar	yaklaşık MÖ 2675–2190
➤ Birinci Ara dönem: Yedinciden Onuncuya Hanedanlar ve On Birincinin Başları	yaklaşık MÖ 2190–2060

Giriş

Mısır'daki kalıntılar o kadar bol, o kadar iyi korunmuş, o kadar hayranlık verici görünür ki, Batı Asya ve Doğu Akdeniz Havzası'ndaki üç büyük ırmak temelli kültürün üçüncüsü olan antik Mısır medeniyeti, Mezopotamya ve İndus Vadisi ile karşılaştırıldığında, göz kamaştırır: Piramitler, altın tabutlar, taşa özenle kazınmış yazıtlar. Mezopotamya'daki kalıntılar tam tersine soluk ve hasarlı, Harappa kültürününkiler de tuhaf derecede kısıtlıdır. Günümüze gelenlerin bu durumu rastlantısal nedenlere dayanır. Mısırlılar din ile ölümden, ilgi ve maddi kaynaklarını esirgememişlerdi. Tapınaklar ve mezarlar ya taştan oyulmuş ya da taştan inşa edilmiştir; ücre konumları ya da koruyucu kum örtüsü sayesinde de bu taş yapılar şaşırtıcı derecede iyi durumda kalmışlardı.

Bu anıtlardan edinilen izlenim antik Mısır'ın kentlerden yoksun bir medeniyet olduğu yönündedir. Gerçek çok farklıydı. Mısırlıların kentleri vardı, ama kalıntılarının izlerini sürmek zor olduğundan genellikle arkeologlarca göz ardı edilmişlerdir. Sivil binalar, evler, hatta saraylar için tercih edilen inşaat malzemesi tapınakların ve mezarların taşından çok daha az dayanıklı olan, güneşte kurutulmuş kerpiçti. Arkeolojik sorunları karmaşıklaştıran bir olay da kentlerin Nil boyunca bulunmaları, dolayısıyla ırmağın yıllık taşmalarının bıraktığı çamurun altında derinlerde gömülü ya da bazı örneklerde günümüzde yaşanan yerleşimlerin altında bulunmalarıdır. Pratik zorluklardan gözü korkmayan arkeologların çalışmaları, Mısırlıların kent, kasaba ve köylere sahip olduklarını doğrulamanın yanı sıra, bu yerleşimlerin Mısır kültürünün devam ettirilmesinde kilit bir rol oynadığını da kesinleştirmiştir.

Bu farklı maddi kalıntı durumu nedeniyle, bu ve sonraki bölümler kent kalıntılarından daha çok, Mısırlı bir kent veya kasaba sakininin yaşamında ne tür deneyimlere sahip olacağı üzerine yoğunlaşacaktır. Mısır yaşamının ele alacağımız yönleri arasında hükümdarın gücünün sanat ve mimari aracılığıyla iletilmesi; ritüeller ve dini mimari; defin uygulamaları, mezarlar ve cenaze konulu anıtlar; savaş, silahlar ve kaleler ile coğrafya, ekonomi ve ticaret olacak. Ama kasabalarla kentleri de göz ardı etmeyip Bölüm 6'da Kahun, Amarna ve Teb çevresini inceleyeceğiz.

Coğrafya

Modern Mısır'ın sınırları büyük bir alanı kaplar, ama bunun büyük bölümü çölden ibarettir. Yalnızca küçük bir kesim insan yaşamına uygundur: Nil boyunca devam eden bereketli kuşak ve batı çölündeki bir avuç vaha.

Nil iki kaynaktan doğarak kuzeye doğru akar: Orta Afrika'daki Victoria Gölü ve Etiyopya'daki Tana Gölü. Beyaz Nil ve Mavi Nil adı verilen bu iki kol, Sudan'ın başkenti Hartum'da birleşir ve yaklaşık 3.000 km boyunca yollarına devam ederek Akdeniz'e dökülürler. Hartum ile Asvan arasında altı yerde suyun düzgün akışı seyri zorlaştıran "çağlayan" olarak bilinen granit kaya oluşumlarıyla engellenir. Bu çağlayanlar kuzeyden güneye, ırmağın akışının tersine numaralandırılmıştır. Akdeniz'in yaklaşık 950 km güneyindeki Asvan'da bulunan İlk Çağlayan, antik Mısır'ın güney sınırını belirliyordu.

Asvan'dan kuzeye yolunun büyük kısmı boyunca Nil Irmağı ilk önce granitte (Asvan'da), sonra kumtaşında (Asvan-Edfu arası) ve son olarak da kireçtaşında (Edfu-Kahire) oluşmuş dar bir kanaldan akar (**ŞEKİL 5.1**). Kahire'nin hemen kuzeyinde Nil, düz bir kıyı ovasına girer ve Akdeniz'e doğru akarken ters üçgen biçimli bir alanda (antik Yunanlıların da gözlemlediği gibi Yunan harfi "delta"nın ters hali) kollara yelpazelenir. Asvan'dan Kahire'ye uzun dar kısım ve kısa geniş delta antik Mısır'ın iki ayrı bölgesiydi: Yukarı Mısır (ırmağın akış yönüne göre yukarıda olduğu için "yukarı") ve Aşağı Mısır, yani delta. İki bölgenin birleşmesi (yaklaşık MÖ 3050) Mısır tarihinin başlangıcını oluştururdu, ama yönetim krizleri sırasında iki bölge tipik olarak ayrılırdı.

Mısır az yağış aldığından toprağın verimliliği Nil'e ve özellikle de Asvan Barajı'nın inşası (inşa 1960–71) ırmağın doğal akışını engeleyene dek, yıllık taşmalarına bağlıydı. Orta Afrika ve Etiyopya yaylalarında ilkbahar yağmurlarıyla kabaran ırmak, tepelerden akan siltle zenginleşir. Yavaş yavaş bu kabarık su ve silt kuzeye doğru ilerler ve birkaç ayda Mısır'a ulaşır. Mısır'da Nil'in en alçak dönemi mayıstı, ama bundan sonra ırmak Ağustos ortasına kadar yükselir ve kıyı çizgisini aşarak yanındaki tarlaları basardı. Toprak, iki ay boyunca sel suları altında kalırdı. Ekimde ırmak çekilir, zehirli tuzları temizleyerek ardında

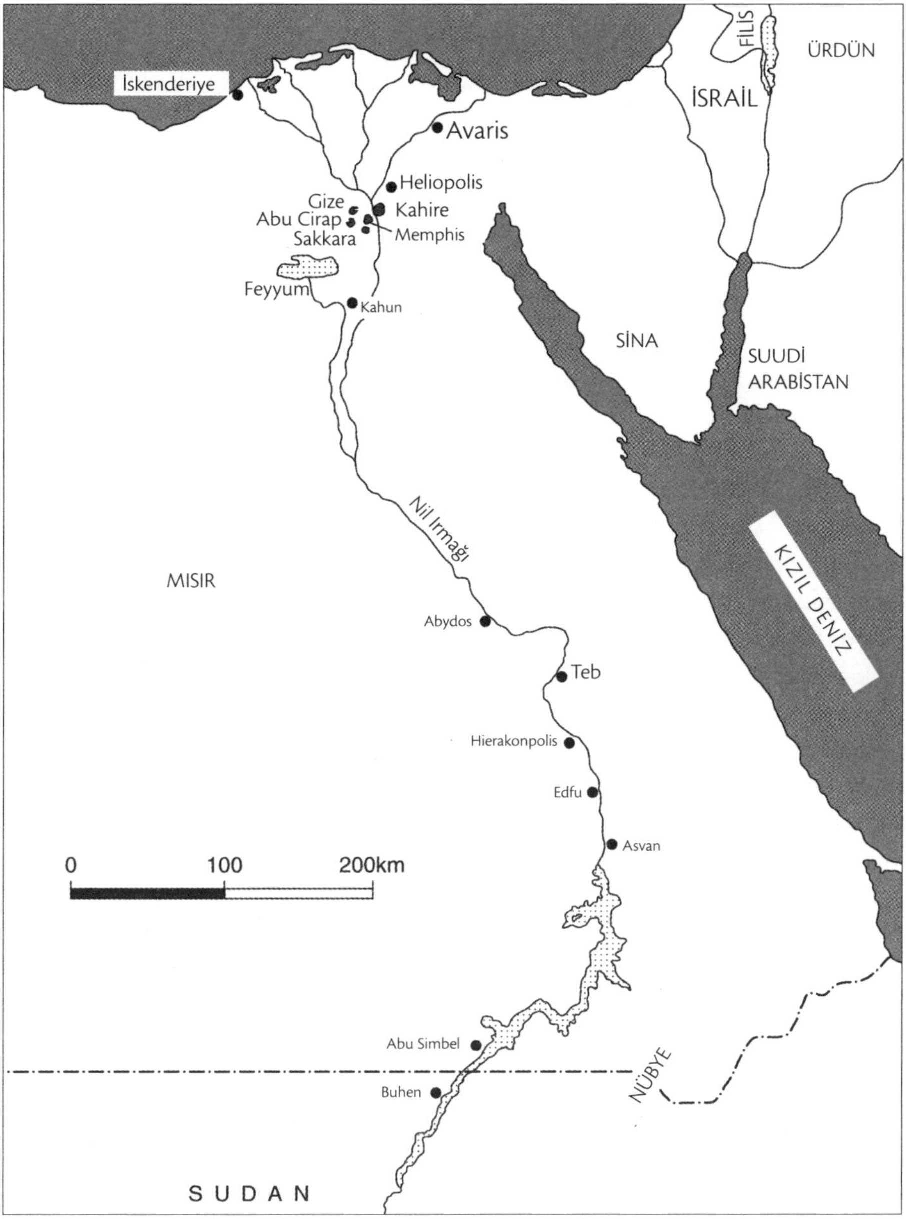

ŞEKİL 5.1 Mısır.

zengin, verimli topraktan yeni bir tabaka bırakırdı. Çiftçiler sulama sistemlerini onarır ve ekim işlerine başlardı. Irmağın 6–9 metre arası yükselmesi yararlı kabul edilirdi. Daha fazla veya az yükselmesi tarımsal sistemi ciddi şekilde sekteye uğratabilir, en kötü durumlarda da açlığa yol açabilirdi. Mısırlıların seli bir tanrı kabul ederek tapmalarına şaşırmamalı. Hapi, erkek bir tanrıydı, ama bereket sembolleri olan sallanan göğüsler ve karna sahipti. Artık Asvan Barajı suları öngörülebilir düzeylerde tutmakta, ama besleyici silt gelmemektedir. Yapay gübrelerin kullanılması gerekmekte ve toprakta zararlı tuzlar birikmektedir.

Erken Tarih

Esas Mısır tarihi, hanedanlar dönemi Mısır'ı ülkenin yaklaşık MÖ 3050'de birleşmesiyle başlar. Kronolojik bağlamda bu, neolitik çağdan tunç çağına geçişe karşılık gelir. Bu olayı izleyen neredeyse 3.000 yıl boyunca Mısır, birbirini takip eden otuz hanedan veya hükümdar ailesince yönetilmişti (bkz. Giriş). Tarihçiler bu hanedanları güç ve zayıflık dönemleri halinde gruplamıştır. Güçlü bir merkezi hükümetle kendini gösteren üç büyük kültürel başarı dönemine Eski Krallık, Orta Krallık ve Yeni Krallık adı verilir. Her birini merkezi yönetimin çözüldüğü, bölgesel yöneticilerin iktidarda olduğu bir zayıflık dönemi izler: birinci, ikinci ve üçüncü ara dönemler. Üçüncü ara dönemi izleyen geç dönem Mısır'ın Pers, Yunan ve Roma fetihlerinden önceki son bağımsız yüzyıllarıdır.

Antikçağlardaki önemli Mısır tarihçilerinden Manethon'a göre, Yukarı ve Aşağı Mısır'ın yaklaşık MÖ 3050'deki birleşmesi Menes tarafından gerçekleştirilmişti. Ne var ki, bu dönemden kalma kalıntı ve belgelerde "Menes" adına rastlanmaz. Onun yerine, bu kaynaklar büyük fatih olarak Narmer adlı bir kraldan bahsediyor, ama belki de Menes ile Narmer aslında aynı kişidir. Ne olursa olsun, Manethon olayları basitleştirmiş olabilir. Gittikçe sayıları artan kanıtlar siyasal ve kültürel birleşmenin birdenbire değil, 100–200 yıl içinde, Güney'in zamanla Kuzey'in denetimini ele geçirmesiyle gerçekleştiğini ima ediyor. Bu geçiş dönemini belirtmek adına kimileri "Hanedan 0" ifadesini kullanır.

Narmer Paleti

Narmer ve Mısır'ın birleşmesi konusunda çarpıcı kaynaklardan biri Narmer Paleti'dir (**ŞEKİL 5.2**). Levha paletler, Hanedanlar Öncesi Mısır'da kozmetik amaçlı mineral öğütülmesinde bolca kullanılan düz tabakalardı. Çoğu küçük olmakla birlikte, Narmer Paleti (63 cm yüksekliğinde) gibi kimileri rölyeflerle şık şekilde bezenmiş büyük ritüel nesneleriydi. 1898'de J.E. Quibell'in Yukarı Mısır'ın, Hanedanlar Öncesi başkenti Hierakonpolis'teki Horus Tapınağı kazılarında bulunan Narmer Paleti'nin tapınağa bir sunu olduğu anlaşılır.

Bu paletin her iki yanındaki rölyef sahneler, dönemi için çok ender bir şekilde, çağdaş olayların kayda değer bir resimsel ifadesini sunar. Narmer'in zaferi resmedilmiştir: Kuzeydeki Aşağı Mısır'ın güneydeki Yukarı Mısır tarafından fethi. Paletin her iki yanında, tepede, inek kulağı ve boynuzu ile insan yüzüne sahip gök tanrıçası Bat figürleri arasında, kralı ifade eden bir glifte Narmer adı verilir. Bir yandaki sahnede kral baskındır. Kendi ülkesi Yukarı

ŞEKİL 5.2 Narmer paletinin ön yüzü, kesiti ve arka yüzü. Levha palet, Hierakonpolis. Mısır Müzesi, Kahire.

Mısır'ın konik beyaz tacını takan ve sandalet taşıyıcısınca eşlik edilen kral, bir düşmanı saçından tutmakta ve belki de ona gürzüyle vurmaya hazırlanmaktadır. Kralın yüz ve bacakları profilden, göz ve gövdesi önden tasvir edilmiştir. İnsan bedeninin böyle temsili Mısır medeniyetinin uzun yüzyılları boyunca, hatta Roma dönemlerinde bile standart yöntem olarak kalmaya devam etti. Kralın sağında, gök tanrısı Horus'u temsil eden bir şahin bedeninden papirüs yaprakları fışkıran tuhaf bir erkek figürünün ipinden tutar. Firavunun öteki-benliği olan Horus, burada papirüs adamla temsil edilen Aşağı Mısır'ı ele geçirmiştir. Paletin altında daha küçük bir alanda, iki çıplak tutsak, adeta havada asılıymışçasına, giysilerin verdiği saygınlıktan ve sert toprağın sağladığı güvenceden arındırılmış olarak dururlar.

Diğer yüz, üç bölgeye ayrılmıştır. En üstte, firavun mağlupların kesik başlarını teftiş eder. Sanatçı, onun kral olduğunu, refakatçılarına tepeden bakacak boyda çizerek göstermiştir. Diğer yüzdeki kraliyet tacına ek olarak burada kral fethettiği Aşağı Mısır'ın kırmızı tacını takar. İkinci bölgede, iki uzun boyunlu canavar, refakatçının elindeki bir iple zaptedilmektedir; canavarlar kralın alt etmiş olduğu daha büyük, evrensel kaos güçlerini temsil ediyor olabilir. En altta, kralı temsil eden bir başka sembol olan boğa, çıplak bir düşmanı çiğner. Arkalarında Narmer ile güçlerinin ele geçirdiği Aşağı Mısır yerleşimlerinin örneği olan surlu bir kasaba durur.

Kralın adı için kullanılan glif ile paletteki bazı imgelerin piktografik doğası, yazının Mısır'da Narmer'in Yukarı ve Aşağı Mısır'ı birleştirmesinden bir veya iki yüzyıl önce başladığını hatırlatıyor. 3.000 yıldan fazla süre kullanılmış olan Mısır yazısı bu kültürün büyüleyici başarılarından biridir.

Mısır Yazısı

Antik Mısırlıların dili, anayurdu Güneybatı Asya ve Kuzey Afrika olan, Hami-Sami dil ailesinin üyesidir. Yazma düşüncesi Mısır'da da, hemen hemen Mezopotamya ile aynı zamanda ortaya çıktı ve her iki bölgede de devletin gelişiminde ulaşılan belli bir evreyi gösterir.

Artık Mısır yazılarını anlayabilmekle beraber, sözcüklerin nasıl telaffuz edildiğini bilmiyoruz. Mısırlılar üç yazı türü kullanmıştı. *Hiyeroglifler* veya "kutsal yontular" adı verilen resimli semboller yaklaşık MÖ 3050 ile MS 394 arasında kullanılmıştı. Satırlar veya sütunlar halinde, sağdan sola veya soldan sağa yazılabilirdi. Semboller okunma yönüne göre ters veya düz çizilirdi. İkinci yazı türü olan *hiyeratik,* 1. Hanedan'dan geç dönemin ortalarına dek kullanılmıştı. Yalnızca sağdan sola yazılan hiyeratik, hiyerogliflerin el yazısı haliydi ve özellikle papirüs (papirüs sazının lifli içinden üretilen Mısır kâğıdı) veya *ostraka* (çömlek parçaları veya kireçtaşı pullar) üzerine kamıştan bir kalem ve mürekkeple yazılmaya uyarlanmıştı. Üçüncü yazı *demotik* [yalın yazı] ise özellikle seküler belgelerde kullanılan bir Geç Mısır el yazısıydı. Nihayet MS üçüncü yüzyılda, çok evrim geçirmiş olan Mısır dili, uyarlanmış bir Yunan alfabesiyle yazılır olmuştu. Dile ve bu yeni yazıya ise Koptik adı verilir. MS on altıncı yüzyıla kadar konuşulan Kopt dili hâlâ Mısır'daki Hıristiyan Kopt Kilisesi'nin ayin dili olarak varlığını sürdürür.

Hiyeroglif yazısı yaklaşık 700 sembolden meydana gelir. Bu semboller bir, iki veya üç sessiz harfi temsil eden fonogramlar (ses sembolleri); ideogramlar (nesne veya düşüncenin sembolü) veya tamlayanlar (bir sözcüğün ait olduğu sınıfı gösteren semboller) olabilirler. Sözcükler çoğunlukla bazı fonogram kombinasyonlarının ardından bir ideogram ve bir tamlayandan oluşurdu. Sistem hantal görünse de, görsel etki yaratmak için kullanılan anıtsal bir yazı olarak yazı tarihinde fazla bir rakibi yoktur.

Hiyeroglif yazısının çözülmesi, 1799'da Fransız askerlerince Nil Deltası'ndaki Rosetta (Raşid) kasabası yakınlarında bulunan Rosetta Taşı adlı ikidilli bir yazıt sayesinde mümkün olmuştur. Hellas kralı V. Ptolemaios Epiphanes'in MÖ 196'da yayımlanan bir fermanı olan bu yazıt aslında üç farklı yazı türünde yazılmıştır: İlk ikisi Mısır (Mısır dilinin farklı biçimleri), hiyeroglif (üstte) ve demotik (ortada); üçüncüsü ise Yunanca (en altta). Yunancanın Mısır metinleriyle karşılaştırılması, Mısır yazılarının anlaşılmasında hızlı ilerlemeler kaydedilmesini sağladı. 1822'de yazının çözüldüğünü ilan eden Jean-François Champollion idi. Champollion, bu unutulmuş antik dili çözmede kilit olduğuna inandığı Kopt dilini bilmesinin yararını görmüştü. Gerçekten de haklıydı.

Arkaik Dönem Gömüleri

İlk iki hanedana genellikle İlk Hanedanlar veya arkaik dönem adı verilir. Bu dönem çok iyi bilinmiyor, ancak Mısır medeniyetinin ana niteliklerinin o dönemde yerleştiği anlaşılır. Bunlar, insan bedeni tasvir gelenekleri ve hiyeroglif yazısının yanı sıra, devlet örgütlenmesi, din ve cenaze konusunda inançlar, sanat ve mimari biçimlerdir. Bu önemli gelişmeler üzerine değerlendirmelerimiz büyük ölçüde, çok iyi korunmuş olan anıtsal mezar komplekslerine dayanır. Yazılı belgeler kısadır ve ilk başkent Memphis gibi kentler, ya Nil'in siltleri altında gömülü olduklarından ya da üstlerinde modern yerleşimler olduğundan, araştırmalara elverişli değildir. Mezar kompleksleri, tarım bölgelerinin ötesinde çölde yapıldıkları için arkeologlarca daha kolay erişilmişlerdir. Bu döneme ait kilit mezarlıklar Abydos ve Sakkara'dadır.

Kuşkusuz, Mısır'ın insan bedeni de dahil olmak üzere, organik maddeleri koruyan kuru iklimi Mısırlıların öbür dünya düşüncelerini de etkilemiştir. Mısırlılar yaşamın ölümden sonra da fazla değişmeden devam ettiğine inanıyorlardı. Beden diriliyor ve ölü daha önceki gibi, aynı aile üyeleri, köy ve sosyoekonomik koşullar ile yaşamaya devam ediyordu. Ama öbür dünyaya otomatik şekilde ulaşılmıyordu. Cenaze prosedürlerinin ve ayinlerin doğru şekilde gerçekleştirilmesi ve en azından 5. Hanedan'dan itibaren yeraltının tanrısı Osiris'in onay vermesi gerekiyordu. Vücudun sarılması, mezara yerleştirilecek nesnelerin seçimi ve mezar süslemeleri, ölenin öbür dünyaya ulaşması ve orada güzelce yaşayabilmesi için özenle gerçekleştiriliyordu. Ancak, hırsızlar bu iyi planlanmış yolculuğu alt üst edebilirdi. Bu nedenle, antik Mısır'da mezar tasarımının uzun tarihi, beden ve ona eşlik eden nesnelerin mükemmel şekilde korunması için hiç bitmez bir arayıştı.

Tahnit ve Mumyalama

Hanedanlar Öncesi Mısır'da, basit bir çukurda gömülü bir vücut sıcak, kurutucu kum tarafından iyi korunurdu. Mezar yapıları daha karmaşıklaştıkça, bedenler bu yararlı kumdan uzakta, kuyu veya odalara yerleştirilmeye başlandı. Mezar tasarımlarındaki ilerlemelere rağmen, vücutlar hızla bozuluyordu. En sonunda Mısırlılar bunun sonuçlarının farkına vardı ve önlem olarak karmaşık mumyalama, yani vücudun tahnit edilmesi ve sarılması prosedürlerini geliştirdiler. Bu kavram, geç dönemlerden kalma, kararmış, kötü tahnit edilmiş vücutların bitüm (bir tür katran) içine batırıldığı yönünde yanlış bir kanıdan dolayı Arapça bitüm demek olan *mumiyah* sözcüğünden gelir.

Bilinen ilk klasik veya standart mumyalama örnekleri, 4. Hanedan'ın önemli krallarından Keops'un annesi Kraliçe Hetep-heres'in Gize'deki mezarından gelir. Kraliçe'nin bedeni bulunamamıştır, ancak dört iç organını barındıran bir Kanopos sandığı, standart tahnit sürecinin bu tarihte uygulandığını kanıtlıyor. En ustaca mumyalamalar Yeni Krallık dönemindendir. Klasik teknikler Helenistik dönemde unutulmaya başlamış olmasına rağmen, uygulama farklı karmaşıklık dereceleriyle (kişinin maddi gücüne bağlı olarak), Hıristiyan döneminin başlarına kadar devam etti.

Daha hızlı bozuldukları için organlar çıkarılırdı (Yargı anında şahitlik etmek için bedende bırakılan kalp, ruhani nöbetçi, hariç). Dört kilit organa özel işlem uygulanırdı: Mide, bağırsaklar, akciğerler ve karaciğer, ama ilginçtir ki bu listeye, atıldığı anlaşılan beyin dahil değildi. Bu organlar yıkanır, natronla (doğal bir tuz) kaplanır ve kurutulur, reçinelerle boyanır, ayrı paketler halinde sarılır ve dört *Kanopos küpüne* konarak mezara yerleştirilirdi. Her biri ayrı bir tanrı tarafından korunurdu.

Vücut natronda kurutulurdu. En azından kırk günlük bir dönemden sonra natron temizlenir; yağ ve reçinelerle yıkanıp orijinal biçimini sağlamak için ketenle doldurularak defne hazırlanırdı. Son olarak biçimini koruması için keten kuşaklarla sıkıca sarılır ve sargılar arasına muskalar yerleştirilirdi.

Abydos ve Sakkara'daki Mastaba Mezarlar

Hanedan Öncesi zamanlarda gömüler basitti; vücutlar sığ çukurlara bükülmüş olarak yerleştirilirdi. Birkaç çömlek, figürin, aletler, kozmetik ürünleri ve süsler gibi basit mezar armağanları eklenebiliyordu. Arkaik dönemde uygulamalar daha karmaşıklaşmaya başladı. Beden ketene sarılıyor, mezar eşyalarıyla birlikte toprakta 3–4 m kadar derine inen çukurlara gömülüyordu. Bu gömü noktası ve bitişik odalar ilk önce alçak bir toprak tümsekle, daha sonraları ise bir *mastaba* ile kaplanmaya başlandı. Mastaba, kerpiçten yapılma alçak, düz, dikdörtgen

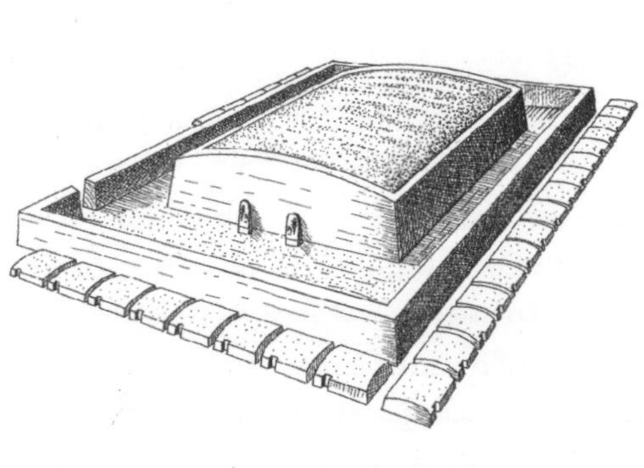

ŞEKİL 5.3 Kraliçe Meritnit'in mastaba mezar rekonstrüksiyonu, Abydos.

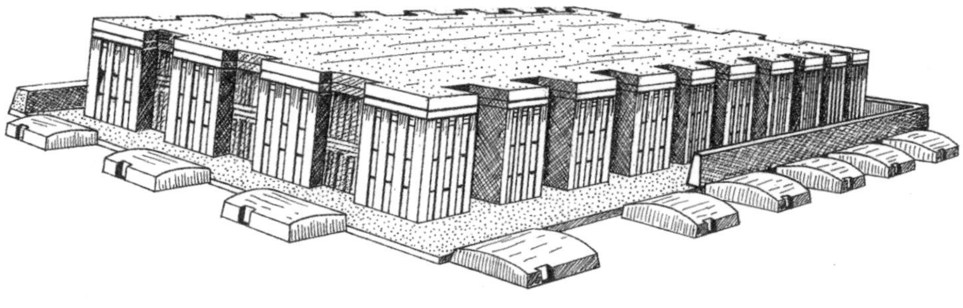

ŞEKİL 5.4 Kraliçe Meritnit ile bağdaştırılan mastaba mezar rekonstrüksiyonu, Sakkara.

biçimli tek bir çatı altında bir dizi bölmeden oluşan bir yapıydı (**ŞEKİL 5.3** ve **5.4**). Cepheler, bir evi andıracak şekilde bezenir ve bunların en görkemlileri başkent Memphis'teki sarayın sahip olduğuna inanılan türde girintili cephelerle süslenirdi. Böyle girintili cepheler Mezopotamya kerpiç mimarisinde standarttı; silindir mühürlerle birlikte belki yazı düşüncesi de, Mısır medeniyetinin bu biçimlenme döneminde Yakındoğu ile ileri düzeyde temas içinde olunduğunun bir göstergesidir.

Abydos'ta Kral Aha'nınkiyle (1. Hanedan; Narmer'in ardılı) başlayarak mastaba mezarlar, hizmetkârlar ve zanaatlarının aletleriyle gömülen zanaatkârlar için basit mezarlarla çevrelenmeye başladı (**ŞEKİL 5.5** ve **5.6**). Aha'nınkine bu tür otuz dört mezar eşlik ediyordu; sağlıklı gibi görünen, hiçbiri yirmi beş yaşını aşmamış erkekler ile bir çift aslan içeriyorlardı. Efendilerine öbür dünyada eşlik etmek üzere öldürülmüş olabilirler; varlıkları Ur Kral Mezarları'ndaki kurban edilmiş hizmetkârlar dizisini anımsatır. Bu uygulama arkaik dönemden sonra devam etmedi. Mezarların duvarlarına boyanmış veya yontulmuş figürlerin (4. Hanedan'dan başlayarak); birinci ara dönemden başlayarak gündelik yaşamdan etkinliklerin küçük ölçekli modellerinin (çiftçilik, yiyecek ve içecek hazırlanması, vb.) ve Orta Krallık'tan başlayarak *uşabti*'ler (mumya biçimli heykelcikler) gibi vekiller yerleştirilmesiyle yeterli miktarda hizmetkâr sağlanmış oluyordu. Tüm bu imgelere, duvarlara yazılmış metinler ve ritüel büyü ile can veriliyordu.

Abydos'taki arkaik mezarlık Sakkara'da yokmuş gibi görünen önemli bir özelliğe sahiptir: Cenazeler için ayrılmış, duvarla çevrelenmiş alanlar. Bu tür çevrili yerler kraliyet gömülerinde görülür. Bunlar saray avlularını, kralın törensel görünüşleri için etkileyici mekânları temsil ediyor olabilir (**ŞEKİL 5.7**). Mezarlardan birkaç kilometre kadar uzaktırlar; tarım yapılan bölgeye daha yakın ve yaşayanlar için daha erişilebilirdirler. Duvarları mastabalar gibi girintili "saray cephesi" bezemelere sahiptir. İçleri büyük ölçüde boş alandır; ama

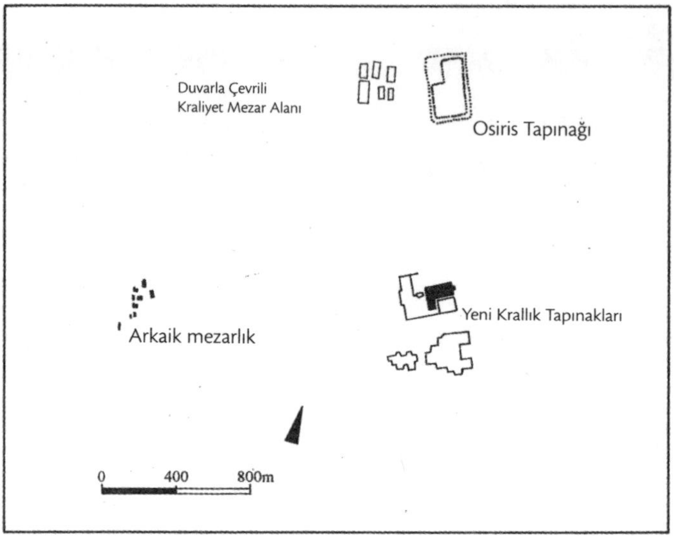

ŞEKİL 5.5 Abydos genel kazı alanı planı.

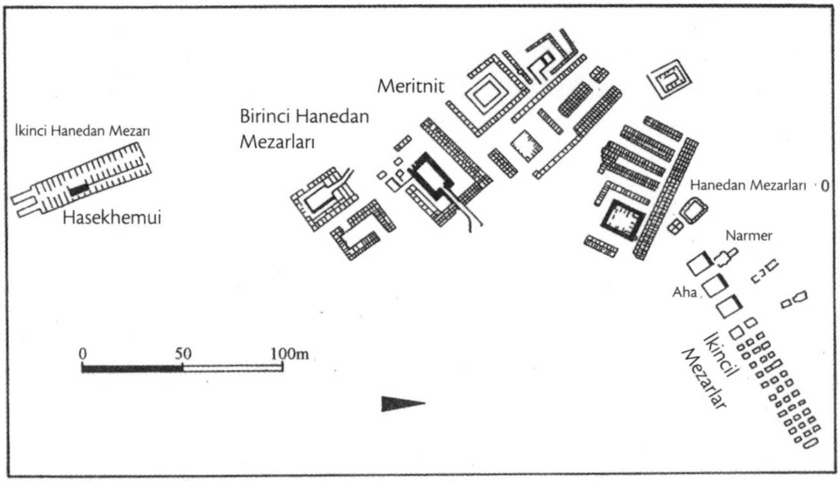

ŞEKİL 5.6 Abydos arkaik mezarlık planı.

bu çevirli alanlardan en iyi korunmuşu olan, 2. Hanedan'ın son krallarından Hasekhemui'ye ait "Şunet el-Zebib"in bir köşesinde küçük bir yapı vardı. Doğudaki duvarın dışında çukurlarda gömülü on iki ahşap tekne (uzunlukları 19–29 metre), bu alanla veya bunun yanındakiyle alakalı olabilir. İlk iki hanedanda, çevrili alanların ve gömülü teknelerin varlığı önemlidir, çünkü

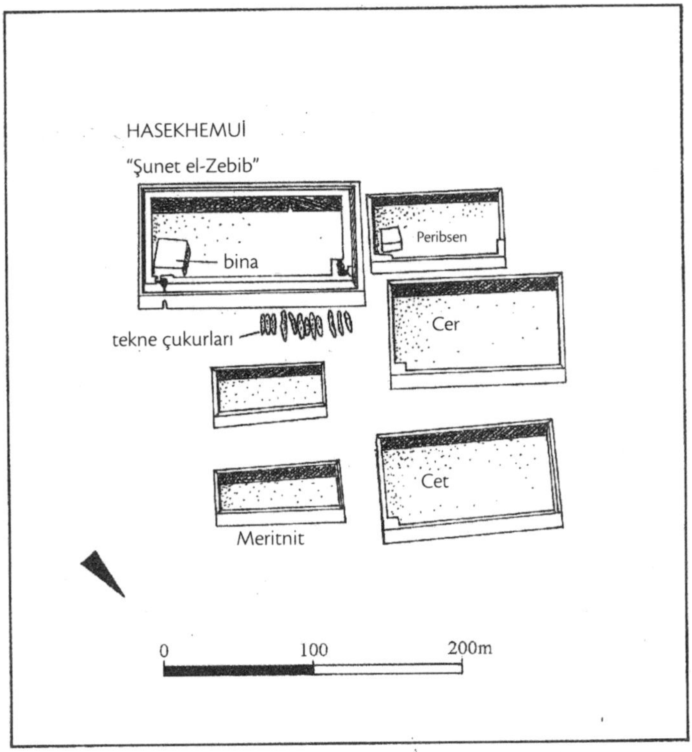

ŞEKİL 5.7 Abydos kraliyet cenaze alanı.

bu özelliklerin her ikisi de bundan sonra gelen 3. ve 4. Hanedanların büyük mezarlarında önemli ölçüde tekrar ortaya çıkacaktır (bkz. aşağıda).

Abydos ve Sakkara'daki 1. Hanedan mastaba mezarlarında gömülü olanların kimlikleri çok tartışılmıştır. Hangi mezar krallara aitti? Mastaba mezar ve çevrili alan bileşimi, çoğu 1. ve bazı 2. Hanedan kral mezarlarının Sakkara yerine Abydos'ta olmalarını muhtemel kılar. Abydos ihtimalini güçlendiren bir başka etmen de Hanedanlar öncesi dönem sonlarından itibaren geldiği anlaşılan önemli bireylerin cenazelerindeki süreklilik ve bunlara bağlı hizmetkâr mezarlarının sayısının artmasıdır. Böyle bakıldığında Sakkara'daki mastabalar üst düzey memurlara ait olabilir veya Abydos'ta gömülü hükümdarların kuzeydeki kenotafları [temsili/sahte mezarları] olabilirler. Bu soru tartışmalara halen açıktır, çünkü Sakkara'daki mastaba mezarlar çevrili alanlardan yoksun olmakla beraber, Abydos'takilerden daha büyük ve görkemliydiler, ayrıca başkent Memphis'e de yakınlardı. 2. Haneden döneminde, kral mezarları Abydos ve Sakkara arasında bölüştürülmüş olabilir.

Sakkara: Basamaklı Piramit

Arkaik dönemden Eski Krallık'a kültürel geçiş pürüzsüzdü. Eski Krallık MÖ 2675'ten 2190'a dek yaklaşık 500 yıl süren 3–6. Hanedanlardan meydana gelir. Memphis'in batısındaki Sakkara, Eski Krallık'ın başlıca gömü mekânı haline geldi. Bölgede başka alanlar da mezarlık olarak kullanılmış, ama hiçbiri cazibesini Sakkara kadar uzun koruyamamıştı. Tüm Mısır mimarisinin kilit yapılarından biri olan Sakkara'daki en büyük mezar yaklaşık MÖ 2650'de 3. Hanedan firavunu Coser için yapılan Basamaklı Piramit'tir (**ŞEKİL 5.8** ve **5.9**).

Basamaklı Piramit biçim ve yapı tekniği açısından cesur yenilikler sergiler. Biçimi, daha önceki mastaba mezarlardaki kraliyet gömülerinden 4. Hanedan ve sonrasının düzgün kenarlı piramitlerine geçişi temsil eder. Yapı tekniği açısından da aynı derecede önemlidir. Güneşte kurutulmuş kerpiç tuğlalar yerine yapı malzemesi olarak taş kullanılmıştır. Bildiğimiz kadarıyla, taşın bu tür kullanımının öncesi yoktur. Eskiden taş, ayrıntılar için kullanılır, ama asla yapının tamamında kullanılmazdı. Mısırlıların kendileri de bu komplekse hayran oldukları için mimarının adı yüzyıllar boyunca anımsandı: İmhotep. Daha sonraki Mısırlılar İmhotep'i, mimar, firavun Coser'in bilge danışmanı ve hekim olarak yücelttiler. Geç dönemde tanrılaştırıldı; Grekoromen dönemde Yunan şifa tanrısı Asklepios ile özdeşleştirildi.

Coser'in cenaze kompleksi arkaik dönem gömü uygulamalarını ve mezar biçimlerini büyük ölçüde geliştirdi. Kuzey-güney yönünde, dikdörtgen biçimindeki 15 hektarlık geniş alan, 545 x 278 metre boyutlarında, küçük taşlardan yapılmış ve kerpiç mimari ile Abydos'taki çevrili cenaze alanlarından aşina olduğumuz "saray cephesi" girintilerle bezenmiş bir duvarla çevrelenmişti.

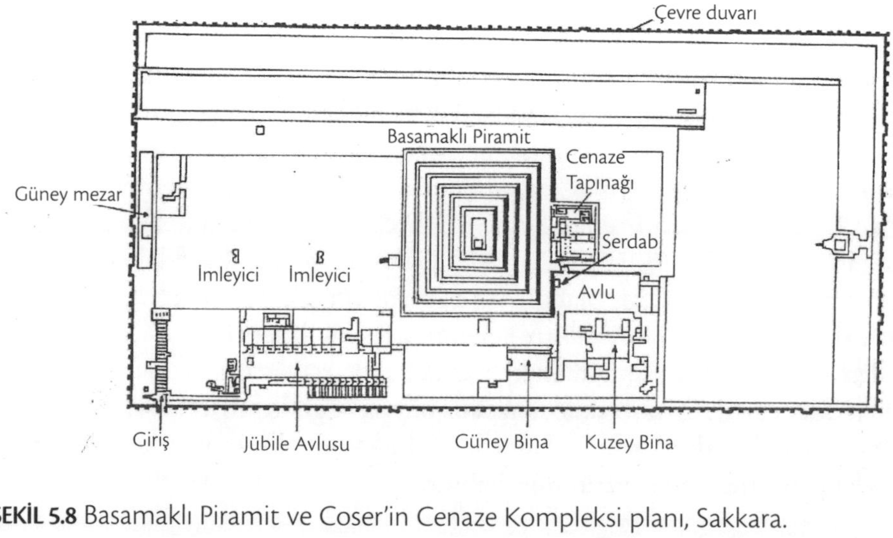

ŞEKİL 5.8 Basamaklı Piramit ve Coser'in Cenaze Kompleksi planı, Sakkara.

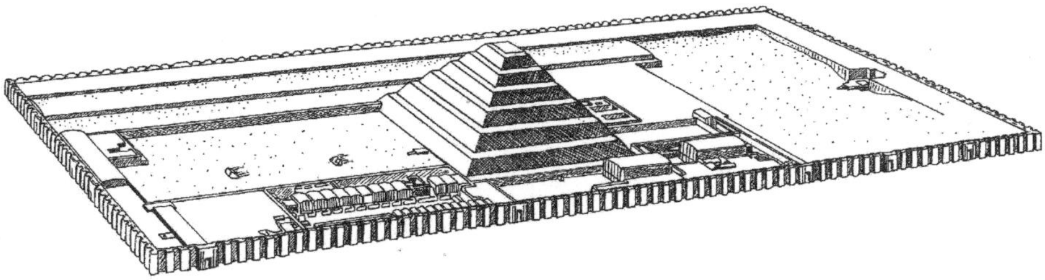

ŞEKİL 5.9 Basamaklı Piramit ve Coser'in Cenaze Kompleksi rekonstrüksiyonu, Sakkara.

Kompleksin öğelerinin çoğu gibi, duvar da modern zamanlarda restore edilmiştir. Duvarlarda görünürde on dört giriş vardır, ama yalnızca güneydoğu girişi gerçektir. Açık konumda yontulmuş sahte kapılar sıralı şekilde dizili, her biri yan duvara yapışık ve kalın saz öbeklerini andırması için dışbükey demetler biçiminde yontulmuş yirmi çift sütundan oluşan sütunlu bir yola açılır. Tavanlar orijinal olarak palmiye gövdelerini andırıyordu. Kompleks boyunca bu tür ayrıntılar İmhotep'in eserinin önemli bir kaynağını açığa vurur, çünkü bunlar tümü, kerpiç, ahşap, saz gibi daha dayanıksız materyallerle yapılan geleneksel mimarinin taşa uygulanmış halidir.

Sütunlu yol bir avluda sona erer. Avlunun kuzeyinde kralın gömüsünün üzerini kaplayan Basamaklı Piramit ve güneyinde de kuzeydeki gömünün daha basit bir versiyonunu içeren yeraltı kenotafı veya sahte mezarının olduğu duvarlı bir avlu vardır. Özelliklerin böyle tekrarlanması kompleksin ilginç yönlerinden biridir ve hâlâ mükemmel şekilde tek bir devlet olarak kaynaşamamış iki bölgeye saygı olarak hem Yukarı Mısır (Abydos'ta), hem de Aşağı Mısır'daki (burada Sakkara'da) cenazeler gibi belli kral ritüellerinin yerine getirilişini yansıtıyor olabilir. Şimdi, iki ayrı bina kümesiyle ayinler kolaylık olarak bu tek mekânda gerçekleştirilebilirdi. Geniş avluda, kral tarafından önemli bir gençleşme ayini olan *sed* festivalinde törensel bir koşu yarışı için kullanıldığı anlaşılan iki B-biçiminde imleyici vardı. *Sed* festivalliyle ilgili nesnelerin bu cenaze kompleksindeki varlıkları, bu törenlerin öbür dünyada da gerçekleştirileceğini gösteriyor. Yukarı ve Aşağı Mısır'ın *nomos*'larını veya illerini temsil eden tanrı heykellerini barındıran sahte tapınaklarla dizili uzun dar bir mekândan oluşan doğudaki daha küçük boyutlu Jübile Avlusu'nda da ilgili ritüeller gerçekleştirilirdi.

Jübile Avlusu'nun kuzeyinde, Yukarı ve Aşağı Mısır'ın idari binalarını temsil etmesi muhtemel avlu ve yapılardan oluşan iki ayrı kompleks daha vardır. Mimari ayrıntılar arasında yer alan yivli sütunlar (dikey içbükey oluklara sahip) daha sonra Mısır ve Yunan mimarisinde rastlanacak bir özelliğin ilk

ŞEKİL 5.10 Sakkara'dan Coser'e ait oturan heykel. Mısır Müzesi, Kahire.

örneklerindendir. Güney Bina'nın girişinin hemen içinde, hiyeratik yazıda bir grafiti neredeyse 1.000 yıl sonra Teb'den gelen Yeni Krallık turistlerinin ziyaretlerinin kaydıdır.

Basamaklı Piramit'in kendisi tüm komplekse egemendir. İlk olarak kare planlı bir mastaba olarak tasarlanan yapı 60 metre yüksekliğe ulaşan, farklı boyda altı yüksek basamağa sahip bir piramit olarak son buldu. İnşaatın evreleri, piramidin içinde çeşitli noktalarda bulunan moloz çekirdeklerin dış yüzeyi olarak kullanılmış ince taş işçiliğine sahip kireçtaşı kalıplardan anlaşılmıştır. Son versiyon orijinal olarak Nil'in doğu kıyısındaki yakın taşocaklarından gelen yüksek kaliteli Tura kireçtaşıyla kaplıydı. 2,96 x 1,65 x 1,65 metre boyutlarındaki, iç yüzeyi granit döşeli gömü odası, piramidin altında, 28 metre derinliğe inen bir kuyunun dibinde, kraliyet sarayının yeraltı versiyonu olarak düşünülmüş olabilecek geniş bir koridor ve odalar kompleksinin ortasındaydı (**ŞEKİL 5.13**). Gömünün derinliğine ve labirent benzeri koridorların sağladığı güvenliğe rağmen, mezar muhtemelen birinci ara dönemde soyulmuştu.

Piramidin kuzeyinde, gömü odasına giden koridorun girişinin üzerinde cenaze tapınaklarının kalıntıları yer alır. Bu tapınaklarda, öbür dünyadaki ruhunun yararına kral için ritüeller gerçekleştirilirdi. Piramitlere uğurlu bir yön olan kuzeyden girilirdi, çünkü kralın arasına katılmak istediği kutup çevresi yıldızları bu yöndeydi ve Köpek yıldızı Sothis'in[4] kuzey gökyüzünde 19–20 Haziran'daki yükselişi, yıllık Nil taşkınının ve tarımsal toprakların yeniden canlanışının habercisiydi.

Keskin gözlü bir ziyaretçi, piramidin kuzeydoğu yönündeki altı eğimli basamağın en alttakinde arkaya doğru eğik büyük bir dikdörtgen kutuyu andıran minik odayı fark edecektir. Ön duvarında göz hizasında iki küçük delik vardır; bunun dışında girişi yoktur. Bu odaya *serdab* adı verilir. Odanın içinde Coser'in oturan bir heykeli bulunmuştur (**ŞEKİL 5.10**); orijinal heykelin yerinde bugün kopyası durmaktadır.

Heykelin çok özel bir dini işlevi vardı. Antik Mısır inancına göre, her ölümlünün sahip olduğu ruhlardan biri olan *ka*'nın ikameti için yapılmıştı. *Ka*

4 Büyük Köpek takımyıldızındaki Sirius—çn.

o kişinin kopyası veya "benliği," bedene can veren yaşam gücüydü ama insan öldüğünde, *ka* varlığını sürdürürdü. Serbest şekilde dolaşabilirdi, ama bir yuvaya ihtiyacı vardı. Özenli sarma yöntemiyle ve daha sonraları da mumyalamayla korunan merhumun bedeni en tercih edileniydi, ama yazıyla kimliklerin belirtilmesi ve Ağzın Açılması (bkz. aşağıda) gibi ayinlerle düzgün şekilde etkin hale getirilmeleri durumunda heykeller de gayet iyi işlev görebilirdi. Bu serdabın kuzey duvarındaki iki delik, yaşayanlarla ölüler arasında temas kurulmasını sağlıyordu ve heykelin tütsü kokuları gibi güzelliklerden keyif almasına imkân veriyordu.

Coser'in 1,42 metre boyundaki boyalı kireçtaşı heykeli, yüzyıllarca devam edecek standart poz ve kostüm özelliklerini sergiler. Kaideye oyulmuş adından tanınan kral dik, ayakları bitişik olarak alçak sırtlı bir koltukta oturur. *Sed* festivaline ait bir pelerin giyiyor, ama ince kumaş, altındaki bedeni gösterir. Ayrıca bir kraliyet peruğu ve başlığı ile krallığın başka bir sembolü olan uzun bir sahte sakal takmıştır. Uçları aşağı dönük ağzı ile bir zamanlar farklı materyallerle kakılmış olan hasarlı gözleri ona sert bir görünüm kazandırır. Dolgun ağza Coser'in rölyef yontma tasvirlerinde de rastlandığına göre, buradaki görüntü kralın gerçek görünüşünü bir dereceye kadar yansıtıyor olmalı.

Gerçek Piramide Geçiş

Piramit biçiminin amacı kesin olarak bilinmemektedir. Piramit, sulardan yükselen ilk karayı, Piramit Metinleri'ndeki (5. Hanedan'dan başlayarak piramitlerin iç duvarlarına yazılan ritüel metinleri) ifadelere göre göklere çıkan bir merdiveni, bir güneş sembolünü veya yukarıdakilerin hepsini birden temsil ediyor olabilir. Anlamı ne olursa olsun biçim, daha önceki cenaze mimarisinden düzgün bir gelişim göstermişti: İlk gömüler üzerine yığılan tümsekten, tümseği kaplayan mastabaya, bir mastabanın üzerini kapatan ve onun üzerinde yükselen Coser'in Basamaklı Piramit'ine. 3. Hanedan'dan başka basamaklı piramitlerin de olduğu biliniyor, ama hiçbiri Coser'inki kadar iyi durumda değildir. Gerçek piramide, yani düz kenarlı piramide geçiş, 3. Hanedan'ın sonlarında ve Dördüncü'nün başlarında gerçekleşti. Eski Krallık boyunca kral mezarlarını barındırmak amacıyla inşa edilen piramitler Orta Krallık'a değin devam etti; en son büyük piramitler, 13. Hanedan döneminde Mazguna ve Sakkara'da dikildi. Ama hırsızlar her zaman piramitlere girmeyi ve gömüleri soymayı başardı. Ana görevleri olan öbür dünya için kralın bedeninin ve eşyalarının korunmasında başarısız oldukları için, Yeni Krallık döneminde piramitler ortadan kalktı ve yerlerini Teb'de Nil'in batı yakasında ücra konumlarda gizlice kayalara oyularak yapılan mezarlara bıraktı. Ancak önlemlere rağmen, bu mezarların da neredeyse tümü soyulmuştu. Yeni Krallık'tan sonra, kraliyet gömülerinin yeri yine değişti. Bu mezarlar artık uzak çöl vadileri yerine kentlerdeki tapınak bölgelerinde yer almaya başladı.

Gize: Dördüncü Hanedan Cenaze Kompleksi

4. Hanedan döneminde başlıca kral mezarları yine eski başkent Memphis yakınlarında, Sakkara'nın hemen kuzeyindeki Gize'de inşa edilmişti. Üç anıtsal piramit ve Büyük Sfenks ile Kahire'nin batı varoşlarındaki ulaşıma elverişli konumu sayesinde Gize, uzun yıllardır turistlerin başlıca uğrak yerlerinden olmuştur (**ŞEKİL 5.11**).

Büyük Piramitler

4. Hanedan'ın altı kralından üçü burada gömülüdür: Keops (veya Hufu), Kefren (veya Hafre) ve Mikerinos (veya Menkaure) (yaklaşık MÖ 2575–2500). Bu firavunların gömülerinin bulunduğu büyük piramitlerin yanı sıra, Gize'de kraliçeler için daha küçük piramitler, cenaze kültlerine adanmış tapınaklar ve sıralar halinde çok sayıda üst düzey memurlarla eşlerine ait mastaba mezarlar bulunur (**ŞEKİL 5.12**).

Piramitlerin boyları ve mastaba mezarların yakınlığı, bu dönemde firavunların sahip olduğu büyük itibar ve gücün göstergeleridir. Duvarları alçak rölyef halinde yontulan ve parlak renklere boyanan gündelik yaşam sahneleriyle

ŞEKİL 5.11 Büyük Sfenks ile Mikerinos (sol) ve Kefren (sağ) piramitleri, Gize.

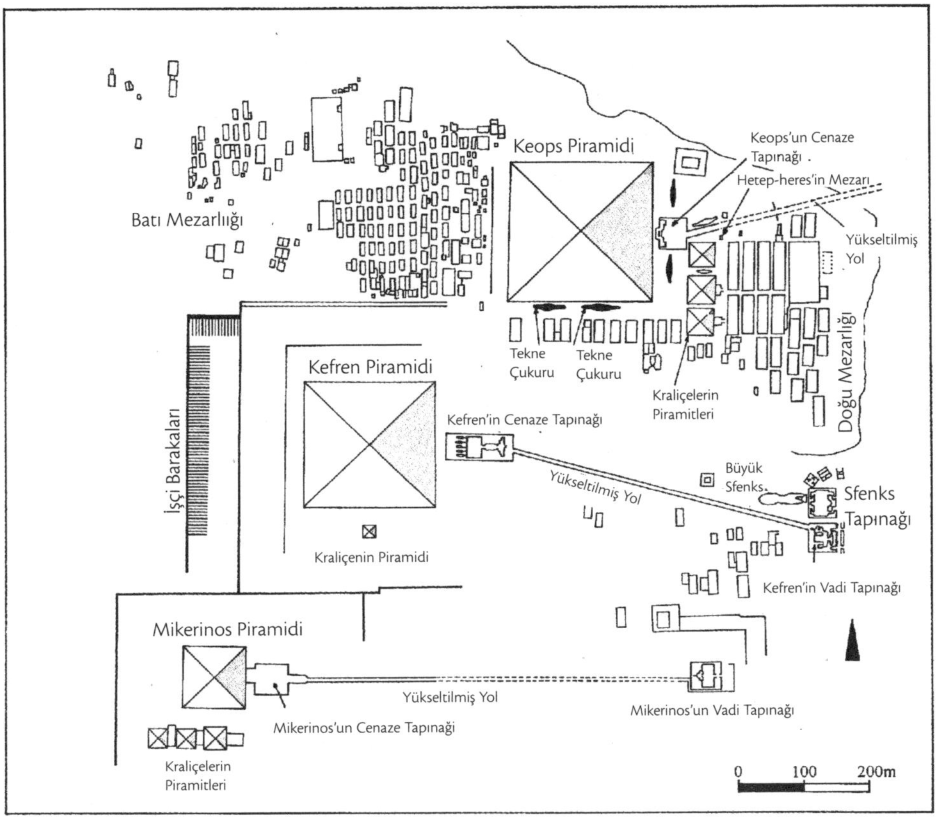

ŞEKİL 5.12 Gize Nekropolis planı.

süslenmiş bu mezarlar Eski Krallık toplumu hakkında önemli bilgiler sağlamıştır. Gize'de ayrıca piramit işçilerinin ve daha sonra bu bölgenin bakımını yapanlar ve pek çok tapınağın kült ihtiyaçlarına hizmet verenlerin kaldığı köyler de bulunmuştur.

Bu hükümdarların tarihçeleri hakkında fazla bir şey bilinmediğinden, görkemli cenaze anıtları, inşalarını sağlayan sosyoekonomik koşullar üzerine çok miktarda yorum ve tahminlere yol açmıştır. Yapım yöntemleri de hâlâ tartışma konusudur. Örneğin, ilk önce bir basamaklı piramidin inşa edilip daha sonra basamakların doldurulduğu ve tüm yapının iyi kalite taşla kaplandığı iddia edilmiştir. Ne var ki, bu tür savların doğrulanması zordur, zira kimse iç bloklarının nasıl yerleştirilmiş olduğunu görmek için bu ünlü ve iyi durumdaki anıtları parçalama niyetinde değildir.

Bu zorluklara rağmen, yapımla ilgili bazı ayrıntılar kesin görünür. Kayalık zemin düzlendikten sonra, piramidin tabanı olarak kireçtaşından bir platform inşa edilmişti. Piramit bittiğinde, alçak bir duvarla çevrelenmişti. Uzun kenarlar pusulanın ana yönlerine göre yerleştirilirken, ana giriş kuzeydendi. İçleri yerel

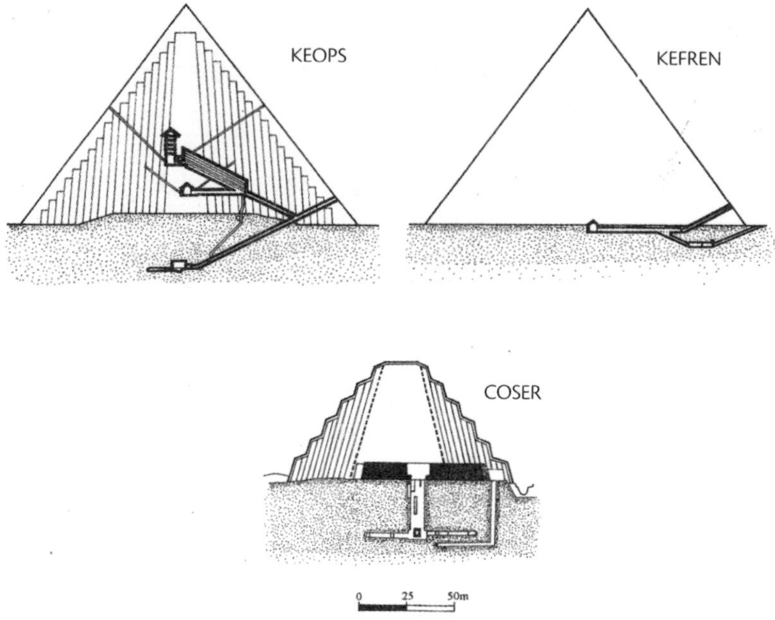

ŞEKİL 5.13 Coser (Sakkara), Keops (Gize) ve Kefren (Gize) piramitlerine ait kesitler.

kireçtaşından, görünecek dış yüzeyler ise Tura'dan gelen kaliteli kiraçtaşından yapılmıştı. Daha sonraki piramitler farklı materyallerden, moloz, hatta kerpiçten çekirdeklere sahip olabiliyordu.

Gize'deki piramitlerin en büyüğü olan Keops'un orijinal boyutları yaklaşık 230 x 230 x 146,6 metreydi, ama dış kaplama bloklarındaki kayıplar nedeniyle şimdiki boyutları 227 x 227 x 137 metredir. Dört yan cephe 51,5 derecelik bir açıyla yükselir. Her biri ortalama 2,5 ton ağırlığa sahip 2,3 milyon civarında blok kullanıldığı ve bazı blokların ağırlığının 15 tona kadar çıkabildiği tahmin edilir. İnşaat muhtemelen Keops'un saltanatının tüm yirmi üç yılı boyunca devam etmiş ve işlerin büyük kısmı çiftçilerin inşaat projelerinde çalışmaya uygun oldukları Nil'in taşma dönemi olan yaz sonu ve sonbaharda yapılmıştı. Piramit bölgesinin yanındaki limanlara gelen bloklar, sürekli yükselen yapının çevresinde inşa edilmiş toprak rampalardan yerlerine çekilmişlerdi. Bu piramitlerin yapımından 2.000 yıl sonra yazan Yunan tarihçi Herodotos, işgücünün 100.000 kişiden oluştuğunu ifade etmişti. Modern uzmanlar bu sayıyı imkânsız derecede yüksek bulmaktadır; tek bir anda çalışan 4.000 kişi ile ek işçilerin aletlerin bakımı ve gıda ve su sağlanması gibi destek işlerinde çalışması daha akla yatkın görünür.

Keops'un oğlu Kefren'in olan ikinci piramit orijinal 215 x 215 x 143,5 metrelik boyutlarıyla biraz daha küçüktür, ama Keops'tan daha yüksekte durur ve cepheleri biraz daha dik bir açıyla çıkar. Tepeye doğru kireçtaşı kaplamaların büyük bir kısmı halen durur; bu tüm anıtın orijinal bitmiş hali hakkında biraz fikir verir.

Üç büyük piramidin üçüncüsü Kefren'in kardeşi Mikerinos için yapılmıştı. Diğer ikisinden ciddi derecede küçüktür. Orijinal boyutları 108 x 108 x 66,5 metredir. Granit kaplamalar yalnızca en alt on altı katta mevcuttu.

Bu piramitlerin içlerindeki oda düzeni karmaşıktır (**ŞEKİL 5.13**). Keops'un piramidinin muhtemel hırsızların aklını karıştırmaktan daha çok değişen planlarının sonucu oldukları düşünülen üç ana odası vardır. İlk oda piramidin en alt katının altında, kaya zemine kazılmıştı ve aşağı doğru bir geçitle iniliyordu. İkinci, bitmemiş ve yanlış şekilde "Kraliçe'nin Odası" adı verilen bir oda ise piramidin aşağı kısımlarında yer alır ve piramidin kuzey yüzündeki girişten yukarı çıkan bir koridorla ulaşılır. Asıl gömü odası piramidin içinde daha yukarılardadır. Daha büyüktür (10,8 x 5,2 x 5,8 metre) ve kırmızı granit levhalarla kaplanmıştır. Buraya Büyük Galeri adı verilen, 47 metre uzunluğunda ve 8,5 metre yüksekliğinde, bindirme tavanlı ve çarpıcı şekilde eğimli bir koridorla ulaşılır. Büyük Galeri'nin sonuyla mezar odasının arasındaki yatay geçit sürgülü kale kapıları gibi, yan duvarlardaki kertiklerle yönlendirilerek yerlerine indirilen üç granit tıkaçla kapanmıştır. Gömüyü korumak için alınan tüm bu önlemler boşunaydı. Üç piramit de çok uzun zaman önce, muhtemelen İlk ara dönemde soyulmuştu. Keops'un mezar odasında, zengin bir mezar eşyaları koleksiyonunun geriye kalan tek parçası kırmızı Asvan granitinden kapaksız dış lahitti.

Keops Piramidi'nin doğu ve güney yanlarında, Kefren Cenaze Tapınağı'nın ise kuzey ve güneyinde birkaç uzun, derin, merceğimsi çukur vardır. Çoğu içi boş bulunmuştur, ama Keops'un güney tarafındakilerden biri 1954'te hâlâ 43 metre uzunluğunda, kısmen demonte bir sedir tekne barındırıyordu; bir ikincisi de 1980'lerde bulunmuştur. Abydos'ta Hasekhemui'nin cenaze alanının dışında gömülü bulunan daha küçük teknelerin anıtsallaştırılmışı olan bu tekneler cenaze töreninde kullanılmış ve daha sonra öbür dünyada krala hizmet etmeye devam etmiş olabilirler. Bu etkileyici keşif artık bulunduğu noktanın yakınlarındaki özel bir müzede sergileniyor. İkinci tekne de sergiye hazırlanıyor.

Gize'deki Tapınaklar: Kefren'in Vadi Tapınağı

Kral piramitlerinin hepsinin cenaze ayinlerinin gerçekleştirildiği iki tapınağı vardı. Önceki hanedanların cenaze alanları ile Sed festivalinin gerçekleştirildiği mimari tesislerin artık bulunmadığını görmek önemlidir. Her iki tapınak da piramidin doğu tarafındadır. Gerçekten de, piramit-tapınak komplekslerinin doğu-batı çizgisinde yerleştirilmiş olmaları, güneşin izlediği yol ve güneş tanrısı Ra'nın önem kazanmasıyla alakalıdır. En doğuda, tarım bölgesinin sınırındaki Vadi Tapınağı olarak bilinir. Belki kapalı bir geçidi de olan yükseltilmiş taş döşeli

ŞEKİL 5.14 Kefren'in Vadi Tapınağı'nda oturan Kefren heykeli, Gize. Mısır Müzesi, Kahire.

yol, Vadi Tapınağı ile her piramidin tabanının doğusunda yer alan Cenaze Tapınağı'nı birbirine bağlar. Son ayinler ve kralın öbür dünyadaki iyiliği için düzenli aralıklarla gerçekleştirilen törenler bu tapınakta yapılmıştı.

En iyi korunmuş olanlar, Kefren'in tapınakları ile bunlara eşlik eden benzersiz anıt Büyük Sfensk'tir. Kefren'in Vadi Tapınağı yaklaşık 45 m^2 alana sahiptir, gerçi kuzey duvar çapraz biçimde dışarı doğru uzanır. Geniş kireçtaşı bloklardan inşa edilmiş ve yüzleri Asvan'dan gelme çok büyük kesmetaş kırmızı granit bloklarıyla kaplanmıştı. Monolitik sütunları da granittendi. Hâlâ duran 13 metre yüksekliğindeki duvarları, bu döneme has bir şekilde şevli, yani hafifçe eğimli dış cephelere sahiptir. İçeride duvarlar dekorasyondan yoksundu, ama başka yerlerde, mesela Keops'un piramidinin dibindeki cenaze tapınağında bazı cılız kanıtlar kireçtaşı cephe kaplamalarının alçak rölyeflerle kaplı olduğunu düşündürür.

Binadaki tek yazıtlar, her iki kapının çevresine bir şerit halinde kazınmış olan kralın unvanlarıdır. Girişler yüksek tavanlı giriş hollerine ve oradan da uzun bir ön odaya çıkar. Zemindeki derin bir çukurda, Kefren'in parçalanmış halde bulunan ama artık Kahire Müzesi'nde tekrar birleştirilmiş olan neredeyse bütün halde bir heykeli (**ŞEKİL 5.14**) ve başka heykellerin parçaları vardır. Bu heykeller, tapınağın ana odası olan, ön odanın batısındaki T-biçimli, sütunlu holde duran diyorit, kiltaşı ve kaymaktaşından diğerleriyle beraber yirmi üç heykelden oluşan bir takım meydana getirir. Her heykel kralın bedeninin yirmi altı parçasından birer veya üç vakada ikişer parçasını temsil ediyor olabilir.

Kefren'in heykeli Coser'inkini andırır (**ŞEKİL 5.10**), ama arada önemli farklar vardır. Yüzünde mülayim bir ifade olan Kefren, yüksek sırtlı bir tahtta oturur, ama her iki kolu bacaklarının üst kısmına dayanmış, sağ yumruğu sıkılı, sol eli ise avuç içi aşağı dönük olarak açık şekilde oturur. Coser gibi, *nemes* adı verilen ve burada bir *uraeus,* yani dik kobra ile süslenmiş kraliyet başlığını ve kraliyet sakalını takar, ama Sed festivali pelerini yerine belli bir katlanma biçimine sahip kraliyet eteğini giyer.

Kralın gücünün ek sembollerini sergileyen bu heykel, kralın, ülkenin ve tanrıların nasıl iç içe geçmiş olduğunu Coser'in heykelinden çok daha net şekilde gösterir. Tahtını güç sembolü iki aslan taşır. Tahtın aslanın vücuduyla

ŞEKİL 5.15 Mikerinos'un Vadi Tapınağı'ndan Mikerinos ve Khamerernebti heykelleri, Gize. Güzel Sanatlar Müzesi, Boston.

çerçevelenen her iki yanında antik Mısır'ın iki bölgesinin birliğini temsil eden bir motif yer alır: Hiyeroglif yazıda "birlik" sembolü olan, Aşağı ve Yukarı Mısır'ı temsil eden iki bitkinin, papirüs ile nilüferin düğümlenmiş hali. Son ve en etkileyicisi de, tahtın tepesinde, kralın başının arkasında tünemiş bir şahinin duruyor olmasıdır. Gök tanrısı Horus'un bu tasviri kanatlarını kralın başının iki yanına koruyucu bir şekilde açmış olarak durur, ki bu da kralın Horus'un dünyadaki tezahürü olduğunun bir sembolüdür.

Mikerinos'un Vadi Tapınağı'nda bulunan bir heykel ise farklı bir kraliyet tablosu çizer (**ŞEKİL 5.15**). Mikerinos karısı ile birlikte, Mısır sanatının tipik özelliklerinden olan adım atar pozda durur. Her ikisi de aşağı yukarı aynı boyda, doğal boyutlarından biraz daha küçüktür (bu heykelin boyu: 1,38 metre). Kral yumruğunu sıkarken kraliçenin kolu kocasına sarılmıştır. Bu aile portresi, daha sonraki Mısırlıların cenaze sanatlarında sık sık taklit edecekleri idealize, genç, sağlıklı bir aile tablosu çizer. Levha kiltaşından yapılma heykel, tapınağa yerleştirildiğinde bitmemişti, yalnızca başlar ve bedenlerin üst kısımları tam olarak parlatılmıştı. Boya kalıntıları, orijinalinde tüm heykelin boyanmış olduğunu gösterir.

Vadi Tapınağı'nın tam amacı bilinmemektedir. Kraliyet cesetlerinin gömülmeye hazırlanmasıyla bağlantılıdır ve burada gerçekleştirilmiş olabilecek çeşitli törenlerin olduğu metinlerden bilinir. Yeniden doğmayı sağlayan bir törende, beden "yıkanarak arındırılıyordu." İkinci olarak, beden ya gerçekten ya da sembolik olarak (eğer gerçek tahnit başka yerde yapılacaksa) tahnit ediliyordu. Üçüncü olarak da, heykellere ve kralın başka imgelerine can vermek adına "Ağzın Açılması" töreni gerçekleştiriliyordu, ki kralın ruhuna, *ka*'sına uygun bir yuva olabilsinler.

Kefren'in Cenaze Tapınağı

Geleneksel yorumlara göre, Vadi Tapınağı'ndaki ayinler bittikten sonra kraliyet cenazesi, arındırılmış bedeni kirlenmeden korumak için duvarlı ve üzeri kapalı olan yükseltilmiş yoldan piramidin doğu dibinde yer alan Cenaze Tapınağı'na götürülürdü. Son cenaze ayinleri burada gerçekleştirilirdi. Ayrıca, tapınaktan piramidin durduğu, çevresi duvarla çevrili dar terasa erişim sağlıyordu. Ama artık Dieter Arnold ve onu destekleyen Mark Lehner bu görüşü pratik açıdan sorgular: Odalar, girişler ve koridorlar cenaze alayının geçmesi için fazla küçük gibi görünmektedir. Bunun yerine, kraliyet cenazesi piramide daha doğrudan bir yoldan getiriliyor olmalıydı. Arnold daha sonra cenaze tapınaklarının işlevleri hakkında da akıl yürütür. Her ne olursa olsun ritüel amaçlarının yanı sıra, bu yapılar ayrıca sembolik bir kraliyet ikametgâhı olarak işlev görmüş olabilir, çünkü planları, çok geniş bir anlamda da olsa, daha sonraki saray ve konakların bazılarına benzemektedir.

Kefren'in Cenaze Tapınağı iyi durumda değildir. Boyutları 110 x 45 metredir. Tıpkı Vadi Tapınağı gibi, bu yapının da çekirdeği kireçtaşı olup cepheleri granitle kaplanmıştır. Kat planı bundan sonraki Eski Krallık kraliyet cenaze tapınaklarında standart hale gelecek beş öğeyi ilk defa sergiler: 1) Giriş holü; 2) Sütunlu avlu; 3) Heykel odası, tipik olarak beş heykel için beş niş; 4) Depo veya ambarlar; 5) Kutsal oda, arkada minik bir oda. Kutsal oda, sahte kapı şeklinde oyulmuş bir stel içerir. *Ka* bu kapıdan geçerek piramitten çıkar ve gündelik olarak sahte kapının önündeki alçak sunağa yerleştirilen sunuların tadına bakardı.

Büyük Sfenks

73,2 metre uzunluğunda ve 19,8 metre yüksekliğindeki devasa sfenks, Kefren'in Vadi Tapınağı'nın yanında durur (**ŞEKİL 5.11**). 4. Hanedan döneminde kireçtaşı anakayadan yontulmuştur. Daha sonraki dönemlerde, mutemelen 18. Hanedan'da ve Roma İmparatorluğu döneminde bazı kısımları taşlarla desteklenmişti. Bu restorasyonlara ek olarak, on dokuzuncu ve yirminci yüzyıl keşifleri sırasında şapel ve stellerin kalıntıları ortaya çıkmıştır. Örneğin, Sfenks'in pençelerinin önünde, 4. Hanedan'dan harap bir tapınak bulunmuştur.

Büyük Sfenks benzersizdir. Bir piramit kompleksinin parçaları arasında normalde bu tür heykeller olmaz. Bir ihtimal, Mısır dilinde "canlı imge" anlamında *shesep ankh*'ten türemiş olan Yunanca "sfenks" sözcüğü, aslanın bedenine ve insan başına sahip bileşik bir yaratık ifade eder. Burada baş, kraliyet sembolleriyle donanmıştır: Alnında *uraeus* ile nemes başlığı ve bir sahte sakal (artık yoktur) vardır. Yüz, özellikle de burun hasarlıdır, ama Kefren'in bir portesi olabilir. Ayrıca, yeraltı dünyasının kapılarında bir aslanın nöbet tuttuğuna inanıldığından, bu, nekropolün koruyucu tanrısı da olabilir.

Büyük Sfenks'in çevresinde biriken kumların modern zamanalarda olduğu gibi geçmişte de düzenli şekilde temizlenmesi gerekiyordu. Mısır'ı ayrıntılı şekilde ele alan Herodotos, Sfenks'ten söz etmemişti; belki de onun döneminde MÖ beşinci yüzyılda tümüyle kuma gömülmüştü. En ilginç temizlik 18. Hanedan'da gerçekleşmişti; öyküsü 1816–17'de Sfenks'in önünde keşfedilmiş gri bir granit stelde anlatılmıştır: IV. Tutmosis, henüz prensken, bir av seferi sırasında gölgesinde dinleniyormuş. Rüyasında Sfenks, kumları temizlemesi durumunda ona tahtı vaat etmiş. IV. Tutmosis de bunu yerine getirmiş ve kral olduktan sonra buraya bir tapınak inşa ettirmiş ve yukarıda bahsettiğimiz anma stelini yerleştirtmiş.

Neuserre'nin Abu Cirap'taki Güneş Tapınağı

Güneş tanrısı Ra önemini 4. Hanedan'da kazandı ve bu konumunu Orta ve Yeni Krallıklarda da sürdürdü. Ra kültü Nil'in doğu kıyısındaki Heliopolis'te (bugün Kahire'nin kuzey varoşlarında) doğdu. 5. Hanedan krallarından altısı, batı kıyısında Ra'ya özel tapınaklar inşa ettirdiler. Bunlardan en iyi durumda olanı firavun Neuserre'nin kendisinin ve hanedanından çoğu kralın piramitlerini inşa ettikleri Abu Şir'in hemen kuzeyinde Abu Cirap'ta yaptırdığıdır. Tapınak MÖ 2430–2400 döneminde yapılmış olabilir, ama Mısır kronolojisinin tümünde olduğu gibi bu tarih de tartışmalıdır.

Neuserre'nin Güneş Tapınağı yukarıda değindiğimiz cenaze tapınaklarıyla ve bir sonraki bölümde ele alınacak Luksor ve Karnak'taki kült tapınaklarıyla tezat içindedir. Güneş tanrısına, diğer tanrıların yüceltildikleri tipik küçük karanlık odalar yerine açık havada ibadet edilirdi.

Tümüyle kireçtaşından yapılan tapınak, yüzeyi kireçtaşıyla kaplanmış bir yapay tümseğin üzerinde durur (ŞEKİL 5.16). Doğudaki bir pavyondan kapalı bir yükseltilmiş yol tapınağa bağlanıyordu. Tapınak 100,5 x 76,2 metrelik, güneşin rotasına göre doğu batı yönünde yerleştirilmiş bir açık hava avlusundan ibaretti. Çevreleyen revağın duvarları, çoğu özellikle kültle ilgili olmayan çeşitli konuları tasvir eden boyalı rölyeflerle bezenmişti: Sed festivalindeki kral, düşmanlarını çiğneyen kral, çeşitli bitki ve hayvanlar, vb. Ancak, mevsimlerin rölyefleri, güneşin yaşam veren gücüyle bağlantılı olabilir. Açık hava avlusunun batı tarafındaki dikdörtgen bir podyum üzerinde, kireçtaşı bloklardan yapılmış alçak ve geniş bir dikilitaş biçimindeki büyük güneş sembolü duruyordu. Avluda ayrıca, adak hayvan kesimi için bir alan; güneşe açık bir sunak ve ambarlar vardı. Tapınağın hemen dışında, güneye doğru tuhaf şekilde tuğladan yapılmış bir güneş teknesi bulunuyordu.

Yunanca dikilitaş anlamına gelen "obelisk" sözcüğünün anlamı "küçük pişirme şişi" idi, ama işlevleri tümüyle Mısırlıydı. Bu sütunlar güneşin dünyaya düştüğü ilk yeri temsil ederdi. Orijinal dikilitaş, Heliopolis'te yüceltilen *benben*, yani "ışıldayan" idi; yaratılış anında dünyaya düşen ilk ışık huzmesini temsil ediyor olabilir. Bir zamanlar Abu Cirap'ta durmuş olan dikilitaş da bu prototipi taklit ediyordu. Özellikle de Yeni Krallık dönemindeki daha uzun, ince biçimiyle dikilitaş, antik Mısır mimarisinin belirleyici özelliklerinden biri olacaktı.

Ra ve dikilitaşların popülerliği sürmekle beraber, Abu Cirap'ta görülen Güneş Tapınakları 5. Hanedan'dan sonra varlığını devam ettiremedi. Hiç kuşkusuz, bir piramit ve ona bağlı cenaze tapınaklarına ek olarak böyle bir tapınağın inşa ettirilmesi son derece pahalıya gelmiş olmalı. Daha önemli bir etmen, Abydos merkezli Osiris kültünün öneminin artmasıyla kültün odağında yaşanan kayma olabilir.

Birinci Ara Dönem

5. ve 6. Hanedanlar döneminde, bölgesel memurların gücü Memphis'teki merkezi otoritenin aleyhine yavaş yavaş arttı. Birinci ara dönemde, bölge vali-

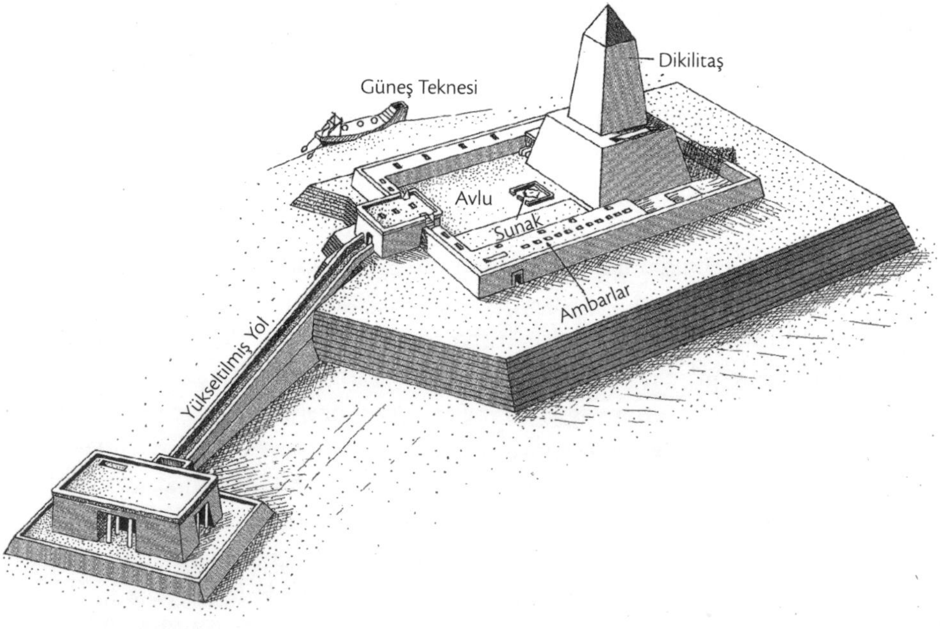

ŞEKİL 5.16 Neuserre Güneş Tapınağı rekonstrüksiyonu, Abu Cirap.

leriyle güç mücadelesine giren zayıf kraliyet hanedanlarının ülkenin parçalarını yönetmesi siyasal istikrarsızlığı keskinleştirdi. Koşullar mimari ve edebiyatta parlak çalışmalara uygun değildi; bunların tekrar ortaya çıkması 11. Hanedan'da Teb kentinin yükselişiyle ve nihayetinde kral II. Mentuhotep'in güçlü merkezi iktidarı tekrar kurmasıyla olacaktı.

MÖ İkinci Binyılda Mısır Kentleri, Tapınakları ve Mezarları

➤ Orta Krallık:	yaklaşık MÖ 2060–1795
11. (sonları) ve 12. Hanedanlar	
➤ İkinci ara dönem:	yaklaşık MÖ 1795–1550
13.'den 17. Hanedana	
➤ Yeni Krallık:	yaklaşık MÖ 1550–1070
18. Hanedan:	yaklaşık MÖ 1550–1295
19. Hanedan:	yaklaşık MÖ 1295–1186
20. Hanedan:	yaklaşık MÖ 1186–1070
➤ Üçüncü ara dönem:	yaklaşık MÖ 1070–715
21.'den 24. Hanedana	
➤ Geç dönem:	MÖ 760–332
25.'den 30. Hanedana ve İkinci Pers işgali	
➤ Büyük İskender'in Mısır'ı fethi:	MÖ 332

Kentler, Hanedanlar dönemi Mısır'ının arkeolojik kayıtlarında asla baskın olmamakla birlikte, daha önceki dönemlerden farklı olarak MÖ ikinci binyıl içinde netlik kazanmaya başlar. En iyi bilineni MÖ on dördüncü yüzyılda yeni başkent olarak yaratılan *Ahetaton*, bugünkü Amarna'dır. Ayrıca bir Orta Krallık kasabası olan *Kahun*'u ve Yeni Krallık'ta Yukarı Mısır'ın idari merkezi olan *Teb*'i, en azından çevresinde inşa edilen anıtsal tapınak ve mezarları inceleyeceğiz. Son olarak, bu bölümde Asvan'ın güneyindeki sınır bölgesi Nübye'den iki yeri göreceğiz: Orta Krallık döneminden bir kale olan *Buhen* ve II. Ramses tapınağıyla ünlü olan *Abu Simbel*.

Orta Krallık

Orta Krallık, Eski ve Yeni Krallıklardan çok daha kısa sürmesine rağmen, antik Mısır medeniyeti için önemli bir dönemdi. Hükümdarın iktidarının yeniden güçlendiği bu çağda Mısır dili en bereketli dönemini yaşadı ve edebiyat da büyük gelişme gösterdi. Bu gelişme sanat ve zanaatlarda, özellikle de heykeltıraşlık ve mücevhercilikte yaşandı. Bu dönemdeki kentlere dair kanıtlar, önceki bölümde de ifade ettiğimiz gibi yerleşim yerlerinin yokluğundan değil, bu kalıntılara ulaşmanın zorluğundan dolayı parçalıdır. 12. Hanedan'ın hükümdarları başkentlerini güneydeki Teb'den muhtemelen Memphis yakınlarında bulunan Lişt'teki İti-Taui'ye ("iki ülkeyi ele geçiren") taşıdı. Büyük ölçüde Nil siltleri altında gömülü durumdaki bu kent hakkında fazla bir şey bilinmiyor. Arkeolojik kayıtlar açısından daha önemli olanlar "piramit kasabası" Kahun ve Buhen'in mükemmel bir örneği Nübye sınırındaki kalelerdir.

Kahun

Düzenli şekilde planlanmış Orta Krallık kasabası Kahun (modern adı) Feyyum'un (bugünkü Kahire'nin güneybatısında, Nil'e bağlı geniş, verimli bir çöküntü) girişi yakınlarında, Kral II. Senwosret'in (saltanatı MÖ yaklaşık 1880–72) yakınlardaki piramidini inşa edenleri, ölen kralın anıtı ve kültüyle ilgilenecek rahipler, askerler, memurlar ve diğer çalışanları barındırmak amacıyla inşa edilmişti. Kahun "piramit kasabaları"nın açık ara en büyüğüdür. Boyutları, sadece piramit ile cenaze kültlerine adanmış bir merkez olmayıp, tarım, inşaat işleri projerleri gibi etkinliklere ve sorumluluklara sahip normal bir kasaba olarak işlediğini düşündürür. Çiftliklerden ve modern yerleşimlerden uzakta, çölün kenarında bulunan kasabaya arkeologlarca erişilebiliyordu; kasabanın yaklaşık yarısı on dokuzuncu yüzyıl sonlarında İngiliz Mısırbilimci William Flinders Petrie tarafından kazılmıştı. Kerpiç duvarlar toza dönüşmüş olmasına rağmen, ev temelleri iyi durumdaydı ve kasabanın planının anlaşılmasına izin veriyordu.

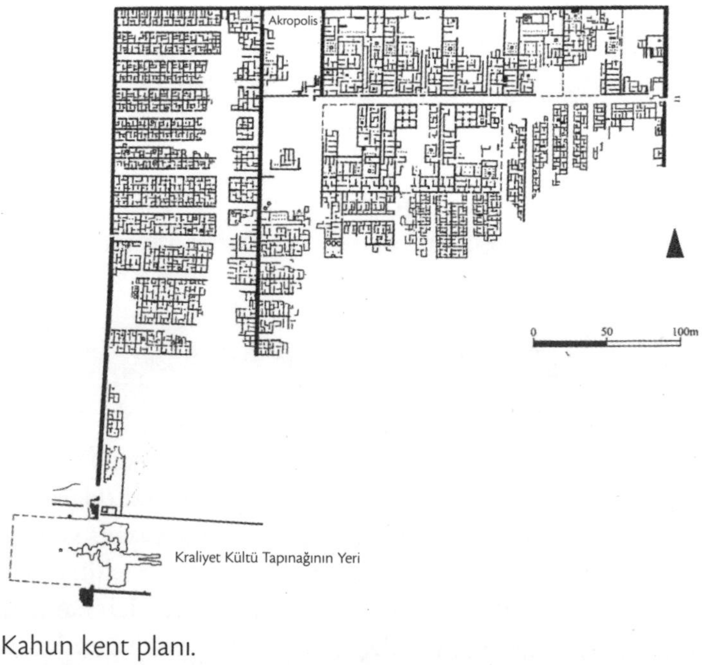

ŞEKİL 6.1 Kahun kent planı.

Bu özel amaç için kurulmuş "piramit kasabası"nın planı düzenlidir (**ŞEKİL 6.1**). Neredeyse kare biçimli bir alanın (384 x 335 metre) içinde düz sokaklar dik açıyla ızgara oluşturarak kesişir. Ana kuzey/kuzeydoğu kesimde, yaklaşık 60 x 42 metrelik, sokağa sade birer duvar ve kapsı olan, diğer duvarları komşularıyla paylaşan yaklaşık yirmi geniş ev belirlenmiştir. Evlerin içlerinde kabul ve yerleşim odaları, gölgelikli revaklı bir bahçe ve gıda saklamak için büyük tahıl ambarları vardır; görünüş ve dekorasyon ayrıntıları Orta Krallık mezarlarında bulunan ev modellerinden öğrenilmiştir. Kahun'un geniş kesiminden bir duvarla ayrılan daha küçük kesimi yine düz sokaklar üzerine dizilmiş yaklaşık 220 küçük ev içeriyordu. Bu evlerin planları büyük değişiklikler gösterebiliyordu, ama büyük evlerden farklı olarak nadiren tahıl ambarları vardı. Ev kalıntılarının yanı sıra papirüs belgelerden de anlaşıldığı kadarıyla kasabanın toplumsal ve ekonomik yapısı büyük evlerde oturan, müşteri ve hizmetkârlardan (küçük evlerde yaşayan) oluşan maiyetler barındıran ve geniş tahıl ambarlarından gıda dağıtımının denetimini ellerinde bulunduran üst düzey bürokratlara bağlıydı. Kahun'un harabeleri iyi düzenlenmiş bir toplum izlenimi veriyor, ki gerçekten de tüm kanıtlar, Orta Krallık Mısır'ının ana özelliğinin bu olduğunu gösteriyor.

Buhen

Nübye'deki (Asvan'dan Hartum'a kadar Nil boyunca uzanan bölge) Buhen kalesi, Orta Krallık döneminde Mısırlıların güney sınırlarında kurduğu müstahkem mevkilere iyi bir örnektir. Asvan'daki barajın inşaatı sırasındaki kurtarma seferberliği sırasında W.B. Emery ve diğerlerince kazılan harabeler daha sonra baraj gölünün altında kaldı.

Mısırlıların nöbet tuttukları iki sınır bölgeleri vardı: Kuzey, batıda Libya'ya ve doğuda Güneydoğu Asya'ya doğru ve güneyde, İlk Çağlayan'ın ötesinde, Nil boyunca Orta Afrika'ya doğru. Mısır tarihinin çeşitli noktalarında dışarıdan gelen halklar bu koridorlardan Mısır'a girmeye çalıştı. Bazılarında başarılı oldular. Mısırlıların güney sınırı bölgesinde devriye gezmesinin bir nedeni daha vardı. Orta Afrika değerli metal ve egzotik hammadde kaynağıydı ve Mısırlılar bu ticaretin sekteye uğramasını istemiyordu.

Buhen'deki kale MÖ yirminci yüzyılın başlarında, Nil boyunca İkinci Çağlayan'ın kuzeyindeki birkaç kaleden biri olarak inşa edilmişti. Plan bir iç kaleden, bir açık avludan ve kerpiçten, 5 metre kalınlığında, orijinal yüksekliği 8–9 metre olan büyük bir dış tahkimat duvarından oluşuyordu. İç kalenin (150 x 138 metre) kendisi de duvarlı olup, ayrıntıları taş ve ahşaptan yapılan kerpiç tuğladan binalar içeriyordu. Bu yapılar bir ızgara plan halinde, neredeyse 2.000 yıl sonraki Roma askeri kamplarını çağrıştıran bir düzende duruyordu (**ŞEKİL 6.2**). İşlevler arasında garnizon kabul odaları, barınaklar, ambarlar ve bir muhtemel tapınak vardı. Irmağa açılan iki kapıdan kuzeydeki, kuşatma anlarında ırmak-

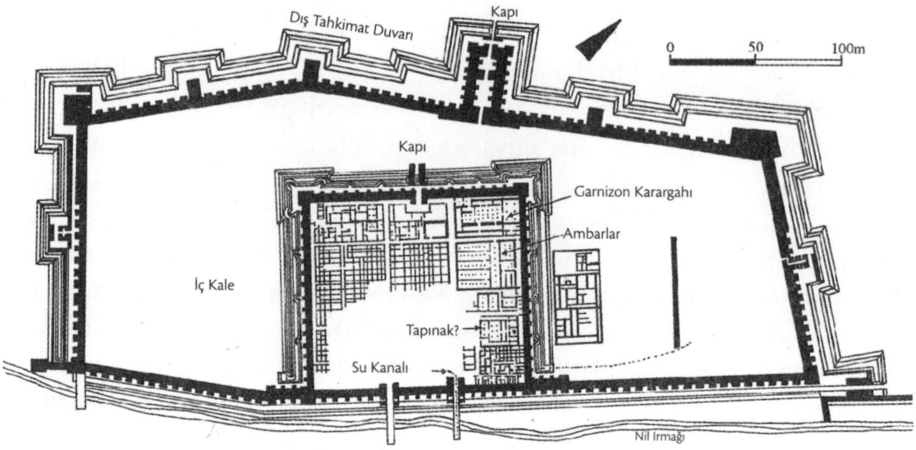

ŞEKİL 6.2 Buhen Kalesi planı.

tan su alınmasını sağlayan taş döşeli bir kanalı koruyordu. Dış tahkimatlarda yalnızca batı çölüne doğru açılan, paralel duvarlarla ve kulelerle çevrili bir giriş vardı. Duvarın kendisi, dıştan içe bir kesit halinde, bir hendek, ok delikleri olan bir dış parapet duvarı, bir rampa veya iskele ve üzerinde mazgallı siperler olan ana duvardan meydana geliyordu (**ŞEKİL 6.3**). İşlevi cenaze, sivil veya askeri olsun kerpiç için uygun görülen bir dekorasyon yöntemi olan mimarideki girintiler, Erken Hanedanlar dönemi Mısır'ındaki Mezopotamya'dan etkilenmiş mezar ve kasaba duvar tasarımlarını çağıştırır.

İkinci Ara Dönem

12. Hanedan sonlarında merkezi otoritenin dağılmasıyla Mısır'da denetim yine bölgesel yöneticilerin eline kaldı. Bu dönemdeki beş hanedandan üçü yerli Mısırlı, ikisi yabancıydı. İki yabancı hanedan 15. ve 16. özellikle ilgi çekicidir. Güneybatı Asya'dan gelen bu hanedanlar, Doğu Delta'da yerleşerek burada ayrı bir krallık kurdular; başkentleri Avaris (modern Tel el-Daba) zaten birinci ara dönem ve Orta Krallık'ta kuruluydu. Bu halklar Mısırca "yabancı ülkelerin prensleri" ifadesinden türeme Yunanca bir kavramla Hyksoslar olarak bilinir. Mısır'a at ve savaş arabası, bileşik yay ve dikey dokuma tezgâhını onların getirdiği kabul edilir. 1991'de Avaris'te Minos tarzı duvar resimlerinin keşfi, Ege bölgesiyle daha önce sanılandan daha güçlü bağlantılara işaret eder.

Nihayet Yukarı Mısır'daki yerli hükümdarlar Hyksoslara meydan okuyacak güce ulaştılar. Ahmose'nin önderliğinde Mısırlılar bu göçmenleri yendi ve ülkeden attı. Böylece başlayan 18. Hanedan ve Yeni Krallık, antik Mısır tarihinin en büyük dönemi olacaktı.

ŞEKİL 6.3 Dış tahkimat duvarı (kazı sonrası), Buhen.

Yeni Krallık ve Teb

Yeni Krallık (MÖ yaklaşık 1550–1070) 18.'den 20.'ye üç hanedandan meydana gelir. Bu dönemden günümüze gelen anıtların çoğu Yukarı Mısır'ın antik zamanlardaki başlıca kenti olan Teb, modern Luksor, civarındadır. Ayrıca Teb'den kuzeye Amarna'ya doğru çıkarak bir Yeni Krallık kentini, güneye giderek de Abu Simbel'de II. Ramses'in yaptırdığı görkemli tapınağı inceleyeceğiz (bkz. harita, **ŞEKİL 5.1**).

18. Hanedan hükümdarları başkentlerini Yukarı Mısır'da Teb olarak seçtiler. Memphis, Aşağı Mısır'ın bölgesel başkenti olmaya devam etti ama buradan kalan pek bir şey yoktur. Teb'de yerleşimin uzun bir geçmişi vardır ve aslında 11. Hanedan sırasında başkentlik de yapmıştı, ama bu dönemde özel bir önem kazandı ve Yeni Krallık döneminin çoğunda başkent kaldı. Antik Mısırlılar buraya "Waset" veya "No-Amun" ("Amon'un Kenti") adını verirlerdi. "Teb" adı antik Yunanlarca bilinmeyen bir nedenden dolayı verilmiştir; ünlü Yunan kenti Thebai ile bilinen bir bağlantısı yoktur.[5] Mısırlılar için Teb tüm kentlerin prototipi, kent denince akla gelen yerdi:

> Waset her kentin kalıbıdır,
> Hem sel, hem toprak ezelden beri oradadır,
> Kumlar toprağını çevreledi,

---

5 İngilizcede hem Yunan Thebai kentinin, hem Mısır Teb kentinin adı aynı şekilde Thebes olarak yazılır—çn.

Dünyanın yaratılışındaki tümseğin üzerinde onun toprağını yaratmak için.
Sonra insanlık onun içinde doğdu;
Her kenti onun gerçek adına yaratmak için
Zira hepsine "kent" denir Waset'i örnek alarak.
(Seton-Williams ve Stocks 1993: 536)

18. Hanedan'ın ilk hükümdarları, Mısır'ın sınırları ve ticaret yolları üzerinde tekrar denetim kurdu. Kuzeyde, Filistin'deki Hyksoslara ve Kuzeybatı Suriye'deki Mitannilere karşı Asya'ya seferler yapıldı. Güney daha önemliydi; Mısırlılar Nübye'de Üçüncü Çağlayan'ın ötesine kadar ilerleyerek Orta Krallık kalelerini tekrar kullanıma soktular ve yeni kasabalar kurdular. Daha uzak bir bölgeye, genellikle doğudaki Afrika Boynuzu ile özdeşleştirilen Punt ülkesine giden bir Mısır ticaret delegasyonunun seferi, 18. Hanedan Teb'inin ayakta kalan büyük yapılarından ilki olan kraliçe Hatşepsut'un Deyrü'l Bahri'deki cenaze tapınağında kayda geçirilmiştir.

Deyrü'l Bahri: Hatşepsut'un Cenaze Tapınağı

Teb kenti Nil'in her iki yakasına yer alıyordu. Bugün pek bilinmeyen yerleşim bölgesi, doğu kıyısında, modern Luksor kentinin altında olmalı. Ayrıca, doğu kıyısında iki önemli tapınak kompleksi yer alır: Karnak ve Luksor'daki Amon ve diğer tanrılara tapınaklar (bkz. aşağıda). Batı yakası ise farklı işlere hizmet ediyordu. Burada tarım bölgesinin ötesinde bazı kraliyet sarayları bulunmuştur, ama bugün bölge daha çok ölülerin kentleri, cenaze kültlerine adanmış mezar ve tapınaklar ile mezar yapımıyla uğraşanların yerleşimleri ile bilinir (**ŞEKİL 6.4**).

Deyrü'l Bahri batı yakasında, masif kireçtaşı yarların doğusunda yer alır. Batıda, yarların diğer tarafında Krallar Vadisi adı verilen, çoğu Yeni Krallık hükümdarının yattığı mezarlık vadisi bulunur. Bu çarpıcı noktada, 11. Hanedan'dan firavun II. Mentuhotep'in inşa ettirdiği önemli bir cenaze tapınağının yanında Hatşepsut (saltanatı MÖ yaklaşık 1479–1457) kendi cenaze kültünün sürdürülmesi için muhteşem bir tapınak diktirmişti. Bu tapınak, cenaze tapınağının çok uzaklarda saklı durumdaki asıl gömü yerinden biçimsel olarak ayrılması yönündeki yeni eğilimi gösterir. Deyrü'l Bahri'deki harap tapınak Napoléon'un seferinin üyelerince 1798'de incelendiğinde büyük ölçüde kum ve daha sonraki Koptik binaların molozları altında gömülüydü. Ciddi kazı ve restorasyon çalışmaları 1890'larda İsviçreli Mısırbilimci Edouard Naville'in Mısır Araştırma Fonu adına kazılarıyla başlamıştı; bugün de Polonyalı ve Mısırlılardan oluşan bir ekipçe sürdürülüyor.

Antik Mısır'da kadınlar nadiren kendi adlarına hüküm sürmüşlerdi. Gerçekten de, Hatşepsut yönetmeye genç yeğeni III. Tutmosis ile ortak naip olarak başlamış, ama kısa sürede tam denetimi ele geçirerek ve tüm kraliyet alametlerini

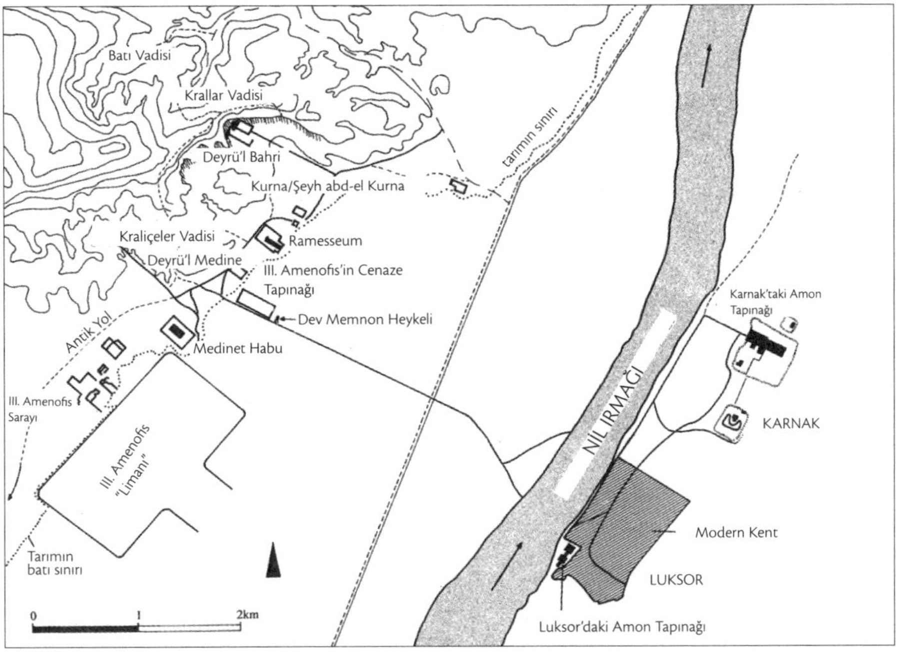

ŞEKİL 6.4 Teb bölge planı.

kuşanarak, yaklaşık yirmi yıl boyunca yönetimde söz sahibi olmuştu. Her ne kadar metinlerinde gramer olarak sıklıkla dişi cinsiyetle ifade edilse de, kendisini firavunların normal cinsiyetinde, alışıldık törensel sakalla birlikte erkek olarak tasvir ettirmişti. Nihai kaderi bilinmiyor. Mumyalanmış bedeni kesin olarak belirlenmiş değildir ve kimse doğal bir ölüm mü yaşadığını veya devrilip öldürülmüş mü olduğunu bilmiyor. III. Tutmosis'in (saltanatı Hatşepsut'un ortak naiplik dönemi de dahil MÖ yaklaşık 1479–1425) iktidarı tekrar ele geçirdiği ve Mısır Yeni Krallık'ının şanlı askeri önderlerinden biri olduğunu biliyoruz. Ama aralarındaki husumetin devam ettiği iddia edilmiştir, çünkü Tutmosis, tüm tasvirlerini ve adlarını kazıtarak veya yerine kendininkileri koydurarak Hatşepsut hakkındaki tüm kamusal izleri silmek için elinden geleni yapmıştı.

Tapınak üç teras halinde inşa edilmiştir (**ŞEKİL 6.5** ve **6.6**). Sütunlu cephe kullanımı yanındaki II. Mentuhotep'in ve aynı zamanda Yukarı Mısır'ın başka yerlerindeki soylu mezarlarındaki gibi, Orta Krallık'ta görülen örneklere benzer ve göreceğimiz gibi daha sonraki kült tapınakların tipik planından da farklıdır. Sütunları çevreleyen duvarları süsleyen yontma rölyefler, Hatşepsut'un başarılarını överek alışıldık erkeksi savaş ve avcılık gibi kahramanlıkların eksikliğine rağmen başarılarla dolu bir saltanat tablosu sunar.

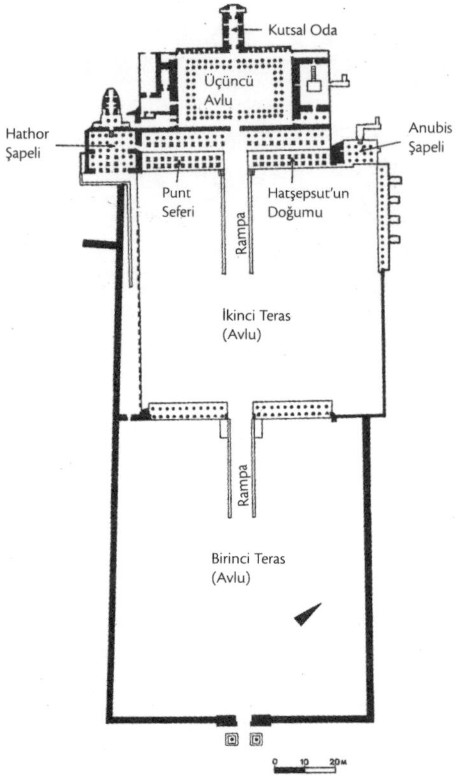

ŞEKİL 6.5 Hatşepsut'un Cenaze Tapınağı planı, Deyrü'l Bahri.

ŞEKİL 6.6 Hatşepsut'un Cenaze Tapınağı, Deyrü'l Bahri.

En alçak teras orijinal halinde ağaçlı, duvarlarla çevrili geniş bir alandan oluşuyordu. Bu terasın arkasında, ikinci terasa çıkan rampa ile ikiye bölünmüş, iki sıra halinde dizili yirmi iki sütundan meydana gelen bir yol bulunuyordu. Bunun arka duvarındaki boyalı rölyefler, Hatşepsut'un Karnak'taki Amon tapınağı için yaptırdığı iki dikilitaşın naklini gösterir. İlkinden daha ufak olan ikinci terasın arka tarafında yine iki sıra olarak dizilmiş on birer sütunlu iki kısma ayrılmış sütunlu yol bulunur (İkinci Kolonad). Güneydeki yarının duvarlarındaki boyalı rölyeflerde Mısırlılara tapınak terasları için mür ağaçları, dini törenler için tütsü, yaban hayvanları, elektrum, postlar ve kereste sağlayan uzak Punt ülkesine yapılan seferden sahneler tasvir edilmiş. Bu heyecan verici ve benzersiz etnografik kayıt, ayaklar üzerindeki yuvarlak kulübelerden oluşan bir köyde Mısırlıların kabile reisi, muhtemelen fil hastalığından muzdarip şişman eşi ve çocukları tarafından karşılanışlarını tasvir eder. İkinci Kolonad'ın kuzey kısmındaki rölyefler ise Hatşepsut'un ilahi doğumunu anlatır. İktidar hakkını meşrulaştırmak adına gerçek babasının firavun I. Tutmosis yerine kritik ana rahmine düşme anında I. Tutmosis'in bedenine giren tanrı Amon olduğunu iddia ediyor. Bu öykünün tümü burada resmedilmişti.

Güneyde tanrıça Hathor'unki, kuzeyde ise tanrı Anubis'inki olmak üzere İkinci Kolonad'ın iki yanında birer şapel vardır. Anubis Şapeli'nin revakları ile şapelin hemen arkasında ikinci terasın kuzey sınırını çizen kolonaddaki sütunlar tıpkı Sakkara'daki Basamaklı Piramit kompleksindeki yan binalarda olduğu gibi, daha sonraki Yunan sütunlarını çağrıştıran tıraşlanmış yanlara ve başlıklara sahiptir. Yunanlar gerçekten de Mısırlıların mimari ve heykeltıraşlıktaki taş işçiliği geleneklerinden çok etkilenmişti ve bunlar gibi örnekler de kalıcı etkiler bırakmış olmalı.

İkinci bir rampa, dört tarafı revakla çevrili bir açık hava avlusu olan Üçüncü veya Üst Terasa çıkar. Tapınağın asıl mabet kısmı daha geride, kireçtaşına oyulmuş ve daha sona Ptolemaios (Helenistik) döneminde genişletilmiş, tipik Mısır kutsal mekânları gibi küçük ve karanlık bir odadan oluşur.

Luksor'daki Amon Tapınağı

Teb'deki ana tanrı, güneş tanrısı Ra ile kaynaştırılarak Amon-ra olarak tapılan Amon'du. Karısı Mut ve oğulları Hons ile bir üçleme oluşturuyorlardı. Amon karakteristik başlığı ile, üzerinde iki uzun sorguç ve bir disk olan tacını takar şekilde gösterilir. Biri Luksor'da, diğeri Karnak'ta olmak üzere Teb'deki iki önemli tapınak Amon kültüne adanmıştı, ancak her iki komplekste de diğer tanrılara adanmış şapeller vardı. Luksor Tapınağı aynı zamanda, hatta daha çok kraliyet *ka*'sı kültüne adanmıştı. Bu komşu tapınaklar arasındaki güçlü ilişki merak konusudur. Tapınaklar arasındaki önemli bir bağ Tutankamon'un

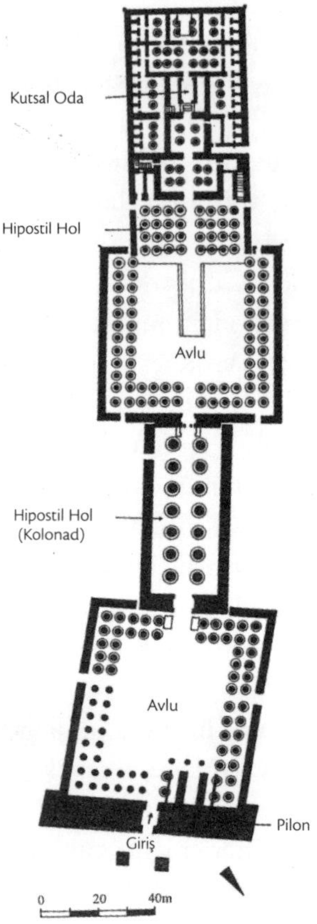

ŞEKİL 6.7 Amon Tapınağı planı, Luksor.

saltanatı (MÖ yaklaşık 1336–1327) sırasında yontulmuş ilk hipostil holün veya kolonadın duvarındaki rölyeflerde tasvir edilmişti. Her yıl, Nil'in taşmasının zirve noktasında, Büyük Yeni Yıl Festivali *Opet* kutlanırdı. Amon heykeli kutsal kayığı üzerinde Karnak'tan Luksor'a getirilirek Amon'un kralla (kraliyet ka'sı ile) birliği vurgulanırdı. Üç hafta kadar süren bu ziyaret sırasında kurbanlar kesilir, törenler ve eğlenceler düzenlenirdi. En azından, iki tapınak arasındaki bu ilişki dostaneydi.

Plan olarak her iki tapınak da Gize ve Deyrü'l Bahri'de kazılan cenaze tapınaklarından ciddi farklılıklar gösterir. Ancak, Yeni Krallık öncesindeki cenaze ile ilgili olmayan kült tapınakları hakkında fazla bilgimiz yok. Luksor'daki Amon Tapınağı'nı anlamak Karnak'takinden daha kolaydır, çünkü daha küçük ve yalnızca iki ana kısım halinde inşa edilmiştir (**ŞEKİL 6.7**). Ana kısım, olağanüstü müreffeh bir Mısır'ı yönetmiş olan III. Amenofis'in (MÖ yaklaşık 1391–1353) yaptırdığı daha eski, küçük bir Orta Krallık tapınağının üzerine inşa edilmişti. Sonraki yüzyılda büyük 19. Hanedan kralı II. Ramses, kuzeye bir avlu ve giriş pilonunu ekledi. (Pilon, normalde kesidi alındığında takoz biçimli bir duvardan, yani tepeden aşağı indikçe hafifçe dışarı doğru eğimli duvarlardan meydana gelen ve ortasında bir geçit olan bir giriştir.)

Tapınak kuzey-güney yönünde, Nil'e paralel uzanır, ki bu normalde güneşin doğuşu ve batışına göre doğu-batı doğrultusunda olan Mısır tapınakları için sıra dışıdır. Bunun dışında tapınak geleneklere uygun şekilde, bir kült tapınağının standart öğelerini içerir: bir giriş pilonu; açık hava avluları; kolonadlı (hipostil) holler; ufak kült odalarıyla çevrili bir kutsal oda. Kutsal oda veya yücelerin yücesi, tanrının evi, onun heykelinin durduğu yer, dünyanın yaratılışında kaotik sulardan çıkan orijinal toprağı temsil eden en yüksek zemine inşa edilirdi. Zemin, sütunlar ve tavanıyla bir hipostil hol, ilk dünyanın bataklıklı zeminini, orada yetişen sazları ve üstlerindeki göğü temsil ederdi. Açık hava avlusu güneşe tapılmasını sağlıyordu; pilon da uzak ufukta, aralarından güneşin doğduğu ve battığı dağları simgelerdi.

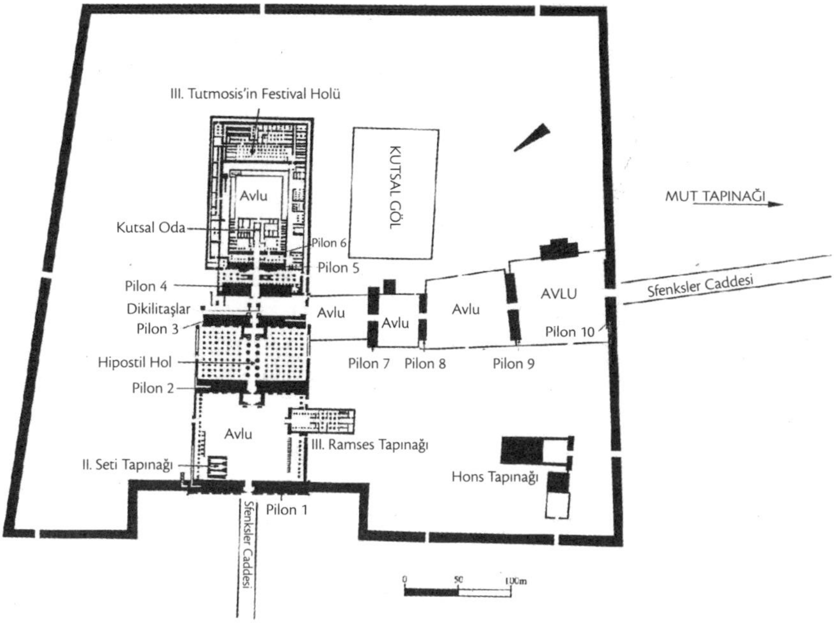

ŞEKİL 6.8 Amon Tapınağı planı, Karnak.

Karnak'taki Amon Tapınağı

Karnak'taki Amon Tapınağı, Luksor'da gördüğümüz temel tapınak düzeni ilkelerine uyar, ama çok daha büyük ölçeğe sahiptir (**ŞEKİL 6.8**). Bu tapınağın kökenleri Orta Krallık'a dayanır. Gerçekten de, bu bölgede Orta Krallık kenti Teb'in kalıntıları bulunmuştur. Ama bugün görünen tapınak büyük ölçüde Yeni Krallık eseri olup, Geç ve Helenistik dönemlerde de (MÖ birinci binyıl) önemli eklemeler yapılmıştır. Planı eklemelidir. Kutsal oda, tanrının heykelinin ikametgâhı olan tapınağın ana odasıydı. Bu yapıldıktan sonra, bir kült tapınağının diğer öğeleri ardı ardına eklenebilirdi: Hipostil hol, avlular, pilonlar. Karnak'ta da böyle olmuştu. Birleşik bir plan olarak tasarlanmamıştı; onun yerine, her firavun mevcut komplekse bir kısım ekleyerek yapının boyutlarını genişletirdi. Hatşepsut bunlardan biriydi, III. Tutmosis de öyle. Birçok hükümdar da onları takip etti. Hatta bazı hükümdarlar var olan tapınakları yıkarak, blokları yeni inşaatlarda kullandılar veya orijinal haminin yerine kendi adlarını yazdırdılar. Dolayısıyla kompleksin yapım tarihini çözmek zorlaşır.

Kalıntılar 2 hektarlık bir alanı kaplar. Amon Tapınağı ile güney uzantısı, Kutsal Göl ve çeşitli küçük tapınaklardan oluşan bu geniş kutsal bölge alçak bir duvarla çevrelenmiştir. Bugünkü ziyaretçiler tapınağa batıdan koç başlı sfenkslerle çevrili bir caddeden yaklaşır. Tapınağın ana kısmı bu doğu-batı ekseni üzerindedir. Cadde, bu eksendeki altı pilondan ilkine girişleri, eğimli

ŞEKİL 6.9 Amon Tapınağı orta geçiti, Hipostil Hol, Karnak.

cepheleri, iç ve dış mekânlar arasındaki geçişleri gösteren bayrak direkleri için nişleri bulunan büyük bariyerler ve çapraz duvarlar arasından geçer. Birinci Pilon adı verilen batıdaki ilk giriş, en son yapılandır; bir ihtimal 25. Hanedan döneminde inşasına başlanan bu pilon hiçbir zaman tamamlanmamıştı.

İlk Avlu'da Yeni Krallık sonlarından iki tapınak vardır: II. Seti tarafından Amon, Mut ve Hons için inşa edilmiş küçük, üç parçalı bir tapınak ve aynı üçlü için III. Ramses'in inşa ettirdiği kuzey-güney ekseninde oturan bir tapınak. Bu ikincisi bir şapelden fazlasıdır; avlu, hipostil hol ve kutsal odasıyla kendi içinde tam bir tapınaktır.

II. Ramses'in katkısı olan İkinci Pilon'un çekirdeği, sapkın firavun Ahenaton'un Karnak'ta yaptırdığı, güneş kursu olarak tapınılan güneş tanrısı Aton'a adanmış Aton Tapınağı'na ait 60.000 ufak kumtaşı bloğun bır kısmını da içerir (Dokuzuncu ve Onuncu Pilon'un içinde ve ana Hipostil Hol'ün altında da bundan başka bloklara rastlanmıştır). Hemen sonra tahta geçen Horemheb, Ahenaton'un dini siyasetine tepki olarak tapınağın bloklarını tekrar kullanılabilecek şekilde özenle söktürmüştü. Bu pilonun ardında, I. Seti ve II. Ramses tarafından tamamlanan ve bu yüzyılda Mısır Eski Eserler Bölümü adına çalışan Fransız arkeologlarca tekrar inşa edilen büyük Hipostil Hol bulunur (**ŞEKİL 6.9**). Tüm Mısır mimarisinde belki de en ünlüsü olan bu devasa odanın boyutları 102 x 53 metre olup, orta geçit boyunca sıralı on iki sütunun yükseklikleri 21 metre, kuzey ve güneydeki diğer 122 sütunun boyu ise 13 metredir. Ortadaki daha yüksek sütunlar, kilise benzeri bir düzenlemeye, yani bu odanın tek ışık kaynağı olan bir dizi pencerenin bulunduğu yüksek bir kısım çıkılmasına izin vermiştir. Sonuçta ortaya çıkan alanın, Paris'teki Notre Dame katedralinin tümünü almaya yetecek boyutlarda olduğu ve sütun başlıklarının her biri üzerinde 100 kişinin ayakta durabileceği kadar geniş oldukları söylenir. Ama sütunlar kalındır ve sık aralıklarla dizilmişlerdir, bu yüzden de mekânın genel boyutlarını algılamak zordur.

Devlet tanrısının kültüne adanmış böyle yapılar, aynı zamanda kraliyet başarılarının kaydedilmesi işlevini görüyordu. Bu hipostil holün sütunları ve yan duvarları, hem içte hem de dışta bezelidir. Örneğin dış duvarlar, I. Seti ve II. Ramses'in askeri zaferlerinden bölümler içerir. Bu resimleri görecek insanların sayısı kısıtlı olmakla birlikte, tanrılar her zaman buradaydı. İlahi destekle gerçekleştirilen kraliyet başarıları, böyle görkemli ölçekte anılmayı hak ediyordu.

Luksor'daki Amon Tapınağı'nın hamisi III. Amenofis'in inşa ettirdiği Üçüncü Pilon, tapınağın 18. Hanedan başlarına ait kısmının başlangıcını belirtir. Modern araştırmalar, orijinal olarak altın ve gümüşle kaplı bu pilonun moloz dolgusunda başta 12. Hanedan firavunu I. Senwosret'in Jübile Köşkü olmak üzere sökülmüş on mezardan parçalar içerdiğini ortaya koymuştur. Ana girişin hemen kuzeyinde tekrar dikilmiş olan bu köşk günümüzde Karnak'ta görülebilecek en eski yapıdır.

Üçüncü Pilon'un ardından tapınağın Merkez Avlusu gelir. Orijinal olarak burada, Hatşepsut'un ölümlü babası I. Tutmosis'in armağanı olan iki çift dikilitaş vardı, ama bugün sadece biri yerinde duruyor. Yeni Krallık dönemine gelindiğinde dikilitaşlar uzun, ince, kare kesitli ve tepesi piramit biçiminde direkler haline gelmişti ve genellikle simetrik nedenlerden, belki de Güneş ve Ay'ı temsil etmek üzere tapınağa çift olarak bağışlanırlardı. Asvan yakınlarındaki ocaklardan çıkarılan yekpare granit bloklarından yontulurlardı. Halen Pilon 4 ve 5'in arasında duran Hatşepsut'un pembe granit dikilitaşının yüksekliği 27,5 metredir ve tahmini ağırlığı 320 tondur; başlığı orijinal halinde elektrum kaplıydı. Böyle ağır taşların çıkarılması, nakli ve dikilmesi, ki bu dikilitaşlar için yedi ay sürmüştü, bugün bile şaşırtıcı bir mühendislik başarısı kabul edilir.

İkinci bir dizi avlu ve dört pilon (pilonlar 7–10), bu avludan güneye doğru kuzey-güney ekseninde uzanır. Bunlar da 18. Hanedan dönemindendir. Pilon 7 ve 8 sırasıyla III. Tutmosis ve Hatşepsut'a, 9 ve 10 ise Horemheb'e atfedilir. Pilon 7'nin hemen kuzeyindeki avluda, 1902'de, 2.000'den fazla taş heykel ve 17.000 tunç figür barındıran dev bir çukur bulunmuştur; bu, anlaşıldığı kadarıyla tapınağın tarihçesinin ileri bir noktasında çok kalabalık durumdaki bu tapınak kompleksinde bırakılmış sunuların ritüel bir temizliğinin sonucudur. Pilon 10'dan Amon'un kutsal bölgesinden çıkılıp güneye doğru sfenkslerin dizili olduğu bir yoldan Mut Tapınağı'na ulaşılıyordu.

Bunun yerine ana doğu-batı eksenine ve tapınağın 18. Hanedan başlarına ait çekirdeğine dönelim. Pilonlar ve avlular burada sıkışmaya başlar. I. Tutmosis'in yaptırdığı 4. ve 5. Pilonlar aslen üstü kapalı küçük bir kolonadı çevreler. Bu küçük alanda 18. Hanedan tarihinde yaşanan dramanın bir kısmını görebiliyoruz. Hatşepsut kendi dikilitaş çiftini buraya yerleştirtmiş ve bunu yapmak için de çatının bir kısmını kaldırtmıştı. Bu dikilitaşların nakli Deyrü'l Bahri'deki Birinci Kolonad'ın arka duvarında tasvir edilmiştir. III. Tutmosis, halasının adının yerine kendi adını yazdırmakla kalmayıp, dikilitaşların çevresine de onları yıkmak yerine saklamak adına bir duvar (holün tavanı yüksekliğinde) yaptırmıştı.

Pilon 5'in ötesinde, yine I. Tutmosis döneminde yapılan kolonadlı ikinci bir küçük hol ve onun da ardında III. Tutmosis'in eklettiği ve pilonların en küçüğü olan Pilon 6 yer alır. En sonunda ilahi teknenin durduğu tipik olarak küçük, uzun, dar ve karanlık bir oda olan Kutsal Oda'ya ulaşılır. Amon heykeli burada yaşardı; günde üç kere başrahip tarafından yıkanır, giydirilir, kokular sürülür, yiyecek içecek sunulurdu. Orijinal tekne tapınağını Hatşepsut yaptırmıştı; buradan sökülen bloklar Pilon 3'ün içinde bulunmuştur. Pembe granitten olan mevcut Kutsal Oda, MÖ 330 civarlarında Büyük İskender'in yarı kardeşi Philippos Arrhidaeos'un katkısı olan bir tekrar biçimlendirme idi. Dış duvarın güney tarafında Philippos taç giyerken ve tanrılarca elinden tutulurken tasvir edilmişti. Philippos'un Yunan kökenlerine rağmen bu rölyeflerin tarzı tamamen Mısırlıdır.

Kutsal Oda'nın ötesinde açık bir avlu ile III. Tutmosis'in Festival Holü bulunur. Holün ardındaki pek çok küçük odadan biri özellikle ilgi çekicidir: "Botanik Oda" adı verilen bu mekânda III. Tutmosis'in Batı Asya'daki seferlerinden Mısır'a getirdiği egzotik bitki, kuş ve hayvanların rölyefleri vardır. Güneyde ise Nil'den yeraltı kanallarıyla doldurulan, 200 x 117 m boyutlarındaki Kutsal Göl bulunur. Rahipler bu sularda arınırlardı. Akşamüstünün geç saatlerinde buraya gelen ziyaretçiler, koyu altın rengi güneş ışıklarına bürünmüş tapınak kalıntılarının muhteşem manzarasına şahit olma şansına erişirler.

Ahenaton ve Amarna

En büyük tanrı Amon'un saltanatı altında Teb'in yüzyıllar boyu süren üstünlüğü içinde şaşırtıcı derecede orijinal bir hükümdar, bu statükoyu kısa süreliğine bozdu: IV. Amenofis (saltanatı MÖ yaklaşık 1353–1337). Kendini tek bir tanrıya, yaşam gücünün ışınlar yayan bir güneş kursu olarak tasvir edildiği Aton'a tutkuyla adadı (**ŞEKİL 6.10**). Adını "Güneş kursuna yararlı olan" veya "Güneş kursunun şanlı ruhu" anlamına gelen Ahenaton'a değiştirdi ve kendisi ile ailesinin yontu ve resimlerdeki tasviri için abartılı kıvrımların kullanıldığı ve baş ile bedenin uzatıldığı farklı bir tarz yerleştirdi. Saltanatının beşinci yılında başkentini Teb'den, Teb ile Memphis'in ortasında yeni kurulmuş Ahetaton ("Güneş kursunun ufku") kentine nakletti. Ahetaton daha yaygın olarak yerel köyler Et-Till ve El-Amran'dan gelen adlarla Tel el-Amarna veya sadece Amarna olarak bilinir.

Amarna harabeleri, bir antik Mısır kentini incelemek için en iyi ve en eksiksiz imkândır. Birincisi, antik Amarna'nın büyük kısmı ırmağın taşkın bölgesinin ilerisinde kalır, dolayısıyla metrelerce Nil silt katmanlarının altında gömülü olmadığı için arkeologlarca erişilebilir durumdadır. İkincisi, kentin ömrü çok kısaydı. Daha önceden yerleşim olmayan bir yere inşa edilen yeni

ŞEKİL 6.10 Kraliyet Mezarı'ndan Ahenaton ve ailesinin Aton'a tapınışını tasvir eden rölyef, Amarna. Mısır Müzesi, Kahire.

başkentte yerleşim yalnızca Ahenaton'un saltanatının on, on bir yılı ve ondan sonraki birkaç yıl için sürmüştü. Daha sonra bu alan terk edilmişti; ufak bir Roma kalesi dışında hiçbir inşa faaliyeti kalıntılara zarar vermemişti. Üçüncü olarak da, on dokuzuncu yüzyıl sonlarından 1936'ya dek aralıklı olarak devam eden, daha sonra da 1977'den itibaren İngiliz arkeolog Barry Kemp yönetiminde, Mısır Keşif Topluluğu'nca gerçekleştirilen kapsamlı kazılar sayesinde kent hakkında çok şey biliyoruz.

Bu kadar kısa bir ömre sahip olan Amarna tipik olarak kabul edilmemelidir. Memphis gibi yerleşmiş kentler kalabalık, yüzyıllar boyunca gelişigüzel kent planlarına göre oluşmuş binalarla dolu olmalı. Yine de, Amarna'dan elde edilen sonuçlar MÖ on dördüncü yüzyılda Mısırlıların planlı bir kentin ve bir kraliyet başkentinin neye benzemesi gerektiğine dair düşüncelerini anlamak açısından değerlidir.

Asıl kent Nil'in doğu kıyısında olmasına rağmen, 18 km^2 genişliğinde on dört sınır steliyle çevrili daha geniş bir alan ırmağın öte yakasına, Batı Çölü'nün kenarına dek uzanıyordu. Kentin surları yoktu. Irmağa paralel kuzey-güney yönünde bir "Kraliyet Yolu" ile birbirine gevşek şekilde bağlı farklı sektörlere bölünmüştü (**ŞEKİL 6.11**). Tapınaklar, ambarlar, polis kışlası, idari binalar (Batı Asya'daki yabancı devletlerle yazışmaların kil kopyaları olan paha biçilmez "Amarna Mektupları"nı içeren "Arşiv Ofisi" de dahil) ve dev bir saray ızgara plan içinde dik açıyla kesişen sokaklar halinde düzenlenmiş merkez bölgedeydi. İkincil yerleşim ve ticaret alanları kuzey ve güneye doğru ırmağa paralel olarak

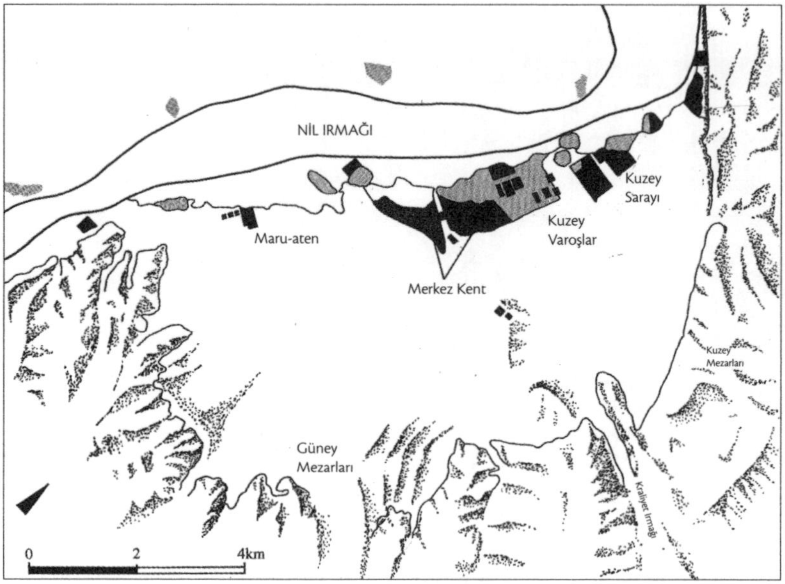

ŞEKİL 6.11 Amarna genel planı.

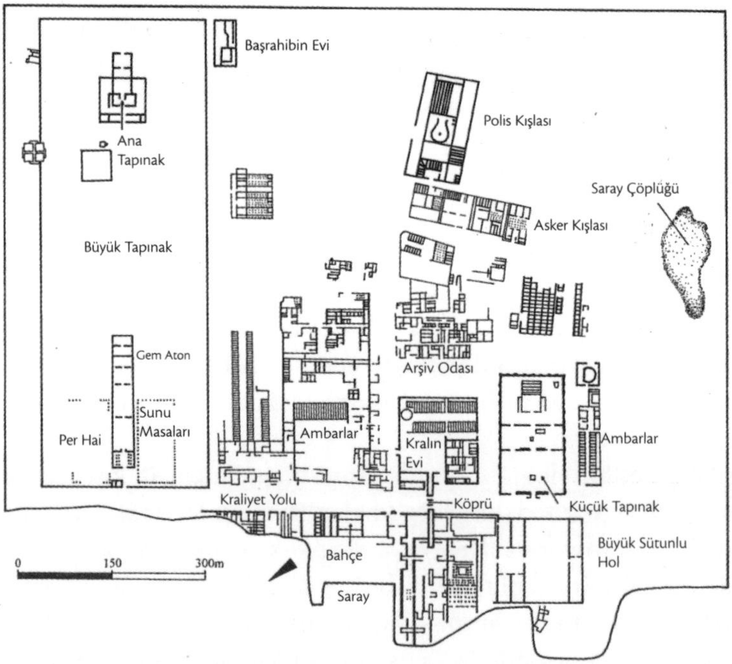

ŞEKİL 6.12 Amarna kent merkezi planı.

8 km uzanan bir hat halinde yayılmıştı. Kentte yerleşimin sonlarına doğru kuzey varoşların kenarında gecekondular birikmiş ve daha ferah düzendeki yerleşimleri sıkıştırmıştı. Doğuya doğru yay biçimindeki çöl yarları kayaya oyulmuş mezarları barındırıyordu. Aydınlatıcı pek çok sektörden burada incelenecek olanlar, Merkez Kent'te olan saray, Büyük Tapınak (**ŞEKİL 6.12**) ve antik Mısırlıların gündelik yaşantısı hakkında iyi bir kaynak olan evlerdir.

Saray

Saray, Büyük Tapınak'ın hafif güneyinde, Kraliyet Yolu'nun her iki tarafına yayılır. Kompleksin büyük kısmı tarım bölgesinin altında kaldığından kazılmamıştır ve muhtemelen hiçbir zaman da kazılamayacaktır. Herhangi bir özel evden çok daha geniş olan saray, firavun ile toplumun geri kalanı arasındaki büyük uçurumu gösterir. Planı, bazıları Ahenaton'un dev heykelleriyle donatılmış art arda düz çatılı yapılar, avlular, bahçeler ve daha kalın sütunlu kabul hollerinden oluşuyordu. Kralın şahsi dairesi doğuda, kabul ve idare alanları batıdaydı. Kraliyet Yolu'nun üzerinden geçen kapalı bir köprü iki kısmı birleştiriyordu. Köprüdeki geniş bir Gözükme Penceresi sayesinde firavun ve ailesi, tebaalarınca selamlanabiliyordu. Saray da bu kentteki tüm yapılar gibi kısa sürede, kerpiçten, sütunlar ve kapı eşikleri gibi ayrıntılar için ahşap veya taş kullanılarak inşa edilmişti. Duvar süslemeleri için kireçtaşı kaplamalar kullanılmıştı. Kimilerinde rölyefler vardı, kimileri ise sıvanmış ve daha sonra boyanmıştı.

Büyük Tapınak

Büyük Tapınak 760 x 290 metre boyutlarında, duvarlarla çevrili geniş bir alan kaplıyordu. Bu tapınağın orijinal görünüşü ve burada gerçekleştirilen ritüeller hakkındaki bilgilerimiz Amarna'daki mezarların duvarlarına oyulmuş tören resimlerinden geliyor. Ana giriş batı yanında, Kraliyet Yolu üzerindeki küçük bir tuğla pilondandı. Kutsal alanda birkaç küçük tapınak vardı. Per Hai, "Şenlik Evi" adlı bir hipostil holden oluşan uzun, dar bir yapıdan her biri bir öncekinden daha küçük, peş peşe altı açık hava avlusundan oluşan Gem Aton'a ("Aton bulundu") geçiliyordu. Bu yapı kuzey ve güney yanlarında güneş yılındaki günlerle bağlantılı 365 sunu masasıyla çevriliydi. Tapınak yakınlarında bir mezbahanın bulunmasından da anladığımız kadarıyla sunuların içeriği yalnızca vejetaryen değildi. Bahçenin büyük kısmının üstü açık olduğundan ve Mısır'da, özellikle yazları çok sıcak olduğundan, dışarıda törenler düzenlenmesi çok zahmetli bir iş olmalı; sayısız masadaki gıda sunuları da kısa sürede bozulup kokuyordu.

Ana tapınak bahçenin doğu sektöründeydi. Alışıldık Mısır uygulamasından farklı olarak, ana tapınağın çatısı yoktu, üstü açıktı, çünkü Aton diğer

Mısır tanrılarından farklı olarak karanlık bir odada bir heykelde barınmayıp kendisini doğrudan güneşin ışınlarıyla gösteriyordu.

Evler

Amarna'da, Merkez Kent'in kuzeyinde (Kuzey Varoş) ve güneyindeki bölgelerde hali vakti yerinde olanların özel, ayrı duran evlerinin güzel örneklerine de rastlanır (**ŞEKİL 6.13** ve **6.14**). Özellikleri fazla değişiklik göstermez. Tipik evin genellikle alçak bir platform üzerinde yükseltilmiş olan ufak bir giriş odası ile bunun ardında çatısı ahşap sütunlarla desteklenmiş daha geniş iki katlı bir locası (**ŞEKİL 6.13**'teki "Kuzey Oda") bulunurdu. Evin ortasında, etrafını çevreleyen odalarca sıcaktan korunan bir kare hol yer alırdı. Sütunlarla taşınan tavanının yandaki odalardan daha yüksek olması (loca hariç), çatı hizasının hemen altında yüksek pencereler açılmasına imkân tanırdı. Bu odada ev sahibi ile eşinin oturması için tuğladan alçak bir platform, su küpleri için sıvalı taştan bir yıkama yeri ve Aton ile kraliyet ailesine adanmış bir mihrap bulmak mümkündü. Dekorasyon basitti; bazen geometrik desenler çizilmiş sıvalı duvarlardan ibaretti. Bu odadan daha küçük odalara, yatak odalarına, tuvalet ve banyolara, ambarlara ve yukarı düz çatıya çıkan merdivenlere geçilirdi. Varlıklı kişilerin evleri duvarlı bir bahçe içinde olurdu. Bu bahçelerde bir su kuyusu; ağaç, yenebilir bitkiler ve çiçekler; tahıl ve diğer besinler için ambar; hizmetçi barınakları; mutfak (ekmek pişirmek için dairesel kil fırınlar, diğer yemekler için açık ateşler); hayvan barınağı ve çoğunlukla Aton için bir tapınak bulunurdu. Sıhhi tesisat ilkeldi. Amarna'da bir kamusal kanalizasyon sistemi yoktu. Taş döşeli banyolar bulunmakla beraber, atık sıvılar basit şekilde en yakın toprağa akardı.

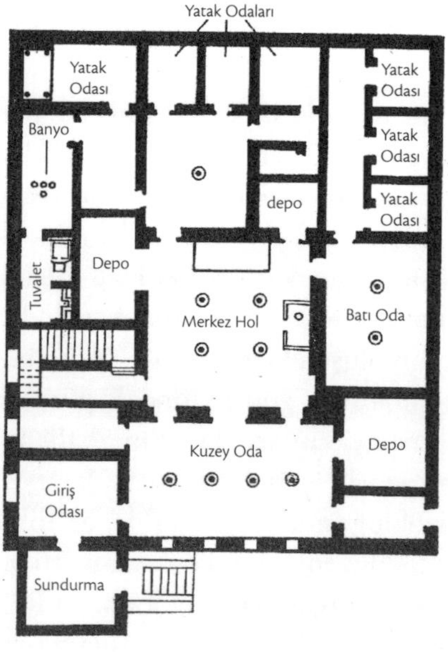

ŞEKİL 6.13 Ev planı, Amarna.

Amarna'nın sonu

Ahenaton'un ölümü üzerine hanedanın devamı bir kargaşa dönemine girdi. Geleneksel çıkarlar tekrar egemen olunca, Amarna terk edilerek Teb'e gidildi ve Aton da yerini Amon'a bıraktı. Sonunda devlet general Horemheb ve daha sonra I. Ramses adını alacak ve 19. Hanedan olarak ülkeyi yönetecek ailenin kurucusu olan vezirince toparlandı. Ama Ahenaton ile Horemheb arasında, mezarı mucizevi şekilde yir-

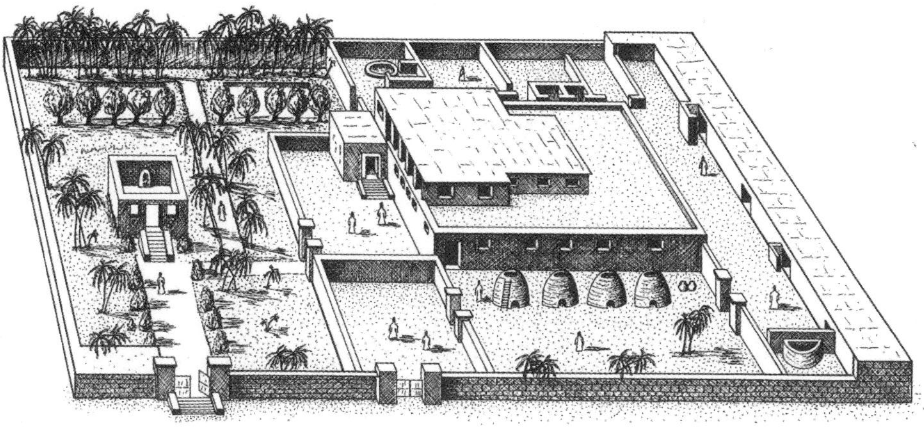

ŞEKİL 6.14 Bir eve ait rekonstrüksiyon, Amarna.

minci yüzyıla neredeyse el değmemiş halde ulaşmamış olsa, normalde uzun Mısır firavunları listesinde bir dipnot olmaktan öteye geçemeyecek genç bir kral kısa süre hüküm sürdü: Tutankamon.

Krallar Vadisi ve Deyrü'l Medine

Ahenaton, Amarna'da gömülmüştü. Artık boş olan mezarı arkeologlarca belirlenmiştir. Neredeyse diğer tüm Yeni Krallık hükümdarları Teb'de, Krallar Vadisi olarak bilinen ücra bir çöl vadisinde gömülmüştür. Bu vadi Nil'in batı yakasında, tarım bölgesinin ötesindeki kapsamlı Teb nekropolünün sadece bir kısmıdır.

Krallar Vadisi, Hatşepsut'un Deyrü'l Bahri'deki Cenaze Tapınağı'nın batısındaki yarların diğer yanındadır. I. Tutmosis ile başlayarak 18. Hanedan'dan 20. Hanedan'a kadarki kralların çoğu buraya gömülmüştür. Bazıları üst düzey memurlara ait olan altmış iki mezar bulunmuştur. Çoğu duvar resimleriyle bezelidir, ama bazıları sadedir; bazıları ise asla bitirilmemiş durumdadır.

Yeni Krallık dönemine gelindiğinde, mezar soygunculuğu olayları o kadar artmıştı ki, krallar artık piramitler gibi mezarlarını belirten görünür işaretlerden vazgeçmişti. Asıl Nil Vadisi'nde yer alan cenaze tapınakları hem itibar arzusunu yerine getirip, hem de gerekli ritüeller için bir mekân sağlayabilirdi. Firavunun bedeni ve eşyalarının güvenliği için, mezarın kendisinin saklı olması gerekiyordu. Bu mezarları oyan ve süsleyen işçiler, projelerinin gizlenmesi için Teb'in geri kalanından ayrı, küçük, duvarlarla çevirli bir köyde yaşıyordu. Bu köy bugün Deyrü'l Medine olarak bilinir. Bu alandaki en önemli kazılar 1922–40 ve İkinci Dünya Savaşı'nda sonra 1945–51 arasında Fransız arkeolog Bernard Bruyère tarafından gerçekleştirilmişti. Planı dikdörtgen olan yaklaşık

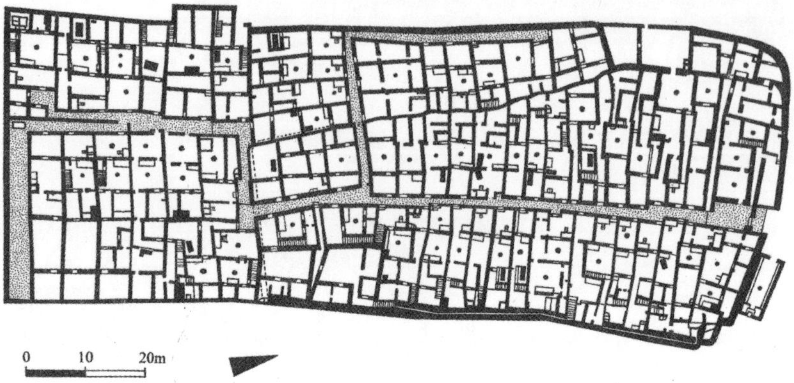

ŞEKİL 6.15 Deyrü'l Medine planı.

130 x 50 metre boyutlarındaki Deyrü'l Medine, keskin açılar yapan bir sokak ile boydan ikiye bölünmüştü (**ŞEKİL 6.15**). İyi durumda olan taş temellerinden evlerin planlarını biliyoruz. Evler dar, odalar bir dizi halindeydi; tipik olarak bir giriş odası, diğerlerinden daha yüksek tavanı bir veya iki ahşap sütunla taşınan bir ana oda, bir yatak odası ve çatıya çıkan merdivenin arkasındaki bir mutfaktan oluşurdu. Ayrıca kazılarda binlerce *ostraka*, yani insanların üstlerine yazı yazdığı (hiyeratik el yazısıyla) ve çizim yaptığı kireçtaşı pullar bulunmuştur; bu belgeler işçiler ve ailelerinin gündelik yaşantıları hakkında olağanüstü zengin bir bilgi kaynağı sağlamıştır.

Krallar Vadisi'ndeki kraliyet mezarları iki kat planından birine göre yapılmıştı. I. Tutmosis'ten III. Amenofis'e kadar 18. Hanedan'ın ilk yarısında uygulanan ilk planda, kuzey-güney ekseninde düzenlenmiş galeriler hafif bir eğimle bir çukura veya kuyuya ve bunun ötesindeki sunu odasına doğru iniyordu. Ama genellikle geniş bir oval biçiminde olan gömü odası (firavunun adının yazılı biçimi olan, kraliyet hartuşu gibi) batıya doğru, ana galerilerin eksenine dik açıda olurdu (**ŞEKİL 6.16A:** III. Tutmosis'in Mezarı). Daha sonraki mezarlarda galeri ve gömü odasının tümünün tek bir doğu-batı ekseninde yerleştiği ikinci bir plan tercih edilmeye başlanmıştı (**ŞEKİL 6.16B:** VI. Ramses'in Mezarı).

Tutankamon'un Mezarı

Kraliyet mezarlarını gizlemek için alınan önlemler nadiren yeterli oluyordu. Krallar Vadisi'nde modern dönemlerde yalnızca bir mezar büyük ölçüde el değmemiş olarak bulunmuştur: 18. Hanedan sonları kralı, Ahenaton'un genç damadı ve belki de aynı zamanda oğlu Tutankamon'a (saltanatı MÖ yaklaşık 1336–1327) ait olanı. Antikçağlarda iki kere soyulan ama fazla bir şey alınmamış mezar, tekrar örtülerek daha sonraları yanında 20. Hanedan krallarından VI.

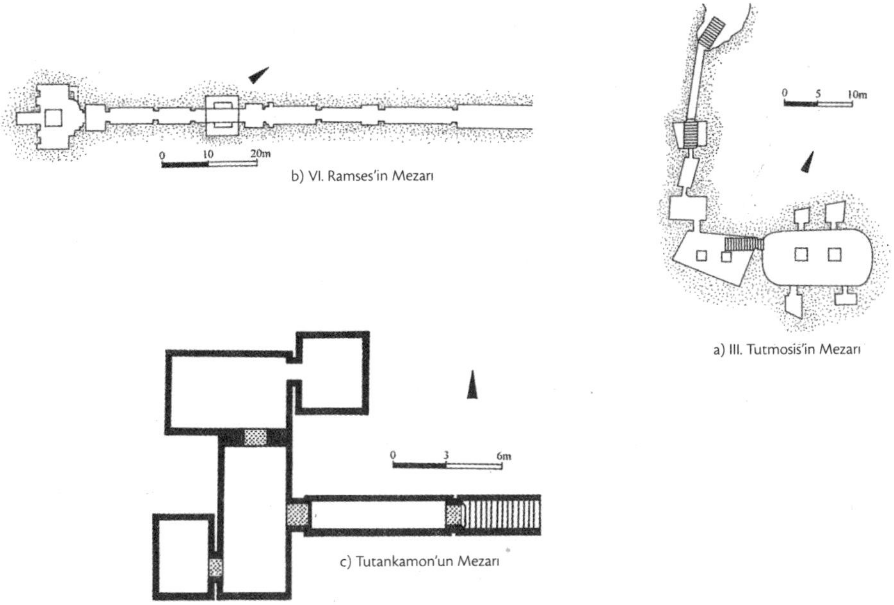

ŞEKİL 6.16 Krallar Vadisi'nden üç mezarın kat planları, Teb: (a) III. Tutmosis'in Mezarı; (b) VI. Ramses'in Mezarı ve (c) Tutankamon'un Mezarı.

Ramses'in mezarının yapılmasıyla etkili şekilde gizlenmişti. Mezarın Kasım 1922'de İngiliz Mısırbilimci Howard Carter tarafından tekrar bulunması zaten ince şekilde araştırılmış vadide yıllar boyu sürmüş, özenli araştırmaların sonucuydu. Mezardaki eşyaları kaydetmek ve odalardan çıkarmak için on yıl daha gerekecekti, ki Carter'ın 1939'daki ölümünden uzun yıllar sonra hâlâ eşyalar üzerine yeni araştırmalar yayımlanmaya devam ediyor.

Tutankamon'un Mezarı standart tipten farklılık gösteriyordu, zira orijinal olarak kraliyet için değil bir memur için yapılmıştı. Kralın erken ölümü karşısında aceleyle hizmete sokulmuştu. Aşağı doğru inen bir geçidin dibinde yalnızca birinde duvar resimleri olan dört küçük bitmemiş oda vardır (bkz. **ŞEKİL 6.16C**). Bu küçük alana çok çeşitli nesneler sıkıştırılmıştı. Mevcut eşyalar arasında hem insan (kralın görüntüsünde), hem de mezarlıklara hükmeden çakal başlı tanrı Anubis biçiminde nöbetçi heykeller; sandalye ve yataklar gibi mobilyalar; av arabaları, yay ve oklar gibi av malzemeleri; oyun tahtaları gibi kişisel eşyalar ve gıda vardı. Bunların çoğu Kahire'deki Mısır Müzesi'nde sergileniyor.

Kral öldüğünde henüz on altı veya on yedi yaşındaydı. Ölüm nedeni bilinmiyor. Asıl gömü odasının büyük kısmını dolduran karmaşık bir mihraplar ve tabutlar kompleksi içinde gömülmüştü. Altın varak kaplı birbiri içinde dört mihrap, sarı kuvarsitten dikdörtgen bir lahit içeriyordu. Lahidin içinde yine birbiri içinde insan biçimli tabutlar bulunmuştu. En içteki tabut 110 kg

ŞEKİL 6.17 Tutankamon'un Mezarı'ndan iç organ tabutu. Mısır Müzesi, Kahire.

ağırlığında som altındandı. Ancak, mumyanın dışarı bakabilmesi için göz delikleri bırakılmıştı. Tutankamon'un suretinde, lapis lazuli ve camla kakılmış bir altın maske kralın başına ek koruma sağlıyordu (**ŞEKİL 6.17**: İç organların bulunduğu bu minyatür tabut doğal boyutlu orta tabutun aynısıdır). Cesedi saran keten şeritlere sıkıştırılmış halde muhteşem bir mücevher ve tılsım koleksiyonu duruyordu. Cesedin kendisi ise o kadar iyi durumda değildi; özenle mumyalanmış olmasına rağmen, bolca kullanılan tahnit sıvılarının etkisi korumaktan daha çok aşındırıcı olmuştu.

On Dokuzuncu Hanedan: II. Ramses ve Abu Simbel

I. Ramses yalnızca iki yıl tahtta kalmasına rağmen, soyundan gelen 19. Hanedan firavunları ülkeyi yüz yıl daha yönetecekti (MÖ yaklaşık 1295–1186). Oğlu I. Seti ve özellikle de torunu II. Ramses, Mısır'ın özellikle güçlü olduğu bir dönemde iktidardaydılar.

II. Ramses özellikle ünlüdür. Altmış yedi yıl boyunca (MÖ yaklaşık 1279–1213), ülkeyi Teb ve Delta'daki Per-Ramessu'da bulunan idari merkezlerden yönetti. Mısır anıtlarının en iyi durumdaki ve en büyüklerinden bazılarını inşa ettirdi, Hititlerle çarpışmalarıyla ünlü oldu ve İbranilerin Tevrat'taki Mısır'dan çıkış öyküsüyle bağdaştırıldı (Bu sonuncusu tartışmalıdır). Duvar süslemeleri ve kendisinin dev heykelleriyle donatılmış yapım projeleriyle hırslı bir şekilde şanını yaymaya çalıştı. Luksor ve Karnak'taki Amon tapınaklarına eklemelerinden yukarıda söz ettik. Bir anıttan daha bahsetmek gerekir: Modern Mısır'ın güney sınırında, ücra bir noktada yer alan olağanüstü Abu Simbel tapınağı.

ŞEKİL 6.18 II. Ramses Tapınağı'nın dıştan görünümü, Abu Simbel.

Bu tapınak ile kraliçesi Nefertari'nin buna eşlik eden daha küçük tapınağı, Nübye'de Nil boyunca uzanan kumtaşı yarlarda oyulmuştu. Tıpkı Buhen'deki kale gibi, bu anıtlar da Asvan'daki barajın inşasından sonra su altında kalacak bölgede yer alıyordu. Ama bu tapınakların yazgısı Buhen'inkinden daha parlaktı: UNESCO destekli uluslararası bir ekip, tapınakları bloklar halinde keserek sonra da kuru toprakta, yaklaşık 210 metre daha içeride ve 65 metre yüksekte tekrar birleştirdi.

Görünüşte tanrıları yücelten Abu Simbel'deki bu tapınağın aslında II. Ramses'i yüceltiyor olması hükümdarların büyüklüklerini halk karşısında sergilemekten nadiren kaçındıkları bir kültürde bile kralın istisnai gücünün bir göstergesidir. Tapınaklardan daha büyük olanın cephesi II. Ramses'in, her biri 20,1 metre yüksekliğindeki dört dev heykeliyle kendisine bakanları adeta ezer (**ŞEKİL 6.18**). Başka herkes daha küçük ve ona tabidir: Bacaklarının alt kısmında duran eşleri ve çocukları, girişin önünde tahtının altında geçit yapan tutsaklar, hatta girişin üzerindeki tanrı Ra-Harakte. İçeride, tapınak bir eksen üzerindeki dört odadan meydana gelir: büyük bir hol, daha küçük bir hol, giriş holü ve kutsal oda. Muhtemelen depo olarak kullanılan birkaç yan oda ise bu eksenin yanlarındadır. Büyük hole, üzerine kralın önemli öbür dünya tanrısı Osiris olarak görüntüsünün oyulduğu iki sıra sütun egemendir. Yan duvarlarda kralın Suriye'de Hititlere karşı yaptığı Kadeş Savaşı da dahil askeri zaferlerinin rölyefleri vardır. Araştırmacılar aslında bu savaşın galibi olmadığını düşünseler de, II. Ramses'in bu konuda nesnel olmak gibi bir derdi yoktur. Arkadaki kutsal odada oturur halde II. Ramses ile üç önemli tanrı Ra-Harakte,

Amon ve Memphis'in baştanrısı Ptah duruyordu. Tapınağın konumu, yılda iki kere, şubat ve ekimde güneşin ışıklarının tapınağın dibine erişip üç tanrı ile firavunun üzerine düşmesine imkân veriyordu. İlk tarih II. Ramses'in taç giydiği gün veya belki de ilk jübilesinin tarihi olabilir, zira tapınak bu olayı kutlamak için yapılmıştır.

Sonuç

Mısır krallığı MÖ on ikinci yüzyıl başlarını refah içinde geçirdi. İki kral, 19. Hanedan'ın son krallarından Merneptah ve 20. Hanedan'ın en büyük hükümdarı III. Ramses, yabancı istila tehlikelerini püskürttüler, kuzeybatıdan gelen Libyalıları ve daha önceleri Doğu Akdeniz'deki kıyı kentlerinde büyük yıkımlara yol açan Deniz Halkları adı verilen Güneybatı Avrupa ve Batı Asya kökenli gizemli bir halklar koalisyonunu yenilgiye uğrattılar. Deniz Halklarına karşı kazanılan zaferler geleneksel şekilde III. Ramses'in Teb'de Medine Habu'daki cenaze tapınağında yontma rölyefler olarak kaydedilmişti. III. Ramses'in ardından, aynı isimli sekiz kral daha geldi. Hiçbiri onunla boy ölçüşemeyecek, Mısır krallığı yine merkezi otoritenin zayıflayışını hissedecekti. Yeni Krallık'ın ardından üçüncü ara dönem ve geç dönem, Manethon'un listesinin sonunu oluşturan 21.'den 30.'ya kadar hanedanlar gelecekti. Hanedanlar Mısır'ı, Perslerin kısa süreli ikinci bir işgaliyle sona erecek, onların yerini de MÖ 332'de daha büyük bir fatih, Makedonya kralı Büyük İskender alacaktı. Mısır daha sonra Yunan ve Roma dünyasına katılarak, ilk önce pagan, daha sonra Hıristiyan olacaktı. 3.000 yıldan sonra firavunların kültürü yavaş yavaş yok olmuştu.

BÖLÜM 7

Ege'deki Tunç Çağı Kasaba ve Kentleri

- Minos Girit'i:

Eski (İlk) Saray dönemi:	yaklaşık MÖ 1930–1700 (Orta Minos IB–II)
Yeni Saray dönemi:	yaklaşık MÖ 1700–1450 (Orta Minos III, Geç Minos IA ve B)
	yaklaşık MÖ 1450, çoğu kentin yok oluşu, başlıca istisnalar Knossos ve Hanya.
Geç Minos II: Knossos ve Hanya'da muhtemel Mykenai işgali	yaklaşık MÖ 1450–1400
Saray Sonrası:	yaklaşık MÖ 1425–1050 (Geç Minos IIIA, B ve C)
Knossos'ta önemli yıkımlar:	yaklaşık MÖ 1375 ve belki yaklaşık MÖ 1200

- Thera (Santoron): Volkan patlaması — yaklaşık MÖ 1520
- Mykenai Yunanistan'ı:

Orta Helladik (geç) ve Geç Helladik I: Mykenai'de Kuyu Mezarlar	yaklaşık MÖ 1650–1500
Geç Helladik II:	yaklaşık MÖ 1500–1400
Geç Helladik IIIA:	yaklaşık MÖ 1400–1340
Geç Helladik IIIB: Mykenai'de Atreus Hazinesi; Mykenai ve Tiryns'de Kaleler; Pylos'ta Saray	yaklaşık MÖ 1340–1185
Geç Helladik IIIC:	yaklaşık MÖ 1185–1050

Ege Medeniyetleri ve Kentler

Akdeniz arkeolojisinde "Ege" sözcüğü, günümüzde modern Yunanistan ve Türkiye'ye ait Ege Denizi'ne komşu topraklardaki ve Ege Adaları'ndaki neolitik ve tunç çağı kültürleri için kullanılır (**ŞEKİL 7.1**). Bu kültürler araştırmacıların dikkatini ilk olarak on dokuzuncu yüzyılın ikinci yarısında, özellikle de Heinrich Schliemann adlı antik tarih meraklısı bir işadamının keşifleriyle çekti. Troya Savaşı hakkındaki Yunan efsanelerinin ardındaki gerçekleri keşfetmeye

ŞEKİL 7.1 Ege'deki tunç çağı kentleri, MÖ ikinci binyıl.

kararlı olan Schliemann bu öyküde rol oynayan önemli kentlerin bazılarını kazdı: Troya, Mykenai ve Tiryns (ayrıca bkz. Bölüm 8). Girit'te, büyük ölçekli kazılar 1900'de, ada Osmanlı İmparatorluğu'ndan koptuğunda mümkün oldu; on yıl içinde Girit'in kendine özgü tunç çağı kültürünün tipik özellikleri ortaya çıkmıştı. Knossos'u kazan Arthur Evans bu kültüre adanın efsanevi kralından esinlenerek "Minos" adını verdi. Yunanistan anakarasında, güney ve orta kesimlerde serpilen geç tunç çağı kültürüne aynı adlı kentten dolayı Mykenai (veya Miken) adı verilir. 1967'de, Ege adası Thera'da MÖ 1520 civarında gerçekleştiği düşünülen volkan patlamasının atıkları altında iyi korunmuş durumdaki Akrotiri'de yapılan ilk büyük ölçekli kazılarla Ege'nin tarih öncesi döneminde yeni bir sayfa açılmış oldu.

Pek çok tunç çağı kentinin adı, daha sonraki dönemlerdeki Yunan edebiyatı sayesinde iyi bilinmekle beraber, Ege'deki kentçiliğin doğası çok iyi anlaşılmış değildir. Birkaç önemli istisna dışında, kazılar, kentlerdeki saraylar, villalar ve kaleler gibi anıtsal öğeler ile mezarlara, tasarımları ve içeriklerine odaklanmıştır. Dahası, metinsel kanıtlar kısıtlıdır; tunç çağı Ege'sinden kalma belgelerin iyi anlaşılabilenleri kısıtlı konulara değinir. Ancak, Childe'ın kent tanımına göre (bkz. Giriş), ana yerleşimlerin kent olması gayet muhtemel görünüyor. Listesindeki tüm kıstaslar açıkça yerine getirilmiş, yalnızca kesin ve öngörücü bilimlerin varlığı daha doğrulanmamış olduğundan bir istisna olabilir. Minos, Thera ve Mykenai kent ve kasabalarına bakışımız geleneksel araştırma düzenlerine uygun olacak. Yine de, gelecekteki araştırmaların bu çarpıcı yapıların ve buluntuların parçası oldukları yerleşimler içindeki rolleri hakkında ortaya çıkarabileceği çok şeyler olduğunu da unutmamak yararlı olacaktır.

Girit: Knossos ve Minoslular

Modern Yunanistan'ın en büyük adası olan Girit, yaklaşık 200 km uzunluğunda ve en geniş noktasında 58 km genişliğindedir. Ege Denizi'nin güney ucunu kaplayan bu ada, Yunanistan ile Afrika arasındaki son kara parçasıdır. Girit coğrafyası çetin dağlar ile araya sıkışmış bereketli tarım topraklarından oluşurken, Akdeniz iklimi yağmurlu, serin kışlar ve uzun, sıcak, kuru yazlar anlamına gelir.

Minos Tarihi

Minosluların kullandığı "hiyeroglif" ve Lineer A yazıları tam anlaşılamamıştır; okunaklı kaynakların yokluğu Minos tarihinin hâlâ gizemini korumasına neden olmuştur. Minos medeniyetinin zirve noktası olan Yeni Saray döneminde, Minoslular Güneydoğu Yunanistan ve Güneybatı Anadolu'nun (Türkiye'nin) kıyı bölgeleri de dahil olmak üzere Güney Ege'ye egemen olmuşlar gibi görünüyor. Yeni Saray dönemi yaklaşık MÖ 1450'de dalgalar halinde gelen ve nedenleri henüz bilinmeyen yıkımlarla sona erer. Yunanistan anakarasındaki Mykenaililer, bu çöküşe ya katkıda bulunmuş veya bundan yararlanmışlardı. Yükselişe geçtiler ve anlaşıldığı kadarıyla bu dönemde Knossos ve Hanya'yı (henüz çok araştırılmamış Batı Girit'teki önemli bir kasaba) işgal etmişlerdi. Güney Ege'deki Minos topraklarının denetimini ele geçirdiler ve muhtemelen geç tunç çağı boyunca Girit'i işgal etmeye devam ederek kendi dil (Yunancanın bilinen en eski biçimi) ve yazı sistemlerini (Lineer B) idari araçlar olarak kabul ettirdiler. Bu dönemin, MÖ on dördüncü ve on üçüncü yüzyılların kalıntıları hakkında bilinenler azdır ve Knossos tarihi de özellikle tartışmalıdır.

Knossos: Minos'un Sarayı

Bu saray Minos mimarisinin tipik simgesidir. "Saray" sözcüğünün yanıltıcı olabileceğini vurgulamakta yarar var. "Saray" bir kraliyet konutunu çağrıştırıyor. Minos Girit'inde kimlerin yönetici olduğundan emin değiliz. Daha sonraki Yunanlılar bir Kral Minos'tan (bkz. aşağıda) söz etmişlerdi, ama tunç çağının kendisinden yöneticilere dair resimsel, metinsel veya başka türlü bir kanıt yoktur. Yine de, "saray" kavramı arkeolojik yazımda yerleşmiştir; bu sarayı kraliyetten ayrı tutmak ve çeşitli işlevler içeren geniş bir mimari kompleks olarak düşünmek en iyisidir.

Tunç çağı Girit'inden bilinen dört büyük saray kompleksi vardır: Knossos, Mallia, Phaistos ve Kato Zakro. Aynı kesmetaş tekniği ile yapılmış, benzer tasarımlı daha küçük yapılara Galatas, Gournia ve Petras'ta da rastlanmıştır. Bunlar içinde Knossos en büyük ve en önemlisidir; Minos medeniyetinin en tipik özelliklerinin kaynağıdır. Gerçekten de, buranın Girit kültürü içindeki yeri neolitikten başlayarak tunç çağı boyunca o denli baskındı ki arkeolog Jeffrey Soles ikna edici şekilde burayı kozmolojik bir merkez, yani kültürel kökenlerin odağı, insanın, ilahi enerjinin ve kültürel yaratıcılığın kaynağı olarak tanımlamıştır.

Sürekli kazı çalışmaları 1900'de başladı. O zaman elli yaşında olan Arthur Evans bunun üzerine kırk bir yıl daha yaşama talihine sahip oldu. Buluntularını dört ciltlik yetkin bir çalışmayla, *The Palace of Minos* başlığıyla yayımladı. Saray ve çevresindeki yapılardan birkaçını ortaya çıkardığı gibi, kamuoyunun kalıntıları daha iyi anlayabilmesi için mimarinin ve çeşitli nesnelerin bazı kısımlarını da restore etti. Sökülmesi neredeyse imkânsız olan bu restorasyonlar, artık araştırmacılarca bir sorun olarak görülüyor, çünkü önemlerinin herhangi bir şekilde tekrar değerlendirilmesi için muhim olan kanıtların keşif anlarındaki orijinal hallerinde canlandırılmasını çok zorlaştırıyorlar.

Knossos'ta yerleşim neolitik dönemde başlamış ve tunç çağı boyunca, hatta sonrasında devam etmiş olmasına rağmen, bugün görünen kalıntılar büyük ölçüde Yeni Saray dönemine ve onu izleyen yetmiş beş yıla yayılan (yaklaşık MÖ 1700–1375) altın çağına aittir. Minos medeniyetinin farklı evreleri için kullanılan kavramlar akıl karıştırıcı olabilir, çünkü her biri farklı bir işe yarayan iki sistem kullanılır. Evans tarafından geliştirilen orijinal çerçeve Minos kültürünü üç döneme bölüyordu: erken, orta ve geç Minos. Bunlar da kendi aralarında I, II, III ve A, B olarak ayrılıyordu. Her ne kadar çömlekçilikteki gelişmelerin incelenmesi açısından yararlı olsa da, bu sistem mimari dizilimdeki ana kırılmalarla bağıntı içinde değildir. Bu olayları vurgulamak adına ikinci bir sistem geliştirilmiştir: Saray Öncesi (erken tunç çağı), İlk Saray (Eski Saray), Yeni Saray (İkinci Saray) ve Saray Sonrası dönemler. İki sistem arasındaki karşılıklılık bu bölümün başındaki tabloda verilmiştir.

1,3 hektarlık bir alan kaplayan saray, alçak bir tepenin üzerinde, denizden 10 km içeride sulak bir vadide, bugünkü Kandiye (Herakleion) kentinden fazla uzak olmayan bir bölgededir (**ŞEKİL 7.2**). Bu alan tahkimatsızdır; hatta, savunma duvarlarının eksikliği Yeni Saray dönemindeki Minos kasaba ve saraylarının

ŞEKİL 7.2 Minos Sarayı planı, Knossos.

çarpıcı bir özelliğidir. Yalnızca Mallia'da bir kent surlarına işaret eden izler bulunmuştur, o kadar. Tahkim noksanlığı, adada belki de Knossos'un önderliğinde bir siyasal huzur çağına işaret eder.

Saray kompleksi konut (gerçi burada kimin oturmuş olduğundan emin değiliz), idari merkez, hazine, tarım ve imalat ürünleri için depolama ve kült merkezi gibi pek çok işleve hizmet ediyordu. Genel olarak, geriye kalan bodrum katıdır ve yukarıda sayılan etkinliklerin çoğu küçük bodrum odalarından anlaşılmıştır. Artık büyük ölçüde yok olmuş üst katların görünüş ve amaçları belli değildir. Her şeye rağmen, bu kısımların tekrar canlandırılmasına yardımcı olabilecek bazı kanıtlar mevcuttur. Güneydoğuda "Konut Bölümü"ndeki Büyük Merdiven, en az üst üste dört katı birbirine bağlıyordu. Sarayın batı cephesindeki düzenli girintiler, kalınlaştırılmış zemin katı duvarları, dökülmüş molozlar (parçalanmış duvar resimleri gibi) ve üst katlarda yerlerinde bulunan büyük sütun kaideleri, üst katlardaki büyük kamusal odaların bir bodrum odaları öbeğinin üstünü kapladığına işaret ediyor. Dolayısıyla sarayın orijinal görünüşü, daha geniş ve küçük odaların genel dengesi bugün canlandırılabilenden çok farklı olmalı.

Knossos'taki saray, karmaşık planı ile daha sonraki Yunanlıların çarpıcı efsanelerinden Kral Minos ile Minotauros ve labirente bağlanır. Efsaneye göre, Minos'un karısı Pasiphae bir boğaya karşı tutkuya kapılır. Usta Daidalos'a içine girebileceği bir inek modeli yaptırır. Model o kadar ustacadır ki boğa aldanır. Sonuçta Pasiphae yarı insan, yarı boğa Minotauros adı verilen bir canavar doğurur. Talihsiz Minotauros, yine Daidalos'un tasarladığı, Labirent [Labyrenthos] adı verilen karmaşık odalardan oluşan özel bir komplekse hapsedilir. Burada canavar her yıl Atina'nın haraç olarak gönderdiği yedi erkek ve yedi kız on dört genci tüketir; en sonunda Minos'un kızı Ariadne'den de yardım alan Theseus tarafından öldürülür.

Her ne kadar, tunç çağından Minos veya ailesinin varlığına dair hiçbir kanıt olmasa da, Evans'ın "Minos'un Sarayı" adını verdiği kalıntılar labirent efsanesini akla getirir. Planda bol miktarda küçük oda görünür ve ilk bakışta bu pek anlamlı gelmez. Ama Minos mimarisi kendi mantığına sahipti. Gerçekten de, saraylar ile diğer alanlar arasındaki genel benzerlikler, labirentimsi planın Knossos'a has değil, genel bir özellik olduğunu ve bu kat planlarının bilinçli şekilde yapıldığını gösterir. Hatta, Minos mimarisi uzmanı J.W. Graham bir Minos adımının, İngiliz adımından biraz daha kısa olup, 0,3036 metreye karşılık geldiğini ve en azından Phaistos'taki girintili batı bloklarının çift sayıda Minos adımlarına göre yerleştirildiğini iddia etmiştir.

Knossos'taki saraya kuzeybatı yönünden, bugün Kraliyet Yolu olarak bilinen taş döşeli sokaktan yaklaşacak olursak, ilk olarak birbiriyle dik açıyla buluşan sığ basamaklı, biri sarayın kuzey girişine doğru doğuya, diğeriyse saltaşı döşeli batı avlusuna ve batı girişine doğru güneye giden iki merdivenden oluşan alçak bir komplekse ulaşırız. Merdivenlerin dibindeki taş döşeli küçük alanda ritüel dansların yapıldığını düşünen Evans, bu bölgeyi Tiyatro Alanı olarak adlandırmıştır. Bu merdivenlerin muhtemelen insanları sarayın iki girişine yönlendirmek gibi bir işlevleri vardı. Sarayın boyutları düşünüldüğünde iki saray girişi de mütevazıdır. Buradan büyük holler yerine, orta avluya veya üst kata merdivenlere ulaşan dar koridorlara çıkılıyordu. Kuzey girişten, üst kattaki bir şölen odasını destekleyen sütunlu holün bir tarafından geçilir. Hemen doğuda çok sayıda pişirme kabı bulunması, buralarda bir mutfak olduğunu ima eder.

Dikdörtgen biçimli orta avlu tüm Minos saraylarının standart bir niteliğidir. Knossos'takinin boyutları yaklaşık 50 x 25 metre olup diğer saraylardakinden biraz daha geniştir. Kuzey-güney yönünde uzanan avlunun merkez ekseni, güneydeki başlıca coğrafi öğe olan Yuktas Dağı'nın çentikli zirvesine doğru bakar. Minoslular dağ tepelerini kutsal kabul ederdi; zirve yakınlarına tapınaklar inşa eder ve bazen de burada olduğu gibi önemli yapılarını onlara doğru yerleştirirlerdi. Sarayın çoğu kısmına erişim sağlamanın yanı sıra orta avlu aynı zamanda boğa sporlarının yapıldığı yer olabilir. Minos sanatının günümüze

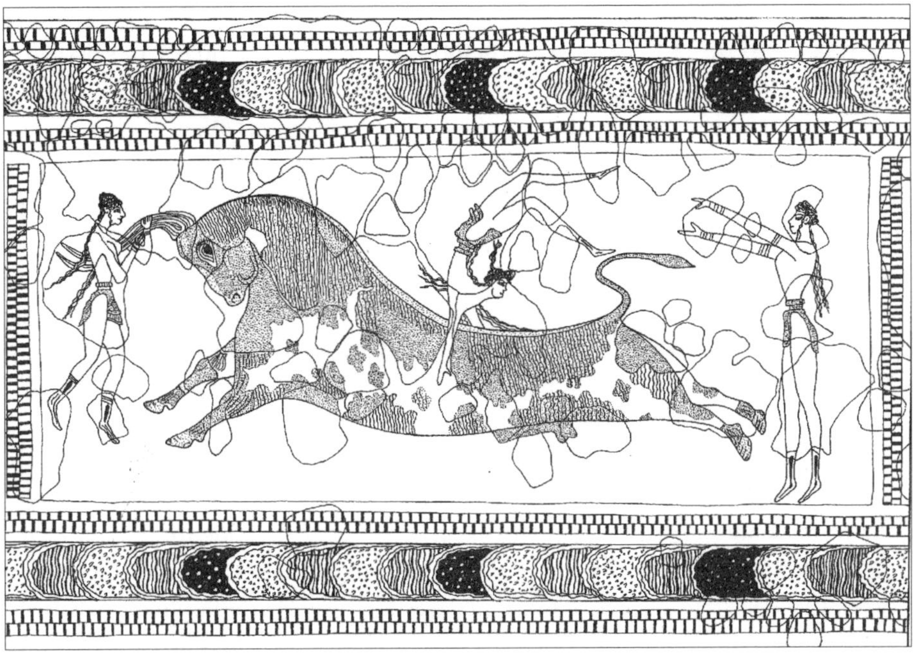

ŞEKİL 7.3 Kısmen restore edilmiş Boğa Atlayıcıları Freski, Knossos. Herakleion Müzesi.

ulaşan örnekleri arasında erkekler (veya oğlanlar), kadınlar (veya kızlar) ve boğaların dahil olduğu bir spora dair birkaç tasvir de vardır. Bunlardan biri sarayın kuzeydoğu sektöründeki Taş Musluk Avlusu'ndaki Boğa Atlayıcıları Freski'nde (ayrıca Toreador Freski olarak da bilinir) bulunur (**ŞEKİL 7.3**). Bu resimlerden elde edilen kanıtlar biraz akıl karıştırıcıdır, ama anlaşıldığı kadarıyla spor, ya boynuzlarından tutarak ya da sırtına ellerini koyup güç alarak bir boğanın üzerinden atlanması şeklindeydi. Bazı tasvirlerden görüldüğü kadarıyla boynuzlanma riski büyüktü. Bu sporların dini veya seküler hangi bağlamda yapıldığını bilmiyoruz.

Orta avlunun batı yanındaki bodrum odaları kült faaliyetlerine ayrılmıştı. Kuzey duvarına bitişik durumda, sırtı alev biçiminde kesilmiş, kolsuz, taştan bir koltuğa dayanarak Evans'ın Taht Odası adını verdiği yer aslında bir kült odasıydı. Bu küçük kompleks koltuk; duvarlar boyunca taş sekiler; duvarlarda boyalı griffon (aslan vücutlu, kartal başlı, büyülü koruyucu varlıklar olan hayal ürünü yaratıklar) resimleri ve ana odaya bitişik, kutsal su havuzu adı verilen ana odanın zemininden aşağı inen ve iki merdiven ile erişilen alçıtaşla kaplı bir çukurdan meydana geliyordu. Minos saraylarının ve villalarının başka bir standart özelliği olan kutsal su havuzları, yıkanmak için (Minoslular zaman içinde kil küvetlerde yıkanmaya başladılar) veya ritüel mesh veya gusül amacıyla da kullanılabiliyordu. Taht Odası'nın güneyinde, üst kata çıkan geniş merdivenlerin ardında Üç Mihraplı bir cephe ve Tapınak Mahzeni adı verilen, yere kazılmış içi taş döşeli iki çukurun da dahil olduğu kült eşyalarının saklandığı ambarlar vardı. Buralarda, hepsi Minos heykellerinin tipik özelliği olan, çokkatlı fırfırlı etekler ve göğüsleri açıkta bırakan dar kısa kollu ceketler giyen, kollarına yılanlar sarılı olan kadın heykelcikleri bulunmuştur (ŞEKİL 7.4). Bu figürinler, Minosluların taptığı tanrıların başında olduğu sanılan tanrıçayı temsil ediyor olabilir veya bu kadınlar rahibeler olabilirler. Heykeller cama yakın bir madde olan fayanstandır.

Kült odalarının batısında kuzey-güney doğrultusunda bir koridora bağlanan bir dizi dar depo odası vardır. Bu odalarda içi alçıtaşı, alçı veya kurşunla kaplanmış ve yere dikilmiş kutular ile *pithos*'lar [çoğul, *pithoi*] (büyük kil testiler) bulunmuştur. *Pithos*'lar, Minosluların geçim temelli (tarımsal) ekonomisinde önemli ürünler olan zeytinyağı, tahıl ve mercimek için kullanılırken, kutular değerli eşyaların yanı sıra gıda ürünleri saklamakta kullanılabilirdi. Knossos'un daha sonraki Saray Sonrası dönemin ekonomisi hakkında önemli bilgiler Lineer B yazısıyla yazılmış kil tabletlerden elde edilmiştir. Ama bu tabletler sarayın Mykenailerce işgal edildiği dönemle bağdaştırılmıştır; daha önceki Minosluların denetimindeki ekonomik faaliyetleri ne kadar yansıttıkları net değildir.

Sarayın kötü derecede hasarlı kuzeydoğu sektörü, taş vazo üretimi gibi zanaatların atölyelerinin merkeziydi. Güneydoğu sektörü ise Konut Bölümü idi. Evans'ın rekonstrüksiyonları sayesinde ziyaretçiler bu odaları daha iyi anlayabilirler. Tepenin güney ve batısı gibi doğusu da aşağı doğru eğimlidir, ama bu yanda sarayı inşa edenler eğimden yararlanarak orta avlunun hizasından iki kat aşağı kadar tepeyi oymuşlardır. Oval kesitli, aşağı doğru incelen ve yuvarlak siyah başlıklara sahip kırmızı sütunlu bir Büyük Merdiven (kırmızı ve siyah renkleri duvar resimlerinden elde edilen kanıtlara göre restore edilmiştir) buradan aşağı iner. En alt kattaki ana odalara Evans, Kraliçe'nin Megaronu ve İki Başlı Balta Holü adını vermiştir. Her ikisi de Minos ev mimarisinin kilit özelliklerini sergiler.

Mykenai saraylarının *megaron*'larıyla karışmasını önlemek adına (bkz. aşağıda) Kraliçe'nin Holü olarak adlandırılması daha uygun olacak mekân, kutsal su havuzu bulunan bir ana oda ile batı tarafında buraya bağlı bir hamamdan meydana gelir. Doğuya doğru bakıldığında ilk önce bir dizi dörtgen sütun, onların ardında da çift kolonlarla gidilen bir ışık kuyusu, yüksek duvarlarla çevrili minik bir açık hava avlusu görülür. İlk sıra sütunun yanlarında, ahşap kapı kanatlarının sıcak aylarda hava dolaşımı istendiğinde katlanıp sokulabileceği veya ana odayı dışarıya kapatmak için sütunlar arasındaki boşluğa doğru açılabileceği nişler bulunur. Bu tür, kısmen ya da bütün olarak bir dizi sütundan bir duvara dönüştürülebilecek bölmelemeye kapılı sütunlu bölme denir. Işık kuyusu bu alt kata hava ve ışık sağlıyordu. Kraliçe'nin Holü çoğu geometrik

ŞEKİL 7.4 Yılanlı tanrıça veya rahibeyi tasvir eden fayans figürin, baş ve sol kol dirsekten aşağı restore edilmiştir, Knossos. Herakleion Müzesi.

ŞEKİL 7.5 Lento biçimli deniz tarzı ahtapotlu şişe, GM IB, Palaikastro. Herakleion Müzesi.

desenlerden oluşan duvar resimleriyle bezenmişti. Kuzey duvara bir yunuslu fresk yerleştirilmiştir, ama orijinal yeri burası değildir. Yandaki ışık kuyusunda bulunan resim parçaları, yukarıdaki odalardan birinin süslü zemininden düşmüştü. Fresk, Minosluların sanatsal tema olarak deniz canlılarına duyduğu sevgiyi gösterir (Bu temadan bir başka örnek için, bkz. ŞEKİL 7.5). Kraliçe'nin Holü'nün bir yatak odası olduğu sanılıyor, ama modern zamanlarda verilen bu havalı ada rağmen aslında kimin odası olduğu bilinmiyor. Batıya doğru bir koridordan küçük odalara, üst katlara çıkan merdivenlere ve bir tuvalete ulaşılabiliyordu. Tuvalet sarayın bu kısmında sıhhi temizlik sağlayan kapsamlı bir taş döşeli kanalizasyon sistemine bağlanıyordu.

Daha büyük olan İki Başlı Balta Holü'nün planı biraz daha farklıydı; alçıtaşından saltaşlarıyla döşeli ve kapılı sütunlu bölmelerden bakıldığında ikinci bir odanın içinden bir ışık kuyusunun göründüğü bir ana odası vardı. Ama burada ana odanın üç yanı kapılı sütunlu bölmelerle kapalı ve ikinci oda da ilki kadar büyüktür. Ayrıca, ışık kuyusunun aksi yönde ana oda bir kolonada ve terasa dönüşür; buranın aşağıda bir dere ve ileride dağ yamacı ile özel ve huzur verici bir bahçe veya ağaç korusu manzarası olduğunu tahayyül edebiliriz. Holün adı, duvarlarına oyulmuş sembollerden gelir. Çift başlı balta Minoslular için mistik açıdan önemli gibi görünmektedir. İster özel daire, ister kamuya açık kabul odası olsun, bu odada neden bu kadar çok balta oyması bulunduğu bilinmemektedir.

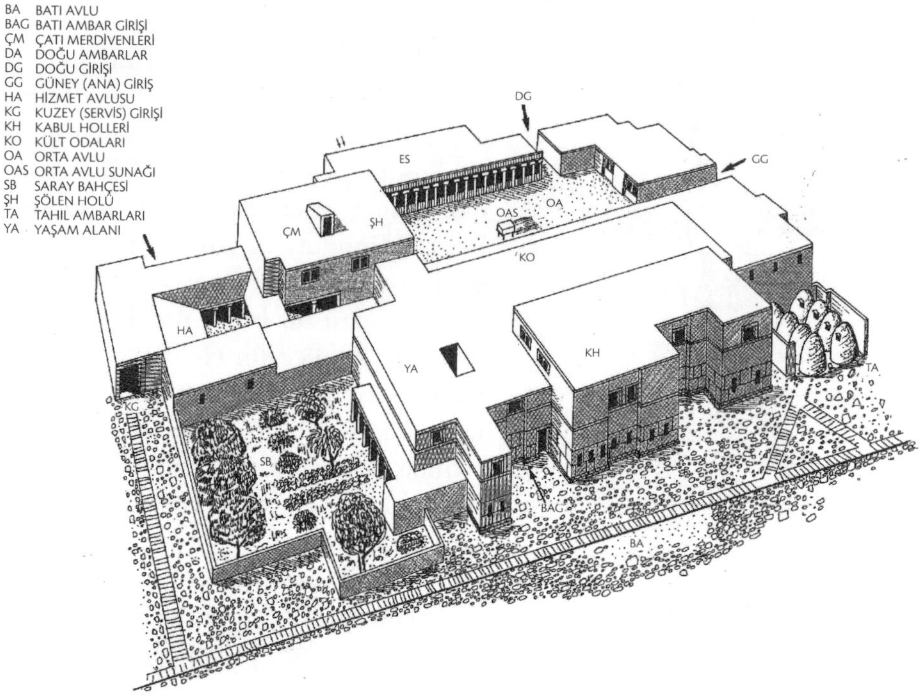

ŞEKİL 7.6 Mallia Sarayı'nın kuzeybatıdan görünümünün rekonstrüksiyonu.

Bugüne kadar bulunan diğer sarayların işlev ve planları da benzeşir. Bu daha küçük bir ölçekte, Knossos bölgesinde ve kırsal bölgelerde bulunan "villa" veya konaklar için de geçerlidir. Ama özellikle konum, boyutlar ve dekorasyon bağlamında farklılıklara da rastlanabilir. Knossos ile karşılaştırma sağlaması açısından Mallia'daki saray, farklı örneklerin iyilerindendir (**ŞEKİL 7.6**).

Minos Kasabaları: Knossos ve Gournia

Minos mimarisi konusunda saraylar baskın olmakla beraber, bu yapıların daha büyük kasabaların yalnızca çekirdekleri olduğunu unutmamalıyız. Knossos'ta, saray çevresindeki 10 km^2 (1000 hektar) genişliğinde bir bölge on yıllar boyunca Atina'daki İngiliz Arkeoloji Okulu tarafından incelenmiştir. Kazılar ve yüzey araştırmaları kapsamında neolitik çağ, tunç çağı ve klasik antikçağa ait yapılar, mezarlar, yollar ve diğer öğeler genel kent planına kaydedilmiştir. Amnisos'taki kıyı yerleşiminin Knossos'un limanı olarak hizmet verdiği anlaşılmaktadır. Bu bölge üzerine uzman olan Sinclair Hood, Yeni Saray döneminde Knossos'taki saray ve kentin 75 hektarlık bir alan kapladığını ve 12.000 nüfusu olduğunu tahmin etmiştir. Alanı 20 km^2 olarak tahmin edilen kent, liman ve hemen civarındaki

ŞEKİL 7.7 Gournia kent planı.

artbölge dahil geniş Knossos bölgesinde 15–20.000 kişinin yaşamış olabileceği tahmin edilmektedir. Bir diğer uzman, Colin Renfrew ise sarayda 4–5.000, Knossos'un denetimindeki bölgenin tümünde 50.000 kişi olduğunu düşünür.

Tamamen açığa çıkarılmış tek Yeni Saray dönemi Minos kasabası Gournia'dır. Doğu Girit'teki bir tepenin üzerinde, denizin kenarındaki bu küçük yerleşim yirminci yüzyıl başlarında Amerikalı Harriet Boyd Hawes tarafından kazılmıştır. O dönemde sadece erkeklere mahsus kazılara alınmayan Hawes, kendi projesini başlatmaya karar vermiş ve arkeolog arkadaşı Edith Hall ile birlikte eşek sırtında Doğu Girit'e yönelmişti. Gournia'da, tepenin üzerinden yerleşime egemen durumda saray benzeri bir yapı vardır. Tepenin yamaçları dolambaçlı, taş döşeli sokaklarca bölünmüş küçük ev bloklarıyla kaplıdır (**ŞEKİL 7.7**). Evler genelde iki katlı olup, zemin katında hayvanlar ve depolama için kullanılan odalar, üst katta da ev sahibinin yaşama alanı bulunurdu. Evin merkezinden yukarı bir merdiven çıkardı. Buradan düz çatıya veya hafif materyallerle kaplı (mesela saman örgü) terasa çıktığı yerde inşa edilmiş bir örtüyle korunurdu. Bu ve başka özellikleri, Knossos'tan çıkan Kasaba Mozaiği adı verilen bir dizi küçük fayans levhada ve Arkhanes'te bulunan şaşırtıcı bir kil ev modelinde de görebiliyoruz (**ŞEKİL 7.8**).

Ana binanın küçük evlerden kurulu köye hâkim olduğu Gournia planı Yeni Saray dönemi Girit'inde görülen planlardan yalnızca biridir. Diğer biçimlenimlere örnek olarak büyük evler veya villalarla çevrili bir merkezi saray (Knossos);

ŞEKİL 7.8 Terakota ev modeli, OM IIIA, Arkhanes. Herakleion Müzesi.

egemen bir saray veya villaların olmadığı, parke taşlı sokaklar boyunca dizili ev blokları (Palaikastro); bir villalar öbeği (Tylissos); kırda tarımsal malikânelerin merkezi olan tek villalar (Vathypetro) sayılabilir.

Thera: Akrotiri

Thera veya ortaçağdaki adıyla Santoron, Güney Ege'de bir zamanlar tek ve düzensiz biçimli bir volkanik adanın parçaları olan bir takımadadır. MÖ ikinci binyıl ortalarında volkan patladığında, adanın merkezi denize çökmüş ve suyun üzerinde geriye sadece parçalanmış dış çember, yani bugün gördüğümüz adalar kalmıştı (**ŞEKİL 7.9**). Tunç çağından beri devam eden volkanik faaliyetler kalderanın ortasında yeni bir ada meydana getirmiştir; buradan hâlâ duman tütmeye devam eder.

1967'de, ana ada Thera'nın güney ucundaki Akrotiri'deki yeni kazılardan elden edilen olağanüstü sonuçlar, dikkatleri tunç çağındaki patlama ve bunun Ege Bölgesi'ndeki etkilerine yöneltti. Akrotiri'de kazı çalışmalarını yöneten Yunanlı Spyridon Marinatos uzun zamandır, Thera'daki patlamanın Yeni Saray döneminin sonlarında, Minos Girit'indeki yaygın yıkıma (yaklaşık MÖ 1450) neden olduğuna veya bunu tetiklediğine inanıyordu. Bu kuram, Akrotiri'de ponzataşı ve küller altında gömülü bütün bir kasaba ile doğrulanmış gibi görünüyordu. Ama Akrotiri'de bulunan çömlekler, Girit'teki daha erken bir evre olan GM IA ile çağdaştır, dolayısıyla patlamanın tarihi artık genellikle yaklaşık MÖ 1520 olarak alınır. Ancak, bu tarih son derece tartışmalıdır. Grönland'dan buz çekirdekleri ve İrlanda'daki ağaçların halkalarındaki büyüme izleri gibi bilimsel kanıtlara dayanan argümanlar ile Ege, Levant ve Mısır arasında arkeolojik materyallerin eşleştirilmesi konusundaki yeni yorumlar kimilerini daha da erken olan yaklaşık MÖ 1628'i savunmaya itmiştir. Patlamanın Girit üzerinde etkileri ne olursa olsun, Yeni Saray döneminin sona erişi üzerinde doğrudan bir etkisi olmadığı açıktır.

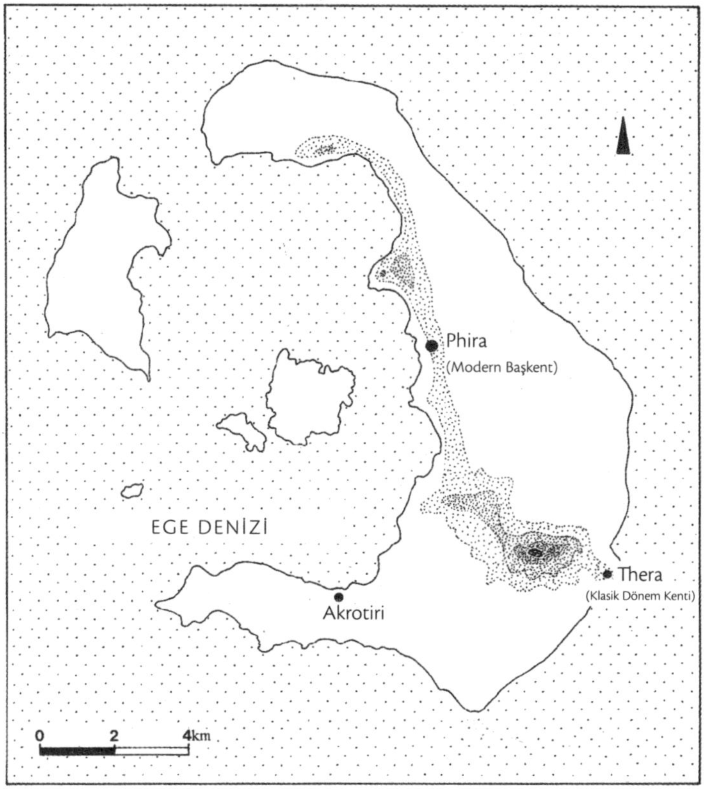

ŞEKİL 7.9 Thera (Santoron).

1974'te bir kaza sonucu Marinatos yaşamını kaybettiğinde, Akrotiri'nin yalnızca ufak bir kısmı ortaya çıkarılmıştı. Her şeye rağmen, antik kasaba hakkında iyi bir fikir edinmek mümkündür. Üçüncü katlarına kadar evler korunmuş durumdadır. Bazı durumlarda tek başlarınadırlar, ama çoğunlukla öbekler halinde dururlar. Kapılar, pencereler, merdivenler, kanalizasyon boruları ile kerpiç, kaba taşlar ve destek için dal ve payandalar eklenmiş duvarlar görülebilir. Sokaklar düz ve sabit genişlikte olmayıp gelişigüzel şekilde dönmekte, genişlemekte veya daralabilmektedir. Kimi zaman küçük meydanlar oluşur (**ŞEKİL 7.10**). Mimari Minos Girit'ini andırır, ama biçim ve yapım tekniklerinin ayrıntıları farklılık gösterir. Örneğin, Theralılar kapılı sütunlu bölmeleri tercih ediyorlardı, ama nadiren ışık kuyuları kullanıyorlardı. Xeste 4 kodlu binanın kuzey cephesi ilginç ve Girit'te rastlanmayan bir taş işçiliği tekniği sergiler: Kesme taş sıralarının genişliği tepeden aşağı inildikçe azalır.

Akrotiri, Vezüv Dağı'nın patlamasıyla gömülen Roma kentinden esinlenerek bir tunç çağı Pompei'si (bkz. Bölüm 21) olarak nitelenmiştir, ancak önemli bir açıdan Pompei'den ayrılır. Akrotiri sakinleri, belki de sarsıntılar veya dumanlar

ŞEKİL 7.10 Batı Ev, Akrotiri, Thera.

nedeniyle tehlikenin farkındaydı ve değerli eşyalarını da alarak kaçmışlardı. Evlerde terk edilmiş nesneler arasında çömlekler ve pişirme aletlerinin yanı sıra yataklar gibi mobilyalar, taş aletler ve vazolar vardır, ama neredeyse hiç metal veya gerçekten değerli lüks eşya yoktur. Ancak, çok sayıdaki duvar resimlerini götürememişlerdi. Freskler genelde iyi durumdaydı, hatta tunç çağı Ege'sindeki benzerlerinin tümünden açık ara iyi durumdalardı, gerçi yalnızca duvarların diplerinde birikmiş sıva parçaları biçiminde günümüze ulaşmışlardı. Parçaların restore edilmesi ve birleştirilmesi çok zahmetli bir iştir.

Resimlerin en önemlisi 40 cm genişliğinde, bir grup şık tekneyi iki kasaba arasında yolculuk halinde gösteren uzun bir şerittir (**ŞEKİL 7.11**). Bu minyatür resim, Batı Evi'nin üst katındaki Oda 5'tendir; orada beş kasabanın halkını ve çeşitli toprak şekillerini gösteren daha geniş kapsamlı bir duvar dekorasyon

ŞEKİL 7.11 Batı Ev'in güney duvarından Gemi Freski'ne ait ayrıntı, Akrotiri, Thera.

çalışmasının bir parçasıydı. Konunun tam olarak ne olduğu tartışmalıdır: Hangi kasabalar ve hangi olay? Resmi kapsamlı şekilde analiz eden Lyvia Morgan'ın yorumu, orada görünenin, ufak bir Thera kasabasından önemli bir merkez olan Akrotiri'ye doğru, ilkbahar sonlarında deniz yolculuklarının tekrar başlamasının kutlandığı bir festival sırasında denizde bir geçit töreni olduğu yönündedir.

Mykenaililer: Mykenai ve Pylos

Mykenaililer, geç Helladik dönemde (Yunan anakarasında geç tunç çağı için kullanılan terim) yaklaşık MÖ 1650–1050'de Orta ve Güney Yunanistan'a egemen oldu. Kültürleri iki bölgede biçimlendi: Güneybatı Yunanistan'da Messania'da ve Mykenai bölgesinde klasik Yunan döneminde Argos kentinin tahakküm ettiği Argolis'te. MÖ on beşinci yüzyıldan itibaren topraklarını Ege'nin karşı kıyılarına, Anadolu'ya kadar genişleterek bir zamanlar Minosluların denetimindeki toprakları ele geçirdiler. Mısır ve Levant'taki yerleşik medeniyetlerin yanı sıra, Avrupa ve Batı Akdeniz ile kapsamlı temaslar kurdular. Eğer Troya Savaşı'na dair Yunan efsanelerinin ardında bir nebze de doğruluk payı olduğunu kabul edecek olursak, bir noktada Kuzeybatı Anadolu'da Troyalılar ile savaştılar. Savaş ekonomik çatışmadan, belki Karadeniz'in zengin ülkelerine erişimle ilgili bir tartışmadan çıkmış olabilir.

Mykenaililer, Yunancanın bilinen en erken biçimini konuşuyordu. Minosluların Lineer A yazısından türetilmiş bir hece yazısı olan Lineer B'yi kullanıyorlardı. Yunan dilinin ne zaman veya nerede, Yunanistan'da mı ortaya çıktığı, yoksa dışarıdan mı geldiği bilinmiyor, ama gelişimi, ilk örneklerinden biri Hititçe olan Hint-Avrupa dillerini konuşan başka halkların hareketlerine bağlanmıştır (bkz. Bölüm 8). Arkeolojik kayıtlar, erken tunç çağının son evrelerinde, yaklaşık MÖ 2300–2000, maddi kültürde önemli değişimlere işaret ederken, sonra gelen orta Helladik ve Mykenai dönemleri boyunca düzgün bir gelişim gösterir. Pek çokları gibi biz de erken tunç çağının sonlarında Anadolu ve Güneydoğu Avrupa'dan Yunanistan'a önce büyük göçler, daha sonra küçük ölçekte sürekli göçler olduğunu ve zamanla yeni gelenlerin dillerinin yerlilerle kaynaşarak bizim Mykenai Yunancası olarak bildiğimiz dile dönüştüğünü varsayabiliriz. Ama bu bir savdan ibarettir. Dil gruplarının hareketlerinin izleri, her zaman çömlek veya başka nesnelerin dağılımıyla sürülemez ve tam aksine, maddi kültürdeki değişimler etnik grup değişimi anlamına gelmez.

Mykenai

Bu kültüre adını veren Mykenai kenti, denizden 15 km içeride, Argos Ovası'nın kuzey ucunda yer alır. Kalesi ovaya hâkim bir tepenin üzerindeyken, kendisi daha büyük iki tepenin arasında korunaklı bir konumdadır. Bu alan ilk defa 1876'da tarihöncesi Ege konusunun öncüsü Heinrich Schliemann tarafından araştırılmış ve günümüze dek çeşitli Yunanlı ve İngiliz arkeologlarca kazılmaya devam etmiştir (**ŞEKİL 7.12**). Bir kentsel varlık olarak Mykenai, tuhaf derecede parçalı gibi görünüyor. Erozyon ve tunç çağı sonrası inşa faaliyetleri yüzünden, geç tunç çağı kasabasının kalıntıları dağınık şekilde korunmuştur. 600 yıllık tarihinin bu parçalardan bir araya getirilmesi gerekiyor, ki parçaların bazıları gayet etkileyicidir.

Mykenai Kuyu Mezarları

Mykenaililer hakkında ilk çarpıcı kanıtlar Mykenai'nin kendisinden geliyor: Muhteşem altın hazineleriyle kuyu mezarlar. Kuyu mezarlar iki öbek halinde bulunuyor. Yaklaşık MÖ 1650–1550 olarak tarihlendirilen ilk grup MÖ on üçüncü yüzyıl kalesinin dışında, modern otopark yakınlarındadır. Alçak dairesel bir duvarla çeviriliydiler. Bu öbek 1951–52'deki ikinci keşif olduğundan, Mezar Dairesi B olarak bilinir.

Daha sonraki, yaklaşık MÖ 1600–1500 tarihli, kısmen Daire B'deki gömülerle çağdaş, kısmen daha sonraya ait grup, Schliemann tarafından 1876 ve Panayiotis Stamatakis tarafından 1877'de kale girişinin hemen içinde bulunmuştu. Bu mezarlar da dairesel bir duvarla çevriliydi. Ama bu duvar neredeyse 250 yıl sonra, kalenin MÖ on üçüncü yüzyılda tekrar inşa edilmesi kapsamında yapılmıştı. Bu daha sonraki kuyu mezar öbeği, kolaylık olsun diye Mezar Dairesi A olarak bilinse de, mezarların kazıldığı tarihte çevrelerinde dairesel bir duvar olduğuna dair ikna edici bir kanıt yoktur.

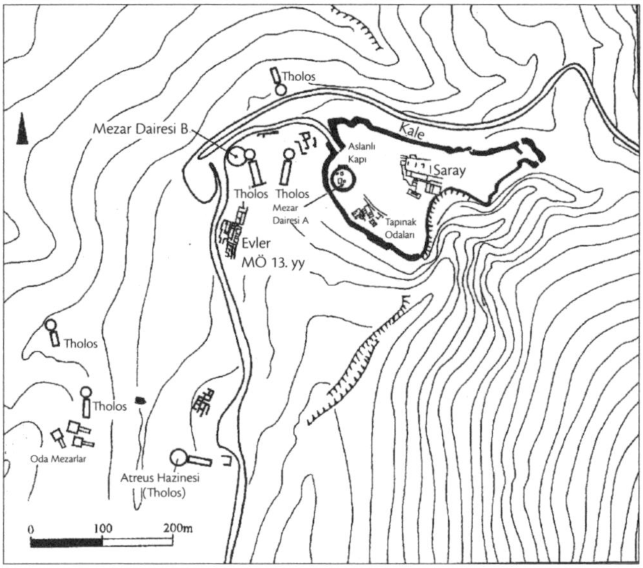

ŞEKİL 7.12 Mykenai genel kazı alanı, geç tunç çağı.

Bir kuyu mezar, anakayada veya birikmiş toprakta kazılan ve içi moloz duvarlarla çevrelenen bir kuyunun dibinde, taş döşeli dikdörtgen bir çukur veya hendektir. Ceset çakıltaşı bir zemine yatırılırdı; mezarda bedenle birlikte nesneler de bırakılırdı; hendek ahşap payandalarla desteklenmiş ince taş levhalardan bir çatıyla kaplanır ve kuyunun geri kalanı toprakla doldurulurdu. Cenaze şöleninden sonra, kalıntılar, kemikler ve yemek kapları kuyuya atılırdı. Tepeye topraktan tümsek yapılır ve pek çok vakada, kimi zaman oymalı bir stel veya ince taş levha mezar taşı olarak toprağa dikilirdi. Çoğunlukla olduğu gibi mezar tekrar kullanılırsa, kuyu temizlenir ve mezarın çatısı kaldırılırdı. Bu zahmetli bir işti ve MÖ on beşinci yüzyıla gelindiğinde kuyu tipi mezarların neden kullanım dışı kaldığını açıklayabilir.

Daire B'de, on dört gerçek kuyu mezar ve daha sonraki tarihlere ait işlenmiş taştan yapılma bir mezar vardı. Burada yirmi dört kişi gömülmüştü. Daire A'da, altı kuyu mezar ve farklı gömülerin kalıntıları bulunmuştu. Altı kuyu mezarda sekiz erkek, dokuz kadın ve iki çocuk olmak üzere on dokuz kişi gömülmüştü. Bu mezarlardaki eşyalar Daire B'deki gömütlerden çok daha zengindi. Bugün Atina'daki Ulusal Arkeoloji Müzesinde sergilenen bu eşyalar arasında altın cenaze maskları (**ŞEKİL 7.13**); altın takılar; üzerinde altın, gümüş ve siyah metalik bir alaşım olan savatla tasvir edilmiş av sahneleri olan tunç hançerler; üzerine çekiçle kakma (bir rölyefi sac metali arka tarafından ince şekilde çekiçleyerek yapma tekniği) tarzda kale kuşatması resmedilmiş bir gümüş *rhyton* veya sivri dipli içki kadehi; çömlek, taş ve değerli metallerden kaplar da vardır. Minos etkisi

ŞEKİL 7.13 Kuyu Mezar V, Mezar Dairesi A'dan altın cenaze maskı, Mykenai. Ulusal Arkeoloji Müzesi, Atina.

güçlüdür. Mykenaililer henüz Girit'i ele geçirmemişti, ama orta Helladik dönemin kırsal durgunluğundan yeni çıkıyor olmalarına rağmen, Minosluların en iyi tasarım ve işçiliğe sahip olduğunu kabul etmişlerdi. Minos tarzı, Mykenaili sanatçılar için Minos Giriti siyasal bağımsızlığını kaybettikten sonra uzun yıllar cazibe kaynağı olmaya devam edecekti. Ancak bazı motifler Minos kaynaklı olmayıp Mykenaililere hastır; örneğin, yukarıda sözü edilen av ve savaş sahneleri. Kuyu Mezar V'in üzerinde bulunan mezar steli de, kaba ama canlı at, savaş arabası, arabacı ve hizmetkâr ile bunları çevreleyen kalın sarmallardan oluşan oyması ile bunun bir örneğidir (**ŞEKİL 7.14**). Kedi tarzı kuyruğuna rağmen resimdeki yaratık aslında bir at gibi görünüyor, ki bu da bize atın Yunanistan'a kısa süre önce, koyun, keçi, domuz ve inek gibi diğer evcil hayvanlardan uzun süre sonra orta tunç çağına girdiğini tekrar anımsatıyor. Orta veya Batı Asya'dan gelen at, göç eden Hint-Avrupalılara dair gerçek bir işaret olabilir.

Atreus Hazinesi

MÖ on beşinci yüzyıla gelindiğinde, Mykenai toplumunun üst tabakasının tercih ettiği gömülme biçimi artık kuyu mezar yerine *tholos* türü mezarlardı. Göreceğimiz gibi, *tholos*'lar karmaşık yapılardı. Sıradan yurttaşlar için kayadan oyulmuş bir odadan meydana gelen bir oda mezar yeterliydi.

Yunanca *tholos* yuvarlak bir yapı anlamına gelir ve antikçağlar boyunca Yunanlıların çok çeşitli işlevler için kullandığı yuvarlak yapılar için kullanılmıştır. Mykenai dünyasında, *tholos*'lar yuvarlak, kubbe biçimli, yontulmamış taşlardan veya istisnai olarak iyi kesilmiş işlenmiş taşlardan bindirme tekniği (bkz. **ŞEKİL 2.18**) ile yapılmış ve daha sonra bindirme için gerekli denge ağırlığını toprağın sağlaması için gömülmüş mezarlardır.

Mykenai *tholos*'larına ilk Messenia'da rastlanır, ama en büyük ve en iyi bilinenler Mykenai'nin kendisindedir. Mykenai'deki dokuz *tholos*'un en iyi durumda olanı, daha klasik antikçağda yanıltıcı şekilde Atreus hazinesi adı verilmiş olandır. Çoğunun içi daha antikçağlarda boşaltılmış olduğundan *tholos*'ları tarihlendirmek zordur. Taş işçiliği tekniklerine ve eşiğin altında bulunan tarihlendirilebilir bir çömlek birikimine dayanarak, bu mezar için

ŞEKİL 7.14 Kuyu Mezar V, Mezar Dairesi A'dan mezar steli, Mykenai. Ulusal Arkeoloji Müzesi, Atina.

yaklaşık MÖ 1300 gibi diğerlerine göre geç bir tarih belirlenmiştir. 36 metre uzunluğunda ve ince işlenmiş taşlarla döşeli bir giriş veya *dromos*'tan yukarı, yuvarlak mezar odasına çıkılır (ŞEKİL 7.15). *Dromos*'un antikçağlarda açıkta olup, büyük kapılarının görülüp görülemediği ya da onların da toprağın altında gömülü olup olmadığı bilinmiyor.

Orijinal olarak tunç bağlantı parçalarına sahip, ahşap çifte kapıyla kapatılan ve iki yanında iki kat halinde yükselen yeşil taştan (*lapis lacedaemonius*) yarım sütunlar bulunan büyük girişten girilir. Üst kattaki bir yarı rozet ve triglif friz için kırmızı porfir kullanılmıştı. Girişin tepesi iki büyük lento bloktan meydana geliyor. Daha büyük olan iç bloğun boyu 8 metreden, ağırlığı ise 100 tondan fazladır. Basıncı azaltmak için lento blokların üzerinde üçgen biçimli bir boşluk bırakılmıştı; yukarıda bahsettiğimiz frizle örtülmüş olan boşluk dışarıdan görünmüyordu. Bu özelliğe "payanda üçgeni" adı verilir.

İçerinin çapı tabanda 14,5 metre olup yüksekliği 13,2 metredir. Yatay sıralar halindeki çivi delikleri duvarların metal kaplama tunç rozetlerle bezenmiş olabileceğini düşündürür. Atreus Hazinesi anakayadan oyulmuş bir yan odaya sahip olması açısından sıradışıdır. Diğer alanlardaki sağlam durumda örnekler-

ŞEKİL 7.15 Atreus Hazinesi, *dromos* ve giriş, Mykenai.

den anlaşıldığı kadarıyla gömüler yerdeki, bu vakada muhtemelen yan odadaki çukurlara yerleştiriliyordu. Bunlara ait hiçbir iz kalmamıştır. İlginçtir ki, daha kötü durumda olmasına rağmen neredeyse bire bir aynı, Minyas Hazinesi adı verilen bir mezar buradan çok uzakta, Boiotia bölgesindeki (Orta Yunanistan) Orkhomenos'ta bulunmuştur. Aynı mimarın eseri olması gayet mümkündür.

Kale

Müstahkem kaleler, özellikle Yunanistan anakarasının doğu kıyılarındaki Mykenai merkezlerinin tipik özelliklerindendir. Yerleşimin çekirdeği güçlü duvarlarla korunurdu. Tıpkı Minos sarayı gibi, bu çekirdek de dini, ekonomik ve idari türden çeşitli işlevlere sahipti. Ama Minos sarayından farklı olarak, bu işlevler ayrı yapılarda yerine getirilirdi. Bu yapıların en göze çarpanı saraydır, ama Mykenai sarayı Minos kültüründeki emsallerinden bazı açılardan farklıdır.

Nüfusun çoğu duvarların dışında yaşardı. Mykenai dünyasından, mesela Minos Girit'indeki Gournia ile karşılaştırılabilecek, kapsamlı bir kent planı edinilememiştir. Ama Orta ve Güney Yunanistan'ın pek çok bölgesindeki yüzey araştırmaları, Mykenai varlığına dair bolca iz ortaya çıkarmıştır. Mykenaililerin kapsamlı bir yol sistemi vardır; arkeologlar su kaynaklarının güvenceye alınması, büyük ölçekli kanalizasyon sistemleri ve barajlar gibi başka inşaat projeleri belirlemiştir. Projelerin en iyi bilineni olan Boiotia'daki alçak Kopais gölü havzasının sularının boşaltılması ve toprağın deniz yükselmelerinden bir

ŞEKİL 7.16 Aslanlı Kapı, Mykenai.

dizi bentlerle korunması hâlâ tunç çağı Ege'si için şaşırtıcı derecede iddialı bir girişim gibi görünüyor.

Mykenai'deki kale duvarlarının çevre uzunluğu 900 metre olup, kapsadıkları alanın yüzölçümü yaklaşık 38.500 m^2'dir. Bugün görünen duvarlar GH IIIA ve B dönemlerinde yapılmıştı. Ana giriş kuzeybatıdan (bkz. plan, **ŞEKİL 7.12**), Aslanlı Kapı'dandı. MÖ on üçüncü yüzyıldan kalma bu giriş, dev yerel çakılkaya bloklarından yapılmış eşik, lento ve iki dikmeden oluşur. Lento ve eşik bloklarında kapı kanatlarının iliştirildiği kapı direklerinin girmesi için yuvarlak delikler, dikmelerde ise kapalı kapıların arkasından sürülecek yatay bir sürgü için delikler görülür. Lentonun üzerindeki payanda üçgeninin ön tarafı iki aslanı bir arma halinde, pençeleri tek bir sütunu tutan bir çift sunağın üzerinde durur şekilde gösteren çarpıcı bir rölyef yontma ile kapatılmıştır (**ŞEKİL 7.16**). Kapı adını bu aslanlardan alır. Ancak başları kayıptır. Dolayısıyla bu hayvanın kartal başlı ve aslan vücutlu mitolojik koruyucu yaratık griffon olma ihtimali de vardır. Daha önce Minoslularca Knossos'ta Minos Sarayı'ndaki Taht Odası'nda bulunan yontma taş koltuğun iki yanındaki fresklerde de bu tür griffonlar tasvir edilmişti. Mykenaililer de, özellikle Pylos'taki sarayda bunlara yer vermiştir.

Kale duvarlarında bugünkü ziyaretçilerce kolayca birbirinden ayırt edilen farklı türlerde duvar işçiliği örnekleri vardır. Bunlar arasında Aslanlı Kapı'da kullanılan kesme çakıltaşı; *Kiklop duvar*, yani araları minik taşlarla doldurulmuş kabaca yerleştirilmiş dev bloklar ve çok daha sonraları Helenistik dönemde kullanılan kaba işleme çokgen kireçtaşı ile yapılan duvarlar da vardır. Kiklop duvarların adı, böyle büyük taşları ancak Kikloplar gibi devlerin taşıyabileceğine inanan daha sonraki Yunanlılarca verilmiştir. Kiklop duvarlara ayrıca Hitit başkenti Hattuşa'da da rastlanır, ki Mykenaililer ile Hititler arasındaki bağlantıların ne kadar nadir olduğu düşünüldüğünde bu, kafa karıştırıcı bir rastlantıdır.

MÖ on üçüncü yüzyıl ortalarında veya sonlarında, daha öncekilerin genişletilmesi yoluyla tahkim edilmiş alan tamamlanmıştır. Yine bu dönemde Mezar Dairesi A da elden geçirilmiş, eski kuyu mezarlarının çevresine dairesel bir parapet duvar inşa edilmiştir. Kalenin içindeki yapılardan dikkat çekici olanlar arasında, güneybatı sektöründe keşfedilen bir dizi tapınak da vardır. Bunlardan Freskli Oda, duvar resimleri; Putlar Evi de insansı ve sarmalamış yılan biçimli grotesk kil figürinler içerir. Mykenai kazılarında tapınak adına bugüne kadar yalnızca böyle küçük, Minos saraylarındaki tapınakları andıran odalar bulunmuştur. Lineer B tabletlerden elde edilen tanrı adları arasında daha sonraki Yunan döneminden aşina olunan Zeus, Hera ve Poseidon gibi adlar da vardır.

Aslanlı Kapı'dan sonra zemin dikleşir. Duvarlarla çevrili kalenin içindeki en yüksek noktada tipik olarak saray dururdu. Yüksek ve korumasız konumu nedeniyle Mykenai'deki saray büyük ölçüde eriyip gitmiştir. Bölük pörçük kalıntıların arasında duran turist, Argos Ovası'nın tepeden görünen muhteşem manzarasıyla yetinmek durumundadır. Bir Mykenai sarayının planını daha iyi anlamak için Peloponnesos'un öbür yanına, Güneybatı Yunanistan'ın uç noktası olan Messenia bölgesindeki Pylos'a yolculuk etmek gerekecektir.

Pylos: Nestor'un Sarayı

1939'da Amerikalı arkeolog Carl Blegen, güneydeki Navarin Koyu'na yukarıdan bakan bir tepede, modern Pylos kasabasına yakın bir konumdaki Ano Englianos'ta bir Mykenai sarayı keşfetti. Homeros'tan etkilenerek, sarayı *İlyada* ve *Odysseia*'da geçen Pylos'un bilge hükümdarı Nestor'la bağdaştırdı. Burada bulunmuş bazı Lineer B tabletlerde sarayın adı (PU-RO) geçerken Nestor'unki geçmez, bu yüzden Blegen'in bu tespitine temkinle yaklaşılması gerekir.

Bugün gördüğümüz saray büyük ölçüde MÖ on üçüncü yüzyılda GH IIIB döneminde yapılmış ve yaklaşık MÖ 1200'de yanmıştır. Bu sarayın savunma duvarlarının olmaması bir Mykenai merkezi için sıra dışıdır. Herhalde Mykenai'den farklı olarak, yakınlarında rakipleri yoktu. Yıkımı uzaktan gelen istilacıların işi olmalı. Gerçekten de saray tarihi, tunç çağından bugüne 1990'larda Pylos Bölgesel Arkeoloji Projesi (PRAP) adlı iddialı bir disiplinlerarası araştırma projesince belgelenmiş Güneybatı Messenia'da geniş bir bölgenin ana merkeziydi.

Bu küçük saray Knossos'takinin yalnızca dörtte biri boyutlarındadır (**ŞEKİL 7.17**). Duvarlar kereste iskeletle güçlendirilmiş molozlardan yapılmış ve yüzleri soluk kireçtaşından kesme taşlarla kaplanmıştı. Mütevazı bir girişin solunda iki arşiv odası (yaklaşık 1.000 Lineer B tablet ve parçaları burada bulumuştur) ve sağında muhtemelen bir kule vardı. Ufak bir avludan geçtikten sonra, bu ve tüm Mykenai saraylarının belirleyici özelliği olan *megaron*'a ulaşılır. *Megaron*, Homeros tarafından büyük hole verilen addır. Schliemann'dan başlayarak klasiklere meraklı arkeologlar bu sözcüğü çeşitli hol benzeri odalar için kullanmıştır. Mykenai mimarisinde bu sözcük ayrı bir anlam kazanmıştır. Mykenai *megaron*'u normalde tek bir eksen üzerinde dizilmiş dikdörtgen biçimli

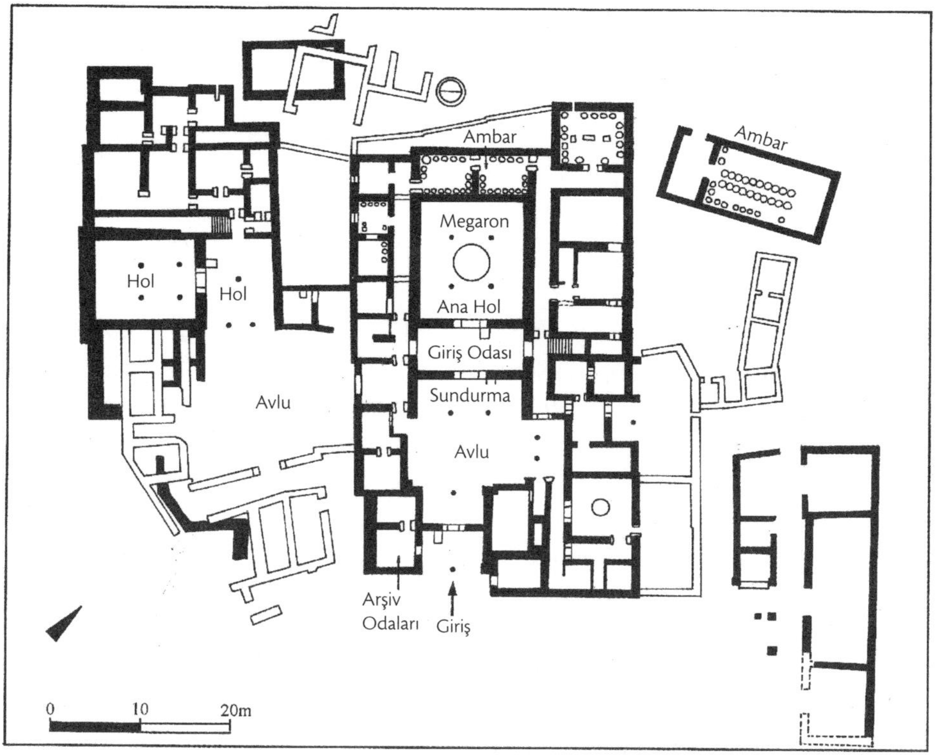

ŞEKİL 7.17 Nestor Sarayı planı, Pylos.

üç mekândan, yani sundurma, antre ve çok daha geniş olan ana odadan oluşan bir birimdir. Pylos'taki ana oda şık, ama karanlık ve dumanlı olmalıydı. Odaya geniş, alçak, daire biçimli bir platform biçimindeki ocak hâkimdir. Ocağın kenarı kireç sıva ile kaplanmış ve sarmallar çizilmiş, yanlarına ise alev desenleri yapılmıştı. Odanın zemini ve duvarları sıvanmış ve fresklerle bezenmişti. Ocağın çevresinde dizili dört ahşap sütun tavanı taşırdı. Sütunlar uzun zaman önce yok olmuştur, ama yerde içine yerleştirildikleri ufak yuvarlak delikler çevrelerindeki alçı zemin tarafından korunmuş olarak hâlâ durur. Dal, dalcıklar ve kilden yapılma çatı da kayıptır, ama ocaktaki ateşin dumanının çıktığı geniş kil borular durur. Pencerelerin türü veya var olup olmadıkları bilinmiyor. Zeminin kuzey duvarınca uzanan kısmında muhtemelen Knossos'taki Taht Odası'ndaki taş koltuğa benzer tasarımlı ahşap bir koltuk için bir oyuk vardır. Bunun yanında alçı zeminde ilginç ve açıklanamamış iki küçük çanak ile bunları birleştiren eğrisel yiv biçiminde bir oyuk vardır.

*Megaron*un çevresi sarayın önemli ekonomik faaliyetlerine adanmış odalarla çevrilidir. Lineer B tabletlerden anlaşıldığı kadarıyla, saray bu bölgedeki tarım ve imalat ürünlerinin toplandığı ve tekrar dağıtıldığı merkezdi. Şarap, zeytinyağı ve tahıl depoları ile metal işçilerinin, taş ustalarının ve parfüm imalatçılarının atölyeleri tespit edilmiştir. Ayrıca saraydan bol miktarda çömlek çıkmıştır. Bir odada 2.853 ayaklı içki kadehinin bulunması üzerine Blegen, Homeros şiirlerinde saygın bir kimse olan Nestor'un aslında mutfak eşyaları alıp sattığı yönünde bir espri yapmıştır.

Mykenai Medeniyetinin Sonu

Nestor'un Sarayı yaklaşık MÖ 1200'de yıkılmıştı. Kimin sorumlu olduğu bilinmiyor, ama yıkım, Doğu Akdeniz'in yerleşik kültürlerini MÖ on üçüncü yüzyıl sonları ve on ikinci yüzyıllarda sarsan felaketler zincirine uyuyor. Mykenai ve komşu Tiryns kalelerinin mimarisinden tehlike sezilir. Her iki yerde de, sakinler ya duvarlarla yeni çevrilen kuzeydoğu kısımda bir pınarı da duvar içine alarak (Mykenai) veya hemen dışarıdaki pınardan kalenin içine yeraltından bir geçit kazarak (Tiryns) su kaynaklarını güvenceye almak için uğraşmıştır. Mykenai bu dönemde bir dizi badire atlatmıştı. Bunlardan istilacılar sorumlu olabilir, ama iklim değişiklikleri ve tarımda bereketsizlik nedeniyle patlak veren yerel karışıklıkların rol oynamış olması da mümkündür. Nedenleri ne olursa olsun, MÖ on ikinci yüzyıl sonlarına gelindiğinde, saray ve kaleler ile onlara bağlı kentlere dayalı, Lineer B yazısı ile kayda geçirilmiş gelişmiş ekonomik ve toplumsal sistem çökmüştü. Ege Havzası dış ticaretin neredeyse durduğu ve lüks kalemlerin bulunmadığı bir köy temelli ekonomiye dönüşmüştü. Yunan karanlık çağlarının kilit sözcüğü kendine yeterlilikti.

BÖLÜM 8

Anadolu'da Tunç Çağı Kentleri

Troya ve Hattuşa

- Troya:

Troya I:	yaklaşık MÖ 2900–2400
Troya II:	yaklaşık MÖ 2400–2100
Troya III–V:	yaklaşık MÖ 2100–1800
Troya VI:	yaklaşık MÖ 1800–1300
Troya VIIa:	yaklaşık MÖ 1300–1260
Troya VIIb 1:	yaklaşık MÖ 1260–1190
Troya VIIb 2:	yaklaşık MÖ 1190–1100

- Hititler:

Eski Hitit Krallığı:	yaklaşık MÖ 1575–1400
Orta Krallık:	yaklaşık MÖ 1400–1350
Hitit İmparatorluğu:	yaklaşık MÖ 1350–1200

Klasik dönem öncesi antikçağlarda modern Türkiye'nin Asya'daki topraklarına karşılık gelen bölge için yaygın olarak Yunanca "doğu" anlamına gelen sözcükten türetilen *Anadolu* [Anatolia] kullanılırdı. Anadolu, kıyı ve iç olmak üzere iki coğrafi bölgeye ayrılır. Kıyı bölgelerindeki iklim ılıman, kışlar serin ve yağmurlu, yazlar yağmursuzken, 1000 metre yüksekliğindeki iç yaylada karlı kışlar ve kuru yazlarıyla kara iklimi görülür. İki bölge arasındaki coğrafi ayrımlar beraberinde günümüze kadar gelen kültür farklılıkları getirmiştir. Kıyı kentleri geçimleri için gözlerini deniz ötesine çevirirken, iç bölgeler tutucu, kendi kendine yeten çiftçilik ve zanaat geleneklerine dayanır. Tunç çağı Anadolu'sunun iki ünlü kenti, bu iki bölge arasındaki ayrımı gözler önüne serer: Kuzeybatı Anadolu'nun kıyı bölgesindeki Troya ve orta yayladaki Hitit başkenti Hattuşa (**ŞEKİL 8.1**).

Troya

Troya, antikçağda Akdeniz'in en ünlü kentlerinden biriydi. Burada Troyalılar ile Mykenaililer (veya Homeros'un deyişine göre Akhalar) arasında geçtiği iddia edilen savaş, antik Yunanlıların bilincinde çok önemli bir yere sahipti; sayısız yazar, heykeltıraş ve ressamın eserleri bu dramatik çatışmanın cazibesinin kanıtlarıdır. Ne var ki, arkeolojik kanıtlar edebi kaynaklarda tasvir edilenden son derece farklı bir Troya sunar. Bu uyuşmazlığı engel değil büyüleyici bir düşünsel problem olarak görmeliyiz: Antikçağları anlamak için edebi ve arkeolojik kanıtların sağladığı, birbirini tamamlayıcı ama genellikle çelişkili katkıları nasıl yorumlamalıyız?

Antik Yunanlıların ifadelerine bakacak olursak savaş bizim geç tunç çağı dediğimiz dönemde gerçekleşmiş olmalı. Savaşın kendi çağından kaynaklara rastlanmamıştır. Öyle ki, bazı modern araştırmacılar bu savaşın gerçekleştiğinden bile kuşku duyar ve bunu daha sonraki dönemlerde Yunanlıların kendi uzak geçmişlerini açıklamak adına yarattıkları bir mit kabul ederler. Bu sorunun cevabını bulmak zordur. Büyük ihtimalle, olaylar anlatımda çok çarpıtılmış olsa bile, öykünün özünde bir gerçek vardır. O gerçeğin ne olduğu ve arkeolojik kazı alanı Troya'nın nasıl açıklanacağı çok tartışılmıştır.

Bu alan on dokuzuncu yüzyılın ortasında Heinrich Schliemann'ın kazılarıyla kamuoyunun gündemine düşmüştür. Bir Alman rahibin oğlu olan Schliemann (1822–90), Rusya ve Amerika Birleşik Devletleri'ndeki işlerinden büyük bir servet kazanmıştı. Çocukluktan beri Homeros'un büyük epik şiirleri *İlyada* ve *Odysseia*'ya karşı saplantılı bir ilgi duymuştu, en azından kendisi böyle iddia ediyordu. Mevcut akademik görüşlere karşın, şiirlerin gerçeğe dayandığına inanıyordu ve bunu kanıtlamaya kararlıydı. 1870'te Osmanlı hükümetinden izin alarak Kuzeybatı Türkiye'de, Homeros'un Troya'sıyla özdeşleştirdiği Hisarlık höyüğünde kazılara başladı. Raporlarının doğruluğu ve dürüstlüğü hakkında hâlâ soru işaretleri olmakla beraber, Troya'daki ve Homeros'un şiirlerinde geçen başta Mykenai ve Tiryns olmak üzere diğer alanlardaki çalışmalarıyla, klasik dönem öncesi Ege dünyası araştırmalarını tamamen değiştirdiği inkâr edilemez.

Hisarlık, klasik dönemlerde Homeros'un Troya yerine kullandığı İlion adıyla bilinirdi. Roma döneminde küçük bir kasabadan ibaretti, ama Yunanlılar ve Romalılar buraya Homeros'un Troya'sı olarak saygı gösterirdi. Büyük İskender ve Julius Caesar burada uzun zaman önce hayatını kaybetmiş kahramanlara saygılarını sunmuşlardı. Bu alan, antikçağlardan sonra terk edilmiş ve on dokuzuncu yüzyıla gelindiğinde Homeros'un aktardığı olaylarla tüm bağını kaybetmişti. Bunun sonucunda, savaşın gerçekliğine inananlar için bile Troya'nın bulunduğu ovada ünlü kalenin yeri için daha çekici başka adaylar vardı.

Schliemann, Hisarlık'ın en iyi aday olduğa inanıyordu. Ancak, bu alanda ilk kazı yapan o değildi. Bu onur, yakınlardaki Çanakkale kentinde Amerikan konsolosu olarak görev yapan İngiliz Frank Calvert'a aittir. Schliemann'ın dikkatini Hisarlık'a ilk çeken de o olmuştur. Ancak, Schliemann'ın o zamana dek eşi görülmemiş ve net düşünsel hedeflerle gerçekleştirilen girişimleri,

ŞEKİL 8.1 Geç tunç çağında Anadolu ve Doğu Akdeniz.

eğitimli dünyanın genelinin dikkatini çekti. Schliemann, başta bulduklarının öneminin farkında değildi. Ama o bir öncüydü, ona rehberlik edecek fazla bir kaynak yoktu. Schliemann Troya'da çalışmaya başlamadan önce tunç çağında Ege kültürlerinin tarihlendirilmesi ve sıralaması çok iyi anlaşılmamıştı. Sonraki yıllarda büyük ilerlemeler kaydedildi, ama bu yeni buluntuları tam olarak sindiremeden onun yaşamı sona erdi. Troya'daki sıralamayı netleştirmek Schliemann'ın yardımcı olarak işe aldığı genç mimar Wilhelm Dörpfeld'e düşecekti. Dörpfeld'in 1890'lardaki çalışmaları, 1930'larda Carl Blegen ve Cincinnati Üniversitesinden bir ekipçe daha da geliştirilecekti. 1988'den beri Tübingen ve Cincinnati Üniversitelerinin ortak projesi bu alan hakkındaki bilgilerimizi geliştirmeye devam ediyor.

Troya bir *höyük*'tür, yani Ege, Anadolu ve Yakındoğu'daki benzer tümsekler gibi, birbiri ardına insan yerleşim tabakalarının kalıntılarından oluşan yapay bir tepeciktir. Doğudan batıya, Karamenderes Irmağı'nın ovasını kesen doğal bir yamacın sonunda, Çanakkale Boğazı'nın hemen güneyindeki tümsek olağan şekilde, genellikle her bir kentin daha öncekinin üzerine inşa edilmesi ve önceki yerleşimin kapladığı alandan taşıp sınırlarını genişletmesi yoluyla oluşmuştur

(**ŞEKİL 8.2**). Günümüzdeki ziyaretçiler bunu net olarak göremez, çünkü Yunan döneminde, bir Athena Tapınağı'nın inşasında tümseğin tepesi tıraşlanmıştır. Schliemann ve Dörpfeld çok sayıdaki yerleşim düzeyini, dokuz ana döneme ayırmıştır; daha sonraki araştırmalarla da bunlar çeşitli evrelere ayrılmıştır. Troya'nın bu "dokuz kenti," erken tunç çağından (Troya I), Yunan (Troya VIII) ve Roma dönemlerine (Troya IX) dek uzanır. Hangisinin Priamos'un, hangisinin Homeros'un Troya'sına karşılık geldiği hâlâ tartışma konusudur (bkz. aşağıda).

1988'de başlayan ve günümüzde de devam eden kazılar, bu alan hakkında yeni ve önemli bilgiler kazandırmıştır. Daha önce kazılan höyüğün yalnızca daha geniş bir kasabanın küçük (2 hektar) müstahkem kalesi olduğu ortaya çıkarılmıştır. Kalenin güneyindeki araştırmalar, çok daha sonraki Roma kasabasının altında, çevresi duvarla çevrili 18 hektar yüzölçümünde bir aşağı kent olan Troya VI ve VII'nın varlığını ortaya çıkarmıştır. Kale ve aşağı kent bileşimi Tiryns gibi diğer Ege kazılarından tanıdıktır. Orta ve geç tunç çağındaki Troya artık, kayda değer ölçüde, Ege'deki diğer merkezlerle karşılaştırılabilir bir kent ve Mykenailerle müttefikleri için makul bir rakip haline gelmiştir. Ama Troya'nın aynı zamanda Anadolu bağlantıları da vardı. Tahkimat duvarları Anadolu-Yakındoğu türü olup, temelleri içi toprak doldurulmuş taş duvarlı bölmelerden meydana gelir. Bu tür "kazamat" duvarlar daha güneyde Anadolu'nun Ege kıyılarındaki GTÇ (geç tunç çağı) Miletos'unda ve Hitit başkenti Hattuşa'da da bulunmuştur.

Burası nasıl bir yerdi? Anlaşıldığı kadarıyla, duvarlarla çevrili kale yöneticilerin ve tebaalarından bazılarının evlerini ve toplantı mekânlarını içeriyor, zor dönemlerde de sığınak görevi görüyordu. Troya VI ve VII'nin aşağı kenti daha geniş bir yerleşim alanı içeriyordu. Duvarların ötesinde çiftlik evleri ve mezarlarlıklar gibi buralara bağlı alanlar bulunuyor olmalı, ama bunu hâlâ pek bilmiyoruz. Troya'nın kalıntılarının bir örneği olarak, özellikle ilgi çekici olan üç düzeye bakalım: Tahkimatları ve *megaron*'larıyla Troya II; duvarı, kapısı ve temsili evleriyle Troya VI ve muhtemel kuşatma hazırlıklarıyla Troya VIIa.

Troya II

Troya II, erken tunç çağına ait başlıca düzeydir. Duvarların çevrelediği kabaca dairesel alanın çapı 110 metredir. Daha evvel Troya I'dekilerde olduğu gibi, bu duvarlar da taş temeller üzerine güneşte kurutulmuş kerpiç üstyapı şeklinde inşa edilmişti. Yalnızca küçük, kaba taşlardan yapılmış 2 metre yüksekliğindeki temeller günümüze gelmiştir. Dış yüzeylerinin şevli, yani eğimli olması, Troya duvarlarının her dönem tipik bir özelliğidir. 10 metre aralıklarla kuleler vardır. Günümüzde, ziyaretçiler özellikle güneybatı kapıyı beğenir (**ŞEKİL 8.3**). Dış ve iç kapı ile ortalarında bir oda olmak üzere üç parçalı plana sahip kapıya

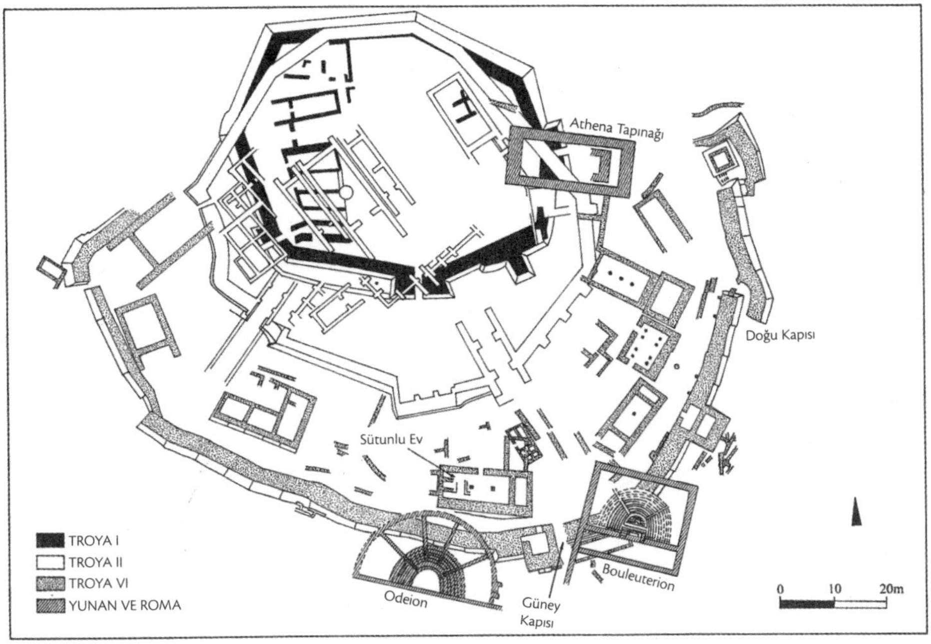

ŞEKİL 8.2 Troya kale planında başlıca yapılar.

uzun ve dik bir rampayla çıkılır. Bu tür bir plan, giren ve çıkanların daha iyi denetlenmesini sağlar.

Troya II'nin içindeki ana yapılara Homeros'tan esinlenerek *megaron* adı verilmiştir. Buradaki *megaron*'lar bir ön sundurma ve arkasında daha geniş dikdörtgen bir odadan meydana gelen basit, uzun yapılardır. Daha geç tarihli Mykenai *megaron*larından farklı olarak Troya II'deki örnekler daha geniş bir saray kompleksinin içinde değil, tek başlarınadırlar. Kuzeydoğudan güneybatıya uzanan bir eksen üzerinde birbirlerine paralel biçimde dururlar. En büyükleri Megaron II A olarak adlandırılmıştır. Batı kısmının çoğu, nereyi kazdığını fark edene kadar, Schliemann tarafından tahrip edilen *megaron*'un boyutlarının yaklaşık 30 x 10 metre olduğu anlaşılıyor. Duvarlar, büyük kaba taştan temeller üzerinde yükselen güneşte kurutulmuş kerpiç tuğlalar ve bunları destekleyen ahşap kirişlerden oluşuyordu. Mykenai *megaron*'undaki ocağın atası olan daire biçimli kilden bir platformun kalıntıları dövülmüş kilden zeminin ortasında bulunmuştur. Yapı, kirişler üzerine kil ve sazdan yapılma düz çatının merkezi bir sütun dizisince desteklenmesini gerektirecek kadar geniştir. Muhtemelen sütunlar ahşaptı, ama bunlara dair herhangi bir iz kalmamıştır. Yüzyıllar geçtikçe, büyük *megaron*'ların önündeki açık alanların daha küçük evlerle dolmuş olması, müstahkem alan içinde daha çok insan barındırma ihtiyacının gittikçe artmış olabileceğini akla getiriyor.

ŞEKİL 8.3 Troya II, rampa ve güneybatı kapısı.

Troya VI ve VIIa

Kalenin tarihinde bir sonraki önemli dönem olan Troya VI, önceki kentlere göre çok daha geniş bir alan kaplıyordu: Yine kabaca daire biçimliydi, ama çapı neredeyse 200 metre idi. Çoğu yok olmuştur, ama günümüze ulaşan çeşitli bölümlerden inşaat kalitesinin arttığını görebiliyoruz. Duvarlar özellikle çarpıcıdır. Modern ziyaretçileri karşılayan ilk yapılar doğu duvarı, kule ve saptırıcı giriştir. Yüksek duvarların taş temelleri bazı yerlerde 9 metreye kadar ulaşır ve 8 metre yüksekliğinde kare biçimli geniş kulelerle tahkim edilmiştir. Taşlar Troya II duvarlarındakinden biraz daha geniştir ve artık gayet düzgün sıralar halinde, iyi kesilmiş ve harçsız olarak yerleştirilmişlerdir. Daha önceki duvarlarda olduğu gibi, dış yüzey aşağı indikçe dışarı doğru eğimlidir. Ayrıca, duvarın cephesinde, sık sık duvarın yönünü değiştiren dikey hafif çıkıntılar vardır; belki de bu sadece, sürekli kıvrılan duvarların daha şık bir versiyonudur. Genelde olduğu gibi, kerpiçten üstyapı burada da kayıptır.

Kuzeydoğudaki saptırıcı giriş iyi savunma sağlar. Duvar doğuya doğru uzanarak duvarın güneye doğru uzanan kısmıyla örtüşür. Birbirine paralel iki duvar arasından geçerek askerlerin yukarıdan, her iki taraftan da denetleyebileceği bir giriş koridoru yaratır. Bunun aksine, kalenin ana girişi olan çok hasarlı Güney Giriş, basit bir plana sahiptir: Yalnızca duvarda 3,30 metre genişliğinde bir açıklık ve zamanla bir tarafına eklenmiş bir kuleden oluşur. Kapıdan içeri tepeye doğru döşeli bir sokak çıkıyordu.

Troya VI'nın merkezi daha sonraki klasik dönem inşaatları ve ilk kazılarla yok edilmiştir. Orada bir saray olsa, o çevreye egemen noktada bulunurdu. Kenarlarda bazı evler veya yapılar kalmıştır; bunlardan çarpıcı bir örnek Sütunlu Ev adı verilendir. Troya II'de olduğu gibi bu yapılar genellikle tek başlarına durur ve taş temeller üzerine (şimdi kaybolmuş olan) tuğla duvarlara sahiptirler. Kimi durumlarda destek olarak ahşap kirişlerden yararlanılırdı. Bu evlerin çoğunun hafifçe yamuk biçimli oluşu çok değişik ve ilgi çekici bir özelliktir. Evlerin kaledeki merkezi bir noktaya yönelmiş oldukları anlaşılan yan duvarları birbirine paralel olmayıp tümseğin merkezine doğru birbirine yaklaşır. Evlerin bu yanlara dik diğer iki yanı ise birbirine paraleldir. Bu planın amacı açık değildir. Belki de, Dörpfeld'in dediği gibi, mimarlar kaleye çıkan yolların genişliğini sabit tutmak istemiş olabilir. Ama Troya VI'nın günümüze gelen zemin planı pek de düzenli olmadığından Dörpfeld'in savını doğrulamaz.

Arkeoloji ve Troya Savaşı

Troya'daki arkeolojik gerçeklik bu tip savunma duvarı ve ev parçalarından oluşur. Bunların üzerine, edebiyattaki Troya'nın, antik Yunan efsanelerinde Akhaların saldırdığı kalenin görüntüleri yansıtılır. Bu ikisi arasındaki uyumun sorunsuz olmadığını görmek zor değildir. Yüz yıldan fazla süredir Hisarlık'taki hangi yerleşim düzeyinin Priamos'un Akhalarca yağmalanan kenti olduğu belirlenmeye çalışılmıştır. Tartışmalar bugün de devam ediyor. Troya Savaşı'nın tarihselliğine inananlar için iki seçenek vardır.

Birincisi Troya VIIa'dır. VIIa'nın sakinleri VI'nın duvarlarını tekrar inşa etmişti. En önemlisi de, bu yerleşim bir kuşatmanın izlerini taşır. VI gibi, yalnızca kalenin kenarlarındaki evler kalmıştır. Ama kalanlar bir arada duran, ortak duvarlara sahip evlerdir ve olağanüstü miktarda *pithos* veya kil saklama kabı, çoğunlukla evlerin zeminlerine yerleştirilmiş olarak bulunmuştur. Bu yerleşim, yangın sonucu yok olmuştu. Kalıntılar arasında çok olmamakla birlikte bir miktar insan iskeleti bulunmuştu. Blegen'ın gözünde bu kanıtlar, istilaya maruz kalan bir kasabaya işaret ediyordu. Sakinler, çevredeki kırsal bölgeden müstahkem kaleye çekilmiş, aceleyle barınaklar inşa etmiş ve gıda stoklamışlardı. Sonunda ise kasaba ele geçirilmiş ve yakılmıştı.

Troya VIIa'nın bitiş tarihi de uygun görünüyor: Blegen'e göre, tarihlendirilebilir Mykenai çömlek buluntularına dayanarak, bu dönem (yani MÖ 1260 civarı), Mykenai Yunanistan'ının (Akhalı saldırganlar) en müreffeh dönemiydi. Ama mevcut görüşler Dörpfeld'in uygun gördüğü düzeye dönmüştür: Troya VI. Troya VI'nın yıkımı insan veya deprem etmenlerine bağlanmıştır; aslında birini diğerinden ayırt etmek kolay değildir. Belki de, iddia edildiği gibi her ikisi birden etkili olmuştu: Bir deprem Troya kentini savunmasız bırakmış, etrafını kuşatan işgalcilerin işini kolaylaştırmıştı.

Blegen'in tarihleri de sorgulanmıştır. Bu tür revizyonlar belli bir avuç parçanın üzerindeki süslemelerin farklı yorumlarına dayanır. Hatta kimilerine göre VI'nın sonu MÖ on üçüncü yüzyıl ortalarına, VIIa'nın sonu ise on ikinci yüzyıl başlarına denk düşer. Bu senaryoya göre, kuşatma altındaki VIIa, MÖ on üçüncü yüzyıl sonları ve on ikinci yüzyılda Doğu Akdeniz'i birbirine katan istilacı halkların çok büyük ölçekli hareketleri sırasında yok edilmiş oluyordu.

Troyalılar yazılı belge bırakmamıştır. Mykenaililer yazı kullanıyordu, ancak böyle bir çatışmadan bahsetmiyorlar; Hitit kaynaklarında da buna doğrudan rastlanmıyor. Hitit kaynaklarındaki alakalı yer ve katılımcılara dair muhtemel ifadeler bu yüzden kışkırtıcıdır. "Ahhiyawa", "Wilusa" ve "Aleksandrus" Akhalar, İlios ve Alexandros'a (Priamos'un oğlu Paris) mı karşılık geliyor? Eğer bu doğruysa, bu bilgi kırıntıları savaşın nasıl ve ne zaman olduğunu anlamamıza yardımcı olabilir mi? Bu konuların tümü de tartışmalıdır. Ege dünyası Hititlerin doğrudan denetim bölgesinin dışındaydı. Troyalılar ile Hititler aynı kara parçasında, Anadolu'da yaşamalarına rağmen, Hititlerin egemen olduğu orta yayla, kıyı bölgelerinden fiziksel ve psikolojik açıdan uzaktır.

Hattuşa ve Hititler

Geç tunç çağı kentlerinden Hitit İmparatorluğu'nun başkenti Hattuşa Anadolu'nun antik tarihi açısından son derece önemlidir. Bu harap kent, Hititler hakkında açık ara en önemli bilgi kaynağıdır. Bu çağ Anadolu'sundaki başka hiçbir kazı, bu kalıntıların kapladığı alanla veya Hitit dilinde yazılmış kil tablet arşivlerinin zenginliğiyle boy ölçüşemez. Hattuşa'daki kazılar olmasa Hititler hakkındaki bilgilerimiz gerçekten çok kısıtlı kalırdı.

Her şeye rağmen, başka yakın tarihli Hitit kazıları, Hattuşa'nın Hitit İmparatorluğu'ndaki tek kent olduğu yönündeki uzun soluklu görüşü değiştiriyor. Hitit kentçiliği hakkında yeni kanıtlar sunan kazı alanları arasında en önemlisi Türkiye'nin orta kısmında, Sivas'ın 60 km güneyindeki modern Kuşaklı, antik Sarissa'dır. 1992'den beri Almanya Marburg'daki Philipps Üniversitesinden Andreas Müller-Karpe yönetiminde sürdürülen kazılar Hattuşa'dakilerle aynı mimari, planlama ve savunma ilkelerine göre düzenlenmiş bir yerleşim ortaya çıkarmıştır. Kuşaklı-Sarissa MÖ on altıncı yüzyılda, Eski Hitit Krallığı'nın ilk yüz yılında, Hattuşa'nın kendisi daha yeni Hititleşirken kurulmuştu.

Bir Hint-Avrupa dili konuştuğu bilinen en eski halk Hititlerdir. Hint-Avrupa adı, modern bilimcilerce dilbilgisi ve sözcük dağarcığı açısından birbiriyle akraba geniş bir dil grubuna verilen bir addır. Bu aile İrlanda'dan başlayarak Avrupa boyunca doğuya doğru, modern Avrupa'daki çoğu dili kapsayarak, Batı Asya'ya (Farsça) ve Kuzey Hindistan'a (Urduca ve Hintçe) kadar uzanan bir alana yayılmıştır. Bu dil ailesi, bu bölgede konuşulan Sami dilleri (Antik

Akadça; modern Arapça ve İbranca) ve Ural-Altay (Türkçe) dillerinden farklıdır. Hititçe ilk olarak MÖ on altıncı yüzyılda, Kuzey Suriye'de kullanılan Eski Babil yazılarından uyarlanma bir çiviyazısı ile, daha sonraları ise aynı zamanda bir hiyeroglif yazı ile yazılmıştır. Dolayısıyla Lineer B ile yazılan Yunancadan 200 yıl kadar daha eskidir.

Kimilerine göre, Hint-Avrupa dilleri konuşanlar Kafkaslar veya Orta Asya kökenli olup antikçağlarda çeşitli dönemlerde batı ve güneye göç etmiştir. Zaman içinde, farklı coğrafi ortamlarda ve farklı diller konuşan yerel halklarla karışan orijinal ön Hint-Avrupa dili (ki bu yalnızca varsayımsal bir kurgudur) çok farklı şekillerde gelişmiştir. Hititlere dönüşen grup Anadolu'ya MÖ 2000'den önceki bir zamanda, erken tunç çağında girmişti. Bunu izleyen yüzyıllarda Orta Anadolu'nun denetimini ele geçirdiler ve yaklaşık MÖ 1200'de imparatorluklarının çöküşüne dek yönetimlerini sürdürdüler. Daha sonra, demir çağında Hititlerin bir kolu Güneydoğu Anadolu'da küçük krallıklar halinde tekrar toparlandı. Önemli merkezlerden biri şimdi Türkiye-Suriye sınırında bulunan Karkamış'tı; burada hiyeroglif tarzı bir yazı kullanılıyordu. Bu halklar Yeni Hititler veya Suriye Hititleri olarak bilinir; İbranilerin Kitabı Mukaddes'inde "Hititler" olarak adlandırılan iki gruptan biridirler; diğeriyse Filistin'de yaşayan "Hetoğulları"dır. İkisi de bu bölümde ele alınan geç tunç çağı Hititleri ile karıştırılmamalıdır.

Geç tunç çağı Hititleri Orta Anadolu'daki orta tunç çağı şehir-devletlerinin çöküşünden sonra ortaya çıktı. İki yüzyıl boyunca, yaklaşık MÖ 1850–1650, bu kentler Kuzey Mezopotamya'dan gelen Asur tüccarları için ticaret üssü amaçlı kurulmuş ayrı bölgeler içermişti. Asurlu tüccarların en önemli *karum* veya iş merkezi Kaniş kentindeydi (Kayseri yakınlarındaki Kültepe kazı alanı). Akadça yazdıkları kil tabletler Anadolu'dan ilk yazılı belgelerdir; ekonomik ve toplumsal konularda ve Hititlerin erken tarihi hakkında çok değerli bilgiler sağlarlar.

Asurlu tüccarların tabletlerinde adı geçen yerel hükümdarlardan bazıları Hititti. Onlardan biri olan Anitta (MÖ on yedinci yüzyıl başları), Kültepe'de bulunan bir hançerin üzerindeki "hükümdar Anitta'nın sarayı" ifadesiyle doğrulanmıştır. Kuşkusuz bu saray Kaniş'teydi. Tabletlere göre Anitta, Kaniş'e yerleşmişti ve Kaniş, atalarının anayurdu olarak Hititler için sembolik açıdan önem kazanmıştı; öyle ki, kendi dillerinde Kaniş'in adı olan "Neşa"dan dolayı kendilerine "Neşalılar" diyorlardı. "Hitit" adı, Orta Anadolu'daki Hint-Avrupalı olmayan yerel halkların ülkesinin adı olan "Hatti"den gelir.

Anitta'nın fetihleri arasında o dönemde Hattili yerliler ve bir grup Asurlu tüccarın yerleşik bulunuğu Hattuşa kenti de vardı. İronik bir şekilde, Anitta, kasabayı yok ettikten sonra bir daha kimse yerleşmesin diye orayı lanetlemişti. Ne var ki, Anitta'dan birkaç nesil sonra Hattuşili, yani "Hattuşalı Adam" adını alan bir hükümdarca Hattuşa'ya tekrar yerleşilmişti. I. Hattuşili, topraklarını, bu yeni başkentten güneydoğuya doğru modern Suriye'ye kadar genişletti. Ardılı I. Murşili daha da ileri giderek yaklaşık MÖ 1530'da Babil'i yağmaladı ve Hammurabi'nin kurduğu Eski Babil hanedanını sona erdirdi. Ama Babil, Hititlere kalıcı olarak ellerinde tutamayacakları kadar uzak geldi; güneydoğu sınırları Suriye'de kaldı.

Daha sonraki krallardan I. Şuppiluliuma'nın (saltanatı yaklaşık MÖ 1343–1318) Levant'taki değişmez rakipleri Mısırlılarla sıra dışı diplomatik ilişkileri olmuştu. Hitit arşivlerinden günümüze gelen bir mektup, 18. Hanedan sonunda Amarna sonrası Mısır'daki kargaşa ortamına dokunaklı bir bakış imkânı sağlıyor. Tutankamon'un dul eşi Anhesenamen, Hitit kralına şöyle yazmıştı: "Kocam öldü. Oğlum yok. Ama, derler ki, sizin oğlunuz çokmuş. Bana oğullarınızdan birini verirseniz, kocam olsun. Hizmetkârlarımdan birini seçip kocam asla yapmam ... Korkuyorum!" (Redford 1984:217). Uzun pazarlıklardan sonra Şuppiluliuma oğullarından birini göndermişti. Ama Mısır'da iktidar kraliçenin elinden alınmıştı bile. Talihsiz Hitit prensi öldürülmüş, müstakbel eşi Tutankamon'un ardılı Ay ile evlenmişti.

Bu felaket savaşla sonuçlanmadı, ancak Suriye'deki çıkar çatışması sonucunda Hititler, Mısırlılarla MÖ 1275'te Kadeş'te savaşa tutuştu. Savaşın kazananı yoktu ve Hititler, Mısırlıları savuşturarak Suriye'deki topraklarını korudu. Yaklaşık on altı yıl sonra hazırlanan barış anlaşmasının orijinal nüshaları Hattuşa'daki kazılarda bulunan Hititçe yazılı bir kil tablet ve Karnak'taki Amon Tapınağı'nın duvarlarına kazılı olarak günümüze gelmiştir. Ama II. Ramses bununla tatmin olmamıştı, dolayısıyla Abu Simbel'deki rölyefler Kadeş Savaşı'nı büyük bir zafer olarak ilan ediyordu.

MÖ on üçüncü yüzyılın büyük kısmının refah içinde geçmesine rağmen, yüzyılın sonunda imparatorluk hızla zayıfladı. Ne olduğunu bilmiyoruz, ama tehlike gerçekti: Geç tunç çağı sonlarında Doğu Akdeniz'e egemen olan kargaşa ortamı tablosuna uygun bir felaket yaşanmış, yaklaşık MÖ 1200'de kent ele geçirilmiş ve yok edilmişti.

Hattuşa (Boğazköy)

Hattuşa, Orta Anadolu'da, Ankara'nın doğusunda üç saatlik mesafede yer alır. Antik kentin kenarındaki modern Boğazkale köyünün eski adından dolayı kazı alanına genellikle Boğazköy adı verilir. Charles Texier'nin 1834'te bir ziyaretinden sonra kamuoyunun dikkatini çeken harabeler, on dokuzuncu yüzyılın geri kalanında çeşitli insanlarca aralıklı olarak, daha sonra yirminci yüzyılda Alman Doğu Derneği ve Alman Arkeoloji Enstitüsü tarafından sistematik şekilde incelenmiştir. Kazılar halen devam ediyor.

Boğazköy'ün topografyası etkileyici ve büyüktür. Kuzey-güney ekseni 2,1 km olan kazı alanında düz alanların yanı sıra kayalık zirveler ve dar vadiler de

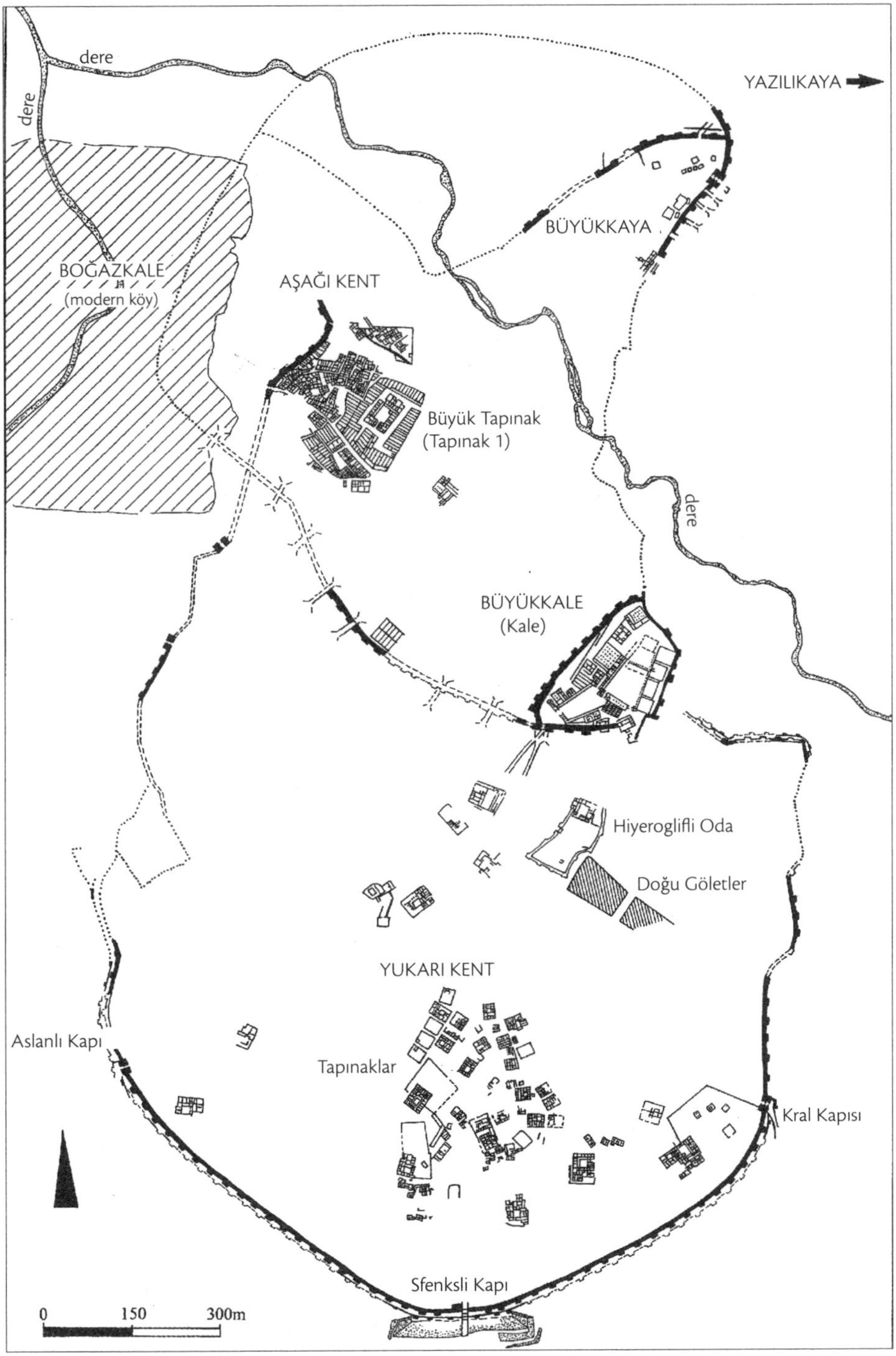

ŞEKİL 8.4 Hattuşa (Boğazköy) kent planı.

vardır. Ayrıca, yer ciddi şekilde eğimlidir; güney uç kuzey uçtan yaklaşık 280 metre daha yukarıdadır (**ŞEKİL 8.4**).

MÖ 1550'den 1200'e kadar bu duvarlarla çevrili çok büyük alan, kraliyete ve tanrılara hizmet etmiş, saraylar ile çok sayıda tapınağa ev sahipliği yapmıştır. Arkeoloji, Hattuşa'nın kraliyete dair ve törensel boyutunun ortaya çıkarılmasına büyük katkılarda bulunmuştur. Özellikle önemli olan dört sektör vardır: duvarlar ve kapılar, Büyük Tapınak, kale ve yakınlardaki Yazılıkaya'da kayaya oyulmuş tapınak. Esas kasaba kuzeydoğuya doğru, modern köyün yanında ve altında yer alıyordu. Bu bölgede az kazı yapılmıştır ve bugün görülecek pek bir şey yoktur. Neyse ki, Hitit tabletleri toplum hakkında canlı bir tablo çizmekte, dolayısıyla da bu eksiklik bir nebze olsun giderilmektedir.

Duvarlar ve Kapılar

Hititler, kenti tahkim etmek için doğal topografik öğeleri insan yapımı duvar ve kil rampalarla birleştirmiştir. Duvarların temelleri taştan olup birbirine bağlı, içi toprak dolu hücre veya bölmelerden oluşuyordu. Duvarların ayırıcı niteliği olan bu kazamat plan taştan tasarruf edilmesini sağlıyordu. Artık var olmayan üstyapılar, güneşte kurutulmuş kerpiç tuğladandı. Ziyaretçilere tahkimatlar hakkında bir fikir vermek adına 2003–05'te, antik uygulamaları taklit eden madde ve tekniklerle 65 metre uzunluğunda örnek bir duvar parçası inşa edildi (**ŞEKİL 8.5**).

Kente girilen pek çok kapıdan güneye bakan üçü özellikle etkileyicidir. İkisi, güneydoğudaki Kral Kapısı ve güneybatıdaki Aslanlı Kapı birbirine benzer. Bu ikisinin ortasında, güneye bakan Sfenksli Kapı ise farklıdır.

Kral Kapısı ve Aslanlı Kapı adlarını üstlerindeki rölyeflerden alır. Ama figürlerin yerleri farklıdır. İç kapıda, girişin solunda kraldan çok bir tanrı figürü vardır, öte yandan iki aslan kapılarının dış girişinin iki yanında dışarı doğru bakar (**ŞEKİL 8.6**). Konumlardaki bu farklılık, kapılardan geçen tören geçitlerinin yönüyle ilgili olabilir.

Kapıların kendileri, iki anıtsal kapı açıklığının arasındaki bir odadan meydana gelir. Bu kapıların çok büyük taş çerçeveleri kendilerine özgü parabolik bir biçime sahipti. Dış kapı açıklıkları boyunca uzanan Kiklop üslubu duvarları bu anıtsallık hissini pekiştirir. Bu teknik ve Sfenksli Kapı'nın altındaki bindirme tonozlu arka kapının Mykenai tarzını andırması, Doğu Akdeniz'de bu dönemde askeri mimariye ortak bir yaklaşımın sonucudur.

Güney uçtaki Sfenksli Kapı, kentin en üst noktasıdır. Planı, alışıldık şekilde, iç ve dış kapı açıklıkları arasında odadan meydana gelen kapı içte ve dışta bir çift gülümseyen sfensk tarafından korunuyordu. Bu kapı dev bir şev, yani üzeri taş döşeme kaplı eğimli bir toprak rampanın tepesinde durur. Buraya doğrudan çıkılamaz, şevin her iki ucundaki dik merdivenlerden ulaşılır.

ŞEKİL 8.5 Hattuşa'da rekonstrüksiyondan geçen tahkimat duvarı.

Bu merdivenlere tekerlekli araçların erişimi imkânsızdı. Bu karmaşık plana bakıldığında kapı ile şev törensel amaçlıymış gibi görünür. Kentin ana, pratik girişi aşağıda kuzeyde, yerleşim bölgesine doğru olmalıdır.

Üst (güney) sektörde otuz bir tapınak bulunmuş olması bu üç anıtsal kapının törensel işlevini doğrular. Hititler fethettikleri kasaba, pınar ve dağların tanrılarını bırakmak istememiş ve onları büyümekte olan kendi panteonlarına dahil etmeyi tercih etmiş gibi görünmektedir. Bu kültlere hizmet etmek için çok sayıda tapınağa ihtiyaç vardı. Ancak, Hattuşa'daki tapınakların en büyüğü bu üst sektör yerine kuzeyde, daha alçak kesimde yer alıyordu.

Büyük Tapınak

Hattuşa'daki tapınakların en büyüğü ve aşağı kentteki kült merkezi olan Büyük Tapınak bazen Tapınak I olarak adlandırılır, çünkü ilk keşfedilendir. Diğer tapınaklar için de geçerli olduğu gibi yalnızca temelleri kalmıştır, ama yine de karmaşıklığı kolayca görülebilir. Kompeksin çekirdeği, merkezi bir avlu ve onu çevreleyen odalardan oluşan asıl tapınaktır. Avlunun kuzeyinde iki geniş kült odası vardır. Bu odaların kuzey yönlerinde pencereleri olması, içeri Doğu Akdeniz bölgesindeki tipik örneklere göre daha fazla ışık girmesini sağlar; normalde tanrı ya tepedeki pencerelerden giren dolaylı ışıkta (Mezo-

ŞEKİL 8.6 Aslanlı Kapı, Hattuşa.

potamya) ya da karanlıkta (Mısır) dururdu. Burada iki ana Hitit tanrısı olan Fırtına veya Hava Tanrısı ile Güneş Tanrıçası'na tapıldığı sanılıyor. Heykelleri günümüze ulaşmamıştır, ama Yazılıkaya'da (bkz. aşağıda) kayaya oyulmuş tapınaktaki rölyeflerde tasvir edilmişlerdir. Tapınağın avlusunu çevreleyen diğer odalar rahip ve hükümdarların (hükümdarlar da rahip ve rahibe olarak görev yapıyordu) ritüellerine ayrılmış olmalıdır. Tapınak Hattuşa'ya özgü şekilde inşa edilmiştir: Büyük taş temeller üzerine keresteden bir iskelet inşa edilip kerpiçle dolduruluyor, sıvanıyor ve boyanıyordu. Temel bloklarını ve ahşap iskeletin tahta kazıklarının yerleştirildiği delikleri hâlâ görmek mümkündür, ama kereste ve kerpiç yok olmuştur.

Asıl tapınağın çevresinde taş döşeli bir sokak ile onun ötesinde uzun, dar depo amaçlı kullanılan oda grupları bulunuyordu. Birkaç geçitten sokağa çıkılabiliyordu, ana giriş güneydoğu yönündeydi. Taş temellerin kalınlığı ve birkaç merdiven boşluğunun olması depoların iki, bazen üç katlı olduğuna ve üst kattaki odaların belki de temeldeki uzun dar odalardan birkaçı boyunca uzandığına işaret eder. Odalarda ne depolandığından emin değiliz. Önemli bir tablet stokuyla birlikte bulunan bazı mühür izleri ve yere yerleştirilmiş *pithos*'lar (sıvı saklama amaçlı) dışında kentin yıkımından sonra geriye pek bir şey kalmamıştı. Ama depoların boyutları bu kompleksin tıpkı bir Minos sarayı gibi mal toplama ve dağıtım merkezi olduğunu açıkça gösterir.

Kale: Büyükkale

Bugün Türkçe Büyükkale olarak bilinen kale, Büyük Tapınak'a tepeden bakar. Bu tepe kuzey ve doğu yanlarından bir yarık tarafından korunmuştu. Batı ve güneyine duvarlar eklenmişti. Kale hükümet merkezi, hükümdarın sarayının bulunduğu yer, ikametgâhı ve resmi dairesiydi. Aynı zamanda devlet arşivlerini barındırıyordu ve Tapınak I ile birlikte Hititler hakkında çok değerli bilgiler sağlayan binlerce kil tabletin en büyük kaynaklarından biriydi. Bu alan her ikisi de bir açık hava avlusu çevresinde gruplanmış bir dizi yapıdan meydana gelen dış ve iç sektörlere ayrılır. Kralın şahsi dairesi içeride yer alırdı. Bugünkü ziyaretçiler MÖ on üçüncü yüzyıl yapılarının taş temellerini görebilir. Bu mekân daha önce ve sonra da kullanımdaydı, ama o kalıntılar kayda geçirilip üstü örtülmüş ya da buradan götürülmüştür. Temellerden erişilemeyen uzun dar odalar veya bölmeler varmış gibi görünmektedir. Tıpkı Minos saraylarındaki gibi bodrum katına baktığımızı unutmamalıyız. Esas odalar daha üst katlarda olurdu. En azından geniş hollerde, tavan veya üst katı taşıyan sütunlu galeriler vardı.

Yazılıkaya

En çarpıcı Hitit dini mekânı kentin 2 km kuzeydoğusundaki Yazılıkaya tapınağıdır. Bu tapınak bir ihtimal MÖ on üçüncü yüzyılda veya belki de daha önce, anlaşıldığı kadarıyla fırtına tanrısı ve güneş tanrıçası şerefine düzenlenen bir Yeni Yıl festivali için inşa edilmişti. Doğal kayadan oyulmuş üstü açık üç odadan meydana geliyordu. Bu alan orijinal olarak önünde inşa edilmiş bir dizi yapı tarafından gizleniyordu, ama bugün bu yapıların sadece taş temelleri kaldığından içeriyi görebiliyoruz. Ayrıca, üç odanın en küçüğü diğerlerinden tecrit edilmiştir (**ŞEKİL 8.7**).

Odaların özellikle duvarlarındaki rölyefler ilgi çekicidir. Ana odada, biri erkek diğeri kadın iki tanrının geçidi, odanın dibine doğru gidişi gösterilir. Bu tanrıların çoğu yazıtlarla tanıtılmıştır; adlarının Hititçe yerine Hurri dilinde olması Güney ve Güneydoğu Anadolu'daki Hurri nüfusun Hititler üzerindeki güçlü etkisini gösterir. Odanın arka duvarındaki ana sahnede iki ana tanrının buluşması tasvir edilmiştir (**ŞEKİL 8.8**). Hurrice adıyla Teşup, yani Hititlilerin büyük hava tanrısı Hatti, solda, eğilmiş erkek olarak tasvir edilmiş iki dağın tepesinde duruyor. İlahiliğini ve rütbesini gösteren uzun boynuzlu bir kep giymiştir. Yanında koşu halinde küçük bir boğa yer alır; boğanın sivri şapkası ilahiliğini gösterir. Teşup'un arkasında, çift tepeli bir platform üzerinde Hattuşa kentinin hava tanrısı durur. Teşup'un karşısında karısı, güneş tanrıçası Arinna, burada Hurrice adı Hepat ile tanıtılmıştır. Dağları temsil ediyor gibi görünen kaidelerin üzerinde duran bir panterin üzerinde ayakta durur. Uzun bir etek giymiş, uzun bastırılmış bir şapka takmıştır. Yanında yine şapkalı

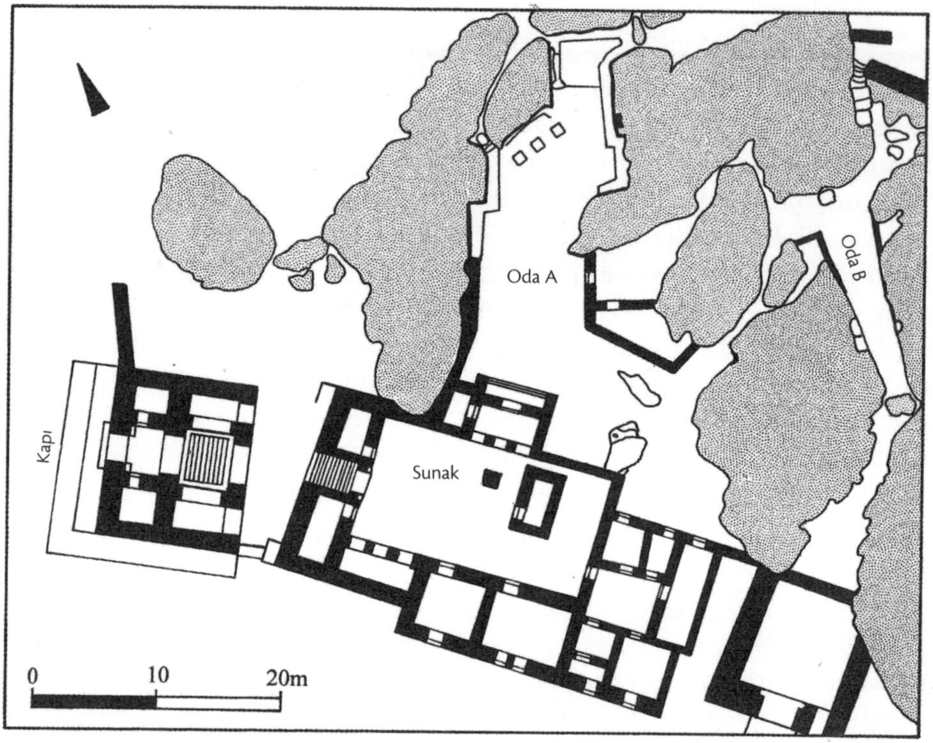

ŞEKİL 8.7 Yazılıkaya Tapınağı planı.

ŞEKİL 8.8 Tanrıların buluşmasını tasvir eden rölyef, Yazılıkaya.

koşan bir boğa vardır. Bu iki boğa ilahi arabaları çeken Hurri ve Şurri'dir. Hepat'ın sağında çocukları durur; en başta dağlar üstünde bir panter üzerinde ayakta duran oğulları Şarruma, ardından da çift başlı bir kartal üzerinde iki kızları gelir. Çocuklar ve geçitteki bütün diğer tanrılar ölçek olarak Teşup ve Hepat'tan çok daha küçüktür. Erkekler antik Yakındoğu sanatının geleneksel tarzında, baş ve bacaklar profilden, ama gövdeler önden şekilde tasvir edilmiştir. Öte yandan, kadınlar ise her iki kolları açık durduklarından büyük ölçüde profilden resmedilmiştir.

Odanın sağ yanında ayrı bir panelde, ama ana tanrıların buluşmasına doğru bakar şekilde, yuvarlak kep ve uzun cüppe giymiş bir Hitit kralı dağ tepeleri üzerinde profilden resmedilmiş olarak durur. Bu, uzattığı yumruğunun üzerindeki yazıttan anlaşıldığı kadarıyla, muhtemelen bu kutsal odayı da yaptıran IV. Tudhaliya (saltanatı MÖ 1235–1215) dinin gereklerinin yerine getirilmesine önem veren bir kraldır. Kral ana tanrılardan bile daha büyük resmedildiği için, bu panelin sonradan eklenmiş ve kralın ölümünden sonra bir tanrı kabul edilmiş olması mümkündür.

Yontma rölyefler düzgün, sürekli bir kuşak oluşturmayıp, bize keyfi yerleştirilmiş görünen panellerden oluşur. Bu düzenlemenin nedeni belli değildir. Odadaki diğer öğeler arasında, belli panellerin altında, kayadan oyulmuş sıralar ve sunuların yerleştirilmiş olabileceği çeşitli oyuklar vardır. Zemin orijinal olarak taş levhalardan meydana geliyordu.

İki iblisin yontma figürlerince korunan dar bir geçitten geçilen ana yan oda IV. Tudhaliya'nın mezar odası olabilir, ancak burada hiç cenaze bulunmamıştır. Bu uzun, dar odada duvarda oyulmuş, bir ihtimal ölülerin küllerinin konulması için urnaların durduğu birkaç niş vardır. Duvarlar fiziksel olarak birbiriyle bağlantısız üç rölyefle bezenmiştir. İlki, kısmen yere saplanmış dik duran bir hançerin bıçağından yükselen, iki omzunda da profilden birer aslan başı bulunan ve gövdesinin alt kısmı iki ters aslan vücuduyla örtülmüş bir tanrının bulunduğu karmaşık bir tasvirdir. Tanrının adı belirtilmemiştir, ama Mezopotamya'da Nergal olarak bilinen yeraltı tanrısı olabilir. İkinci rölyef ana odada da bulunan, birlikte koşan oniki erkek tanrı sahnesinin bir tekrarıdır. Bunlar da ölümle alakalıdır. IV. Tudhaliya üçüncü rölyefte yine karşımıza çıkar, ama bu kez korucuyu tanrısı ve burada kendisinden çok daha büyük çizilmiş Şarruma'nın koruyucu kolları arasındadır.

Anadolu'da Tunç Çağının Sonu

MÖ on üçüncü yüzyıl sonları ve on ikinci yüzyıllardaki yıkımlar Anadolu'nun hem sahillerini, hem de içini aynı derecede vurdu. Hattuşa saldırıya uğradı ve Hitit İmparatorluğu yıkıldı. Bölge, hakkında pek fazla bilgimiz olmayan bir döneme girdi. MÖ dokuzuncu yüzyıla gelindiğinde, demir çağı ortalarında kültürel gelişmeler daha netleştiğinde, Batı Anadolu'ya yeni halklar yerleşmişti: Ege kıyıları boyunca Yunanlılar, hemen içeride ise Lidyalılar, Karyalılar ve Likyalılar. Orta platodaki Hitit toprakları artık Friglerin elindeydi. Karanlık çağlarda gelen, muhtemelen Güneydoğu Avrupa'dan göç eden Frigler, Anadolu geleneğine uyarak daha önce Hititlerin bulunduğu kent ve yerleşimlere yerleşti. Bunlar arasında en önemlileri Hattuşa ve başkent yapacakları Gordion idi.

BÖLÜM 9

Geç Tunç Çağında Kıbrıslılar, Kenanlılar ve Levant Ticaret Kentleri

➤ Kıbrıs: Geç Tunç Çağı (Geç Kıbrıs):	yaklaşık MÖ 1650–1050
Geç Kıbrıs I:	yaklaşık MÖ 1650–1475
Geç Kıbrıs II:	yaklaşık MÖ 1475–1225
Geç Kıbrıs III:	yaklaşık MÖ 1225–1050
➤ Ugarit: Gelişme dönemi	MÖ on dördüncü-on üçüncü yüzyıllar; yıkım yaklaşık MÖ 1190–1180
➤ Gemi batıkları: Uluburun:	MÖ on dördüncü yüzyıl sonları
Gelidonya Burnu:	yaklaşık MÖ 1220

Doğu Akdeniz ve Yakındoğu'nun antik kentlerini ayrı kültürel bağlamları içinde ele almıştık: Antik Yakındoğu, İndus Vadisi, Mısır, Anadolu ve Ege. Ama bu kültürler ayrı ayrı birer boşlukta var olmadı; gerçekten de, beklenebileceği gibi komşularıyla kapsamlı ilişkiler içindeydiler. Doğu Akdeniz'deki karşılıklı bağlantılara vurgu yapmak adına özellikle bölgeler arası ilişkiler sayesinde serpilen kentlere bakalım. Bu tür kültürel kesişimler açısından kilit bölgelerden biri Doğu Akdeniz'in kıyı bölgeleridir (bkz. **ŞEKİL 8.1**). Buralardan geç tunç çağına ait aydınlatıcı iki örneğe odaklanacağız: Kıbrıs'tan Enkomi ve karşısındaki Suriye kıyılarında Ugarit. Ayrıca Türkiye'nin güneybatı kıyılarının açığında Uluburun ve Gelidonya Burnu'nda bulunmuş bu dönemden iki gemi batığı da dikkate değer kanıtlar sunar. Bu batıkların bilimsel olarak incelenmesi geç tunç çağı ticaretinin mekanizmalarına büyüleyici ve önemli bir bakış imkânı sunmuştur.

Enkomi

Kıbrıs adası, Kuzeydoğu Akdeniz'de, Anadolu ile Levant'ın arasında yer alır. Doğu ile batı, kuzey ile güney arasında bir basamak işlevi gören Kıbrıs, antik zamanlardan günümüze dek askeri ve ticari stratejistlerce arzulanmıştır. Ayrıca, zengin bakır kaynakları, adaya ekonomisinin dayandığı geleneksel tarıma ek olarak önemli bir ihraç malı sağlıyordu.

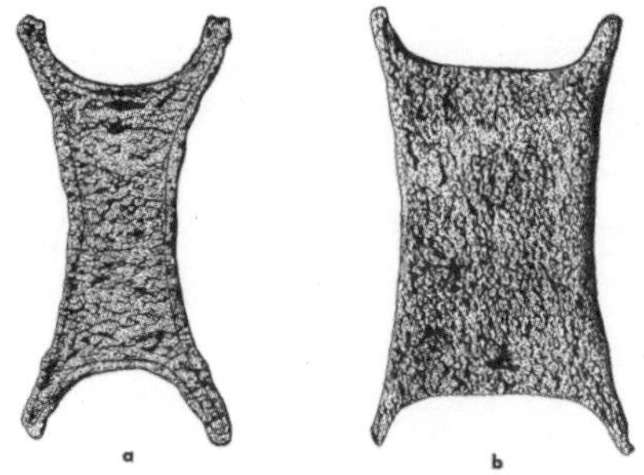

ŞEKİL 9.1 "Öküz derisi" bakır külçeler, yaklaşık MÖ 1200. (a) Serra İlixi, Sardinya; (b) Enkomi.

Enkomi kenti geç tunç çağında işte bu ekonomik etkenlerden dolayı serpildi. Kıbrıs'ın doğusundaki Enkomi geç tunç çağında Levant ve Yeni Krallık imparatorluğu olarak siyasal istikrara kavuşmuş müreffeh Mısır ile ticaretten kâr sağlamak için doğu ve güney kıyılarında doğan Kition ve Hala Sultan Tekkesi gibi birkaç yeni kasabadan biriydi. Enkomi'nin harabeleri kıyıdan birkaç kilometre içeridedir. Zamanında kentin belki de gemilerin girebileceği bir akarsu ağzı olan korunaklı bir limanı vardı, ama erozyon burayı doldurmuş ve kalıntılar karaya oturmuş gibi ovanın ortasında yüksek ve kuru bir alanda kalmıştır. MÖ birinci binyılda yerleşim deniz kıyısına, Salamis kentine kayacaktı.

Enkomi'nin mezarları on dokuzuncu yüzyıl sonlarından beri biliniyor. Kentin belirlenmesi ve kazılması ise, 1934'te Fransız arkeolog Claude Schaeffer'in Suriye kıyısındaki Ugarit/Ras Şamra'daki (bkz. aşağıda) bulgularını desteklemek üzere giriştiği tek mevsimlik araştırmayla başlamıştır. Schaeffer çalışmalarına 1946'da tekrar başlamıştır. Daha sonra çalışmalara katılanlar arasında Kıbrıs Eski Eserler Bölümü adına Porphyrios Dikaios da vardı. 1974'te Kıbrıs'a Türk çıkarması sonucunda ada bölünene ve Enkomi Türk bölgesinde kalana dek kazılar aralıklı olarak devam etti.

Enkomi'de yerleşim orta tunç çağında başlamıştı, ama kent geç tunç çağında serpildi. Kanıtlarımızın başlıca kaynağı arkeolojidir, ama komşu halkların metinleriden de bir miktar bilgi edinebiliyoruz. MÖ on sekizinci yüzyıldan itibaren Alalah (Antakya yakınlarında, Türkiye), Mari, Mısır ve Hattuşa'dan elde edilen metinlerde sözü edilen bakır üreticisi Asi veya Alasia krallığının aslında Kıbrıs olduğu genel olarak kabul görmüştür. En azından Fransız arkeologlar Enkomi'nin Alasia'nın başkenti olduğuna inanıyorlardı; dahası, Mari'de bulunan yeni bir metinde "Alasia'nın kenti"nden söz edilir. Bu metinler özel olarak Enkomi ile burada yaşayanlar ve yöneticileri hakkında hiçbir bilgi vermez. Kıbrıslıların kendilerinden kalanlar ise yalnızca potansiyel kanıtlardır, zira ilk olarak yaklaşık MÖ 1500'de Enkomi'de rastlanan ve geç tunç çağı boyunca kullanılan yerel Kıbrıs-Minos yazısı henüz çözülememiştir.

Enkomi, alet ve silah yapımında kullanıldığı için son derece değerli olan tunç alaşımının ana öğesi bakır ticaretinin önemli bir merkezi olarak zenginleşti. Kıbrıs'ın kuzeybatı kesiminde, Troodos Dağları'nın kuzey ve kuzeydoğu yamaçlarında önemli bakır kaynakları vardı. Erken tunç çağından modern

ŞEKİL 9.2 Bir külçe üzerinde duran tanrıyı tasvir eden tunç figürin, Enkomi. Kıbrıs Müzesi, Lefkoşa.

zamanlara dek yararlanılan bu madenler artık tükenmiş durumdadır. Enkomi gibi kasabalara getirilmeden önce cevher toplanır ve kısmen eritilirdi. Burada biraz daha işlendikten sonra Suriye, Mısır ve yeterli metal kaynaklarından yoksun diğer bölgelere gönderilmek üzere bakır külçeler haline getirilirdi. Ada içi bakır ticaretinin nasıl düzenlenmiş olduğunu bilmiyoruz; belki madencilik faaliyetlerini yöneten tek bir otorite vardı, belki de her kent kendi çıkarlarını kolluyordu.

Bakır (ve hatta kalay) külçeleri kimi zaman belirgin şekilde düz, ince, kabaca dikdörtgen ve dört köşesinden çekilip uzatılmış "öküz derisi" biçiminde yapılırdı (**ŞEKİL 9.1**). Boyutlar 30–60 x 20–45 x 4–6 cm gibi farklılıklar gösterir. Ağırlıkları 10 kg ile 37 kg arasında olup, ortalama ağırlık 30 kg idi. Dört köşesinden kurusun diye sabitlenmiş ve bu süreçte ortası çekmiş bir hayvan postunu andıran belirgin biçiminden dolayı bu nesnelere tasvir edici "öküz derisi külçe" adı verilmiştir. Hatta bu külçelerin bir öküzün parasal değerini temsil ettiği iddia edilmiştir. Öküz ile kurulan bağlantının yanlışlığı kanıtlanmıştır; Uluburun batığında hem dört hem de iki saplı külçelerin bulunmuş olması bu biçimin kolay taşınması için tasarlandığını açıkça gösterir, ama yine de bu ad Akdeniz arkeolojisinde yerleşmiştir.

Bu külçeler Batı Akdeniz'de Sardinya'da, Girit'te ve Yakındoğu'da bulunmuş ve Teb'deki Mısır Yeni Krallık mezar resimlerinde önemli tasvirlerine rastlanmıştır. Bakır külçelerindeki kurşun izotoplarının ve eser elementlerin bilimsel analizi, çoğu vakada Kıbrıs kaynaklı oldukları düşüncesini desteklemiştir. Külçelerin yaygın dağılımı Kıbrıs'taki bakır kaynaklarının çok geniş bir bölge için öneminin göstergesidir. Kıbrıs sanatında öküz derisi külçelerin kullanımına en çarpıcı örnek, Enkomi'deki MÖ on ikinci yüzyıl başlarından kalma bir tapınakta bulunan tunç heykelciğin kaidesidir. Uzun (35 cm), boynuzlu miğfer ve baldır zırhı ile korunan zarif sakallı bir tanrı, bir kalkan ve mızrak tutar (**ŞEKİL 9.2**). Bir külçenin üzerinde durduğu için adanın bakır madenlerinin koruyucusu "külçe tanrısı" olarak teşhis edilmiştir. Arkeologlarca o kadar önem verilmişti ki Enkomi'deki tapınağa ondan esinlenerek Külçe Tanrısı Tapınağı adı verilmişti.

Geç tunç çağının sonlarında Doğu Akdeniz'i kasıp kavuran değişimler Kıbrıs'ı da etkilemişti. Tam olarak neler olduğunu anlamak için çömlek buluntularının yorumlanmasından yararlanılmıştır. Dokuların bilimsel analizinden alınan sonuçlara göre Peloponnesos'tan ithal edilmiş çömlekler vardı, ama aynı zamanda Mykenai resimsel tarzında, daha çok geniş ağızlı çömlekler ve amforalar gibi büyük çömleklerin tercih edildiği yerel üretim de söz konusuydu. Enkomi'de, özellikle de mezarlarda bulunan bu tür çömleklerden, çok sayıda Mykenaili'nin Enkomi'ye göç etmiş olduğu sonucuna varılmıştır. Benzer şekilde, MÖ on birinci yüzyıl bağlamında Minos tarzı kolları kalkık tanrıça figürinleri bulunmuş olması MÖ 1100'den sonra Girit'ten Kıbrıs'a bir mülteci dalgası geldiğini düşündürtmüştür. Kıbrıs'ta bulunmuş Ege seramiklerini yapan Mykenai ve Minos'tan gelme yerleşimcilerle ilişkilendirilen bu tür savlar son yıllarda sorgulanmaya başlanmıştır. Nasıl bugün Amerika'da Çin yapımı nesnelerin yoğun şekilde kullanılması Çin'den çok sayıda göç gelmesinden çok daha karmaşık ekonomik ilişkilerden kaynaklanıyorsa, aynı şekilde Kıbrıs'ta bulunan nesnelerin Egeleşmiş olmasının nedenleri geleneksel açıklamalardan çok daha farklı olabilir. Gerçeği ararken pek çok ihtimali göz önünde bulundurmak zorundayız.

Buradan geçen diğer yabancılar muhtemel Mykenaili ve Minoslu göçmenler kadar iyi niyetli değildi. Enkomi geç tunç çağında iki kere ağır tahribat gördüğünde kenti yakanlar, MÖ on üçüncü yüzıl sonlarında ve on ikincide Nil Deltası açıklarında Mısırlılarla deniz savaşlarına tutuşup kaybeden gevşek bir akıncılar koalisyonu olan Deniz Halkları olabilir. Bu yıkım kalıbı başta Kition olmak üzere diğer Kıbrıs kentlerinde de görülür. Kıbrıs kentleri MÖ on ikinci yüzyılda toparlandı ve zenginliklerini sürdürdü; ancak, zaman içinde Doğu Akdeniz'deki ekonomik gerileme adayı da etkileyecek ve MÖ on birinci yüzyıl ortalarında Enkomi terk edilecekti.

Mimari Kalıntılar

Enkomi'de geç tunç çağının her döneminden mimari kalıntılar olmakla birlikte en etkileyicileri bu dönemin sonlarındandır. En erken mimari izler arasında Geç Kıbrıs I kalesi bulunur. Bu dönemde adada bu tür kalelerden birkaç tane inşa edilmiş olması, orta tunç çağının sonlarındaki siyasal belirsizlik ve kargaşanın bir göstergesidir. Kasabanın kuzey kenarında bulunan 34 x 12 metre ölçülere sahip kalenin belirleyici özelliği çok kalın duvarlarıdır. Odalar iki kata dağılmıştı; üst kata ve çatıya içeriden bir merdivenle çıkılıyordu.

Geç Kıbrıs II kalıntıları arasında ev ve mezarlar da vardır. GK II evleri tipik olarak bir avlunun üç yanına inşa edilmiş odalardan meydana gelir. İyi donanımlı banyoların yerleri çimentodan, küvetleri kilden olup akaç sistemleri vardır. GK I ve GK II gömüleri arasında Ugarit'te inşa edilmiş mezarları andıran taş duvarlı mezarlar ve üç küçük *tholos* yer alır. Kıbrıs'ın diğer bölgelerinde GK I–II'deki standart mezar türü kayadan oyma oda mezardır.

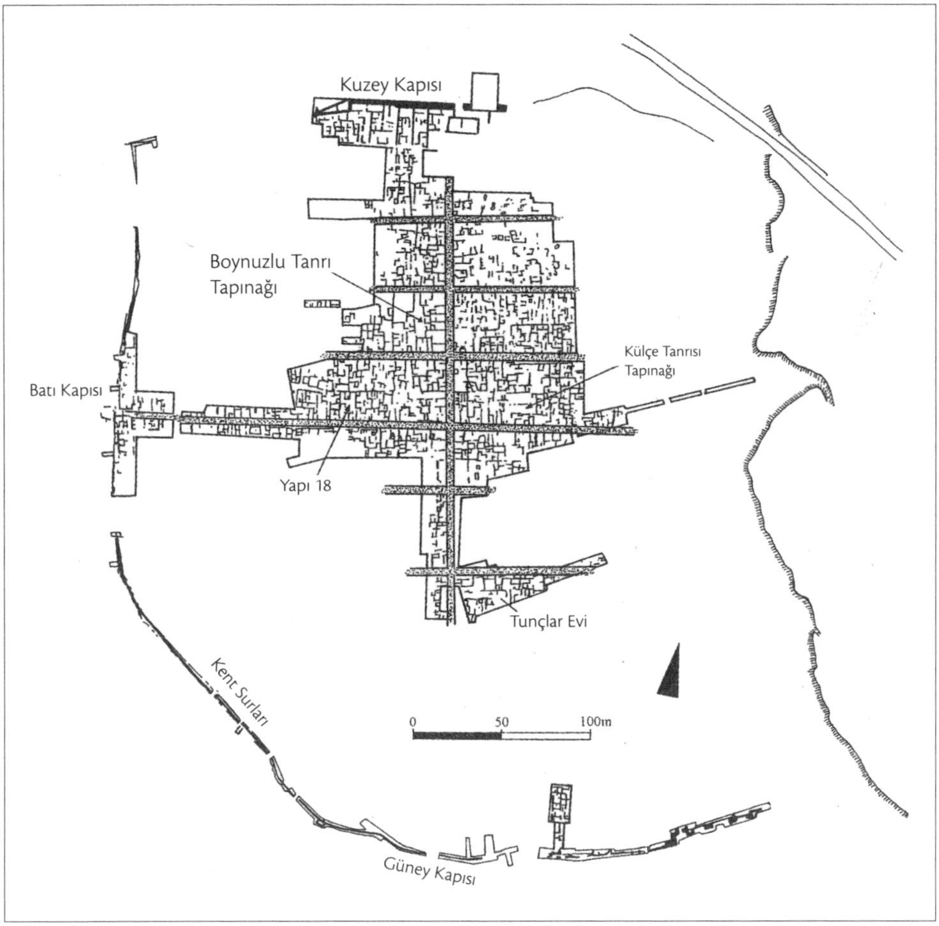

ŞEKİL 9.3 Enkomi kent planı.

GK II'nin sonlarında, yaklaşık MÖ 1225'te ve yaklaşık MÖ 1200'de Enkomi ciddi tahribat görmüş, ama her seferinde tekrar inşa edilmişti. MÖ on üçüncü yüzyılda, Enkomi halkı kentlerini savunma amaçlı bir duvarla çevreledi. Kuzey-güney yönünde yaklaşık 400 metre, doğu-batı yönünde ise yaklaşık 350 metre boyutlarındaki bu duvarın tabanı 1,5 metre yüksekliğinde paralel sıralanmış geniş bloklardan oluşuyordu, araları molozla doldurulmuştu. Üstyapı kerpiçtendi. Aralıklı olarak inşa edilmiş dikdörtgen kuleleri vardı. Duvarın içindeyse, GK III kenti çarpıcı şekilde düz, kabaca kuzey-güney doğrultusunda bir ana cadde ve bundan dik açıyla çıkan yan sokaklardan oluşan bir ızgara plana sahipti (**ŞEKİL 9.3**). Mimaride farklı yapım teknikleri ve kalitesine rastlanması yerel toplumda ekonomik bir hiyerarşinin göstergesidir. Ana sokak boyunca iyi inşa edilmiş tapınaklar, kamusal yapılar ve evler bulunurken, yan sokaklarda, gerilerde daha kalitesiz materyallerden yapılma mütevazı evlerle

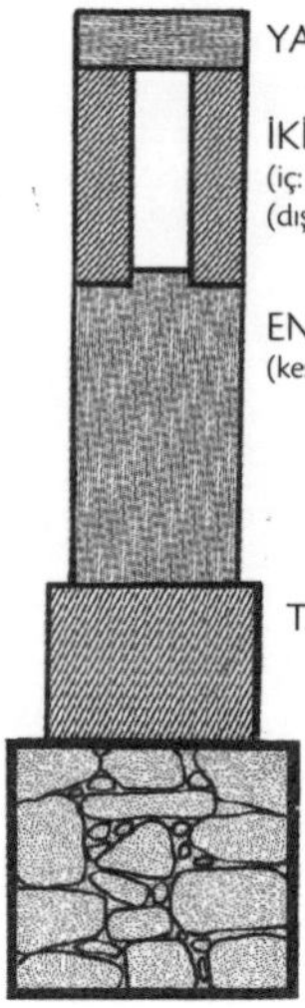

ŞEKİL 9.4 Bina 18'de uygulanış tarzıyla inşa edilen bir duvarın kesitini gösteren diyagram, Enkomi.

karşılaşılır. Diğer keşifler arasında, bakır dökümü atölyesi (Kuzey Kapı bölgesi, daha erken tarihli GK I kalesi) ve Ugrait tarzı yeraltı odaları da dahil birkaç mezar vardı.

GK III Enkomi'nin en etkileyici evi Yapı 18'dir. Schaeffer'in Egeli bir kabile reisinin sarayı olabileceği iddiasına rağmen ne amaçla kullanıldığı bilinmemektedir. Ana güney cephesinin uzunluğu 40 metre olan Yapı 18, bütün bir kent bloğunu kaplar. Ayrıca güney cephede her biri 2 metre genişliğinde 4 kapı ve dört pencere vardır. Duvarlar GK II sonları ve GK III'te yaygınlaşan kesme taş tekniği ile yapılmıştır. Tunç çağı mimarisinde, "kesme taş" kavramı farklı boylarda dikdörtgen (bazen de yamuk) biçimli, görünür yüzleri parlatılmış bloklar için kullanılır. Bu tür levhalar genellikle moloz veya toprak doldurma bir duvarın dış yüzü olarak iş görüyordu. Burada Yapı 18'de, molozla düzlenmiş zemin ve taş kaide üzerine oturtulmuş büyük kesme taş bloklar binanın en alt katını meydana getirir (**ŞEKİL 9.4**). Bu bloklar gayet büyük olabilir, 3 (uzunluk) x 1,4 (yükseklik) x 0,7 metre (genişlik) boyutlarına ulaşabilirdi. Bunun tepesinde, oyukların içine birbirine paralel yerleştirilmiş, aralarındaki boşluk moloz veya toprakla doldurulmış daha ince iki blok vardı. Bu ikinci katın tepesine yatay bir levha yerleştirilmişti. Bu şık işçilik, Enkomi'nin zenginliğinin bir göstergesiydi. GK III A'nın sonlarına gelindiğinde, o zenginlik yok olmaya yüz tutmuştu. O zaman Yapı 18, moloz duvarlarla daha küçük odalara bölünmüş ve kısmen bakır dökümü yapılan bir mekân olarak iş görmüştü.

GK III Enkomi'deki en önemli dini yapı Boynuzlu Tanrı Tapınağı'dır. İki kült odasından birinde bulunan, som tunçtan iki boynuzlu miğfer giyen genç bir erkek olarak tasvir edilmiş bir tanrının 54,2 cm boyundaki heykelinden adını alan tapınak, tavanı iki kare payanda ile taşınan dikdörtgen biçiminde geniş bir hol ve doğusunda iki kült odasından meydana geliyordu. Holde bir sunak ve sunu masası ile bunların etrafında kutsal su çanakları ile öküz, geyik ve keçi gibi çeşitli boynuzlu hayvanların kafatasları bulunmuştur. Enkomi'de bulunan diğer tapınaklarda ocaklar, sunu masaları ve bazen de ibadetin odağı olarak payandalar vardır, ki bu sonuncusu Minos sütun kültünün bir yansıması olabilir.

Ugarit (Ras Şamra)

Enkomi ile Doğu ve Güney Kıbrıs'taki diğer kentler denizin hemen diğer tarafında, Suriye kıyılarındaki önemli Kenanlı ticaret kenti Ugarit ile yakın ilişki içindeydi. Ugarit adı Mari, Amarna ve Hattuşa/Boğazköy'de bulunan tabletlerde geçiyordu, ama yirminci yüzyıla dek bu kentin yeri bilinmiyordu. Çiftçinin biri, Lazkiye'nin kuzeyindeki Ras Şamra höyüğü yakınlarında bir oda mezara rastladıktan sonra, Claude Schaeffer idaresindeki bir Fransız ekip 1929'da höyük ve çevresinde kazılara başladı. 1933'e gelindiğinde, yörede bulunan çiviyazısı tabletlerden Ras Şamra'nın Ugarit olduğu anlaşıldı ve Ugarit'in yeri sorusu cevabını buldu. Birkaç kesintiyle birlikte kazılar o zamandan beri devam etmektedir. Daha önceleri geleneksel şekilde anıtsal yapıların ortaya çıkarılması üzerine odaklanılırken, 1978'den itibaren çabalar Ugarit'teki kentçiliğin kapsamlı şekilde anlaşılmasını hedeflemiştir.

Ugarit'te yerleşim neolitik dönemde başlamış, daha sonra kalkolitik dönem ve tunç çağında devam etmiştir. Mısır ve Kıbrıs ile erken tunç çağında, Minos Girit'iyle ise orta tunç çağında temas kurulmuştur. Artık, yabancı ülkelerdeki harikalar konusunda merakıyla ünlü olan orta tunç çağından adsız bir Ugarit kralını biliyoruz. Yamhad (Halep) krallarından biri olan Hammurabi'ye gönderdiği bir mektupta Mari'deki sarayı görmek istediğini söyler: "Bana Zimri-Lim'in sarayını göster! Onu görmek istiyorum." Kil tablet üzerine yazılmış mektubu Mari arşivlerinden günümüze gelmiştir.

Şehir, geç tunç çağı sırasında refahının zirvesindeydi. Ugarit halkı Levant kıyılarındaki Semitik halklardan biri olan Kenanlılardandı. MÖ on dördüncü ve on üçüncü yüzyıl düzeylerinde Akadça, Hititçe, Hurrice, Kıbrıs-Minosçası ve yerel Ugarit dili de dahil çeşitli dillerden önemli tablet buluntuları sayesinde yerel tarih, din ve mitoloji hakkında çok bilgimiz var. Ugarit dili, yaklaşık otuz işaretten meydana gelen alfabetik bir çiviyazısı ile yazılmıştı ki bu, dünyada bilinen en eski alfabetik yazı sistemidir.

Güçlü komşularının baskısına rağmen Ugarit bir dereceye kadar özerkliğini korumuştu. Gerçekten de, ilk önce Mısır, sonra da Hitit egemenliği altında yerel bir hanedan MÖ on dördüncü ve on üçüncü yüzyıllar boyunca iktidarda kaldı. Bu Büyük Güçler'in uyguladığı kontrole rağmen, Ugarit'in refahına gölge düşmedi. Kentin zenginliği tahıl, şarap ve kereste ihracının temelini oluşturan yerel tarımdan; metal işçiliği, parfümcülük ve özellikle de yerel bir kabuklu deniz canlısı olan iskerletten elde edilen mor boyanın imalatı gibi yerel endüstrilerden ve Kıbrıs'tan getirilip buradan çevreye nakledilen bakırdan geliyordu. Kentin kendisi denizden içerideydi, ancak Ugarit yakınlarındaki koy, bugün modern Suriye'de küçük koy anlamına gelen Minet el Beida adıyla bilinen bir limana sahipti. Ugarit'in tek limanı Minet el Beida değildi; yakınlardaki Ras

İbn Hani'deki yakın tarihli kazılar Ugarit kıyılarında bir başka aktif ticari merkez daha ortaya çıkarmıştır.

Çoğu kent gibi Ugarit de yangın ve depremler geçirdi, ama her zaman toparlanmayı başardı. Ancak, MÖ on ikinci yüzyıl başlarında durum farklıydı. Bu dönemde Doğu Akdeniz havzasına egemen olan kargaşa ve felaketler zincirinin halkalarından biri olarak yaklaşık MÖ 1190–1180'de kent, istilacı Deniz Halkları'nca iyiden iyiye tahrip edilmişti. Bu tahribat, yerel Ugarit kültürünün parlak dönemini sona erdirdi. Bundan sonra yerleşimler yalnızca küçük ölçekli olacaktı.

Ras Şamra Kazı Alanı

Ras Şamra/Ugarit bir kıyı ovasında, kıyıdan hemen içeride yer alır. Kuzeyde ve güneyde iki tane mevsimlik ırmak kenti kuşatırdı; muhtemelen antikçağlarda kasabaya erişimi sağlayan kuzey-güney yol sisteminin parçası olarak her iki akarsuyun üzerine köprü yapılmıştı. Güneydeki akarsu Delbe, kente başka bir açıdan daha hizmet veriyordu. 1986'da kuyular dışında su sağlama ve saklama sisteminin kanıtı olarak güneydeki ırmağa set çeken bir taş bendin izleri bulunmuştu. Belli yapım teknikleri, özellikle tümü geç tunç çağı olarak tarihlendirilmiş bazı mezarlardaki ve batıdaki posternin kapısındakine benzeyen çifte kırlangıç kuyruğu kenetlerin kullanımı nedeniyle bent de geç tunç çağı olarak tarihlendirilmiştir.

Tepesinden ölçüldüğünde, kimi kısımları antikçağdan beri erozyona uğramış höyük 22 hektardan biraz fazla bir alan kaplar ve çevresindeki ovadan 20 metre kadar yükselir. M. Liverani nüfusu 8.000–6.000 kişi olarak tahmin etmiştir. Höyüğün yaklaşık olarak dörtte biri incelenmiş olmasına rağmen, bu esas olarak son önemli evre olan geç tunç çağını barındıran en üst tabakayla sınırlı kalmıştır. Geç tunç çağı Ugarit'inin mimarisi ve kent planının anlaşılmasında ana inşaat maddesinin kerpiç yerine taş olması, dolayısıyla daha iyi korunmuş durumda bulunmasının payı büyüktür. Ayrıca, bu alanda daha sonraki dönemlerde çok inşaat bulunmadığı için, geç tunç çağından kalma yapım malzemeleri buradan götürülüp tekrar kullanılmamış, ellenmeden yerlerinde kalmışlardır.

Kraliyet Sarayı

Kazılar sonucu iki ana sektör ortaya çıkmıştır (**ŞEKİL 9.5**). Kuzeybatıdaki birincisi kraliyet sarayı civarıdır. Bu batı yanda müstahkem bir kapı bulunmuştu, ama kapı, kentin kendisi yerine sadece saray bölgesine açılıyordu. Çiftçi, tüccar ve diğer kimselerce kullanılan kentin ana girişinin güneyde, güneydeki ırmağı aşan yola baktığı sanılıyor. Bu savın doğrulanması kazılardan gelecek sonuçlara bağlıdır. Önemli sektörlerin ikincisiyse kuzeydoğudaki akropolis alanıdır. Bu

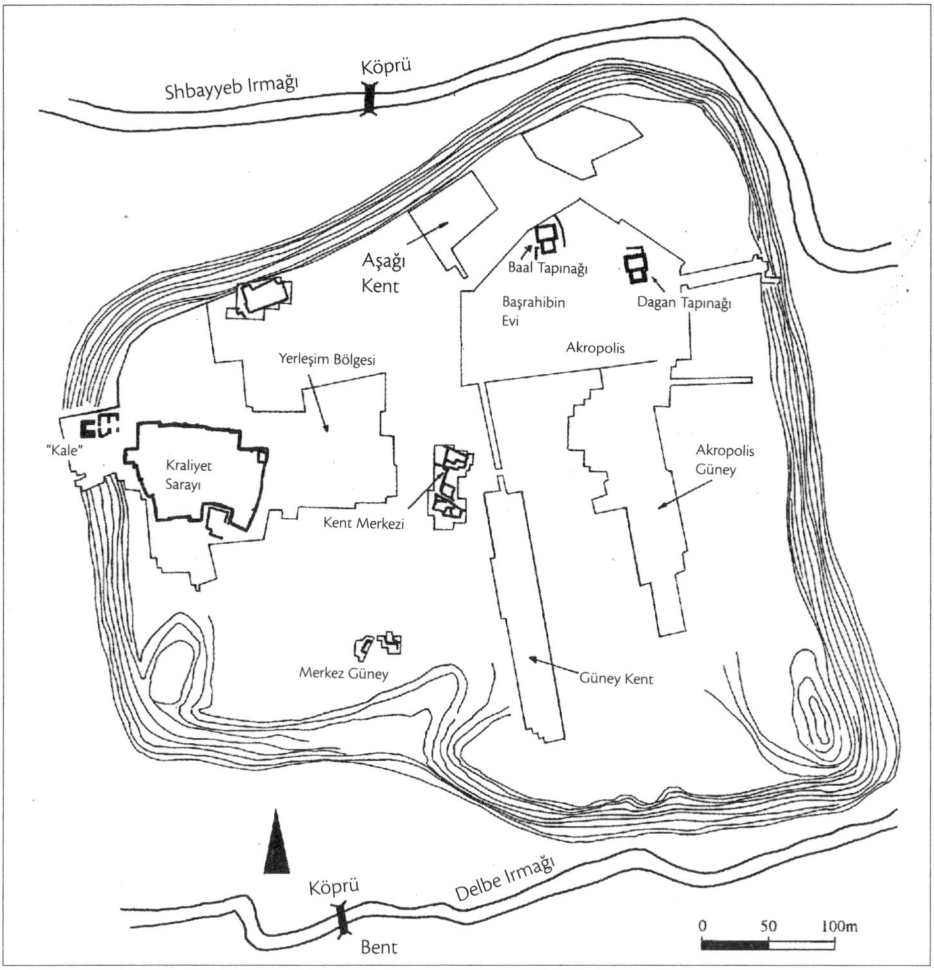

ŞEKİL 9.5 Ugarit kent planı.

alanda kentin başlıca dini binaları yer alıyordu: Kentin iki ana tanrısı Baal ve babası Dagan'a adanmış tapınaklar ile Başrahibin Evi (kütüphane olarak da bilinir). Saray bölgesi ve akropolis dışındaki alanlarda evler, kült yapıları, dükkânlar ve üretim merkezlerinin bir arada yer aldığı karma işlevlilik geçerlidir.

Geniş saray sektörüne Kraliyet Sarayı egemendir. Bölge ilk olarak MÖ on beşinci yüzyılda inşa edilmiş, dışarı doğru 45 derece eğimli, en alçak kısmı yığılmış taşlardan bir rampa ile örtülü bir tahkimat duvarı tarafından korunurdu. Ayrıca, girişin yakınlarındaki bir kuleler öbeği fazladan güvenlik sağlardı. 5 metre kalındığındaki duvarlarına yakışır şekilde Kale adı verilen bu kompleks, ana giriş yolunu ve poterni, yani savunma sisteminin alt kısmının

ŞEKİL 9.6 Ugarit'te potern kapı.

içinden geçen taş döşeli bir geçidi korurdu (**ŞEKİL 9.6**). Bindirme tonozlar gibi bazı yapım teknikleri, Hitit ve Mykenai mimarisiyle bağlantılara işaret eder.

Kraliyet Sarayı MÖ on beşinciden on üçüncü yüzyıla kadarki dönemde, en azından dört ana evrede yapılmıştı. Tipik Akdeniz/Yakındoğu tarzına uygun olarak avluların çevresinde gruplanmış odalardan meydana geliyordu (**ŞEKİL 9.7**). Ama olağanüstü büyüktü; MÖ on ikinci yüzyıl başlarında kent yıkıma uğradığında 6.500 m^2'lik bir alan kaplıyordu ve ihtişamı uluslararası ün konusu olmuştu. MÖ on dördüncü yüzyılda Amarna arşivinde bulunan bir tablette, Mısır firavununa yazan bir Gebal (Byblos) prensi Tsor'daki (Tyros/bugünkü Sur) sarayı tarif ederken, onu "duvarların arasında kayda değer şeyler bulunan" Ugarit'teki saraya benzetir.

Sarayın zemin katında doksan oda, beş avlu, dört mini avlu, girişte bir kule ve arkada geniş bir bahçe yer alıyordu. Zemin kattaki odalar kamusal kabul ve idari işlevlere hizmet ediyor; ofisler, arşivler, depolar, nöbetçi odaları ve personel yaşam alanlarını içeriyordu. Yeraltında, kuzeydeki iki odanın altında bindirme tonozlu taş döşeli üç büyük odadan meydana gelen aile mezarları vardı. Bunların içindeki eşyalar çıkartılmıştı. Muhtemelen kraliyet ailesinin özel dairesini barındıran üst kata çıkan on iki merdiven vardı.

ŞEKİL 9.7 Kraliyet Sarayı planı, Ugarit.

Zemin katın planının simetrik olmayıp serbest biçimli olması, kuşkusuz farklı zamanlarda yapılan değişiklik ve eklemeleri yansıtıyordu. Binanın dış çizgileri düzensizdir; ana sokaklardan biri boyunca uzanan kuzey cephenin çizgisi sürekli girinti ve çıkıntılarla bozuluyordu. Sarayın ana girişi asimetrik biçimde kuzeybatıdadır. Belirgin giriş çatısı, taş kaideler üzerinde yükselen iki ahşap sütunca taşınan taş döşeli bir sundurma, her iki yanda taştan bir seki ve güneyinde güvenlik amaçlı bir kuleden meydana geliyordu. Kuzeydoğu ve güneybatıda daha küçük iki giriş daha vardı.

İnşaat kalitesi yüksekti. Saray, yer yer 4 metre yüksekliğine dek korunmuş kesme taşlardan yapılmıştı. Taş duvarlardaki oyuklara yerleştirilen ahşap çapraz kirişlerden de yararlanılmıştı. Duvarlar kalın, süslenmemiş bir sıva tabakasıyla kaplıydı.

Harabeler, başta fildişi oymalar, taş steller, figürinler ve daha önce bahsedilen çok sayıda tablet olmak üzere nesne buluntular açısından bereketlidir.

Sarayın çeşitli yerlerindeki önemli arşivlerde bulunan tabletler bu merkezin idari işlevleri hakkında çok bilgi verir. İçerikleri arasında dış bölgeler hakkında raporlar, yargı kayıtları (özellikle sarayın güney merkezi arşivinden), hatta kâtiplik öğrencilerinin deneme yazıları vardır. Orijinal kazı raporunda güney avluda, kil tabletlerin kalıcı şekilde korunma için pişirildiği bir fırından söz edilir. Bu fırının içinde kentin yıkım anında terk edilmiş, dolayısıyla geç tunç çağı sarayının son gününde yazılmış özel bir grup metni oluşturan tabletler bulunmuştu. Ancak son araştırmalar bu dramatik ve renkli sava gölge düşürmüştür. Bir fırının varlığı kesin değildir ve dahası, o noktada bulunan tabletler üst kattan düşmüş ve saray yangının kalıntılarıyla karışmış, daha büyük bir tablet ve diğer nesneler grubuna aittir.

Kent Planı ve Özel Evler

Kentsel planın, semtlerin ve özel evlerin incelenmesi Ugarit'teki son kazıların başlıca ilgi alanlarından olmuştur. Enkomi'nin aksine, Ugarit'in yerleşimi son derece düzensizdi. Sokakların hiçbiri düz değildi ve enleri yaklaşık 2,50 metreden ara sokaklarda 0,90 metreye kadar değişiyordu. Kamusal meydanlar seyrekti. Düzensiz sokaklar ve ara sokaklar, ev bloklarının yani *insulae* veya adaların biçimini belirliyordu. Adalar ortak duvarı olan evlere bölünüyordu, ama kazılar farklı ihtiyaç ve durumlara göre içi değişebilen evlerin, temel tasarım birimi olmadığını göstermiştir. Bunun yerine, ihtiyaca göre farklı biçimli evler, dükkânlar, çalışma mekânları gibi parçalara bölünebilenler adalardı. Dolayısıyla evler çok farklı boyut ve biçimlerde olabiliyordu (**ŞEKİL 9.8**).

Odalar genellikle bir avlu çevresinde düzenlenmişti. Genel olarak, bir evin üst katında yatak odaları ve kendisi de bir faaliyet alanı olarak kullanılan düz bir çatı olurdu. Plandaki Ev B gibi daha iyi evler giriş holü, kuyu, tuvalet ile buna uygun kanalizasyon, merdiven boşluğunun üzerinde küçük bir oda, avluda ekmek için fırınlar ve taş tekneler, hatta yeraltında aile mezarlığı olarak taştan bir mezar odasına sahipti. **ŞEKİL 9.8**'de görülen evlerin planında, Ev C aslen Ev B'nin parçasıymış gibi görünür. MÖ on üçüncü yüzyıl sonlarındaki nüfus baskısıyla birlikte bu odalar duvarla ayrılarak ayrı bir yerleşim birimi yaratılmıştır. Ana yapım malzemesi düzgün kesme taşlar ve moloz halinde taş olmakla beraber, duvar sıralarında ve çatı desteği olarak ahşaptan da yaygın şekilde yararlanılırdı. Çatılar çamurla kaplanmış sazlardan yapılır ve yağmurdan veya yenilemeden sonra neredeyse Ugarit'teki tüm evlerde bulunan taştan bir çatı silindiri ile sıkılaştırılırdı. Düzensiz yapı temellerinin, kentin eğimli zemininde genellikle derinlere (1,8 metreye kadar) inmesi depreme karşı bir önlem olabilir.

Yukarıdaki standart bir mahalle örneğidir. Ama sarayların hemen doğusunda kaliteli evlerden oluşan yüksek rantlı bir mahalle de keşfedilmiştir.

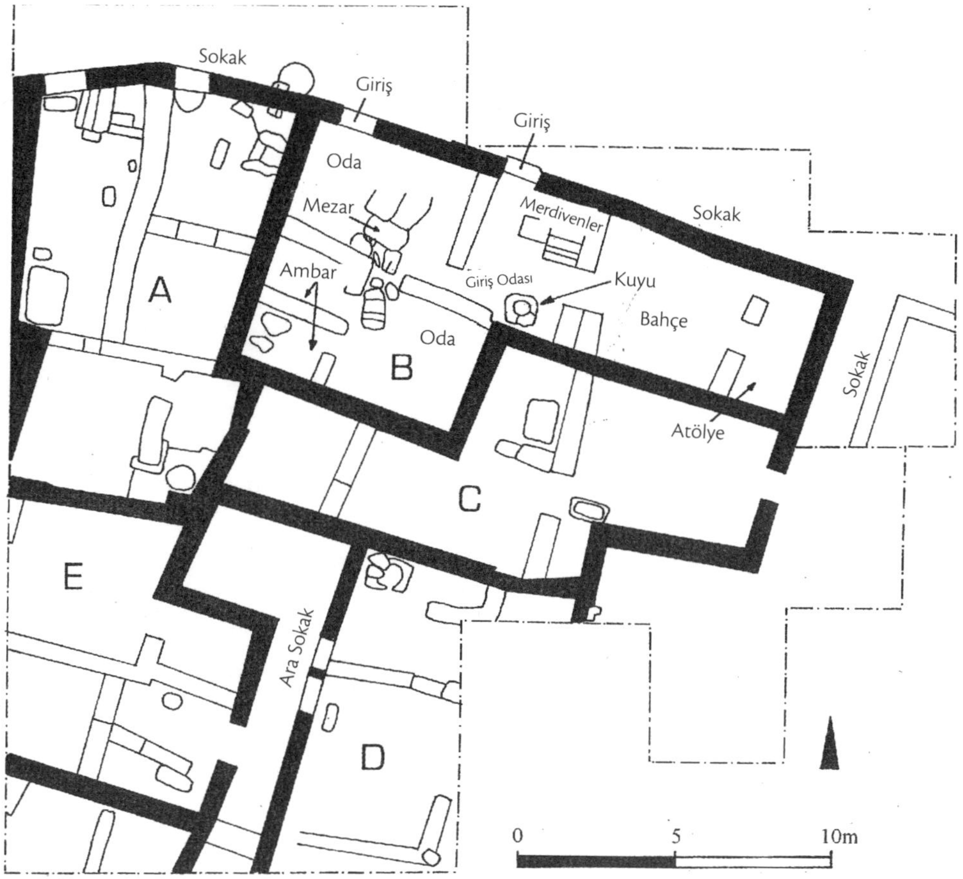

ŞEKİL 9.8 Kent merkezinden ev planları, Ugarit.

Beklenebileceği gibi, saraya yakın oturmak itibar anlamına geliyordu. Bilinen en büyük ev, burada bulunan bazı tabletlerde adı geçen bir adamdan esinlenilerek Rap'anou Evi adı verilendir. Rap'anou açıkça ev sahibi olarak belirtilmemesine rağmen, bu yüksek bir olasılıktır. Rap'anou'nun II. Amistamar (saltanatı MÖ 1274–1240) döneminde faal olan önemli bir saray görevlisi ve entelektüel olması ev ve kütüphanesi için bir tarih belirlenmesini sağlayan önemli bir biyografik ayrıntıdır. Bu evde 800 m^2'lik bir alana yayılmış otuz dört oda vardı. Ayrıntıları saraydakilere, hatta daha küçük evlerdekine benziyordu: Bir avlu, üst kat, iyi donanımlı bir banyo ve yeraltında mezar odaları söz konusuydu.

Akropolis: Dini Merkez

Kazı alanının kuzeydoğu sektöründeki Akropolis, kentin iki büyük tanrısı olan Baal ve babası bitkiler tanrısı Dagan'a adanmış tapınaklara ev sahipliği yapıyordu. Her iki tapınak da MÖ ikinci binyılın başlarında kurulmuş olabilir, ancak var olan kalıntılar geç tunç çağındandır. Kültler, o bölgede bulunan ve bu tanrıların resmedildiği veya adlandırıldığı steller sayesinde teşhis edilmiştir. Baal Tapınağı'nda ve çevresinde bulunan nesneler arasında, Baal'in sopa (yıldırım) tutan eli yukarı kaldırılmış olarak ileri doğru adım atarken tasvir edildiği bir stel de vardır. Yakındoğu ve Mısır sanatının geleneklerine uygun olarak tanrı, ayak, bacak ve yüzü profilden, ama gövdesi önden şekilde tasvir edilmiştir. Diğer nesneler arasında heykeller, kimileri Mısırlılarca adanmış steller ile heykeller ve steller gibi adak olak sunulmuş on altı taş çıpa vardır.

Tapınakların planları basittir ve birbirine benzer. Her ikisi de kuzey kuzeydoğu – güney güneybatı doğrultusunda yerleşmiş iki ana oda, bir *pronaos* (sundurma) ve naostan (asıl kutsal oda) meydana gelir. Dagan Tapınağı'nın dikkat çekici özelliği kalın (4–5 metre) temel duvarlarıdır. Baal Tapınağı'nın (ŞEKİL 9.9) kalıntıları içinde bölgeyi çevreleyen duvarın bir parçası, *pronaos*un önündeki avluda muhtemel bir sunak, *pronaos* ve naosun daha yüksek hizasına çıkan anıtsal merdivenler ve naosun içinde, ayrı merdivenlerle çıkılan bir muhtemel sunak daha bulunur. Ugarit kazılarının son dönemde başında bulunan Marguerite Yon, kentin yüksek kesimlerinde yer alan bu yapıların aynı zamanda deniz fenerleri olarak da hizmet etmiş olabileceğini ifade etmiştir.

Akropolis'teki üçüncü önemli yapı Dagan Tapınağı'nın batısındaki Başrahip Evi'dir. Bu büyük, iki katlı, çoğunluğu kaliteli şekilde yapılmış ev, burada bulunan tabletler, özellikle de mitolojik şiirler açısından ayrıca bir öneme sahiptir. Tabletlerin bazılarında yazı çalışmaları, hecesel ve çiftdilli sözlük örneklerine rastlanması binanın kâtiplerin eğitildiği bir merkez olarak kullanıldığını gösterir. Aynı zamanda kentin başrahibinin konutu olduğu ise ana tapınaklara yakınlığı ve özellikle de Rahiplerin Başı'na ithaflar yazılı dört küçük tunç keser ve bir çapadan tahmin edilmiştir. Bu son nesneler evin içindeki eşiklerden birinin altında bulunan yetmiş dört tunç silah, aletler ve nar biçiminde pandantiflerle bezeli şık bir üçayaktan oluşan büyük bir birikimin parçasıdır.

Minet el-Beyda Limanı

Ugarit'in limanı 1,5 km uzaklıktaki Minet el-Beyda'daydı. Alüvyonlarca doldurulma sonucu koy, bugün, tunç çağında olduğundan daha küçüktür. Koyun güney tarafındaki kazılar, ilk olarak MÖ on beşinci, daha sonra da özellikle MÖ on dördüncü yüzyılda yerleşilmiş kasabanın kalıntılarını ortaya çıkarmıştır. Düzensiz sokaklarıyla kasabanın planı yakınındaki kentinkini andırıyordu. Evler bir avlu ile bunu çevreleyen odalar, bir kuyu, bir fırın, bazen bir yeraltı mezarından meydana geliyordu. Ev ve tapınaklara ek olarak, liman kasabasında ithal edilmiş veya ihraç edilmesi beklenen mallar için ambarlar vardı; ambarlardan birinin içinde seksen nakliyat küpü korunmuş olarak bulundu.

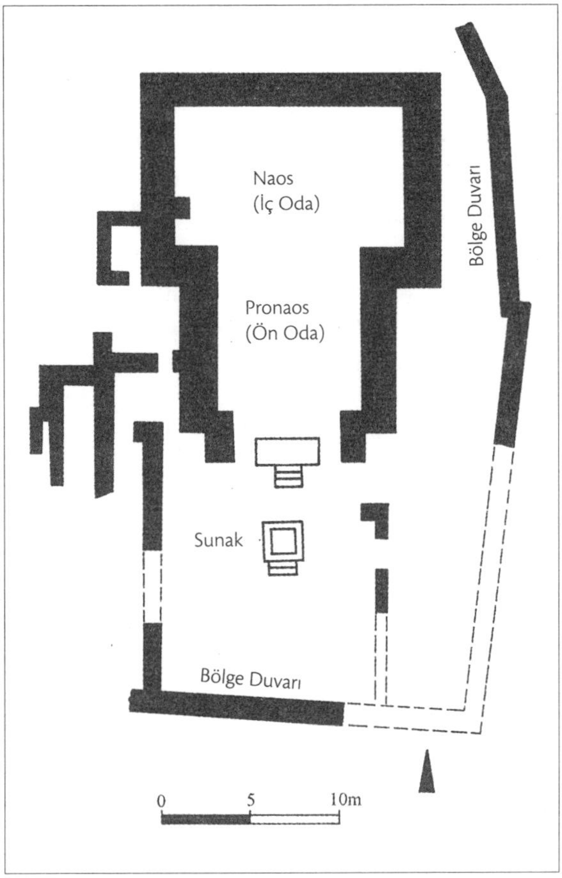

ŞEKİL 9.9 Baal Tapınağı planı, Ugarit.

Burada bulunan nesneler, nüfusun ana öğesinin Ugaritliler olduğunu, ama aynı zamanda Mısırlılar, Kıbrıslılar, Hititler, Hurriler ve Ege halkları da dahil, büyük yabancı grupların varlığını gösterir. Hem yerel olarak üretilmiş, hem ithal edilmiş Kıbrıs tarzı çömlekler, Mısır'dan fildişi kozmetik kutuları, Mısır tanrıçalarından Hathor'a ait bir terakota levha, Mykenai çömlekleri, tunç silah ve aletler, silindir mühürler, taş ağırlıklar, mor boya üretiminden kalan iskerlet kabukları ve yazılı tabletler MÖ on ikinci yüzyılın başlarında yıkılan bu renkli, çokkültürlü ticaret merkezinin canlılığının kanıtlarıdır.

Gelidonya Burnu ve Uluburun Batıkları

Metinlerde bir donanma ve bir ticaret filosundan bahsedilmesine rağmen, Ugarit gemilerinin örnekleri bulunamamıştır. Yine de, Türkiye'nin güneybatı kıyılarının açıklarında bulunan, milliyeti belirsiz iki geç tunç çağı gemi batığı bu gemilerin neye benzediğine dair bir fikir verebilir. Ayrıca, çok çeşitli nesnelerle dolu bu batık gemilerin ticari sefer yaptıkları belli olduğundan, Doğu Akdeniz'deki ticari uygulamalar hakkında karadaki kazılar ve metinlerden elde edilen bilgileri tamamlayan değerli kanıtlar sunarlar.

İlk batık, 1950'lerin sonlarında Antalya'nın güneybatısındaki Gelidonya Burnu açıklarında (bkz. harita, **ŞEKİL 8.1**), sünger avcılarınca bulunmuştur. Daha sonraları, o dönemde Pennsylvania Üniversitesinden George Bass tarafından kazısı yapılmıştır. Bu kazı Bass ve arkeolog arkadaşlarının kendilerinin dalgıçlık yaptığı öncü bir çalışmaydı. Arkeologlar eskiden, sualtı kazılarını yüzeyden arkeoloji eğitiminden yoksun dalgıçları yönlendirerek ve onların bildirdiklerini değerlendirerek yönetmeye çalışırdı. Gelidonya Burnu batığı kazısıyla, arkeolojinin önemli ve teknik açıdan zahmetli bir alt kolu olan sualtı arkeolojisi kendi başına bir bilim dalı haline geldi.

Gelidonya Burnu batığının tarihi yaklaşık MÖ 1220'dir. 1982'de, Kaş yakınlarındaki Uluburun açıklarında derin sularda (40–60 metre) bulunan diğer gemi ise MÖ on dördüncü yüzyıl sonlarında batmıştı. Bu geminin gövdesi, Gelidonya batığındakinden çok daha iyi durumdaydı. Her iki gemi de "önce gövde" yöntemiyle yapılmıştı. Gemiye, gövdeyi oluşturan tahtaların eklendiği bir omurgayla başlamak yerine, gemi ustaları önce gövdeyi yapıyordu. Önce gövdenin tahtalarını yerleştiriyor, tahtaların uçlarını zıvanalarla birleştiriyor, tahta çivilerle yerlerine sabitliyor ve son olarak da omurgaya karşılık gelen iç destekleri ekliyorlardı. MÖ yirmi altıncı yüzyıldan itibaren Mısırlılarca ve daha sonra Yunanlılar ve Romalılarca da benzer bir teknik kullanılırdı, bu uygulamaya MÖ on dördüncü yüzyıl sonlarında rastlamak çok ilgi çekici. Modern, "önce omurga" sistemine ilk olarak ortaçağlarda, Marmaris'in batısındaki Serçe Limanı'nda bulunan bir MS on birinci yüzyıl batığında rastlanır.

Gemilerden biri ya da ikisi Kenanlı olabilir, ama gemilerin milliyeti tartışmalara yol açmış ve bazı uzmanlar Mykenaili olduklarını savunmuştur. Geleneksel olarak yabancı ülkelerde en kolay göze çarpan nesnelerden biri Mykenai çömlekleriyken, Levant kökenli nesnelere Ege'de pek rastlanmamıştır. Bu nedenle, özellikle tarihöncesi Ege uzmanları, Mykenai gemilerinin egemen olduğu bir Doğu Akdeniz ticareti tablosu çizmeye meyilli olmuştur. Bu görüşe karşı olanlar ise bunun arkeolojik kalıntıların korunma derecelerinden kaynaklanan bir tuhaflık olduğunu düşünür. Levantlıların, Mykenai çömlekleri ve içeriklerine karşılık olarak verdikleri maddelerin, özellikle de tüketilen (gıda gibi) veya imalatta kullanılan hammaddelerin arkeolojik kayıtlarda iz bırakmayabileceğine inanırlar.

Gelidonya Burnu ve Uluburun'dan elde edilen sonuçlar, hammadde ticaretinin gerçekten de önemli olduğunu ve Kenanlılar ile diğer Levantlıların deniz ticaretine katıldığını göstermiştir. Deniz ticareti Mykenaililerin tekelinde değildi. Gelidonya Burnu batığı denizcilerinin şahsi eşyaları Yakındoğu kökenliydi; Suriye ve Mısır'dan ağırlıklar, bir Kenan lambası, silindir bir mühür gibi. Asıl yükü oluşturan mallar metaldi: Kıbrıs'tan öküz derisi şekilli külçeler, yine Kıbrıs'tan hurda tunç aletler ve kaynağı bilinmeyen kalay külçeleri gibi. Aslında Mykenai kökenli nesneler, yalnızca geç tunç çağı Ege çömlekçiliğine özgü olan iki üzengi kulplu küptü. Dolayısıyla Kenanlı kaptan ve tayfalarıyla birlikte geminin bir Levant veya Kıbrıs limanından yola çıkmış ve Gelidonya Burnu açıklarında battığında Ege'ye doğru yol alıyor olması ihtimali güçlüdür.

Uluburun batığı da benzer özelliklere sahiptir, ama bu gemi Gelidonya'dakinden daha büyük (yaklaşık 10 metreye karşılık 17 metre), yükü daha zengin ve çeşitliydi. Geminin tarihi olan MÖ on dördüncü yüzyıl Mykenai çömleklerinden ve Ahenaton'un eşi Mısır kraliçesi Nefertiti'nin adı yazılı bir altın bokböceğine dayanarak tespit edilmiştir. Yük, 500'den fazla külçe halinde taşınan yaklaşık 10 ton bakır ile yaklaşık 1 tonluk kalay külçeleri olmak üzere metal ağırlıklıydı. Diğer hammaddeler arasında şunlar vardı: Çeşitli renklerde 170'ten fazla cam külçe, bulunan en eski örneklerdir; fildişi; fillerin dişi gibi oyulmak üzere suaygırı dişleri; kaplumbağa kabukları; Afrika'dan siyah ağaç odunu; devekuşu yumurtası kabukları ve Kenanlı amforalarda, anlaşıldığı kadarıyla özellikle Mısırlılarca tütsü ve Mykenaililerce de parfüm olarak kullanılan 1 ton terebentin reçinesinin kalıntıları. Yükün önemli kalemlerinden biri de Kıbrıs çömlekleriydi; yeni Kıbrıs çanak ve küpleriyle dolu birkaç *pithos* vardı. Bulunan besin maddeleri arasında incir, zeytin, üzüm, badem, nohut, nar ve sumak ile kişniş gibi baharatlar yer alıyordu. Bu şaşırtıcı envanterde işlenmiş ürünler de vardı: Kenanlı ve Mykenai tarzı kılıçlar; çeşitli yerlerden mühürler; gümüş bilezikler, kehribar boncuklar ve yukarıda bahsedilen Nefertiti'nin altın bokböceği gibi mücehver ve değerli eşyalar; Yakındoğu veya Kıbrıs tipi yirmi dört taş çıpa. Ayrıca minik bir diptik ile bir ikincisinin tek tarafı da bulunmuştu. Her sayfasında yeni bir ileti yazılmak istendiğinde düzlenerek silinebilecek mum için oyuklar bulunan bu fildişi menteşeli katlanır ahşap kitaplar, bu tür yazım araçlarının en eski örnekleridir.

Gemideki hammaddeler, bu geminin de Gelidonya batığı gibi yolculuğuna Levant'ta başladığını ve Kıbrıs yolu ile batıya doğru yol aldığını ima eder. Uluburun batığındaki nesnelerin heterojenliği, geminin bandırasını belirlemeyi zorlaştırır. Bu konuda çeşitli görüşler vardır; belki Gelidonya batığı gibi bu da Kenanlı idi, ama Ege'ye dönüş yolundaki bir Mykenai gemisi de olabilirdi. Doğrusu ne olursa olsun, her iki gemi batığı da geç tunç çağında Akdeniz'deki ham ve işlenmiş madde ticaretinin uluslararası doğasını ve karmaşıklığını açıkça ortaya koyar.

BÖLÜM 10

Demir Çağında Yakındoğu Kentleri

➤ Yakındoğu'da Demir Çağı:	MÖ on birinci yüzyıl–MÖ 330'lar
➤ Mezopotamya: Yeni Asur İmparatorluğu:	yaklaşık MÖ 1000–612
Yeni Babil İmparatorluğu:	MÖ 612–539
➤ Anadolu: Frigler	MÖ on birinciden dördüncü yüzyıla
Urartular	MÖ dokuzuncudan yedinci yüzyıllara
➤ Levant: Fenikeliler, Filistîler ve İbraniler	
Fenikeliler	MÖ on ikinciden dördüncü yüzyıla
Başlıca kentler: Tyros (Tsor/Sur),	
➤ Sidon (Sayda), Byblos (Gebal)	
Filistîler	MÖ on ikinciden sekizinci yüzyıla
İbraniler:	
Davut: saltanatı	yaklaşık MÖ 1000–965
Süleyman: saltanatı	yaklaşık MÖ 965–931
Kudüs: İlk Tapınak	
II. Nabukadnezar'ın Fethi:	MÖ 586
İlk Tapınak'ın Yıkılışı;	
"Babil Sürgünü"	MÖ 539'a dek
➤ Persler	
Medler:	MÖ sekizinci yüzyıldan MÖ 550'ye (başkent: Ekbatan, modern Hamadan)
Akamenişler:	MÖ 550–330 (başkentler: Persepolis ve Susa)

Bu bölümde, demir çağında Yakındoğu'daki kentlerin öyküsü anlatılırken ağırlık, bölgedeki en güçlü devletlerin kentsel merkezleri üzerinde olacak: Kuzey Mezopotamya'da Asurlar, Orta Mezopotamya'da Babilliler ve Akameniş Persler. Ayrıca Anadolu ve Levant'ta Friglerin Gordion'u ve İbranilerin Kudüs'ü gibi bazı önemli merkezlere de göz atılacak. Sonraki bölüm Levant'ta Ugarit ve Kenanlıların yerini alan Fenikelilerin kentleri ile onların Orta ve Batı Akdeniz'deki kolonileri incelenecek. Bitiş noktamız, antik Yakındoğu'nun siyasal

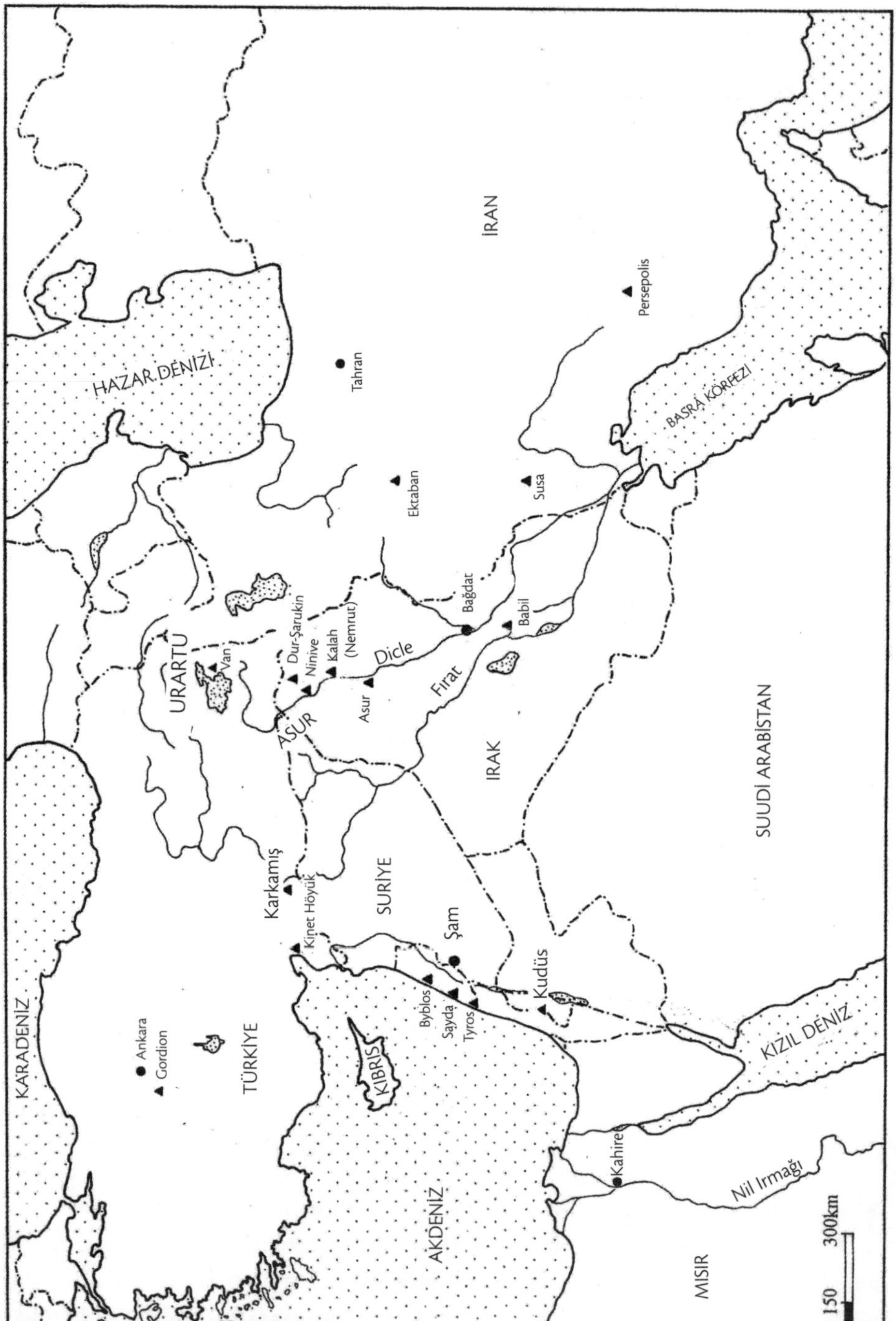

ŞEKİL 10.1 Demir çağında Yakındoğu.

ve kültürel tarihindeki önemli bir yön değişimi olan, bölgenin MÖ 330'larda Büyük İskender tarafından fethi olacak (**ŞEKİL 10.1**).

Kuzey Mezopotamya'da Yeni Asur Kentleri

Kuzey Mezopotamya veya Asur'un (bugünkü Kuzey Irak ve Kuzeybatı Suriye) kentsel tarihi, daha önce büyük ölçüde Bölüm 2 ve 3'te ele aldığımız güneyin tarihiyle bağlantılıdır. Ne var ki, kuzey ve güneyin fiziksel koşulları büyük ölçüde farklıdır ve bu kuşkusuz kentlerin gelişimini de etkilemiştir. Fırat Irmağı boyunca uzanan kurak topraklarda, Güney Mezopotamya'daki gibi ırmak suyuna bağımlı kentler doğarken, kuzey ve kuzeydoğuya doğru uzanan, Fırat ile Dicle arasındaki bölge yağmurun sulamaya gerek bırakmadan tarım yapılmasını mümkün kıldığı Bereketli Hilal topraklarına girer. Bu yağışlar sayesinde insanlar ırmaklar boyunca toplanmak zorunda kalmadan bölgeye yerleşebilmiştir. İnsanlar, değerli tarım topraklarını işgal etme kaygısı taşımadan, tarla ve sürülerine daha yakın ve daha dağınık yaşayabildiklerinden, yerleşimler de genellikle daha küçük, çoğunlukla köy şeklinde olurdu.

Sümer dünyasının doğrudan bir parçası olmamakla beraber, kuzey de daha geniş anlamda Mezopotamya kültür dünyasına dahil olmuştu. Kentler özellikle MÖ üçüncü binyılda ortaya çıkıp, MÖ ikinci binyıl boyunca gelişti. Bölüm 8'de, önemli bir kent olan Asur'un orta tunç çağında (MÖ ikinci binyıl başları) nasıl Kaniş ve diğer Anadolu kentlerinde ticaret üsleri kurduğundan söz etmiştik. Bu Asur kentlerinin öyküsüne MÖ birinci binyılda iyi belgelenmiş kazılar olan *Kalah* (modern Nemrut), *Dur Şarukin* (modern Horsabad) ve *Ninive* ile geri dönüyoruz.

Demir çağı başlarında Kuzey Mezopotamya'da tekrar yükselişe geçen Asur devleti için "Yeni Asur" sıfatı kullanılır. MÖ birinci binyılın ilk yüzyılları imparatorluklar kurma ve batı ile ticaret yollarını açık tutma peşinde olan bir dizi mutlak hükümdar yönetiminde, Asur gücünün çok büyük şekilde yayılışına şahit olmuştur. MÖ dokuzuncu yüzyıl başlarında, II. Assurnasirpal (MÖ 883–859) başkenti değiştirme modasını başlattı. Geleneksel başkent ve devletin yine Asur adındaki tanrısının evi olan Asur kentini terk ederek Kalah'a taşındı. Daha sonra, Asur askeri geleneklerine uygun olarak, ordusunu Fırat'ın ötesine batıya, Halep ve Akdeniz kıyısına doğru fethe çıkardı.

Sonraki hükümdarların fetihleriyle Asur toprakları Kuzeybatı İran, Anadolu, Mısır ve Babil'i (Güney Mezopotamya) içine alacak şekilde genişledi. Güçlü krallardan bazıları şunlardı: Dur Şarukin adlı yeni bir başkent kuran II. Şarrukin (saltanatı MÖ 721–705); daha eski Ninive kentinde hüküm süren Sanherib (MÖ 704–681) ve Asurbanipal (MÖ 668–631). Asur İmparatorluğu, MÖ yedinci yüzyıl sonlarında Kuzeybatı İran'dan gelen Medlerin MÖ 614'te

Kalah ve Asur'u, ayrıca Babilliler ve İskitlerin yardımıyla da MÖ 612'de Ninive'yi ele geçirmesiyle son buldu.

Antik Kalah, Dur Şarukin ve Ninive kentleri arkeoloji tarihinde önemli yere sahiptir. Buralarda 1840–70'ler döneminde Paul Emile Botta, Austin Henry Layard ve Hürmüz Rassam'ın gerçekleştirdiği öncü kazı çalışmaları antik Yakındoğu gerçekliğini genel kamuoyunun dikkatine taşımıştı. Burada, bu kazı alanlarını inceleyerek, Asurlarda mimari planlama ve hükümdarların görsel imgelemin gücüne yönelik uzun geçmişe sahip ilgilerini sergileyen dekorasyonun önemli özelliklerini göreceğiz. İlk olarak, dikkate değer buluntularıyla Kalah'taki saraya değineceğiz. Daha sonra ise Horsabad'ın kent planını ve son olarak da Ninive'deki kent planı ve taş yontma rölyefleri inceleyeceğiz.

Kalah (Nemrut)

II. Asurnasirpal'in Dicle Irmağı'nın doğu kıyısında bulunan başkenti Kalah, ilk olarak 1845–54 arasında Layard ve diğerlerince, 1949–63 arası yine İngiliz Max Mallowan ve son yıllarda da Iraklı arkeologlarca incelenmiştir. Kent, Kuzey Mezopotamya'daki demir çağı kentlerinin dört tipik özelliğine sahiptir. Birincisi, kent kabaca dikdörtgen biçiminde ve kerpiç tahkimat duvarlarıyla çevriliydi. Burada, Kalah'ta, 7,6 km uzunluğundaki duvarın içinde kalan alan 360 hektardı. İkincisi, saraylar ve tapınaklar, daha eski küçük bir kasabanın kalıntılarını barındıran bir höyüğün üzerinde yüksekte yer alan duvarlı bir kale içindeydi (**ŞEKİL 10.2**). Bu tür kaleler yeniden tasarlanmış bir Yeni Asur kentinde asla merkezde yer almaz, kenarda, kent surlarına bitişik olurlardı. Kalah'taki 24 hektar alana sahip kale güneybatı köşede, ırmağın yanında bulunurdu (Bugün Dicle o güne göre biraz daha batıdan akar). II. Asurnasirpal'in Kuzeybatı Sarayı ve daha sonraki hükümdarlarca inşa ettirilen saraylar burada yer alırdı. Sarayın yanında tapınaklar ve bir ziguratın varlığı kilit öneme sahiptir; Sümer kent merkezlerinin aksine, dini olan artık seküler olana tabi hale gelmiştir. Üçüncü tipik özellik, yine kent surlarında bulunan ama ana kaleden biraz uzakta ikinci bir kalenin varlığıdır. Bu ikinci yüksek alanda askeri faaliyetler gerçekleşirdi. Kalah'ta, kentin en güneydoğu ucunda, II. Asurnasirpal'in oğlu III. Şalmanezer (MÖ 859–824) bir cephanelik, bir saray, kralın tahtı için bir kaide bulunan bir tören alanı, atölyeler ve depolarıyla bir kale eklemişti. Bu duvarlarla çevrili, 300 x 200 metre boyutlarındaki kompleks Şalmanezer Kalesi olarak bilinir. Dördüncü olarak ise, kaleler kentin geri kalanından daha yukarıda yer alırdı. Kent sektörleri arasındaki farklar, Güney Mezopotamya'da olduğu gibi kanal veya geniş sokaklar yerine yükseklik farklarıyla belirlenirdi.

ŞEKİL 10.2 Demir çağı kale planı, Kalah.

II. Asurnasirpal'in Kuzeybatı Sarayı

Asurnasirpal'in Kuzeybatı Sarayı'nın MÖ 879'daki resmi açılışı, taht odasında bir girintide, üzerinde 153 satırlık bir metin bulunan bir stelde kaydedilmiştir: 69.574 kişinin on gün boyunca eğlendiği söylenir! Asıl sayı ne olursa olsun, çoğunluk, sarayı incelemek üzere davet edilen elçiler ile diğer önemli kişilerin dışında kalan aşağı kentin sakinleri olmalıdır. Yalnızca MÖ dokuzuncu yüzyılda kral ikametgâhı olarak kullanılan Kuzeybatı Sarayı, daha sonra imparatorluğun yıkılışına dek çeşitli işlevlere hizmet etti: Önemli görevlilerin barındırıldığı bir mekân, kervan ticareti için bir merkez, bir hazine ve bir tahıl ambarı olarak kullanıldı.

ŞEKİL 10.3 Lamassu, Horsabad. Louvre Müzesi, Paris.

Saray, eski höyüğü kaleyi kentin geri kalanından yaklaşık 15 metre kadar yükselten ve 120 kat tuğladan meydana gelen bir platform üzerine inşa edilmişti. Mari'deki Zimri-Lim'in Sarayı'nı çağrıştıran bir şekilde, her ikisi de avlular çevresinde düzenlenmiş düzinelerce odalardan oluşan, biri kamusal (kuzey ucu), diğeri özel (güney) iki büyük sektöre ayrılmıştı. Biri ortada, ikisi yanlarda olmak üzere üç ana giriş, geniş Dış Avlu'dan kuzeye doğru bakıyordu. Doğrudan 47 x 10 metre boyutlarındaki uzun dar Taht Odası'na çıkıyorlardı. Her kapı açıklığında iki tane *lamassu* adı verilen, dev, insan başlı, kanatlı boğa biçiminde büyülü koruyucu yaratık rölyefi duruyordu (**ŞEKİL 10.3**). 5,5 m^2'ye kadar ulaşabilen dev taş bloklar Musul yakınlarındaki taş ocaklarından buraya getirilmiş, daha sonra yontulmuştu.

Taht Odası ile yakınındaki odaların çoğu, dikey olarak duvarların en alt kısmına yaslanan *ortostatlar* veya taş levhalarla dekore edilmişti. Yeni Asur saraylarının yalnızca birkaçında böyle rölyefler olması, özellikle pahalı ve önemli olduklarını gösterir. Musul mermeri veya kaymaktaşı olarak bilinen yerel bir tür alçıtaşındandılar. Levhalar yerlerine yerleştirilir ve sonra yontulurdu. Yontma imgelemlerin amacı, Asurların krallık kavramını yansıtmaktı. Vahşi iblis

ŞEKİL 10.4 Asurnasirpal'in bir kutsal ağacın yanında duran tanrı Asur'a yakarışını tasvir eden Kalah'tan rölyef. British Museum, Londra.

ve canavar heykelleri girişleri kötü güçlerden koruyordu. Odaların içlerinde, yontulmuş ortostatlardaki konu kraldı: Savaş ve avda muzaffer, tanrı Asur'un lütfu için uygun sunu ve işretleri gerçekleştirir halde tasvir edilmişti. İnce ayrıntılara dek anlatılan savaş sahneleri, ziyaret eden tebaaya yıllık vergilerini esirgediklerinde veya isyana kalkıştıklarında başlarına gelecekleri hatırlatıyordu.

Taht Odası'ndaki kral tahtının arkasında ve orta kapının karşısındaki rölyef panellerde sunu ve işretler görülür. Kesik koni şeklindeki başlığından tanınan ve iki kere gösterilmiş olan kral, kutsal bir ağacın yanında durur (**ŞEKİL 10.4**). Solda, ağacın üzerinde kanatlı disk içinde bir erkek olarak beliren tanrı Asur'a yakarır. Sağda, duası kabul gören kral tanrı tarafından kutsanır. Kral figürünün arkasında kanatlı cinler durur. Bu koruyucu yaratıklar ellerinde stilize edilmiş hurma palmiyesini gübrelemek veya krala büyülü korumalarını serpmek için kullanılabilecek bir kova ve bir huni taşırlar. Yakındoğu sanatının uzlaşımlarına uygun olarak figürler profilden resmedilmiştir.

Odalar serin ve karanlık olduğundan, konularının görülebilmesi için rölyefler orijinal olarak parlak renklerle boyanırdı. Yazılı ifadeler de önemliydi; figürlerin üzerlerine, şeritler halinde kralların yaptıklarını anlatan çiviyazısı oyulurdu. Saraylar son derece kalın kerpiç duvarlarla sağlam şekilde inşa edildiğinden ortostatların yapısal bir işlevi yoktu, ama Asur krallığının önemli yönleri hakkındaki bu tasvirler kuşkusuz, bakanları uygun bir hayranlık ve saygı hissi ile dolduruyordu.

Rölyeflere ek olarak Kuzeybatı Sarayı'ndan, çoğu orijinal olarak mobilyalara süs olarak iliştirilmiş güzel fildişi oyma dizileri bulunmuştur. 1980'lerde sarayda

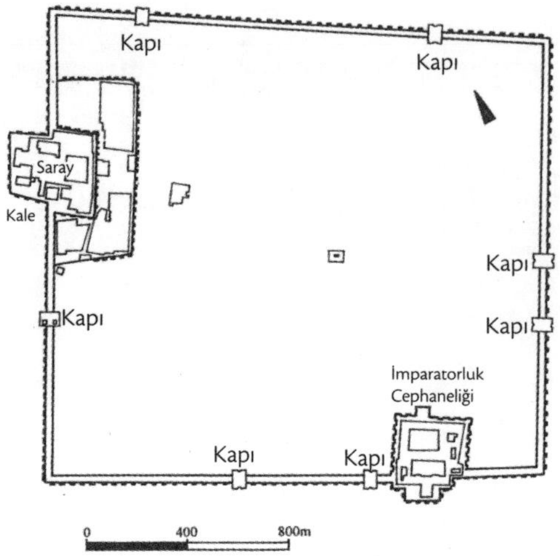

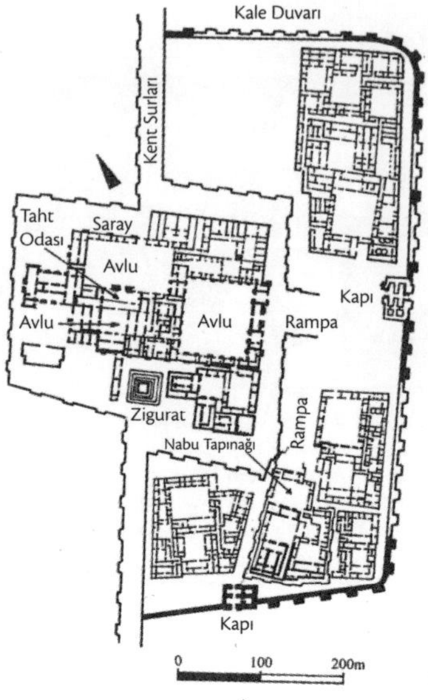

ŞEKİL 10.5 Dur Şarukin (Horsabad) kent planı.

ŞEKİL 10.6 Dur Şarukin (Horsabad) kale planı.

gerçekleştirilen kazılarda da muhteşem buluntular elde edilmiştir. Iraklı arkeolog Muzahim Mahmud Hussein, konut kısmının zemininin altında, Asur kraliyet ailesine ait üç mezar tonozu ortaya çıkarmıştır. Burada II. Asurbanipal'in, III. Tiglat-pileser'in (MÖ 744–727) ve II. Şarrukin'in eşlerinin mezarlarının yanı sıra, iskeletler üzerine örtülmüş yüzlerce parça şık altın ziynet eşyaları bulunmuştur. Bu keşifler tümüyle yayımlandığında, demir çağı Asur'undaki cenaze uygulamaları ve mücevhercilik zanaati hakkında bizlere öğretecekleri çok şeyler olacaktır.

Dur Şarukin (Horsabad)

II. Şarrukin (MÖ 721–705) başkentini Dicle'nin bir kolu olan Husur üzerinde, Ninive'nin 24 km kuzeyinde daha önce yerleşim olmayan bir noktada kurdu. Bu yeni kente Dur Şarukin, "Şarrukin'in Kalesi" adını verdi, ama bugün genelde yakınlardaki modern köyden dolayı buraya Horsabad denir. Tıpkı Ahenaton'un Amarna'sı gibi bu kasaba da yalnızca yaptıranın ömrü boyunca kullanılmıştı. Şarrukin savaşta öldükten sonra, ardılları Ninive'yi tercih etti. Kraliyet desteği olmadan Dur Şarukin varlığını sürdüremedi.

Botta ve Place'in ilk çalışmalarından 1920 ve 30'larda Chicago Üniversitesinin düzenlediği sefere, bu alan iyice incelenmiştir ve kent planı açık ve öğreticidir (**ŞEKİL 10.5**). Diğer buluntuların akıbeti çok parlak değildir: Ne yazık ki, 1855'te haydutlar 300 sandık dolusu buluntuyu Basra ve Avrupa'ya taşıyan teknelere Aşağı Dicle bölgesinde saldırıp batırdıklarında heykellerin büyük kısmı kaybolmuştu.

Kent yaklaşık 300 hektarlık kare biçimli bir alan kaplıyordu. 20 metre kalınlığındaki güçlü duvarları taş temel üzerine kerpiçtendi ve kulelerle donatılmıştı. Kente giriş asimetrik şekilde yerleştirilmiş yedi kapıdan sağlanıyordu. Kalah ve Ninive'deki gibi, burada da iki sektör kentin geri kalanından ayrılmış ve kendi duvarlarına sahip durumdaydı: Kuzeybatıda kraliyet sarayını barındıran Kale ve güneyde İmparatorluk Cephaneliği.

II. Şarrukin'in sarayı kaleye egemendir (**ŞEKİL 10.6**). Kent surlarının yüksekliğinde, kalenin geri kalanının zemininden yüksek, tuğladan bir platform üzerindedir. Kalah'taki Kuzeybatı Sarayı gibi bu saray da kamusal ve özel kısımlara ayrılmıştır. Kamusal odalar bir dış ve bir iç avlu çevresinde gruplanmıştı. Taht Odası'na, iç avludan açılan üç kapıdan giriliyordu. Girişler dev lamassularca korunuyordu. İçerisi, tahtın arkasında rölyeflerle ve diğer yerlerde boyanmış resimlerle bezenmişti; boyamalar yontulmuş levhalara göre daha ucuz bir seçenekti. Taht Odası'nın arkasındaki daha küçük bir avlu, hükümdarın özel dairesinin odağı işlevi görüyordu. Saray boyunca, merdivenlerden sedir, selvi, ardıç ve akçaağaç gibi ağaçlardan yapılma uzun kirişlerle taşınan düz çatıya çıkılabiliyordu.

Kaledeki yapılar gelişigüzel biçimde yerleştirilmiş gibi durur. Sarayın ekseni kent surlarına dik değildir. Saray bölgesinin genelinde ve kalenin duvarlarında da böyle asimetrik bir yerleşim vardır. İki avlu ve ayrı bir tuğla teras üzerinde dizili kapalı kutsal odalardan meydana gelen Nabu Tapınağı, sarayın bulunduğu platforma bir köprüyle bağlanıyordu ve kalenin güney kısmına saplanmış biçimde kendi köşegeni doğrultusunda duruyordu. Tek bir dönemde inşa edilen bir kompleks için binaların yerleşimlerinde uyum kaygısı olmaması ilginç ve kendine özgü bir durumdur.

Kentin içinde arkeolojik kalıntı adına fazla bir şey bulunamamıştır. Kazı ekiplerinin burada çok uğraşmadığı da doğrudur, ama yine de kentin kısa ömrü süresince fazla bir nüfus çekmemiş olması da mümkündür.

Ninive

Yeni Asurların son başkenti Ninive idi. Sanherib (MÖ 704–681) bu eski kenti başkent yaptıktan sonra büyüttü, donattı ve çalışmalarının ayrıntılı kayıtlarını bıraktı. "Benzersiz Saray" adı verilen çok şık bir saray inşa ettirdi, çok çeşitli otlar ve meyve ağaçlarıyla dolu harika bir park yaptırdı, kuşlar ve yabani hayvanlar için bir alan yaptırdı ve kente su getirmek için çeşitli araziler boyunca 80 km'den fazla taş sukemerleri ve su kanalları inşa ettirdi. Ama bu doğa âşığı

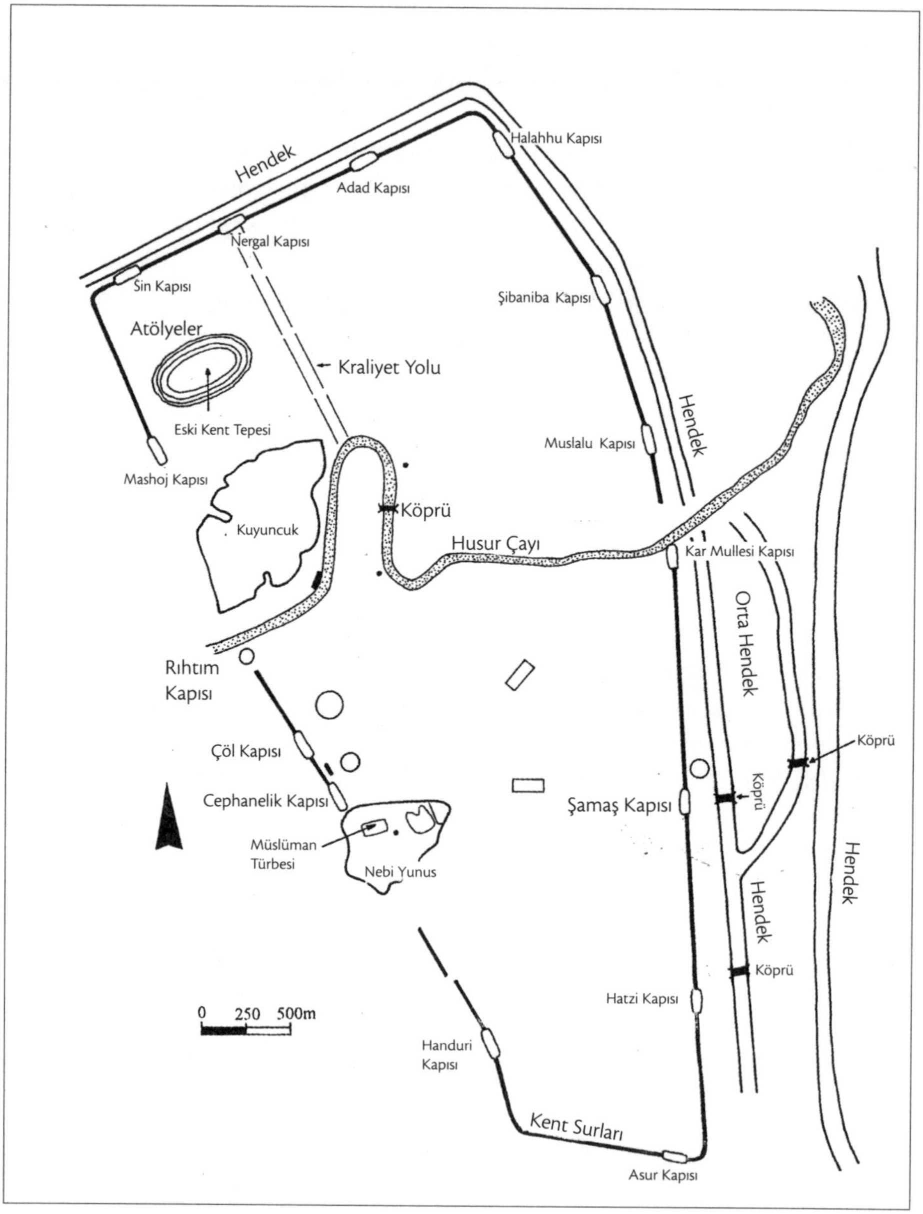

ŞEKİL 10.7 Ninive kent planı.

hükümdar yönetimi de ihmal etmedi. İmparatorluk süresince ayaklanmalara sert karşılıklar verdi ve Kudüs'e dokunmamaya karşılık Yahuda kralıyla zorlu bir anlaşma yaptı. Tanrıları, Mezopotamya boyunca uzun geçmişten beri yüceltilen asi Babil'i bile yağmaladı ve yıktı. "Efendim, Asur'un yüreğini dindirmek için, yüce kudreti karşısında halklar diz çöksün diye, (en) uzak halklara hediye olarak Babil'in tozunu kaldırttım ve (Asur'daki) Yeni Yıl Festivali Tapınağı'nda (birazını) kapalı bir küpte sakladım" (Roux 1980: 297).

Bu kez bu kibir cezasız kalmadı. Sanherib tapınakta dua ederken, kendi oğlu veya oğullarınca, "koruyucu tanrıların heykelleriyle ezilerek" (Roux 1980:298) öldürüldü. Yaklaşık yetmiş beş yıl sonra Babilliler de intikamlarını alacaktı.

Ninive, günümüzde Irak'ın kuzeyindeki en büyük kent olan Musul'un karşısında, Dicle'nin doğu kıyısında büyük bir alan kaplar ve on dokuzuncu yüzyıl ortalarından bugüne dek çok incelenmiştir (**ŞEKİL 10.7**). MÖ yedinci yüzyıldan kalma duvarları neredeyse 13 km uzunluğunda olup, 750 hektarlık dev bir alanı çevreler, ki bu da burayı antik Yakındoğu'da bu tarihe kadar bilinen en büyük kent yapar. Yalnızca Babil zaman içinde burayı geçecekti (bkz. aşağıda). On beş giriş belirlenmiştir. Batı sektöründe, ırmak boyunca, diğer Yeni Asur kentlerinden de aşina olduğumuz üzere, kentin geri kalanından yüksek iki tepe vardır: kale ve cephanelik. Burada Koyuncuk olarak bilinen kale Botta, Layard, Place ve Rassam gibi on dokuzuncu yüzyıl öncülerince incelenmişti. Sanherib ile büyük Asur krallarının sonuncusu Asurbanipal'in (MÖ 668–627) sarayları buradaydı.

Nebi Yunus adı verilen diğer tepe, Koyuncuk'un 1 km güneyinde yer alır; ikisinin arasından antik kenti kuzey ve güney kısımlara ayıran Dicle'nin kollarından Husur Irmağı geçer. Nebi Yunus tepesinde, büyük balığın karnından kurtulduktan sonra, Ninivelilere vaaz verdiğine inanılan Yunus Peygamber ile

ŞEKİL 10.8 Bir Mısır kentinden Etiyopyalıların tutsak alınışını tasvir eden rölyef, Ninive. British Museum, Londra.

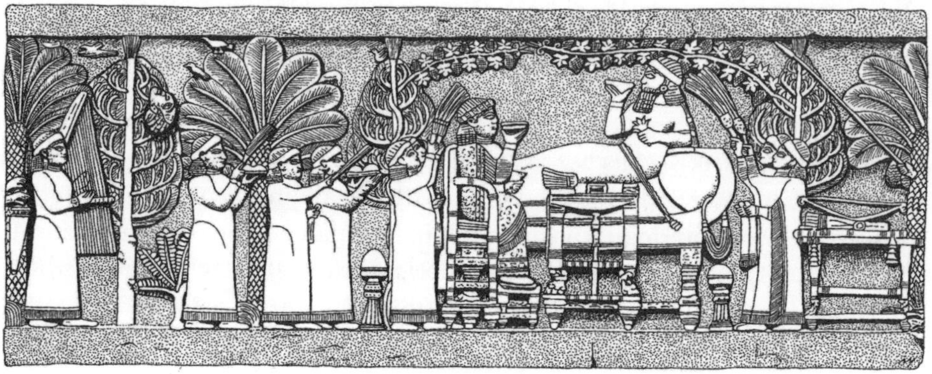

ŞEKİL 10.9 Asurbanipal ve kraliçesini tasvir eden rölyef, Ninive. British Museum, Londra.

bağdaştırılan bir Müslüman türbesi vardır. Bu dini alanda ve çevresinde sınırlı kazı yapılabilmiştir. Yine de, Asur savaş makinesinin kalbinin burası olduğu açıkça belirlenmiştir.

Bu iki önemli tepe dışında, kentin kuzeybatı köşesinde, kral tarafından inşaat yaptırılmayıp bir tür yukarı sınıf bölgesi işlevi gören "eski kent tepesi"nde de kazılar yapılmıştır. Yakınlarda seramik ve bakır atölyeleri bulunmuştur. Kentin geri kalan çok büyük kısmı olan Aşağı Kent 1990'larda bir yüzey araştırması yapılana dek pek keşfedilmemişti. 1991'deki Körfez Savaşı bu çalışmaları durdurdu. Ama Musul kenti, antik kentin güney kısmına genişlemeye başladığından, bu önemli kurtarma çalışmasının acil tekrar başlatılması gereklidir.

Koyuncuk'taki iki kraliyet sarayından da etkileyici yontmulmuş levhalar çıkarılmıştır. İşlenen konular Kalah'ta II. Asurnasirpal dönemindekilerle aynı olup, aslan avları ve askeri seferlerle kralın gücü yansıtılmıştır (**ŞEKİL 10.8**). Asurbanipal'in Elamlılar karşısındaki ilk zaferi Ninive'deki sarayında şaşırtıcı bir rölyefle kutlanmıştır (**ŞEKİL 10.9**). Hoş bir bahçede, sedirde uzanan kral ile yanında koltukta oturan kraliçesi hizmetkârlarınca serinletilirken bir yandan da içkilerini yudumlarlar. Sol tarafta, bir müzisyen harp çalar. Bu huzurlu sahnenin ortasında ağaçların birine asılmış bir kesik baş durur. Bu, Til-Tuba Savaşı'nda öldürülen Elam kralı Teumman'ın başıdır. Bu heyecandan uzak tarz ile, kraliyet sarayının yontma dekorlarını görme ayrıcalığına erişenlere, düşmanların başlarına gelenler ve hükümdarların soğukkanlılığı gösteriliyordu.

Anadolu ve Levant: Frig, Urartu, Filistî ve İbrani Kentleri

Asurlar dışında, demir çağında Yakındoğu'daki pek çok başka ulus da kentler kurmuştu. Anadolu'da Frigler, Geç Hititler ve Urartular; Levant'ta Fenikeliler, Filistîler ve İbraniler ile Güney Mezopotamya'da Babilliler önemli kentsel merkezlere sahipti.

Demir çağının başlarında Balkanlar'dan Anadolu'ya göç eden Frigler, Orta Anadolu'ya yerleşti ve bugün Ankara'nın batısında bir höyük olan Goridon'u başkent yaptılar. Bu kent hakkında bildiklerimiz hem arkeolojik araştırmalardan, hem de antik metinlerden gelmiştir. 1950'den beri Pennsylvania Üniversitesi tarafından Gordion'da yapılan kazılar, MÖ dokuzuncu yüzyıla ait, MÖ 800 civarlarında nedeni bilinmeyen bir yangın felaketinden sonra MÖ sekizinci yüzyılda tekrar inşa edilmiş olan etkileyici bir kentsel mimari ortaya çıkarmıştır. Kalıntılar arasında kent surlarının kalın temelleri ile basit planlı ama iyi inşa edilmiş ve lüks şekilde donatılmış, düzenli olarak bir ana sokak boyunca yan yana dizilmiş düz hatlara sahip yapılardan oluşan bir bölge de vardır.

Asur metinlerinde, II. Şarrukin tarafından MÖ sekizinci yüzyılda Güneydoğu Anadolu'da yenilgiye uğratılan Mita veya Muşki adında bir kraldan söz edilir. Mita, Yunan efsanelerinde tuttuğunu altına çevirmekle lanetlenen Frig kralı Midas ile özdeşleştirilmiştir. Midas veya Mita'nın öncülü, antik kent merkezinden birkaç km uzakta, 50 metre yüksekliğinde bir tümülüs, yani topraktan mezar tepeciği altında, odundan bir odada gömülü bulunan erkek olabilir. Yunan tarihçi Herodotos'a göre, Frig krallığı ve Midas MÖ yedinci yüzyıl başlarında Kafkaslar'dan gelen göçebe Kimmeryalı istilacılarca yok edilmişti. Kazılar bu saldırının yalnızca bir kesintiye yol açtığını ve kültürel anlamda keskin bir bitiş olmadığını göstermiştir. MÖ altıncı yüzyılda Lidyalıların ve daha sonra Perslerin fetihlerine rağmen Frig gelenekleri devam etti. Çok sonraları, MÖ 333'te, Perslere karşı seferi sırasında buradan geçmekte olan Büyük İskender, son derece karışık Gordion düğümünü kılıcıyla kesecek ve bu, dünyayı fethedeceği yönünde bir kehanet sayılacaktı.

Kuzey Suriye'de, anayurtlarına yakın bölgede Asurlar, *Karkamış* gibi Hititlerin demir çağındaki ardılları olan geç Hitit veya Arami krallıklarının başkentleriyle karşılaştı. Kuzeyde ise Doğu Anadolu, Kuzeybatı İran ve Kafkasya merkezli Urartu Krallığı yer alıyordu. Urartular, Hurriceden türeyen bir dil konuşuyor ve bu dili çiviyazısıyla yazıyorlardı. Zenginliklerini büyük ölçüde bakır ve demir madenlerine borçluydular ve gerçekten de bıraktıkları metal nesneler çok farklıdır. Asur (Mezopotamya) sanatının etkisi büyüktür. Bu dağlık bölgede, *Van Kalesi* gibi kentsel merkezler, ticaret yolları ile çevredeki çiftliklerin gözetlenebileceği ve korunabileceği, saray ve tapınakları barıdıran tepe üstü kaleleridir.

Demir çağında Kuzey Levant, modern Lübnan ve Suriye'nin kıyıları, daha önceki Kenanlıların soyundan gelen Fenikelilerin yurduydu. Akdeniz boyunca ticaret ve yerleşimde oynadıkları önemli rol nedeniyle kentleri bir sonraki bölümde ayrıca ele alınacaktır.

Güney Levant'ta, modern İsrail ve Ürdün'e denk gelen bölgede, demir çağında yaşayan çeşitli halklardan en iyi bilinenler Filistîliler ve İbranilerdir. Filistîler güneybatıdaki kıyı ovasında, zaman içinde Filistin diye bilinen bölgeye yerleşirken, İbraniler tepelik iç bölgelere egemen oldular.

Filistîlerin kökenleri belli değildir. Bir kurama göre, tunç çağının sonlarında Doğu Akdeniz'de dolanan Deniz Halkları'nı oluşturan öğelerden biri olan Pelesetlerden gelmişlerdir. Yazılı kayıtlar bırakmadıklarından, arkeolojik araştırmalardan ve başkalarınca bırakılmış yazılı kayıtlardan, Fenike yazıtları ve özellikle de İbrani Kitabı Mukaddes'inden bilinirler. Kitabı Mukaddes bu bölgenin tarihini, doğal olarak, İbrani bakış açısından anlatır; Filistîler rakip durumda olduklarından, çizilen tablo çok parlak değildir. Filistîlerin yerleştiği beş ana kent Ekron (Tel Mikne), Gat (Tel es-Safi), Aşkelon, Aşdod ve Gazze'dir. Tümü İsrail'de olan ilk dördü arkeologlarca incelenmiştir; antik Gazze ise modern siyasal durum nedeniyle çok iyi bilinmemektedir. Kazılardan elde edilen kanıtlar farklı zamanlarda farklı kentlerin baskın olduğunu gösterir. MÖ on ikinci yüzyılda Ekron en büyük kentti; daha sonra Gat baskın olacaktı. Beş kentin bağımsız şehir-devletler mi yoksa bir siyasal birlik içinde mi oldukları bilinmemektedir. MÖ 732'de, Asur krali III. Tiglat-pileser bölgeyi fethetti. Bundan sonraki yüzyıllarda, yerel kültür kuzeyle, kıyıdaki Kenanlılarınkiyle kaynaştı.

Kudüs ve İbrani Tapınakları

Demir çağında yaşayan, iç bölgelerde yoğunlaşmış İbraniler için ana merkez Kudüs'tü. Önemli İbrani krallarından ikisi Davut (yaklaşık MÖ 1000–965) ve oğlu Süleyman (yaklaşık MÖ 965–931) idi. Davut'tan itibaren 350 yıl boyunca Kudüs, İbrani Yahuda krallığının başkentiydi.

Tanrı Yehova'nın ve Ahit Sandığı'nda saklanan ilahi yasaların evi olan büyük Tapınak, Kudüs'teki en eski yerleşimin hemen kuzeyindeki bir tepeye (Bugün "Tapınak Dağı" veya Arapça "Haremü'ş Şerif") Süleyman döneminde yapılmıştı (**ŞEKİL 10.10**). Geleneklere göre inşaat yedi yıl sürmüştü ve ağırlıklı olarak Fenikeli zanaatkârlar ve sedir ile selvi (veya ardıç) ağacı gibi Fenikelilerce sağlanan maddelerden yararlanılmıştı. İlk Tapınak MÖ 586'da Babillilerce yok edilmişti, ama Kitabı Mukaddes'te ayrıntılı şekilde anlatılır (I Krallar 5–6). Küçük ama şıkça donatılmış dikdörtgen bir yapıydı (27 x 9 x 13,5 metre); bir giriş holü, bir ana oda ve bir iç tapınak olarak üç ana kısımdan oluşuyordu. İçeride zemin selviden olup üstü altın kaplanmış, duvarlardaki paneller sedirden yapılmıştı. İç tapınak ve Tapınak'ın dışı altınla kaplanmıştı. Kutsalı koruyan yarı hayvan, yarı insan iki kerubi, açılmış kanatlarıyla Ahit Sandığı'nı korumaları için havada asılıydılar. Tapınak'ın geri kalanındaki bezemeler arasında tümü altın varak kaplı oyma kerubiler, palmiye ağaçları ve rozetler vardı. Tapınak'a

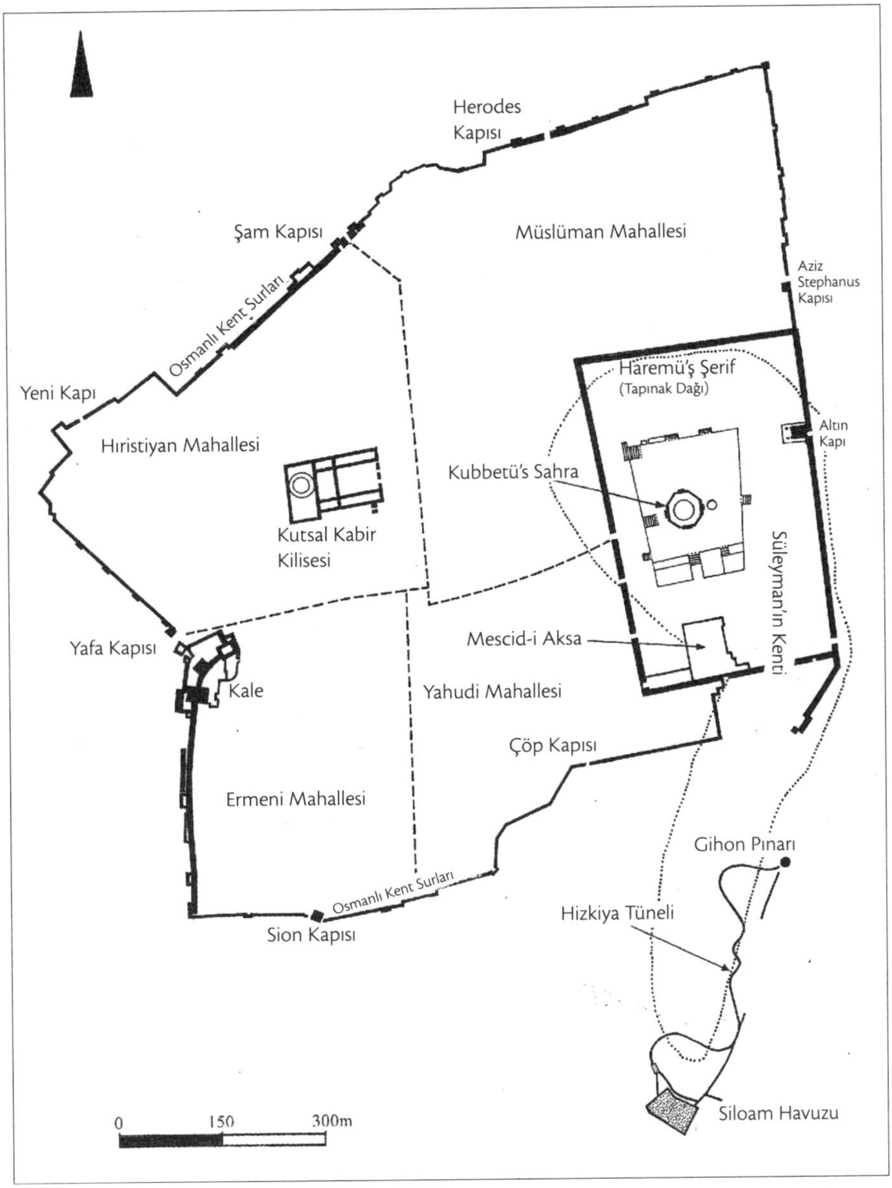

ŞEKİL 10.10 Kudüs eski kentin çok dönemli planı.

giriş rahipler ve hizmetkârlarıyla sınırlıydı. Halkın çoğunluğu, ibadetlerini ve adaklık kurban sunumunu dışarıda yapıyordu.

MÖ sekizinci yüzyıl sonlarında ve yedinci başlarında, Yahuda'nın Asur'dan Mısır'a giden yolun doğrudan üzerinde bulunduğu dönemlerdeki Asur tehdidi, Kudüs'e yeni tahkimatlar gerektirdi. Senharib'in MÖ 701'deki başarısız kuşatması sırasında, kent surlarının hemen dışındaki Gihon Pınarı'ndan kente su getirmek için kayaya oyulan ve bugüne kadar korunmuş 540 metrelik Hizkiya Tüneli dikkate değer bir çalışmadır.

Kudüs MÖ yedinci yüzyılda zenginleşti ve sonunda Asur egemenliğinden kurtuldu. İbranilerin bağımsızlığı MÖ 586'da, Babilliler Kudüs'ü ele geçirip yıktığında ve sakinlerinden çoğunu götürdüklerinde sona erdi. Babil'in, Pers kralı Büyük Kyros tarafından MÖ 539'da ele geçirilmesiyle bir rahatlama geldi. Sürgünler yurtlarına döndü ve Kyros'un izniyle İkinci Tapınak'ın inşasına başlandı. Kudüs yine Yahudi kültürünün merkezi haline geldi. İkinci Tapınak ise MÖ birinci yüzyılda Büyük Herodes tarafından genişletilecek ve tekrar donatılacaktı, ama MS 70'te Romalılarca yıkılacaktı. Tapınak bir daha tekrar inşa edilmemiştir. Tapınak'ın yerinde Müslümanlar için çok kutsal yapılar olan Kubbetü's Sahra ve El Aksa Camii bulunur. Ancak, İkinci Tapınak'ın kilit kalıntılarından biri günümüze gelmiştir: Tapınak platformunun batı duvarı. Yaygın adıyla Ağlama Duvarı, Yahudilerin önemli ibadet mekânlarındandır.

Babil

Babil veya "Tanrılar Kapısı," antik Yakındoğu'daki en ünlü kentlerden biridir. Pek çok Mezopotamya kenti gibi uzun bir geçmişe sahiptir. İlk olarak Erken Hanedanlar döneminde yerleşilen Babil, MÖ on sekizinci yüzyılda Hammurabi'nin saltanatı sırasında önem kazandı. Arkeolojik araştırmalar ve metinsel kanıtlar tarafından en iyi şekilde belgelenen dönemi ise daha sonraları, demir çağı ortalarında, Babil'in Orta ve Güney Mezopotamya'ya egemen bir krallığın anıtsal başkenti olduğu zamandır. MÖ yedinci-altıncı yüzyıl kentinin fiziksel görünüşü, Mezopotamya kentçiliğinin köklü geçmişine giden bazı gelenekleri sürdürür, ama aynı zamanda yenilikler de içerir. Kuzey Mezopotamya'nın, biraz daha erken dönem Yeni Asur kentleriyle arasındaki farklılıklar özellikle çarpıcıdır.

Tarihçe

Demir çağı boyuca Babil krallığının kuzeydeki Asurlarla çalkantılı bir ilişkisi oldu. Kent Semharib tarafından MÖ 689'da yıkıldı, ama oğlu Asurahiddina (saltanatı MÖ 680–669) tarafından büyük oranda tekrar inşa edildi. MÖ 612'de Asur devleti yıkıldığında, muzaffer Medler gözlerini kuzeye çevirerek Babil'i Orta ve Güney Mezopotamya'nın hâkimi durumunda bıraktı. Nabopolassar ve Nabukadnezar (saltanatı MÖ 604–562) adlı krallar yönetiminde Yeni Babilliler, kentlerini tekrar inşa ederken tapınaklara özel bir ağırlık verdi; ticaret şebekelerini tekrar canlandırdılar ve refahlarını tehdit eden komşu devletlerle savaştılar. Başkentleri Babil siyasal, kültürel, düşünsel ve dini bir merkez haline geldi.

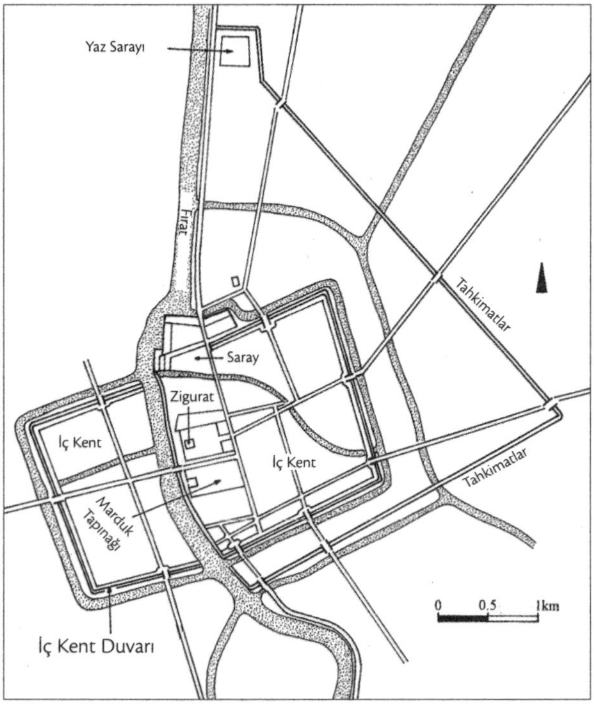

ŞEKİL 10.11 Babil genel kent planı.

Daha sonraki hükümdarlar zayıftı. MÖ 556'da tahta çıkan meraklı, ilginç entelektüel Nabunaid'in, büyüyen Pers İmparatorluğu'nun dinamik kralı Büyük Kyros'un çağdaşı olmak gibi bir talihsizliği vardı. MÖ 539'a gelindiğinde Babil'i kuzey ve doğudan saran Persler Ege'den Afganistan'a uzanan geniş bir bölgeye egemendi. Persler Babil'e saldırdığında, Nabunaid'in oğlu Belşazar yönetimindeki Babil güçleri dağıldı ve Persler bu büyük kenti savaşmadan ele geçirdi. Antik Mezopotamya'nın bağımsız devletlerinin sonuncusu da böylece ortadan kalkmış oldu.

Kent Planı

Yeni Babil kentini, Babilli ve Yunanlı antik yazarlardan, özellikle tarihçi Herodotos'tan ve modern araştırmalardan biliyoruz. Alman arkeolog Robert Koldeway, burada 1899–1917 arasında önmeli kazılar yapmıştı. Yüksek su tablası yüzünden Koldeway, Hammurabi'nin kentine ait daha önceki düzeylere ulaşamamıştı, dolayısıyla Yeni Babil'in planına odaklanmak zorunda kalmıştı. İştar Kapısı dışındaki eski yapılar çok iyi durumda değildi. Daha Selevkos (Helenistik) dönemlerinden itibaren pişmiş tuğlalar başka yerlerdeki yeni yapım projeleri için kullanılmıştı. Ancak, son yirmi otuz yılda, Irak Eski Eserler Direktörlüğü tarafından sürdürülen kazılar çerçevesinde rekonstrüksiyonlar yapılmıştır.

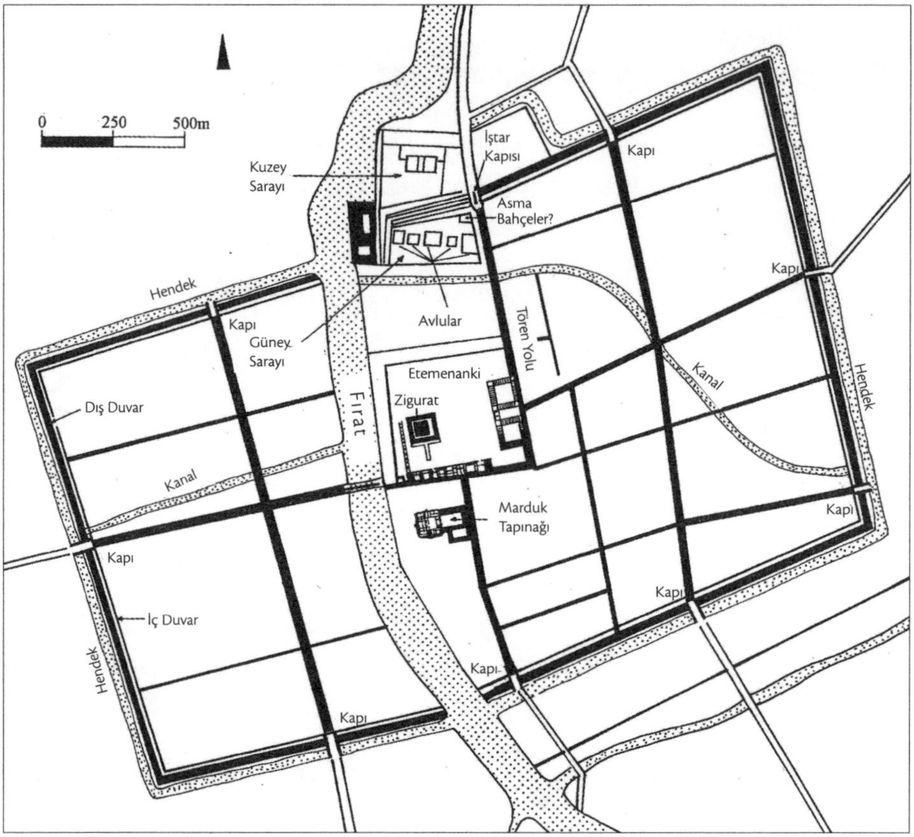

ŞEKİL 10.12 Babil iç kent planı.

850 hektarlık bir alan kaplayan Babil, Ninive (750 hektar) ve Ur (60 hektar) gibi kentlerin yanında antik Mezopotamya'nın en büyük kentiydi. İç kent bile dev gibiydi: Yaklaşık 400 hektar. Orta ve Güney Mezopotamya'da kentsel nüfusları belirlemekte yararlanılan standart, hektar başına 200 kişi ölçüsünü kullanırsak, iç kentin nüfusunu 80.000 olarak tahmin edebiliriz. Kent iç içe iki müstahkem kısımdan oluşur ve kentin içinden kuzey-güney doğrultusunda akan Fırat bu savunma sisteminin önemli bir öğesini meydana getirirdi (**ŞEKİL 10.11**). Dış tahkimatlar bir yanı Fırat'ın kendisi olan dev bir üçgen biçimindeydi. Doğuya uzanan diğer iki cephe ise üç sıra duvardan ve bir hendekten oluşurdu. Bu üçgenin içinde, ayrıca tahkim edilmiş olarak dikdörtgen bir çekirdek halinde iç kent yer alırdı. Bunun bir öğesi, kentin başlıca anıtlarının bulunduğu kent merkeziydi: Kraliyet sarayı, kült merkezleri ve eski yerleşim bölgesi buradaydı (**ŞEKİL 10.12**).

Babil'in dikdörtgen çekirdeği, Fırat Irmağı'nın doğu kıyısında müstahkem bir kare olarak doğdu. Bu alan Nabukadnezar tarafından batıya doğru genişletildi ve yaklaşık 1,6 x 2,4 km'lik bir alanı kaplar hale geldi. Tahkimatlar içteki 6,5, dıştaki 3,7 metre kalınlığında, iki sıra kerpiç tuğla duvardan meydana gelirdi. Aralarındaki boşluk yol işlevi görürdü. Duvarların dışında Fırat'a bağlı bir hendek kazılmış ve ırmaktan giriş demir parmaklıklara engellenmişti. Suyla temas eden duvarlar koruyucu bitümle yapıştırılmış pişmiş tuğlalarla desteklenmişti. Kente girilen sekiz kapıya köprülerden ulaşılıyordu.

Kent bir ızgara plan içinde, ırmağa paralel düz sokaklar halinde inşa edilmişti. Böyle düzenli bir yerleşim Orta ve Güney Mezopotamya'da pek görülmeyen bir şeydi. Tabletlerden semtler, çok sayıda kült mekânı ve diğer topografik öğelerle birlikte bazı sokakların adları da bilinmektedir. Sokak adları çarpıcıdır. Bazıları sokakların çıktığı kapılara ismini veren tanrıların adını taşırdı; örneğin, "İştar, adamları (insanları) adına aracı." Diğer adlar ahlakidir: "Ey kibirli, yere eğil!" veya "Dua edersen seni duyacaktır." Bazıları ise basittir: "İkizler Sokağı" ve "Dar Sokak" ("Ey kibirli, yere eğil!"in alternatif adı).

Özel evler, geleneksel Mezopotamya türüdür: İki veya üç katlıdır (antik kayıtlara göre) ve ortasında bir avlu yer alır. Bu evlerin, hatta Uruk ile Ur'daki aynı dönemden örneklerin olağanüstü büyüklükleri MÖ altıncı yüzyılda bölgenin refah düzeyini gösterir.

Babil'in kent planı, ana dini yapılara önemlerini geri kazandırması açısından, tipik Yeni Asur kentsel yerleşim düzeninden ayrılır. Sarayların ihtişamlı olduklarına kuşku yoktur. Ama kentin merkezinde saray değil, Marduk Tapınağı ve zigurat yer alır. Saraylar birbirinden ayrı, İç Kent'in kenarlarındadır. Yeni Asur uygulamalarından bir başka farklılık da, dini merkez ve saray bölgelerinin yükseltilmemiş ve kentin geri kalanıyla aynı, düz zemin üzerinde bulunmasıdır.

Tören Yolu ve Marduk Tapınağı

Dini merkeze kuzeydeki İştar Kapısı'nın önünden başlayan bir Tören Yolu ile ulaşılıyordu. Mart veya nisandaki Yeni Yıl Festivali sırasında bu yol boyunca tanrıların suretleri taşınırdı. Sokak, daha sonra Kuzey Sarayı'nın yüksek duvarları ile karşısındaki burç arasında bulunan, aşk ve savaş tanrıçası İştar'ın sembolü olan, aslan figürleriyle bezeli sırlı tuğladan kapıya ulaşırdı. İştar Kapısı'nın korunma durumu ilginçtir. Nabukadnezar'ın sırlı tuğlalarla dekore edilmiş üçüncü ve son versiyonundan, sokak döşemesinden yukarı pek bir şey kalmamıştır. Ancak, kapının 15 metre kadar derine inen temelleri, kutsal yapılara uygun şekilde, temiz kuma gömülü ve tanrı Marduk'un sembolü ejderler ve Adad'ın sembolü boğaların tasvir dildiği düz (sırlanmamış) tuğla rölyeflerle bezeliydi. Bugün ziyaretçilerin gördüğü açığa çıkarılmış kısım ve Berlin'deki Bergama Müzesindeki rekonstrüksiyonun dayanağını oluşturan bu duvarlardır (**ŞEKİL 10.13**). Orijinal kapının yüksekliği muhtemelen 23 metre idi ve hem iç hem de dış surları kapsıyordu. Berlin'deki rekonstrüksiyondan da görülebileceği

ŞEKİL 10.13 İştar Kapısı rekonstrüksiyonu, Babil.

gibi, kapı ile yanındaki duvarlar parlak mavi bir arkaplan üzerine bazıları düz, bazıları rölyef olarak renkli sırlı tuğlalardan yapılmış aslan, boğa ve ejderlerce korunuyordu (**ŞEKİL 10.14**).

Tören Yolu, İştar Kapısı ve saraydan güneye doğru, zigguratı da içeren Etemenanki kompleksine doğru devam ediyordu. Bu zigurat, *Kitabı Mukaddes*'teki Babil Kulesi'ne karşılık gelir, ama pek çok defa yeniden inşa edilmiştir. Ne yazık ki, bu yapının yalnızca yaklaşık 91 m^2'lik bir alanını kaplayan temelleri günümüze gelmiştir, ama başka yerlerde daha iyi korunmuş örnekleri bulunan

ŞEKİL 10.14 İştar Kapısı'ndaki ejder tasvirli sırlı tuğla panel, Babil.

ziguratlara benzediği kuşkusuzdur. Herodotos'a göre (Kitap I. 181–2), sekiz basamaklı, tepesinde tek odalı bir tapınak bulunan bir kuleydi. Bu odada Marduk'un yatıp uyuduğu bir divan ve yanında altından bir masa bulunurdu. Muhafızlık görevi bir kadına aitti.

Sokak buradan batıya dönerek Fırat'a ve batı yakasına yönelirdi. Etemenanki ile kentin baştanrısı Marduk'un tapınağı Esagila (veya E-sangil), "Başını kaldıran Tapınak" arasından geçerdi. E-sangil'in planına ulaşmak Alman arkeologlar için kolay değildi, çünkü daha sonraki yerleşimlere ait 21 metre derinliğinde moloz ve bu noktanın dini geleneğini sürdüren bir Müslüman türbesinin altında bulunuyordu. Koldewey'in derin deneme çukuru, teşhise yardımcı yazıtlar bulunan döşeli bir zemine rastlayınca tapınak şans eseri bulunmuş oldu. Duvarları boyunca tüneller kazan işçiler boyutları ortaya çıkardı: 86 x 78 metre ve doğuya doğru iki açık avlu. İçerisine dair pek ayrıntı yoktur. Herodotos'a göre, tapınakta tümü altından olmak üzere tanrının oturan bir heykeli, bir masa, bir taht ve kaidesi bulunuyordu, ama bu değerli eşyalardan hiçbir iz kalmamıştır.

Nabukadnezar'ın Güney Sarayı

Nabukadnezar'ın üç ana sarayı vardı. Devasa Güney Sarayı pişmiş tuğladan yükseltilmiş bir platform üzerine inşa edilmişti. Kamusal ve özel odaların bir eksen üzerinde dizili düz hatlı avlular (bu sarayda beş adet) çevresinde gruplanması Asur tarzını andırıyordu. Avluların en büyüğünden girilen dikdörtgen biçim Taht

Odası'na, uzun yanındaki üç girişten girilirdi. Bu sarayı, hatta belki de bu odayı, *Kitabı Mukaddes*'teki Daniel Kitabı'nda ölümsüzleştirilen Belşazar'ın şöleninin ve 200 yıl sonra Büyük İskender'in ölümünün gerçekleştiği yer olarak düşünebiliriz.

Taht Odası'nın dış duvarı geometrik desenler, ağaçlar ve hayvanların tasvir edildiği sırlı tuğladan panellerle süslenmişti. Asurlardan farklı olarak, Yeni Babilliler odaları taş ortostatlarla donatmamış veya girişleri devasa bekçi lamassularla korumamışlardı. Gerçekten de, sırlı tuğlalar dışında, MÖ altıncı yüzyıl Babil'inin harabelerinde sanat veya zanaat adına pek bir şey bulunamamıştır. Ancak, metinler bizlere odaların kaliteli ahşapla donatılmış ve altın veya tunç ile süslenmiş olduğunu söyler.

Sarayın en kuzeydoğu ucunda, olağanüstü kalın bir duvarla çevrili ve zincirli kovalarla su çekilmek üzere tasarlanmış gibi görünen yan yana üç çukurdan oluşan değişik bir kuyu içeren on dört ufak, tonozlu depo odasının meydana getirdiği müstakil bir öbek, akıl karıştırıcıdır. Bu odalar bir tür lüks çatı katı bahçesi olan ünlü Asma Bahçeler'in temelleri olabilir. MÖ üçüncü yüzyıl tarihçisi Bel-Usur'a göre, bu bahçeler Nabukadnezar tarafından, Med eşinin kuzeydeki yurdunun ormanlarına duyduğu özlemi tatmin etmek için yaptırılmıştı. Bu, Yunanlıları o kadar etkilemişti ki, Asma Bahçeleri Dünyanın Yedi Harikası'ndan biri olarak kabul etmişlerdi.

Kentin Yapımı: İşgücü ve Masrafları Karşılayacak Para

Bu kadar çok sayıdaki inşaat projesi için büyük miktarda insan gücüne ihtiyaç vardı. Bu büyük ölçüde zaferle sonuçlanan seferlerden sonra Babil'e getirilen vasıflı ve vasıfsız yabancı işçilerle karşılanıyordu. Antik Yakındoğu'da, insanların sürülmesi sık görülen bir olaydı ve isyan ihtimalini azaltmak için başvurulan bir yöntemdi. Kudüs'ün MÖ 586'da ele geçirilmesinden sonra Babil'e sürülen İbraniler bu açıdan yalnız değillerdi. Ama genellikle, belli bir proje bittikten sonra böyle yabancıların daha iyi koşullarda yaşamalarına, toprak sahibi olarak toplumsal statülerini yükseltmelerine izin verilirdi.

Bu projeler için para da gerekliydi, ama o kadar kolayca bulunamıyordu. MÖ altıncı yüzyıl ortalarına gelindiğinde Babil ekonomisi zorlanmaya başlamıştı, zira ele geçirilen topraklar artık eski düzeyde katkıda bulunmuyordu. Bunun sonucunda nüfus üzerinde oluşan baskı, istilacı Persler ve Büyük Kyros'un lehine önemli bir avantaj olmuş olabilir.

Akameniş Persler ve Persepolis

Babil'in MÖ 539'da Büyük Kyros tarafından ele geçirilmesinden sonra Mezopotamya'nın egemenliği yabancılara geçti. Ancak, Mezopotamya'nın doğu ucundaki Persler kültürel açıdan büyük ölçüde Mezopotamya'nın etkisindeydi.

Büyük II. Kyros (MÖ 559–530) adını tüm devlete veren, Güneybatı İran'daki Fars bölgesindendi. Bu dönemde İran, başkentleri Ekbatan, yani modern Hamadan'da bulunan kuzey ile batı merkezli Medlerin tahakkümündeydi. Kyros'un babası olan Fars kralı bir Med prensesiyle evlenmişti. MÖ 550'de Kyros, Med kralı ve aynı zamanda büyükbabası olan Astyages'i yendi ve böylece olağanüstü fetihlerle dolu serüvenine başladı. Ailesi, Akameniş hanedanı, Ege Denizi'den Orta Asya'ya, İndus Irmağı'ndan Mısır'a dek Yakındoğu'nun hâkimi oldu. Hanedan MÖ 330'da Büyük İskender tarafından sona erdirildi.

Tıpkı Yeni Asur kralları gibi, Akameniş Persler de yeni krallar yeni başkentler kurardı. Büyük Kyros'un yeni inşa ettiği başkenti Pasargad idi. Daha sonra I. Dareios, kendine idari başkent olarak Mezopotamya ovasındaki eski Elam başkenti Susa'yı seçmesine rağmen, hanedanın anayurdu olan Fars bölgesindeki Persepolis'te tahkim edilmiş bir saray merkezi kurdu. Bugün en iyi bilinen Akameniş kenti bu Persepolis kalesidir.

Persepolis

I. Dareios'un saltanatının (MÖ 521–486) başlarında inşasına başlanan ve yaklaşık 100 yıl sonra tamamlanan Persepolis, İskender tarafından yağmalanıp yakılıncaya dek önemli bir merkez durumundaydı. 1930'larda Ernst Herzfeld ve Erich Schmidt yönetiminde Chicago Üniversitesi'nin Doğu Bilimleri Enstitüsü tarafından kapsamlı kazılar gerçekleştirilmişti. Sıradan halkın yaşadığı aşağı kentin yeri henüz belirlenememiştir.

Persepolis'teki kale hem idari, hem de törensel bir merkez olarak tasarlanmıştı (**ŞEKİL 10.15**). Saray kompleksi yaklaşık 455 x 305 metre boyutlarında geniş bir platform üzerinde yer alır. Bir zamanlar çoğu kerpiç bir duvarla çevriliydi, ancak batıdaki alçak bir parapet ova manzarası sağlıyordu. Girişi oluşturan etkileyici merdivenler ve kale kapısına, bunları yaptıran Kserkses (MÖ 485–465) tarafından "Tüm Ülkeler" adı verilmişti. Saray, arada birkaç avlu olmasına, kamusal ve özel olarak ayrılmasına rağmen mimarisi demir çağı Mezopotamya'sının yukarıda değindiğimiz geleneklerinden ayrılır. Birleşik bir bütün yerine, kompleks birbirine gevşekce bağlı platformlar üzerindeki ayrı binalardan meydana gelen bir öbek şeklindedir. Bu mimarinin tipik özeliikleri arasında ufak ve geniş kare odalar ile bol miktarda sütun kullanımı sayılabilir. Bu yapıların en büyüğü I. Dareios tarafından başlanan, yaklaşık 76 m^2 alana yayılan ve restorasyon sonrası yaklaşık 20 metre yükseklikteki büyük kabul holü Apadana'dır. Aslan, boğa veya insan başlı boğa biçiminde şık taş sütun başları kullanılmıştır. Doğuda Apadana'yı dengeler konumda, Kserkses'in Taht Odası veya 100 Sütunlu Hol olarak bilinen bir başka devasa sütunlu hol bulunur.

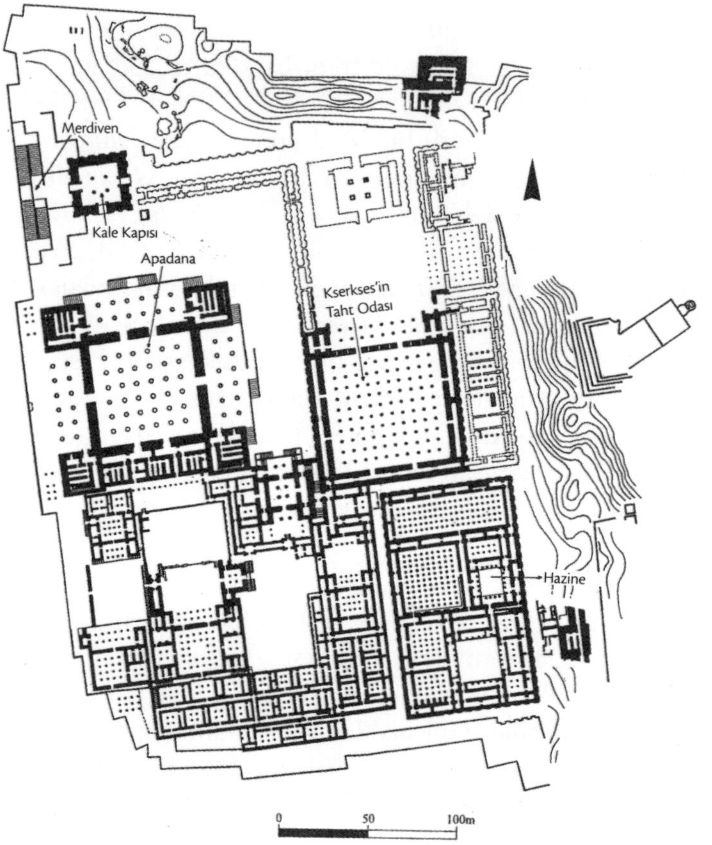

ŞEKİL 10.15 Persepolis planı.

Kompleks, büyük bir coğrafyayı kaplayan imparatorluğun farklı bölgelerinden büyük krala haraçlarını törenle sunan görevlileri gösteren rölyeflerle kapsamlı şekilde dekore edilmişti (**ŞEKİL 10.16**). Hazine Dairesi'ndeki bir rölyefte, haracını sunan bir görevli tarafından yaklaşılan tahtında oturmuş kralın kendisi de görülebilir (**ŞEKİL 10.17**). Dareios'un arkasında veliaht prens Kserkses ve görevliler durur. Bu rölyeflerdeki tema, Pers kralının gücü ve itibarıdır. Mesajı rölyeflerle iletme düşüncesi Asurlardan gelmiş olabilir, ancak Persler kraliyet başarılarını daha farklı bir yorumla sunmuşlardı. Savaş ve avdaki vahşi zaferler gösterilmez. Daha eski Mezopotamya sanatından farklı olarak, ilahi destek sembolü tanrılar da yoktur. Bunun yerine, bu imparatorluğun başarısı düzen ve itaat olarak gösterilir.

Bu rölyeflerde İonyalı (Batı Anadolu) Yunan heykeltıraşların parmağı olmakla birlikte, sunum geleneksel Yakındoğu tarzıdır. Burada resimde görülen rölyefte, Dareios ve Kserkses diğer insanlardan daha büyük ölçekli tasvir

ŞEKİL 10.16 Platforma kuzeydoğudan bakış, Apadana, Persepolis.

ŞEKİL 10.17 Dareios'u haraçları kabul ederken tasvir eden rölyef, Persepolis.

edilmiştir, ki bu yüksek statü gösterme tekniğinin geçmişi Mısır'da hanedanlar döneminin başlarına ait Narmer Paleti kadar eskiye dayanır. Ayrıca, bu standart profilden tasvirde, haraç sunanlar gayet düz bir rölyef halinde olup, giysileri gibi etnik göstergeler hariç pek bir kişiliğe sahip değildirler.

Kraliyet Mezarları

Bu kaledeki diğer yapılar arasında özel alanlar veya saraylar ve bir hazine bulunur, ama kült odaları yoktur. Persler Zerdüşttü ve kanatlı bir güneş kursu olarak gösterilen Ahura Mazda'ya taparlardı. Açık hava ateş sunaklarında tören yaparlardı. Persepolis'in 6 km kuzeybatısındaki Nakş-ı Rüstem'deki yarlara oyulmuş dört kral mezarının dış cephelerindeki rölyeflerde ateş sunakları da resmedilmiştir. Kyros'un ardıllarından dördü burada gömülüydü. Tapınaklar antikçağlarda soyulmuşlardı, ama bezeli dış cepheleri günümüze ulaşmıştır. Cepheler haç şeklinde, mezar odasına giriş merkezde olacak şekilde oyulmuştur. Giriş boğa başlıklı iki çift sütun arasından yapılır; bunlar iki sıra insan tarafından taşınan divan benzeri bir platformu destekler. Bunun üzerinde ateş sunağında ibadet halindeki kralın tepesinde, havada Ahura Mazda durmaktadır.

Büyük Kyros ise Pasargad'daki bağımsız bir binada, kendi basamaklı platformu üzerindeki duran tek odalı basit bir yapıda gömülüdür. Tarihi bilen ve Kyros'a büyük saygı duyan Büyük İskender'in kesin emirleri doğrultusunda Makedon orduları mezara dokunmamıştır. Mucizevi bir şekilde günümüze dek gelebilmiştir.

BÖLÜM 11

Fenike ve Kartaca Kentleri

➤ Fenikeliler: serpilmeleri	MÖ on ikinci ile dördüncü yüzyıllar arası
Başlıca kentler:	
Tyros (Tsor/Sur), Sidon (Sayda),	
Byblos (Gebal), Beyrut (Beerot), Arvad	
I. Hiram, Sur Kralı	(saltanatı MÖ 969–936)
Asur egemenliği:	MÖ sekizinci ve yedinci yüzyıllar
Babil egemenliği:	MÖ altıncı yüzyıl (585–539)
Pers dönemi:	MÖ 539–332
Büyük İskender'in Fenike'yi Fethi:	MÖ 332
➤ Kartaca: Tyroslularca kuruluşu	MÖ 814 (geleneksel tarih)
Roma ile ilk antlaşma:	MÖ 509
Himera'da yenilgileri:	MÖ 480
Pön Savaşları:	MÖ 264–146
Kentin Romalılarca ele geçirilişi:	MÖ 146
Romalılarca tekrar kuruluşu:	MÖ 29

Fenikeliler, Bölüm 9'da ele aldığımız Ugaritliler gibi tunç çağındaki Kenanlıların demir çağındaki ardıllarıydı ve kültürel geleneklerini kesintisiz şekilde sürdürüyorlardı. Aslında, kendilerine Kenanlılar ve ülkelerine de Kenan diyorlardı. Dolayısıyla, günümüzdeki tunç çağı Kenanlıları ile MÖ 1200 sonrasında demir çağı Fenikelileri arasında yapılan ayrım yapaydır.

"Fenike," kökenini tam olarak bilemediğimiz Yunanca "phoinix" sözcüğünden gelir. Yaygın açıklamalardan biri, Fenikelilere özgü lüks mor boyadan dolayı koyu kırmızı bir renk adından geldiğidir. MÖ altıncı ile ikinci yüzyıllar arasında Orta ve Batı Akdeniz'de başlıca Fenike kentinin Kartaca olduğu dönemdeki Fenikeliler içinse, Latince Fenikeli (*poenus, punicus* ve *poenicus*) anlamındaki sözcüklerden gelen "Pön" kullanılır.

Fenikeliler, Orta Levant'ın dar kıyı şeridinde, yaklaşık 200 km uzunluğunda, bugünkü Lübnan kıyıları ile kuzeyde Suriye ve güneyde İsrail'e uzantılardan ibaret, küçük bir coğrafi alanda yaşamıştır. Bu bölge tunç çağı Kenan'ından çok daha küçüktür. Tarım bu coğrafya tarafından kısıtlanmıştı; refah kaynağı ticaretti. Değerli yöresel kaynaklar arasında, Lübnan dağlarından gemi yapımı ve mimari açıdan uluslararası değere sahip sedir ağacı ve pahalı mor boyanın elde edildiği

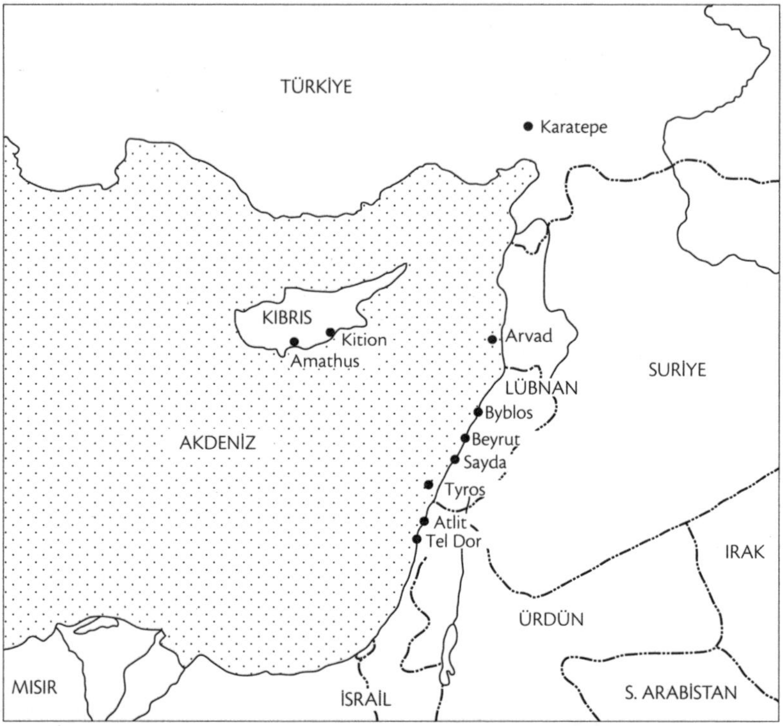

ŞEKİL 11.1 Doğu Akdeniz'de Fenikeli ve alakalı kentler.

deniz kabuklusu iskerlet vardı. Ayrıca Fenikeliler, lüks malların üretimiyle ün yaptı. Bu usta denizciler gerekli hammaddeleri, özellikle de metalleri bulmak için Akdeniz'de seferler yaptı. Bu arayış onları kuzeyde Kilikya'ya ve batıda Kıbrıs, Kuzey Afrika, Sicilya, Sardinya ve İspanya'ya, hatta Fas ve İberya'nın Atlantik kıyılarına götürdü. Demir çağının ilk yüzyıllarında bağımsız olan Fenikeliler MÖ sekizinci yüzyılda Asurlar, MÖ altıncı yüzyılda ise ilk olarak Babilliler ve daha sonra da Akameniş Persler tarafından fethedildiler. Ama denizcilikteki ustalıkları ve ticari becerileri fatihleri için önemliydi. Efendileriyle sürekli çatışma halinde olmalarına rağmen, özerkliklerini koruyarak Asya'nın içleriyle Akdeniz dünyasındaki Yunanlılar, Mısırlılar, Etrüskler ve ilk Romalılar arasında önemli bir kültürel köprü işlevi gördüler. Kendi yazılı kayıtları büyük ölçüde kaybolmasına rağmen, başarılarına diğer kültürler şahit olmuştur. Yunanlılar MÖ sekizinci yüzyılda Fenike alfabesini benimserken, İbranilerin *Kitabı Mukaddes*'inde de İsrail kralı Süleyman'ın büyük inşaat projelerinde çalışan Fenikeli zanaatkârların ustalığından söz edilir (bkz. Bölüm 10).

Hiçbir zaman siyasi birlik sağlayamayan Fenikeliler, krallarca yönetilen bağımsız şehir-devletleri biçiminde örgütlenmişlerdi. Kentleri, koya sahip burunlar veya kıyıdan hemen açıkta küçük adalar gibi savunma ve denizcilik için avantajlı konumlarda bulunurdu. İki ana ada kenti Tyros [Fenikece Tsor; bugünkü Sur] ve Arvad (Yunancada Arados) idi (**ŞEKİL 11.1**). Anakaradaki burunlarda yer alan başlıca kentler ise Sidon [bugünkü Sayda], Byblos [Fenikece Gebal] ve Beyrut [Fenikece Beerot] idi. Bu kentlerin tarihi önemlerine rağmen Fenike kentlerinin fiziksel özelliklerine ulaşmak zordur. Bu yerlerde antik Helenistik dönem ve Roma dönemlerinden ortaçağa ve günümüze değin sürekli yerleşim bulunması nedeniyle MÖ on ikinci ve dördüncü yüzyıllar arasındaki görünümleri pek bilinmemektedir. Fenike kentleri hakkındaki bildiklerimiz, Akdeniz'e dağılmış çeşitli alanlarda bulunan özelliklerden bir araya getirilmek ve antik belgelerle desteklenmek durumundadır.

Tyros

MÖ onuncu yüzyıl ortalarından altıncı yüzyıl ortalarına dek ticaret ve denizcilikte en önemli Fenike kenti Tyros'tu. Bu çağdan yazılı Fenike kaynakları günümüze ulaşmadığından, kentin tarihçesini ödenen haraç ve ticari işlemlerin kaydedildiği Asur yıllıkları; siyasal ve ticari anlaşmalar ile kültürel ilişkilerin kaydedildiği Kitabı Mukaddes ve artık kayıp olan daha eski vakayinameler ve arşivlerden yararlanan Roma döneminden İosephos (MS birinci yüzyıl) ve Bybloslu Philon (MS birinci ve ikinci yüzyıl) gibi yerel yazarların eserleri gibi kaynaklardan yararlanarak bir araya getirmeliyiz.

Tyros'un ilk büyük kralı I. Hiram MÖ 969–936 yılları arasında hüküm sürmüştü. Geleneğe göre, kentin gelişiminde önemli bir rol oynamıştır. Bu döneme dair arkeolojik araştırmalar sınırlı olduğundan (1974 Patricia Bikai'nin sonar çalışması gibi) demir çağı Tyros'una dair bu ayrıntılar edebi kaynaklardan derlenmiştir. Orijinal olarak kent, kıyının hemen açığında, Levant kıyıları boyunca uzanan kumtaşından bir kayalık ve sırt şebekesinin parçası olarak yan yana duran iki adada yer alıyordu. I. Hiram bu iki adayı birleştirmiş, kenti tahkim etmiş ve sarnıçlarla donatmıştı (**ŞEKİL 11.2**). Kentin iki limanı vardı. "Sidon" kuzeyde, güneybatı rüzgârlarından iyi korunaklı, belki de kentin tahkimat sistemiyle çevrili doğal bir limandı; bugün hâlâ kullanılır. I. Etbaal (saltanatı MÖ 887–856) tarafından ikinci bir liman eklenmişti. Güney tarafındaki yeri ve boyutları Helenistik dönem ve Roma dönemlerindeki doldurmalarla eski topografyanın ortadan kalkması nedeniyle kesin olmayan bu yapay limana ise "Mısır" adı verilirdi. Burayı güneybatı rüzgârlarından korumak için dalgakıranlar yapılmış olmalı. İki liman birbirine bir kanalla bağlıydı. Ana pazar alanı kuzeydoğuda Sidon Limanı'na yakındır, kraliyet sarayı ise güneyde olabilir. I. Hiram'ın ayrıca kentin üç ana tanrısı Melkart ("Kentin Efendisi"), Astarte ve Baal Şamen'in tapınaklarını tekrar inşa ettirdiği de söylenir.

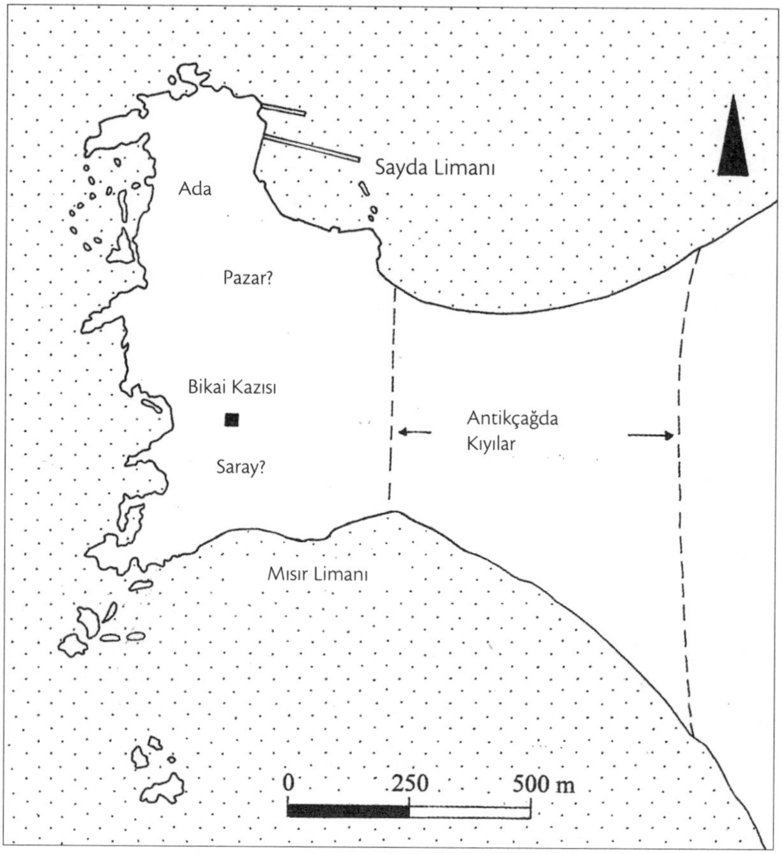

ŞEKİL 11.2 Tyros planı.

Anakaradaki Ushu bölgesi ada merkezine su, tarım ürünleri, odun (yakıt) ve diğer maddeleri sağlardı. Mezarlıklar da anakarada, yerleşim bölgesinin ötesindeydi. Bu topografya, Büyük İskender'in MÖ 332'deki Tyros kuşatmasıyla değişti. Kenti ele geçirmek adına, anakarayı adaya bağlayan bir dalgakıran inşa ettirmişti. Bu zamandan beri kent bir yarımadadır (**ŞEKİL 11.2**).

Nüfus 30.000 olarak tahmin edilmiştir ki, bu yüksek bir nüfus yoğunluğu anlamına gelir. Bu bilginin kaynağı MS ikinci yüzyılda Roma İmparatorluğu'nda yaşayan Arrhionos adlı Yunanlı bir görevlinin Büyük İskender biyografisidir. Arrhionos'a göre, İskender'in kuşatması sırasında 8.000 Tyroslu ölmüştü; Tyroslulardan ve yabancı sakinlerden oluşan geriye kalan 30.000 kişi köle olarak satılmıştı. Bu kadar yüksek nüfus yoğunluğu göz önünde bulundurulduğunda, ada kentin çok düzenli bir plana sahip olmadığını ve boş alanların çok değerli olması yüzünden sokakların dar ara sokaklardan ibaret olduğunu düşünebiliriz.

Tahkimatlar

Tyros'un kendisinde demir çağı geçmişinden pek bir şey kalmamış olmasına rağmen, boşlukları başka kazı alanlarının yardımıyla doldurabiliriz. Sidon ile Tyros'un ortasındaki Sarepta (modern es-Serafend) adlı mütevazı demir çağı Fenike kenti, 1969–74 döneminde Pennsylvania Üniversitesi tarafından kazılmıştı. İsrail kıyısındaki Tel Dor'da, MÖ on ikinci veya on birinci yüzyıldan yedinci yüzyıl ortalarına kadarki düzeylerde, esas olarak Hayfa Üniversitesi ve İbrani Üniversitesi tarafından gerçekleştirilen kazılar sonucunda ortaya çıkarılan tahkimatlar ve diğer mimari öğeler çok daha kapsamlıdır. MÖ 1075'te, Fenike'den ahşap almak amacıyla gönderilen Mısırlı görevli Wenamun ziyaret ettiğinde Dor, bir Tjeker prensi (Tjeker Deniz Halklarından biriydi) tarafından yönetilen bağımsız bir kentti. Bu kentin Pers döneminde Fenikeli ve Sidon'nın denetiminde olduğunu Sidon kralı II. Eşmunazar'ın MÖ beşinci yüzyıl başına ait lahtindeki yazıtlardan anlıyoruz. Aradaki yüzyılların siyasal tarihi bilinmiyor. Coğrafi yakınlık ve Fenike tarzı iki renkli çömlek buluntuları bir miktar Fenike bağlantısı beklenmesi gerektiğine işaret ediyor, ama bunun siyasal, kültürel veya ticari mi olduğunu bilemiyoruz.

Fenike ülkesinin ortasındaki tahkimatlar hakkındaki en iyi kanıtlar Beyrut'tadır. 1975–90 arasında cereyan eden Lübnan İç Savaşı ülkeyi alt üst ederken, Beyrut kent merkezi önemli hasar gördü. Savaştan sonraki inşa çalışmaları sırasında bu bölgede gerçekleştirilen arkeolojik kazılardan, kentin uzun geçmişi hakkında çok değerli bilgiler elde edildi. Orta tunç çağından sonrası için, tahkimatların sıralaması iyi biliniyor. Demir çağdaki ilk tahkimat olan, dik rampalı taş duvar MÖ sekizinci yüzyıla kadar kullanım gördü. MÖ yedinci yüzyılda, kesme kireçtaşından bir kazamat duvar inşa edilmişti. Pers döneminde dev boyutlarda ve ön cephesi molozla kaplı bir duvar daha yapılmıştı. Pers ve daha sonraki Helenistik dönemlerde başvurulan duvar yapım teknikleri arasında kesme taştan dik payandalar arasında moloz dolgu ve yine içi moloz doldurulmuş, paralel kesme taştan bloklar sayılabilir.

Edebi ve sanatsal kaynaklar yapım hakkında ek bilgiler sağlar. Arrhionos'tan, Tyros'un kent surlarının bloklarının ekstra güç sağlamak için birbirine çimentoyla yapıştırıldığını öğreniyoruz. Asur rölyeflerindeki tahkimat resimleri MÖ dokuzuncu ile yedinci yüzyıllar arasındaki genel görüntü hakkında bir fikir verirken, üstyapının tipik özellikleri olarak kuleler ve mazgallı siperler göze çarpar.

Gemiler ve Limanlar

Gemiler, gemiclik ve limanlar Fenike kent yaşamının ayrılmaz parçalarıydı. Gemi türlerini anlamakta resimli kaynaklardan yararlanabiliriz. II. Şarrukin'in Dur Şarukin'daki (Horsabad) sarayındaki bir rölyefte, atbaşı pruvaları nedeniyle

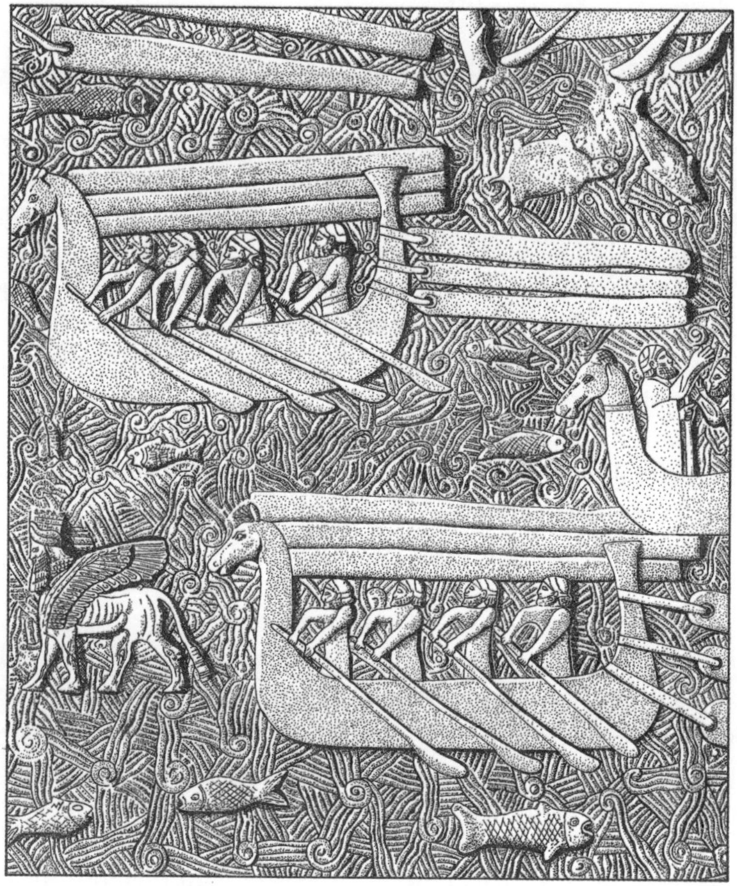

ŞEKİL 11.3 Deniz yoluyla kütük nakleden Fenikelileri tasvir eden bir Asur rölyefinden parça, Dur Şarukin (Horsabad), MÖ sekizinci yüzyıl sonları. Louvre Müzesi, Paris.

hippos ("at") adı verilen küçük ticari tekneler kütük taşırken görünür (**ŞEKİL 11.3** ve **11.4**). Diğer gemi türleri arasında, uzun mesafe yük taşımacılığında kullanılan *gaulos* ("tekne/leğen") ile koçbaşı, yelken ve kürekçilere sahip savaş kadırgaları vardı (**ŞEKİL 11.4**). Asur ve Pers efendilerin çok değer verdiği böyle gemiler Sidon, Byblos ve Arvad'ın MÖ beşinci yüzyıl ortalarından itibaren bastıkları sikkelerde çok kullanılan simgelerdendi.

Fenikelilerin özenli liman yapımlarına dair iyi kanıtlar, İsrail'in kuzey kıyılarında, Hayfa'nın 25 km güneyinde yer alan Atlit'tendir (**ŞEKİL 11.5**). Liman tesisleri ilk olarak 1960'larda fark edilmiş, daha sonra 1970'lerde ve 2002'den günümüze Hayfa Üniversitesi Denizcilik Araştırmaları Enstitüsü'nce ayrıntılı olarak incelenmiştir. En güçlü rüzgârlar güneybatıdan estiğinden, Levant kıyısında bir liman için en elverişli konum, kuzey rüzgârlarına karşı da bazı

ŞEKİL 11.4 Fenike gemileri: Savaş gemisi (solda) ve *hippos* (sağda).

önlemler alınmış olarak korunak sağlayan bir burnun kuzey yanıdır. Sidon ve Tyros'ta olduğu gibi burada da durum aynıdır. Güney yönündeki çekici kumlu plaj küçük tekneler için veya hava koşulları uygun olduğunda kullanılabilirdi.

Kuzey limanının sınırları, güneyde burun ile batıda iki küçük adaca çiziliyordu. Batıda, adaların arasındaki boşluktan deniz akıntıları limana giriyor, daha sonra kuzeydoğu girişinden çıkıyorlar ve böylece silt ve kumun otomatik olarak temizlenmesini, birikmemesini sağlıyorlardı. Biri kuzeyde, diğeri doğuda sırasıyla yaklaşık 130 metre ve 100 metre uzunluğunda iki dalgakıran birbirine dik açıyla yerleştirilmiş şekilde limanı kuşatarak 150 metre genişliğinde bir liman girişi yaratıyordu. Dalgakıranların biri en kuzeydeki adacıkta, ötekiyse

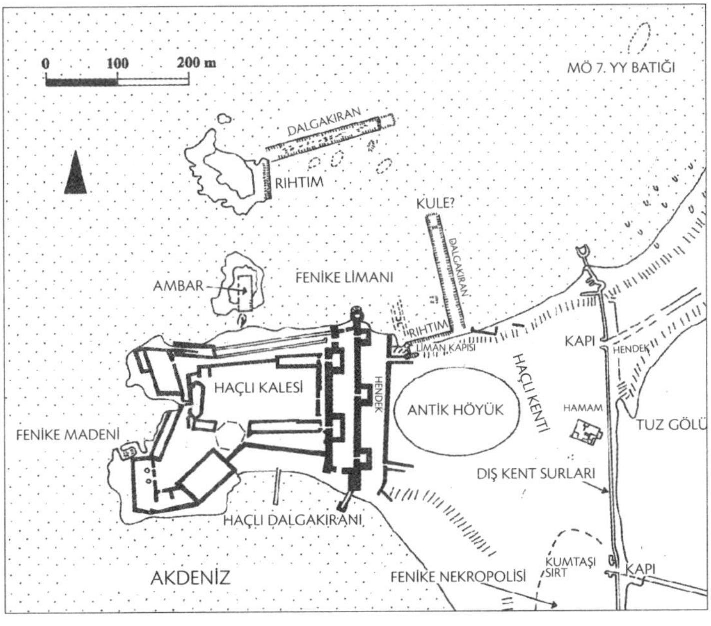

ŞEKİL 11.5 Atlit limanı ve haliçi planı.

anakaradaki rıhtımla birleşiyordu. Kuzeydeki daha uzun dalgakıran derin, daha büyük gemiler için elverişli sularda yer alıyordu.

Dalgalarla deniz yüzeyindeki ve altındaki akıntıların tahrip edici etkilerine karşı koymak için, dalgakıranlar sağlam yapılıyordu. İlk olarak, deniz zeminine düz ve yuvarlak ırmak çakıllarından bir temel döşeniyordu. Çakılların yerel olmayıp, muhtemelen Kuzey Suriye ve Kıbrıs'tan, gemi safrası olarak getirilmesi buradaki gemiciliğin uzun mesafeli bağlantılarının bir göstergesidir. Daha sonra dalgakıranın temel katı döşeniyordu; bu iki sıra birbirine paralel kesme taşın boylamasına, yani 2–3 metre boyunda dikdörtgen blokların, uzun kenarları birbirlerine bitişik, dar kenarları denize dönük olarak yerleştirilmesiyle yapılıyordu. Aradaki boşluklar moloz ve orta boy taşlarla dolduruluyordu. Taş sıraları düzlemek için ahşap takozlar kullanılıyordu; üç örnekte yapılan radyokarbon testleri tarih olarak MÖ dokuzuncu yüzyıl sonları ve sekizinci yüzyıl başlarını verir.

Dini Merkezler ve Tapınaklar

Fenike ülkesinin göbeğinden günümüze ulaşmış tapınak örneği azdır. Çatısı sağlam bir tapınak olarak en aydınlatıcı kalıntılar, Fenike'nin kendisinde değil, Kıbrıs'ta, önemli bir Fenike kenti olan Kition'dadır. Yaklaşık MÖ 850–400 arasında kullanılan bu tapınak, esas binanın önünde bir avlu, üstü açık ve iki yanı üstü kapalı revaklı bir orta nef ile uzak ucunda tapınağın kutsal merkezi olan küçük, dar, nefe dik olarak yerleştirilmiş dikdörtgen biçimli bir odadan oluşur. Girişinin iki yanında dikili, kesme taş bloklar bulunur.

Fenike ülkesinin kendisinde tercih edilen bir başka tür dini yapı olan kent dışı tapınak kompleksinin iki ana örneği Amrit ve Sidon'da yer alır. İkisi de Fenike'nin erken, büyük döneminden değildir; Pers döneminde, MÖ altıncı yüzyıldan itibaren gelişmeye başlamıştır. Amrit, antikçağdaki adıyla Marathos, kuzeye doğru yakın mesafedeki Arvad'a bağlı bir kasabaydı. Bir ihtimal Pers ve Helen dönemlerinde popüler olan şifa tanrısı Eşmun'a adanmış olan tapınak, 47 x 39 metre boyutlarında, bir tepenin düşük eğimli yamacında kayada oyulmuş büyükçe bir açık avludan meydana geliyordu (**ŞEKİL 11.6**). Üç yanı kare sütunlarla taşınan bir revakla çevriliydi; dördüncü yan ise tepenin kuzeyindeki ırmak vadisine açılıyordu. Irmaktan gelen su, avluyu doldurarak bir tür kutsal göl oluşturuyordu. Bunun ortasında, doğal kayadan bir kaide üzerinde yaklaşık 5 x 5 metrelik kare bir mihrap inşa edilmişti. Kuzeye doğru bir açıklığa sahip olan bu mabet, kuşkusuz tanrının bir tasvir veya sembolünü barındırıyordu.

Sidon'un kuzeydoğusundaki Eşmun Tapınağı'nın daha karmaşık bir planı ve yapım tarihçesi vardır. Amrit'te olduğu gibi, burada da tapınağın odağındaki yapı bu ırmak vadisinin güneyindeki bir tepenin yamacına inşa

ŞEKİL 11.6 Amrit'teki Tapınak Kompleksi'nden merkez mihrap.

edilmiş (ve sonra tekrar inşa edilmiş) bir platformda yer alıyordu. Ancak, daha dik ve yüksek bir yamaç ile uzaktaki dramatik görünümlü dağlarla yer şekilleri daha çetindir. Yine Amrit'i anımsatır bir şekilde, kanallarla buraya getirilen su önemli bir rol oynar. Şifa tanrısı Eşmun'a ek olarak burada Astarte'ye de tapılırdı. Astarte'nin platformun dibindeki şapeli, iki yanında sfenksler duran taştan bir taht barındırırdı. Bu tanrıçanın sıkça kullanılan bir sembolü olan boş taht, bir kutsal korudaki ağaçları temsil eden adanmış ufak bir sütun olan *aşera* ve bir tanrının varlığını belirten 1,5 metreye kadar ulaşabilen küçük taş bir sütun olan *betyl*, yani "tanrının evi" gibi Fenikelilerin kullandığı diğer dini anıt türlerinde de görülen benzetmesiz (figüratif olmayan) geleneğe bir örnektir.

Doğu Akdeniz Bağlamı İçinde Tyros

MÖ onuncu yüzyıldan itibaren, Tyros uluslararası düzeyde ticaret bağlantıları kurdu. I. Hiram, Tyros'un deniz gücünü ve deniz nakliyat tekelini sağlayarak rakip kentler Byblos ve Sidon da dahil olmak üzere Fenike kıyılarına egemen oldu. Bölüm 10'da belirtildiği üzere, Tyroslu zanaatkârlar Süleyman'ın Kudüs'teki ilk İbrani tapınağını inşa etmesine teknoloji, yapım malzemeleri, uzmanlık hizmetleri ve lüks mallar sağlayarak katkıda bulundu. Bunun karşılığında

İsrail Tyros'a gümüş, tarım ürünleri ve Suriye, Mezopotamya ve Arabistan'a doğru ticaret yolarına erişim sağladı. Hiram ile Süleyman Kızıl Deniz'e ticari bir sefer planladı. Fenike gemileri her yıl, modern Elat yakınlarındaki Etsyon-geber'den Kızıl Deniz kıyısındaki Ofir'e (belki bugünkü Sudan veya Somali) giderek altın, gümüş, fildişi ve değerli taşlar getirecekti.

MÖ dokuzuncu yüzyılda, I. Etbaal'in saltanatı sırasında Tyros daha da genişleyerek İsrail, Suriye ve Kıbrıs'ın doğu kıyılarında daha güçlü bir denetim kurdu. Etbaal'in kızı İzebel, İsrail kralı Ahab (saltanatı MÖ 874–853) ile evlendi ve İsrail'in yeni başkenti Samaria'ya Baal ibadetini getirdi. İster ideolojik, ister maddi (mimarlar, fildişi gibi materyalleri işleyen zanaatkârlar) olsun Fenike etkisi bir yüzyıl boyunca daha etkili olacak ve Asurların MÖ 721'de Samaria'yı yok edişiyle sona erecekti.

Fenikeliler ayrıca kuzeye, Kilikya'ya doğru da yayıldı. Metal kaynakları, Toros Dağları, dağların ardındaki Anadolu yaylası ve Kuzey Mezopotamya'ya giden ticaret yollarına erişim arayışı içindeydiler. Bu bölgedeki varlıkları ya da en azından nüfuzları, Toros Dağları'nın eteklerinde MÖ dokuz ve sekizinci yüzyıllara ait bir kale olan Karatepe'de gayet açıkça görülebilir. MÖ sekizinci yüzyıl sonlarından, Fenike yazısı ve Luvi hiyeroglifleri olmak üzere iki dilli, bilinen en uzun Fenike yazıtı burada keşfedilmişti. Bu yazıtın yazarı yerel liderlerden Asitavandas'tır; yaptığı işleri sayar ve tanrılara bir dua ile bitirir. Kendisi Fenikeli değildi, ama Fenikelilerin dilinin prestij değeri olduğu açıktır. Asurlar da Kilikya ile ilgileniyordu. Dokuzuncu yüzyıl ortalarından başlayarak Akdeniz'e doğru ilerlediler. Asitavandas ile akıl hocası olan Kiliya (Asur dilinde Que) hükümdarı Uriki gibi yerel yöneticiler bu üstün güce uyum sağlamak durumundaydı. Fenikeliler ise özgür hareket alanı bulmak için batıya yönelmek zorundaydı.

MÖ sekizinci yüzyılda Fenikeliler üzerindeki Asur baskısı arttı. III. Tiglatpileser (saltanatı MÖ 745–727) Levant'ın göbeğine saldırarak Arvad'ı ele geçirdi ve halkını Asur'a sürdü. Tyros kısa sürede Asurlara teslim olduğu için hafif muamele gördü. Ayrıca Tyros'un deniz ticaretindeki rolü de değerli olduğundan yok edilecek bir şey değildi. Asurlar bu işi kendi üzerlerine almak istemiyorlardı. Ama, MÖ 734'ten itibaren Tyros'un limanlarında Asurlu müfettişler göreve getirildi. MÖ dokuzuncu ve sekizinci yüzyıllardan kalan Asur yıllıklarında, Fenikelilerin ödediği haraçlar kaydedilmiştir. Bu, Asurların neden ticari ve üretim faaliyetlerinin devamına izin verdiğini gösterir. Metaller arasında altın, gümüş, kalay, kurşun, tunç ve demir vardır. Diğer ürünlerden ise ahşap, abanoz ve fildişi sandıklar; mor renkli yün; işlenmiş fildişi ve metal kaplar sayılabilir.

Sidon: Pers Döneminde Fenike Ülkesi

Pers dönemindeki en önemli Fenike kenti Sidon'du. Perslerin çok değer verdiği donanmaları MÖ 480'de Yunanlılarla yapılan Salamis Savaşı'na katılmıştı. MÖ beşinci yüzyıl ortalarından başlayarak, kentin sikkeleri üzerinde amblem olarak savaş gemilerine de rastlanmaya başlar. Sidon bir burunda kurulmuştu. Kuzey ve güneyinde doğal limanlar vardı. Kuzeyde bulunan kıyı açıklarındaki bir ada ve kayalıklarca korunan ana ticari ve askeri limandı. Güney limanı göze güzel görünen kumlu bir koy olmasına rağmen güneybatı rüzgârlarına açık olduğu için kullanımı sınırlıydı. Güney liman yakınlarında iskerlet kabuklarından oluşan çok büyük bir yığının bulunması kayda değer miktarda mor boya üretimi yapıldığının bir göstergesidir. Günümüze değin sürekli oturulduğu için kentin içinde çok kazı yapılamamıştır, ama Byblos ve Tyros için de geçerli olduğu gibi, Fenike öncesi tunç çağında yerleşim olduğu da biliniyor. Kentin doğu, güneydoğu ve güneyinde mezarlıklar belirlenmiştir. İstanbul Arkeoloji Müzesi'nin müdürü olan Osman Hamdi Bey'in 1887'de buradaki kraliyet nekropolünde yaptığı kazılar sırasında olağanüstü güzellikle dekorasyonlara sahip lahitler bulunmuştur. Bunların en ünlüsü İskender Lahti adı verilendir. Bu lahtin üzerinde İskender tasvir edilmiştir, ama çok büyük ihtimalle İskender'in fethinden sonra Sidon kralı olan Abdalonymus'un mezarıdır.

Fenikelilerin Batıya Yayılışı

Antik yazarlar, MÖ on ikinci yüzyıldan itibaren Fenikelileri Batı Akdeniz'de görmeye başladı. Arkeolojik araştırmalar ise bunu doğrulamamaktadır. Demir çağının başlarında hammadde arayışı içinde seferler yapılmış olabilir, ancak MÖ sekizinci yüzyılda, Yunanlıların Güney İtalya ve Sicilya kıyılarına kolonilerini kurmasından önce, kalıcı yerleşimler adına ikna edici kanıt yoktur (**ŞEKİL 11.7**).

Batı Akdeniz'den en eski Fenike nesnesi 1773'te Sardinya'da Pula'da (antik adı Nora) bulunan Nora Steli'dir. Bu stel üzerindeki yazılar, Kıbrıs kenti Ki-

ŞEKİL 11.7 Orta ve Batı Akdeniz'de Fenikelilerin yayılışı.

tion ve Tyros kralı Pygmalion ile bağdaştırılan tanrı Pmy'a (Pumay) adanmış bir tapınağın yapımının kaydıydı. Yazıtbilimsel kıstaslar yoluyla bu yazıtların tarihi MÖ dokuzuncu yüzyıl sonları olarak belirlenmiştir; ama stel münferit bir buluntudur. Fenikelilerin Nora'daki yerleşiminin kalıntıları daha sonraya, MÖ yedinci yüzyıla işaret eder. Bu ilgi çekici olmakla beraber tek başına Nora Stel'i MÖ dokuzuncu yüzyıl sonlarında Batı Akdeniz'de Fenike yerleşimlerinin yaygın olduğunun kanıtı olamaz.

Fenike'nin batıya yayılışında başı Tyros çekiyordu. Buna açıklama olarak genellikle Tyrosluların Asurların kent yaşantıları üzerindeki sürekli baskısından kaçma ve Asurların hammadde taleplerini karşılama arzuları gösterilir. Bu doğru olabilir, ancak sadece kısmen geçerlidir. M.E. Aubet'e göre Fenike ülkesini meydana getiren dar kıyı ovasının kısıtlılığı; tarımsal kıtlıklar; aşırı nüfus; mücevher, gümüş ve tunç kaplar, işlenmiş fildişi gibi lüks eşyalara dönüştürülebilecek hammadde ihtiyacı ve gemileriyle denizcilik bilgileri sayesinde uzun mesafeli ticaret girişimleri düzenleme yetileri dahil olmak üzere çok sayıda neden vardı.

Tyroslular ilk olarak Kıbrıs'a yerleşerek adanın güney kıyısında Kition kentini kurdu (**ŞEKİL 11.1**). Kentin kuruluşu için verilen geleneksel tarih MÖ 820'dir. Efsaneye göre, kurucular kent içi siyasal çatışmalardan kaçıyordu. Asurlar ve Persler adayı ele geçirdiklerinde bile MÖ dördüncü yüzyıl sonuna dek kültürel açıdan bir Fenike kenti kalacaktı. Yaklaşık 35 km batıdaki Amathus kenti de güçlü Fenikeli unsurlara sahipti, ama buranın karışık bir nüfusu vardı.

Daha batıda, Malta'da (gemiler için bir durak olarak değerli), Tunus, Batı Sicilya (özellikle de Motya ada kenti), Sardinya (bakır, demir ve gümüş de barındıran kurşun cevheri kaynağı), Balear Adaları'ndan İbiza ve Güney İspanya'nın kıyı bölgeleri gibi yerlerde de Fenike yerleşimlerine rastlanır. Tıpkı anayurtta olduğu gibi yerleşim için en çok tercih edilen yerler burunlar ve kıyı açığındaki adalardı. Başta bu kasabalar hammadde ticareti yapılabilecek ticari üsler olarak kurulmuştu. Dolayısıyla, amaç yine MÖ sekizinci yüzyılda Orta Akdeniz'e giren Yunanlılarınkinden farklıydı; Yunanlılar tarıma elverişli geniş topraklara sahip koloniler kuruyordu. Burada bu kentlerden ikisi, Gadir (modern Cadiz) ve Fenikelilerin kurduğu kentlerin en büyüğü olan Kartaca üzerinde duracağız.

Gadir

Fenikeliler Gadir veya Gades'te (bugünkü Cadiz), Cebelitarık Boğazı'nın hemen batısında önemli bir ticaret merkezi kurdu. Amaçlanan altın, gümüş, bakır ve demir gibi metallere erişim sağlamaktı. Kalaya erişim de istenmiş olabilir, ancak bu metalin kaynakları Kuzeybatı İspanya'da Galicia bölgesindeydi. Fenikeliler

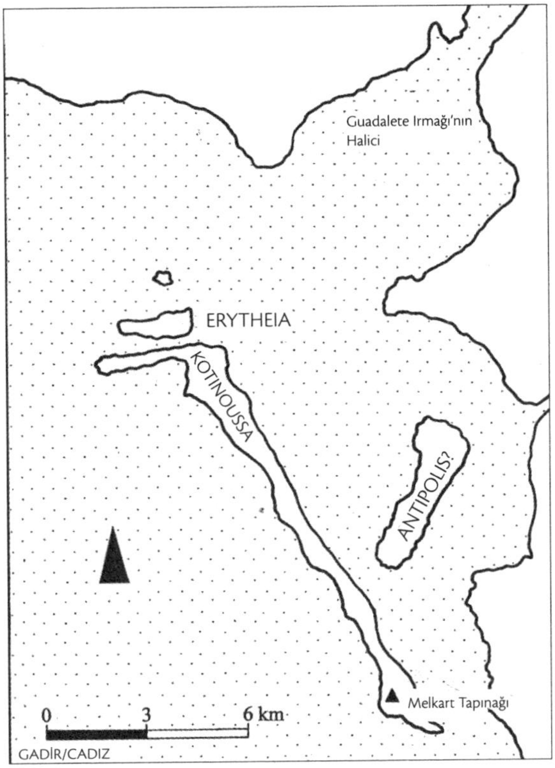

ŞEKİL 11.8 Antik Gadir bölgesel planı.

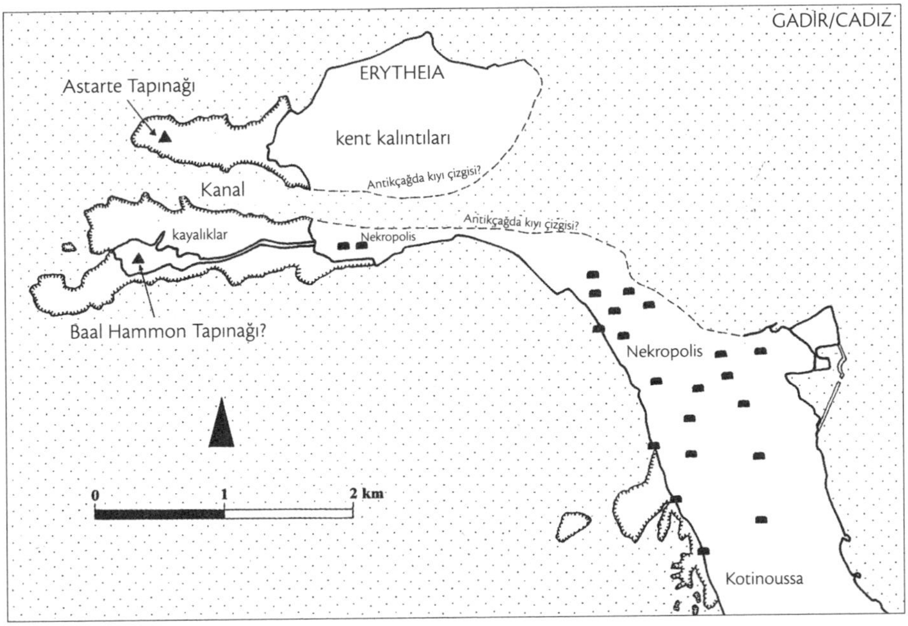

ŞEKİL 11.9 Gadir kent planı.

ayrıca güneydoğu kıyısında, Cebelitarık'ın doğusunda, tarım için verimli, hayvancılık için avantajlı ve kereste kaynaklarına yakın bölgelerle bağlantısı olan mütevazı kasabalar kurdu.

Gdr Fenike dilinde "duvar" veya "müstahkem kale" anlamına gelir. Bu yerleşim, Guadalete Irmağı'nın ağzına yakın, kıyının hemen açığında Erytheia (yerleşim) ve Kotinoussa (mezarlıklar ve kent dışı tapınaklar) adlı iki küçük adada yer alıyordu (**ŞEKİL 11.8** ve **11.9**). Bugün adalar birbirine bağlıdır. Antik Gadir kenti, modern kentin tarihi merkezinin altında kaldığından pek kazılmamış olmakla beraber, güneydeki mezarlıklar incelenmiştir.

Guadalete Irmağı, Güneybatı İspanya'nın en büyük ırmağı olan, kuzeybatısındaki Guadalquivir'e paralel olarak akar. Bunlar ve diğer ırmaklar Sevilla ve Huelva illerindeki, bir zamanların verimli ve zengin Aznalcollar ve Rio Tinto madencilik bölgelerine ulaşım sağlar. Fenikeliler bu madenlerden özellikle gümüş elde ediyordu; MÖ sekizinci yüzyıl sonlarında Kilikya, Anadolu ve Kızıl Deniz'deki madenlere erişimleri engellenmişti. Bugün gümüş kalmamıştır, ama antik cüruflar, antikçağlardaki faaliyetlerin boyutlarını gösterir. Madencilik bölgesindeki küçük Cerro Salomón yerleşimde Fenike çömlekleri; Huelva liman kentinde döküm fırınlarının kalıntılarının ve Huelva'nın nekropollerinden La Joya'da Fenike tarzı gömülerin bulunmasıyla Fenikelilerin burayla bağlantısı doğrulanmıştır.

Babillilerin MÖ 573'te Tyros'u fethiyle, Fenike anayurdundaki karmaşa sonucu Güney İspanya üzerindeki doğrudan Fenike egemenliği MÖ altıncı yüzyılda sona erdi. Daha sonra bu bölge Kartaca tahakkümüne girecekti.

Helenistik dönemde Gadir, Fenikeliler, Troya Savaşı ve Tyros tanrısı Melkart ile özdeşleştirilen Herakles (Romalılarda Hercules) ile bağdaştırılmaya devam edecekti. Melkart, Batı Akdeniz'e yolculuklar, Gadir ve kurucularıyla bağdaştırılırdı. Kotinoussa Adası'nın güney ucunda, Julius Caesar gibi önemli şahsiyetlerce ziyaret edilen uluslararası üne sahip bir Melkart/Herakles tapınağı, Cebelitarık Boğazı'nın antikçağlardaki adının açıklaması olabilir: Herakles Sütunları.

Kartaca

MÖ dokuzuncu yüzyıl sonlarında Tyros'tan gelen Fenikelilerce modern Tunus kentinin kuzeyinde kurulan Kartaca, Orta ve Batı Akdeniz'deki çok sayıda Fenike kolonisinin en büyüğü haline geldi. Zengin bir tarımsal artbölge, iyi limanlar ve ticaret için elverişli bir konuma sahip olmasının da sayesinde kent, nüfuz alanını Batı Akdeniz boyunca genişletti. Sonunda, yine genişlemekte olan, Roma ile çatışmaya girdi. İki kent, Hannibal'in önderliğinde Kartaca ordusunun fillerіyle birlikte Alpleri aşarak İtalya'ya girişi gibi dramatik başa-

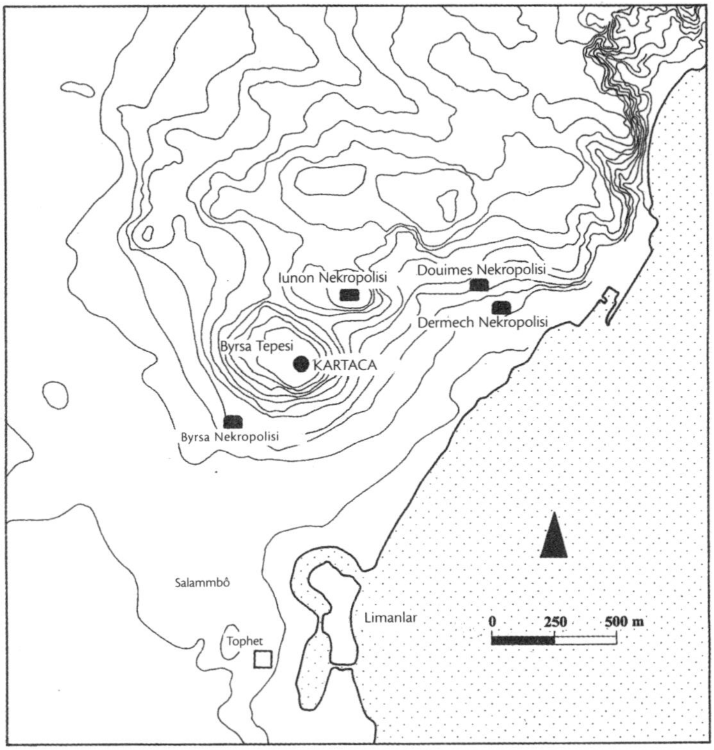

ŞEKİL 11.10 Erken dönem Kartaca planı.

rılara sahne olan Pön Savaşları (MÖ 264–146) adı verilen üç savaş yaptı. En sonunda Romalılar Kartacalıları yendi ve MÖ 146'da kenti yok ettiler. MÖ birinci yüzyılın sonlarında Romalılarca tekrar kolonize edilen Kartaca Roma İmparatorluğu ve İlk Çağ sonlarına dek önemli bir kentsel merkez haline geldi. On dokuzuncu yüzyıl sonlarından ve 1970'lerden itibaren daha yoğun şekilde gerçekleştirilen kazılar, kentin Kartacalı ve özellikle de Romalı geçmişini büyük ölçüde ortaya çıkarmıştır.

Kentin MÖ 814'te, Tyros kralı Pygmalion'un kızkardeşi Elissa (Vergilius'in *Aeneis* adlı eserinde Dido) tarafından kurulduğu söylenirdi. Elissa, kent içindeki çatışmalardan kaçarak batıya, ilk önce Kition'a, daha sonra ise Kuzey Afrika'ya gitmişti. Denizin, bugünkü Tunus Körfezi'nin, yanında tepelik bir bölgeye yerleşilmişti (**ŞEKİL 11.10**). Ancak ilk arkeolojik kanıtlar bundan biraz daha sonraya aittir. Salammbô tapınağı bölgesinde MÖ 760–680 tarihli Yunan çömlekleri (Euboia ve Korinthos tarzı) bulunmuş olması hem tarihlendirme, hem de kentteki ticari ilişkilerin daha başlangıçtan itibaren sahip olduğu uluslararası niteliği göstermesi açısından çok değerlidir. En eski üç mezarlıkta MÖ sekizinci yüzyıl sonları ve yedinci yüzyıl başlarına ait çömlekler bulunmuştur:

Iunon (başlarda yakılmış ölüler), Byrsa Tepesi'nin güneybatı yanı (gömüler) ile Dermech ve Douimes mezarlıkları. Fenike anayurdundan getirilen ama Doğu Akdeniz'de terk edildikten sonra uzun süre Kartaca'da sürdürülen bir uygulama olan kurban edilen çocuklar için bir tapınak ve mezarlıktan oluşan *tophet*'te yaklaşık MÖ 700'den başlayarak kullanım izleri vardır. Bu mezarlıklara eşlik eden yerleşimler neredeydi? Muhtemelen Byrsa Tepesi'nde, ama burada MÖ dördüncü yüzyıl öncesine ait yerleşim izleri bulunamamıştır.

Daha baştan, Kartaca basit bir ticaret üssü yerine bir koloni olarak kurulmuştu. Kentin adı Qart-hadaşt, Fenikecede "yeni kent" anlamına gelir. Tyros ile bağlantılar yüzyıllarca devam ettirilmiş ve bu, Tyros'taki Melkart Tapınağı'na yıllık sunu gönderimleri de dahil olmak üzere çeşitli yollardan ifade edilmişti. Ve Fenike'nin Perslerce ele geçirilmesinden sonra Persler MÖ 525'te Kartaca'yı istila planları yaparken Tyros kendinden doğan bu kente saldırı planlarına katılmayı reddetmişti. Sonunda seferden vazgeçilmişti.

Kartaca, Tyros'tan bağımsız bir şekilde bir oligarşi tarafından yönetilirdi. Önemli aileler arasında, yarı efsanevi general Mago'nun soyundan gelen Magonidler de vardı. MÖ altıncı yüzyılın sonlarından başlayarak, kent yavaş yavaş Batı ve Orta Akdeniz'deki, hatta Fenikelilerin Fas kıyısı boyunca güneye inerek Rabat'ın 400 km güneyinde ticaret üssü olarak kurdukları küçük Mogador adasına, yani Atlantik'e kadar tüm Fenikeli bölgelerin denetimini ele geçirdi. Kanarya ve Madeira Adaları'na da ulaşılmış olması mümkündür; daha batıdaki Azorlar'a ise ulaşılamamış olabilir. Herodotos, Mısır firavunu Neko'nun (MÖ 610–595) talebi üzerine, saat yönünde Afrika'nın çevresini dolandıklarını söyler. Kartacalı kâşifler de bu macera ruhunu devam ettirdi. MÖ beşinci yüzyılda, Hanno Afrika'nın batı kıyıları boyunca ilerledi, ama ne kadar güneye indiği, Senegal'e mi yoksa Kamerun'a mı ulaştığı bilinmiyor. Bu yolculuğun öyküsü Kartaca'daki Baal Tapınağı'nda sergilenen tunç tabletlerde yazılıydı. Bir diğer MÖ beşinci yüzyıl kâşifi Himilko'nun da, İberya ve Fransa'nın Atlantik kıyıları boyunca kuzeye Bretonya'ya, hatta belki de Güney İngiltere ve Cornwall'a kadar ilerlediği söylenir.

Kartaca, Orta ve Batı Akdeniz'de, bölgedeki diğer güçler olan Yunanlılar, Etrüskler ve Romalılar ile çatışmaya girdi. MÖ 509'da Kartaca'nın Roma ile imzaladığı ilk anlaşma Orta ve Batı Akdeniz'deki çıkar bölgelerini belirliyordu. Kısa süre sonra, MÖ 480'de Kartaca Sicilya Adası'ndaki Yunan şehir-devletleri arasındaki bir çekişmeyi adada nüfuzunu artırmak için fırsat olarak görerek müdahale etti. Ama plan ters tepti. Siracusa ve Akragas (bugünkü Agrigento) güçleri, Himera Savaşı'nda Kartaca güçlerini ağır bir yenilgiye uğrattı. Batılı Yunanlılar için bu zafer, Atinalıların Salamis Savaşı'nda Perslere karşı zaferiyle (bkz. Bölüm 19) aynı öneme sahipti. Gerçekten de daha sonraları, Yunan geleneğinde iki savaşın aynı günde olduğu iddia edilecekti. Bu yenilgiden sonra Kartaca, Sicilya'daki iddialarından vazgeçerek Afrika'daki topraklarına odaklandı. MÖ beşinci ve dördüncü yüzyıllar refah içinde geçti.

Bu sırada, Roma genişledikçe Kartaca ile Roma arasında bir çatışma kaçınılmaz hale geldi. MÖ 279'da dördüncü ve son anlaşmalarını imzaladılar. Bunun ardından gelen Pön Savaşları adı verilen üç dizi çatışmayı MÖ 146'da Romalıların Kuzey Afrika'yı istilası, Kartaca kentinin ele geçirilmesi ve yok edilmesi izledi. Kentin bulunduğu yer haritadan silinmiş ve lanetlenmiş, halkından hayatta kalanlarsa köle olarak satılmıştı.

İlginç bir şekilde, Augustus yönetimindeki Romalılar, MÖ 29'da Julius Caesar'ın bir hayalini gerçekleştirerek, son dönemlerinde Roma Cumhuriyeti'ni kasıp kavuran acılı iç savaşların sonunda bir barış ve uzlaşma sembolü olarak Kartaca'yı tekrar kuracaklardı. Colonia İulia Concordia Carthago adı verilen kent, Roma'nın Africa Proconsularis eyaletinin idari başkenti olacak (bkz. **ŞEKİL 23.1**) ve MS yedinci yüzyıl sonlarında Arap istilası ile yok edilip, yerini Tunus'a bırakana dek önemini koruyacaktı. Topografyası özenle hazırlanmış bu kent de eskisi gibi merkezi Byrsa Tepesi olmak üzere düzenli bir plana göre kurulmuştu. Bu büyük kapsamlı kentsel yenileme hareketi sonrası, Fenikeli Kartaca'dan geriye daha da az iz kalacaktı.

KISIM İKİ

YUNAN KENTLERİ

BÖLÜM 12

Demir Çağında İlk Yunan Şehir-devletleri (MÖ On Birinci–Yedinci Yüzyıllar Arası)

Antik Yunan'da kültürel dönemler

➤ Mykenai Altı ve Minos Altı:	MÖ on birinci yüzyıl
➤ Proto-Geometrik:	yaklaşık MÖ 1000–900
➤ Geometrik:	yaklaşık MÖ 900–700
➤ Doğululaştırıcı (Erken Arkaik):	yaklaşık MÖ 725–600
➤ Arkaik:	yaklaşık MÖ 600–479 (Pers Savaşları'nın sonuna kadar)
➤ Klasik:	yaklaşık MÖ 479–323 (Büyük İskender'in ölümüne kadar)
➤ Helenistik:	yaklaşık MÖ 323–31 (Aktium Savaşı'na kadar)

Her ne kadar geç tunç çağında Mykenaililer Yunanca konuşmuşlarsa da, kültürel anlamda "Yunan" sıfatını demir çağından itibaren kullanmak alışkanlık olmuştur. İzleyen yedi bölümde, MÖ birinci binyılda, genişleyen Roma devletince özümsenmeden önce, antik Yunan medeniyetinin altın çağını yaşadığı dönemde Yunan kentlerini inceleyeceğiz. Yunan kentsel deneyimi üzerine odaklanarak, kent planları ve mimari; çömlekçilik, heykeltıraşlık gibi antik Yunan dünyasının tipik özelliklerini sergileyen nesneler ve toplumsal, ekonomik ve ideolojik bağlamlara özel ilgi göstereceğiz. Bu ilk bölüm, kentlerin ilk gelişimini, mezarlıklarını, dini merkezlerini (tapınaklar) ve yabancı temasların alfabe, metal para gibi yararlı katkılarını ele alacak.

Kültürel açıdan birleşik olmakla beraber, Yunanlılar MÖ dördüncü yüzyıl sonlarına değin çok sayıda şehir-devlete ve *ethnoi*'ye bölünmüş olarak yaşadı. On birinci ile dokuzuncu yüzyıllar arasının köy temelli toplumundan, diğerlerine boyun eğdirecek bir kent veya bir büyük kral çıkmadı. Bu siyasal örgütlenme biçimi Sümer'i andırırken, MÖ ikinci ve birinci binyıllarda Yakındoğu'da ve Mısır'daki krallıklarla bir tezat oluşturur. Şehir-devlet veya Yunanlıların deyişiyle *polis,* MÖ sekizinci yüzyılda Güney ve Orta Yunanistan'ın doğu yarısında ve Ege Havzası boyunca tipik idari birim haline geldi. Bunlar, belki de rastlantısal olarak, Mykenai kültürünün serpildiği alanlardı. Buna karşın, çoğunlukla "kabile devleti" veya "ulus" olarak çevrilen ve tipik olarak büyük bir bölgeye yayılmış gevşek bir köyler birliği olan *ethnos*'lara ise Yunan yarımadasının batı ve kuzeyinde rastlanırdı. Yunan kültürünün büyük başarıları şehir-devletlerle bağdaştırıldığından bunlar üzerinde duracağız.

Tarihsel Arkaplan

MÖ on üçüncü yüzyıl sonlarında ve on ikinci yüzyılda, Yunanistan'daki tunç çağı kültürlerinin çöküşü, 400 yıllık ve genellikle Yunan Karanlık Çağları adı verilen bir dönemi başlattı. Ama "karanlık" ifadesi, bu yüzyıllara bakışta önyargılı bir ilkellik, bir kültürel gerileme iması taşır. "Demir çağı Yunanistan'ı" daha önyargısız ve daha kullanışlı bir ifadedir, zira Yunanistan'daki gelişmeleri bu ifadenin uzun zamandan beri kullanıldığı Yakındoğu ve hatta Avrupa'nın geri kalanındaki gelişmelere bağlar. Demir çağı MÖ sekizinci yüzyıl sonlarında Yunan alfabesinin geliştirilmesiyle sona erdirilebilir, ancak biz bunu yüz yıl daha uzatarak MÖ yedinci yüzyılın sonlarında bitireceğiz. Bu zamana gelindiğinde, Yunan kültürünün başlıca özelliklerinden bazıları artık yerleşmiş durumdaydı: Tipik yönetim birimi olarak şehir-devlet ortaya çıkmıştı; Yunanca konuşanların Ege, Akdeniz ve Karadeniz boyunca göçleri antik Yunanistan bölgesinin sınırlarını belirlemişti; Yakındoğu ve Mısır'ın saygın kültürleriyle temaslar tekrar kurulmuştu ve yukarıda da belirttiğimiz gibi, okuma yazma tekrar ortaya çıkmıştı.

Göçler

Bu çağdan kalma belgelerin yokluğunda, demir çağının başları hakkında bilgi edinmek için daha sonraki dönemlerde yaşamış Yunanlıların yazdıklarından ve modern arkeologların çalışmalarından yararlanıyoruz. Kilit öneme sahip ilk olaylar, Ege Havzası'nda, kabaca aynı dönemlerde vuku bulan iki göç dalgasıdır. Daha sonraki Yunan tarihçilerce kayda geçirilen birincisine Dor İstilası adı verilir. Yunanistan, Yunan dilinin farklı lehçelerini konuşan bölgelere ayrılırdı: Dor, İon, Eolis vs. Dor lehçesi Güney Yunanistan'da baskındı: Peloponnesos, Girit dahil Güney Ege adaları ve Anadolu'nun Ege kıyılarının güney kesiminde baskındı. Diğer başlıca lehçe olan İonca ise Atina, Orta Ege adaları ve Anadolu'nun Ege kıyılarının orta kesimi olan İonya'da konuşulurdu. Daha sonraki Yunanlılar, Dor lehçesini konuşanların tunç çağının sonlarında kuzeyden Yunanistan'a girerek, yeni ülkelerine ulaşana dek savaşarak yol aldıklarına inanırlardı. Bazı yazarlar Dor İstilası'nı Yunanlılar için bir başka kesin gerçek olan Troya'nın düşüşüne bağlamıştı; örneğin Thukydides, Dor İstilası için Troya'nın Akhalarca fethinden seksen yıl sonrası olarak yaklaşık MÖ 1120 tarihini (bizim takvimimize göre) veriyordu. Arkeologların pür dikkat aramalarına rağmen, arkeoloji bu öyküyü kanıtlayacak fazla bir şey bulamamıştır. Ama göçlerin maddi kayıtlardan takibi zordur. Göçebeler her zaman kendilerine özgü nesneleri yolları boyunca saçarak bizlere kolaylık sağlamazlar. Öte yandan, lehçeler farklı bölgelerde dışarıdan fazla bir göç almadan kendiliklerinden gelişmiş de olabilir. Özet olarak, Dor İstilası'nın ardındaki gerçekliğe ulaşılamamıştır.

Bunun aksine, bu ilk göçlerden ikincisi arkeolojik kayıtlardan gözlenebilir. MÖ on birinci yüzyılda Yunanlılar, Yunanistan anakarasından doğuya, Anadolu'nun Ege kıyılarına göç etti. Toplu olarak Doğu Yunanistan olarak bilinen bu kıyı bölgesi ve kıyının hemen açığındaki adalar farklı lehçelerle birbirinden ayrılan üç bölgeye bölünmüştü: Kuzeyden güneye doğru Eolis, İonya ve Doris. Dolayısıyla antik Yunanistan, Ege Denizi'nin tüm kıyılarını kapsıyordu. Bugün bu bölge modern Yunanistan ve Türkiye ülkeleri arasında bölünmüştür (**ŞEKİL 12.1**).

Daha sonraki bir dönemde, özellikle de MÖ sekizinci yüzyıl ortalarından altıncı yüzyıl sonlarına kadar, çeşitli Yunan kentleri, deniz yoluyla uzak kıyılara koloni kurma amaçlı seferler gerçekleştirdi. Bu yolculukların ardındaki gerekçeler çeşitliydi. Mineral ve diğer hammadde arayışı gibi ticari çıkarlar önemli rol oynamıştı. Yunan anakarasından bu göçlere yol açan diğer etmenler arasında MÖ sekizinci yüzyılda nüfusun ve besin maddeleri yetiştirecek toprak için rekabetin hızla artması ile şehir-devletlerin yönetimini ele geçirmek için mücadele eden aristokratlar arasındaki siyasal güç mücadelesinde muhalif taraflar için bir çıkış yolu olması da sayılabilir. Genellikle yavru kentler zaman içinde idari ve ekonomik açıdan özerklik kazanmakla beraber, kurucu kentlerine karşı güçlü duygusal bağlarını korurlardı. Yunanlıları özellikle çeken iki bölge vardı: Batıda Güney İtalya ve Sicilya, kuzeydeyse Karadeniz ve kuzeyi. Libya, Mısır, Levant ve Anadolu'nun güney kıyıları gibi yerlerde dağınık halde başka koloniler de vardı. İlk yerleşimciler batıya yönelerek, ilk olarak Napoli Körfezi'nde koloniler kurdu: Yaklaşık MÖ 760'ta küçük İschia Adası'nda Pithekoussai, daha sonra bunun karşısındaki anakarada Cumae ve Sicilya'da Naksos (**ŞEKİL 19.1**). Toplu olarak Magna Graecia (Latincede) veya Batı Yunanistan olarak bilinen İtalyan yarımadasının Napoli'den güneyi ve Sicilya Adası'nın doğudaki üçte ikisi zaman içinde önemli birkaç kentiyle Yunan dünyasının ayrılmaz bir parçası haline gelecekti. Bu koloniler, iç bölgelerde oturan yerel halkların kıyıdaki Yunanlılarla mücadele etmemesi sayesinde hayatta kalabildi. Ancak İtalya'nın diğer kesimleri bu kadar elverişli olmadığı için Yunanlılar buralardan kaçındı. Napoli'nin kuzeyindeki topraklar güçlü Etrüsklere aitti, Batı Sicilya ile Kuzey Afrika ve İspanya'nın Akdeniz kıyılarının büyük kısmı ise Fenikelilerce ele geçirilmiş durumdaydı.

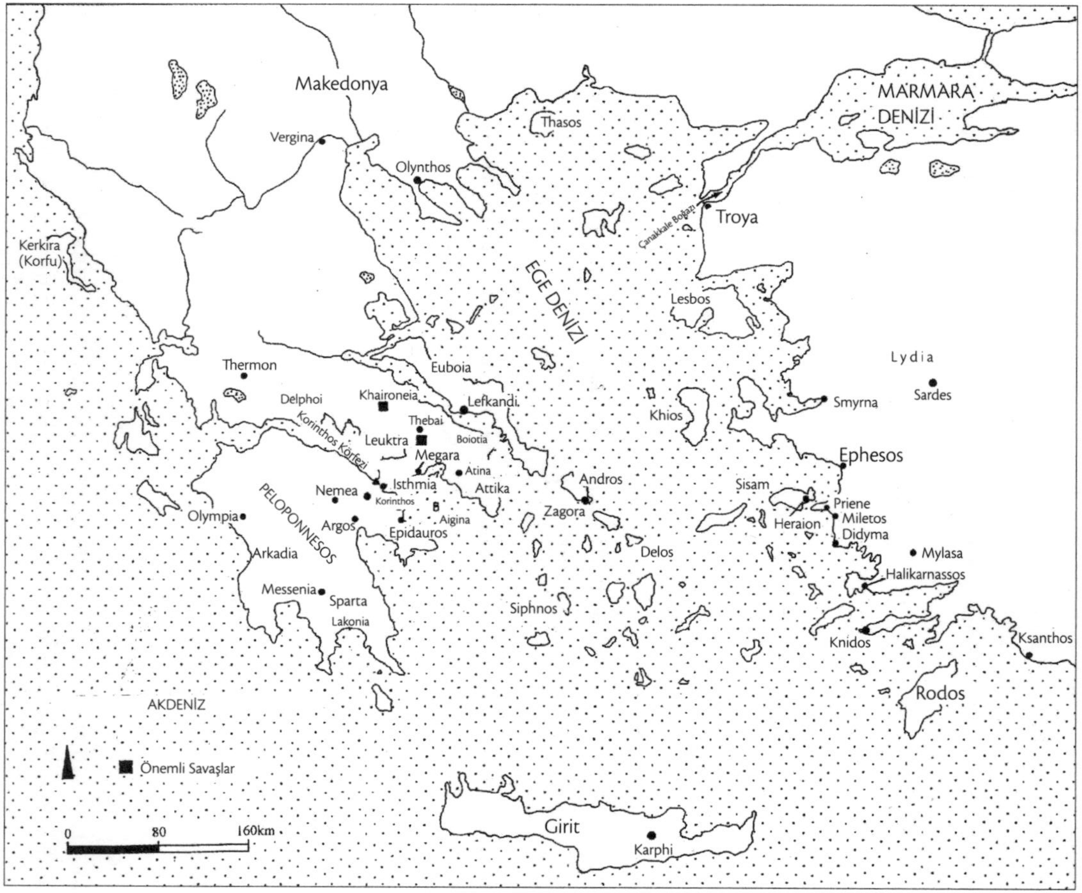

ŞEKİL 12.1 Yunanistan ve Ege havzası.

Polisin Yükselişi

Şehir-devletin ortaya çıkış nedenleri konusu tartışmalıdır. Kimi zaman Yunan yarımadasının dağlık coğrafyasının şehir-devleti doğurduğu söylenir. Bu tür gelişmelere elverişli olmakla beraber, böyle bir coğrafyanın belirleyici olması gerekmez: Düz Sümer ülkesinde şehir-devletler yaygınken dağlık bölgelerde, hatta Yunanistan'ın kendisinde krallıkların egemenlik kurduğuna sıkça şahit olunmuştur. Buna katkıda bulunan belli tarihsel koşullar olmalıdır. İletişim ve ekonomiler geliştikçe köyler daha büyük birimlere dönüşmüş olabilir. Kasabalar, kimliklerini, sevilen kahraman ve tanrıları yaymak ve korumak adına yerel kültlerle bağlantılı olarak oluşturmuş olabilir. Bu açıdan da Sümer ile paralellikler güçlüdür.

İlk kasabalardan, korsanlar ve güven vermeyen yabancılardan çekinen bazıları soyutlanmış yerlerdeki müstahkem yerler olarak gelişti. Girit tepelerinin yüksek kesimlerinde, Minoslu mültecilerce kurulan ama yalnızca yaklaşık MÖ 1050–950 arasında meskûn olan Karfi köyü buna bir örnektir. Kıyıdaki yerleşimlerin de özenle seçilmesi gerekir. İonya'ya göçler sırasında kurulan Smyrna [bugünkü İzmir] bir körfezin içine doğru uzanan bir burunda kurulmuştu. Gerçekten de, ilk Yunanlılar kolayca savunulan böyle yarımadaları tercih ediyordu. Bu tür bir coğrafyada uzun süre varlığını sürdürmüş yerleşimlere iyi bir örnek, Kuzeydoğu Akdeniz kıyısında, modern Dörtyol (Türkiye) yakınlarındaki Kinet Höyük'tür. Burasının klasik dönemdeki İssos kenti olduğu tahmin edilmektedir. Bu figürde (**ŞEKİL 12.2**) canlandırılan demir çağı kasabası doğrudan en az 2.000 yıllık sürekli yerleşimin üzerine inşa edilmişti.

Denize yakın tepeler de savunma kolaylığı nedeniyle tercih edilen yerlerdendi. Demir çağının başlarındaki bazı önemli yerler bu tür bir konumdan yararlanır. Euboia [Eğriboz] adasındaki Lefkandi denizin hemen kıyısında yüksek bir tepecikte yer alırken Andros'taki MÖ sekizinci yüzyıl kasabası Zagora, kısıtlı su kaynakları ve şiddetli rüzgâra rağmen savunma amacıyla Ege'nin üzerinde yükselen yüksek bir yar üzerinde kurulmuştu. Akıncı tehdidi geçtikçe ticaret veya tarımdan yararlanmak için elverişli konuma sahip kentler varlıklarını sürdürdü ve zenginleştiler, Karfi ve Zagora gibi yalnızca koruma amaçlı inşa edilenler ise terk edildi.

Polis kentsel bir merkez ile değişen miktarda kırsal topraktan meydana gelirdi. Bazıları çok küçükken bazıları devasaydı. En büyüklerinden biri olan Sicilya Adası'ndaki Siracusa MÖ beşinci ve dördüncü yüzyıllardaki zirve döneminde liman kenti ve artbölge olarak toplam 4.740 km^2 toprağa ve belki de 250.000 nüfusa sahipti. İktidarın kimin elinde olduğu değişiyordu. Yunan geleneğine göre ilk şehir-devletler genelde krallarca yönetiliyordu; bunları antropolojik anlamda şef olarak düşünebiliriz. Zamanla iktidar tabanı genişledi. Krallıklar, yerlerini bir grup zengin vatandaşın meydana getirdiği aristokrasiye,

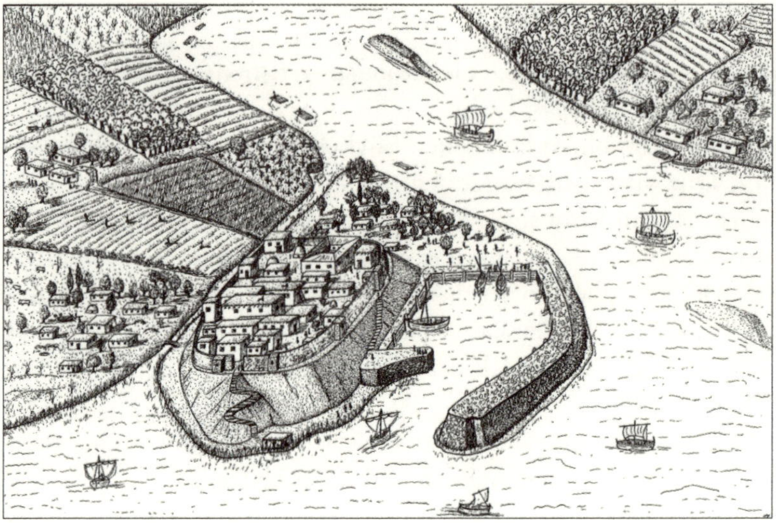

ŞEKİL 12.2 Demir çağında Kinet Höyük rekonstrüksiyonu.

hatta bazı kentlerde aristokrasi yerini vatandaşlara bıraktı. Bazen bir despot veya tiran, yasadışı yollarla iktidara gelen bir kişi zorla yönetimi ele alırdı. "Tiran" sözcüğünün iyi veya kötü atıfları yoktu; ama ardılları genelde ne kadar iyi işler yaparlarsa yapsınlar, babalarının yeteneklerinden yoksunlardı; husumete neden oldular ve böylece iktidarları bitti.

Yurttaşlar hem kentte hem de kırda yaşardı. Antik Yunanistan'ın ünlü demokrasisi de dahil olmak üzere siyasal haklar erkek yurttaşlara aitti. Kadınlardan eve bakmaları ve çocuk yetiştirmeleri bekleniyordu. Yurttaşlar ile aileleri dışında, Yunan kentlerinde çok sayıda oy kullanamayan özgür insanlar (yabancı göçmenler gibi), kimi zaman sözleşmeli hizmetkârlar ve çiftçiler (Spartalı helotlar gibi) ile köleler de bulunurdu.

Erken Dönem Yunan Kenti: Zagora

Andros Adası'nın batı kıyısında MÖ sekizinci yüzyıldan bir kasaba olan Zagora, demir çağındaki mütevazı Yunan yerleşimlerinin bir örneğidir. 6,7 hektarlık bir alan kaplayan Zagora oldukça küçüktü (**ŞEKİL 12.3**). Ege Denizi'ne tepeden bakan 150 metre yükseliğindeki konumu, etkili savunma konusunda bir kaygı göstergesidir. Aşağıdaki sarp kayalıklar yerleşimi üç yandan korurken, karadan erişim de yaklaşık 140 metre uzunluğunda ve 2 metre kalınlığında, tek girişli bir duvar tarafından engellenmişti. Su yakında mevcut değildi, bölgedeki pınarlardan taşınması gerekiyordu; çatılardan dökülen yağmur suları da toplanıyor olabilir. Ortak duvarlı ev öbeklerinden oluşan kasabanın nüfusu 1.000

ŞEKİL 12.3 Zagora kent planı.

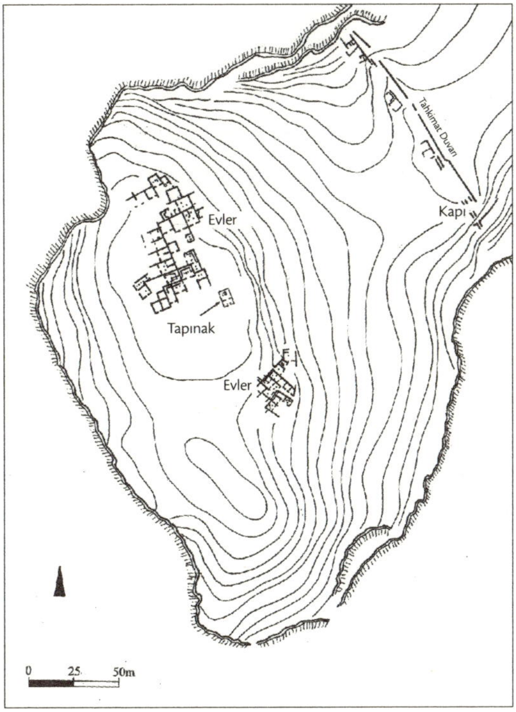

civarında olmalı. Evler tek katlı olup, düz çatıları ahşap sütunlarla taşınan ahşap çatı kirişlerinin üzerine döşenen kille kaplı, ince kiltaşı parçalarından meydana geliyordu. Büyük bir merkez oda ile genellikle bir avlu, depo ve hayvan barınağı amacıyla kullanılan ikincil odalarla beraber dikdörtgen bir planı oluştururdu. Modern zamanlarda olduğu gibi o zaman da ana yapım malzemesi olarak tabakalara ayrılabilen yerel kiltaşları kullanılıyordu. Yarı meydana getiren ana taş olan gri mermer de kullanılırdı. Yunan dünyasının farklı yerlerinde, örneğin ilkel Smyrna'da, güneşte kurutulmuş kerpiçler yaygın olarak kullanılır ve normalde nemin duvarların temellerini tahrip etmemesi için taş temeller üzerine yerleştirilirlerdi. Zeminler sıkıştırılmış topraktandı, duvar ve çatılarda izolasyon için kilden yararlanılıyordu.

Zagora'yı kazan Avustralyalı ekip kentin merkezinde ufak bir tapınak tespit etti. Bu kült mekânının geçmişi muhtemelen daha eskiye dayanıyordu, ancak tapınak MÖ altıncı yüzyıl ortalarında, kasaba terk edildikten uzun süre sonra inşa edilmişti. Bu kutsal mekânın önemi anlaşıldığı kadarıyla köylülerin soyundan gelenlerce de yaşatılmıştı.

Zagora'daki tapınak bağımsız olarak duruyordu. Yalnızca duvarlarının en alt kısımları kalmış olmasına rağmen yapım kalitesinin yüksek olduğu anlaşılabilmektedir. Tapınak bir sundurma ile çatısının düz olduğu düşünülen bir ana odadan (*cella*) meydana geliyordu. Binanın basit planı Yunanistan'daki

ŞEKİL 12.4 Argos Heraion'undan kilden tapınak modeli. Ulusal Arkeoloji Müzesi, Atina.

demir çağı tapınaklarının bir tipik özelliğidir. Normalde çok iyi korunamamış bu tapınakların orijinal görünümleri, MÖ sekizinci yüzyıl sonu, yedinci yüzyıl başlarına tarihlenen biri Perakhora'dan, diğeri ise Argos bölgesindeki tanrıça Hera'ya adanmış Argos Heraion'undan iki kil modelde görülebilir (ŞEKİL 12.4). Perakhora'da bulunan modelin zemin planı apsisli (bir ucu eğri) ve sazdan çatıları sembolize ettiği sanılan parabol biçimli bir çatı profiline sahipken, Argos Heraion'unda bulunan daha sonraki modelin dikdörtgen biçimli bir odası ve sivri veya beşik biçimli bir çatısı vardı. Her ikisinin de dış cepheleri geometrik desenlerle bezelidir.

Lefkandi ve Atina'daki Mezarlıklar

Zagora'da tek tük mezarlar bulunmuştur. Mezarlığın bulunduğu yer muhtemelen tarım yapılan terasların altında kaldığından arkeologların erişimine pek açık değildir. Önemli mezarlıklar için başka yerlere, özellikle de Lefkandi'ye (Euboia'da) ve Atina'ya bakmak zorundayız.

Lefkandi: Heroon

1980'lerin başında, Lefkandi'deki Toumba mezarlığında yapılan ilginç bir keşifte MÖ onuncu yüzyıl ortalarından kalma, büyük bir yapının zeminine oyulmuş bir kuyunun içindeki iki bölmede özenle gömülmüş bir erkek, bir kadın ve dört atın gömüleri bulunmuştur (ŞEKİL 12.5). Erkek (30–45 yaşlarında) ve kadın (25–30 yaşlarında) içi kerpiç tuğlalarla döşeli ve kille sıvanmış bir bölmede gömülüydü. Erkek yakılmış, külleri o çağda bile eski olan MÖ on üçüncü yüzyıl sonları ile on birinci yüzyıl arasına ait, ağzı hayvanlar ve avcılarıyla bezeli Kıbrıs tarzı geniş ağızlı tunç bir çömleğe konmuştu. İçeride bu dönem için şaşırtıcı derecede iyi korunmuş olarak katlanmış ve yandan dikilmiş tek bir keten çarşaftan oluşan paketlenmiş bir kefen vardı; geniş ağızlı çömleğin yanında bir demir kılıç, bir mızrak başı ve bir

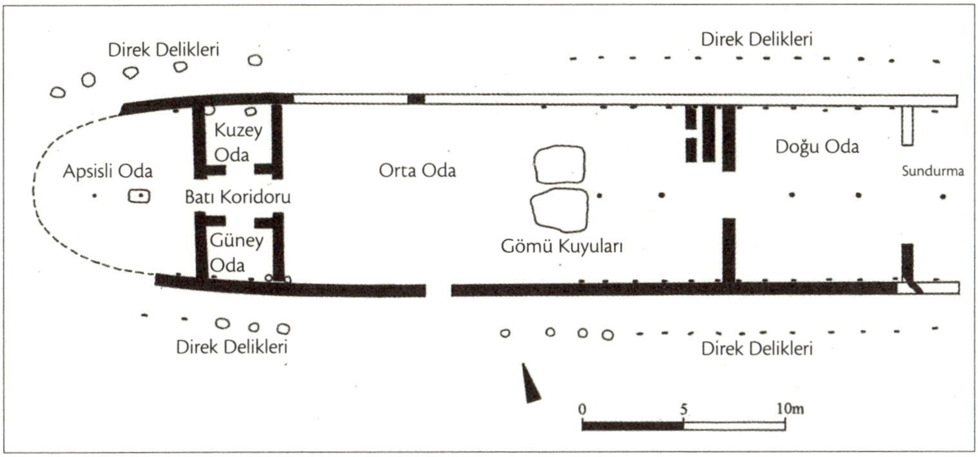

ŞEKİL 12.5 "Heroon" planı, Lefkandi.

bileytaşı duruyordu. Kadın yakılmamıştı; ayaklarıyla elleri karnı üzerinde kavuşturulmuş ve altın mücevherlerle kaplıydı. Yandaki bölmede ise dört atın iskeletleri bulunmuştu.

Yapının kendisi yaklaşık 9 x 50 metre boyutları ve sıradışı mimari özellikleriyle olağanüstü etkileyiciydi. Doğu-batı ekseninde yerleştirilmiş yapı çeşitli kesimlere bölünmüştü: Giriş için doğuda bir sundurma, doğuda bir oda, altında gömülerin bulunduğu geniş bir merkez oda, kuzey ve güneyinde birer oda bulunan batıda bir koridor ve batıda apsisli bir oda. Çatıyı merkezde ve kuzey ve güney duvarların iç yüzlerinde bulunan birbirine paralel üç sıra direk taşıyordu. Yapının dışında kuzey ve güney yanlarda, 2 metre kadar açıkta duran en az yirmi sekiz direk ise çatının dışarı doğru uzanarak bir tür veranda, daha sonraki Yunan tapınaklarının üstü kapalı kolonadlarının bir öncüsünü meydana getirdiğini gösterir. Gömüler ve etkileyici bina ölülerin özel statüsünü yeterince vurgulamıyormuş gibi, arkeologlar binanın kısmen parçalarına ayrılarak hem içinin doldurulduğunu, hem de üzerinin toprak, çakıl taşları ve taşlardan oluşan bir tümülüs ile kaplandığını buldu. Bu saygın yapı ve mezar alanının doğu ucundaki yay biçimli kısımda, yaklaşık MÖ 825'e kadar ek gömüler yapılmaya devam etti. Arkeologlar bu anıtsal mezarı bir *heroon*, yani bir kahramanı, destansı bir insanı anmak için yapılan bir mezar veya tapınak olarak niteledi; yazılı kayıtlar olmadığından kahramanın kim olduğunu bilmiyoruz. Ama demir çağının başlarındaki erken tarihi; erken dönemlerde denizaşırı ticarette önemli bir rol oynayan bu adadaki Toumba mezarlığında bulunan mezar eşyalarının ortaya koyduğu Yakındoğu, Mısır ve Kıbrıs bağlantıları ve uzun yapının çarpıcı mimarisi göz önünde bulundurulduğunda, Lefkandi'deki keşifler büyük öneme sahiptir.

ŞEKİL 12.6 Dipylon Amforası. Kerameikos Mezarlığı'nda bulunan geometrik vazo, Ulusal Arkeoloji Müzesi, Atina.

Atina: Kerameikos Mezarlığı ve Geometrik Tarz Çömlekler

Yunanistan'ın ilk dönemlerinden kalan iki ünlü mezarlığın ikincisi Atina'ya aittir ve uzun zamandır kazılmaktadır: Kentin kuzeybatı dış mahallelerindeki Dipylon Kapısı'nın hemen dışındaki Kerameikos Mezarlığı. Antik Yunanlılar ölülerin ritüel açıdan kirli olduğuna inandıkları için, mezarlıklar her zaman buradaki gibi kent sınırlarının dışında bulunurdu. Atina'nın bu ana mezarlığında, Geç Heladik IIIC'den başlayarak Roma İmparatorluğu boyunca gömüler bulunmuştur. Dipylon sektöründeki MÖ sekizinci yüzyılın sonlarına ait kremasyon mezarlar 1,75 metreye kadar ulaşan yükseklikteki dev, tüm döneme adını veren o kendine özgü geometrik desenlerle bezeli vazolarla diğerlerinden ayrılırdı. Ya amfora (dar ağızlı ve iki dikey saplı bir biçim) ya da geniş ağızlı çömlek formundaki bu kapların sıvı sunuların ve yağmurun altındaki toprağa sızmasını sağlayan delikli tabanları olurdu. Özenli, karmaşık süslemeler cenaze sahnelerinin tasvir edildiği daha geniş şeritleri kuşatan menderesler, baklavalar ve diğer motiflerle dolu sayısız yatay sıradan meydana gelir (**ŞEKİL 12.6**) ve bütün bunlar Attika'nın doğal turuncu-kırmızımsı kili üzerine siyah sırla çizilirdi. İnsanlar ve hayvanlar büyük ölçüde siluet olarak, bedenleri üçgen, silindir, daire ve çizgilerden meydana gelen karikatürize bir tarzda tasvir edilirdi. Figürlerin yerleşiminde öncelik anlaşılırlıktı. Eğer atlar yan yana duruyorsa, ressam kaç tane olduğunun sayılabilmesini sağlıyordu. Her baş, bacak ve kuyruk ayrı boyanırdı. Ölenin bedeninin gömülüşünü gösteren sahnede tüm öğeler (ceset, sedye ve ayakları, kefen) tek tek ve diğer figürlerle kesişmeyecek şekilde çizilirdi. Bu kitapta ele alınan kültürlerin sanatları, optik gerçeklik yerine kavramsal gerçekliğe vurgu yapan uzun geçmişe sahip bir geleneğe dayanır. Burada ilk akla

ŞEKİL 12.7 Macmillan *aryballos*'u. Thebai'de bulunan Korent öncesi döneme ait vazo. British Museum, Londra.

gelen Mısır sanatıdır. Mısır'daki mezarlarda, çizimlerdeki kesinliğin belli bir amacı vardı: Biçimin bütünlüğünün bozulmaması, o nesnenin öteki dünyada da bütün halde kalmasını garantiliyordu. Ama göreceğimiz gibi 200 yıl sonra, Yunan çömlek ressamları bu geleneği bozacaklardı.

Korinthos: Çömleklerde Doğululaşma ve Savaşta Hoplitesler

MÖ sekizinci yüzyıl sonlarında ve yedinci yüzyıllarda çok sayıda denizaşırı bağlantısı ile aktif bir ticaret merkezi olan Korinthos kenti, Atina'nınkinden çok daha farklı bir çömlek süsleme tarzı geliştirdi: Doğululaştırıcı tarzlar. İlk olarak Korinthos'ta yaklaşık MÖ 725'te görülen "Proto-Korint" doğululaştıcı tarzı, yaklaşık yirmi beş yıl sonra Atina tarafından benimsenmiş ("Proto-Attika") ve daha sonra MÖ yedinci yüzyıl başlarında Yunanistan'ın diğer bölgelerine yayılmıştı. Buradaki konular ve tarz, geometrik ile keskin bir tezat sergiler. Yakındoğu sanatının etkisi altında hayvanlar, özellikle de aslan, geyik ve yabani keçiler gibi yaban hayvanları ile sfenks ve griffon gibi mitik veya bileşik yaratıklar popülerlik kazandı. Çizim tarzı, yavaş yavaş geometrikten ayrılmaya başladı. Siluet, alttaki açık renkli kili ortaya çıkarmak için, siyah sırda kazınan çizgiler ve kimi zaman da mor veya beyaz gibi başka renklerle işlenen dış çizgilerle belirlenmiş olan açık alanlarla ifade edilen daha fazla iç ayrıntı ile canlılık kazanmaya başladı. Kıvrımlı çizgilerin daha çok kullanılmaya başlanması, köşeli geometrik tarza göre daha doğal bir modellemeye imkân tanıdı.

Korinthos'ta üretilen kayda değer vazolardan biri, bugün British Museum'da bulunan yaklaşık MÖ 650 tarihli Macmillan *aryballos*'u adı verilen vazodur

(ŞEKİL 12.7). Korinthos'un başlıca ihraç ürünlerinden olan parfümlü yağları koymakta kullanılan minik, gözyaşı damlası biçimli veya yuvarlak bir şişe olan *aryballos* Proto-Korint çömlekçiliğinde yaygın bir biçimdi. Genellikle düzleştirilen ağzın yerine Macmillan *aryballos*'unda sıvının döküldüğü bir aslan ağzı vardı. Bu ufak çömleğin gövdesinde dört süsleme bölgesi bulunur: En üstteki ve en önemli kuşakta savaşan askerler; onun altında sıra halinde yarışan atlılar; en altta da tavşan kovalayan cüceler ve köpekler vardır. En alt kısım ise klasik öncesi sanatta sık görülen alev desenleriyle süslenmiştir. Yalnızca 6,8 cm boyundaki bir vazo için üzerindeki resimsel imgelem miktarı hayret uyandırıcıdır.

Hoplitesler

Asker tasvirleri, demir çağı süresince savaşta ekipman ve taktikler açısından yaşanan kritik değişimleri akla getirir. Birbirleriyle kültürel bağlara sahip olmalarına rağmen, Yunan şehir-devletleri sıkça rekabetlerini savaş düzeyine taşıyorlardı. Öyle ki, yurttaş piyadelerden, yani hopliteslerden oluşan orduların yaz seferleri bu coğrafyanın tipik bir özelliği haline geldi. Bunu mümkün kılan, MÖ sekizinci yüzyıl sonlarında gövdeye oturan tunç zırh ile buna eşlik eden miğfer ve baldır zırhları gibi savunma özelliği gelişmiş zırhların gelişimiydi. Hoplites sağ elinde tuttuğu mızrakla saldırırken diğer koluyla yuvarlak bir kalkan taşırdı. Hoplitesler falanks halinde, yani askerlerin sık saflar halinde, her biri kalkanını solundaki yoldaşına koruma sağlayacak şekilde tutarak durduğu bir düzende savaşıyordu. En sağdaki asker bu fazladan korumadan yararlanamadığı için, tüm safın sağa doğru kayma eğilimi vardı. Panoplia adı verilen bu zırh pahalıydı, ama ticaret ve kolonileşmenin artışı, toprak sahibi sınıf için metalleri daha uygun ve erişilir kıldı. Bu gelişmenin sonucunda, daha çok sayıda yurttaşın güç araçlarına sahip olması, aristokrasiden demokrasiye geçişte önemli bir basamaktı.

Yunan Tapınağı: Sisam'daki Heraion

Zagora'daki tapınakta fazla bir şey bulunamamıştı. Bu normaldir. Tapınaklar tanrıların evi sayılırdı. Ölümlüler buralara nadiren girer, genellikle tapınağın dışında belli bir mesafede bulunan sunaklarda ibadet ederlerdi. Genellikle alçak bir duvarla kutsal olarak ayrılan komplekslerin ana öğeleri sunak ve tapınaktı. Yunan arkeolojisinde bu alanın tümüne tapınak veya *temenos* denir. Tapınaklar, Atina Akropolisi'nde olduğu gibi kent içinde olabilir veya kırda, ücra bir köşede de bulunabilirlerdi. Hangisi olursa olsun, hem kentte hem de kırsal alanda oturan antik Yunanlıların yaşamlarındaki önemleri çok büyüktü. Bunun bir yansıması olarak bu ve sonraki bölümde önemli tapınaklardan bazılarını ele alacağız.

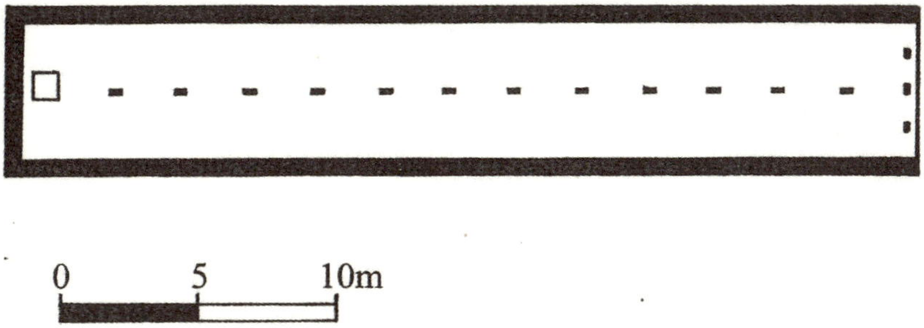

ŞEKİL 12.8 İlk Hera Tapınağı, MÖ sekizinci yüzyıl, Sisam Heraionu.

Yunanistan'ın ilk dönemlerinin ünlü örneklerden biri, Sisam Heraion'u adı verilen, Sisam Adası'nda tanrıça Hera'ya adanmış tapınaktı. Anadolu'nun anakarasına çok yakın bulunan Sisam Adası, İonya'nın önemli bir parçasıydı. Heraion'un eski ve kalıcı ünü bunu sağlamıştı. Tapınak Sisam'ın güney kıyısında, klasik antikçağda adanın başkenti olan Sisam kentinden (modern Pythagorio) 6,5 km uzaklıktaki bir ovanın batı ucunda yer alır; aslında kasabayla tapınak Kutsal Yol adı verilen özel bir yolla bağlıydılar. Bu mekânın kullanımı tunç çağına dayanır, ama demir çağından önce kutsal olup olmadığını kesin olarak bilemiyoruz. Efsaneye göre Hera, burada bir tür söğüt olan bir lygos ağacının [hayat ağacı] altında doğmuştur. Ayrıca, tanrıçayı simgeleyen en eski kutsal nesne olan tuhaf biçimli bir tahta yakınlarda bir kumsalda bulunmuştur, dolayısıyla kutsal nesnenin korunması ve Hera kültünün yerleşmesi için bu bölge seçilmişti. Dini yılın en önemli olayı Yunan tanrılarını yöneten Zeus ve Hera çiftinin kutsal evliliğinin kutlanmasıydı. Bir başka festivalde ise, külte ait imge, denizin yanında, İmbrassos deresinin beslediği bir havuzda yıkanır, üzerine Sisamlı kadınlarca dikilmiş yeni bir cüppe giydirilir ve nikâh gününe dek bekâretini tekrar kazanması için iplerle (ya da dallarla) *lygos* ağacına bağlanırdı.

Yunan tapınaklarından her zaman geçerli olduğu gibi ibadetin odağını dışarıdaki sunak oluşturuyordu. Alman arkeologlar MÖ onuncu ile yedinci yüzyıl sonları arasında, yedi eski versiyon bulmuştur. Hera'nın kült imgesi halinde bulunduğu ilk tapınağı, ilk sunaktan uzun süre sonra, bir ihtimal MÖ sekizinci yüzyıl başlarında yapılmıştı (**ŞEKİL 12.8**). Tapınağın halihazırda mevcut güneydoğuya bakan sunağa dönük olmayıp, Yunan tapınakları için standart hale gelecek şekilde girişi doğudan olmak üzere bir doğu-batı ekseninde durması ilgi çekicidir. Olağanüstü derecede uzun ve dar yaklaşık 33 x 6,5 metre boyutlu yapı, taş temeller üzerine kerpiçten yapılmıştır. Girişte, üç *in antis* (bir çift duvarın ucu arasında dizili) sütun vardı. Orta sütunun arkasında taş kaideler üzerinde yükselen on iki veya on üç adet sütun tek sıra halinde holün arkasına dek uzanıyordu; bu sütunlar çatının enine kirişlerini taşıyordu.

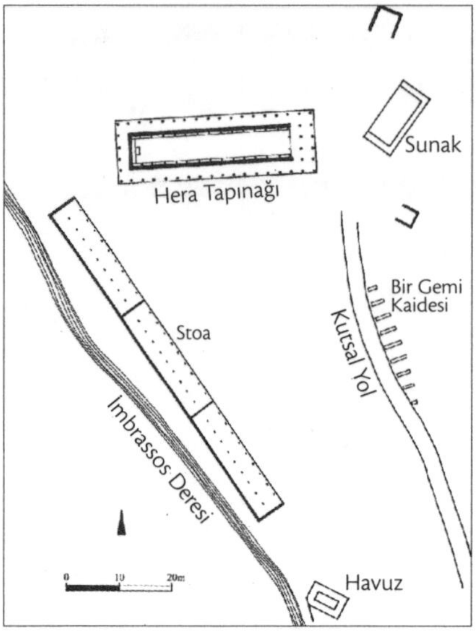

ŞEKİL 12.9 İlkinci Hera Tapınağı ve Sisam Hera Temenosu (Heraion), MÖ yedinci yüzyıl.

Kült imgesinin durduğu bir taş kaidenin hemen önünde biten bu sütun sırası, kült imgesinin görülmesini engelliyordu. Daha sonraki tapınaklarda, bunun aksine, tanrı veya tanrıçanın heykeli en iyi görülecek şekilde önü açık olarak yerleştirilecekti. Buradaki bu erken deneysel tapınakta, yapanların ana kaygısı yalnızca tanrıçaya başının üzerinde sağlam bir çatı sağlamak olmalı.

Bir ihtimal, sekizinci yüzyılın sonlarına doğru tapınakta düzenleme yapılırken tapınağın dışı boyunca bir peristil, yani üstü kapalı kolonad eklenmişti. Dışarıdaki kolonadlar Yunan tapınak mimarisinin bir alametifarikası haline gelecekti. Ama sütunların dizilimi henüz daha sonraki dönemlerdeki düzenliliğe ulaşmamıştı. Ön yanda, orta sütun içerideki sıranın önünde olmak üzere yedi, arka cephede altı ve yanlarda yirmi beşer sütun vardı.

MÖ yedinci yüzyıl başlarında tapınak tekrar inşa edilmişti (**ŞEKİL 12.9**). Bu ikinci tapınak hâlâ uzun ve dardı, ama önemli değişiklikler söz konusuydu. Merkezi sütun sırası ortadan kalkmış ve *cella*'nın dibindeki heykelin önü açılmıştı. Çatı kirişlerine, iç duvarlar boyunca uzanan basamaklar üzerindeki ahşap direklerle ek destek sağlanmış olabilir. Dışarıdaki kolonaddaki sütunların sayısı artık önde ve arkada altı, uzun yanlar boyunca ise on sekizerdi. Altı sütundan oluşan ikinci bir sıra ile ön cepheye vurgu yapılmıştı.

Sunak ve tapınağa ek olarak MÖ yedinci yüzyıl tapınağı, bir formel giriş veya *propile*; kült imgesinin yıkanması için içi taş döşeli bir havza ve denize dökülen İmbrassos deresinin yanında, *temenos*'un güneybatı sınırını meydana getiren uzun bir *stoa*'dan oluşuyordu. Bir çatı ve arka duvara sahip kolonadlı veya gelişmiş versiyonlarda arkada odalar bulunan bir sundurma olan stoa Yunan mimarisinin ayırıcı biçimlerinden biri haline gelecek ve sıkça tapınaklarda

ŞEKİL 12.10 Mantiklos'un Apollon'a adağı, tunç figürin, Thebai (Boiotia), Yunanistan. Güzel Sanatlar Müzesi, Boston.

ve *agora*, yani kent merkezlerinde mekânın sınırlarını çizmekte kullanılacaktı. Kavurucu yaz güneşi veya kış yağmurlarından koruma sağlayan bu sığınakta ticari işler, mahkemeler ve toplumsal etkileşim gibi çeşitli faaliyetler gerçekleştirilirdi. Sisam'daki stoa bilinen en eski örneklerdendir.

MÖ altıncı yüzyılın ikinci çeyreğinde, Hera'ya İon tarzında devasa yeni bir tapınağın yapılmasıyla birlikte gerçekleşen kapsamlı yeniden düzenlemelere dek tapınak bu haliyle kalacaktı.

Sunular, Yabancılarla Temaslar, Yazı ve Metal Para

İbadet edenler, rutin olarak tapınak alanlarında ya kil heykelcikler gibi mütevazı armağanlar ya da daha sonraki dönemlerdeki gibi doğal boyda tunç veya mermer heykel grupları gibi pahalı armağanlar bırakırlardı. Bu tür sunulara en eski ve çarpıcı örneklerden biri, Thebai'de bulunan, yaklaşık MÖ 700'de Mantiklos adında bir adamın Apollon'a adadığı tunç heykelciktir (**ŞEKİL 12.10**). Heykelcik, geometrik tarzın çömlek üzerindeki iki boyutlu resimlerin yanı sıra heykelde de görüldüğünün güzel bir örneğidir. Vücudun parçaları birbirinden ayrı yapılıp yapıştırılmışlar gibi durmaktadır: Uzun boyun üzerinde üçgen surat, üçgen gövde ve minik belden sonra aniden genişleyen silindir kalçalar. Aralarındaki geçişler anidir. Ancak, tasvirin gerçekdışılığına rağmen, bu küçük adam yine de albeniye sahiptir.

Yakındoğu'dan Alınanlar: Alfabe

Bu heykelciği sunanın kimliğini kalçalarındaki yazıttan biliyoruz. Sözcükler *boustrophedon* biçimde yazılmıştır (farklı sözcük satırları farklı yönlere doğru yazılır; MÖ sekizinci ile beşinci yüzyıllar arasında kabul gören bir Yunanca yazım şekli): "Mantiklos beni gümüş yaylı Apollon'a aşar vergisi olarak sunuyor; sen, Phoibo, buna karşılık memnun edici bir lütufta bulunmaz mıydın" (Boardman 1978: Fig. 10, s. 30). Bu en eski Yunanca yazıtlardandır, hatta bilinen en eski adak yazıtıdır. MÖ sekizinci yüzyıl ortalarında Yunanlılar, Fenikelilerden bir alfabe alarak, Lineer B'nin kullanım dışı kalmasından sonraki yaklaşık dört yüzyıllık okuma yazmasız dönemi sona erdirdi. Bu alfabe Yunanlılarca bugün hâlâ kullanılır. Bu alfabeyi icat etmeyi kimin, neden ve nerede akıl ettiği bilinmemektedir, ama Fenikeliler ile temaslar büyük ölçüde ticari olduğundan, ticari bir bağlam en büyük ihtimal gibidir.

Yunanlılar alfabenin sonuna dört yeni harf ekledi ve sesli harflere Fenikecede sahip olmadıkları özel bir önem verdiler. Başlarda, Mantiklos'un heykelciğinde ve başka yerlerde gördüğümüz gibi, yazı her iki yöne doğru ve baş aşağı olarak, bazen de harfler yan yatmış olarak yazılıyordu. Soldan sağa doğru yazım ancak zaman içinde standart hale geldi. Klasik öncesi dönemde Yunanistan'ın farklı kent ve bölgelerinin kendilerine özgü harf biçimleri vardı. İlk kolonicilerden Euboialıların İtalya'ya götürdükleri yazıları, önce Etrüsklere, oradan da Romalılara ve daha sonra Avrupalılara yayıldı.

Yazının tekrar ortaya çıkışından yararlanan pek çok alandan biri de edebiyattı. Troya Savaşı ve Odysseus'un eve uzun dönüş yolculuğunun anlatıldığı *İlyada* ve *Odysseia* adlı epik şiirler, demir çağının sonlarında derlenmiş ve yazıya geçirilmişti. Yunanlılara göre yazarları Homeros'tu. Homeros sadece, yüzyıllar boyu anlatım ve tekrar anlatımla gelişen bu şiirleri ilk yazıya geçiren kişi olabilir. Tarih de artık o karanlık efsaneler diyarından gün ışığına çıkabilirdi. Gerçekten de, Yunanlılar zaman ölçüsü olarak MÖ 776'da (bizim takvimimize göre) gerçekleştirildikleri söylenen ilk Olimpiyat Oyunları'nı alırlardı. Bu oyunlar dört yılda bir gerçekleştirilirdi. Daha sonraki olaylar, en yakın Olimpiyat'a göre tarihlendirilirdi: Örneğin, şu olaylar otuzuncu Olimpiyat'tan iki yıl sonra olmuştu, biçiminde.

Ayrıca yazı, Yunanlılar ile yabancılar arasındaki temasların da güzelce kayda geçirilmesini sağlamıştı. Herodotos'a göre, MÖ yedinci yüzyıl ortalarında Mısır kralı I. Psammetikhos, Mısır tahtını Asurlardan geri kazanma uğruna savaşmak üzere İonyalı ve Karialı korsanlar tutmuştu. Başarılı olunca, Nil Deltası'nda askerlere toprak vermiş ve bu Mısır'daki ilk önemli Yunan varlığını meydana getirmişti. MÖ altıncı yüzyıl başlarında II. Psammetikhos'un yanında Nübyelilerle savaşan paralı askerler belki de bu yerleşimcilerin soyundan geliyordu. Bu askerler Nil boyunca içlere doğru ilerlemişti. Abu Simbel'de, II. Ramses'in oturur haldeki dev heykellerinden birinin bacaklarının alt kısmına adlarını ve başarılarını yazdıkları turistik grafitileri bugün hâlâ görmek mümkündür.

ŞEKİL 12.11 Lydia ve Yunan sikkeleri, Nümizmatik Müzesi, Atina. Aynı ölçeğe göre çizilmemiştir. (a) Gümüş Lydia sikkesi, MÖ altıncı yüzyıl, aslan ve boğa figürleri ile diğer yanında sadece derin bir iz ; (b) Gümüş Atina tetradrahmisi, MÖ beşinci yüzyıl, Athena ve baykuş figürleri; (c) Pantikapaion'dan altın stater, MÖ dördüncü yüzyıl ortası, Pan ve griffon figürleri.

Yakındoğu'dan Alınanlar: Metal Para

Yakındoğu'dan alınan kilit öğelerden biri olan metal paralar öykümüze burada katılıyor; para Akdeniz ve Yakındoğu kentleri için büyük önem kazanacaktı. Sikkelerin kullanımı MÖ yedinci yüzyıl sonlarında, Lydia'da başlamıştı. Batı Anadolu'daki Yunanlı olmayan bu krallığın başkenti Sardes'in şansına yanındaki ırmak dağlardan elektrum parçacıkları getiriyordu. İlk sikkeler altın ile gümüşün doğal bir alaşımı olan elektrumdan yapılmıştı. Bir tarafa ilkel bir motif, diğer tarafa ise derin bir iz basılmıştı. Sikkelerin, ödemede kullanılan elektrum miktarlarını düzenleme ihtiyacını karşıladıkları anlaşılmaktadır. Ancak elektrumun altın ve gümüş oranının değişmesi sorun yaratıyordu. MÖ altıncı yüzyıl ortalarına gelindiğinde, Sardesliler altını gümüşten ayırmayı öğrenmişti. Bağımsız Lydia'nın son kralı olan Kroisos (saltanatı MÖ 559–546) altın ve gümüşten ayrı sikkeler bastıran ilk hükümdardı, ama bunlar hâlâ büyük değerlerde sikkelerdi (**ŞEKİL 12.11A**). Daha sonra, MÖ beşinci yüzyıl sonlarına doğru çok daha az değere sahip tunç sikkeler kullanılmaya başlandı. Metal paranın icadı Yunan dünyasına hızla yayıldı. MÖ altıncı yüzyıldan başlayarak, pek çok Yunan kentinde, örneğin Atina'da Athena'nın başı ve bir baykuş veya Karadeniz'in kuzeyindeki Pantikapaion [bugünkü Kerç] kentinde Pan'ın başı ve bir griffon gibi farklı motifler içeren sikkeler bastılar (**ŞEKİL 12.11B** ve **C**). Bazen kentin adı da kısmen veya bütün olarak yazılırdı.

Yakındoğu ve Mısır ile ilişkiler Yunan kültürünün gelişimi açısından gerçekten çok önemliydi. Yakındoğu'dan alfabe ve metal paranın yanı sıra sanat motifleri (MÖ sekizinci yüzyıl sonları ile yedinci yüzyılların doğululaştırıcı hareketi) ve bazı kült törenleri gelirken, Mısır mimari ve heykelcilik için taş işçiliği konusundaki devasa deneyimlerini sunmuştu. Mısır taş işçiliği geleneğinin etkileri, Yunan kent ve coğrafyasının görüntüsünü derinden değiştirecekti. Dolayısıyla artık mimari ve heykelciliğe dönebiliriz.

BÖLÜM 13

Arkaik Yunan Kentleri, I

Yunan Mimarisinde Dor ve İon Düzenleri ile İonya Ayaklanmasına Kadar Doğu Yunan Kentleri

Yunan kentlerinin insan yapımı ortamı MÖ yedinci yüzyıl sonlarında ve altıncı yüzyılda önemli değişimler geçirdi. O dönemde gelişen Yunan mimari uzlaşımları veya düzenleri Helenistik dönem boyunca fazla değişmeden varlıklarını sürdüreceklerdi. Bu tasarımların etkileri çok büyük olmuştur. Romalılar bu uzlaşımları kendi zengin mimari repertuarlarına katacak ve bunları ortaçağ Avrupası ve İslam dünyasına ileteceklerdi. Bu etkiler bugün hâlâ hissedilir. Şimdi bu mimari düzenlerin öğelerine ayrıntılı şekilde bakacağız. Yunan ve Roma kamusal yapılarının görünüşlerini değerlendirmek açısından bu uzlaşımların anlaşılması o kadar önemlidir ki, ne kadar sıkıcı görünürse görünsün bu konuya harcanan zaman boşa geçmiş olmayacaktır. Daha sonra, MÖ altıncı yüzyılda Yunan medeniyetinin en canlı merkezleri olan Doğu Ege kentlerine bakacağız, oradan da sonraki bölümde Yunan yarımadasının iki önemli kentine geçeceğiz: Atina ve Sparta.

Dor ve İon Düzenleri

Sisam Heraion'undaki zamana yayılmış çeşitli tapınaklardan gördüğümüz üzere, MÖ yedinci yüzyıl sonlarında ve altıncı yüzyılda Yunan mimarisi Perakhora ve Argos Heraion'u örneklerindeki basit yapılardan sonra kayda değer derecede evrilmişti. Bu değişimler özellikle dini mimaride gerçekleşmişti. Yunan toplumu en iyi materyallerini, en iyi işçiliğini tanrıların evleri ile bu tapınaklara eşlik eden yapılara saklıyordu. Bunun tersine, klasik dönem boyunca ölümlülerin evleri mütevazı kalmaya devam etti. Daha sonra, Büyük İskender'in fetihleri Helenistik krallara Yakındoğu ve Mısır'ın ihtişam arayışını kazandırınca, saraylar da en azından başkentlerin planlarında önemli bir yere sahip olmaya başlayacaktı.

Erken arkaik dönem tapınak mimarisi, iki cephedeki değişimlerden doğdu: Birincisi kullanılan materyaller; ikincisi ise kat planı, cephe ve dekorasyon.

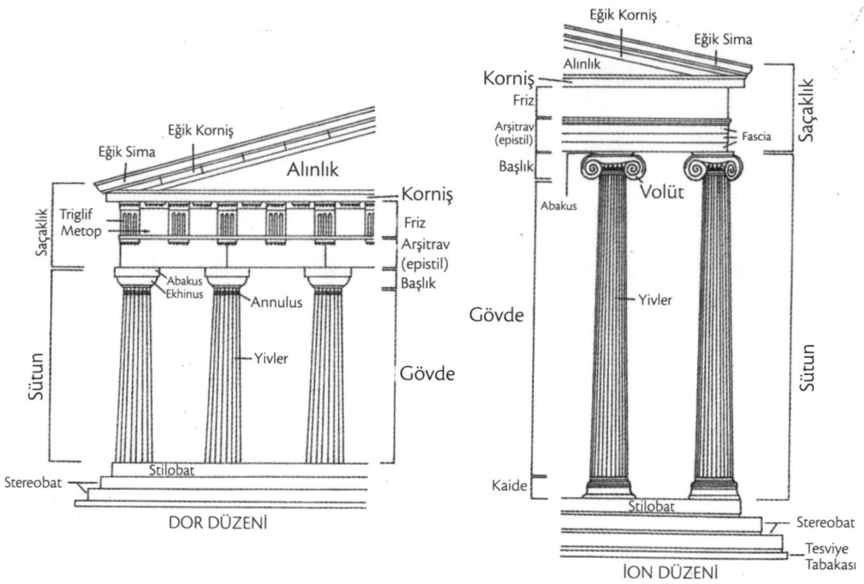

ŞEKİL 13.1 Dor ve İon düzenlerinde cephelerin kilit öğeleri.

Zaman içinde, kuşkusuz Yunanlıların Mısır'daki dev taş tapınaklara duyduğu hayranlık sonucunda taş, kerpiç ve ahşabın yerini aldı. Dar bir aralık içindeki orantısal ilişkiler olarak, özenle uygulanan biçim ve dekorasyon ayrıntıları zamanla iki ana tasarım sistemine dönüştü: Dor ve İon düzenleri. Değişim yavaş ama sürekli bir biçimde geldi. Özellikle dini mimari için geçerli olduğu üzere, yapı ustaları gelenekle oynama konusunda hevesli değildi. Her yeni tapınak sağlam şekilde geçmişe bağlı, başka yerlerde denenmiş özelliklerle donatılmış oluyordu, ama her zaman tarzın imkânlarını bir nebze de olsa genişleten yeni bir ayrıntı gündeme geliyordu.

Dor düzeni MÖ yedinci yüzyıl sonlarında Yunan anakarasında gelişen tasarım sistemiydi. İon düzeni çeyrek yüzyıl sonra, Doğu Yunanistan'da ortaya çıktı. Dor düzeni Helenistik dönem sonuna dek yayılacak, daha sonra ise nadiren görülecekti; oysa İon ve onun bir çeşidi olan Korent düzenleri daha uzun yaşayacak, Roma İmparatorluğu'nda çok popüler olacaktı.

Dor ve İon tarzındaki tapınaklar temel ve kat planı konusunda aynı temel ilkelerle hareket ediyordu. Dikdörtgen biçimli bu tapınaklar, genellikle doğu-batı doğrultusunda yerleşik olup girişleri doğudandı. Zemindeki düzensizlikler *euthynteria* adı verilen tesviye tabakasıyla örtülürdü (**ŞEKİL 13.1**). Bunun üzerine üç basamak yerleştirilir, en üst basamağa *stilobat* adı verilirdi. Stilobatın üst yüzeyi tapınağın zemin katını oluşturuyordu. Esas tapınak, ana eksen boyunca dizili kült odaları ile bunları çevreleyen, stilobatın kenarına yerleştirilmiş kolonadlardan meydana geliyordu. Dor düzenindeki norm kısa yanlarda altışar, uzun yanlarda on üçer (kısa yan çarpı iki artı bir) sütundu. Kült odaları ile kolonadın üzeri bir beşikçatı ile örtülüydü. Normalde oda sayısı, bir giriş sundurması veya *pronaos*, bundan sonra tanrının suretini barındıran büyük oda olan *naos* veya *cella*; arkada, *cella*'dan değil yalnızca batıdan girilen ve kat planında *pronaos*'a dengeleyici bir simetri meydana getiren bir arka sundurma veya *opisthodomos* olmak üzere üçtü (**ŞEKİL 13.2**).

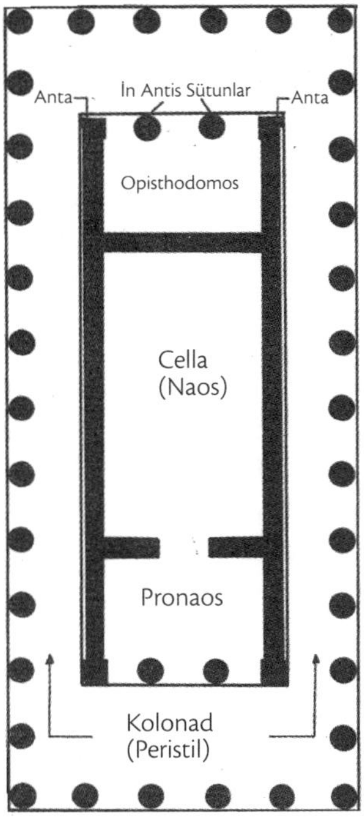

ŞEKİL 13.2 Bir Yunan tapınağının tipik kat planı.

Gerçek kemer MÖ beşinci yüzyıldan itibaren bilinmekle beraber, Yunanlılar yüzyıllar boyunca her iki düzendeki cephelerde de geleneksel dikey öğe (direk veya sütun) üzerinde duran yatay öğe (lento) uygulamasını sürdürecekti. Ancak, Dor ve İon düzenlerinin arasındaki farklar cephe uygulamalarında belirginleşmeye başlar. Her iki düzende de sütunlar kullanılır, ama biçimler çok farklıdır. Dor sütunları doğrudan stilobatın üzerinde duruken, İon sütunlarının gövdesi yuvarlak bir kaide üzerinde durur. Dor sütunundaki derin yivler *arris* adı verilen kesin bir çizgiyle son bulurken, İon sütunundaki yivleri birbirinden ayıran ince ve düz bir şerit bulunur. Göze ilk çarpan, sütun başlıkları arasındaki farktır. Dor başlığı iki parçadan oluşur: Yassı bir mantar başlığını veya antik adındaki gibi bir denizkestanesini andıran yuvarlak *echinus* ile bunun üzerinde kare biçimli *abacus*. Buna karşın İon başlığı, ters duran bir parşömen rulosunu andıran bir *volüt* ile bunun üzerinde dar, kare biçimli bir *abacus*'tan oluşur. Başlıklar sütun gövdesi ile tapınağın üst kısmı olan saçaklık arasındaki geçişi sağlar. Sütun başlığı Yunanlıların icadı değildi. Mısırlıların yanı sıra Minoslular ve Mykenaililer de sütun başlığı kullanmıştır. Ancak bu başlıkların biçimi yalnızca Dor başlığının atasıymış gibi görünmektedir. İon volütü demir çağının başlarında Doğu Yunanistan ve Levant'ta kullanılan ve Eolis başlığı adı verilen palmiye yaprağı rulosu biçiminde başlıkların bir çeşidi gibidir.

Saçaklık üç ana kısımdan oluşur. Alttaki iki kısım iki yatay bölgedir. En alttaki *arşitrav* veya *epistil*, sütunların üzerinde durur ve genellikle Dor tarzında sade bırakılırken İon tarzında *fascia* adı verilen ve yukarı çıktıkça dışarı doğru uzayan yatay şerit halinde oyulur. Bunun üzerindeki frizde de, tıpkı sütun başlıklarında olduğu gibi Dor ve İon düzenleri arasındaki farklılıklar son derece belirgindir. Dor frizinde *triglif* adı verilen, dikey olarak yivli yüzeyden çıkıntı yapan parçalar ile boşluklar, yani *metop*'lar birbirini izler. İon frizi sade olup, daha sonraki dönemlerde bazen tepede bir sıra diş benzeri çıkıntılar, yani *dentil*'lere rastlanabilir. Para sıkıntısı olmadığında, metoplar ve İon frizleri rölyef heykellerle donatılabilir.

Saçağın en üst öğesi olan korniş (veya *geison*), yapının yanları boyunca bir saçak ve kısa yanlarda beşikçatı için bir kaide meydana getirir. Beşiğe, eğimli çatının meydana getirdiği geniş üçgen biçimli boşluğa *alınlık* denir. Alınlığın alt sınırı yatay bir sıradan (korniş), üstü ise içte sade *eğik korniş* ve bunun üzerinde belirgin şekilde dalgalı bir profile sahip ve dışarı doğru çıkıntı yapan *eğik sima* olmak üzere eğimli iki sıradan oluşur. Buraya da mali duruma göre bağımsız heykeller yerleştirilebilir. Çatının kendisine, kereste iskelet üzerine yerleştirilen terakota, hatta belki de mermerden, kenarları yukarı dönük geniş tava kiremitler ile tava kiremitlerin arasındaki boşlukları kapatan kıvrık mahyalar olmak üzere kiremitler yerleştirilir. Yağmur girmesini engellemek için, kiremitler uçları birbiri üzerine binecek şekilde dizilir.

Bazı ayrıntılar parlak renkli boyalarla vurgulanırdı: Triglifler ile bunlara bağlı kazık benzeri öğeler (*gutta*, *mutulus* ve *regula*), sütun başlıklarının bazı kısımları, bazı silmeler ve heykel bulunması durumunda metop, friz ve alınlıkların arkaplanları.

Yunan mimari dekorasyonlarının ayrıntılarının kökenleri bilinmemektedir. Bazı ayrıntılar, daha eski ahşap inşaatların kimi özelliklerinin taşa geçmiş hali olabilir. Örneğin triglif, Romalı mimar ve yazar Vitruvius tarafından kirişlerin uçlarını kapatan bir levha olarak açıklanmıştı; kornişin altındaki ufak kazık benzeri çıkıntılar ile tirglifler de tespitlere karşılık geliyor olmalıydı. Yunanlıların, pratikteki işlevi devam etmemesine rağmen bu küçük özellikleri korumaları, muhafazakârlıklarına işaret eder. Ama bu çekici kuramı kanıtlamak zordur. Eski tapınakların ahşap üstyapıları günümüze ulaşmamıştır, ama anlayabildiğimiz kadarıyla daha sonraki anıtsal taş versiyonları kadar karmaşık değillerdi.

Erken Dor Tarzı Tapınaklar: Thermon, Olympia ve Kerkira (Korfu)

Dor düzeni son halini alana kadarki deneyler MÖ yedinci yüzyıl başarında, Korinthos ve çevresinde başlamış gibi görünmektedir. Yüzyılın sonlarına doğru gelindiğinde, Korinthos modası Yunanistan'ın diğer kesimlerine de sıçramıştı. Günümüze gelen örneklerin parçalı olması yüzünden ilerlemeleri kesin olarak izlemek mümkün olmamakla beraber, erken arkaik dönemden çeşitli tapınaklarda tipik Dor öğelerin ortaya çıktığını görebiliyoruz.

Thermon'daki yaklaşık MÖ 630 tarihli Apollon Tapınağı, Dor tarzı bir saçaklığa dair ilk kanıtlardandır. Bu tapınak taş temellere sahipti, kerpiç ve ahşaptan olan duvarları ve sütunları ise günümüze gelmemiştir. Taştan parçalar bulunmamasından anlaşıldığı kadarıyla saçaklık da ahşaptı. Saçaklıkta Dor düzeni uygulandığı sonucuna, üzerinde Perseus ve Gorgo gibi mitolojik sahneler boyanmış olan bir dizi terakota metop levhası bulunması nedeniyle varılmıştır. Birkaçının levhaların çoğunluğundan daha geniş olduğunu belirtmek önemlidir; bu fark, tapınağı yapanların Dor düzenindeki köşe sorununa bir çözüm bulduğunu gösteriyor.

Dor düzeni simetrik gibi görünmesine rağmen, çözüme kavuşturulamamış bir sorunu vardır: Köşelerdeki triglifler aşağıdaki sütunla nasıl aynı hizaya getirilecekti? Normalde her iki trigliften biri bir sütunun üzerine gelirdi. Ama bu ilkeye köşelerde de uyulması durumunda, sütun başlığının ucu dışarıda kalırdı. Öte yandan, sütun arşitravın altına doğru geri çekilecek olursa, triglif ile sütun aynı hizada olmazdı. Thermon'da bir orta yol bulunmuştu. Frizin sonlarındaki metoplar diğerlerinden daha geniş yapılmış, böylece köşe triglifler sütunların kenarından dışarı doğru itilmiştiler.

Olympia'daki yaklaşık MÖ 600 tarihli Hera Tapınağı'ndaysa, Dor köşe sorununa başka bir çözüm bulunmuştu. Tıpkı Thermon'daki gibi bu tapınak da taş temeller üzerine kerpiç ve ahşaptan yapılmıştı. Thermon'daki tapınağın aksine, burada sütunların durdukları yerler biliniyor, ki cevap da burada yatıyordu. Köşe sütunlar içeri çekilmiş, esas köşe konumundan hafifçe içeri doğru yerleştirilmiş, yanındaki sütun ile arasındaki mesafe normalinden biraz daha az bırakılmıştı. Bunun sonucunda, sondaki metoplar diğerleriyle aynı uzunlukta kalsa da köşe triglifin dış kenarı, altındaki sütunun dış kenarıyla aynı hizada olacaktı. Yüzyıllar içinde bu tapınağın ahşap sütunlarının yerine, her biri güncel modaya uygun tarzda başlığa sahip olan taş versiyonları yerleştirilmişti. Biraz karma bir görüntü ortaya çıkmış olmalı; bugün bile farklı boy ve tarzlarda sütun başlıklarını görmek mümkündür. MS ikinci yüzyılda Yunanlı doktor ve gezi yazarı Pausanias, Olympia'yı ziyaret ettiğinde bir ahşap sütun hâlâ duruyordu.

Tapınak ayrıca, çatının zirvesine yerleştirilen iki geniş terakota kursla da bezenmişti. *Akroter* adı verilen bu tür çatı süsleri de son derece popüler hale gelecekti. Soyut desenlerin veya çiçek desenlerinin yanı sıra insan figürleri de barındıracaklardı.

Yukarıdaki tapınakların aksine, Kerkira'daki (Korfu) yaklaşık MÖ 600 tarihli Artemis Tapınağı'nın üstyapısının bol miktarda parçasının bulunabilmesi, yapının taştan olduğunu gösterir. İlk taş tapınak olmasının yanı sıra, 49 x 23,5 metre boyutlarıyla en büyüklerinden de biriydi. Olympia'daki Hera Tapınağı gibi bu tapınak da *pronaos, cella* ve *opisthodomos* olmak üzere üç standart odadan oluşuyordu (**ŞEKİL 13.3**). *Cella*nın içindeki iki sıra sütun, çatının taşınmasına yardımcı oluyordu. 8 x 17'lik kolonad, *cella*dan ayrı durarak ikinci bir iç kolonadın yerleştirilmesine izin verecek bir boşluk yaratıyordu,

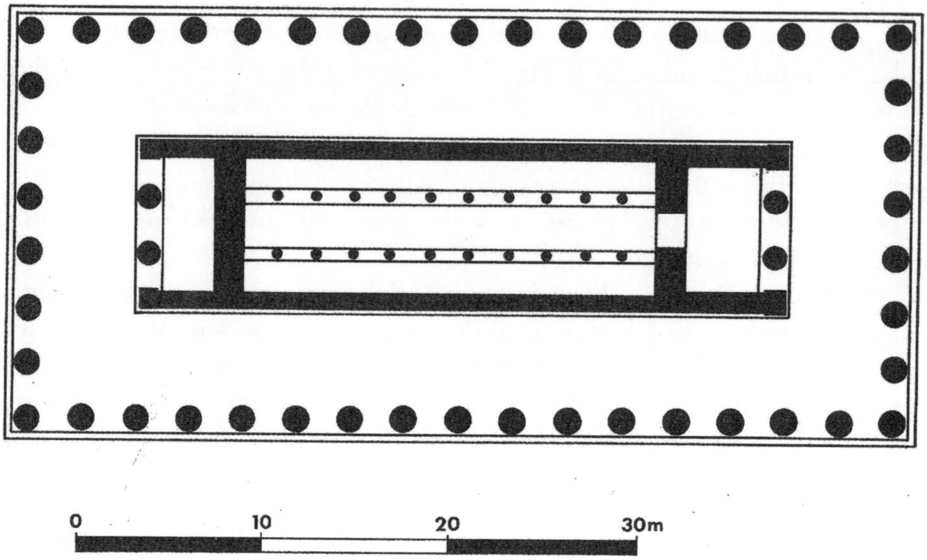

ŞEKİL 13.3 Artemis Tapınağı planı, Kerkyra.

ŞEKİL 13.4 Artemis Tapınağı restore edilmiş cephesi, Kerkyra.

ama bu ikinci sıra eklenmemişti. İç içe iki kolonada *dipteral* adı verildiğinden, Kerkira'daki bu ikinci sırası olmayan versiyona *sahte-dipteral* adı verilir. Sahte-dipteral plan, dipteral planın sağladığı fazladan genişliğe imkân tanırken, iç sütunların yerleştirilmemesi sayesinde para tasarrufu sağlar. Kerkira bu planın bilinen en eski örneğidir.

Tapınakların dışındaki heykelli dekorasyonlar, genellikle yerel açıdan önemli veya büyük kozmolojik anlamı olan mitlerin tasvir edildiği rölyefleriyle, Yunan kentlerinin ve tapınaklarının bir alametifarikası haline gelecekti. Batı alınlığındaki iyi korunmuş heykelleriyle Kerkira'daki tapınak, bize bu tür dekorasyonların en eski ve çarpıcı örneklerinden birini sunar (**ŞEKİL 13.4**). Sahneye 2,79 metre yüksekliği ile dev Gorgo Medusa hâkimdir. Yılan Medusa'nın kendisine bakan herkesi taşa çevirmek gibi talihsiz bir yeteneği vardı. Athena ve Hermes tarafından, Medusa'ya dolaylı bakabilmesi için bir ayna, bir orak, bir torba, görünmezlik için Hades'in karanlık pelerini ve kolay kaçması için kanatlı ayakkabılarla donatılan kahraman Perseus tarafından başı kesilerek öldürüldü. Medusa da bir şekilde intikamını alacaktı: Yunanlılar ve Romalılarca kötülükleri uzak tutma gücü nedeniyle yüceltilecekti. Kötülüklere karşı bir tılsım işlevi gören yüzü, zırhlarda kullanılan başlıca koruyucu sembollerdendi. Gerçekten de, tehlikeleri korkutarak kaçırabilmesi kabiliyeti, saçaklığın neden bu mitle bezendiğini açıklayabilir.

Kerkira'daki saçaklıkta Medusa, arkaik sanattaki tipik şekliyle korkunç bir sırıtışa sahip yuvarlak, maskemsi bir yüzle tasvir edilmiştir. Koşmayı simgeleyen bir pozla, bir dizi üzerinde durur haldedir. İki yanında iki minik, dik figür olarak çocukları insan Khrysaor ve kanatlı at Pegasos ile onların ardında Medusa gibi tapınağa yaklaşanlara dişlerini gösteren iki pars yer alır. Buraya kadar figürler bu üçgen alana gayet iyi sığmıştır, ama parsların ötesinde hızla alçalan tavan sanatçıya sorun yaratır. Medusa ile ilgisiz ve çok daha küçük ölçekli sahnelerde, ayakta duran adamlar diz çökmüş ve oturan figürleri mızraklarken ve köşelerde ise kurban düşmüş iki adam sırtüstü yatarken dizleri, eğimli kornişi yalayacak şekilde yukarı çekilmiştir. Heykeltıraşlar bu sorunlu alanı, ölçek ve tema açısından bütünlüğünü koruyan bir sahneyle donatmayı öğrenene dek daha çok deneye ihtiyaç olacaktı.

Erken İon Tarzı Tapınaklar: Sisam ve Ephesos

Yunan anakarasında ve Batı Yunanistan'da Dor düzeni standart hale gelirken, Doğu Yunanistan'da İon tarzı tercih ediliyordu. İleride göreceğimiz gibi, sonunda MÖ beşinci yüzyılın sonlarında bu iki tarz Atina Akropolis'inde kaynaşacaktı. Net olarak İon tarzındaki ilk tapınaklar MÖ altıncı yüzyılın ikinci çeyreğinde görülmeye başlanır. Ayrıca, yaklaşık 100 x 50 metrelik boyutlarıyla devasadırlar. Ortaçağda ve daha sonrasında inşaatlar için kolay kesmetaş kaynakları olarak kullanıldıklarından, maalesef hiçbiri günümüze iyi durumda gelmemiştir (Buna bir istisna daha ileri tarihli Didim'deki Apollon Tapınağı'dır).

Sisam Heraion'unda, mimarlar Rhoikos ile Theodoros yukarıda sözü geçen MÖ yedinci yüzyıl tapınağının üzerine üçüncü büyük Hera Tapınağı'nı inşa etti. Dev boyutlu 102 x 51 metrelik planlarında, önde sekiz, arkada on ve yanlarda yirmi bir sütunluk bir çifte kolonad da vardı. İçerideki odalar yalnızca bir *pronaos* ile bir *cella*'dan ibaretti ve her ikisinde de iki sıra sütun bulunuyordu. Tapınağa eşlik eden yeni sunak, İon tarzındaki ilk sunaktı. İon düzeni Dor'a göre daha yüksek, ince oranlara izin verdiğinden, sütunlar iyice yükselebilirdi. Bir orman gibi duran bu çok sayıdaki yüksek sütunlar görenlerde etkileyici bir izlenim bırakmış olmalı. Bu tapınak ve yakındaki Ephesos'taki Artemis Tapınağı'nın, alçak kesimlerde, aslen deniz kenarında bulunan ve pek etkileyici olmayan ortamlarda inşa edilmiş olmaları böyle görkemli tasarımların tercih nedeni olabilir.

Üçüncü Hera Tapınağı yaklaşık MÖ 530'da yanmıştı. 520'lerde tiran Polykrates tarafından dördüncü ve son bir versiyonun inşaatına başlanmıştı. İnşaat Roma döneminde de devam etti, ama tapınak asla bitirilemedi. Polykrates'in tapınağı doğu ucunda sekiz sütundan üç sıra, batıda dokuzar sütunlu üç sıra ve uzun kenarlarda yirmi dörder sütundan ikişer sıra ile öncülünden biraz daha büyüktü (**ŞEKİL 13.5**).

Anadolu anakarasındaki Ephesos'ta yaklaşık MÖ 560'ta dev bir Artemis Tapınağı'nın yapımına başlandı. Bu da daha eski ve daha küçük tapınakların yerine yapılıyordu. Knossoslu Khersiphron ile oğlu Metagenes tarafından tasarlanmıştı. Tıpkı Sisamlı Theodoros gibi, onlar da projeleri üzerine bir yazı kaleme aldılar. Bugün kayıp olan bu kitaplar, Yunan ve Roma mimarisi üzerine kendi kitabı günümüze dek gelmiş olan MÖ birinci yüzyılda yaşamış Romalı mimar Vitruvius tarafından bir ihtimal biliniyor olabilirdi.

Tapınak yaklaşık 115 x 51 metre boyutlarındaydı ve geleneğe göre bataklık zeminin etkilerine karşı, birbirini izleyen odun kömürü ve koyun postu tabakalarından temeller üzerine inşa edilmişti. Girişi genelde olduğu gibi doğudan değil, batıdandı; ancak, başka Batı Anadolu tapınaklarında da batıdan girişe rastlamak mümkündür, ki bu belki de Yunan Artemis ile kaynaştırılan daha eski Anadolu ana tanrıça ibadetinin bir kalıntısı olabilir. Tıpkı Sisam'daki çağdaşı gibi bu tapınak da dipteraldi. Önde sekizerden üç sıra; arkada dokuzardan iki sıra kolonad bulunuyordu. Bazı sütunlar sıradışı bir özelliğe sahipti: Gövdelerinin alt kısımlarında yontma figürler vardı. Bu farklı armağanları zenginliği ve Yunan kültürüne karşı sevgisiyle ünlü olan Lydia kralı Kroisos sunmuştu.

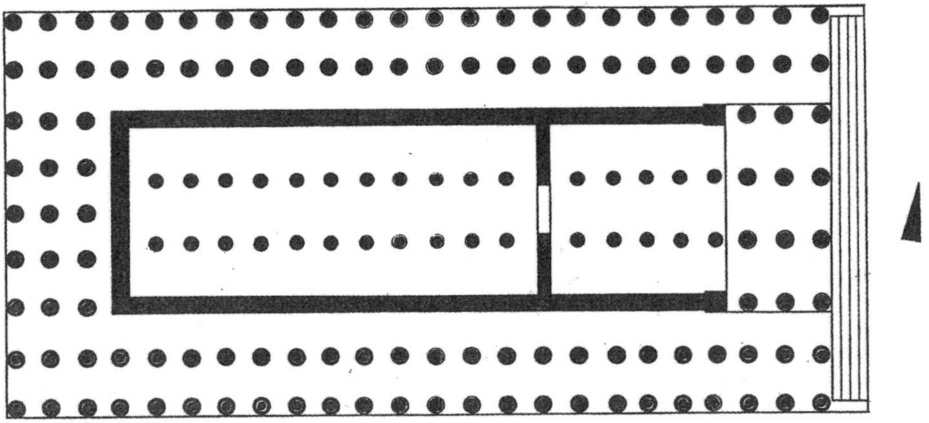

ŞEKİL 13.5 Dördüncü Hera Tapınağı, Sisam Heraionu.

Bu tapınağın MÖ 356'da, Büyük İskender'in doğduğu gece, Herostratus adında tek amacı adını ölümsüzleştirmek olan ve bunu başaran bir kundakçı tarafından yakıldığı söylenir. Helenistik dönemde tapınak benzer bir ölçekte tekrar inşa edilmişti.

Bugün, modern Selçuk kasabasının dışındaki bataklıklarda, etrafa saçılmış mermer harabeler ve tekrar dikilmiş tek bir sütundan (ki çoğunlukla bu ideal nokta üzerinde bir leylek yuva yapar) ibaret Artemision'un yalnızca boyutları anlaşılabilmektedir. Su içindeki bu harabelerin ardında ilginç bir arkeolojik keşif öyküsü yatar. Helenistik dönem eleştirmenlerinin bu ünlü tapınağı Dünyanın Yedi Harikası listelerine eklemiş olmalarına rağmen, modern zamanlara gelindiğinde yeri tümüyle kaybolmuştu. Depremler ve kaliteli kesmetaşlarının ortaçağdaki yapım projelerinde kullanılması tapınağı yok etmişti; Küçükmenderes Irmağı'nın tepelerden getirdiği silt tabakaları alanı gömmüştü. On dokuzuncu yüzyılda, John Turtle Wood adlı bir İngiliz, tapınağı aramaya başladı. Roma dönemi kentinin yeri biliniyordu, ama tapınak kent surlarının ötesinde bir yerlerde, artık son derece soyutlanmış bir bölge haline gelmiş bataklıklık tarlaların içinde bir yerlerde saklı duruyordu. Wood 1863'ten 1874'e kadar aramalarından sonuç alamadı. Sonunda, Roma tiyatrosunda bulunan bir taş yazıt parçası kilidi açtı. Yazıta göre, performanslar veya meclisler için, kutsal imgeler Artemis Tapınağı'ndan tiyatroya getirilecekti. Tapınağa giden yol belirtilmişti: Magnesia [bugünkü Manisa] Kapısı'na giden Kutsal Yol boyunca. Wood daha sona Magnesia Kapısı'nın yerini buldu ve zeminin bayağı altındaki kentten tapınağa giden mermer döşeli yolu takip etti.

Arkaik Dönemde Doğu Yunan Kentleri: Sisam, Miletos ve İonya Ayaklanması

Arkaik dönemdeki Doğu Yunan kentlerine iyi bir örnek, aynı adlı adanın başkenti olan Sisam'dır. Bu kent Heraion'un 6,5 km doğusunda, modern Pithagorion'un (Tiganion) yerindeydi. Tiran Polykrates'in saltanatında (MÖ 538–522), güçlü ekonomisi ve etkili filosuyla bölgesel bir güçtü. Refahını önemli bir hac mekânı olan Heraion'un yanı sıra, bereketli toprakları ve ünlü şarabına da borçluydu. Kentin kendisi de yoğun bir yenilenme döneminden geçti. Çoğu artık kaybolmuş olmakla beraber, ziyaretçiler hâlâ genel düzeni görebilirler (**ŞEKİL 13.6**). Kentin odak noktası limanıydı, ancak ticari ve askeri işlevlere sahip rıhtımları kaybolmuştur. Polykrates'in Akropolis üzerinde kente hâkim bir noktada bulunan sarayı da yitiktir. Ne var ki, 6,7 km uzunluğundaki tahkimat duvarları, kapıları ve kuleleriyle hâlâ ayaktadır. Polykratos'un inşaat projelerinin en ünlüsü olan Eupalinos Tüneli'nin çoğu boyunca yürümek bile mümkündür. Kente adanın içlerindeki bir kaynaktan su getiren bir sukemerinin parçası olan 1 km uzunluğundaki tünel, kasabanın arkasındaki dağın içinden delinmişti. Tünel çalışmaları aynı anda iki uçtan birden başlamış ve iki parça sonunda ufak bir hata payıyla birbirine

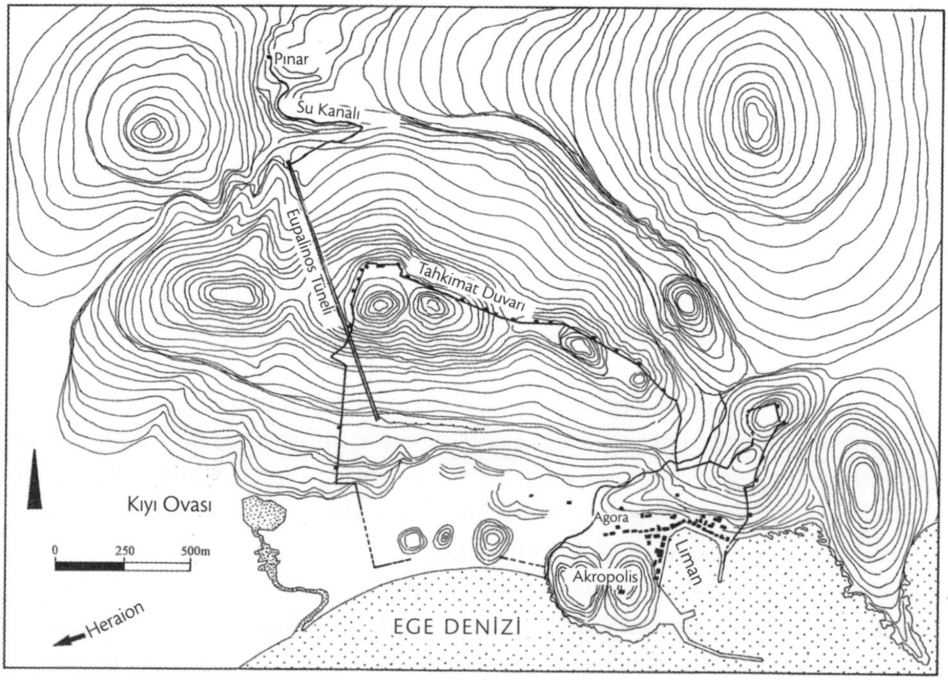

ŞEKİL 13.6 Antik Sisam kent planı.

kavuşmuştu. O dönem için benzersiz olan bu mühendislik harikası, Megaralı Eupalinos yönetiminde gerçekleştirilmişti. Tahkimatlar, güvenceye alınmış su kaynağı ve filo, Polykrates'in Sisam'ı Perslerden koruma çabalarıydı. Ama bu önlemler sonunda yetersiz kalacaktı: MÖ 519'da, Polykrates'in ölümünden sonra Persler kenti ele geçirdi.

Arkaik Doğu Yunanistan'daki diğer kentlerin fiziksel kalıntıları bu kadar iyi bilinmemektedir. Ancak, antik Yunan kaynaklarına göre bu bölge kendini ticari ve düşünsel başarılarıyla göstermişti. Ephesos'un güneyindeki Miletos kenti özellikle öne çıkıyordu. Ege'ye doğru uzanan küçük, eldiven biçimli bir yarımada ile çevredeki tepelerde kurulu bu kent, deniz ticaretiyle zenginleşmişti. Özellikle Çanakkale Boğazı, Marmara Denizi ve Karadeniz bölgelerindeki neredeyse doksan koloniyle, bu açıdan başı çeken kentlerdendi. Yurttaşları arasından Thales, Anaksimenes ve Anaksimandros gibi felsefe ve bilim alanlarında öncü isimler çıkmıştı. Bu parlak dönem MÖ 494'te Pers yönetimine karşı gerçekleşen İonya Ayaklanması'nın bastırılmasıyla sona erdi.

Büyük Kyros yönetiminde Akameniş Persler MÖ altıncı yüzyıl ortalarında batıya, Anadolu'ya doğru yayılmıştı. MÖ 546'da Batı Anadolu'nun başlıca gücü Lydialıları yenerek başkentleri Sardes'i ve kralları Kroisos'u ele geçirdiler. Tehlikeye karşı birleşemeyen kıyıdaki Yunan şehir-devletleri, kısa sürede Kyros tarafından ele geçirildi. Ama Pers denetimi gevşekti ve haraç ödeme dışında Yunan kentlerine kendilerini yönetme konusunda ciddi oranda özeklik tanınmıştı. MÖ 499'da Miletos tiranı Aristagoras'ın Perslere karşı bir ayaklanma başlatması ve Atinalıların da yardımıyla Perslerin Sardes'teki bölgesel başkentlerini ateşe vermesiyle bu uzlaşma düzeni sona erdi. Ne var ki, İonya kentleri bu başkaldırma hareketinin arkasını getiremedi ve Perslerin keskin tepkisine karşılık verecek güçleri yoktu. MÖ 494'te Perslerin Lade Adası [bugünkü Batıköy] yakınlarındaki deniz zaferi ve Miletos'un ele geçirilmesi ve yağmalanması ile ayaklanma son buldu. Miletoslu erkeklerin çoğu öldürüldü, kadın ve çocuklar köle yapıldı. Bu olay Yunan dünyasında o kadar büyük bir felaket olarak kabul edildi ki, Atina'da Miletos'un düşüşü konulu bir trajedi sahnelenirken seyirciler gözyaşlarına boğuldu ve oyunun yazarı gereksiz duygusal gerginlik yarattığı için para cezasına çarptırıldı.

İonya Ayaklanması'nın Yunanistan'ın geri kalanı için de önemli sonuçları oldu. Atina, Sardes'e yapılan akına katılmış ama henüz cezalandırılamamıştı. Pers kralı Dareios bir hizmetkârını her gün kulağına şunları fısıldaması için görevlendirmişti: "Efendimiz, Atinalıları unutmayın!" MÖ 490'da Persler intikamlarını almak için harekete geçti.

BÖLÜM 14

Arkaik Yunan Kentleri, II

Sparta ve Atina

Arkaik dönemde (yaklaşık MÖ 600–479), şehir-devletler arasındaki genel refah, bölgeler arasında güç ve nüfuz açısından bir denge yaratmıştı. MÖ beşinci yüzyılın ikinci çeyreğine gelindiğinde, güç iki kentin elinde yoğunlaşmıştı: Atina ve Sparta. Yüzyılın sonunda Peloponnesos Savaşı adı verilen, Atina'nın yenilgisiyle sonuçlanacak uzun ve iki taraf için de tüketici bir savaşa tutuşacaklardı. Atina toplumu Sparta'nınkinden çok farklıydı. Öyle ki, Yunan kültürünün birbirinden bu kadar farklı iki şehir-devlet çıkarmış olması, antikçağlardan bugüne gözlemcilerin aklını kurcalamıştır. Sparta'nın antik Yunanistan'a ait arkeolojik kanıtlara katkısı yalnızca mütevazı bir düzeyle sınırlı kalmakla birlikte, tarihsel önemi, toplumuna kısaca göz atılmasını gerektiriyor. Daha sonra Atina'ya, bu kentteki klasik dönem öncesi siyasal gelişmelere ve buradaki önemli sanatsal ve mimari kalıntılara bakacağız.

Sparta

Sparta'nın eşi benzeri yoktu. Güneydoğu Peloponnesos'taki bereketli bir ovada yer alan kent, MÖ yedinci yüzyıl başlarına gelindiğinde, kendi çıkış bölgesi olan Lakonia'nın yanı sıra güneybatıdaki Messenia bölgesini de fethederek bir Yunan şehir-devleti için olağanüstü geniş bir toprağa sahip olmuştu. Tam yurttaşlık nüfusun yalnızca küçük bir bölümünü oluşturan gerçek Spartalıların ayrıcalığıydı. Nüfus, köylerinde özerk olan ama askerlik hizmetine tabi *perioikos*'lar, yani daha az haklara sahip yurttaşlar ve haklardan yoksun sözleşmeli çiftçiler veya serfler konumundaki *helot*'lar gibi gruplardan oluşuyordu. Bu sonuncular, yurttaşların sahip oldukları çiftliklerde çalışırken, erkek yurttaşlar enerjilerini savaşa hazırlanmaya saklıyordu. Askeri açıdan hazır durumda olma çabaları içindeki Spartalıların ilk düşünceleri, düşmanlara karşı koymaktan daha çok kendi tebaalarını kontrol altında tutmak olabilir. Her iki konuda da başarılıydılar: Birkaç yüzyıl boyunca, MÖ 371'de Leuktra'daki ağır yenilgilerine kadar, Yunan dünyasındaki en iyi piyadelere sahiptiler.

Arkaik ve klasik dönemlerde, bu toplumda yazarlara yer yoktu, dolayısıyla Sparta hakkındaki tüm raporlar yabancılar, diğer şehir-devletlerinden kişilerce yazılmıştı. Bu nedenle önyargıları aşarak Sparta toplumunun gerçekliğine ulaşmak tarihçiler için nesiller boyu zorlayıcı olmuştur. Ancak, MÖ altıncı yüzyıl içinde Spartalıların gündelik yaşamlarının özellikle çileci bir hâle geldiği açıktır. Erkekler 30 yaşına kadar, evli de olsalar kışlada yaşar ve yemekhanelerde birlikte yemek yerlerdi. Güçlü çocuk doğurmak için kadınlar da fiziksel egzersizler yapardı. Bireyselliğe kötü gözle bakılır, güzel sanatlar gibi yaratıcılık ürünleri kısıtlanırdı. Para bile yozlaştırıcı olarak görülürdü. Sikkeler basılmaz; gerektiğinde değiş tokuş için demir çubuklar kullanılırdı. Sparta dışındaki dünyaya derin bir kuşkuyla bakılırdı.

Yönetim şekli, demir çağı sonlarından klasik döneme pek değişmeden esas olarak bir oligarşi olarak kalmıştı. Bir yurttaşlar meclisi olmakla beraber, önemli kararlar beş *ephor* ile geçmişin kalıntıları olan ve savaş zamanlarında yetkiye sahip iki soydan gelme kralın da dahil olduğu bir ihtiyarlar konseyince alınırdı.

Kentin kendisiden fazla bir kalıntı kalmamıştır. Antik dönem yazarlarından biri olan Peloponnesos Savaşı'nın yazarı Thukydides, modern arkeologlara bıraktığı ünlü ibretlik derslerden birinde, bir kentin büyüklüğünün yalnızca binalarından gelmediğini yazmıştı. Sıkıcı Sparta'nın, muhteşem mimariye sahip Atina'nın dengi olduğunu kimse tahmin edemezdi. Sırf yerleşimleri boylarına göre sıralamakla, tarih öncesi kültürleri yorumlarken nasıl hatalar yaptığımızı merak etmemek mümkün değil.

Arkaik Dönemde Atina

Sparta'nın aksine, Atina'dan bolca yazar çıkmış, bu yazarlar kentlerinin toplum ve tarihi üzerine ayrıntılı metinler bırakmıştır. Atina, Sparta'dan farklı olarak erkek yurttaşlarının eşit haklara sahip olduğu bir demokrasiye giden bir gelişim göstermişti. Yedinci yüzyıl sonlarına gelindiğinde, Atina şehir-devleti tüm Attika bölgesini yönetiyordu. Sınıf çatışmaları yaşanıyordu. MS 594 yılı için *arkhon*, yani devlet başkanı görevi gören bir yargıç olarak seçilen ünlü bilge Solon, bu sorunları anayasa ve yasalarda borç yükü altında ezilen çiftçilerin zenginlere karşı korunduğu düzeltmeler yaparak çözmeye çalışmıştı. Çiftçilerin ezici borçları silinmişti, ama diğer tarafı yatıştırmak adına, önemli görevlere gelme ayrıcalığı hâlâ zengin toprak sahiplerine bırakılmıştı.

Bu reformlar sınıf çekişmelerini ortadan kaldırmadı. Daha sonraki yıllarda içeride oturanlarla kıyıdakiler arasında geçimsizlik arttı ve ilk grup, polisi ele geçirmeye çalışan Peisistratos'u destekledi. Sonunda başarılı olan Peisistratos adındaki iyi niyetli bir tiran yaklaşık MÖ 560–524 arasında iktidarda kaldı. Oğulları bu kadar iyi niyetli çıkmadı. Biri, Hipparkhos MÖ 514'te öldürülmüş, diğer oğlu Hippias da MÖ 510'da devrilmişti. Ortaya çıkan yeni önder Kleisthenes, yurttaşları her birinin kentsel, kıyısal veya iç bölgelerden üyeleri olan on yapay kabile halinde örgütledi. Her kabile "500'ler Konseyi"ne elli temsilci gönderiyordu. Konseyin *prytany* adı verilen bir kısmı, otuz altı günlüğüne gündelik işlere bakıyordu. Ayrıca, tüm yurttaşlara açık olan Halk Meclisi ile açık havadaki jürili mahkeme Areopagos da işlemeye devam etti. Arkaik dönem sonlarındaki bu gelişmeler Atina demokrasisinin gelişiminin göstergeleriydi ve neredeyse 200 yıl boyunca, MÖ dördüncü yüzyıl sonlarında kentin denetimi Makedonyalılara geçene dek etkili olmaya devam edeceklerdi.

Yine Sparta ile çarpıcı bir tezat olarak, mimari ve sanattaki gelişmeler açısından Atina çığır açıcı bir rol oynadı. Atina MÖ beşinci yüzyıldan kalma yapılarıyla ünlü olmasına rağmen, arkaik dönemden de çok kalıntı vardır (**ŞEKİL 14.1**). Kentin merkezine hâkim iki tepe söz konusudur. Daha küçük olan Pnyx'te Halk Meclisi toplanırdı. Hemen bunun doğusundaki daha büyük tepe, Akropolis veya "yüksek kent" ise tunç çağında beri kentin müstahkem merkeziydi. MÖ altıncı yüzyıla gelindiğinde, Akropolis kentin koruyucu tanrıçası olan Athena ve bir dizi başka tanrının evi olan bir dini tapınaklar bölgesine dönüşüyordu. MÖ altıncı yüzyıl tapınakları arasında, ünlü MÖ beşinci yüzyıl Parthenon'unun iki öncülü (biri altıncı yüzyıl ortalarından, diğeri ise bunun yerine 480'lerde);

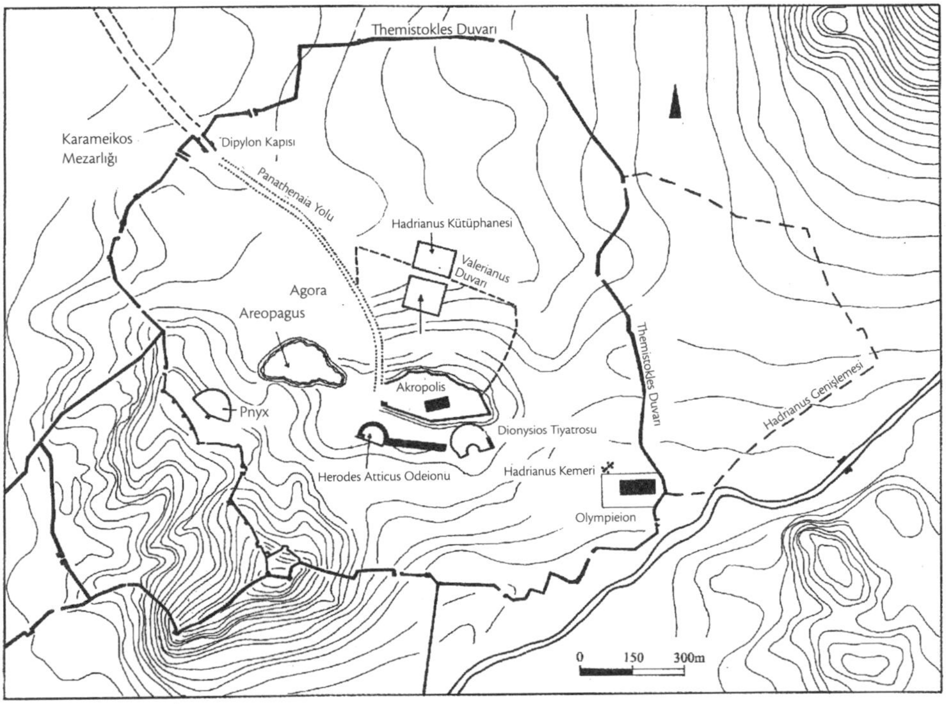

ŞEKİL 14.1 Demir çağından Roma İmparatorluğu dönemine Atina kent planı.

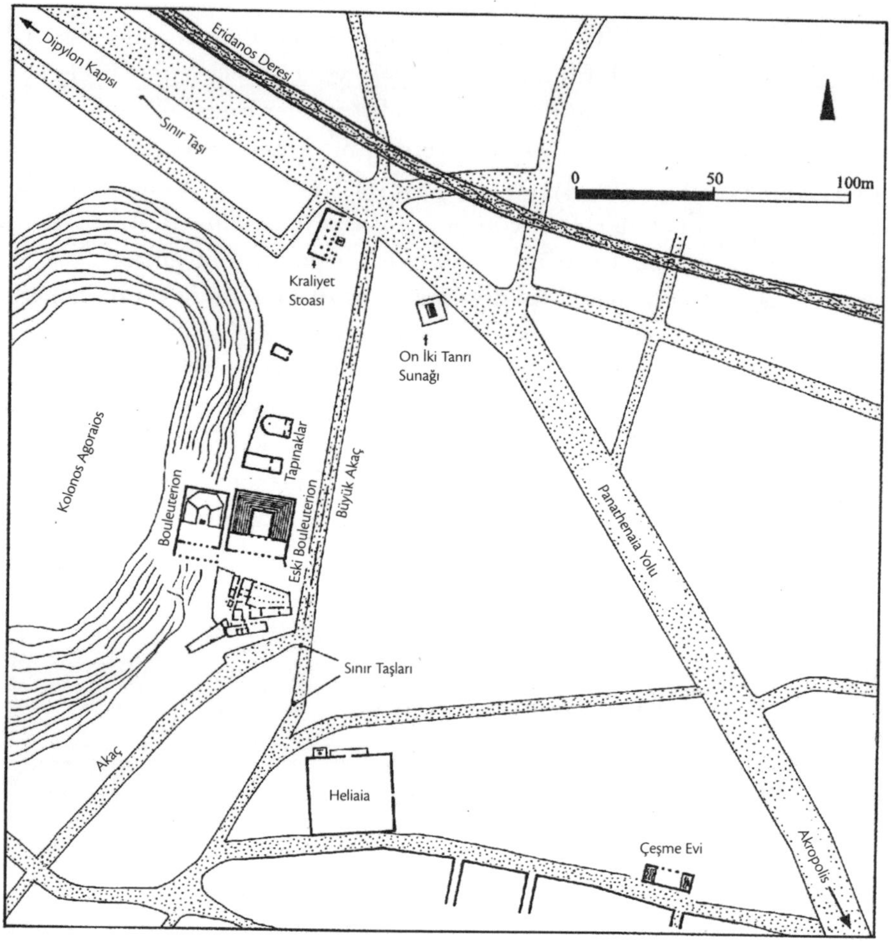

ŞEKİL 14.2 Atina Agorası planı, yaklaşık MÖ 500.

Peisistratos tarafından yaptırılan bir Athena Polias Tapınağı (özel olarak kentin tanrıçası olarak tapılan Athena) ile yalnızca çarpıcı ama parçalanmış durumdaki heykelli dekorasyonları günümüze ulaşan bir dizi hazine dairesi (dini sunular için depolar) bulunur. Tepe üstündeki bu kutsal yerde, tanrıçaya adak olarak sunulmuş pek çok bağımsız doğal boyutlu heykel bulunurdu (bkz. aşağıda).

Akropolis'in güneydoğusundaki bir yerde de başka bir önemli kült merkezi planlanmıştı. Burada Peisistratos anıtsal bir Olymposlu, Zeus Tapınağı'nın (Olympieion) temellerini atmıştı, ama bunu sonuca ulaştıramadı. İnşaatın tekrar başlaması MÖ ikinci yüzyılı bulacak ve tapınak nihayet Roma imparatoru Hadrianus tarafından MS ikinci yüzyılda tamamlanacaktı.

Akropolis'in kuzeyindeki alçak bölgede bulunan ve kent yaşamının merkezini oluşturan Agora, bu seküler rolü erken arkaik dönemde kazandı; daha önceleri bu alan farklı dönemlerde konut veya mezarlık bölgesi olarak kullanılmıştı (**ŞEKİL 14.2**). Kesin sınırları olan bu bölgenin hudutları yaklaşık MÖ 500'de resmen "Agora'nın sınırıyım" yazılı taşlarla işaretlenmişti. Bir tapınak alanı olmamasına rağmen, Agora da belli bir kutsallığa sahipti. Girişlere kutsal su çanakları *perirrhanteria*'ların yerleştirilmiş olması, Agora'da gerçekleşen kamusal işlevlerin çoğunlukla dini bir havaya sahip olduğunun göstergesidir. Burayı kirleteceği düşünülenlere giriş yasaktı. MÖ dördüncü yüzyılda yaşayan konuşmacı Aiskhines şöyle diyordu: "Dolayısıyla yasa koyucu, Agora'nın *perirrhanteria*'sının dışında tutmuştur askerlik hizmetinden kaçan veya korkaklık yapan veya ordudan kaçanı ve onun taç giymesine veya kamusal tapınaklara girmesine izin vermez." Çağdaşı Demosthenes de bu konuda konuşmuştu: "Kuşkusuz ki, devlete ihanet edenler, ebeveynlerine kötü davrananlar ve eli kirli olanlar Agora'ya girmekle yanlış yaparlar" (Camp 1986: 51).

Agora'da kimi yapılarla bağlantılı olan kimi olmayan çeşitli işlevler yerine getirilirdi. Bu bölgeyi kısaca turlayarak, arkaik dönemde Atina kent yaşamının kurumları hakkında bir fikir edinebiliriz. MÖ altıncı yüzyılın sonlarına gelindiğinde, batıdaki alçak Kolonos Agoraios tepesinin eteklerinde önemli kamusal yapılar dizilmiş ve böylece Agora'nın batı kenarını mimari açıdan belirlemişti. Bunların en önemlilerinden bazıları Kraliyet Stoası ve Eski Bouleuterion idi. Orijinal olarak MÖ altıncı yüzyılda yapılmış ilkinde kentteki ikinci en yüksek görevli ve dini faaliyetlere önderlik eden *basileus* dururdu. Daha sonraları, yaklaşık MÖ 400'de kentin yasaları taş levhalara yazılı olarak halkın incelemesi için duvarlara yerleştirildi. Üç yanında oturma yerleri olan kare biçimli ve yaklaşık MÖ 500 tarihli eski Bouleuterion, Kleisthenes'in reformlarıyla oluşturulan 500'ler Konseyi'ne ev sahipliği ederdi.

Agora'nın güney yanını belirleyen Heliaia (MÖ altıncı yüzyıl ortaları) adlı Atina'nın en büyük açık hava mahkemesi ile geniş su havuzları kentin kuzeydoğusundaki kil borularla beslenen, Güneydoğu Çeşme Evi tarafından belirlenirdi.

Agora'nın kuzeyi ve doğusu henüz binalarca çizilmemişti. Bu dönemde merkezdeki alan, her ikisi de din bağlantılı olarak yapılan tiyatro gösterileri ve atletizm yarışmaları da dahil çeşitli türlerde toplantılar ve pazar tezgâhları için kullanılırdı. Buradaki en önemli anıt olan On İki Tanrı Sunağı'nı yazıtlı ve heykelli kaidesinden biliyoruz. MÖ 522'de Peisistratos ve oğulları döneminde adanan bu sunak, tüm uzaklıkların ölçüldüğü kent merkezini belirliyordu ve zor durumdakiler için bir sığınak olarak kabul ediliyordu. On İki Tanrı Sunağı'nın yakınlarında Panathenaia Yolu, Agora'yı çaprazlamasına keserdi. Dipylon Kapısı'ndan gelen bu yol, yıllık Athena festivali olan Panathenaia sırasında Akropolis'e çıkan büyük tören geçidi için kullanılırdı.

Yaklaşık MÖ 400'de artık Agora'daki en önemli kamusal binalar yerlerini alacaktı. Bu alan Roma İmparatorluğu boyunca da kamusal merkez işlevini sürdürürken mimarisi ve anıtlarında pek çok değişiklik yapıldı. Ortaçağ'da yapılar harap hale geldi ve zaman içinde üzeri örtüldü; sonunda burası bir yerleşim bölgesine dönüştü. 1931'de Amerikalı bir ekip toprak satın alma, evleri temizleme ve aşağıdaki antik kalıntıları keşfetme izni aldı. Kazılar o zamandan beri devam ediyor.

Arkaik Sanat: Çömlekçilik ve Heykelcilik

Antik Yunanlılarca üretilen nesneler arasından hiçbiri bu dünyaya dair anlayışımızı çömlekler ve heykelleri kadar etkilememiştir. Çömlekler üzerine çizilen ve ister bağımsız ister rölyef olsun heykelcilikte yontulan figüratif imgelemler, bize antikçağdaki gerçek, efanevi veya ilahi Yunanlı insanları ve hayvanları; bunların yaşadığı insan yapımı veya doğal dünyayı ve bu varlıkların eylemleri ile davranışları hakkında bol miktarda görsel kaynak sağlamıştır. Ayrıca, çömleklerinin Batı Avrupa'dan Karadeniz bölgesine dek yaygın şekilde ithal edilmesiyle Yunanlılar kültürlerini Yunan olmayan çeşitli komşularına da iletmiş oluyorlardı. Burada arkaik dönemdeki çömlek ve heykel üretimini ele alacağız.

Siyah ve Kırmızı Figürlü Attika Çömlekleri

Ne var ki, antikçağlarda saygı duyulan ressamlar, çömlekler üzerine değil kamusal binaların duvarlarına asılan öykülü büyük panelleri çizenlerdi. Antik yazarların yorumları sayesinde konular ve kullanılan teknikler hakkında bir şeyler biliyoruz, ama resimlerin kendileri yok olmuştur. Antik yazarlar bezeli çömlekleri göz ardı etmişti; antik Yunanistan'da çömlekçilik bir zanaat kabul edildiğinden, çömlek yapanlar toplumda yüksek statüye sahip değillerdi. Ama panel resimlerinin aksine çömlekler günümüze daha iyi durumda gelmiştir. Yunanlı olmayan Orta İtalya'daki Etrüsklerin, mezar sunularına ithal edilmiş Attika (Atina) vazolarını da dahil etme alışkanlıkları bize iyi bir parçalanmamış örnek kaynağı sağlamıştır (Etrüskler için, bkz. Bölüm 19). Gerçekten de, İtalya, Batı Avrupa ve Kuzey Amerika müzeleri, Etrüsk gömülerinden kazıyla çıkarılmış veya yağmalanmış sağlam durumda çömleklerle doludur. Yunan resmi dendiğinde akla gelenler bu bezeli çömleklerdir.

Doğululaştırıcı dönemde seramik endüstrisinde öncü konumda bulunan Korinthos, arkaik ve klasik dönemde bezeli çömlek üretiminde yerini Atina'ya bırakmıştı. Atinalı çömlekçiler ve ressamlar başlıca iki teknik kullanıyordu: siyah figür ve kırmızı figür. Bu ikisine MÖ beşinci yüzyılda beyaz arkaplan (beyaz bir arkaplan üzerine boyama) üçüncü bir teknik olarak eklenecekti. siyah figür yedinci yüzyıl Atina'sındaki Proto-Attik'ten düzgün bir şekilde gelişmiştir. Figürler ve süslemeler Atina'nın kilinin kendine özgü doğal rengi olan turuncu-kırmızı bir arkaplan üzerine siyahla boyanırdı (bkz. **ŞEKİL 14.3**). Ayrıntılar fırınlamadan önce kazınır, alttaki turuncu-kırmızı rengi ortaya çıkaracak şekilde siyahtan ince çizgiler çekilirdi. Siyahın kendisi de aslında boya değil, rafine edilmiş bir kil solüsyonuydu; daha ince parçacıklı bu macun, çömlek için kullanılan kilden daha yoğundu ve fırınlama sırasında farklı tepki veriyordu. Sanatçı desenleri çizerken bu "boya," arkaplana benzer turuncu-kırmızı bir renge sahip olurdu. Daha sonra, fırınlama sırasında, kil ve macundaki demir oksidin kimyasal tepkilerinin özenle manipüle edilmesi sayesinde kırmızı ile siyah arasındaki belirgin tezat elde edilirdi.

Normal fırınlama süreci üç aşamalıydı: (1) *Oksitlenme*: Fırına oksijen girmesi sağlanır; kil ve "boya" kırmızılıklarını korur. (2) *İndirgeme*: Hava girişi kapatılarak oksijen kaynağı kesilir; fırını ısıtan ateş oksijeni kildeki demir oksitten alır; demir oksit (Fe_2O_3) siyah renkli demir oksitlere dönüşür (FeO veya Fe_3O_4); (3) *Kısmi tekrar oksitlenme*: İçeri oksijen girmesine tekrar izin verilir; kırmızı çömlek orijinal kırmızı haline dönüşür; daha yoğun olan "boya" da aynısını daha yavaş şekilde yapacaktır. Fırınlama sürecinin bu değişimin ortasında, çömlek kırmızıya dönmüş ama "boya" hâlâ siyahken durdurulması gerekir. Bunun doğru yapılması beceri istiyordu; bulunan bol miktarda parça, başarısız denemelerin izlerini taşımaktadır.

Kırmızı figür ise bunun tam tersiydi: Arkaplan siyahla kaplanır, figürler ve süslemeler kilin doğal turuncu-kırmızı renginde bırakılırdı (bkz. **ŞEKİL 14.4**). Figürlere ayrıntılar konsantre bir kil solüsyonuyla eklenir, bu da fırınlamada siyaha dönerdi; kırmızı figürlü vazolarda çizgiler kazınmazdı. Kırmızı figür yaklaşık MÖ 530'da siyah figüre bir alternatif olarak, bir ihtimal bugün "Andokides Ressamı" olarak bilinen adsız çömlek ressamı tarafından geliştirilmişti. Her iki teknik de geç klasik dönem sonuna dek (MÖ dördüncü yüzyıl), ilham rüzgârları nihayet dinene ve halk yeni bir şeyler talep edene dek kullanılmaya devam etti.

Mitolojik konular vazo ressamları arasında her zaman popülerdi. Nessos Amforası mitolojik temalı geç Proto-Attik, neredeyse erken Attik siyah figürlü çömleklere bir örnektir (**ŞEKİL 14.3**). Vazonun boynunda, kahraman Herakles Nessos adındaki kentaurosu öldürmektedir. Her iki figürün de adı belirtilmiştir. Bunun altında, kanatlı ve korkunç başlara sahip büyük gorgolar, kız kardeşleri Medusa'yı öldüren Perseus'u kovalar.

MÖ altıncı yüzyıl sonlarına gelindiğinde, gündelik yaşam konuları gittikçe daha popüler hale gelmişti. Aynı zamanda tarzlarda da, Batı sanatının tarihindeki büyük dönüm noktalarından biri kabul edilen önemli bir gelişme yaşandı. Artık vazo resimlerinde ve rölyef heykellerde resmedilen, kıvrılan pozlar bir derinlik, üçüncü boyut havası katıyordu. Optik gerçekliğe karşı bu ilgi Yakındoğu, Mısır ve Akdeniz Havzası'nın sanat geleneklerinde standart olan profil ağırlıklı iki boyutlu tasvirlerden önemli bir kopuşu temsil ediyor-

ŞEKİL 14.3 Nessos Amforası. Atina'da bulunan, Proto-Attik döneme ait vazo, yaklaşık MÖ 615. Ulusal Arkeoloji Müzesi, Atina.

ŞEKİL 14.4 Vulci'de bulunan, Euthymides tarafından bir kırmızı figür Attika amforası üzerine çizilmiş üç âlemci tasviri. Antikensammlungen, Münih.

du. Bu değişim yeni geliştirilen kırmızı figür tekniğindeki çizim deneylerinden doğmuştu. Bunun nedeni çok açık değildir, ama mitolojik ve kutsal sahnelerin yanı sıra gündelik yaşama da ağırlık verecek şekilde, popüler konuların kapsamının genişlemesi bir etmen olabilir.

Euthymides tarafından bezenen bir kırmızı figürlü amfora konu ve çizim tekniğindeki bu değişimleri güzelce gösterir (**ŞEKİL 14.4**). Yaklaşık MÖ 510'da yapılan amfora, Orta İtalya'daki Vulci'deki bir Etrüsk mezarında bulunmuştu. Sakallarından anlaşıldığı kadarıyla yetişkin üç çıplak erkek, içkili bir partiden sonra sokakta oynaşmaktadır. Biri içki kadehi tutarken, diğeri onu bir sopayla taciz eder. Burada dikkati çeken, ressam Euthymides'in bu erkekleri ya da en azından gövdelerini, kıvrılan veya dörtte üçlük bir tarzda gösterme çabasıdır. Bu, ortadaki âlemcinin sırtı boyunca aşağı inen çapraz çizgi ve soldaki erkeğin göğsünün sağ yanının daha uzak sol yandan geniş olacak şekilde kısaltılmış olarak çizilmesi ile iletilmiştir. Ama bu erkeğin sağ kolu fazla ince olduğundan perspektif çizimi çarpık ve gerçeklikten uzak durmaktadır. Atina atölyelerinde yapılan bu önemli pespektifli çizim deneylerinin ressamlar arasında rekabet doğmasına yol açtığını Euthymides'in bu vazo üzerine yazdığı ifadedeki böbürlenmeden de anlıyoruz: "Euphronios'un asla [yapamayacağı] gibi."

Heykelcilik

Doğal boyutta, hatta doğal boyuttan büyük taştan heykelcilik MÖ yedinci yüzyılın sonlarında gelişti. Yunanistan'da çalışan Mısırlı zanaatkârlar olmamasına rağmen, Mısır heykelciliğinin Yunan sanatçılar üzerindeki etkisi çok önemliydi. İlk heykeltıraşlar, zaten mimari işler için taşı ocaktan çıkarıp işlemeye aşina olan ve şimdi de figür yontucu olarak bir uzmanlık edinen taş işçileri olabilir. Yunan heykelciliğinde

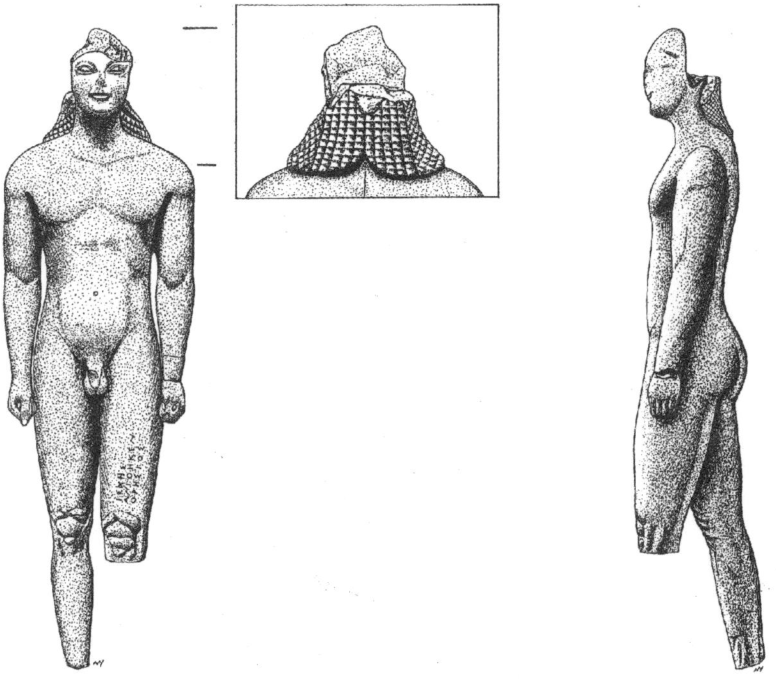

ŞEKİL 14.5 Heraion'da dev *kouros*, Sisam: (a) Ön; (b) Başın arkası; (c) Yan. Arkeoloji Müzesi, Sisam.

kullanılan biçimler fildişi, ahşap ve tunç gibi materyallerdeki daha küçük ölçekli örneklerle (Mantiklos'un sunusu gibi – **ŞEKİL 12.10**) bunların Mısır heykelciliğindeki standart pozlarla pekiştirilmesinden geliyordu. Daha başlangıçtan, Yunan heykelciliğinde Yunanca genç ve genç kadın anlamına gelen sözcüklerden *kouros* (çoğ. *kouroi*) ve *kore* (çoğ. *korai*) olarak bilinen türde bağımsız erkek ve kadın heykelleri mevcuttu. Pek çok kentte üretilen bu heykellerden Atina bize özellikle bir dizi iyi örnek bırakmıştır. En eskilerinden bazıları, boyutları Mısırlı örneklerden ilham alınma dev boyutlu *kouros*'lardı, ama bu devliğin cazibesi kısa ömürlü olmuştu. Sisam'daki Heraion'da MÖ 580 tarihli, Hera'ya adanan ilk anıtsal tapınağın tamamlanışından kısa süre önce yapılan, özellikle iyi korunmuş bir örnek bulunmuştur (**ŞEKİL 14.5**). Kalçasındaki yazıttan bu heykelin Rhesialı İsches ("Rhesialı" adadaki bir kabile veya bölge olabilir) tarafından adandığını öğreniyoruz. Sisam'ın yerel siyah damarlı mermerinden yapılan ve 4,73 metre boyundaki bu dev heykel, kendisini adayanın ve ailesinin itibarının bir simgesi olarak Kutsal Yol üzerinde duruyordu. Boyutu ne olursa olsun taş ve metal heykeller pahalıydı; bu tür sunulara yalnızca zenginlerin gücü yetiyordu. Daha yoksul insanların tanrılara armağanları arasındaysa kalıplarla seri üretilen küçük terakota figürinler bulunurdu.

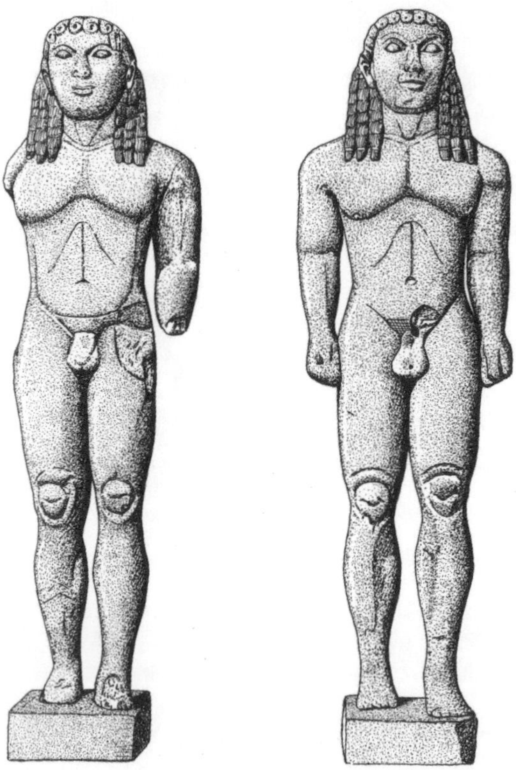

ŞEKİL 14.6 Kleobis ve Biton. Delphoi'de bulunmuş arkaik *kouros*'lar. Arkeoloji Müzesi, Delphoi.

Kouros'lar ve koreler gibi erkek ve kadın temsilleri şahsi portrelerden daha çok genel temsillerdi ve bu sayede çeşitli işlevler görebiliyorlardı. *Kouros*'lar ve koreler, Sisam'daki gibi tapınaklarda bırakılan sunular, mezar taşları ve belki de bazı *kouros*'lar söz konusu olduğunda kült heykelleri olarak kullanılmış olabilirler. Kesin kimlik belirtilmek istendiğinde, heykelin veya kaidesinin üzerine adlar kazınırdı. Örneğin, Delphoi'de bulunan bir çift, doğal boyuttan azıcık daha büyük (1,97 m) *kouros* (**ŞEKİL 14.6**) genellikle Herodotos tarafından ibret verici öyküleri anlatılan Kleobis ve Biton olarak teşhis edilmiştir. Bu iki kahraman erkek, Argos Heraion'unda bir Hera rahibesi olan annelerini tapınağa bir kağnıyla, öküzlerin yerine geçerek götürmüştür. Anneleri oğullarının bu hayırlı davranışını ödüllendirilmesi için tanrıçaya dua ettikten sonra, oğullar tapınağa girmişler, uyuyakalmış ve bir daha hiç uyanmamışlardı. Antik Yunanlılar gibi yaşamın getirdiği ani talih değişimlerinin özellikle farkında olan bir halk için, fiziksel gücünün zirvesinde ölüm bahşedilmesi çekici bir düşünceydi.

Argoslu bir heykeltıraş olan Polymedes (ama adının yazılı olduğu yazıt hasarlıdır) bu çifti yaklaşık MÖ 580'de yapmıştı. Tüm *kouros*'lar gibi, Kleobis ve Biton da neredeyse çıplaktır (bu örnekte ayakkabı giyiyorlar); Yunanlıların erkek beden idealine uygun şekilde kaslıdırlar; bir ayakları hafifçe önde ve

ŞEKİL 14.7 Atina Akropolis'inden kore no. 682. Akropolis Müzesi, Atina.

elleri yumruk yapılmış halde yanlarında olmak üzere Mısırlı bir duruş sergilerler ve böylece ağırlık her iki bacak üzerine eşit dağılmış olur; beden kısımları çizgi ve yivlerle belirtilerek bağımsız desenler oluştur; yüzleriyse o tipik arkaik gülümseme, büyük badem gözler, rulo biçimli kulaklar ve düzenli sıralar halinde inen boncuklu saçlarıyla yavan bir neşe sergiler. Sonraki otuz kırk yıl içinde, heykeltıraşlar beden kısımları arasındaki geçişleri gittikçe daha doğal şekilde işleyecekti. Klasik döneme gelindiğinde, bu evrim insan bedeninin daha doğal bir tasviriyle sonuçlanacak ve bu tasvir biçimi Yunanlıların yanı sıra, Romalılar, İtalyan Rönesansı ve hatta bugün bizlerce takdir edilecekti.

Antik Yakındoğu ve Mısır'dan çok farklı bir şekilde Yunan kültüründe erkeklerin çıplaklığı sorunlu değildi. Bunun nedeni net olmamakla beraber, demir çağı sonlarında gelişen dini uygulamaların bir etkisi olmalı: Olimpiyat Oyunları gibi atletizm yarışmaları atletlerin çıplak katılımını gerektiriyordu. Kadınlara ise bakış farklıydı; Oğlanlar gibi çıplak egzersiz yapan Spartalı kadınlar dışındaki saygın Yunan kadınları, kamusal çıplaklıktan uzak dururdu. Bunun sonucunda, koreler (genç kadın heykelleri) *kouros*'lar ile aynı sıcak yüz ifadesini ve cephesel duruşu sergilemesine rağmen, her zaman giyinik durumdadır. Heykeltıraşın aşması gereken zorluk, giysilerin tasviri ve örtülü bedenin doğru şekilde sergilenmesinde yatıyordu.

Arkaik dönemin sonlarında popüler olan bir giyim biçimi, Atina Akropolis'inde bulunan, yaklaşık MÖ 530–520 tarihli "Kore no. 682" tarafından sergilenir (**ŞEKİL 14.7**). Bir *himation*'un (şal) üzerine, kol ve başlar için delikleri bulunan, giysiye omuz üzerindeki düğmelerle iliştirilmiş bol kolları olan ve kemerle giyilen silindirik kumaş parçası *khiton* giyilir. Bu kostümün oluşturduğu bol miktarda kat, heykeltıraşlar ve ressamlar için iyi bir dekorasyon kaynağıdır. Gerçekten de, bizim koremiz de, pek çok diğer örnekte olduğu gibi, khitonu kalçasından dışarı doğru çekerek son derece şık, yelpaze biçimi oluşturacak katlar meydana getirmiştir.

"Kore no. 682" orijinal halinde, uzanan elinde bir sunu tutuyordu, ama ayrı bir mermer parçasından yapılan kolun ön yarısı ve el kayıp durumdadır. MÖ altıncı yüzyılın ortaları ile sonları arasında, doğal boyuttaki heykellerin tunç dökümle içi boş olarak yapılmaya başlanması tek bir parçada farklı pozlara imkân tanımıştı. Ancak çoğu tunç heykel sonraki nesillerce silah yapımında kullanmak üzere eritildiklerinden günümüze ulaşamamışlardır.

Üzerindeki bolca boya izi sayesinde, "Kore no. 682" bize antik heykeller hakkında önemli bir noktayı daha gösterir. Tüm Yunan heykelleri parlak renklerle boyanırdı. Klasik heykellerin taşın doğal renginde olmasına alışık olduğumuz için bu gerçek bizlere şaşırtıcı gelir. Ama heykeller doğal taş renginde durmak üzere yapılmıyordu. Sadece boyalar zaman içinde silinmiştir.

Bağımsız bireyler, arkaik dönemde üretilen tek heykel türü değildi. Mezar taşları, adak levhaları ve yapıların dışları rölyef heykellerle bezenirdi. Kerkira'daki Artemis Tapınağı'nın arkaik alınlık heykellerine değinmiştik. Sonraki bölümde mimari heykelciliğin bir başka ünlü örneği olan Delphoi'deki Siphnos Hazinesi'nin rölyeflerine bakacağız.

Pers Savaşları

MÖ 490'da ve 480–479'da tekrar, Persler İonya Ayaklanması'ndaki rolleri yüzünden anakara Yunanistan'daki şehir-devletlerine saldırdı. Yunan tarihinin kilit olaylarından olan bu savaşlar arkaikten klasik döneme geçişi belirler. MÖ beşinci yüzyıl tarihçisi Herodotos, bu savaşlar ile gerçekleştikleri ortamın sürükleyici bir anlatımını yazmıştır, ki bu metin günümüze ulaşmış olduğu için çok şanslıyız. Üç önemli savaş Yunan zaferleriyle sonuçlandı: Marathon, Attika'nın kuzey kıyısında (MÖ 490); Atina'nın hemen açıklarında Salamis Adası yakınlarındaki deniz savaşı (MÖ 480) ve Attika'nın kuzeybatı sınırında, içerlerdeki Plataia'daki kara savaşı (MÖ 479). Dev Pers İmparatorluğu'na karşı kazanılan bu beklenmedik zaferler Yunanlıları coşturarak onlara yeni bir güven kazandırdı. Aynı zamanda, savaşlar trajediyi de beraberinde getirdi. İonya ezilmiş ve Atina'nın kendisi yağmalanmıştı. Persler MÖ 480'de kente yaklaşınca, Atinalılar başkentlerini terk ederek gemilere sığındı. Her ne kadar gemilerine olan güvenleri Salamis Savaşı'nda kendilerini haklı çıkarsa da, Atinalılar Perslerin Atina'yı işgal etmesini ve yıkmasını engelleyemedi. Ancak bu yıkım arkeologlar için büyük bir nimetti. Atinalılar geri döndüklerinde, Akropolis'te geniş çukurlar kazdılar, mahvolmuş adaklarını ve mimari heykellerini içine koyup gömdüler. Böylece kutsal alanlarını arındırmış oldular. Bugün Akropolis Müzesi'nde sergilenen muhteşem arkaik heykeller böylece korunmuş oldu. Yıkım aynı zamanda MÖ beşinci yüzyıl ortaları ile sonları arasındaki büyük kentsel yenileme çalışmalarını doğurdu, ki bunları Bölüm 16'da ele alacağız.

BÖLÜM 15

Yunan *Temenos*'ları

Delphoi ve Olympia

Yunanlıların dini merkezlerinden (veya *temenos*'larından) biri olan Sisam Heraion'una daha önce değinmiştik. Ancak, Yunan kültüründeki önemleri; ortam, yapı ve diğer maddi kalıntılar ile törensellikdeki büyük çeşitlilik nedeniyle *temenos*'lara daha fazla yer vermek gerekir. Bu bölüm ile bir sonrakinde üç ana kült merkezini inceleyeceğiz: Delphoi'deki Apollon; Olympia'daki Zeus ve Atina Akropolis'indeki Athena *temenos*'ları. Bunlardan yalnızca sonuncusu bir kentin sınırları içindedir; ilk ikisiyse kırsal bölgedeydi. Yine de, Delphoi ve Olympia Yunan dünyasında ünlü, yakın veya uzak tüm Yunan kentleriyle bağlantılı faaliyet ve anıtlara sahip iki hac mekânıydı.

Delphoi: Apollon *Temenos*'u

Delphoi'deki çarpıcı ortam insanlarda hep kalıcı bir etki bırakmıştır. Atina'nın 166 km kuzeybatısında, Phokis bölgesinde bulunan bu antik kutsal mekân Parnassos Dağı'nın parçası olan Phaedriades, yani Nurlular, adı verilen, güneye bakan iki yüksek kayanın eteklerindeki dik eğimli alanda yer alır. Yer aniden aşağı dönerek bir oluğa dönüşür, daha sona tekrar yükselerek güneye doğru bir tepe meydana getirir. Batıda uzaktan Korinthos Körfezi görünür.

Bu alan daha büyük ve ünlü olanı Apollon'a, küçük olanıysa Athena Pronaia'ya (burada ele alınmayacak) adanmış iki tapınak alanından meydana gelir. *Temenos*'ların sınırlarının dışında başka yapılar da vardır. Tıpkı bugünkü gibi, tapınakların bakımını yapan ve hacılarla turistlerin ihtiyaçlarını karşılayanların oturduğu bir köy de vardı, ama ne bu köy ne de bölgedeki kasabalardan herhangi biri antik Yunanistan'ın siyasal yaşamında önemli bir rol oynamıştır. Klasik antikçağ boyunca Delphoi dini bir merkez özelliğini korumasına rağmen, en parlak dönemi MÖ sekizinci ile dördüncü yüzyıllar arasındaydı.

Apollon Tapınağı ve Kâhin

Bina ve anıtlarla dolu büyükçe bir dikdörtgen olan Apollon *Temenos*'una, Apollon Tapınağı ile kavisler çizerek buraya çıkan Kutsal Yol hâkimdir (**ŞEKİL 15.1**).

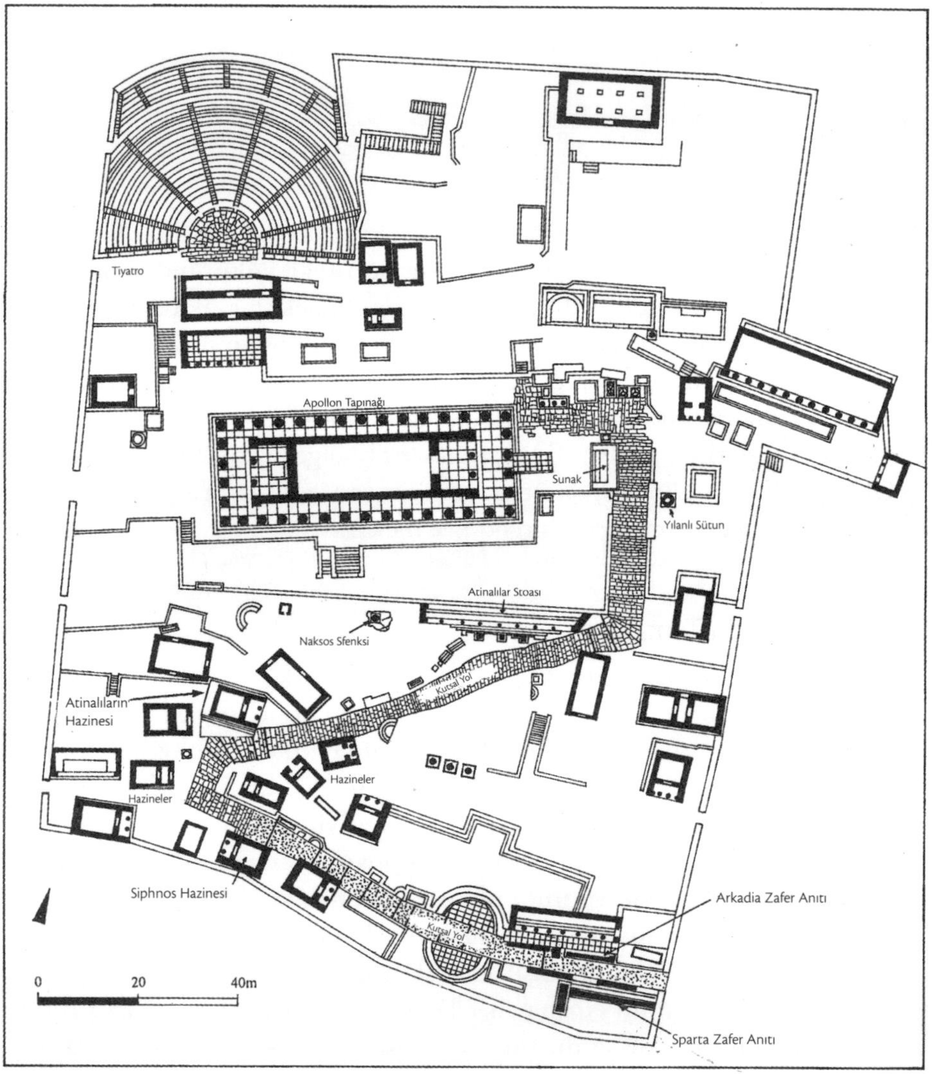

ŞEKİL 15.1 Apollon *Temenos*'u planı, Delphoi.

Yunanlılar gelecek hakkında tavsiyeler almak için kâhinlere danışmaya meraklıydı ve bu tapınak da Yunan dünyasının en ünlü kehanet tanrısını barındırırdı. Kehanetlere aracılık eden, Apollon'un sesi işlevini gören orta yaşlı kadına ise Pythia denirdi.

Tapınağın kesin olarak bilinen üç versiyonu keşfedilmiştir. İlk, bir ihtimal MÖ yedinci yüzyıl ortalarından kalan tapınak MÖ 548'de kaza sonucu yanmıştı. Yerine yapılan ve Atinalı reformcu Kleisthenes'in de üyesi olduğu Alkmaionlar ailesi tarafından maliyeti karşılanan Dor tarzındaki büyük tapınak MÖ 504'te tamamlanmıştı. Bu ikinci tapınak MÖ 373'te bir depremde yıkıldıktan sonra aynı plana sahip üçüncü bir versiyon inşa edilmişti; bu üçüncünün tekrar oluşturulan planına göre boyutları 58,18 x 21,64 metre idi. Tapınağın kolonadı alışılagelmiş biçimdeki *pronaos* ve *opisthodomos*'un önünde olup, kısa yanları altışar sütundan oluşuyordu, ama uzun yanlarında on üç sütun olması gerekirken on beşer sütun vardı. Külte özgü ihtiyaçlar nedeniyle bina, normal *cella*nın arkasına, ama daha alçak bir seviyede, anakayadaki bir yarık üzerine bir *adyton*, yani kutsal odanın eklenmesiyle uzatılmıştı. *Adyton*'un, üç kış ayında, kuzeydeki Hyperborealıların ülkesine tatile giden Apollon'un yerine Delphoi'yi yöneten tanrı Dionysios'un mezarını; bir ihtimal antik Yunanlılar için dünyanın merkezini işaretleyen taştan *omphalos*'u, yani göbeği, altından bir Apollon heykelini ve bir defne ağacını barındırdığı söylenirdi. Kayadaki yarığın kendisi de toprağın kuvvetli ve gizemli güçlerine açılan bir kapıydı. Ve burada, bu kutsal nesnelerin ve anlamların arasında, ilahi ilhamı almak için Pythia bir üçlü saçayak üzerinde otururdu. Bugün görülecek fazla bir şey kalmamıştır, zira paganizmin bu önemli merkezi Hıristiyanlarca iyiden iyiye tahrip edilmiştir.

Temenos'un ilk yıllarında, yerini yılda yalnızca bir kere, şubat sonlarında Apollon'un doğum gününde kâhin alırdı. Zaman içinde, Apollon'un Delphoi'de ikamet ettiği dokuz ay boyunca ayda bir resmi istişare hakkı tanındı. Bu dokuz ayın diğer günlerinde, "evet" veya "hayır" anlamına gelen siyah veya beyaz fasulyelerle kura çekilmesiyle ya da üzerlerine cevaplar yazılmasıyla çabuk yanıtlar sağlanabiliyordu. Bu tür istişareler hem daha ucuz hem de daha kolaydı.

Dokuz ana seans büyük törenlere sahne oluyordu. İki veya üç Pythia nöbetleşe çalışarak tüm soruları cevaplamaya çalışır, daha sonra Kastalia Pınarı'nda suyla ve defne yapraklarının dumanıyla kendilerini arındırır ve arpa aşı yerlerdi. Daha sonra, günün hayırlı geçmesi için bir keçi kurban edilirdi. Keçinin, gerektiğinde üzerine soğuk su serpilmesiyle titremesi sağlanmalıydı, zira Apollon'un kehanetlerini dile getirirken Pythia da titrerdi. Eğer bu başarılı geçtiyse, Pythia tapınağa girer, özel sudan içer, defne yaprakları çiğner ve sacayak üzerindeki yerini alırdı. Ortamın ilham verme gücünün yanı sıra *adyton*'un altındaki kaya yarığından yükselen gazların Pythia'yı bir transa sokuyor olması mümkündür. Artık tanrının bedenine girmesi ve soruları cevaplamasına hazırdı.

Danışanlar, kendilerini kutsal suyla arındırır ve sıralarını belirlemek için kura çekerlerdi. Belli şehir-devletler adına danışacak olanlar da dahil, bazı kişilerin sıranın başına geçebilme ayrıcalıkları vardı. Herkesin, sunakta sunmak üzere pahalı bir kutsal kekten satın alması gerekiyordu ve burada devletler bireylerden çok daha yüksek bedeller öderdi. Bunun ardından bir koyun veya keçinin kurban edilmesi beklenirdi ve etin büyük kısmı kasaba halkına dağıtılırdı. Bundan sonra ne olduğu tartışma konusudur. Geleneksel görüşe göre, danışan sorusunu bir rahibe aktarır, o da bunu Pythia'ya iletirdi. Pythia cevabını ağlayarak veya bağırarak verirdi, rahip de söylenenleri danışanın anlayabilmesi için bir nazım ölçüsüne göre seslendirirdi. Muhtemelen gerçek bu kadar romantik değildi: Pythia danışanlara doğrudan cevap veriyor ve ilahi kaynaklı cevabını anlaşılması kolay nesir şeklinde açıklıyordu.

Pythia belli sorulara cevap verirdi; genel anlamda geleceği öngörmezdi. Cevaplarından bazıları antik yazarlarca kaydedilmiştir, ama dikkatli olmak gerekir çünkü hepsi güvenilir değildir: Özellikle yaklaşık MÖ 750–450 arası cevapları, olaylar gerçekleştikten sonra, Yunanlıların kendilerinin kâhin hakkında yarattıkları üne uyacak şekilde uydurduğu tahminler gibi görünüyor. Danışanlar arasında hükümetler de olduğundan, efsanevi olmalarına rağmen ünlü ilk cevaplar kâhinin siyasal rolü hakkında aydınlatıcıdır. Cevapları siyasal açıdan dikkatli davrandığını ve tartışma yaratmaktan kaçındığını gösterir. Örneğin, ilk kolonici gruplara yola çıkmadan önce tavsiye ve kutsamalar bahşedilir, böylece yeni kentlerin kuruluşunda kilit bir rol oynaması garantiye alınırdı. Herodotos'un bizlere ilettiği zekice cevapların en ünlüleri, Delphoi'nin en cömert hamilerinden olan Lydia kralı Kroisos'a verilmiştir. Büyük Kyros, önderliği Perslerin ilerleyişiyle tehdit edildiğinde saldırmasının uygun olup olmadığını sormuştu. Kâhine göre, saldırırsa büyük bir imparatorluğu yıkacaktı. Bu cevaptaki muğlaklığı görmeyen Kroisos güven içinde sefere çıktı, ancak yıkılan imparatorluk kendininki olacaktı.

Kâhinlere atfedilen son kehanet (bir ihtimal sonradan uydurma) biraz hazindir. MS dördüncü yüzyılda yaşamış ve Hıristiyanlaşan bir dünyada pagan kültleri tekrar canlandırmaya çalışan Roma imparatoru Kâfir Iulianus'a iletilen bir mesajda kendi sonunu anlatır: "Krala söyle, güzeller güzeli tapınak yerle bir oldu. Phoibos'un [Apollon] artık ne bir kulübesi, ne bir kehanet defnesi, ne de konuşan bir pınarı var. Konuşan su bile sustu" (Fontenrose 1978:353).

Siphnos Hazinesi

Ana parçalar, Apollon Tapınağı ve kâhin olmasına rağmen, *temenos*'un zenginlikleri bunlarla sınırlı değildi. Kutsal Yol boyunca yukarı çıkan hacılar, yüzyıllar

ŞEKİL 15.2 Siphnos Hazinesi rekonstrüksiyonu, Delphoi.

içinde yoğun şekilde birikmiş olan sayısız anıt ve küçük binanın yanından geçerdi. Tek bir kent tarafından yurttaşlarının değerli sunularını korumak için yaptırılan tek oda ve sundurmadan ibaret basit bir plana sahip olan hazineler bunların arasından sıyrılırdı. Yoğun şekilde heykellerle bezeli bazıları süslü kutuları andırıyordu. En ünlüleri ise yaklaşık MÖ 530–525 arasında, altın ve gümüş madenlerinden zengin, Kyklad Takımadaları'ndan biri olan küçük Siphnos Adası sakinleri tarafından yaptırılan Siphnos Hazinesi'dir.

Bugün yalnızca temeller yerinde durur, ama günümüze gelen materyallerden hazinenin orijinal görüntüsü oluşturulabilmektedir (**ŞEKİL 15.2**). Naksos ve Siphnos mermerlerinden, İon tarzında yapılan ve heykelleri için Paros mermeri kullanılan hazinenin dört cephesi de heykelli frizlerle, iki alınlıkta heykellerle ve ince şekilde oyulmuş çatı silmeleriyle bezenmişti. Sundurmayı taşıyan tipik *in antis* konumdaki iki sütuna yontularak kadın biçimi verilmişti: *Karyatidler*, Yunan mimarisinin ender görülen çarpıcı uygulamalarından biriydi. İlk olarak Delphoi'de kullanılan karyatidlerin en ünlüleri, MÖ beşinci yüzyılda Atina Akropolis'inde, Erekhtheion'un Güney Sundurması'ndakiler olacaktır.

Girişin üzerindeki batı alınlığı dolduran heykeller iyi korunmuş durumdadır. Tipik şekilde mitolojik konusu Delphoi ile bağlantılı olduğundan antik

ŞEKİL 15.3 Tanrıları devlere karşı tasvir eden kuzey frizinden ayrıntı, Siphnos Hazinesi, Delphoi. Arkeoloji Müzesi, Delphoi.

hacıların özellikle ilgisini çekmiş olmalı. Pythia'nın kendisi için kehanette bulunmayı reddetmesi yüzünden öfkelenen Herakles, kutsal sacayağı çalar. Bir ucunu da Apollon yakalamıştır ve ikisi birbirinin elinden almak için çekişmeye başlar. Aralarında hakemlik yapan Zeus, sahnedeki en uzun ve baskın figür olarak alınlık üçgeninin ortasında durur.

En iyi durumdaki frizler doğu (arka) ve kuzey (Kutsal Yol boyunca) cephelerindekilerdir. Heykeller iki sanatçıya atfedilir: Doğu ve kuzey cephelerden bir ihtimal Paroslu Endoios veya Aristion, batı (ön) ve güneyden ise adı bilinmeyen bir sanatçı sorumluydu. Yine mitolojik temalar tercih edilmiştir. Doğu ve batıda Troya Savaşı'ndan bölümler yer alır: Paris'in yargılanması (batı) ve Thetis'in kendi tarafındaki Akhalı savaşçılarca takdir edilmeyen oğlu Akhilleus'u desteklemesi için Zeus'a yakarışı (doğu). Bunların sağında (yine doğu cephede), Menelaos ve Hektor gibi savaşçıların içinde bulunduğu bir savaş cereyan eder.

Kuzeydeki frizde, tanrıların devlerle savaşı tasvir edilir (**ŞEKİL 15.3**). Antik Yunanlıların en çok başvurduğu alegorilerden biri olan bu sahnede tanrılar düzen ve medeniyet güçlerini, devler ise kaos ve barbarlığı temsil eder. Savaşanlar, bu sahneyi Kutsal Yol'dan gören hacılar tarafından kolayca teşhis edilebilecekleri bir şekilde dizmiştir: Tanrılar sağa doğru ilerlerken, devler sola doğru gelir. Ayrıca yaftalara başvurulmuştur. İlahlar arasında aslan tarafından çekilen savaş arabası üzerinde bir Anadolu tanrıçası olan Kybele de vardır. Aslan, yüzü miğfer tarafından gizlenmesine rağmen acı ve şok ifadesini tahmin edebildiğimiz bir deve dişlerini geçirmiş, vahşice onu parçalamaktadır. Birbiri üzerine binen kalkanlar ve figürler bir derinlik yanılsaması sağlar, ama daha uzaktaki figürler bizim resim alışkanlıklarımızda olduğu gibi öndekilerden daha küçük olmadıkları için bu yanılsama bizi pek etkilemez. Sahne kesin olarak iki boyutluluğunu korur. Boya izleri bize bu frizin bir zamanlar rengârenk boyalı olduğunu hatırlatır.

ŞEKİL 15.4 Atinalılar Stoası ve Apollon Tapınağı rekonstrüksiyonu, Delphoi.

Anma Anıtları

Bir *temenos*'ta yapıların yanı sıra, çok çeşitli alanlardaki başarılar karşısında şükran sunmak üzere armağan edilen nesneler de bulunurdu. Bağışçılar arasında bireyler kadar hükümetler de vardı. Tüm Yunan dünyasında saygı gören bir törensel merkez olan itibarlı Delphoi'de, şehir-devletlerce yaptırılan anıtlardan bazıları en büyük zaferlerinin anısınaydı.

Şehir-devletler nadiren uyum içindeydi. Bunun önemli bir istisnası MÖ beşinci yüzyıl başlarındaki istilacı Persleri geri püskürtme mücadelesiydi. O Yunan zaferlerinin anısına Delphoi'de bir dizi önemli ganimet sergilenmiş veya anıtlar yaptırılmıştı. MÖ 490'daki Marathon Savaşı'nda Perslerden ele geçirilen ganimetler Atinalılar Hazinesi'nde (MÖ altıncı yüzyıl sonlarına ait bir yapı), muhtemelen güney cephesi boyunca uzanan üçgen biçimli alanda halka sergilenmişti. Kutsal Yol'un daha ileri kesimlerindeki Atinalılar Stoası'nda (genellikle MÖ 478 olarak tarihlendirilir) Atinalıların ele geçirdiği başka bir ganimet sergileniyordu: Pers kralı Kserkses'in Çanakkale Boğazı'nı geçmek için kurduğu yüzen köprüyü meydana getiren teknelerin pruvaları ile bunları birbirine bağlayan kablolar. Marathon ganimetleri gibi, bunlar da uzun zaman önce kaybolmuştur, ama stoanın en üst basamağında iri harflerle yazılmış bir yazıt bize gerekli bilgileri sağlar (**ŞEKİL 15.4**).

Pers Savaşları'ndaki başka bir zaferi kutlayan bir diğer anıt da Apollon Tapınağı'nın sunağının doğusundaydı: MÖ 479'da Plataia'daki zaferin şerefine dikilen Yılanlı Sütun. Tunçtan üç yılan, birbirine dolanmış olarak yükseliyor ve başları dışarı doğru uzanarak, altın bir üç ayağın kaidesini meydana getiriyorlardı. Alttaki sarmalların üzerinde Perslere karşı zaferde payı olan şehir-

ŞEKİL 15.5 Delphoi Arabacısı'nı tasvir eden tunç heykel. Arkeoloji Müzesi, Delphoi.

devletlerinin adları yazılıydı. Bugün Delphoi'de yalnızca bu sütunun dairesel, basamaklı taştan kaidesi görülebilir. Sütunun büyük kısmı mucizevi bir şekilde günümüze gelmiştir, ancak Delphoi'de değil, İstanbul'da. Constantinus'un MS dördüncü yüzyıl başlarında Roma İmparatorluğu'nun farklı yerlerinden yeni başkentini süslemek ve ona itibar kazandırmak için Konstantinopolis'e getirdiği pek çok anıtın arasında Yılanlı Sütun da vardı. Hipodrom adı verilen, at arabası yarışlarının yapıldığı devasa stadyumun ortasındaki spinada, gayet göz önünde bir yerde sergilenen hasarlı tunç sütun bugün hâlâ görülür. Yılan başları kırılmıştır, ama on dokuzuncu yüzyılda biri bulunmuştur, günümüzde İstanbul Arkeoloji Müzesi'nde sergilenmektedir.

Perslere karşı zaferleri kutlayan anıtlar sıra dışıydı. Bir Yunan şehir-devletlerinin diğeri karşısındaki zaferlerin anısına olanlar ise daha yaygındı, ki bu kutsal bölgenin her tür halkla ilişkiler konusunda herkese açık bir forum işlevi gördüğünün kanıtıdır. Örneğin, *temenos*'un aşağıdaki girişine yakın bir yerde Spartalılar MÖ 404'te Atinalılara karşı Aigospotamoi'de denizde kazandıkları kesin zaferi kutlamak için büyük bir anıt dikmişlerdi: Amiral, gemi kaptanları ve tanrılardan oluşan, iki sıra halinde, muhtemelen toplam otuz dokuz adet tunç heykel. Bunun karşısında ise, Spartalılara meydan okurcasına Arkadialılar, MÖ 369'da Spartalılara karşı kazandıkları zafer anısına bir anıt dikti: Apollon, Nike (zafer) ve Arkadialı yedi kahramanı gösteren dokuz tunç heykel. Arkadialıların tuttuğu dört heykeltıraştan birinin daha önce Spartalıların anıtında çalışmış olması da ilginç bir noktadır.

Burada son olarak değineceğimiz farklı bir tür anma ise, atletizm yarışmalarını kazananların onurlandırılmasıdır. Apollon Kutlamaları'na Pythia Oyunları adı verilen atletizm ve Apollon lir üstadı kabul edildiğinden, müzik yarışmaları da dahildi. Olympia, İsthmia ve Nemea'daki diğer üç büyük oyun organizasyonundan farklı olarak, Pythia Oyunları dört yılda bir yerine iki yılda bir düzenlenirdi. Yarışmalar *temenos*'un hemen dışında, tepenin yukarısındaki stadyumda yapılırdı.

Oyunlarda galip gelenler geleneksel olarak tanrılara şükranlarını sunularla ifade ederdi. Delphoi'de bu tür adakların en ünlüsü, doğal boyutlu tunç Delphoi Arabacısı heykelidir (**ŞEKİL 15.5**). Apollon Tapınağı'nın kuzeybatısında, *temenos* sınırları içine dikilen dört at tarafından çekilen bir araba ile buna eşlik eden bir seyisten oluşan daha büyük bir heykel grubundan geriye kalan yalnızca bu figürdür. Bu heykel grubunu, Sicilya'daki Yunan kentlerinden Gela'nın tiranı Polyzalos, MÖ 478 veya 474'teki araba yarışlarındaki zaferinin anısına adamıştır. Asıl yarışçı Polyzalos değildi. Tıpkı modern at yarışlarında ödülü jokey yerine atın sahibinin alması gibi, buradaki araba yarışlarında da, diğer yarışmalardan farklı olarak, asıl sürücü değil kazanan takımın sponsoru galip sayılıyordu. Genç arabacı, mesleğinin giysisi olan kolları yarışma sırasında uçuşmasın diye bağlanmış yüksek kemerli bir tunik giyiyordu.

Bu heykel, demir çağında küçük tunç figürinler yapmak üzere geliştirilmiş yitik mum döküm tekniği ile yapılmıştır. Doğal boyutlu tunç heykellerin dökümü MÖ altıncı yüzyıl sonlarında başladı. Bunun Yunan heykelciliği üzerindeki özgürleştirici etkisi çok büyüktü. Mısırlı modellere dayalı, doğal boyutlu heykeller gergin ve simetrik oluyordu. Bu yitik mum tekniği sanatçının tunç bir heykelde, daha önce taşta hiç denenmemiş çeşitte hareketler ifade etmesine imkân veriyordu. Zaman içinde tunçdaki çok büyük oranda genişleyen hareketler seçkisine taş heykellerde de ulaşılacaktı.

Arabacı gibi doğal boyutlu heykeller, tipik olarak önce ayrı olarak dökülüp daha sona birleştirilen birkaç parçadan oluşuyordu. Bu süreçte, arzu edilen imge kil çekirdeğin üzerine ince bir balmumu tabakasıyla yaratılıyordu. Daha sona balmumunun üzerine kilden bir kalıp geçiriliyor ve kalıptan başlayıp balmumundan geçerek çekirdeğe kadar ulaşan demir veya tunç çivilerle (çaplet) sabitleniyordu. Kalıp, balmumu tasvir ve kil çekirdekten oluşan bütün, daha sonra yüksek derecede ısıtılıyordu. Balmumu eriyip dışarı akınca ince bir boşluk kalıyor, kil öğeler ise pişerek sertleşiyordu. Son olarak da, daha önce balmumunun doldurduğu boşluğa erimiş tunç dökülüyordu. Soğuduğunda kil öğeler ayrılır, geriye dökme tunç parça kalır, bu da diğer parçalarla birleştirilerek son rötuşları yapılırdı.

Tunç heykellerde alışılagelmiş ve antik Yakındoğu ile Mısır'dan aşina olduğumuz gibi, Arabacı'nın gözleri de yüzün canlı görünmesi için beyaz macun üzerine iris ve göz bebekleri parlak siyah taştan yapılırdı. Parlayan gözlerinin etkisi ne olursa olsun, erken klasik dönem sanatçılarına cazip gelen bir kişilik tipine uyacak şekilde yüz ifadesi hoş ama hissizdi.

Olympia: Zeus *Temenos*'u

Olympia'daki Zeus *Temenos*'u (Altis diye de bilinir) ortam, binaları ve hatta kişiliği açısından Delphoi'dekinden çok farklıdır. Ancak, tıpkı Delphoi gibi Olympia da anaakım Yunan iktidar mücadelelerinin dışında kalır. Burası da

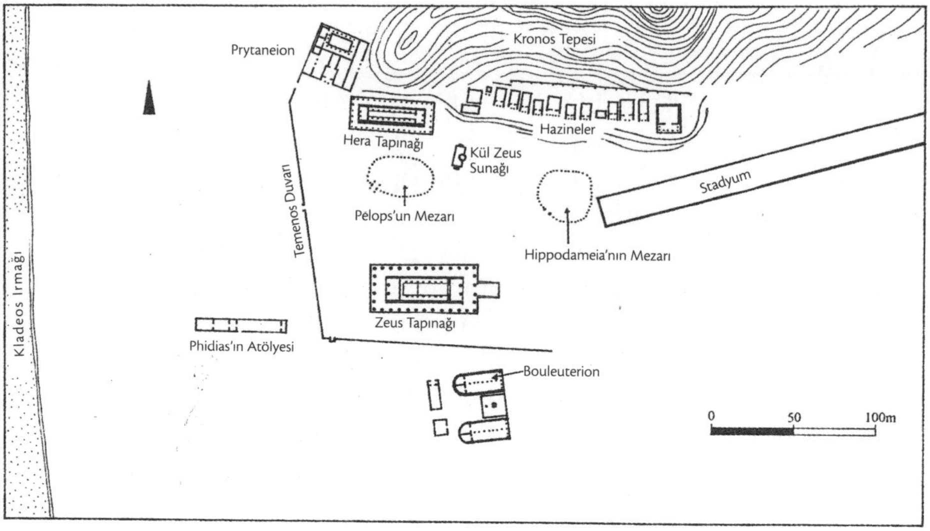

ŞEKİL 15.6 Zeus *Temenos*'u planı, yaklaşık MÖ 400, Olympia.

dört yılda bir düzenlenen atletizm yarışmalarının Yunan dünyasının her köşesine uzanan cazibesiyle tüm Yunanlılar için kutsal bir mekân haline gelmişti.

Olympia, Peloponnesos'un kuzeybatısında, denizden 12 km mesafede, doğusunda Arkadya Dağları bulunan, düz, bereketli, ormanlık bir ovada yer alır. Bu çekici nokta, kuzeyde konik Kronos Tepesi ile *temenos*'un güneybatısında birleşen Kladeos ve Alpheios adlı iki ırmak gibi belirgin coğrafi özelliklerle çevrilidir.

Bol miktarda adanan sacayaklar üzerindeki pahalı, geniş tunç kazanlardan anlaşıldığı kadarıyla Olympia MÖ sekizinci yüzyılda önem kazanmaya başladı. Gerçekten de, antik Yunanlılar Olimpiyat Oyunları'nın MÖ 776'da başladığına inanıyordu ve bu yıl kayıtlı tarihlerinin başlangıç noktası olarak seçilmişti. Daha sonraki yüzyıllarda, Olympia Hera ve Zeus'a adanan iki ünlü tapınak da dahil, çeşitli binalarla donatılmıştı (**ŞEKİL 15.6**). Romalıların ilgisi sayesinde Olympia'nın zenginliği antikçağların sonuna dek, MS 393'te Hıristiyan imparator Büyük Theodosius pagan kültlere karşı genel bastırma kampanyasının parçası olarak oyunları sona erdirene kadar devam etti. Ama bölge zaten MS dördüncü yüzyılda büyük depremlerce yıkıma uğratılmıştı; daha sonra ortaçağda Alpheios ve Kladeos'un taşması sonucunda harabeler birkaç metrelik bir silt tabakası altında kalacaktı. 1766'da İngiliz eski eser meraklısı Richard Chandler tarafından tekrar keşfedilen Olympia, modern zamanlarda büyük ölçüde Alman Arkeoloji Enstitüsü'nün 1875'ten bu yana sürdürdüğü kazılarla ortaya çıkarılmıştır.

Tipik şekilde, kutsal bölge alçak bir duvarla belirlenmişti. Ritüeller iki yerde odaklanıyordu: Olympia'nın efsanevi kralı Pelops'un mezarı ve adeta kültün uzak geçmişe uzanan kadim kökenlerine vurgu yapmak istercesine taş yerine yakılan sunuların küllerinden yapılan ana sunak. Bunun iki yanında tapınaklar dururdu: Kronos Tepesi'nin dibinde, kuzeyde erken arkaik döneme ait Hera Tapınağı ile güneyde, yapay bir platform üzerinde klasik Yunan'ın başlıca binalarından biri olan daha büyük Zeus Tapınağı (**ŞEKİL 15.9**). İki büyük tapınak ve büyük sunağa ek olarak *temenos*'ta ayrıca Kronos Dağı'nın eteklerinde düzgün şekilde sıralanmış bir dizi hazine de vardı. Çoğu Sicilya ve Güney İtalya'daki Yunan şehir-devletlerince yaptırılmıştı. Hiçbiri günümüze iyi durumda gelmemiştir ve hiçbiri Delphoi'deki Siphnos Hazinesi'nin düzeyinde karmaşık süslemelere sahip değildi.

Yunan Heykelciliğinde Erken Klasik Tarz

Zeus Tapınağı'nın heykelleri bizi erken klasik dönemin farklı bir tarzıyla tanıştırır. Sanatta arkaikten erken klasiğe geçişi anlamak için ilk önce kısaca Aigina Adası'ndaki Aphaia Tapınağı'nın heykelli alınlıklarına göz atalım. Saron Körfezi'nde, Atina'ya yakın olan Aigina Adası arkaik dönemde bir ticaret merkezi olarak zenginleşti; belirgin şekilde kaplumbağa imgesi basılı sikkeleri ünlüdür. Yerel bir tanrıça olan Aphaia'ya adanan tapınak yaklaşık MÖ 490'da adanın ücra kuzeydoğu kesiminde inşa edilmişti. Batı alınlıktaki heykeller yerinde durmasına rağmen, doğu alınlıktaki orijinaller bir şekilde hasar görmüş, on-on beş yıl sonra yerlerine yeni bir grup yerleştirilmişti. İki anlınlıkta da Yunanlılar ile Troyalılar olduğu anlaşılan, ortasında Athena'nın durduğu savaş sahneleri vardı. Yontulma tarihleri birbirlerinden uzak olmamakla beraber, bu örnekte hava ve dekorasyonda belirgin bir değişimi yansıtır. Batı alınlık kesin şekilde arkaik tarzdayken, doğu alınlık artık yeni erken klasik tarzdaydı.

Aradaki farklılıklar en iyi her iki alınlığın köşesinde duran yaralı savaşçı figürlerini karşılaştırarak anlaşılabilir. Batıdaki savaşçı (**ŞEKİL 15.7**), göğsünden saplanmış bir mızrak veya oku (şu an kayıp olan bu mızrak tunç veya ahşaptan yapılmış olabilir) çekip bacakları ve gövdesini gergin, zahmetli bir pozda tutarken o tipik arkaik şekilde gülümsemeyi ihmal etmez. Ölüm uzak gibi görünmektedir. Doğudaki savaşçının (**ŞEKİL 15.8**) ciddi tasviri ise, en azından bugün bizler için çok daha inandırıcıdır. Ağırlığını dik tuttuğu kalkanına verme şekline pek gerçekçi denemezse de, olgun sakallı yüzünün aşağı dönük duruşu yarasının cidiyetini, acısının boyutlarını yansıtır. Bu yeni ruh hali, poz ve kostüm (giyinik figürler için) ifadesi Olympia'daki Zeus Tapınağı'ndaki heykellerden yola çıkarak geliştirilecekti.

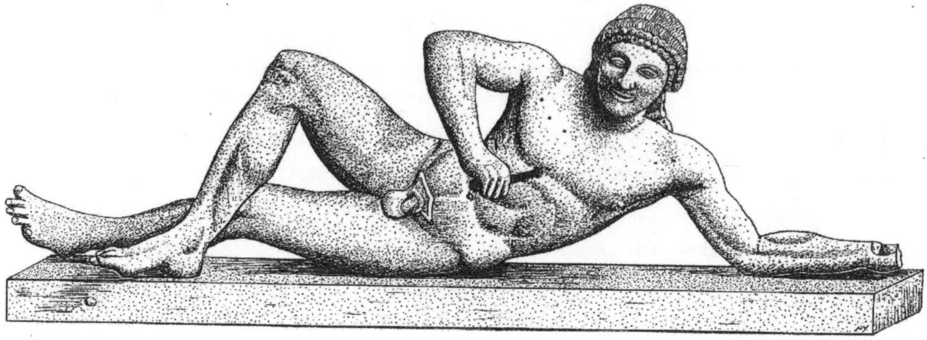

ŞEKİL 15.7 Aphaia Tapınağı'nda yaralı savaşçı tasvirli batı alınlık, Aigina. Glyptothek, Münih.

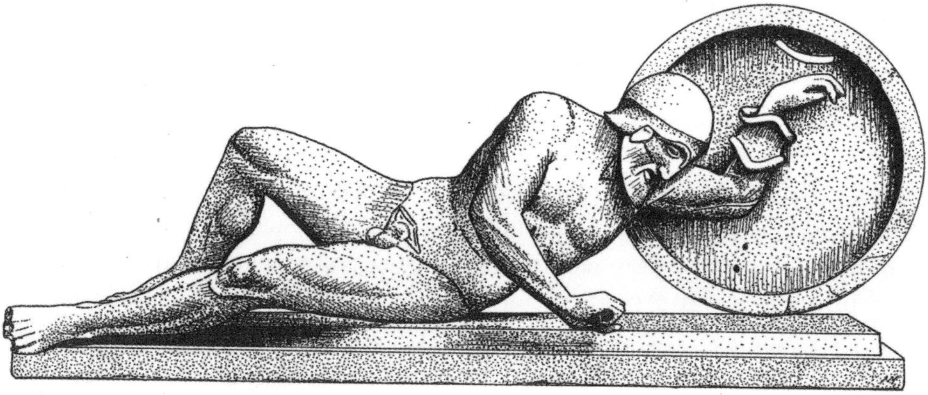

ŞEKİL 15.8 Aphaia Tapınağı'nda yaralı savaşçı tasvirli doğu alınlık, Aigina. Glyptothek, Münih.

ŞEKİL 15.9 Zeus Tapınağı ve Kül Sunak rekonstrüksiyonu, Olympia.

Zeus Tapınağı: Mimari ve Heykeller

Zeus Tapınağı yaklaşık MÖ 471–457 arasında, erken klasik dönemde, yakınlardaki Elis kasabasından mimar Libon tarafından tasarlanarak yapılacaktı (**ŞEKİL 15.9**). 64 x 28 metre boyutlarındaki tapınak, zamanında Yunanistan anakarasının en büyüğüydü. Katıksız Dor tasarımı standart kat planına, kolonada (uçlarda altışar, uzun yanlarda on üçer sütun), Dor trigliflere ve metoplu frizlere sahipti. İnşaat malzemeleri arasında yalancı mermer ile kaplı yerel bir çakıllı kireçtaşı çakıl kayası ve heykeller ile çeşitli mimari ayrıntılar için kullanılan Paros mermeri vardı.

Mimarisi etkileyici olmasına rağmen, bina kötü şekilde hasarlıdır. Bu tapınağın modern zamanlardaki ünü, iyi korunmuş durumdaki heykelli dekorasyonuna dayanır: Alınlık heykelleri ve kolonadın hemen içinde bulunan, *pronaos* ve *opisthodomos* girişlerinin üzerinde altışarlı duran on iki heykelli metope vardır. Öte yandan, tapınağa antikçağlardaki ününü kazandıran, Zeus'un dev boyutlu altın ve fildişinden yapılmış kült heykeli artık mevcut değildir.

Anlattıkları öykülerin duygusal ve düşünsel olarak çok etkileyici olması açısından iki alınlıktaki heykeller grubu, antik Yunan sanatının en büyüleyici eserleri arasında sayılır. Her bir cephe Yunanlılara Persler karşısındaki zaferleriyle ilgili önemli bir mesaj iletir: Adaletin zaferine inanç (batı alınlık), ama gelecekte pusuda yatan bilinmeyen tehlikeler karşısında endişe (doğu alınlık).

Tapınağın girişinin üzerindeki doğu alınlıkta, Olympia'nın mitik tarihinden bir öykü tasvir edilmişti. Sahne sakin gibi görünmekle beraber, ardında figürlere trajik bir görkem katan karanlık bir öykü yatar. Öyle ki, bu öyküyü bilmek bu alınlığı takdir etme açısından önemlidir. Olympia kralı Oinomaos, kızı Hippodameia'nın son talibiyle yarışmak üzeredir. Sihirli atları ve silahlarıyla yine yarışı kazanacağından ve talibi öldüreceğinden emindir. Meydan okuyan Pelops ise, kralın arabacısına tekerleklerin metal pimlerinin yerine mumdan pimler koyması için rüşvet verdiğinden kazanacağına inanmaktadır. Arabacının kendisinin de Hippodameia'ya âşık olması olayı daha da karmaşıklaştırır. Alınlıkta iki yarışçıyı yarış başlamadan önce görürüz. Adaklar sundukları ve karşısında hile yapmayacaklarına yemin ettikleri Zeus'un iki yanında durmaktadırlar. Oinomaos'un karısı Sterope ile kızı Hippodomeia kral ve Pelops'a eşlik eder; onların da arkasında arabalar ile hizmetkârlar yarışı bekler. Alınlığın köşelerinde yaklaşmakta olan trajediyi önceden ima eden figürler vardır. Sağda oturan, sarkık göğüslü ve kel bir yaşlı adam, sağ eli yüzünün yanında sıkılmış olarak endişeyle bakmaktadır. En köşelerde, Olympia'nın iki ırmağı Alpheos ve Kladeos'u temsil eden iki figür sakin bir şekilde olayı izler.

Bazen bir kâhin olarak tanımlanan yaşlı adam korkmakta haklıdır. Araba yarışı sırasında mumdan pimler erir, araba çöker ve Oinomaos ölür. İhanet eden arabacı Hippodameia'ya niyetlendiği zaman, Pelops onu denize fırlatır.

ŞEKİL 15.10 Apollon batı alınlıkta Lapithler ve Kentaurlara ait ayrıntı, Zeus Tapınağı, Olympia. Arkeoloji Müzesi, Olympia.

Adam ölmeden önce Pelops'a ve soyundan gelenlere bir lanet okur. Bu, Atreus hanedanı boyunca hissedilen ve çok büyük bir Yunan trajedisi döngüsünü harekete geçiren bir lanettir.

Bunun aksine batı alınlık konusunun en hareketli yerini tasvir eder (**ŞEKİL 15.10**). Tesalya'da (Kuzey Yunanistan) geçen bir başka mitolojik sahnede, yarı at, yarı insan olan kentauroslar Tesalya'nın ilk insan sakinleri olan Lapithlerin kralı Perithoos'un düğününe davet edilmişlerdir. Kentauroslar içkiyi fazla kaçırır ve Lapith kadınlarına saldırırlar. Öfkeye kapılan Lapith erkekleri, Perithoos ve arkadaşı Theseus önderliğinde karşılık verir. Alınlık kavganın en kızıştığı anı, kentauroslar, Lapithler ve Lapith kadınları birbirlerini ısırıp, çekiştirip mücadele ederken gösterir. Kentaurosların şekilden şekile giren suratları kavganın heyecan ve çabasını açıkça yansıtırken, Lapithlerin yüzleri pek doğal olmayan bir halde sakindir. Ama Lapithler ile kentauroslar daha büyük bir meseleyi temsil ediyorlardı. Tıpkı Siphnos Hazinesi'ndeki tanrılar ve devler gibi, düzen güçlerinin kaos ve barbarlığa karşı mücadelesini simgeleyen Lapithler ile kentauroslar da en çok başvurulan alegorik figürlerdendi.

Olay hızla çözüme kavuşacak gibi durmaktadır. Alınlığın ortasında duran Apollon, sağ kolunu uzatarak kavganın durmasını emreder. Apollon'un temsil ettiği akıl, hukuk ve medeniyet sonuçta muzaffer olacaktı. Batı alınlığın güven verici mesajı buydu.

Tapınağın dış cephesindeki diğer mimari heykeller kümesi olan metoplarda ise, gözler kahraman Herakles üzerine çevrilir. On iki metop, Herakles'i Argos kralı Eurystheus'un talep ettiği on iki işi yerine getirirken gösterir. Metopun biçimi ve konuyla kısıtlanan heykeltıraş, kompozisyon ve duygusal ifadeleri ustaca çeşitlendirmiştir. Burada tekrarlama yoktur. Herakles önce genç, daha sonra ise olgun ve sakallıdır. Bazı sahnelerde Herakles eylem halindeyken, bazılarında işi tamamlamış dinlenir. Bazı yerlerde Athena cesaretlendirmek veya rahatlatmak için görünürken bazı lehvalarda yoktur.

Kült heykelinde Zeus, tahtında oturur olarak tasvir edilmişti; tümü ahşap bir iskelet üzerine altın ve fildişinden (*chryselephantine*) yapılmış olan heykel o kadar büyüktü ki tanrının başı çatının tepesine geliyordu. Antik hacıların yarı karanlık *cella*'da, bu tepeden bakan varlık karşısında hayranlığa gark olduğunu hayal edebiliriz. Heykel, tapınak tamamlandıktan çok sonra, 430'larda Atinalı heykeltıraş Pheidias tarafından yapılmıştı; hatta Pheidas'ın Olympia'daki atölyesi keşfedilmiştir. Bu tarihe gelindiğinde, Pheidas Atina Akropolis'indeki büyük tapınaktaki fildişinden Athena Parthenos kült heykelini artık bitirmişti (bkz. Bölüm 16). Ama tanrıçanın heykeli için verilen altınların bir kısmını zimmetine geçirdiği iddialarıyla namı lekelenmiş ve Atina'yı şaibeli bir şekilde terk etmişti. Helenistik dönemde dünyanın yedi harikasından biri olarak nitelenen Zeus heykeli de Constantinus tarafından çekicilik katmak için getirildiği yeni başkent Konstantinopolis'te ömrünü dolduracaktı. MS 476'da içinde bulunduğu Lauseion binası yandığında heykel de yok olacaktı.

Olimpiyat Oyunları ve Yunanlılarda Atletizm

Temenos'un sınırlarının hemen dışında, atletik egzersiz ve yarışmalarda kullanılan yapılar durur. Modern ziyaretçiler genellikle bu yapıların mütevazılıkları karşısında şaşırır. Modern Olimpiyat Oyunları'nın (1896'da başlatılan) görkemli tesisleri insanlarda antikçağlarda da benzer şeylerle karşılaşma beklentisi yaratır.

Bugün gördüğümüz staydum yaklaşık MÖ 350'de inşa edilmiştir ve *temenos*'un dışında kalır. Daha önceki pist veya yarışların düzenlendiği sade alan, kutsal bölgenin kısmen içindeydi. Bu değişim, bazılarının dediği gibi dini bağlantıların azalan önemini veya sırf daha büyük bir yer ihtiyacını yansıtıyor olabilir. Stadyumun 192,27 metre ya da 600 Olimpik adım uzunluğu, efsaneye göre ilk olarak Herakles tarafından belirlenmişti. Kumla kaplı dikdörtgen biçimli kil pistin başında, her iki ucunda ayak parmakları için oyuklar bulunan taştan başlama çizgisi vardır. Tüm yarışlar düz olarak ileri geri koşulur, ama mesafe ne olursa olsun batıda, kutsal bölgeye en yakın noktada sonlanırdı. Pisti çevreleyen taştan bir su kanalına, bu gölgeliksiz alanda yaz sonu sıcaklarında su kaybedenlerin su içebilmesi için aralıklarla çanaklar yerleştirilmişti. Pistin çevresine inşa edilmiş eğimli toprak setler, burada oturan veya ayakta duran yaklaşık 40.000 seyirciye görüş kolaylığı sağlıyordu. Daha sonraki stadlarda, doğal tepe yamaçlarıyla veya düz toprak üzerine inşa edilmiş tonozlu odalar (bu Roma mimarisine has bir uygulamaydı) üzerinde duran taş oturma yerleri olacaktı.

Çoğu yarışma stadyumda yapılırdı, ama araba yarışları hipodrom adı verilen ayrı bir alanda yapılırdı. Pausanias hipdromun *temenos*'un bayağı dışında, stadyumun güneyinde olduğunu söyler. Ne yazık ki, Alpheios Irmağı'nın taşkınları tüm izleri silmiştir.

Atletik eğitimler *gymnasium* ve *palaestra*'da gerçekleşirdi ve normalde Yunan kentlerinde bunların her ikisi de bulunurdu. Bu yapılar aynı zamanda toplumsallaşma ve erkek çocuklar için okul işlevi de görürdü. "Gymnasium" sözcüğünün "çıplak" anlamına gelen *gymnos*'tan gelmesi, bize Yunanlıların çıplak egzersiz yapma âdetlerini hatırlatırken, *palaestra* Yunanca güreşmek anlamındaki sözcükten gelmektedir. *Gymnasium* ve *palaestra*'nın ortasında bir açık hava alanın çevresinde kolonadlı revaklar ve bazen de ek odalar bulunurdu. *Gymnasium* genellikle koşu için özel tesislerle donatılmış kamusal bir kompleksti, ama bunun dışında *gymnasium* ile *palaestra* arasındaki ayrım genellikle muğlaktı. Olympia'da, *temenos*'un hemen dışında her ikisinden de bir tane bulunur. Her ikisi de Helenistik dönemdendir. MÖ ikinci yüzyıldan kalma olan *gymnasium*'un doğu tarafında üstü kapalı, her hava koşulunda kullanılabilecek ve stadyumla aynı uzunlukta bir koşu pisti vardı. Çok daha küçük olan *palaestra* ise MÖ üçüncü yüzyıla ait olup, Dor tarzı bir kolonadla çevrili bir avlu ile bunun üç yanındaki odalardan meydana gelir. Güney kolonadın iç sırası (İon) ve giriş sundurması (Korent) için İon ve Korent tarzı sütunlardan da yararlanılmıştır.

Gymnasium'lar ve *palaestra*'larda basit yıkanma tesisleri de olabiliyordu. Atletler egzersizden önce bedenlerini zeytinyağı ile kaplar ve sonrasında *strigil* adı verilen özel bir tunç aletle yağı ve kiri kazırlardı. Sadece soğuk suyla yıkanan Yunanlılar, klasik dönemde istemeye istemeye sıcak su kullanmaya başladı, ama göreceğimiz gibi, Romalılar utanıp sıkılmadan sıcak suyun keyfini çıkarır ve halk hamamlarını en önemli kamusal kurumları arasında sayarlardı.

Atletizm yarışmaları kutsal festivaller olarak başlamıştı ve her zaman dini merkezlerde düzenlenirlerdi. Oyunlarıyla ünlü olan dört *temenos* itibarlı *periodos*'u, yani turneyi meydana getirirdi: Olympia, Delphoi, İsthmia ve Nemeia. Başka *temenos*'larda, daha yerel cazibesi olan oyunlar düzenlenebiliyordu. Olympia ve Nemeia'da Zeus'un gözetiminde oyunlar düzenlenir ve atletler ona dua ederdi. Delphoi'ye Apollon, İsthmia'ya Posedion hükmederdi. Zafer ödülleri, Olympia'da kutsal bir zeytin ağacının dallarından yapılmış bir taç örneğinde olduğu gibi basit olsa da, itibar çok büyüktü. Yarışmacının kenti ise ek armağanlar ve para sunardı. Atinalılar dört oyundan birini kazananı yaşam boyu bedava yemekle ödüllendirirdi. Altis'in kendisinin de şükranlarını sunan galiplerin adaklarıyla dolu olması şaşırtıcı değildir. En eğlendiricilerinden biri, şimdi Olympia Müzesi'nde sergilenen 143,5 kg ağırlığındaki bir taştır. Taşta şöyle yazılıdır: "Pholos oğlu Bibon beni tek eliyle başının üzerinden fırlattı." Taş fırlatma Olympia'daki resmi yarışmalardan biri değildi, yine de Bibon'un başarısı heyecan yaratmış olmalı.

Olimpiyat oyunları dört yılda bir, yaz sonunda, orta günü yaz gündönümünden sonraki ikinci veya üçüncü dolunaya denk gelecek şekilde düzenlenirdi. Olympia'nın bağlı olduğu yakınlardaki Elis kentinden haberciler, Yunan dünyası boyunca yol alarak festivalin tarihlerini duyurup, katılımcıları davet eder ve özel Olimpiyat ateşkesini ilan ederlerdi. Daha sonra üç aya tamamlanacak olan bir aylık dönem boyunca yarışmacı göndereren şehir-devletler silahlarını bırakmayı ve tartışmalarını askıya almayı kabul ederdi. Olimpiyat Oyunları'nın uzun tarihi boyunca siyasal tartışmaların yarışmayı tehlikeye sokacak kadar kızışmasına nadiren rastlanırdı. Bunun aksine, Nemeia Oyunları'nda yakın devletlerin rekabetine daha sık rastlanırdı.

Olimpiyat Oyunları başlamadan önce yarışmacıların bir ay boyunca Elis'te antreman yapmaları gerekiyordu. Festivalden hemen önce, görevliler, atletler ve kafileleri Olympia'ya yürürler, 58 km'lik yolculuk iki gün sürerdi. Bu sırada da seyirciler ile onlara yemek, kalacak yer, adaklık armağanlar ve hatıra eşyalar sağlayanlar her köşeden Olympia'ya akın ederdi.

Oyunların uzun tarihi boyunca etkinlik programı değişikliklere uğradı. Ancak ilk gün, her zaman dualara kurbanlara ve yarışmacılar, erkek akrabaları ve antrenörlerine Bouleuterion, yani Halk Meclisi binasındaki Zeus Horkeios (Yeminlerin Zeus'u) heykeli önünde dürüst yarışma yemini etmelerine ayrılmıştı. Yarışmalar üç ile beş gün arasında sürer, bunu kapanış törenleri ile zafer taçlarının kazananlara verilişi izlerdi. Etkinlikler arasında çeşitli mesafelerde koşu yarışları; yarışmacıların zırh giydikleri bir koşu yarışı; boks; güreş; güreş ve boksun her şeyin serbest olduğu bir bileşimi olan pankration; disk fırlatma, uzun atlama, cirit, koşu ve güreş olmak üzere beş daldan oluşan pentatlon ve iki ve dört atlı takımların katıldığı araba yarışları bulunurdu. Sporların çoğu bize aşina olmasına rağmen, kullanılan ekipmanlar ve yapılış tarzları tuhaf görünebilir. Örneğin, uzun atlayıcılar kendilerini iki ellerinde tuttukları ağırlıkların yardımıyla öne fırlatırken, boksörler ellerini yalnızca deri şeritleriyle korurdu; Helenistik dönemde hafifçe korumalı eldivenler ortaya çıkacaktı. Bugün bize garip gelen bir başka nokta da yarışmacıların çıplaklığıdır. MÖ sekizinci yüzyıl sonlarında yerleşen bu uygulama, sevimli ama pek tatmin edici olmayan antik bir açıklamaya göre, bir koşucunun şortu düşmesine rağmen yarışı kazanarak halkı çok etkilemesiyle başlamıştı.

Yarışmacılar Yunan şehir-devletlerinin erkek yurttaşlarıydı. Kadınlar, yabancılar ve köleler yarışlara katılamazdı. Bir kadın ancak bir araba takımının sponsoru olarak uzaktan kazanabilirdi. Kyniska adlı Spartalı bir kadın bunu başarmış ve Olympia'da başarısına iki anıt diktirmişti. Anıtlardan daha büyük olanının üzerindeki yazıtta şöyle deniyordu:

> Sparta'nın kralları benim babalarım ve kardeşlerimdi,
> Ama arabam ve fırtına gibi atlarımla ben, Kyniska,
> Kazandığım için ödülü, heykelimi buraya yerleştiriyorum
> Ve gururla ilan ediyorum ki
> Tüm Yunanlı kadınlar arasında tacı ilk takan bendim.
> (Swaddling 1984: 42)

Yalnızca belli kadınların yarışları seyretmesine izin veriliyordu: Varlığı gerekli olan hasat tanrıçası Demeter Chamyne'nin başrahibesi ve rahibeleri ile zaman içinde bakire olmayan bekâr kadınlar ve Dio Chrysostom'a göre "namusundan emin olunmayan kadınlar." Evli kadınların izleyici olması katı şekilde yasaktı. Bu tuhaf kurallar, oyunlar ile bereket ritüelleri arasındaki eski bir bağlantıya işaret ediyor olabilir. Dört yılda bir Olympia'da tanrıça Hera'nın onuruna Heraia adı verilen kadınların katıldığı oyunlar düzenlenirdi. Tek etkinlik üç farklı yaş grubundan kızların katıldığı koşu yarışıydı.

Daha geç klasik dönemde (MÖ dördüncü yüzyıl) oyunların dini anlamı azalmaya başlamıştı. Olympia'da, bu eğilim kendisini kutsal bölge içinde siyasal bir anıtın yapılmasıyla gösterir: MÖ 330'larda yapılan, şık şekilde donatılmış yuvarlak bir bina olan Philippeion, Yunanistan fatihi Makedonyalı II. Philippos'un ve ailesinin altın ve fildişinden heykellerini barındırıyordu. Atletlerin profesyonelliği de artıyordu, öyle ki Roma döneminde atletler geçimlerini halkı eğlendirmeye yönelik çok sayıda festivalden oluşan bir turneyi sürdürerek kazanıyorlardı. Ama Hıristiyanlara göre bu tür yarışmalar pagan tanrılarıyla bağlantıları yüzünden lekelenmişti ve yasaklanmaları gerekiyordu. MS 393'te, I. Theodosius'un emriyle Olimpiyat Oyunları da dahil tüm pagan festivalleri yasaklandı.

BÖLÜM 16

MÖ Beşinci Yüzyılda Atina

- Erken klasik dönem: yaklaşık MÖ 480-450
- Yüksek klasik dönem: yaklaşık MÖ 450-400

Edebiyat, mimari ve görsel sanatlarda olağanüstü başarılar, ayrıca siyasal güç ve zenginlik ile MÖ beşinci yüzyıl Atina'nın altın çağıydı. Yunan dünyasının önderliği konusundaki tek rakibi, askeri açıdan her zaman güçlü olan Sparta idi. Bu üstünlük kısa sürecekti. Atina MÖ dördüncü yüzyıl ve hatta sonrasında düşünsel bir merkez olma özelliğini koruyacaktı, ancak MÖ 404'te Sparta karşısındaki yenilgisi ve uzun Peloponnessos Savaşı'nın sonunda imparatorluğunun çözülmesiyle, gücü ve tabi devletlerden elde ettiği kâr son buldu. Bu bölümde MÖ beşinci yüzyıl Atina'sının önemli maddi kalıntıları olan Akropolis'teki inşaat programı ve klasik Agora'yı inceleyeceğiz ve özellikle Akropolis anıtlarının bu şanlı yüzyılda kentin itibarını nasıl artırdığına bakacağız.

Tarihsel Giriş

Persler Salamis ve Plataia'daki yenilgilerinden sonra geri çekilince, Atinalılar MÖ 480'de yağmalanan kentlerini tekrar inşa etmek üzere geri döndü. Persler yenilmiş olmasına rağmen, kimse tekrar toparlanıp fethe kalkışıp kalkışmayacaklarını bilemiyordu. Bu belirsizlik ortamında, Atinalılar güçlü bir tahkimat sistemine ihtiyaç olduğuna karar verdi. Bu dönemdeki en önemli devlet adamı 480'lerde gemi yapımına vediği öngörülü destekle (Güneydoğu Attika'daki Laurion'dan çıkarılan gümüşle karşılanmıştı) Atina'yı Salamis Savaşı'nda yok olmaktan kurtaran Themistokles'ti. Onun önderliğinde, Atina ve Peiraeus limanı çevresine kısa sürede yeni duvarlar çıkıldı. Yıkılan binaların parçaları, hatta yontmalı cenaze stelleri de dahil, bulunan tüm taşlar duvarların alt kısımlarında kullanıldı; üst kısımlar kerpiçten yapılmıştı. Bunu izleyen on yıllar içerisinde kent ile liman Uzun Duvarlar adı verilen birbirine paralel duvarlardan oluşan bir koridorla bağlanmıştı ve üçüncü bir duvar da doğuya doğru Phaleron'daki tali limanı koruyacak şekilde uzatılmıştı (**ŞEKİL 16.1**).

Perslerin geri gelme ihtimaline karşı önlemler daha büyük ölçekte de alınıyordu. MÖ 478'de kurulan Delos Birliği, üye devletlerin gemi veya para

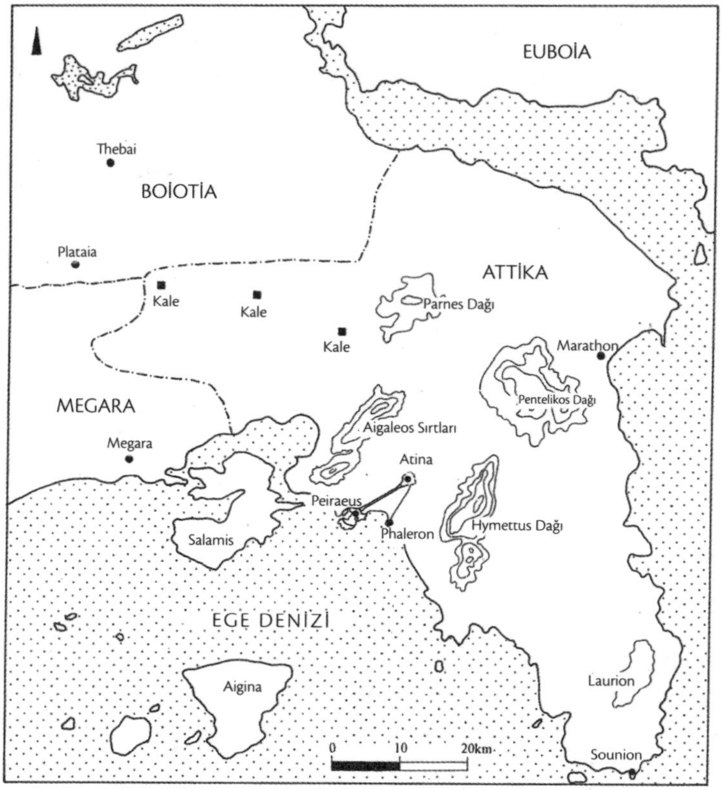

ŞEKİL 16.1 Attika.

katkısında bulunduğu büyük bir donanmaya sahip Atina'nın önderliğindeki bir devletler koalisyonuydu. Üye devletler genellikle Ege ve Marmara Denizi'nin kıyı ve ada kentleriydi. Merkezi konuma sahip kutsal Delos Adası, Birlik'in hazinesine ev sahipliği yapmak üzere seçilmişti. Arada sırada Perslerle savaşlar gerçekten yapıldı, özellikle de Türkiye'nin güney kıyıları ve Mısır'da, ama Persler hiçbir zaman anakara Yunanistan veya Ege adalarına ciddi bir tehdit oluşturmadı. Hatta yüzyılın ortalarında Perslerle resmi bir barış yapıldı. Yine de Atina üye devletler üzerindeki denetimini sıkılaştırarak zamanla Birlik'i bir Atina imparatorluğuna dönüştürdü. Pers tehlikesi azalmış olabilirdi, ama Sparta ve müttefikleri yeni bir tehdit oluşturuyordu. Üye devletlerin artık gemi sağlamak gibi bir seçenekleri yoktu. Yalnızca para kabul ediliyordu, ki bu bir katkı değil haraçtı. MÖ 454'te Birlik'in hazinesi Delos'tan Atina'ya taşındığında tüm eşitlik kisvesi bir kenara bırakıldı.

Geleneğe göre, Plataia Savaşı'ndan önce, Yunan şehir-devletleri Perslerin MÖ 480'de yok ettiği tapınakları hiçbir zaman tekrar inşa etmemek üzere bir yemin etmişlerdi: "Barbarların yaktığı ve yıktığı tapınaklardan hiçbirini tekrar yapmayacağım, onların gelecektekilere barbarların kâfirliğini gösteren anıtlar olarak kalmasına izin vereceğim" (Wycherley 1978: 106, Lykurgos, *Leokrates'e Karşı*, s.80–81). Bu harabeler arasında en öne çıkan, Atina'nın kült merkezi olan Atina Akropolis'indeki kutsal yapılardı. Plataia Yemini'ndeki düşünce anlamsız geliyordu: Pers tehlikesi azalmıştı ve daha da önemlisi Atina önemli bir güç haline gelmişti. Yaklaşık MÖ 461–429 arası, başı çeken devlet adamı Perikles'in önderliğinde Atinalılar kentlerinin büyüklüğünü Akropolis'teki Athena *temenos*'unda büyük ölçekli bir tekrar inşa hareketine girişerek ifade etti.

Atina'nın emelleri karşılıksız kalmadı. Korinthos gibi ekonomik merkezler de dahil, Orta ve Güney Yunanistan'daki rakipler Sparta'yı bu konuda önderlik etmeye ikna ettiler. MÖ 431'de savaş çıktı: Peloponnesos Savaşı. Atina ve Sparta ile müttefikleri arasındaki bu savaş MÖ 404'e kadar devam etti; Sparta'nın zaferi, Atina'yı işgali ve Atina surlarının yıkılmasıyla sonuçlandı. Ama savaş Sparta'yı da tüketmişti; başarılarından yararlanamadı. MÖ 394'te artık Sparta egemenliğinden kurtulan Atina, duvarlarını Konon'un önderliğinde tekrar inşa etti ve eski önemini bir nebze de olsa geri kazandı.

Atina Akropolisi

Buraya kadar gördüğümüz gibi, yerleşimler genellikle savunma göz önünde bulundurularak kurulurdu. Kıyı kasabaları denizle çevrili yarımadalardan faydalanabiliyordu. İster kıyıda, ister içeride olsun, kolayca tahkim edilen bir tepe veya dağın üstü tercih edilirdi; gerçekten de, Yunan dünyasında "akropolis" veya "yukarı kent" kavramı böyle bir yeri belirtmek için kullanılırdı. Dolayısıyla, Atina'daki Akropolis Yunan dünyasındaki doğal olarak savunulabilir mekânlar arasında çok özellikli değildi ama en ünlüsüydü.

Atina Akropolisi, aşağıdaki kentten 90 metre kadar yükselen, tepesi geniş, doğal bir yükseltiydi. Uzakta, kentin yer aldığı ova, coğrafyanın kutsal öğeleri olan dağlarla (çift boynuzlu zirvesiyle Hymettus Dağı [güneydoğu], Pentelikos Dağı [kuzeybatı], Parnes Dağı [kuzeybatı] ve Aigaleos sırtları [batı]) ve Ege Denizi (güney) ile çevriliydi. Tepenin bilinen en eski kullanımı tunç çağındadır. Tahkimatların parçası olan Kiklops duvarlar da dahil olmak üzere, Mykenai dönemi kalesinin bazı kalıntıları hâlâ görülebilir. Burasının başlıca işlevinin kaleden Athena'ya ibadetin baskın olduğu bir dini alana dönüşmesi, arkaik dönemde gerçekleşti. Batı Avrupalı yolcuların çizimleri, Akropolis'in evlerle dolu olduğunu gösterir. 1833'te Atina'nın modern Yunanistan'ın başkenti ilan edilmesiyle kentin klasik dönemdeki görünüşünü keşfetmeye karşı büyük bir ilgi oluştu: Yeni kurulan ülke, kendini antik dönemin şanıyla bağdaştırmak istiyordu. Kısa sürede Akropolis, ortaçağ ve Osmanlı dönemindeki eklentilerinden arındırıldı. Bugün Akropolis'e egemen olan dört bina; Parthenon, Propylaia,

Athena Nike Tapınağı ve Erekhtheion'un tümü de MÖ beşinci yüzyılın ikinci yarısında Perikles önderliğindeki yapım programının ürünleridir (**ŞEKİL 16.2** ve **16.3**). On dokuzuncu yüzyılın sonunda ve yirminci yüzyılın başlarında gerçekleştirilen büyük kapsamlı kazılarda Yunanlı ve Alman arkeologlar kazı

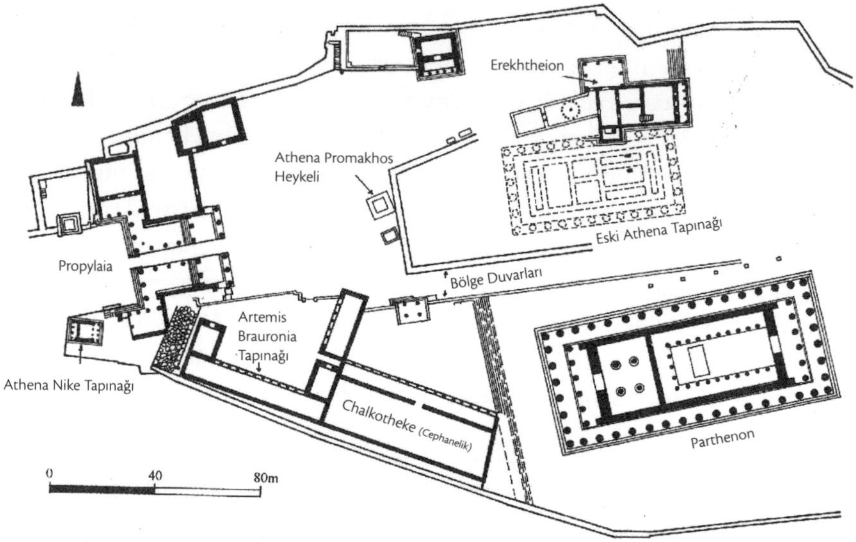

ŞEKİL 16.2 Atina Akropolis planı, MÖ beşinci yüzyıl.

ŞEKİL 16.3 Atina Akropolisi rekonstrüksiyonu, MÖ beşinci yüzyıl.

alanının arkeolojik tarihçesini netleştirmek adına anakayaya kadar indi. Antik binaların rekonstrüksiyon ve korunma çalışmaları günümüzde devam ediyor, zaten modern sanayileşmiş Atina'nın tahrip edici hava kirliliği ve asit yağmuru bunları daha da acil kılıyor.

Parthenon: Mimari

Parthenon veya Athena Parthenos (Athena'nın savaşçı bakire sureti) Tapınağı, Perikles dönemindeki Akropolis'i donatma çalışmalarının en eski ve en önemli yapısıdır (**ŞEKİL 16.4**). Dor tarzı bir yapı olmasına rağmen, artık Ege'nin öteki yakasına, İon mimarisinin anayurdu Doğu Yunanistan'a kadar uzanan bir imparatorluğa yakışır bir kaynaşım içinde, Parthenon bazı İon öğelere de sahiptir. Mimarları İktinos ve Kallikrates'ti, ama gelişmiş heykelli dekorasyonu tüm Akropolis inşaat programını yöneten Phidias'ın eseriydi. MÖ 447–438 arasında inşa edilen Parthenon buradaki üçüncü tapınaktı. MÖ altıncı yüzyıl ortalarına ait daha küçük bir tapınağın ve Persler MÖ 480'de Akropolis'i yağmaladığında inşaat halinde olan daha geniş ikinci bir binanın yerine yapılmıştı. Pagan dininin ortadan kalkışından uzun zaman sonra Parthenon'nun ayakta kalması tapınağın ilk önce bir Hıristiyan kilisesine, daha sonra da Müslüman camisine dönüştürülmesi sayesinde olmuştu. Ancak, 1687'de Atina'ya saldıran Venediklilerin top mermilerinden biri Osmanlıların burada depoladıkları barutlara geldiğinde oluşan patlamada binanın ortası havaya uçmuştu. Geri kalan heykelli süslemelerin çoğu on dokuzuncu yüzyıl başlarında Lord Elgin tarafından Britanya'ya götürülmüştü; hükümetçe satın alınan bu heykeller, British Museum koleksiyonuna dahil edildi. Parthenon'un kendisi de modern dönemlerde, en son olarak da 1980'lerden günümüze, çeşitli restorasyonlar geçirmiştir.

Parthenon'u inşa edenler, Perslerin yok ettiği geç arkaik dönem tapınağı için yapılmış hazırlık çalışmalarından yararlandı. Özellikle de temel platformun büyük kısmını tekrar kullandılar. Yeni tapınak öncülünden biraz daha büyük olduğu için, ayarlamalar yapılması gerekmişti. Tapınak Akropolis anakayasının güneye doğru inen eğimli cephesi üzerinde yer alır, bu nedenle özellikle güneyde tapınağa düz bir zemin sağlamak için temellerin çokkatlı yapılması gerekmiştir.

Parthenon'un kat planı, tipik planlardan birkaç önemli açıdan farklıdır (bkz. **ŞEKİL 16.2**). Alışıldık Dor düzeni sütun sayısının çok daha büyük bir İon tapınağı havası verecek şekilde genişletilmesiyle kolonad kısa yanlarda sekizer ve uzun yanlarda on yedişer sütundan oluşmuştur. Yunanlıların tapınakların dışarıdan içeriye doğru inşa edilmesi yönündeki standart prosedürleri doğrultusunda tapınağın oluşturulan ilk kısmı kolonad olurdu. Doğudan yaklaşılırken kesik bir sundurmadan (*prosytle hexastyle*, yani son ikisi duvarların bitiş noktalarının önüne gelen altı sütun) Phidias'ın yaptığı altın ve fildişinden

ŞEKİL 16.4 Parthenon'un batıdan görünümü.

kült heykelini barındıran *cella*'ya geçilirdi. Üst kattaki galeriyi taşıyan iki katlı bir Dor tarzı kolonad heykeli arkasından ve yanlarından U biçiminde kuşatıyordu. Manolis Korres'in yakın tarihli çalışmaları *cella*'nın doğu duvarında kapının iki yanında pencereler olduğunu ortaya çıkarmıştır; böylece *cella* ve kült heykeli önceleri sanıldığından daha iyi aydınlatılmış oluyordu. *Cella*'nın batısında ikinci bir oda vardı. Batıdaki kesik bir sundurmadan girilen bu oda Parthenon, yani bakirenin odası olarak adlandırılıyordu, ama anlaşıldığı kadarıyla bir kült heykeline ev sahipliği yapmayıp hazine işlevi görüyordu. İki veya dört İon sütunu çatıyı taşıyordu. İon sütunlarının orantıları Dorlara göre daha uzun ve ince olabildiğinden çatı kirişlerine ulaşmak için ikinci bir kata gerek yoktu.

Tapınağın cephesi Dor düzeninde beklenene uygundur. Hiçbir masraftan kaçınılmamış olduğundan, tapınağın dört cephesi heykelli metoplarla ve iki alınlığı heykellerle donatılmıştı. Ancak, alışılmışın dışında, kolonadın içine yükseğe, *cella*'nın, Parthenon'un ve iki kesik sundurmanın dış duvarlarının en tepesine, İon tarzında görülen, heykelli frizler yerleştirilmiştir.

Ayrıca katı dikey ve yatay çizgilerden ve orantısal düzenlemelerden ayrılan uygulamalar, yani "rötuşlar" da alışılmışın dışındadır. Örneğin, stilobat düz olmayıp, adeta dört kişi bir çarşafı köşelerinden tutarak havaya kaldırmış, sonra da yavaşça aşağı doğru indirmiş gibi merkezinden dört köşeye doğru hafifçe eğiktir. Uzun yanların merkezleri köşelerden yaklaşık 10 cm daha yüksektir. Diğer "rötuşlar" arasında köşe sütunların normal sütun çapından kırkta bir oranında daha geniş olması; köşelerin içeri çekilmesi, bu vakada kısa yanlardaki köşe sütunların yaklaşık 0,60 metre kadar köşeden içeride olması; sütunları hafifçe içe doğru meyilli olması; sütunların yukarı çıktıkça incelmesi; *cella*nın uzun duvarlarının içeri doğru meyilli olması ve saçaklıklar ile alınlıkların hafifçe dışarı meyilli olması sayılabilir. Bu değişikliklerin tümü de ölçülebilir ve bazı durumlarda da çıplak gözle doğrulanabilir. Çoğu daha eski veya yeni tapınaklarda, özellikle de İon'dan ziyade Dor tarzı olanlarda görülmüştür, ama başka hiçbir yerde buradaki gibi bir araya getirilmemişlerdir. Gerekli blokların tam olarak istenen biçimde yontulması fazladan çok zaman gerektirmiş olmalı. Bunlara ne gerek vardı?

Bu normdan ayrılan uygulamaların amacı çok tartışılmıştır. Parthenon üzerine İktinos ve Karpion'un yazdığı bir kitaba danışan Romalı mimar Vitruvius, mimarların beklenen bazı optik yanılsamaları gidermek için bunları yaptıklarını ileri sürmüştür. Uzun bir yatay çizgi, ortası sarkıyormuş gibi görüneceğinden, ortasının yükseltilmesi halinde mükemmel şekilde yatay görünürdü. Modern yorumcular başka öneriler ortaya atmıştır. Belki de stilobatın kıvrımı aslında stilobatı gerçekte olduğundan daha büyük gösteren daha belirgin, bilinçli bir abartmaydı. Klasik Atina'daki düşünsel eğilimlerle iyi bir bağıntı kuran üçüncü bir yorum ise beklentiler ile görünüşler arasında oluşan gerilim üzerinde durur: Bakanlar düz çizgiler görmeyi bekler, ama eğriler ve eğimler görürler (veya hissederler). Dolayısıyla yapının hatları kendilerini asla tam olarak açıklamamış olur. Bina, bakanların üzerinde düşünmeyi bırakamayacağı bir gizem olarak kalır. Doğru cevabı veya cevapları bulmak imkânsız olabilir, ama ne olursa olsun, rötuşların bolca kullanımı bu büyük tapınağın tasarımının ne kadar gelişmiş olduğunun bir göstergesidir.

Parthenon: Heykelli Dekorasyonlar ve Kült Heykeli

Parthenon'un heykelli dekorasyonu sadece güzelliğiyle ünlü değildi; önemli mesajlar içeriyordu. Antik Yunan tapınaklarında tipik olduğu üzere, figüratif bezemeler dış cephedeydi. İçerisi yalnızca kült heykeline ayrılmıştı ve ek tasvirlerden yoksundu. Heykeller kenti, koruyucu tanrıçası Athena'yı, dini uygulamaları, düzen ve medeniyet güçlerinin zafer uğruna savaşmaları gereği gibi temaları işliyordu. Atina'nın yöneticilerinin veya önemli yurttaşlarının resimleri yoktu. Klasik Yunan sanatının tipik bir özelliği olan bu sonuncusu, mesela, hükümdar ile tanrının geleneksel olarak iyi bir ortaklık içinde gösterildiği antik Yakındoğu ve Mısır sanatıyla sert bir tezat oluşturur.

Bu masraflı ve karmaşık heykel programının tamamlanması biraz zaman almıştı. Heykelli dekorasyon programının ilk yontulan öğeleri olan yaklaşık MÖ 447–442 arasında işlenen *metopları*; *frizler, kült heykeli* (her ikisi de yapının kendisiyle birlikte MÖ 438'de bitirilmişti) ve son olarak da *alınlıklar* (MÖ 432'de) izlemişti. Parthenon'un yapımıyla ilgi bunları ve başka ayrıntıları inşaat kayıtlarından, kamunun incelemesi için para kaynaklarının ve tam olarak nereye harcandığının kaydedilmiş olduğu taş üzerindeki yazıtlardan biliyoruz.

Metoplar

Doksan iki metopun tümü de heykelliydi. Çoğu 1687'deki patlamada yok olmuş veya hasar görmüştü, ama konu ve tarz hakkında iyi bir fikir verecek kadarı günümüze gelmiştir. Metoplarda Lapithler ile Kentauroslar, Tanrılar ile Devler, Yunanlılar ile Amazonlar ve muhtemelen Yunanlılar ile Troyalılar gibi tümü de Düzen ile Kaos, Medeniyet ile Barbarlık mücadelesinin alegorisi olan savaşlar tasvir edilmişti, ki MÖ beşinci yüzyıldaki Yunanlılar için bu Persler ile çarpışmaları demekti. Tarzlardaki farklılıklar metopların tasarım ve uygulamasının birkaç sanatçı tarafından yapıldığını gösterir, ama tümünde, ilk olarak geç arkaik heykelciliğinde ve vazo ressamlığında geliştirilen şekilde insan bedeni görsel açıdan gerçekçi olarak resmedilmiştir (**ŞEKİL 16.5**).

Friz

Diğer heykellerden daha iyi korunmuş olan frizde, Panathenaia Festivali sırasında kentten Akropolis'e Athena Polias'ın, yani kentin koruyucu tanrıçası olarak Athena'nın kutsal kült heykeline yeni örülmüş, parlak renkli bir *peplos* giydirmek amacıyla çıkılan tören geçidi tasvir edilmiştir. Atina'nın en önemli dini festivali olan Panathenaia her yıl ağustos ortasında (bizim takvimimize göre) Athena'nın doğum gününü kutlamak için düzenlenirdi. Dört yılda bir, Büyük Panathenaia adı verilen daha görkemli bir versiyon kutlanırdı. Dört yılda bir düzenlenen bu tören geçidinin merkezinde, tekerlekli bir araba üzerinde taşınan bir gemide yelken olarak sergilenen anıtsal bir peplos bulunurdu. Akropolis'in dibinde peplos gemiden indirilir ve bir dahaki Büyük Panathenaia'da yenisiyle değiştirilene kadar tapınakta heykelin arkasına asılmak üzere yukarı taşınırdı. En azından Pausanias'ın zamanında, gemi bir dahaki festivale dek turistlerin görmesi için yakınlarda bir yere park edilirdi.

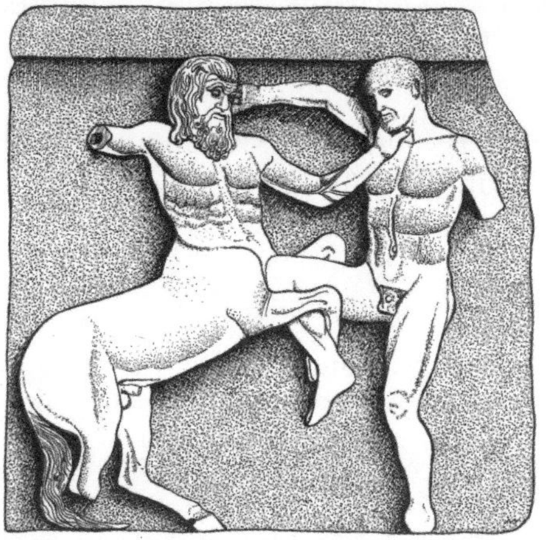

ŞEKİL 16.5 Parthenon'dan güney metop no. xxxi.

ŞEKİL 16.6 Parthenon'un batı frizinden Levha II, no: 2–3.

Frizin toplam uzunluğu 160 metre, yüksekliği yaklaşık 1 metredir. Geçit töreninden yalnızca bazı kısımları gösterir; örneğin gemi yoktur. Tam olarak kimin neyi ne zaman yaptığı çok tartışma konusu olsa da, sahneler yeterince açıktır. Atlar ve tümü genç erkeklerden oluşan binicileri batı uçta toplanır, daha sonra gittikçe hızlanarak kuzey ve güneydeki iki uzun kenar boyunca ilerlerler (**ŞEKİL 16.6**). Uzun kenarların doğu ucunda, geçitteki diğer katılımcılar, *hydriae* yani su testileri taşıyan erkekler; görevliler; kadınlar ve kurban edilecek koyun ve inekler belirir. Doğu uçta, oturan tanrıların huzurunda peplos katlanmış bir kumaş olarak sergilenir (Gerçi belki de peplos örülürken her zaman işlenen devlerle savaşan tanrılar, orijinalinde burada çizilmiş olabilir).

Dar kolonadın gölgesinde yukarıda bulunan frizi görmek muhtemelen zordu. Yine de heykeltıraşlar özende kusur etmemişti. Bakanlara yardımcı olmak için bazı düzenlemeler yapılmıştı. Frizin tepesi altına göre daha kalındı ve figürler parlak renklerle boyanmıştı. Ayrıca, sanatçılar Athena'yı memnun etmek için çalışıyorlardı. Beden ve giysilerin ayrıntıları özenle yontulmuştur. Kompoziyon karmaşık ve çeşitlidir; geçitteki katılımcılar çok çeşitli pozlarda, özellikle de atlar ve sürücüler üst üste binmiştir. Perslerin Persepolis'indeki haraç sunanların mükerrer, heybetli geçitlerinden ne kadar da farklı!

Alınlık

Panthenaia'dan bu canlı sahnelerle friz, ibadet edenlere kentin gerçek dini yaşamıyla bir bağlantı sunuyordu. Alınlıklarda ise heykeltıraşlar en çok tercih edilen konu olan mitolojiye dönmüşlerdi. Yakın Yunan tarihini alegorik olarak ele alan metoplardan farklı olarak alınlıklarda, Atina'nın uzak mitik geçmişinden sahneler vardı. Yöresel efsanelerin tasviri bakımından, o hazin araba yarışının başlamak üzere olduğu sahnesiyle Olympia'daki Zeus Tapınağı'nın doğu alınlığını andırırlar. Alınlıktaki tüm figürlerin ön yüzleri kadar görünmeyen arkalarının da tamamlanmış olması, sanatçıların bu tapınak için yaptıkları işlere karşı saygılı tavırlarının bir diğer göstergesidir.

Lord Elgin, Parthenon'un heykellerini topladığında alınlık figürlerinin yalnızca küçük bir miktarı iyi korunmuş durumdaydı. Bu parçalar çok az olduğundan alınlıkların orijinal görüntüsünü bilemiyoruz. Pausania bütün karakterler veya üçgen alanlardaki konumları yerine yalnızca işlenen konuları kaydetmiştir. Üstüne üstlük, 1687'deki patlama heykellere ciddi zarar vermiştir. Daha eski olan 1674'te Fransız ressam Jacques Carrey'in yapmış olduğu çizimler yardımcı olur, ama bunlar da arzulandıldığı kadar ayrıntılı değildir; her halükârda, Carrey'in zamanına gelindiğinde başta doğu yanın ortası olmak üzere bazı kısımlar zaten kaybolmuştu.

Tapınağın ana girişinin üzerinde önemli konumda bulunan batı alınlıkta Athena'nın kendine özgü doğumu tasvir edilmişti: Babası Zeus'un Hephaistos tarafından yarılan başından, silah ve zırhını kuşanmış olarak çıkmıştı. Athena ve Zeus, şu an yok olmuş orta kısımda bulunuyor olabilir. Atina kenti için çok önem taşıyan bu mucizevi olaya, Zeus ve Athena'nın iki yanında alınlığın köşelere doğru küçülen alanına sığmak için ayakta duran, oturan, hatta uzanan tanrılar şahit oluyordu. Bu tanrılar, Athena'yı aralarına kabul eden Atina'daki diğer kültleri temsil ediyorlardı.

Batı alınlıkta, Athena'nın Poseidon ile kentin koruyucu tanrısı olmak için giriştiği yarışmadaki zaferi gösteriliyordu (**ŞEKİL 16.7**). Her iki tanrının birer mucize gerçekleştirmesi gerekiyordu. Poseidon üçlü mızrağıyla yere vurduğunda, deniz tanrısına yaraşır şekilde tuzlu sular fışkırmıştı. Athena ise bunun üzerine çıplak Akropolis'te bir zeytin ağacı yaratmıştı, ki bu en azından insanlar için tuzlu su kaynağı ile karşılaştırıldığında yaşanabilirlik anlamına geliyordu. Alınlığın ortasında, bir ihtimal mucizevi zeytin ağacı ile iki yanında geri çekilen heyecanlı Athena ve Poseidon ve bu olaya şahit olan tanrılar, tanrıçalar, atlar ve arabalar ve belki de kentin efsanevi kökenlerinde önemli rol oynayan aileler yer alıyordu.

Kült Heykeli

Tapınağı donatan heykellerin sonuncusu Phidias'ın eseri olan kült heykelinin kendisiydi. Bu devasa altın ve fildişinden Athena heykeli, antikçağların sonlarında kaybolmuştu, ama Pausania'nın bıraktığı ayrıntılı tarifler, kabaca kopyası olan heykelcikler (**ŞEKİL 16.8**) ve sikkeler üzerindeki resimlerden elde edilen bilgilerle bir rekonstrüksiyon yapılabilir. Heykel de tüm tapınak gibi karmaşık zafer imgelemleriyle, Athena'nın Yunanlıları Perslere karşı zafere götürdüğünü

ŞEKİL 16.7 Parthenon'dan Carrey (1674) ve Quatremere de Quincy'nin (1825) çizimlerine dayanarak yapılan batı alınlık rekonstrüksiyonu.

hatırlatmayı amaçlıyordu. Tanrıça yaklaşık 12 metre yüksekliğindeydi. Bir peplos ve zırhını giyiyordu: Göğüs zırhı, üç tepeli bir miğfer, sol elinde bir mızak ve kalkan. Sol ayağının yanında, kalkanın hemen içinde bir yılan kıvrılmış yatıyordu. Bir sütunla desteklenen öne doğru uzattığı sağ avcunda kente sunduğu bir Nike, yani kanatlı zafer heykeli taşıyordu. Dev boyutlu Athena bir Yunan zaferine uygun alegorik mitlerin sergilendiği bir araçtı: Kalkanın dış yüzünde Yunanlılar Amazonlarla savaşıyordu; içinde muhtemelen tanrılar ile devler mücadele ediyordu ve sandaletlerinin kalın kenarlarında Lapithler ile kentauroslar savaşıyordu. Heykelin kaidesindeyse bunlara göre daha sıradışı bir sahne vardı: Pandora'nın doğumu ve buna eşlik eden tanrılar. Tanrıların buyruğuna karşı gelen Prometheus'un insanlara vermek için ateşi çalması üzerine, öfke içindeki Zeus, Pandora'yı yaratarak onu tüm muhtemel acıları barındıran bir kutuyla dünyaya gönderir. Kutu açıldığı zaman kötülükler içinden kaçar ve insan varlığının değişmez parçası haline gelirler. Burada, Parthenon'da, Pandora'nın görünmesi Atinalılara zafer anlarında bir uyarı amacı taşıyor gibi görünmektedir.

Daha sonraki Olympia Zeus'u gibi bu heykel de ince bir fildişi tabakası ve ince altın levhalardan giysilerin ahşap bir iskelet üzerine giydirilmesiyle yapılmıştı. 44 talent ağırlığındaki altın (yaklaşık 1.120 kg) kente aitti, dört yılda bir devlet hazinesince envanteri yapılırdı ve koruma amaçlı çıkarılıp saklanabiliyordu. Phidias bu değerli malzemenin bir kısmını çalmakla suçlanıyordu. Bu ister doğru ister iftira olsun, Atina'yı terk ederek Zeus heykelini yapacağı Olympia'ya gitti. Yaşamını nerede tamamladığı bilinmemektedir. Karmaşık yaşamının gerçekleri ne olursa olsun, heykelleri, yani Akropolis'teki sunu heykeller; Parthenon'un karmaşık inşa programının tasarımı ve Olympia'daki kült heykeli; ihtişam, asil ifadesi ve yapılışlarındaki ustalık açısından klasik Yunan sanatının mihenk taşı olmuştur.

Propylaia

ŞEKİL 16.8 Varvakeion Athena'sını tasvir eden mermer heykelcik; Athena Parthenos'un bir Roma kopyası. Ulusal Arkeoloji Müzesi, Atina.

Parthenon'un yapımı sona yaklaşırken, dikkatler Akropolis'in girişine yöneldi. Burada, kayanın batı ucunda, Propylaia adı verilen yeni anıtsal bir giriş yapıldı (**ŞEKİL 16.9**). Mimar Mnesikles, bina üzerinde MÖ 437–432 arasında, Peloponnesos Savaşı'nın hemen öncesinde çalıştı ve son rötuşlar yapılamadan çalışmalar durdu.

Propylaia'nın kat planı, içinden Akropolis'e geçilen batı-doğu ekseninde bir ana hol ile kuzeybatı ve güneybatı yanlarında odalardan meydana geliyordu. Doğu kesiminin batıdan biraz daha yüksek olduğu, orijinal iki parçalı çatıdan da görülebileceği gibi, ana hol iki ana düzey üzerine inşa edilmişti. Enine bir duvar, doğu parçanın başladığı yeri belirtir; bunun içinden geçen beş geçitten ortadaki rampa en genişidir. Propylaia'nın batı ve doğu dış cephelerinde Dor düzenine uyulmuş ve ortadaki rampa için daha geniş bir ara bırakılmıştır, ama orta geçidin batı kısmı boyunca üç çift uzun ve ince İon sütunu vardır. Çapraz kirişlerin üzerlerine tavan süslemeleri olarak yerleştirilmiş iç içe kareler oyulmuş mermer bloklardan oluşan tavan teknelerinin bazıları hâlâ görülebilir.

Propylaia'nın kuzey ve güneydeki yan odaları birbirinden farklı olup asimetrik bir plan yaratır. İçinde taş sıralar ve duvar resimleri bulunan kuzeybatıdaki oda, hacılar için bir dinlenme mekânıydı. Güneybatı cephe bire bir aynı olmakla beraber arkasında bir oda yoktur. Anlaşıldığı kadarıyla güneybatıdaki bu kaya çıkıntısında yer sıkıntısı vardı. Propylaia'nın planı burada kesilmiş, geriye kalan alan Athena Nike Tapınağı'na bırakılmıştı. Kuzeydoğu ve güneydoğuda planlanan daha geniş holler ise asla inşa edilmemişti.

Propylaia'nın içinden geçilip Akropolis'e çıkıldığında görünen güney duvarında tutma çıkıntılarının hâlâ yerlerinde olması yapının hiçbir zaman bitirilmediğinin en iyi göstergesidir. Bu noktalar blokları kaldırmakta kullanılan vinçlerin iplerinin bağlanacağı yerlerdi. Bir yapı bitirilirken bunlar kesilir ve yüzey parlatılırdı.

MÖ beşinci yüzyılda bir hacının Propylaia'nın doğu yanından baktığında gördüğü Akropolis manzarası, bugün turistlerin gördüğünden çok farklıdır, zira

ŞEKİL 16.9 Restore edilen şekliyle Propylaia güneybatı kanadı ve kuzeybatıdan Athena Nike Tapınağı ve burcu.

tüm bu alan temizlenmiştir; bir zamanlar doğrudan görüşü engelleyen alçak duvarlar, tali yapılar ve çok sayıdaki adanmış sunular artık yoktur. Parthenon kuzey ucundan Propylaia'nın güneydoğu köşesine uzanan alçak bir duvarlar büyük ölçüde gizlenmişti. Duvarın arkasında, artık tümüyle harabe halindeki iki kompleks, Artemis Brauronia'ya küçük bir tapınak ve Chalkotheke adı verilen zırh ve kazan gibi tunç nesnelerin depolandığı bir yapı bulunurdu. Hacının hemen karşısında Akropolis'i dolduran sayısız adaklardan biri olan Phidias'ın eseri tunçtan dev Athena Promakhos, yani savaşçı tanrıça olarak Athena heykeli yer alırdı. Bu etkileyici heykel, Akropolis'in merkezi olan duvarlarla çevrili bir başka sektörün önünde dururdu. Hacı buradan ya sola Erekhtheion'a ya da sağa, Parthenon'un ana girişine giden dar koridora ilerleyebilirdi. Son olarak da, Akropolis'in doğu ucunda Parthenon'un ihtişamını tüm açıklığıyla görebilirdi.

Athena Nike Tapınağı

Propylaia'nın hemen güneyinde, kutsal alana çıkan merdivenlerin üstündeki Athena Nike (kanatlı zafer) Tapınağı, Akropolis'in çıkıntı yapan güneybatı burcunda yer alır (**ŞEKİL 16.9**). Parthenon ve Propylaia'dan sonra, 420'lerde Peloponnesos Savaşı sırasında yapılmıştır. Küçük tek odalık tapınak İon tarzındadır, ama burçtaki yer kısıtlamaları üzünden yalnızca iki yanında sütunlar vardır. Köşe sütunların başlıkları çarpıcıdır. Köşe volütler çapraz olarak sütunun üzerine oturur ve böylece iki boyutlu İon tarzı volütlü başlıkların köşelere nasıl sorunsuz, yandan veya önden bakıldığında aynı görünecek şekilde yerleştirilebileceği sorusuna bir yanıt oluşturur. Mantıksal açıdan tatmin edici olmasına rağmen, bu çözüm fazla taraftar bulmamış ve daha sonraki binalarda kullanılmamıştı.

Tapınağın alınlıklardan ve savaş sahneleri tasvir edilen bir frizden oluşan heykelli zengin dekorasyonu, ne yazık ki kötü şekilde hasarlıdır. Yaklaşık 1 metre boyundaki bilinen en iyi heykel, küçük kompleksi kuzey, batı ve güneyden kuşatan bariyeri süslüyordu. Yaklaşık 42 metre uzunluğundaki bu frizde Nikai, yani Zaferler'in, oturan bir Athena'nın (ki her iki yanda ayrı ayrı gösterilmiştir) huzurunda anıtlar dikmeleri veya kurban edilecek hayvanlar getirmeleri gösterilir. Hatta biri sandaletini düzeltmek için durmuştur. Heykeltıraşların Nikai'nin khitonları uçuşarak ve şekilden şekile girerek rüzgârda dolaşmaları hissini vermeleriyle, giysilerin canlılık verici etkisine vurgu yapılmıştır.

Erekhtheion

Perikles'in yapım programındaki dört büyük yapının sonuncusu ise en sıradışı olandır: Akropolis'in kuzey kenarında, MÖ 421–405 arasında inşa edilmiş İon tarzı bir tapınak olan Erekhtheion (**ŞEKİL 16.10**). Bu ad Atina'nın efsanevi krallarından Erekhteus'un şerefine verilmiştir ve tapınağın kendisi de "Erekhteus'un Evi" olarak bilinen Mykenai sarayının üzerinde duruyor olabilir. Erekhtheion'un egzantrik tasarımı, çok çeşitli kültlere ev sahipliği yapması ve düzensiz bir zemin üzerine inşa edilmiş olmasından kaynaklanır. Bu kültler içinde en öne çıkan Athena Polias, yani Atina kentinin koruyucusu olarak Athena, tanrıçanın en eski, en saygın kültüydü. Panathenaia tören geçitinde Akropolis'e taşınan ve Parthenon'un frizinde resmedilen peplos bu Athena'ya sunulurdu.

Parthenon gibi Erekhtheion da, şık kireçtaşı temeller üzerine Pentelikos mermerinden inşa edilmişti, ama bazı ayrıntılar Eleusis'ten gelen koyu kireçtaşıyla işlenmişti. Sütun başlıklarıyla kötü durumda günümüze gelmiş bir friz de dahil olmak üzere diğer mimari süslemeler ustaca yontulmuştu. Erekhtheion'un kat planı, doğu-batı ekseninde duran bir ana bina ile biri kuzeyde altı İon sütunlu ve daha küçük olan diğeri, güneydeki altı ünlü karyatid sütunun bulunduğu yerde olmak üzere, buna bitişik iki sundurmadan meydana geliyordu. Doğu cephesi gelenekseldir. Ancak, batıda farklı zemin düzeyleri, kuzey sundurmanın stilobatının ana binanın zemininden ve karyatidli sundurmadan çok daha alçakta olduğu görülebilir (**ŞEKİL 16.10**).

İçeride ve yakın çevrede dağınık halde pek çok küçük tapınak ve kutsal mekân vardı. Bunlar kentin eski kutsal, dini emanetlerinin burada etkileyici bir şekilde yoğunlaştığını gösterir. Pausania bunları anlatmıştır, ancak verdiği ayrıntılar yerlerinin tespit edilmesine yardımcı olmaz. Örneğin, tapınağın iç

ŞEKİL 16.10 Erekhtheion'un batı cephesi.

düzeni tartışmalıdır, zira yüzyıllar boyunca yapılan yeniden düzenlemeler antik odaların izlerinin çoğunu silmiştir. Her zaman yanan altından bir yağ kandili bulunan Athena Polias mabedi, bunun üzerinde bir baca ve çatıyla donatılmış tunçtan bir palmiye ve Pers Savaşları'ndan bazı ganimetler ana binada duruyordu. İçeride ve dışarıdaki diğer kutsal noktalar arasında şunlar sayılabilir: Erekhteus, kahraman Bootes ve Hephaistos'a sunaklar; Athena ve Posedion'un kent üzerinde egemenlik kurmak için giriştikleri yarışmada yaratılan zeytin ağacı ve tuzlu su pınarı; kuzey sundurmanın zeminindeki kare biçimli bir delikte Zeus'un yıldırımının bıraktığı iz ile bunun hemen üzerinde çatıda bir açıklık; geleneğe göre Atina'nın ilk kralı olan Kekrops'un mezarı; bu kralın, emirlere karşı gelerek yılan biçimindeki çocuk tanrı Erikhthonios'un saklandığı sandığı açtıktan sonra kız kardeşleriyle birlikte çıldırarak Akropolis'ten atlayan kızı Pandrosos'a bir türbe ve Akropolis'in koruyucusu Erikhthonios'un barındığı, yılanlar için bir mahzen.

Dionysos Tiyatrosu ve Koreg Anıtları

Akropolis'in yamaçları pek çok dönemden çeşitli anıt ve tapınaklarla doludur. Güney yamaca iki tiyatro hâkimdir. En iyi durumda olanı, batıdaki MS ikinci yüzyıl ortalarında Roma İmparatorluğu döneminde inşa edilen Herodes Atticus Odeion'udur. Daha önemli olan ise doğudaki Dionysos Tiyatrosu'dur. Yapının kendisi MÖ dördüncü yüzyıldan kalma ve çok defa elden geçirilmiş olmakla birlikte, Atina'nın tiyatro temsilleri geleneği bu alanda başlamış ve MÖ beşinci yüzyılda büyük bir gelişme dönemi yaşamıştır.

Atletizm gibi tiyatro da dini bir kutlama olarak gelişmişti, ama her zaman tanrı Dionysos'un şerefine düzenlenirdi. Sahnelenen dans, geçit, müzik ve ilahi performanslarının tümü de *orkestra* denen alçak düz bir zeminde sergilenir, seyircilerse *theatron* adı verilen yüksek alanda otururdu. Orkestranın arkasındaki hafif materyalden arkaplana orijinal olarak "çadır" veya "kulübe" anlamına gelen *skene* adı verilirdi. Atina'da tiyatronun altın çağı olan MÖ beşinci yüzyılda böyle basit düzenlemelerin yeterli olduğu anlaşılıyor. Daha sonraki yüzyıllarda bu öğelerin hepsi de kalıcı materyallerden yapılacak ve belli oranlar saptanacak, Romalılar da Yunanlıların bu mimari biçimini kendi ihtiyaçlarına göre uyarlayacaktı. Epidauros ve Priene'deki iyi korunmuş tiyatroları ziyaret edeceğimiz bir sonraki bölümde Yunan tiyatrosuna daha yakından bakacağız.

ŞEKİL 16.11 Lysikrates Anıtı, Atina.

Khoregos adı verilen varlıklı yurttaşlarca prodüksiyonlarına mali destek sağlanan tiyatro performansları, yarışma biçiminde sunulurdu. Kazananlar tripodlar alır ve geleneksel olarak Dionysos Tiyatrosu ve doğuya uzanan Tripodlar Sokağı boyunca ödüllerini sergilemek için anıtlar dikerlerdi. Bu koreg anıtlarından biri olan Lysikrates Anıtı, MÖ 335–334 arasında yapılmış olup, büyük ölçüde sağlamdır (**ŞEKİL 16.11**). İyi korunmuşluğuna ek olarak Korent başlıklarının bir binanın dışında ilk kullanımını temsil etmesi açısından Yunan mimarisinin gelişiminde özel bir yere sahiptir (Bassae'deki MÖ beşinci yüzyıldan kalma Apollon Tapınağı'nın içinde en az bir tane vardı).

Lysikrates Anıtı, kare bir kaide üzerinde yükselen silindir bir yapıdır. Korent başlıklı sütunlarla; sütunları birleştirerek bir kolonad meydana getiren taştan perde duvarlar; Dionysos'un denize atıldıklarında yunus balıklarına dönüşen korsanlarca kovalandığı bir İon tarzı friz ve tepesinde zafer tripodu için bir kaide (tripod artık mevcut değildir) ile süslenmiştir. Korent başlıkları küçülmüş volütler etrafına dizilmiş akantus yaprakları biçiminde yontulurlar. Biçimleri yuvarlak olduğundan, İon başlıklarına göre her yandan aynı görünmek gibi bir üstünlükleri vardır. Korent başlıkları, Dor ve İon'a rakip yeni bir mimari düzen doğurmamış, bunun yerine standart İon tarzı volütlü başlıklar yerine İon düzenine eklenmişlerdi. Son derece popüler olan bu başlıklar, Helenistik Yunan ve Roma mimarilerinin vazgeçilmezlerinden biri haline gelecekti.

Aşağı Kent: Evler ve Agora

Agora ve Kerameikos Mezarlığı gibi başlıca kazı bölgeleri dışında, kentin Akropolis'ten Themistokles Duvarları'na uzanan kısmı yalnızca ufak parçalardan ve mesela, bir inşaat yapılmadan önce zorunlu olarak ama acelece incelendiğinde ortaya çıkanlardan bilinir. Harabeler genel kentsel plana işlenir ve büyük bulmacaya ufak bir parça daha eklenmiş olur. Mülklerin çok para ettiği canlı modern bir başkentte daha eski yerleşimlere dair bilgiler böyle parça parça elde edilebilir.

Kent Planı ve Evler

MÖ beşinci yüzyılda tahmini nüfusu 150.000–200.000 olan Atina, Yunan şehir-devletlerinin en büyüğüydü. Pers yıkımı Atinalılara bir değişim fırsatı yarattıysa da, uzun geçmişe dayalı kentsel düzen gelenekleri devam etti: Sert toprak ve çakıl zeminli dar, kıvrılan sokakların yerleşimi gelişigüzelliğini korudu. Bu durum MÖ beşinci yüzyıl ortalarında kentsel planlamanın öncülerinden Miletoslu Hippodamos'un Themistokles ve ardıllarının talebi üzerine Atina'nın limanı olarak kurduğu yakınlardaki Peiraeus'ta olduğu gibi yeni kasabalar kurulurken tercih edilen düzenli ızgara biçimli planlarla bir tezat içindedir.

Atina surlarının içindeki alanın büyük kısmının evlere ayrıldığını hayal edebiliriz. Özellikle Akropolis'in batısı ve Agora'nın güneyindeki tepelerde yapılan kazılarda çıkan örneklerden anlaşıldığı kadarıyla kentteki tipik evler mütevazıydı: Dış hatları düzensizdi ve merkezi bir avlunun çevresine dizilmiş, birbirinden farklı olmayan küçük odalardan meydana gelen basit bir plana sahiptiler (**ŞEKİL 16.12**). Işıklandırma zayıftı: Pencere yoktu, dolayısıyla ışık ya avluya açılan kapılardan giriyordu ya da zeytinyağı ve fitilden oluşan ufak terakota kandillerce sağlanıyordu. Girişler kapı kanatları yerine perdelerle kapatılıyordu. Bazı evlerin üst katı da vardı. Kırdaki evler daha büyük olabiliyordu ve kentteki sıkışık inşaat alanlarının kısıtlamalarına tabi olmadıkları için dış hatları daha düzenli oluyordu.

Yapım malzemeleri tapınaklarda kullanılanlardan çok daha mütevazıydı. Duvarlar taş temeller üzerine kerpiçten meydana gelir, üzerine yalancı mermer kaplanır, çatı ise ahşap bir iskelet üzerine kil kiremitlerden oluşurdu. Zemin normalde dövülmüş toprak ve kilden, bazı istisnai durumlarda da çimento üzerine çakıltaşı desenlerden meydana gelirdi. Basit ve ihtiyaca göre odadan odaya taşınan mobilyalar arasında ısıtma sağlayan portatif mangallar da vardı. İç duvar dekorasyonu olarak genellikle basit bir boyama yeterli oluyordu. Özel evlere borularla su getirilmezdi. Bunun yerine, insanlar kuyulardan, bazen de yağmur suyu biriktirilen sarnıçlardan yararlanırdı. Sıhhi tesisat açısından insanlar foseptik çukuru işlevi gören taş döşeli çukurlarla yetinirdi; çoğu kasabada atıklar sokağa atılırdı.

ŞEKİL 16.12 Atina evleri rekonstrüksiyonu, MÖ beşinci yüzyıl.

Klasik Atina'daki başlıca su mühendisliği projesi MÖ beşinci yüzyıl başlarında yapılan, Agora'nın batı yanı boyunca kuzey-güney doğrultusunda uzanarak taş döşeli kanalında yağmur sularını toplayıp bunları kuzeydeki Eridanos Irmağı'na taşıyan Büyük Kanalizasyon idi. Ayrıca kent dışındaki kaynaklardan, Agora'dakiler gibi bir avuç halk çeşmesine borularla su taşınırdı, ama genelde Roma döneminden önce sukemerleri pek yaygın değildi.

Agora

MÖ beşinci yüzyıl boyunca kent merkezi Agora'daki yapım faaliyetleri Akropolis'tekilerle dönüşümlü olarak ilerledi. MÖ 479'dan yüzyıl ortasına kadar Akropolis'in Plataia Yemini yüzünden el değmeden durduğu bir dönemde Agora'da inşaat faaliyetleri yoğundu. Persler Akropolis'in yanı sıra Agora'yı da tahrip etmişti, ama binalarının çoğu seküler amaçlara hizmet ettiğinden Yemin'i çiğnemeden tekrar inşa edilebilirlerdi. Kaynakların Akropolis ve başka yerlerdeki tapınakların yapımına yönlendirildiği Perikles dönemindeki yavaşlamadan sonra Peloponnesos Savaşı sırasında birkaç yeni bina dikilmişti. MÖ beşinci yüzyılın sonuna gelindiğinde, mevcut yapılar ana kamusal faaliyetlerin büyük kısmı için yeterliydi; sonraki yüzyıl, yani geç klasik dönemde fazla bir ekleme yapılmamıştı (**ŞEKİL 16.13**).

Erken klasik dönem yapıları arasında 1981'de Agora'nın kuzey ucunda keşfedilen Boyalı Stoa veya Stoa Poikile de vardı. Bu yapı, antik yazarlarca övgüyle bahsedilen ahşap paneller üzerine ünlü tablolar barındırıyordu; en ünlü sahnede Atina'nın Marathon'daki zaferi tasvir ediliyordu. Bunlardan hiçbiri günümüze gelmemiştir. Yine erken klasik dönemden kalma yuvarlak bir yapı olan *Tholos*, 500'ler konseyi Boule'nin içinden kentin gündelik işlerini otuz beş veya otuz altı günlüğüne yürütmek üzere seçilen elli kişilik Prytany'nin karargâhı, yemekhanesi ve yatakhanesi olarak hizmet veriyordu. Aynı dönemde Persler karşısında MÖ 476'da Eion'daki zaferinin anısına Kimon, üç büyük *herma* adadı. Bir herma, tepesinde tanrı Hermes'in sakallı portre halinde başı ve ortasında erkek cinsel organı bulunan dikdörtgen biçimli sade bir sütundu. Kimon'un bu hareketinin getirdiği itibar ile hermanın popülerliği arttı ve o zamandan sonra iyi şans, başarı ve koruma getirmesi için ev ve tapınakların girişleriyle kamuya açık kavşaklarda yaygın olarak dikilmeye başladılar. Agora'nın kuzeybatı girişi yakınlarında çok sayıda olduklarından semte adlarını verdiler: "Hermalar."

Perikles döneminin başlarında çevredeki pek çok zanaatkârın yücelttiği demirci ocağının tanrısı Hephaistos ve burada sanat ve zanaatların tanrıçası suretinde olan Athena'ya adanmış etkileyici bir tapınak üzerinde çalışmalar başladı. Büyük ölçüde, Hıristiyan kilisesi olarak tekrar kullanılmış olması nedeniyle mükemmel durumda olan Hephaisteion, batıdaki Kolonos Agoraios tepesindeki konumundan bölgeye hâlâ hâkimdir (**ŞEKİL 16.14**). Gerçekten de, bu tapınak önden, Agora'dan görülmek üzere yerleştirilmişti; ön cephe üzerine

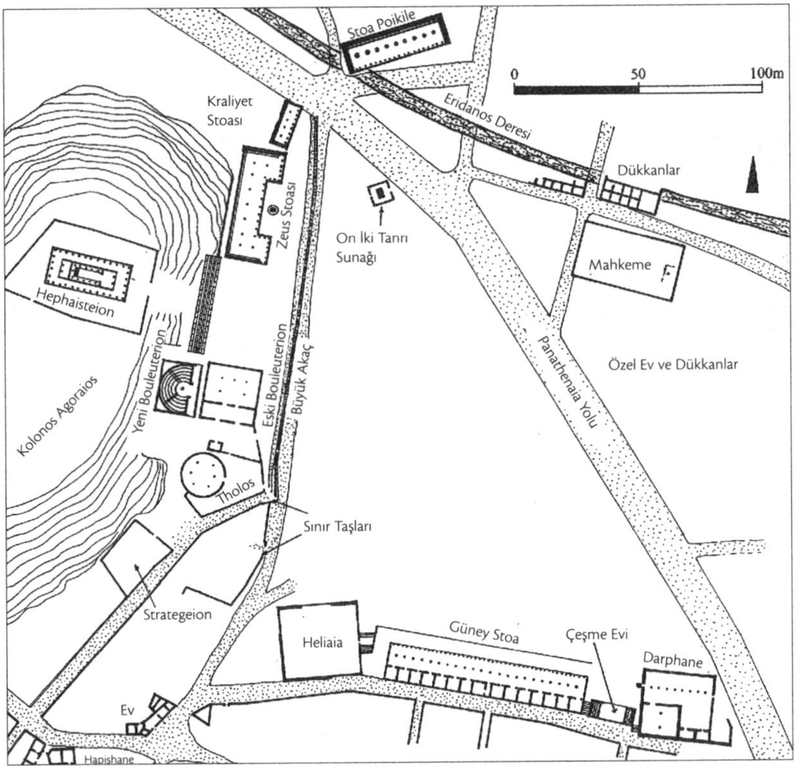

ŞEKİL 16.13 Atina Agora planı, yaklaşık MÖ 400.

ŞEKİL 16.14 Hephaisteion'a güneybatıdan bakış, Atina.

bir odaklanma Yunan tapınakları içinde sıra dışıydı, ama Roma tapınaklarının tipik özelliklerinden olacaktı.

Yaklaşık MÖ 450'de başlanan ama yaklaşık MÖ 420'ye dek tamamlanamayan Hephaisteion, daha önceki bir tapınağın yerine yapılmayıp yeni tasarlanmıştı. Bu tapınağın planı ve cephesi geleneksel şekilde Dor tarzıdır. Çağdaşı Parthenon için de geçerli olduğu gibi, bu tapınağın heykelli süslemeleri de bol ve masraflıydı. Agora'ya bakan doğu cephede daha ağırlıklı olan doğu ve batı alınlıklardaki kötü durumdaki heykeller; doğu tarafta ve buna hemen bitişik kuzey ve güney yanlardaki dört noktada yer alan Herakles ve büyük Atinalı kahraman Theseus'un yaptıklarını anlatan on sekiz metop; savaş sahnelerinin bulunduğu iki friz, biri *pronaos*un üzerinde ve kolonadın kapladığı bölge boyunca tapınağın en köşelerine kadar kuzey ve güneye uzanır, diğeriyse Lapithler ile kentaurosları gösteren yandaki kolonada taşmadan yalnızca batı *opisthodomos*un üzerinde bulunur. İki tanrının Alkamenes'in eseri olan tunç kült heykeli günümüze ulaşmamıştır.

Kazılar, Hephaisteion'un peyzaj amaçlı bitkilendirme ile çevrili olduğunu göstermiştir. Geniş terakota saksıların bulunduğu dikim çukurlarının keşfi, tapınağın uzun kuzey ve güney yanlarında iki sıra, batıda ise üç sıra çalılığın uzandığını gösterir. Bu, antik topografyanın göz ardı edilen bir yönünü, ortamın önemini vurgular. Metinler ağaç, bitki ve suyun kutsal mekânların önemli bir öğesi olduğunu açıkça belirtir; bitki örtüsünü ortadan kaldıran arkeolojik kazılar coğrafyanın yanlış algılanmasına yol açmıştır.

Agora'daki MÖ beşinci yüzyıl yapıları arasında güneybatı köşesinin ilerisinde duran değişik devlet hapishanesi binası da yer alır. Sıra dışı planında, iki yanında ufak odalar bulunan merkezi bir koridor arkadaki bir avluya çıkar.

MÖ 399'da baldıran zehiri içerek kendini öldürmeye zorlanan filozof Sokrates, son günlerini bu hapishanede geçirmiştir.

Beşinci yüzyılın sonlarına doğru Agora'ya birkaç yeni kamusal bina eklenmiştir. Batı tarafında, Eski'nin yanında yine 500'ler Konseyine hizmet verecek olan Yeni Bouleuterion yükselmişti. Askeri faaliyetlerin merkezi olan ve generallerin (*strategoi*) buluştuğu Strategeion adlı hol, kesin olmamakla beraber, *Tholos*'un hemen güneyinde bulunan kötü durumdaki bir kalıntı olarak teşhis edilmiştir. Yeni stoalar arasında kuzeybatıdaki Zeus Stoası da vardı: İki yanına uzanan kanatlara sahip Dor tarzındaki bu yapı, Zeus Eleutherios (Özgürlük) kültüne hizmet verir, ama aynı zamanda tüm stoalar gibi isteyenlere sığınacak bir yer sağlardı.

Agora'nın güney yanındaki Güney Stoa I, idari ofisler ve memurların Yunan âdetlerine uygun olarak uzanıp yemek yedikleri odalar barındırırdı. Bu binada keşfedilen çok sayıda sikke, kentin ticari yaşamındaki rolünü gösterir. Yakınlarda iyi bir tunç sikke kaynağı olan Darphane yer alırdı. MÖ dördüncü yüzyıldan itibaren popüler olan tunç sikkeler, Agora kazılarında bulunan sikkelerin çoğunluğunu meydana getirir. Bunlar altın ve gümüş sikkelerin aksine, sıradan alışverişlerde kullanılırdı.

Daha geniş anlamıyla "agora" bir kentin merkezi pazar yerini belirtir. Resmi olarak belirlenmiş kutsal, siyasal ve dini bölgelerin dışında Atinalılar istedikleri her türlü hizmeti orada bulabiliyordu. Bunlara ait kanıtlar kazıların yanı sıra edebiyattan da gelir. Bu tür işletmeler arasında şunlar vardı: ayakkabıcılar, berberler, metal işçileri, şarap, parfüm, balık, sebze, kabuklu yemişler, atlar, giysiler, hatta çalıntı eşyalar satanlar. "Atina'da aynı yerde her şey satılır; incirler, polisler, üzümler, şalgamlar, armutlar, elmalar, tanıklar, güller, muşmulalar, sakatatlar, bal petekleri, nohut, davalar, muhallebiler, arı sokmasına karşı ilaç, mersin ağacı meyveleri, taksimat makineleri, süsenler, kuzular, su saatleri, yasalar, suçlamalar." Yaklaşık MS 200'de yazan Athenaios böyle der, MÖ dördüncü yüzyılda oyun yazarı Euboulos'un *Olbia* adlı çok daha eski bir Atina komedisinden alıntı yaparak (Wycherley 1978: 91). Tümü de agorada bulunabilen gıda maddeleri ile hukuki meselelerin komik bir şekilde yan yana getirilmesi kuşkusuz Atina Agorası'na egemen olan mutlu kaosu açıkça yansıtır.

BÖLÜM 17

Geç Klasik Dönemde Yunan Kentleri ve *Temenos*'ları

➤ Geç klasik dönem: yaklaşık MÖ 400–323

Peloponnesos Savaşı'nın sonundan MÖ 338'de Makedonya kralı II. Philippos'un Güney Yunanistan'ı fethine dek uzanan geç klasik dönem, önceki yüzyılda Atina ve Sparta'nın egemenlikleriyle karşılaştırıldığında bir hayal kırıklığı, Büyük İskender'in dramatik fetihlerinden ve Yunan kültürünün Batı Asya ve Mısır'a yayılmasından önce bir duraklama gibi görünür. Her şeye rağmen, kentler varlıklarını sürdürmüştür ve gerçekten de MÖ dördüncü yüzyıl (Helenistik dönem de dahil) kentsel yaşamın çeşitli yönleri ve kent sakinlerinin aşina oldukları kırsal dini uygulamalar hakkında önemli ipuçları bırakmıştır. Bu bölümde *Epidauros*'taki tiyatro ve *Asklepios Temenos*'unu, *Priene* ve *Olynthos*'taki kent planları ile evleri ve *Vergina* [antik Aigai] ile *Halikarnassos*'taki (bkz. **ŞEKİL 12.1**) kral mezarlarını ele alacağız.

Tarihsel Özet

Peloponnesos Savaşı MÖ 404'te Spartalıların Atina'yı ele geçirmesiyle sonuçlandı. Spartalılar kent surlarının yıkılmasını emretti ve bir kukla hükümet başa getirdi. Ama Spartalıların zaferi kısa ömürlü oldu; Atinalılar kısa süre sonra kentlerinin denetimini geri aldı. Spartalı önderler, dış dünyada yöneticiliği beceremedi, özellikle para ve rüşvetlerin çekiciliğine dayanamadılar. Ayrıca, savaş sırasındaki asker kayıpları yurttaş sayısı zaten az olan Sparta yurttaşlarını daha da azaltmıştı. MÖ 371'de, Leuktra Savaşı'nda, Sparta ordusu Thebai önderliğindeki federe bir devlet tarafından yenilgiye uğratıldı. Yenilmezlik unvanını kaybeden Sparta, bu darbeden sonra kendini bir daha toparlayamadı.

Thebai ve onun ardından Arkadia Birliği kısa süreler için hâkimiyet sağladı, ama ikisi de anakara Yunanistan'da MÖ beşinci yüzyılda Atina ve Sparta'nınki gibi bir egemenlik kuramadı. Şehir-devletler birbiriyle didişmeye devam ederken Yunan dünyasının kuzey ucunda kısa süre sonra hepsini silip süpürecek yeni bir güç yükselişe geçmişti. MÖ 359'da II. Philippos, Makedonya kralı oldu. Bir Yunan lehçesi konuşmalarına rağmen Makedonyalılar Yunan dünyasının kenarlarında kalmışlardı ve Yunan siyasal, sosyoekonomik ve sanatsal yaşamına pek katkıda bulunmamışlardı. II. Philippos öncüllerinden daha

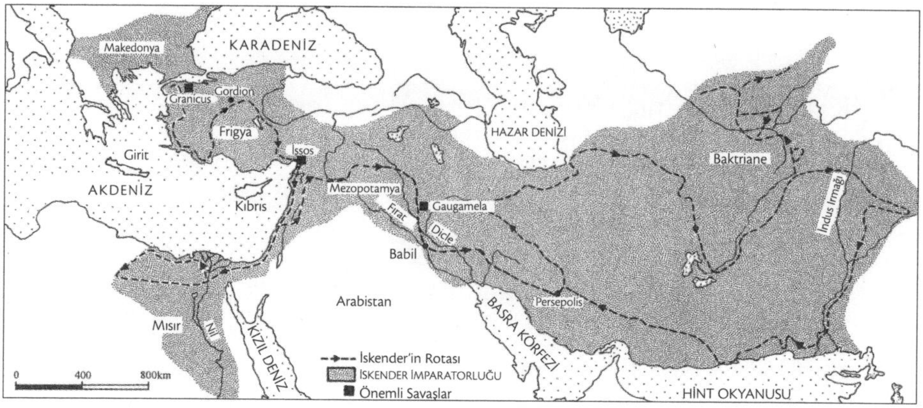

ŞEKİL 17.1 Büyük İskender'in fetihleri.

farklıydı. Makedonya'yı askeri reformlarla güçlendirdikten sonra Atina da dahil güneydeki şehir-devletlerine meydan okudu ve onları MÖ 338'de Khaironeia Savaşı'nda yendi. İki yıl sonra, birleşik Makedon ve Yunan güçlerini doğuya Pers İmparatorluğu'na karşı sevk etmek üzereyken suikaste kurban gitti.

Philippos'un hayallerini oğlu III. İskender veya daha iyi bilinen adıyla Büyük İskender gerçekleştirecekti. Babasının yerine geçtiğinde yalnızca yirmi yaşında olan İskender, kısa süre sonra ordusuyla Asya'ya geçti ve Persleri üç kilit savaşta yendi: Granicus (Kuzeybatı Türkiye'de), İssos (Güney Türkiye'de) ve Gaugamela (Kuzey Irak'ta). Persepolis'i yağmaladıktan sonra ordularıyla doğuya İndus Irmağı'na kadar gitti (**ŞEKİL 17.1**). Askerleri daha fazla ilerlemeyi reddedince geri döndü; kısa süre sonra MÖ 323'te Babil'de ateşlenerek öldü. Öldüğünde otuz üç yaşındaydı. İskender'in fetihleriyle Batı Asya ve Mısır, Yunan kültürüne dahil edildi. Ne var ki, Helenistik dönemde yeni oluşan Yunan krallıkları yönetmekte oldukları Yakındoğu ve Mısır kültürlerinden çok etkileneceklerdi.

Epidauros'taki Asklepios *Temenos*'u: Dinsel Uygulamalarda Yeni Bir Yön

Epidauros, şifa tanrısı Asklepios'un kült merkezi olarak ün yapmıştı. MÖ dördüncü yüzyılda popülerleşen Asklepios ibadeti Yunan-Roma dini yaşamındaki önemli bir gelişmeye, gittikçe kısırlaşan resmi kültleri doğrudan kişisel yakarışlara cevap veren tanrılarla dengeleme arzusuna işaret eder.

Yaygın bir efsaneye göre Asklepios, Apollon'un ve Koronis adlı ölümlü bir kadının oğluydu; kentauros Kheiron onu yetiştirmiş ve tedavi sanatını öğretmişti. Asklepios genellikle elinde etrafına yılan dolanmış bir asa taşıyan sakallı olgun bir adam olarak tasvir edilir. Epidauros'taki başlıca halk festivali nisan sonu ile mayıs başlarında gerçekleşirdi. Önce yıkanarak arınma, kurbanlar, resmi bir ziyafet ile atletizm ve müzik yarışmaları gibi tüm tanrılara

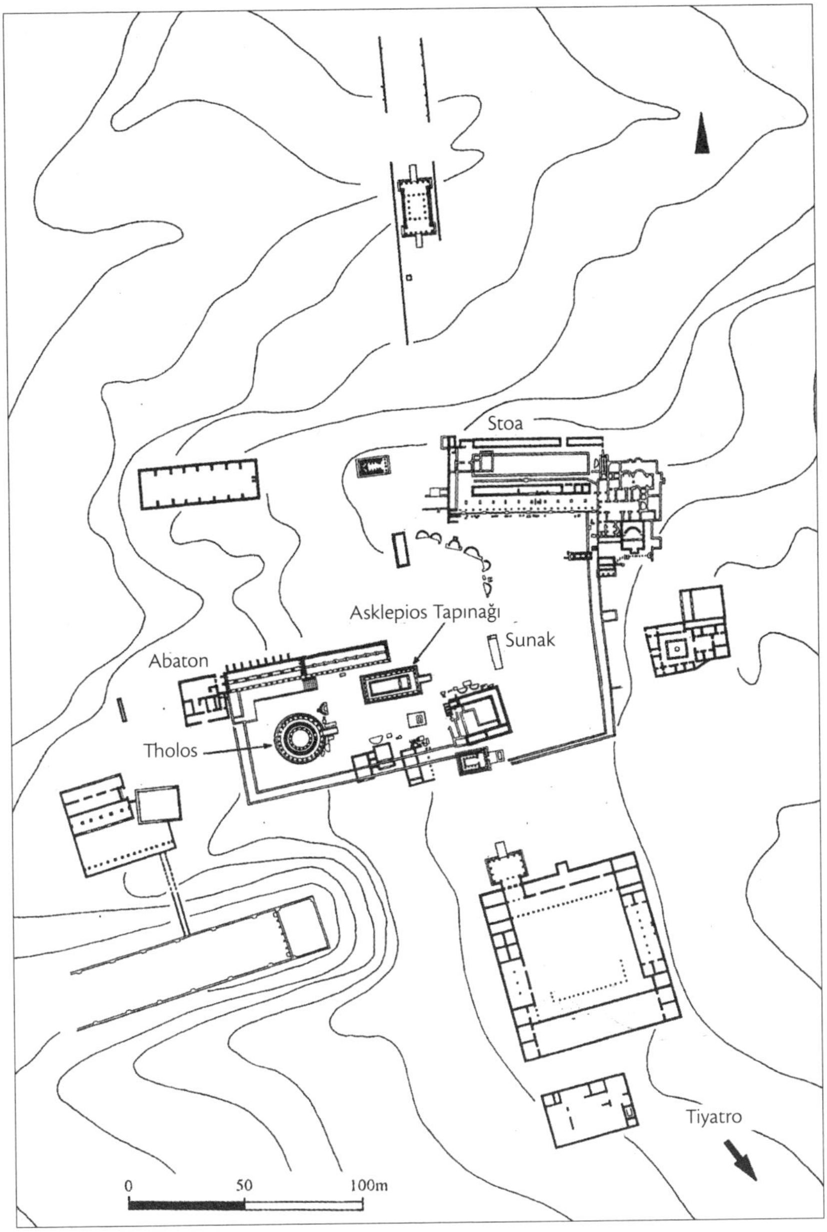

ŞEKİL 17.2 Asklepios *Temenos*'u planı, Epidauros.

ibadette standart olan etkinlikler yapılırdı. Asklepios'a özgü olan, yıl boyunca hastalıklarının iyileşmesini isteyen kişilerin gerçekleştirdiği adaklardı. Yakarıcı ilk önce yıkanarak kendisini arındırır, daha sonra geceyi *temenos*'un içindeki uzun stoa, yani *abaton*'da geçirirdi (**ŞEKİL 17.2**). Asklepios veya onun kutsal yılanlarından biri bir rüyada görünür ve gerekli tedaviyi açıklardı. İyileşmesi durumunda hasta tıbbi sorun, tedavi ve başarılı sonucun kaydedilmiş olduğu bir steli şükranlarını göstermek için sunabilirdi. Bu tür yazıtlar antik Yunanlıların tıbbi uygulamalarını renkli bir şekilde canlandırmamızı sağlar. Bazı kayıtlar son derece imkânsız olayları anlatır: Örneğin, beş yıl boyunca hamile olan bir kadın tanrıya yalvarmış ve daha sonra beş yaşında bir erkek çocuk doğurmuştur. Daha inandırıcı olan diğerlerinde ise özel rejimler, egzersiz ve banyo terapilerinden bahsedilir.

Temenos, düz arazi üzerinde, ağaçlar arasında, ufukta sarp tepelerle huzurlu bir yerdedir. Burada 1881'de Yunan arkeologlar P. Kavvadias ve V. Stais tarafından kazılar başlatılmıştır. Kutsal alanın içinde MÖ dördüncü yüzyıldan kalma başlıca yapılar Asklepios Tapınağı, *tholos* veya yuvarlak bina (burada *thymele* olarak bilinir) ve abatondur. Binalar büyük ölçüde yok olmuş, yalnızca temelleri kalmıştır. Biri dışında, burada gerçekleşen faaliyetler hakkında yazıtlar ve edebi metinler kadar canlı bir resim çizmezler. Buna istisna gizemli, akıl kurcalıyıcı temelleriyle *tholos*'tur: İç içe altı tüf (volkanik bir taş) çember ve iç çemberlerde kapılar ile en içteki üç geçitte bir labirent yaratılmıştır. Taşın kesimi, ana kattan bu mahzene inen ahşap basamaklar olduğunu ima eder. Bu benzersiz labirentin, hatta bu yapının amacı belli değildir. Günümüze ulaşmış mimari parçalardaki yüksek kalite işçilik, *tholos*'un kesinlikle seçkin bir yapı olduğunu gösterir. Taşlara yazılmış yapım kayıtlarına göre, inşaatı otuz yıldan fazla sürmüş ve masraflar sürekli ama azar azar gelen bağışlarla karşılanmıştır. Ama inanç sarsılmamış ve yapı bitirilmiştir. Popüler görüşlerden biri, mahzeni tanrının kutsal yılanlarının evi olarak yorumlar, ama Epidauros konusunda önde gelen uzmanlardan R.A. Tomlinson *tholos*'u bir ölümlü olarak Asklepios'a (Asklepios'u bir tanrı olarak onurlandıran tapınaktan farklı olarak) adanmış bir cenaze anıtı olarak görmeyi tercih eder.

Tiyatro

Epidauros'taki en iyi korunmuş yapı *temenos*'un içinde değil, yakınlarındadır: Polykleitos (MÖ beşinci yüzyılda yaşamış aynı adlı heykeltıraşla karıştırılmamalı) tarafından tasarlanan ve MÖ dördüncü yüzyılın sonlarında yapılan tiyatro (**ŞEKİL 17.3** ve **17.4**). Tiyatro gösterileri Yunanlılar için dini ritüellerdi, dolayısıyla bu kutsal merkezde bir tiyatro olması şaşırtıcı değildir. Tiyatronun kapasitesinin yaklaşık 14.000 kişi olması bu festivallerin geniş bölgesel cazibesinin bir kanıtıdır. Eğimli oturma bölgesi, yani *cavea* bir tepenin yamacına yaslanmıştı ve bir dairenin yarısından fazlasını kaplıyordu. Taş oturma yerleri, biçime düzen ve mekâna kalıcılık veriyordu. Seyirciler yerlerine ulaşmak için çeşitli geçişlerden yararlanıyordu. Yatay *diazoma, cavea*'yı alt ve daha dik olan üst yarılara bölüyordu. Oturma alanı boyunca, üst yarıda daha sık aralıklı olmak üzere dikey merdivenler vardı. *Cavea*'nın dibinde dairesel *orkestra* bulunurdu;

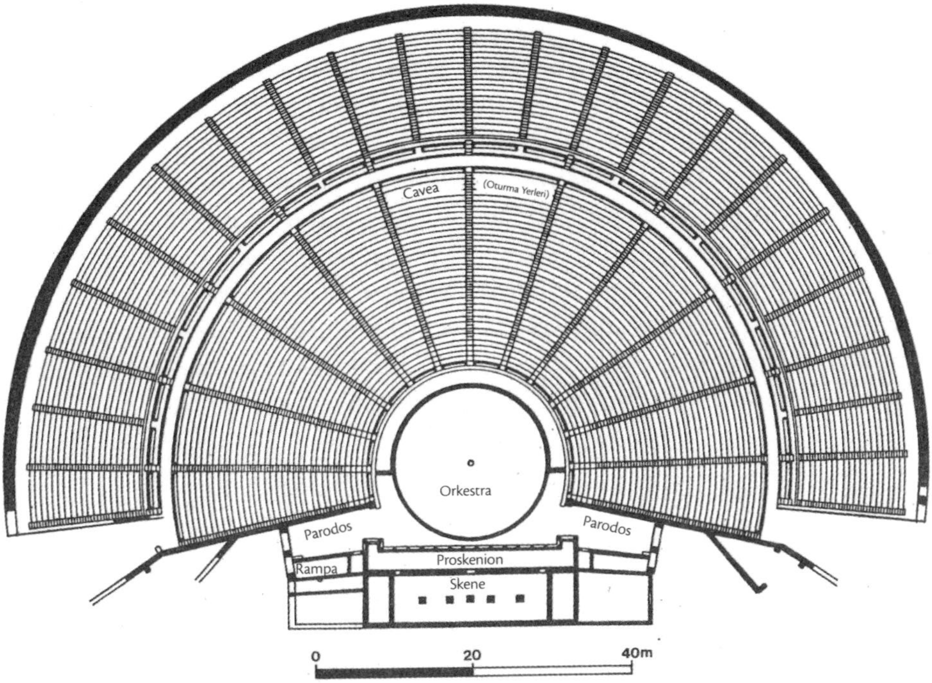

ŞEKİL 17.3 Epidauros Tiyatrosu planı.

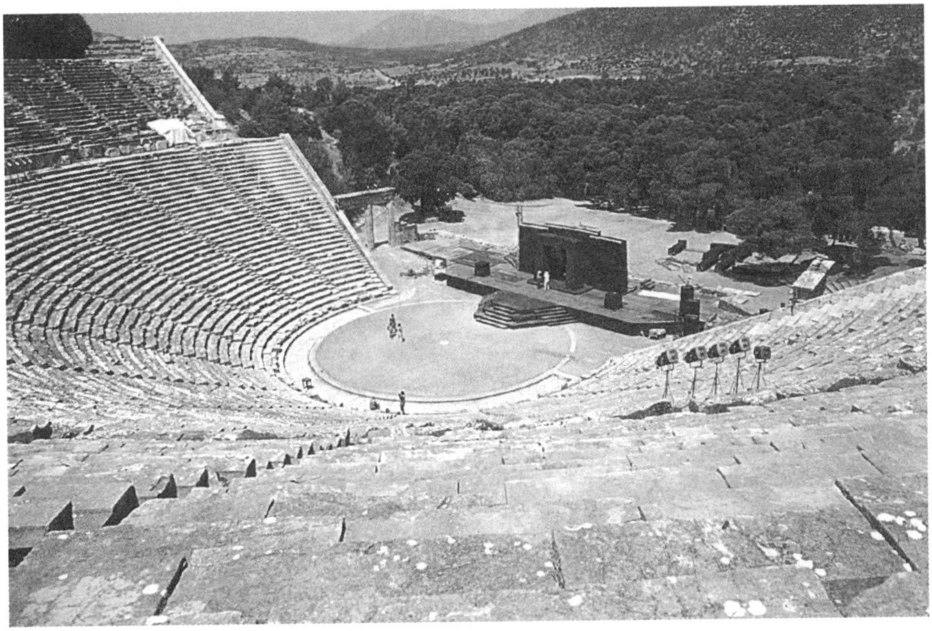

ŞEKİL 17.4 Epidauros Tiyatrosu. Sahne yapısı moderndir.

şarkı söyleyen ve dans eden koro performansını burada gerçekleştirirdi. Bunun arkasında solo sanatçılar için bir platform (*proskene*) ile arka perdeden oluşan *skene* adı verilen sahne yapısı bulunurdu. Yunan tiyatosunda *skene*, *cavea*'ya bağlı olmayıp her iki yanındaki *parodos* adı verilen ve burada, Epidauros'ta sütun ve lentolu kapı çerçeveleriyle donatılmış geçitlerle ayrılırdı. Daha sonraları Romalılar *skene*'yi artık yarım daireye indirgenmiş *cavea*'ya bağlayarak tek bir mimari yapı yaratacaktı. Zaman içinde, Yunan ve Roma tiyatrosunda solo aktörlerin ağırlıklı olması nedeniyle sahne yapısı ile dikey arka perdesi gittikçe karmaşıklaştı. Epidauros'taki *skene*'nin yalnızca temelleri kalmış olduğundan, sahne yapılarını incelemek için Priene (klasik-Helenistik tarz) ve Aspendos (Roma tarzı) gibi başka yerlere bakmak gereklidir.

Priene: Küçük Bir Yunan Kenti

Güneybatı Türkiye'de, Ege Denizi yakınlarındaki Priene, geç klasik–Helenistik kent planının olağanüstü iyi korunmuş bir örneği olma konusunda haklı bir üne sahiptir. Asla önemli bir kent olmamıştı ve nüfusu az, belki de sadece 4.000 kadardı. Büyük olmamasına rağmen, kent kendisini Yunan şehir-devletlerinin demokratik yönetim için gerekli olanlar da dahil, tipik kamusal yapılarıyla donatmayı başarmıştı. Geç Helenistik dönemde zenginliğini kaybetti ve arkeologların şansına yapıların yerine hiçbir zaman yenileri yapılmadı. Bu mütevazı kaderin sonucunda Priene bize bir antik Yunan kentini Atina gibi daha zengin ve daha çok tekrar inşaat geçirmiş merkezlerin yapamayacağı kadar kapsamlı bir şekilde gösterebilir (**ŞEKİL 17.5**).

Priene'nin kuruluş tarihçesi çarpıcıdır, zira kent Menderes Vadisi'nde iki ayrı alanda yer almıştı. Demir çağında, Yunan göçmenlerce kurulan ilk kentin varlığını edebi kaynaklardan ve sikkelerden bilmemize rağmen, kesin yeri tespit edilememiştir; birikmiş siltlerin altında derinlerde olmalıdır. Gerçekten de, ırmak tepelerden aşağı erozyona uğrayan toprakları taşıdığından sahil sürekli olarak batıya doğru kayıyordu ve kent gittikçe denizden uzaklaşıyordu. MÖ dördüncü yüzyılın ortalarında Prieneli yurttaşlar denizin daha yakınına taşınmaya karar verdi. Menderes Irmağı'na ve uzaktaki Ege Denizi'ne tepeden bakan bir kayalığın üzerindeki muhteşem konumu ve arkasında yükselen koruyucu dağ ile Priene, ziyaretçilerde çarpıcı bir etki yaratır.

Irmağın silt taşımaya devam etmesi nedeniyle, ikinci yerde bile Prieneliler kendilerini denizden gittikçe uzaklaşır ve ekonomik geleceklerinin kararmaya başladığı bir durumda buldu. Yaygın bir yıkıntı birikimi MÖ ikinci yüzyıl sonları veya birinci yüzyıl başlarında yıkıcı bir darbeye işaret eder, ki bu bir ihtimal Pontus kralı VI. Mithradates'in Romalılara karşı MÖ 88–85'te giriştiği isyanla bağlantılı olabilir. Yerleşim azaldı ve kasaba asla eskisi gibi olmadı.

ŞEKİL 17.5 Priene kent planı.

Alman Arkeoloji Enstitüsü'nün özellikle 1895–98 arasında gerçekleştirdiği kazılar sayesinde MÖ dördüncü yüzyılda tekrar kurulan kentin planı hem genel hem de ayrıntılar bakımından net bir şekilde kavranmıştır. Kentin üzerinde yer aldığı yarın çizgisi boyunca uzanan, bugün hâlâ büyük kısmı takip edilebilecek düzgün şekilde kesilmiş kesmetaştan duvarlardan oluşan tahkimatlar kentin sınırlarını belirler. Duvarlar içindeki yerleşim, Yunan dünyasındaki veya en azından MÖ beşinci yüzyıl kentçisi Miletoslu Hippodamos'un planlama ilkelerine uygun olarak dik açılarla kesişen sokaklara sahiptir. Hippodamos'un yazdıkları bize ulaşmamıştır; çalışmalarından başta *Politikos* adlı eserinde Aristoteles olmak üzere çeşitli antik yazarlarca bahsedilmiştir. Hippodamos "kentlerin bölünmesini icat etmiş" ve Atina'nın limanı olan "Peiraeus'u parçalara ayırmış" olarak anlatılmıştır. Bu bölümlemeler hem fiziksel hem de toplumsaldı. Hippodamos on bin kişilik bir kentin üç sınıfa (zanaatkârlar, çiftçiler ve savaşçılar), toprağının ise üç kısma (kutsal, savaşçılara gıda sağlayacak kamusal ve özel) bölünmesini önermiştir. Peiraeus'un "parçalara ayrılması" fiziksel bölünmeye atıfta bulunuyor gibi görünür ve MÖ beşinci yüzyıla ait yazıtlı sınır taşları buluntularından farklı planlanan bölgeler olduğu anlaşılır. Ama Peiraeus'un değişken bir topografyası vardır; anlaşıldığı kadarıyla ızgara plan yalnızca ortadaki düz kesime uygulanmış, tepelerde kullanılmamıştır.

Peiraeus ve diğer planlanmış Yunan kentlerinde olduğu gibi Priene'de de Hippodamos'un kurallarına tümüyle bağlı kalınmamıştır. Örneğin, agora bire bir ana doğu-batı sokağının eksenine oturmamış ve daha alçak tepe yamaçlarında kısıtlı bir alana oyulmuş olan stadyum yalnızca çapraz yerleştirilebilmiştir. Ayrıca, kentin esas kısmı eğimli arazidedir; bu da uyarlamalar gerektirmiştir. Büyük ölçüde düz olan doğu-batı sokakları tekerlekli araçların geçişine izin veriyordu, ama kuzey-güney doğrultusundaki yollar fazla dikti; genellikle basamaklar eklenmişti. Otomobilin icadından önceki çoğu Ege kasabasında olduğu gibi, yaya insan ve arabasız binek hayvanları trafiğin çoğunluğunu oluşturuyor olmalı.

Agora veya kent merkezinin üstü açık dikdörtgen biçimli alanı dört tarafındaki stoalarla net olarak belirlenmiştir. Bu kamusal alanın kesin geometrik biçimi, antikçağda Yunan-Roma dünyasındaki yeni kurulan kentlerin tipik bir özelliği olup, Atina Agorası gibi yüzyıllar içinde yavaş yavaş gelişen ve sürekli değişen düzensiz kent merkezleriyle bir tezat içindedir. Stoaların kendileri basit yapılardır, ama üstü örtülü kolonadlarında çok çeşitli faaliyetler gerçekleşirdi: Hukuki işler, hükümet ofisleri, dükkânlar, belki küçük tapınaklar, buluşma ve sohbetler; ayrıca her zaman soğuk kış yağmurlarında veya sıcak yaz günlerinde iyi bir korunak sağlarlardı.

Stoalar aynı zamanda arkalarındaki çeşitli tarz yapıları gizleyen mimari paravan işlevi görürdü; düzenli sütun sıralarıyla kamusal meydanın düzenli görüntüsünü korurlardı. Burada, Priene'de doğu stoa muhtemelen Zeus'a adanmış ufak bir tapınağı gizlerken, batı stoanın arkasında et ve balık pazarı vardı. Etkileyici kuzey veya kutsal stoanın arkasında, tepeye yaslanmış olarak Priene'nin en iyi korunmuş yapılarından biri olan Bouleuterion, yani Konsey Odası bulunurdu (**ŞEKİL 17.6** ve **17.7**). Bouleuterion küçük bir kapalı tiyatroyu andırır. Neredeyse kare bir biçime sahip bu yapının içinde üç yanda dik şekilde yükselen dizi dizi taş sıralar halinde tahmini olarak 640 kişilik oturma kapasitesi ve dördüncü tarafta, iki girişin arasında başkanlık eden görevliler için taş

ŞEKİL 17.6 Bouleuterion, Priene.

ŞEKİL 17.7 Bouleuterion iç kısmı rekonstrüksiyonu, Priene.

ŞEKİL 17.8 Priene Tiyatrosu rekonstrüksiyonu.

sıraların dizili olduğu bir girinti bulunurdu. Odanın ortasında, her toplantının başında kesilen kurbanlar için kullanılan küçük bir sunak dururdu. Ahşap çatı günümüze ulaşmamıştır. Odanın 14,3 metrelik eni nedeniyle çatıya oda içine yerleştirilen sütunlarla ek destek sağlanması gerekmiştir.

Agoranın aşağısında, *bouleuterion*'un aksi yönünde MÖ ikinci yüzyılda kayalığın güney yamacına oyulmuş olan *gymnasium* ile stadyum yer alırlardı. Dik arazi yüzünden stadyum kesilmiş bir plana sahiptir ve yalnızca kuzey (kent) tarafında oturma yerleri vardır. Roma döneminde eklenmiş olan, bir zamanlar direkler ve iplerden oluşan ve sekiz koşucunun aynı anda başlamasını sağlayan bir düzeneğin durduğu gelişmiş bir start mekanizmasının, oyuklara sahip taş başlama çizgisinin parçaları halen mevcuttur. *Gymnasium*, avlunun kuzey tarafındaki odalarda korunmuş olan sıra dışı özellikleri açısından dikkat çekicidir. Merkezi hol, erkek çocuklar için bir okuldu ve bunların pek çoğu duvarlara adlarını kazımışlardı. 700'den fazla ad halen okunabilir; örneğin, "Pausania oğlu Epikouros'un yeri." Sınıfın yanında bir hamam vardı. Kapının iki yanına yerleştirilmiş taş havuzlar ayak yıkamaya, odanın arka duvarı boyunca uzanan bir sıra çanak ise el ve yüz yıkamaya yarıyordu.

Bouleuterion'dan tepeye doğru çıkıldığında tiyatroya ulaşılır. Kentin ilk günlerinde inşa edilmiş olan tiyatro, Roma dönemindeki bazı uyarlamalara rağmen Helenistik Yunan karakterini korumuştur (**ŞEKİL 17.8**). Epidauros'ta da görülen Yunan tarzına uygun olarak *cavea* yarım daireden geniştir, ancak arka kısmı yanlardan kesilmiş ve *skene*'den parodoslarla ayrılmıştır. Orkestrada sıralı duran beş taş koltuk rahiplere ayrılmış olabilir. Sahne, önde yüksek bir platform olarak, proskene (*proscenium*) ile arkasındaki daha da yüksek bir kısım olmak üzere iki parçadan oluşur. Proskenenin altındaki cephe bir dizi kapı ve panel meydana getiren on iki sütunla dekore edilerek orkestrada koro ve solo aktörlerce sergilenen klasik oyunlar için etkileyici bir perde yaratılmış oluyordu. Klasik sonrası tiyatro geleneğinde koro önemini büyük ölçüde kaybetti. Solo aktörlerin önemi, proskenenin önü yerine tepesinde durmalarıyla vurgulandı. Böylece, ön sırada koltuklarda oturan önemli kişiler dışında tüm seyirciler için çok büyük seyir kolaylığı sağlanıyordu.

Tiyatronun batısında kentin en önemli mabedi olan Athena Tapınağı'nın kalıntıları bulunur. Agoranın kuzeybatı köşesinin üzerindeki terası Priene'ye hâkimdir, ama tapınağın orijinal boyutlarını gösterecek yalnızca temeller ve sonradan tekrar dikilmiş beş sütun günümüze gelebilmiştir. Tapınak İon düzenindedir, ki mimarı Pythios'un inatçı köşe triglifi sorununa sahip Dor düzenini iflah olmaz derece kusurlu bularak reddetiği düşünülürse bu şaşırtıcı değildir. Kat planı standart *pronaos*, *cella* ve *opisthodomos*'tan oluşur; bunun aksine, çevreleyen kolonadlar beklenenden farklı şekilde uzun yanlarda normal on üçer yerine yalnızca on birer sütuna sahiptir. Tapınağın orantıları çok beğenilmiş, hatta Pytheos bu konuda bir kitap yazmıştır (günümüze ulaşmamıştır). Tapınak ayrıca hamisiyle de ayrılır. MÖ 334'te kentten geçen Büyük İskender,

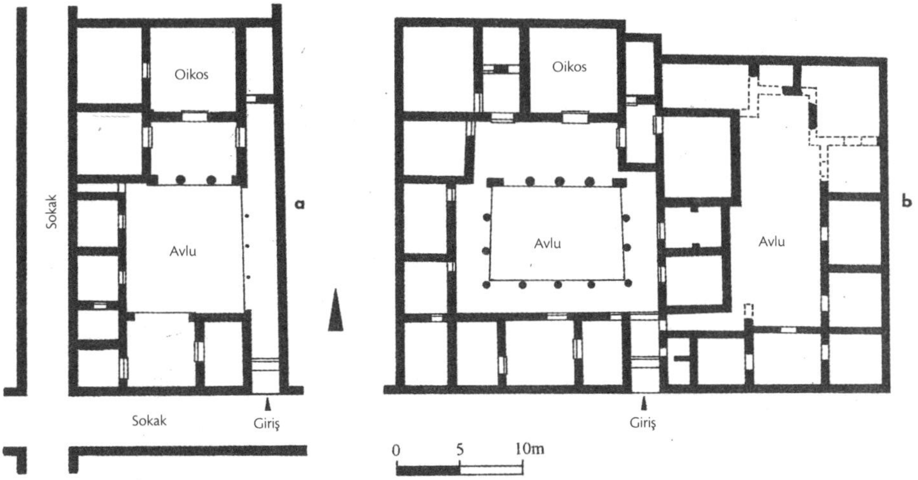

ŞEKİL 17.9 Priene'den ev planları, no. 33: (a) Evre 1-Batı; (b) Evre 2.

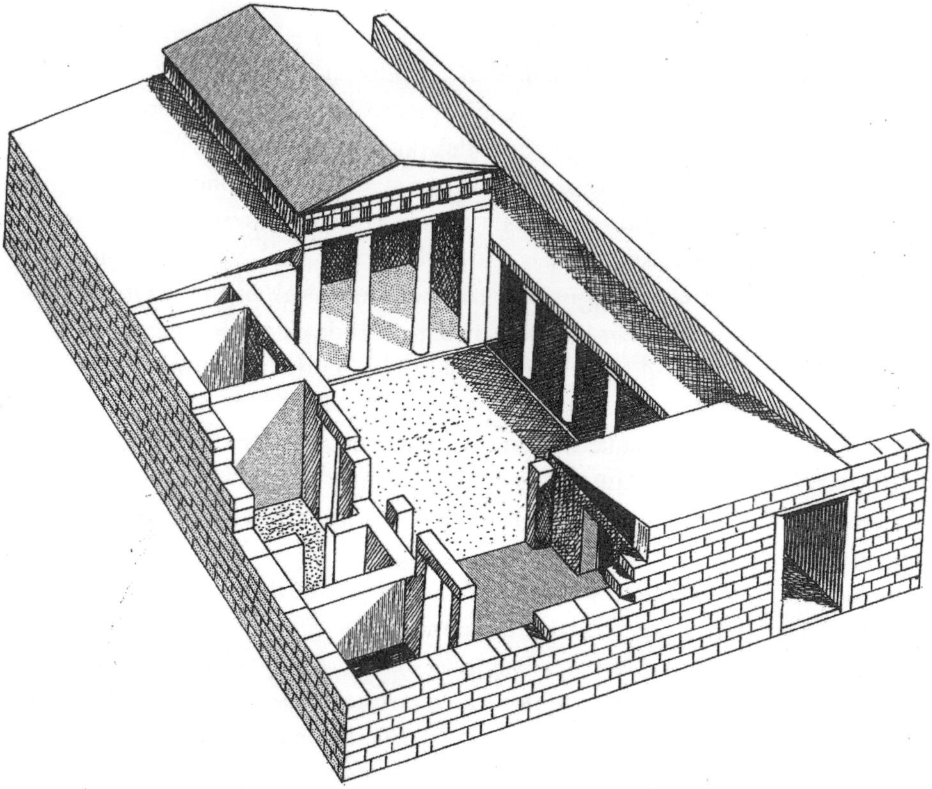

ŞEKİL 17.10 Ev no. 33 batı rekonstrüksiyonu, Priene.

adama hakkı ayrıcalığı karşılığında yapım masraflarını karşılamayı önermiştir. Prieneliler de memnuniyetle kabul etmişti.

Tapınağın aşağısındaki ana sokak, agoradan batıya, kentin ana yerleşim bölgesine doğru gider. Hafifçe aşağı doğru meyilli olan taş döşeli sokağın ortası boyunca geniş bir oluk uzanır. Sokağın iki yanında çok sayıda evin temelleri durur. Bu keşifler Atina'daki evler (yukarıda, bölüm 16) ve Olynthos ve Delos'taki kabaca aynı dönemlerden buluntular ile birlikte antik Yunanistan'da örnek yurttaşların ev yaşantısının net bir tablosunu çizmemizi sağlar.

Diğer Yunan kentlerindeki gibi, Priene'de de evler kolonadlı sundurmalarla çevrili orta avlu ve bu sundurmaların arkasındaki odalardan meydana gelirdi (**ŞEKİL 17.9** ve **17.10**). Ama burada avlunun arka ucundaki odalar vurgulanmıştır: Çatı hizası daha yüksektir ve bunun sonucunda sundurmanın sütunları daha uzun ve daha ön plandadır. Sundurma artı ana odadan oluşan bu mimari birim, tunç çağının Troya ve Mykenai mimarisindeki *megaron*'ları çağrıştırır.

Olynthos: Evler

Yunan evleri hakkında ilave bilgi, Kuzey Yunanistan'daki Olynthos'tan edinilmiştir; 100'den fazla evin kazıldığı bu alan bugüne dek bilinen en büyük örneği meydana getirir. Olynthos MÖ 432 ile MÖ 348 arasında II. Philippos tarafından yok edilene dek serpilmiştir; MÖ 316'da ise son kez terk edilmiştir. Kazılar 1928–38 arasındaki dört sezonda, Johns Hopkins Üniversitesi'nden David Robinson tarafından gerçekleştirilmiştir. Binaların temelleri iyi durumda olduğundan kentin planı ve bireysel evlerin planları net olarak anlaşılabilmiştir. Büyük ölçüde ortaya çıkarılmış kentsel alan Priene'yi çağrıştırır, ki gerçekten de iki kentin nüfusu aşağı yukarı aynıdır. Ancak, Priene'den farklı olarak dini yapılar noksan ve kamusal binalar azdır; kuşkusuz bu, arkeologların uygun yerleri kazmamış olmalarıyla alakalıdır.

Evler belli açıdan Priene'yi andırır. Ortak duvarları olan bitişik evlerden meydana gelen bloklar, birbirine paralel, düz sokaklar boyunca düzgün biçimde dizilmiştir. Benzer şekilde evler, sokaktan bir duvarla gizlenmiş ve içeride avlu odak olarak seçilmiştir. Ama arada farklar da vardır. Olynthos evlerinin normalde biçimleri dikdörtgen değil karedir (**ŞEKİL 17.11**). Dahası, avlunun arkasında, avlu ile ardındaki küçük odalar arasındaki bir ara alan olan ve *pastas* adı verilen bir revak yer alır. Ayrıca erkeklerin yemek yediği *andron* adı verilen bir oda mevcuttur. Evin bu en şık odası çoğunlukla yer mozaikleriyle süslüdür ve genellikle daha küçük bir ön odadan geçiş verilerek diğer odalardan ayrı tutulmuştur. Burada evin erkeği misafirlerini ağırlardı; birlikte duvarlara bitişik duran sofalara uzanarak yemek yerlerdi. Antik Yunan toplumu erkeklere çok ciddi özgürlükler tanıyordu, ama saygın kadınlar için izin verilen alanlar idare ve bakımından sorumlu oldukları ev ve aileleriyle kısıtlıydı. Eşler bu ye-

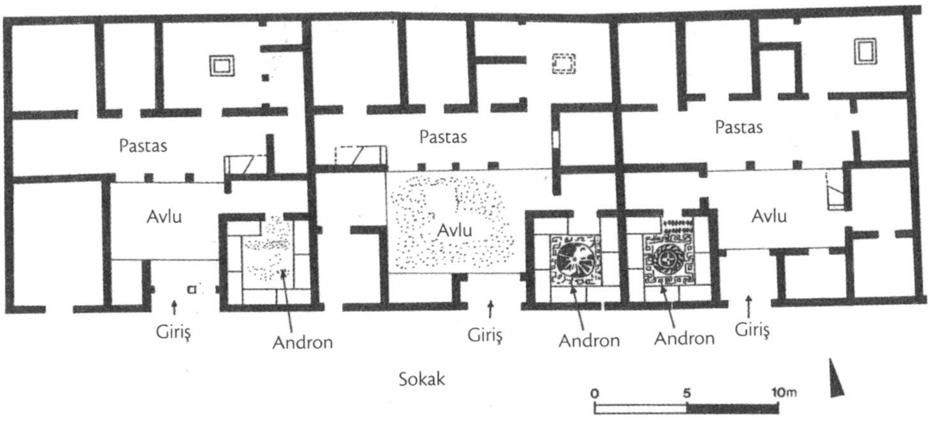

ŞEKİL 17.11 Ev planları, Olynthos.

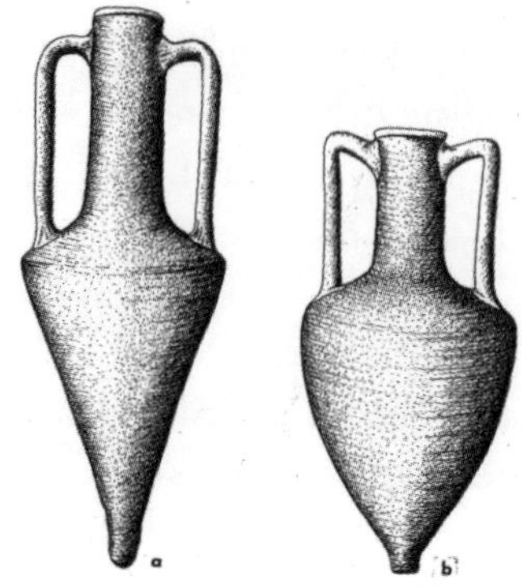

ŞEKİL 17.12 Atina Agorası'ndan nakliye amforaları: (a) Khios'tan, MÖ dördüncü yüzyıl; (b) Rodos'tan, MÖ üçüncü yüzyıl.

mekli davetlere katılmazdı. Burada bulunan kadınlar yalnızca müzisyenler ve eğlence sağlayanlardı.

Yedikleri açısından antik Yunanlılar bize sıkıcı, basit ve çeşitten yoksun gelebilir. Bir kere, modern Akdeniz mutfağının ana malzemeleri olan domatesler, biberler ve patatesler henüz mevcut değildi. Bu Yeni Dünya bitkileri Avrupa'ya on altıncı yüzyılda İspanyol kâşiflerce getirilmişti. Yenenler arasında ekmek, yumurta, peynir, çorba, pişmiş tahıllar, balık (özellikle kurutulmuş ve tuzlanmış olarak), nadiren et; sarmısak, soğan, fasulye, mercimek, kabuklu yemişler, zeytinler; zeytinyağı (aynı zamanda kızartmada da kullanılır); tatlı olarak ise incir ve diğer meyveler ile balla tatlandırılmış pastalar (şekerkamışı ve şekerpancarı mevcut değildi) bulunurdu. Ana içeceklerden biri olan şarap normalde beş ölçek suya iki ölçek şarap olmak üzere seyreltilir, krater yani karıştırma kabına ilk önce nazikçe su dökülürdü; bazen bize inanılmaz gelecek deniz suyu, hatta tebeşir veya toz haline getirilmiş mermer gibi maddeler eklenirdi. Bugün olduğu gibi belli yerler özel şaraplarıyla ünlüydü. Rodos, Knidos, Sisam, Khios ve Lesbos'tan gelen Doğu Ege şarapları özellikle övülürdü. Bu adalar ve kentler ile Kuzey Ege'deki Thasos, kendine özgü biçimi olan kilden sade nakliye amforalarıyla şarap ihraç ederdi (**ŞEKİL 17.12**). Çoğunlukla killeri henüz nemliyken sapları damgalanırdı. Doğu Akdeniz'deki arkeolojik kazılarda yaygın olarak rastlanan bu damgalar imalatçılar, kamu görevlileri ve tarihler hakkında değerli bilgiler sağlar.

Yer Mozaikleri

Özel evlerde ve kamusal yapılardaki yer mozaikleri geç Yunan ve Roma kentlerinin tipik özelliklerindendi. Olynthos'taki yer mozaikleri Yunan dünyasından kalma en eskiler arasındadır. İlk önceleri renkli çakıl taşlarıyla, daha sonralarıysa betona yerleştirilmiş kesme taş parçalarıyla yartılan yer mozaiği desenleri MÖ beşinci yüzyıl sonlarında Olynthos ve Korinthos'ta ortaya çıkmış, MÖ dördüncü yüzyılda popüler hale gelmiştir. Ziyaret Tepe (Güneydoğu Türkiye) ve Gordion gibi demir çağı kentlerinde daha eski mozaikler de keşfedilmiştir, ama bu Yeni Asur ve Frig örneklerinin devamı gelmemişti. Geç klasik dönemde bu modanın neden Yunanistan'da ortaya çıktığı ise belli değildir.

Mozaikler kullanılan malzemenin türüne göre iki ayrı gruba ayrılır: Çakıl [*pebble*] ve *tessera*. Bu iki türden eskisi olan çakıl mozaiklerde, resimleri oluşturmak için doğal biçim ve renkleriyle çakıllardan yararlanılır, kimi zaman pişmiş kil veya kurşun şeritler dış çizgileri oluşturmak için eklenir. Renklerin dikkatlice yan yana dizilmesiyle resimlere gölge hissi verilebiliyordu. Mozaikleri yapan ustalar, bunu hacim ve derinliğin gölgelemeyle sağlandığı itibarlı duvar resimleri için halihazırda geliştirilmiş olan sanatsal uzlaşımlara bağlı kalarak, yani farklı renk tonlarıyla ışık ve karanlık kontrastları sağlayarak gerçekleştirir. Olynthos'un çakıl mozikleri ünlü olmakla beraber, bilinen en kaliteli seri antik Makedonya'nın başkenti Pella'dan gelmiştir.

Helenistik dönemin başlarında, çakılların yerini çeşitli renklerde kesilmiş taş, cam veya terakota parçaları, yani tesseralar almıştı. MÖ ikinci yüzyıla gelindiğinde, zanaatkârlar 1 mm^2'lik parçalar bile kesebiliyordu; böyle küçük parçalardan yararlanılan mozaik tekniğine *opus vermiculatum* adı verilirdi. Tesseralarla gölgeleme çok daha ayrıntılı şekilde yapılabiliyordu. Ancak bir yere mozaik döşenmesi çok zaman aldığından tesseralı mozaikler pahalıydı. Yine de, Roma İmparatorluğu boyunca zenginlerin evleri ve bazı kamusal mekânlardaki (revaklar altındaki yürüme yolları gibi) yer süslemeleri; geç antikçağlarda ve Bizans döneminde başta kiliselerde olmak üzere duvar ve tavan süslemeleri ve Ürdün gibi bazı bölgelerde yer süslemeleri olarak mozaikler popülerliklerini korudu.

Pompei'de bulunan İskender Mozaiği eski tesseralı mozaiklerin en ünlü örneklerindendir (**ŞEKİL 17.13**). Faun Evi'nin kabul odalarının birindeki eksedrada bulunan 5,1 x 2,7 metre boyutlarındaki (perspektif kurallarına göre çizilmiş sınırları hariç) bu geniş yer yaklaşık MÖ 100'de yapılmış olup, MÖ dördüncü yüzyıl sonlarından kayıp bir duvar resminin kopyası olduğuna inanılır. Panelde, Büyük İskender ile Pers kralı III. Dareios kilit İssos Savaşı'nda

ŞEKİL 17.13 Faun Evi'nden İskender Mozaiği, Pompei. Arkeoloji Müzesi, Napoli.

ŞEKİL 17.14 Büyük İskender'in Portresi (Azara Herması). Lysippos'un orijinal eserinin Roma dönemine ait kopyası. Louvre Müzesi, Paris.

karşı karşıya gelmiştir. Sahnenin alt yarısında askerler, silahlar ve atlar birbirine çarpar ve birbirine karışır. Manzara olarak ölü bir ağacın bulunduğu ve kalkmış mızrakların boşluğu deldiği üst yarı daha boştur. Bu boşlukta resmin daha yüksek odak noktasında bulunan Dareios bizim solumuzda kalan İskender ile göz göze gelir; bu iki insanın kargaşanın üzerinde karşılaşması güçlü orduların çarpışmasını dengeler. Artık Napoli'deki Arkeoloji Müzesi'nde sergilenen bu mozaiğin fotoğrafına veya duvarda sergilediği versiyonuna bakıldığında ayrıntılar daha iyi anlaşılır. Oysa antikçağda bakanlar, yerde ayakta durdukları için bazı ayrıntılara yakından bakmakla veya çarpık ve eğimli bir görüntüyle yetinmek zorundaydı.

Büyük İskender'in kendi yaşamı boyunca ve sonrasında, büyük fatihin hatırasının bir ilham kaynağı olarak kullanıldığı dönemlerde yapılmış pek çok tasviri günümüze ulaşmıştır. Burada gösterilen modern dönemlerdeki ilk sahibinin adıyla Azara Herm olarak bilinen bir portredir (**ŞEKİL 17.14**). Roma İmparatorluğu'nda, MS ikinci yüzyılda yapılmış olan bu portre, genelde ünlü Yunan heykeltıraş Lysippos'un yaklaşık MÖ 330'da yaptığı bir orijinalin kopyası olarak kabul edilir. Üzerinde Yunanca olarak, "İskender, Makedonyalı Philippos oğlu" yazılıdır. Heykel ve sikkelerde karşılaşılan bu tür portreler orijinaline bire bir sadık kalmamış olabilir, ama her zaman yüzü tıraşlı kendine özgü şekilde saçı rüzgârda uçuşan olarak gösterilmesi gibi bazı uzlaşımlar sayesinde kolayca tanınan bir yüzdü. Gerekli mesajı verebilmek için tanınması çok önemliydi.

Vergina ve Halikarnassos: Kraliyet Mezarları

Büyük İskender, babası II. Philippos ve İskender'in imparatorluğu paylaşan Makedonyalı generalleriyle krallık Yunan dünyasında önem kazanır; bu gelişme bizim için önemlidir, zira bu zamana dek gördüğümüz gibi, hükümdarlar kentlerin sanatsal ve mimari ortamlarına önemli katkılarda bulunur. Geç klasik ve Helenistik hükümdarlar da farklı değildir. Oysa demokratik yönetime sahip olan ve pahalı kamusal anıt binalar yapılmasını gerektirecek göz kamaştırıcı fetihler veya başka başarılardan yoksun Priene'nin burada sunabileceği fazla bir şey yoktur. (Bununla birlikte, Priene de yabancılardan armağanlar almıştı; daha önce değindiğimiz gibi, Büyük İskender, Athena Tapınağı'nın yapımına mali destek vermişti.) Burada MÖ dördüncü yüzyılda maddi kültürde kraliyet girişimlerinin çarpıcı örneklerini bulmak için dikkatimizi her biri Yunan kültürünün kalbinden uzakta olan Vergina ve Halikarnassos'taki mezarlara yönelteceğiz.

Gömülerin zenginlik ve güç ifadesi olarak önemi antik Yakındoğu, Mısır ve tunç çağı döneminde Ege'deki pek çok kültürün tipik özelliklerindendir. Yunanistan bu kalıptan ayrılmıştı. Lefkandi'deki göz kamaştırıcı gömü ve Atina'daki Dipylon Mezarlığı'ndaki büyük cenaze vazolarının görüldüğü demir çağı başlarından sonra gömüler nispeten mütevazılaşır. Kamusal gösteri yönündeki baskıların artmasıyla tepki de ortaya çıktı: Gömü anıtlarına yapılan müsrifçe masrafları kısıtlamak için MÖ 317'de Atina'da lüks tüketim karşıtı yasalar kabul edildi. Priene'deki kentsel planın diğer yönleri hakkında o kadar aydınlatıcı olan kazılar, kent surlarının dışında gerçekleştirilen ölülerin defni konusunda pek bir bilgi vermemişti. Krallığın tekrar doğuşuyla, Yunan dünyası yeniden gömülere önem verilişine şahit olacaktı.

Vergina

Selanik Ünivesitesi'nden Manolis Andronikos'un Vergina, yani Makedonya'nın ilk başkentlerinden Aigai'de yaptığı çok sayıda keşif içinden en etkileyicileri MÖ 350–300 tarihli üç kral mezarıydı. Bunlardan ikisi, Mezar II ve III el değmemiş halde bulunmuştu. Andronikos Mezar II'yi II. Philippos'un olarak belirledi. Bu yönde sağlam kanıtlar vardır. Farklı boylardaki bacak zırhları Philippos'un aksaklığını akla getirir. Fildişinden minik bir portrede, tek gözü gören bir adam tasvir edilmiştir, ki Philippos'a uyar; dahası, mezarda bulunan bir kafatası adli tıp tarafından incelendiğinde bu belirleyici özelliğe sahip olduğu anlaşılır. Mezar III'ün Büyük İskender'in ölümünden sonra doğan oğlu IV. İskender'e ait olması gayet mümkündür, ama diğer mezarda yatanın kimliği bilinmiyor.

Mezarlar duvar örülerek inşa edilmiş ve daha sonra üzerine yapılan alçak ve geniş bir tümülüs ile gizlenmişti. Planları basittir: Mezar I, girişi olmayan ufak tek bir odadan ibarettir; Mezarlar II ve III bir ön oda ile bunun ardında ana odadan meydana gelir ve iki oda da beşik tonozludur. Bu mezarların en büyüğü olan Mezar II'nin genişliği 4,46 metre, derinliği 9,50 metredir. Cephesi

Dor düzeninde bir tapınağın kısa yüzünü andıracak şekilde iki yarı sütun, bir arşitrav, bir triglif, metoplu friz ve bunun üzerinde boyayla av sahneleri resmedilmiş yatay bir friz paneliyle donatılmıştır.

Soyulmuş halde bulunan Mezar I, kısa sürede modern dönemde bulunan en önemli Yunan sanatı örneklerinden biri olarak kabul görmeye başlayan bir duvar resmiyle süslenmişti. Kuzey duvarında, 3,5 x 1,0 metrelik bir alandaki resimde Hades, Persephone'yi yakalamış ve arabasıyla kaçırmaktadır. Kullanılan renkler beyaz, sarı ve mordur. Kompozisyondaki drama, izlenimciliği çağrıştıran fırça darbeleri ile ışık ve gölgeden hacim yaratmak için yararlanma şekli, kırmızı ve siyah figürlü Attika çömleklerindeki nispeten daha hareketsiz resimlere göre çok daha incelikli ve ifade özelliği çok daha yüksek bir resim ortaya çıkarmıştır. Bu duvar resmi antikçağda el üstünde tutulan, ama bugün neredeyse tümüyle ortadan kalkmış bir sanat olan anıtsal Yunan resimlerinin kalitesi hakkındaki tüm beklentilerimizi karşılar.

Halikarnassos

Yaklaşık MÖ 350'de Priene tekrar kurulurken, güneyde pek de uzak olmayan Halikarnassos kentinde, Yunan dünyasındaki cenaze anıtlarının en ünlüsü inşa ediliyordu: Mausoleion. Vergina'daki mezarlardan farklı olarak Mausoleion, kraliyet itibarını halk önünde gözle görülür, pahalı bir şekilde sergiliyordu. Halikarnassos (bugünkü Bodrum), demir çağında Doğu Ege'ye göçler sırasında Yunanlı Dorların kurduğu küçük bir limandı; daha sonra İonya konfederasyonuna katıldı. En ünlü yurttaşı tarihçi Herodotos'tu. MÖ dördüncü yüzyılda, Karia olarak bilinen bu bölge, Persliler adına denizden içerideki Mylasa'dan (bugünkü Milas) Yunanlı olmayan Karialı Hekatomnos ailesince yönetilirdi. MÖ 377'de tahta çıktıktan kısa süre sonra Mausolos, başkentini Mylasa'dan kıyıya Halikarnassos'a taşıdı ve burayı yeni tahkimatlar, korunan bir liman, tapınaklar ve bir sarayla donattı. Ölümü üzerine, dul eşi ve kız kardeşi (Mısır geleneğinde bir kraliyet evliliği) Artemisia'nın gözetiminde, Prieneli Pythios ve Paroslu Satyros tarafından tasarlanan ve Yunan tarzında süslenen muhteşem mezarı tamamlandı. Tasarımı, kullanılan malzemeler ve süslemeleri o kadar harikaydı ki mezarın adı olan Mausoleion [Türkçede Mozole] toprak üstündeki tüm şık cenaze anıtlarını belirtmek için gündelik dilde kullanılır oldu.

Mausoleion varlığını ortaçağlara kadar sürdürdü. Nihai yıkılışı, kesme taşlarını limandaki kalelerinin inşasında kullanan haçlı St. Jean Şövalyeleri'nin ellerinde gerçekleşti. Ama MS birinci yüzyılda yaşayan ansiklopedi yazarı Yaşlı Plinius ve Vitruvius'un tasvirleri ile bu alandaki İngiliz (1857 ve 1865) ve Danimarkalı (1966–77) grupların arkeolojik kazılarından görüntüsünü canlandırabiliyoruz (**ŞEKİL 17.15**).

ŞEKİL 17.15 Mausoleion rekonstrüksiyonu, Halikarnassos.

Mausoleion limana yakın bir yokuşta, yaklaşık 105 x 242 metrelik geniş bir terasın kuzedoğu kısmındaydı. Yaklaşık boyutları 30 x 36 x 42 metre olan yapı, mezar odasının üzerinde dört aşama halinde çıkılmıştı. Yeraltındaki mezar odasına inen geniş merdivenlerin en altında kurban edilmiş atlar bulunmuştur. Yolun geri kalanı taştan büyük bir tıkaçla kapatılmıştı, ama yine de hırsızlar, belki ortaçağda, girmeyi başarmıştı.

Esas binanın en alt aşaması üç kat halinde yükselen yüksek bir kaideydi. İkinci aşama, bir *cella*'yı çevreleyen otuz altı İon sütunundan meydana gelen tapınak benzeri bir kolonaddan oluşuyordu. Bunun üzerindeki üçüncü aşamada yirmi dört basamaklı bir çatı bir piramit gibi yükselerek üzerinde dördüncü öğenin durduğu küçük bir platformda bitiyordu. Bu platformun üzerinde Mausolos ile Artemisia'nın dört at tarafından çekilen bir araba üzerinde durduğu bir heykel vardı.

Yapının üzeri bolca heykelle bezenmişti. Plinius, Yunanistan'ın en ünlü dört heykeltıraşının her birinin –Skopas (doğu), Bryaksis (kuzey), Timotheos (güney) ve Leokhares (batı– bir cepheden sorumlu olduğunu anlatır, ama heykellerin en iyi korunmuş olduğu kaidenin tepesindeki Yunanlılar ile Amazonlar arasındaki savaşın anlatıldığı rölyeflerin farklı eller tarafından yapılmış olduğu kanıtlanamamıştır. Diğer heykeller büyük ölçüde parçalanmış durumdadır ve anıt üzerindeki yerleri de henüz varsayımsaldır.

Mausoleion, Halikarnassos kentinin özelliği olan o kültürel karışımı yansıtır. Yunan kültürünün etkisinde, Yunanlı olmayan bir aile tarafından dikilen bu anıt, Yunan ve Anadolu'ya özgü öğeleri birleştirir. Mimari ayrıntılar ve heykellerin tarzı Yunan olmasına rağmen, yüksek bir kaide üzerindeki tapınak benzeri bu anıttaki anlayış Yunan olmayan Batı Anadolu'ya çok tanıdıktır. Bu yapının değerli öncülleri arasında Ksanthos'taki yaklaşık MÖ 380 tarihli Nereidler Anıtı ve çatı kısmı açısından Sardes'teki MÖ altıncı yüzyıl ortalarından kalma Piramit Mezar sayılabilir. Resimsel imgelemlerin çoğu, Yunan mimari heykelciliğinin standart geleneklerinden gelir ve tarihsel anlatılarla dolu Nereidler Anıtı örneğini izlemez. Buradaki ikonografi kısmen Yunanlıların Perslere karşı zaferle sonuçlanan mücadelesini çağrıştırdığı için, burada sözde Pers kralına tabi Yunanlı olmayan yöneticilerce tekrar üretilmiş olması bizi şaşırtabilir. Yunan sanatının cazibesi ve itibarı, siyasal göndermelerin önüne geçecek kadar büyük olmalı. Veya, sadece heykellerde yatan alegoriler Mausolos, Artemisia ve Karia tebaaları için anlaşılmaz olabilir.

BÖLÜM 18

Helenistik Kentler

- Büyük İskender'in ölümü: MÖ 323
- III. Attalos'un Pergamon'u Roma'ya bırakışı: MÖ 133
- Aktium Savaşı: MÖ 31

Büyük İskender'in fetihleriyle Yunan medeniyetinin doğası ciddi şekilde değişime uğradı. Batı Asya ve Mısır'a Yunan egemenliğinin yayılmasıyla, Yunanlılar komşu kültürlerle daha önce hayal etmedikleri şekillerde karşılaştılar ve karıştılar. Bu bölüm Helenistik döneme egemen olan bazı temaları ve bunların kentlere etkilerini ele alacak: Yunan sanat ve mimari biçimlerinin devam eden gelişimi; krallığın kentsel deneyime etkileri; siyaset ile ticaretin kesişimi; Yunanlıların Yunanlı olmayan kültürlerle karşılaşmaları; çokkültürlü bir ticaret merkezi olarak kent ve coğrafyanın etkisi. Bu temaları incelerken kullanacağımız örnekler bir kırsal tapınak olan *Didyma*'daki Apollon Tapınağı ile dört kent, *Pergamon, İskenderiye, Delos* ve *Sinop* olacaktır.

Tarihsel Giriş

Büyük İskender'in fetihleri Yakındoğu ve Mısır'ı Yunanlıların eline geçirdi. İskender'in beklenmedik ölümünden sonra bir güç mücadelesi yaşanması kaçınılmazdı: Bu denli büyük ganimetler kolay kolay kimseye bırakılamazdı. İskender'in genç dul eşi ve oğlu, savaşlarda pişmiş Makedonyalı generalleriyle başa çıkamazdı, ki kısa süre sonra ortadan kayboldular. Generaller bu çok geniş toprakları aralarında bölüştü ve kendilerinin ve ardıllarının bundan sonraki üç yüzyıl boyunca kral olarak yönetecekleri Makedonya tarzında yeni devletler kurdular (**ŞEKİL 18.1**). Bunların arasında öne çıkanlar Mısır'ı alarak Akdeniz kıyısında yeni kurulan İskenderiye'yi başkenti yapan Ptolemaios; Dicle üzerindeki Seleukeia ve daha sonra Antiokheia'taki başkentlerinden Levant, Suriye ve Güneydoğu Anadolu'yu yöneten Selevkos ile ardılları ve Yunanistan ile Batı Anadolu'yu yöneten Lysimakhos'tu. Bu krallıklar çağında, eski Yunan şehir-devletleri etkin gücü olmayan eski bir gelenek gibi varlıklarını yalnızca sözde devam ettireceklerdi. Atina demokrasisinin yerini çok daha eski bir yönetim sistemi alacak, bu yönetim daha sonra Roma dönemi ve ortaçağlara yumuşak bir geçişle evrilecekti.

ŞEKİL 18.1 Önemli Helenistik kent ve krallıklar.

"Helenistik" sözcüğü, (Mezopotamya ve doğusunda olduğu gibi) Makedonyalı krallıklar kısa süre sonra Yunanlı olmayan yerel yöneticilerin eline geçtiğinde bile, Doğu Akdeniz ve Yakındoğu'daki bu Yunan üstünlüğü yüzyıllarını ifade etmek için kullanılır. Bilim insanları, filozoflar ve derleyiciler ile İskenderiye ve Pergamon'daki devlet destekli kütüphaneler gibi bilgilerin özenle düzenlendiği ve korunduğu kurumlar sayesinde, bu dönem bilgi açısından önemli gelişmelere sahne oldu. Sanatlarda, heykelcilik, resim, sikkeler ve mozaikler Yunan geleneğini geliştirdi. Ama, bu çok geniş alanın yüzeyine Yunan kültürü yayılmış olmasına rağmen, Yunanlı olmayan tebaalara farklı derecelerde nüfuz etti. Anadolu'da Helenleşme toplumun her düzeyine işledi, ama Mısır ve Levant'ta kitleler arasında Yunan öncesi kültürler egemendi. Yunanlı hükümdarların kendileri de Doğulu kültürlerin etkisine kapalı değildi: Örneğin, Mısırlı ilahi krallık kavramının dayanılmaz bir cazibesi vardı.

Bu dönem ayrıca, Romalıların Doğu Akdeniz'e askeri ve ticari açıdan dahil oluşuna ve bununla beraber gelen toprak kazançlarına şahit oldu. MÖ dördüncü yüzyılda İtalya'da bölgesel bir güç olmanın ötesine geçemeyen Roma, Helenistik dönemin sonuna gelindiğinde bütün Akdeniz'i denetimi altına almıştı. Doğuda bu egemenliğin tam olarak sağlanması MÖ 31'deki Aktium Savaşı ile oldu. Mısır kraliçesi Kleopatra ve müttefiki Marcus Antonius'u bozguna uğratan Octavius (daha sonra Augustus Caesar) Yunanistan, Anadolu, Kıbrıs, Levant ve Mısır'ın Roma'nın hâkimiyetine geçişini tamamladı.

Didyma: Apollon Tapınağı

Yunan tapınak mimarisi muhafazakârlığı ile dikkati çekiyordu ve bu yaklaşım Helenistik dönemde de devam etti. Ama bu yeni dönemde dramatik ve şaşırtıcı olan da değer kazanmıştı. Geleneksel ile yenilikçinin bu tipik Helenistik bileşimini Didyma'daki Apollon Tapınağı'ndan daha iyi gösteren başka bir yapı yoktur (**ŞEKİL 18.2**). Dahası, harabe durumunda olmasına rağmen, Apollon Tapınağı Doğu Yunanistan'daki dev İon düzeni tapınaklarının günümüze ulaşan en iyi örneğidir. Bu tapınaktan Sisam'daki Hera veya Ephesos'taki Artemis Tapınağı'nın boyutları ve ihtişamı hakkında bir fikir edinebiliyoruz.

Apollon'un bu büyük *temenos*'unun yanı sıra, Artemis'e adanmış daha küçük bir tapınak kompleksi ve stoalar, dükkânlar ve hamamlar gibi hacıların ihtiyaçlarını karşılayan çeşitli kamusal binaların bir arada bulunduğu bir dini merkez olan Didyma'daki en önemli yapı Apollon Tapınağı idi. Tapınağın hemen güneyinde dört yılda bir düzenlenen önemli Büyük Didymeia festivali kapsamındaki atletizm yarışmalarına ev sahipiği yapan bir stadyum vardı. Tapınağın merdivenleri oturma yeri olarak kullanılıyordu; seyircilerce bu basamaklara kazınmış adlardan bazıları hâlâ görülebilir.

Didyma, Miletos kentine aitti. Miletos'un 20 km kadar güneyinde bulunan Didyma'ya, Kutsal Yol adı verilen bir tören yolundan ulaşılıyordu. Tıpkı Delphoi

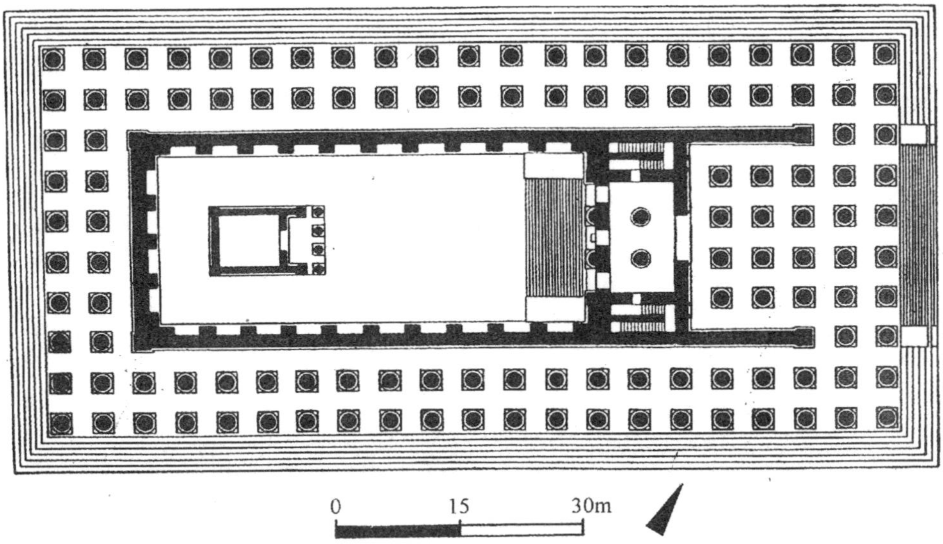

ŞEKİL 18.2 Apollon Tapınağı planı, Didyma.

gibi Didyma'daki Apollon *temenos*'unda da bir kâhin vardı, ama burada ilham kaynağı kutsal bir pınardı. Arkaik dönemde inşa edilen ilk büyük tapınak MÖ 494'te, Miletos'u yağmalayan ve İon ayaklanmasını bastıran Persler tarafından yakılmıştı.

Bunu izleyen 150 yıl boyunca tapınak harabe olarak kaldı ve kâhin hizmet vermedi. Öyküye göre, Büyük İskender buradan geçerken kâhin ve kutsal pınar yaşama geri dönmüş ve kısa süre içinde yeni, bugün gördüğümüz tapınağın inşaatına başlanmış. Selevkos'un hamiliği altında, mimarlar Ephesoslu Paionios ve Miletoslu Daphnis yönetiminde başlayan çalışmalar klasik antikçağlar boyunca devam ederek 600 yıl sürmüştür. Tapınak hiçbir zaman bitirilemedi. Tapınağın güneydeki dış duvarlarında bitmemiş işlerin izlerini görmek mümkündür: Duvarcıların işaretleri (burada büyük harflerle), kazma izlerini taşıyan kaba yüzeyler ve kaldırma ipleri için tutma yerleri gibi tümü de duvara en son hali verilirken kalan izlerdir. MS dördüncü yüzyıl sonlarında, I. Theodosius tüm pagan kültler gibi kâhini de kalıcı olarak kapatmıştır. Binanın kendisi de bunu izleyen depremlerde ciddi hasara uğramıştır. Tapınağın görünür durumdaki kalıntılarını, on sekizinci yüzyıl ortalarından itibaren Batı Avrupa'nın dikkatine taşıyan gezginler olmuştur. On dokuzuncu yüzyıl boyunca kısmi kazı çalışmaları yapıldı, ama tapınağın tam olarak ortaya çıkarılması 1906–13 arasında, Berlin'deki Prusya Kraliyet Müzesi'nden Theodor Wiegand yönetimindeki çalışmalarla gerçekleştirildi. Uzun bir aradan sonra, Alman Arkeoloji Enstitüsü çalışmalara 1962'de tekrar başladı ve ağırlığı tapınak dışı bölgelere verdi.

Didyma denize yakın düz bir ovada yer alır. Tapınak batı, kuzeybatı ve güneybatıdan kutsal bir koruyla çevriliydi. Çok sayıdaki uzun, ince sütunlarıyla tapınağın kendisi de görkemli bir orman izlenimi veriyor olmalı. Yaklaşık 109 x 51 metrelik geniş stilobat üzerinde *cella*'nın çevresinde, kısa yanlarda onar, uzun yanlarda yirmi birer toplam 108 sütundan oluşan bir çift kolonad ve *pronaos*un içinde buna ek olarak on iki sütun daha yapılması planlanmıştı. Hâlâ ayakta durara neredeyse 2 metre çapındaki üç sütun 19,7 metrelik boylarıyla tapınağın etkileyici dikey boyutları hakkında fikir verir. Normal yapım sıralaması burada tersine dönmüş, kolonad *cella*'dan sonra yapılmıştı. Sundurma sütunlarının birbirinden farklı kaideleri ve süslemeleri, sütunların farklı dönemlerde yerleştirildiğini ve tamamlandığını gösteriyor ki, pek çok sütun hiç yerleştirilmemişti.

Tapınağın dışı İon mimari geleneklerine uygunken, içi normlardan ayrılarak birbiri ardına süprizler sunar. Pronaosun ardında ilk sürpriz yatar: Pronaostan *cella*'ya açılması beklenen giriş merdivensiz, geçmeyi olanaksız kılacak denli yüksek bir eşikle engellenmiştir. Bunun üzerinde tapınağın içinden girilen ve doğu odası adı verilen bir oda vardır (bkz. aşağıda); rahipler kehanetleri buradan ilan ediyor olabilirler.

Tapınağın içlerine doğru girmek için *pronaos*un uzak köşelerinden aşağı inen iki beşik tonozlu geçitten birini etmek gereklidir. Karanlık, mağaramsı tünellerden gün ışığına erişilir ve başka bir süprizle karşılaşılır: Bu tapınağın *cella*'sının yerini stilobattan çok daha alçak bir düzeyde bulunan döşenmemiş bir açık hava avlusu almıştır (yaklaşık 53,5 x 21,5 metre). Bu *adyton*, yani kutsal alanın uzak ucunda tanrının tunç heykelini barındıran minik bir İon tarzı tapınak, *naiskos* ve bunun içinde veya hemen dışında kâhinin ilham kaynağı olan kutsal pınar ile defne ağacı bulunurdu. *Adyton*'un kuzey duvarlarına, ölçü ve biçimde tekbiçimlilik sağlamak için başvurulan mimari planlar, düz ve eğri, 20 metreye kadar uzanan, tapınağın sütunlarının ve diğer mimari öğelerinin, başlık ve kaidelerin tasarımlarının ayrıntılarını gösteren bir dizi ince şekilde oyulmuş çizgilerden oluşan bir tür taslaklar kazınmıştır. Bu diyagramlar yaklaşık MÖ 250'de *adyton* duvarları yapılırken, ilk mimarlar Paionios ve Daphnis öldükten çok sonra çizilmiştir. Benzer çizimlere Priene'de (Athena Tapınağı), Sardes'te (Artemis Tapınağı), Mısır'da ve Batı Avrupa'daki bazı Gotik kiliselerde de (örneğin, Chartes ve Reims) rastlanmıştır.

Adyton'un batı yanından geniş bir merdivenle yukarı, kehanet mesajlarının verildiği doğu odasına çıkılır. Her iki uçtaki merdivenlerle çatıya erişilir. Tapınak, başta iç *adyton* duvarlarının üst kenarları için pilastr başlıkları ve frizler olmak üzere, heykelli dekorasyona sahipti. Roma İmparatorluğu döneminde dış saçaklama için bir friz yontulmuştu. Medusa'nın başı, yüzyıllar boyunca olduğu gibi burada da tapınağı kötülüklere karşı korumak üzere yerini almıştı, ama arkaik Kerkira'daki vahşi gorgodan farklı olarak Romanlıların Didyma'daki Medusa'sı dolgun, aksi bir şekilde surat asmış ve tamamen terbiye edilmiştir.

Pergamon: Atina Geleneğinde Bir Kent

Helenistik dönemin dramatiklik hissi en net olarak Didyma'daki Apollon Tapınağı'nda görülürken, en güzel kentsel ifadesi Helenistik ve Roma dönemlerinde Anadolu'nun önde gelen kentlerinden biri olan Pergamon'un yerleşim planında kendini gösterir. Kentin ufak bir kıyı ovasının ardındaki bir tepedeki konumu çarpıcıydı. Müstahkem zirve veya akropolis, sarayı ve bazı kilit kamusal ve dini yapıları içeriyordu. Kent, daha yumuşak eğimli güney yamaç (diğer yamaçlar dikti) boyunca devam ederek, sonunda Roma dönemine gelindiğinde, şimdi modern Bergama'nın bulunduğu ovaya yayılmıştı (**ŞEKİL 18.3**). Saray ve tapınakların yukarıda tutulduğu planıyla Pergamon'un bir demokrasinin değil, krallığın başkenti olduğu anlaşılıyor. Bunun aksine Priene'de agora ve *bouleuterion* kentin merkezinde bulunurken, Athena Tapınağı da bir köşeden koruyucu bir şekilde aşağı bakıyordu. Pergamon'da doğal topografya ile hiyerarşik toplum arasındaki karşılıklılığın Helenistik dönemlerde norm olduğunu

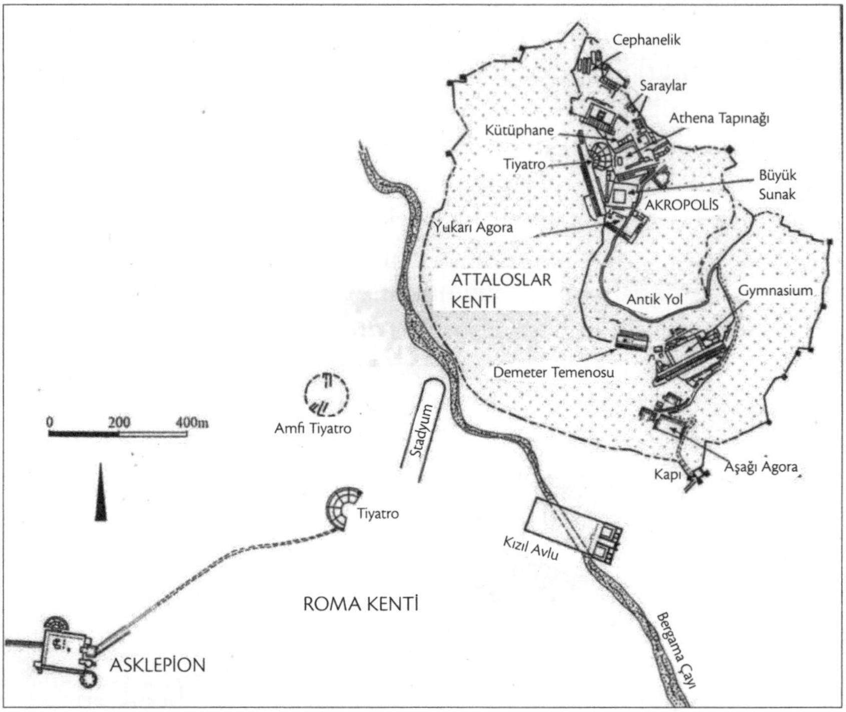

ŞEKİL 18.3 Pergamon kent planı.

söyleyemeyiz (örneğin, İskenderiye düz bir arazide kuruludur), ama yine de hayırlı ve aydınlatıcı bir rastlantı olarak kabul edilmelidir.

Tarih öncesi dönemlerden beri yerleşim bulunmasına rağmen, bu tepenin üzerindeki kentin gelişerek önemli bir kent olması ancak yaklaşık MÖ 300'de, Büyük İskender'in ardından denetimi ele alan generallerden Lysimakhos'un servetinin büyük bir kısmını, Pergamon'da koruması için Philetarios'a teslim etmesiyle başlar. MÖ 281'de Lysimakhos bir savaşta ölmüştü. Hazineye kimse sahip çıkmayınca, Philetarios 9000 talent değerindeki (1966'da George Bean bunun 10 milyon İngiliz Sterlini'ne karşılık geldiği tahmininde bulunmuştur) bu parayı kendisinin Pergamon'un tepesindeki yerini sağlama almak için kullandı. Yeğeni Eumenes'i evlatlık alarak MÖ 133'e kadar sürecek bir hanedan kurdu. Attaloslar krallığı kısa sürede genişledi; en geniş halinde, MÖ 190'da (Romalılarla birlikte) Magnesia'da III. Antiokhos'a karşı alınan zaferden sonraki toprak kazançlarıyla Batı Anadolu'nun büyük kısmını, MÖ altıncı yüzyıldaki Lydia krallığına yakın büyüklükteki toprakları denetimi altına aldı. Pergamon kralları başkentlerini Yunan dünyasının kültürel merkezi, döneminin Atina'sı olarak gördüler; Atina modelini izleyen Pergamon, görsel sanatlar açısından başlıca merkezlerden biri haline geldi. Roma döneminde kent önemini sürdürmeye devam etti, MS ikinci yüzyılda nüfusu yaklaşık 150.000'e yükseldi.

Akropolis

Eski kentin idari, dini ve kültürel kalbi olan akropolis modern dönemde arkeolog ve turistlerin odaklandığı bölge olmuştur. 1878'den bugüne Pergamon'daki kazılarını sürdüren Alman Arkeoloji Enstitüsü, ilk çalışmalarını akropolise yönlendirmişti. Son zamanlarda, arkeologlar bugün manzaraya hâkim olan tanrılaştırılmış Roma imparatoru Traianus'a adanmış önemli Helenistik dönem sonrası tapınak Traianeum'un bazı kısımlarının rekonstrüksiyonu için buraya geri döndü.

Tahkimatlar, Saraylar ve Su Temini

Tepenin üzeri doğuya doğru yükselen, kuzey-güney yönünde bir yay meydana getirir. Binalar kuzey, doğu ve batı olmak üzere üç sektörde yoğunlaşırken kuzeyde savunma güvenliği sağlanmıştır; kraliyet sarayları doğuda; önemli bir tapınak ve devlet kütüphanesi batıda yer alır. Baş döndürücü tiyatro, tepenin batı kıvrımına yerleştirilmiştir. Akropolisin en kuzey ucu uçurumla son bulması nedeniyle doğal savunma avantajına sahiptir. Burada MÖ üçüncü-ikinci yüzyıllardan bir cephanelik veya askeri depo ile bunun yanında bir kışla bulunurdu. Kışlanın kuzeydoğudaki Helenistik tahkimat duvarının parçası olan, otuz iki sıra kesmetaştan dış duvarı gayet iyi korunmuş olup, dik görünen uçurumla birlikte bu kalenin bir zamanlar ne kadar iyi korunduğunu gösteriyor.

Kışlanın güneyinde, kale bölgesinin doğu ucunda, önce Philetairos, daha sonra da ardılları, birbirine gevşek şekilde bağlı dört saray kompleksi yaptırmıştır. Yalnızca kat planları duran bu saraylar, Yunan ev mimarisinde zaten standart olan türde büyük peristil evlerdi: Revaklı açık hava avluları çevresinde dizili odalar ve mozaik zeminler de içeren bir dekorasyona sahiptiler. Muhtemelen MÖ ikinci yüzyılda oluşturulan gelişmiş su temin sisteminin bir parçası su depolamakta kullanılan sarnıçlardan meydana geliyordu. Su kente yaklaşık 45 km kuzeydeki bir dağdaki kaynaktan, terakota borulardan meydana gelen bir üçlü boru hattı ile getiriliyordu. Kaleye doğru son çıkışta, yeraltına gömülü, uçları uygun boyda delikler açılmış taşlarla sabitlenmiş tunç veya kurşundan borular kullanılmış olması mümkündür. Basınçla yukarı itilen su, kaledeki bir merkezi rezervuara ulaşıyordu; buradan saraylara ve tepeden aşağı akarak evlere, halk çeşmelerine ve kanalizasyonlara dağılıyordu. Bu su temin sistemi, Romalıların çok geliştireceği türde su mühendisliği projelerinin ilk örneklerinden biriydi.

ŞEKİL 18.4 Karısını ve kendisini öldüren Galyalıyı tasvir eden Helenistik tunç bir orijinale dayanan Roma dönemine ait mermer kopya. Palazzo Altemps, Roma.

Athena Tapınağı ve Anıt Heykel

Akropolisin batı kıvrımında, kentin en eski ve en önemli tapınağı yer alır. MÖ dördüncü yüzyıldan kalma Dor düzenindeki Athena Tapınağı bazı süprizler barındırır: Nispeten küçüktür (stilobat: 21,77 x 12,27 metre) ve kuzey-güney doğrultusunda olup, akropolisin batı ucundaki baskın kıvrıma paralel uzanır. Ama Pergamon, kendini Atina'nın kültürel vârisi olarak görüyordu, dolayısıyla hem koruyucu tanrıça olarak Athena'nın, hem de Atina'daki ana tapınağının belirleyici özelliği olan Dor düzeninin tercih edilmesi uygun bir saygı gösterisi olarak görülebilir. MÖ ikinci yüzyılda üç tarafta stoaların inşa edilmesi ve tapınak ile tepenin kenarının yamuk bir üçüncü kenar oluşturmasıyla, buradaki alana biçimsel, kalıcı bir sınır çizilmiş oldu. İki katlı olan stoaların alt katlarında Dor, üst katlarındaysa İon düzeni kullanılmıştı.

MÖ üçüncü yüzyıl sonlarından başlayarak krallık önemli zaferler kazandı. Mağlup edilen düşmanlar arasında öne çıkanlardan biri MÖ üçüncü ve ikinci yüzyıllarda Yunanistan ve Anadolu'ya akınlar yaparak bölgeye dehşet saçan ve daha sonra saldırılarını durdurma karşılığında para talep eden Orta ve Doğu Avrupa'dan gelen Galyalılardı [Keltler]. Pegamon kralı I. Attalos (MÖ 241–197) fahiş taleplerine karşı koydu ve yaklaşık MÖ 230'da gerçekleşen savaşlarda onları yendi. Galyalılar Orta Anadolu'ya çekilerek "Galatia" adı alan bölgede yerleşti. Pergamon açısından bu zaferler kentin gücünü ve itibarını pekiştiriyordu: Bunlar MÖ beşinci yüzyıl başlarında, Yunanlıların Perslere karşı galibiyetini çağrıştıran zaferlerdi. Kentin koruyucu tanrıçası şükranları hak ediyordu. Ana tapınağının önündeki avlunun başta bir dizi tunçtan yenilmiş Galyalı savaşçı heykelleri olmak üzere anma amaçlı anıtların sergilenmesi için en uygun yer olduğuna karar verilmişti. Orijinal tunç heykeller kaybolmuştur, ama yazıt içeren kaideler ve bazı heykellerin daha sonraki tarihlerde Romalılarca yapılmış taştan kopyalar günümüze ulaşmıştır. Bunların en dramatiğinde, karısını öldürdükten sonra kılıcını kendi göğsüne saplayan bir savaşçı tasvir edilmiştir (**ŞEKİL 18.4**). Bu heykeller, yansıttıkları aşırı hissiyat ve yenilmiş bir düşmana gösterilen dokunaklı, saygılı tavır nedeniyle oldukları kadar (Mısır ve antik Yakındoğu sanatındaki aşağılayıcı düşman tasvirlerinden çok farklı), Yunanlı olmayan bir halk hakkındaki etnografik bilgiler açısından da ilginçtir: Çamura bulanmış saç, bıyık ve boynun çevresine takılan boyun halkaları bu tür unsurlardır.

Stoalar da, üst katlarının önünü süsleyen, ele geçirilmiş silahların rölyef heykelleri ile, Pergamon zaferlerini duyurma işlevine hizmet ediyordu. Ve bu tür başarıların Anadolu dışında duyulmaması ihtimaline karşılık, bu zaferler aynı zamanda Atina akropolisi (Küçük Attaloslar Adağı adı verilen) ve Delphoi ile Delos'taki önemli uluslararası kutsal mekânlarda da heykellerle anılmıştı.

Kütüphane

Athena'ya adanmış bölgenin kuzeyinde, Helenistik Pergamon'un en büyük kültür kurumlarından biri olan kütüphane bulunurdu. II. Eumenes (saltanatı MÖ 197–159) tarafından inşa edilen kütüphane, dört küçük oda ile bir girişten meydana geliyor ve başka yerlere dağılmış ek kapasiteyle birlikte 200.000 rulo barındırıyordu. Elyazmaları, duvarlar boyunca uzanan raflarda saklanıyordu. Hırslı koleksiyoncular olan Pergamon krallarının saldırgan tedarik yöntemleri yüzünden adları çıkmıştı. Bir vakada, Aristotales'in kütüphanesinin sahipleri, el konmasına seyirci kalmaktansa kitapları saklamayı tercih etmişti; bunun sonucunda, elyazmaları çürüdü. Sonunda, İskenderiye Kütüphanesi yandıktan sonra, MÖ 41'de Pergamon Kütüphanesi, Marcus Antonius tarafından Ptolemaios hanedanının sonuncusu, Mısır kraliçesi VII. Kleopatra'ya hediye edilmişti. Bu koleksiyon da MS 642'de, Bizans Mısır'ını fetheden Arap fatihlerce yok edilecekti.

Antik Yunan ve Roma'da başlıca yazım materyali, özellikle Nil Deltası'nda yetişen saz benzeri bir bitkiden (*cyperus papyrus*) elde edilen papirüstü. MÖ ikinci yüzyılda bir kıtlık sırasında Pergamonlular o zamana dek fazla kullanılmayan alternatif bir materyale ağırlık verdi: İşlenmiş ve sıyrılmış dana veya kuzu derisinden yapılan parşömen (hatta bu sözcük "Pergamon" adından türemiştir) veya tirşe. Rulolar halinde sarılamayacak kadar kalın olan bu deriler, sayfalar halinde kesilerek bir arada duracak şekilde ciltlenirdi; böylece bugün de kullandığımız *kodeks*, yani sayfalı kitap biçimi ortaya çıkmış oldu. Geç antikçağlarda parşömenin papirüs karşısındaki zaferi Hıristiyanların uygulamalarıyla gelmiştir; MS ikinci yüzyıldan itibaren, daha dayanıklı parşömen ve kodeks dini metinler için tercih edilen materyal ve biçim haline geldi.

ŞEKİL 18.5 Pergamon Tiyatrosu.

Tiyatro

Athena Tapınağı, Pergamon'un en etkileyici yapısı olan tiyatroya tepeden bakar (ŞEKİL 18.5). Normalden dik bir tepe yamacına inşa edilen bu tiyatronun oturma yerleri dar bir yay çizer. Yine de, 10.000 kişi alabiliyordu. Uzun, dar ve tahkimli terasın kalıcı bir sahne yapısı için fazla sağlam olmadığına karar verilmiş olduğu için, festivaller sırasında ahşap bir *skene* kurulur, daha sonra sökülürdü. Terasta desteklerin girdiği delikler hâlâ görülebilir. Terasa kuzey ucunda tiyatro performanslarının şerefine gerçekleştirildiği tanrı Dionysos'a adanmış tapınak hâkimdi. Orijinal olarak MÖ ikinci yüzyılda yapılan tapınak, MS ikinci yüzyıl başlarında tekrar biçimlendirilmiş, uzun bir merdivenin tepesine İon tarzı bir prostil tapınak yerleştirilmiş ve Toskana (yerli İtalyan) geleneğinden gelen Roma tapınaklarındaki standart tasarımlarda olduğu gibi ön tarafa odaklanılmıştı.

Büyük Sunak

Athena *temenos*'unun, sarayların ve akropolisin kapısının hemen güneyinde, tepe yamacının daha alt kesimlerinde üç önemli kamusal ve dini yapı daha vardı (ŞEKİL 18.6). Birincisi olan Yukarı Agora, üç yanı Dor tarzında stoalarla çevrili bir açık hava avlusudur; yukarı kentin ana sokağı bu pazar yerini keser. İkinci yapı ise Pergamon'un hükümdarlarının kültüne adanmış bir heroondan meydana geliyordu; bu krallar ölümlerinden sonra kahramanlar olarak yüceltilir, ama Mısır'ın Helenistik hükümdarlarının aksine tanrılar olarak ibadet edilmezlerdi. Üçüncü ve en ünlü olan II. Eumenes'in (saltanatı MÖ 197–159) yaptırdığı, Zeus ve Athena'ya adanmış Büyük Sunak'tır. Kesin yapım tarihi ve

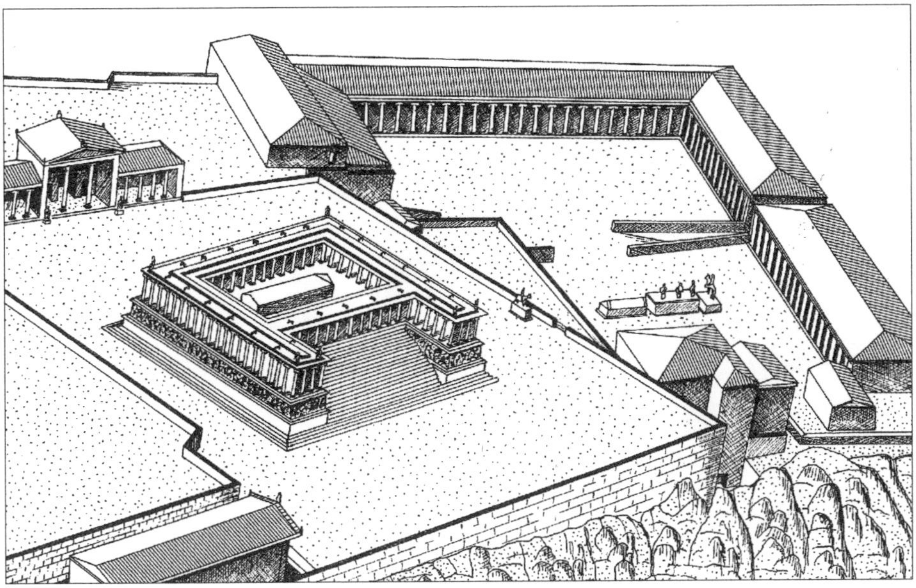

ŞEKİL 18.6 Büyük Sunak ve Yukarı Agora rekonstrüksiyonu, Pergamon.

böyle anıtsal ve şık donatılmış bir yapının hangi nedenle yapıldığı belli değildir. Sunak tapınaktan ayrı olarak tek başına duruyordu. Ancak, yukarıdaki Athena Tapınağı'na göre yerleştirilmişti: Batı yanı tapınağın uzun batı yanını izliyordu.

Sunak (yaklaşık 36 x 34 metre) batıya bakmasına rağmen, doğudan girilen duvarlarla çevrili geniş bir kompleksin içinde yer alıyordu. Sunağa çıkmak isteyen ziyaretçilerin arkadan gelip yapının yarı çevresini dolaşması gerekirdi; bu planlı rota sunağın üzerinde durduğu platformu bezeyen rölyef heykellerin doğru sırada incelenebilmesini sağlıyordu. Gerçekten de, daha eski dönemlerdeki mimari heykelcilikten farklı olarak, heykeller incelenebilmeleri için yapının alt tarafına yerleştirilmişti (**ŞEKİL 18.7**). Revaklı bir açık hava avlusu içinde bir masadan oluşan asıl sunağa batıdaki basmaklardan çıkılırdı.

Bugün yalnızca temellerin oluşturduğu geniş bir ızgara plan görülebilir. Yapıyı süsleyen ünlü rölyef heykeller, artık ilk kazı çalışmaları (1878–86) sırasında götürüldükleri Berlin'de sergileniyor. Dış cephedeki heykeller Yunan sanatında geçmişten beri aşina olunan tanrılar ile devlerin savaşı konusunu işliyordu: Bu, Yunanlıların kaosla mücadelesinin alegorisiydi, ki Pergamonluların bazıları Yunanlı olmayan ama çoğu Yunanlı rakipleri karşısındaki zaferleri de bunun son versiyonu olarak görülebilir. Ancak, tanrıların ziyaretçilerin izleyeceği yola göre dizilmeleri sıra dışıdır; konuların böyle sınıflandırılması Helenistik kültürdeki derleme ve sınıflandırma aşkına uygun bir hareketti. Örneğin, doğuda, avluya girer girmez ziyaretçiler Zeus, Athena, Apollon, Artemis ve Leto gibi

ŞEKİL 18.7 Büyük Sunak'tan ayrıntı, Pergamon. Pergamon Müzesi, Berlin.

başlıca Olympos tanrılarını görürdü. Kuzeybatı kanatta, Okeanos ve Triton gibi deniz tanrıları uzaktaki denize bakardı. Anlaşılabilirlik sağlamak adına, tanrıların adları frizin üzerine, devlerinkiler ise altına yazılmıştı. Devlerin adlarının altına heykeltıraşlar kendi adlarını kazımıştı; kırk tane olduğu tahmin edilen adlardan on beşi günümüze gelmiştir, ama bunun dışında bu sanatçılar hakkında pek bilgi yoktur. Rölyeflerin bazen, on yedinci yüzyıl Avrupa sanat tarzına benzetilerek barok adı verilen tarzı güçlü duyguları, eylem ortasında yakalanmış şiddetli hareketleri ve derin oyulma ile etkileyici ışık ve gölge tezatlarına vurgu yapar. Helenistik sanatın zirve noktası olan bu heykeller daha sonraki Yunan ve Roma heykelciliğini çok etkileyecekti.

Sunak avlusunun duvarlarının içlerini süsleyen ikinci, daha küçük bir friz Herakles'in oğlu ve Pergamon krallarının efsanevi atası olan Telephos'un yaşamını anlatır. Bu heykelli dekorasyon siyasal bir mesaj iletir: Pergamon krallarını efsanevi geçmişin büyük kahramanlarıyla ilişkilendireren bu alegori iktidar haklarını meşrulaştırmaya yönelikti. Gigantomakhia[6] gibi, bu rölyefin de kalıcı sanatsal sonuçları olmuştu. MÖ ikinci yüzyıl ortalarında, *gigantomakhia*'dan kısa süre sonra yontulan bu friz sürekli, yani birbirini izleyen paneller halinde

6 Sanatta tanrılar ile devletin savaş teması—çn.

gelişen bölümler ayrılmış bir öykü anlatımının bilinen ilk örneğidir. İleride göreceğimiz gibi bu, Romalıların çok sevdiği bir resimsel sunum tarzı olacaktı.

Tepeden Aşağı Doğru: Demeter *Temenos*'u ve *Gymnasium*

Tepenin güney yamacı her zaman kentin ayrılmaz bir parçası olmuştu. Philetarios bu yamacın yukarı yarısını halihazırda mevcut olan Demeter *Temenos*'unun yukarısından geçen surlarla müstahkem kentine katmıştı. II. Eumenes bu müstahkem alanı uzunluğu 4 km'den fazla ve güney yamacının anıtsal bir kapının bulunduğu dibine dek uzanan yeni bir dizi surla genişletmişti. Kenti Philetairos'unkinin dört katından büyüktü. Roma İmparatorluğu döneminde kent ovaya doğru genişledi. Bu üç ana evrenin her birinde farklı bir ızgara plana göre yerleştirilmişti. Philetarios döneminde bu ızgaraya çok katı şekilde bağlı kalınmamıştı. Aslında tepe yamacının topografyası katı bir Hippodamos ızgara planına uygun değildi ve bazı sokaklar hafifçe kıvrılıyordu. II. Eumenes ile ızgara planın yönü değişti. Romalılar yaklaşık MS 100'de ızgara ve yönünü tekrar değiştirdi; katı bir ızgara uygulamasıyla akropolisteki yeni yapıları (örn. Traianus Tapınağı) ovadakilerle birleştirdiler.

Güney yamaçta ortaya çıkarılan yapılar arasında ev, dükkân, hamam ve pazar yerleri (Aşağı Agora gibi) gibi ikamet alanlarına uygun olanlar da vardır. Ama ortada iki önemli dini ve kamusal kompleks yer alır: Her ikisi de yirminci yüzyılın başında incelenmiş olan Demeter *Temenos*'u ve *Gymnasium*.

Tarımda bolluk tanrıçası Demeter'in *temenos*'u Helenistik çağ öncesinde de mevcuttu. Bir gizem kültü olan Demeter ritüelleri gizli olarak, yalnızca üyelerin katılımıyla gerçekleştirilirdi (Atina'nın hemen dışındaki Demeter ibadet merkezi Eleusis'te de olduğu gibi), ki *temenos*'un planı da bunu yansıtır. İon düzenindeki tapınak ve ona eşlik eden sunak uzun dikdörtgen bir avluda, üç yanı basamaklarla, dördüncüsü ise giriş geçidi (propilon) ile çevrili olarak bulunurdu. Uzun kuzey yanın doğu yarısında stoa yerine kayadan yontulmuş banklar, gizemlere katılanlar için oturma yerleri vardı. Bu önemli bereket kültü kadınlar için çok çekiciydi. Bunun yansımalarını Philetairos ve kardeşi Eumenes'in tapınak ve sunağı anneleri Boa'ya adamaları ile I. Attalos'un kraliçesi ve eşi Appolonis'in *temenos*'un tamamlanmasını sağlayan hamiliğinde görebiliriz.

Dev *gymnasium* kompleksi hemen bunun doğusundadır. Daha önce de belirtildiği üzere, bir Yunan-Roma *gymnasium*'unda spor antrenmanlarının yanı sıra çok çeşitli toplumsal, entelektüel ve dini faaliyetler de gerçekleştirilirdi. Meyilli araziye uygun olarak üç düzey hâlinde inşa edilen Pergamon *gymnasium*'u türünün en gösterişlilerinden biridir. Roma imparatorluk döneminde çok kereler tekrar biçimlendirilen üst düzeyi revaklarla çevrili bir avludan meydana gelirdi; revaktan yanlara açılar, odalar arasında ders ve konserler için kullanılan ve orijinal olarak üstü kapalı bir tiyatro ile ilahlaştırılmış Roma imparatorları kültüne adanmış olan iki ucu apsisli bir hol de vardı. Roma döneminde doğudaki revakın ardına bir hamam kompleksi eklenmişti.

Güney revak avlunun sınırlarının çok ötesine dek uzanan son derece uzun bir stoaya bakardı. Bunun altında sıra dışı bir öğeye, olumsuz hava koşullarında spor yapılmasını sağlayan bir çatıya sahip fazladan bir pist bulunurdu. Başlangıçta pist güney duvarındaki pencerelerle aydınlatılıyordu, ama geç Helenistik dönemde duvarları güçlendirmek amacıyla pencereler örtülmüştü.

Yeraltındaki pistin hemen yokuş aşağısındaki orta avluda, kuzey tarafı bir stoa olan uzun dikdörtgen bir antrenman sahası vardı. Bu avlunun bir ucunda yazıtlardan Hermes ve Herakles'e adanmış olduğu anlaşılan bir sunak ile küçük bir tapınak bulunuyordu. Tapınağın duvarlarına burada gerçekleştirilen atletizm yarışmalarında başarılı olan genç erkeklerin adları oyulmuştu. Orta düzeyden en aşağıdaki avluya geçilirdi; buradaki dik açıyla kesişen iki beşik tonozdan meydana gelen nadir rastlanır bir Helenistik tavan türüne sahip kabaca üçgen biçimli mekân erkek çocukları için bir oyun alanı işlevi görüyordu. Bugün bu duvarların üzerinde görülen etkileyici tahkimat burçları, bu duvarların Roma dönemindeki altın çağına göre çok daha küçülmüş bir kentin sınırlarını çizdiği on ikinci yüzyılda Bizanslılar tarafından eklenmişti.

Asklepion

Pergamon'a MÖ dördüncü yüzyılda gelen Asklepios kültü Helenistik ve Roma dönemlerinde serpilmişti. *Temenos*, kasabanın kenarında, boyunca revaklar uzanan bir sokakla yaklaşılan II. Eumenes kapısının 2 km kuzeybatısında yer alır. Antikçağlar boyunca sürekli olarak elden geçirilen ve geliştirilen yapıların bugün görünen kalıntıları büyük ölçüde Roma imparatoru Hadrianus (saltanatı 117–138) dönemindeki önemli bir tekrar yapım çalışmasındandır. Hekim Galenos ile Yunan-Roma döneminin en ünlü doktorlarından Hippokrates (Koslu), MS ikinci yüzyıl ile üçüncü yüzyıl başlarında burada çalışmıştı.

Pergamon, Atina ve Roma

Pergamon, Atina'nın kültürel vârisi olma rolüne soyunmuş, heykel ve mimariyle bu temayı görsel olarak pekiştirmişti. Daha önce de belirtildiği üzere, Pergamon kralları askeri zaferlerini Delphoi ve Delos gibi tüm Yunanlılara ait büyük merkezlerde ve Atina'nın kendisinde mimari ve heykellerle duyuruyorlardı. Atina Akropolisi'ndeki Küçük Attaloslar Adağı'nın yanı sıra, Pergamon kralları Atina'ya iki şık stoa sunmuştu. II. Attalos'un (MÖ 159–138) armağanı olan daha iyi korunmuş durumdaki, görkemli iki katlı stoa Atina Agorası'nın doğu ucunda inşa edilmişti. 1950'lerde yeniden inşa edilen bu yapı artık Agora Müzesi'ne ve Agora kazılarının ofislerine ev sahipliği yapıyor.

Attaloslar hanedanı, tuhaf, acımasız, zehirlere meraklı III. Attalos (saltanatı MÖ 138–133) ile aniden sona erdi. En tuhaf hareketi vasiyeti oldu: Krallığını Roma'ya bırakmıştı. Uzun yıllardan beri Helenistik krallıkların birbiriyle mücadelelerine bulaşmış olmasına rağmen, Roma, Doğu Akdeniz'de kalıcı bir yerleşim kurmaya direnmişti. Ama III. Attalos'un armağını pek geri çevrilecek türden değildi. Roma, Batı Anadolu'nun denetimini devraldı, burayı Asia vilayeti olarak örgütledi ve bunu izleyen 100 yıl içinde yavaş yavaş tüm Doğu Akdeniz bölgesini ele geçirdi.

İskenderiye: İki Kültürlü Bir Krallığın Başkenti

Ptolemaios hanedanı döneminde Mısır'ın başkenti ve Doğu Akdeniz'deki başlıca Helenistik ve Roma kentlerinden biri olan İskenderiye, Pergamon ile çarpıcı bir tezat oluşturur. En önemli fark, antik kentin kalıntılarının pek azının ortaya çıkarılmış olmasıdır. Eski kentin üzerinde her zaman için arkeolojik çalışmalar açısından sorun oluşturan büyük modern bir kent olduğu gibi, zaten on dokuzuncu yüzyılda modern Mısır'ı zengin Avrupa'ya bağlayacak bir liman olarak tekrar canlandırılmadan önce bile kalıntıların çoğu yok olmuştu. Antik İskenderiye'ye dair bildiklerimiz yazılı kaynaklardan, özellikle de Mısır'ı MÖ 25'te, Roma egemenliğinin başlarında ziyaret eden Anadolulu coğrafyacı ve

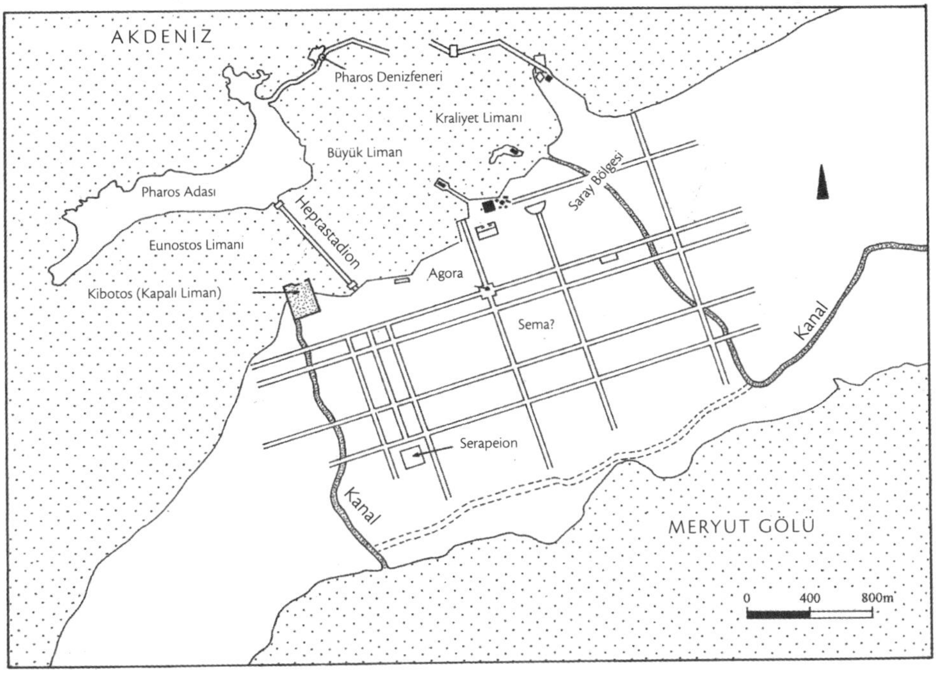

ŞEKİL 18.8 İskenderiye kent planı.

gezgin Strabon'un ayrıntılı tasvirlerinden gelir. İkinci fark ise topografyadır: İskenderiye düz bir arazide kuruludur. Son olarak da Yunanlı Pergamon, Batı Anadolu'nun Helenleşmiş dünyasında yer alırken, Ptolemaioslar kendi ayrı ve derin köklere sahip medeniyetleri olan bir ülkeyi yönetiyordu. İkisinin pek karıştıkları söylenemese, hatta su ile yağa benzetilseler de, en azından Yunanlılar ile Mısırlılar fazla sürtüşmeden yan yana yaşayabiliyordu.

İskenderiye, fetih yolları boyunca pek çok kent kuran Büyük İskender'in kurduğu ilk kentti. Ana planı İskender çizmişti, ama ayrıntıları Makedonyalı mimar Deinokrates'in tasarladığı söylenir (**ŞEKİL 18.8**). Düz arazideki bu yeni kent için ızgara plan uygun ve pratik görünmüştü. Ama bol miktarda park ve bahçe ile daha geniş sokakların kullanımı geleneksel ızgara planın katılığını yumuşatıyor ve daha cazip hale getiriyordu. Planın ortasında iki ana sokak kesişiyordu. Ayrıca, küçük Pharos Adası'nı anakarayla bağlamak için *heptastadion* adı verilen 1,5 km uzunluğunda yükseltilmiş bir yol inşa edilmişti; bunun iki yanında limanlar vardı. Kent, güneyindeki Meryut Gölü ve kanallarla Nil Irmağı'na bağlanmıştı. Başlıca Helenistik yapılar arasında Ptolemaiosların saray ve bahçeleri; saray kompleksi içinde Mouseion adı verilen ve Büyük Kütüphane'yi de içeren bir araştırma merkezi; Büyük İskender ve Ptolemaiosların mezarlarının bulunduğu Sema; adını üzerinde durduğu adadan alan anıtsal deniz feneri Pharos; Serapis'e (bkz. aşağıda) adanmış bir tapınak olan Serapeion ile başta Mısır tanrıçalarından İsis'inki olmak üzere buna eşlik eden daha küçük tapınaklar ve mezarlıklar vardı. Mezarlıklar ile Serapeion ve Pharos'un bazı parçaları dışında yukarıdakilerin tümü de yok olmuştur.

Pharos

Pharos veya İskenderiye Feneri, Helenistik dönemde yapılan ve anlaşıldığı kadarıyla yalnızca Büyük İskender ve ardıllarınca yönetilen bölgedeki anıtları hesaba katan Dünyanın Yedi Harikası listesinde yer alır. Büyük ölçüde yıkılmış olmasına rağmen, Pharos ortaçağlarda halen ayaktaydı ve antik tasvirler, sikkeler üzerindeki resimler, ortaçağdan kalma Arapça tasvirler ve Kayıtbay'ın on beşinci yüzyılda yaptırdığı Memlük Kalesi'ne katılan kaidesinden görünüşü büyük kesinlikle oluşturulabilir. Son dönemlerde, limanda Fransız arkeolog Jean-Yves Empereur yönetiminde gerçekleştirilen sualtı araştırmaları da yapıya ait ek izler ortaya çıkarmıştır. II. Ptolemaios (salltanatı MÖ 285–246) döneminde Knidoslu Sostratos tarafından tasarlanan Pharos, her biri diğerinden biraz daha içeride üç kısımdan meydana geliyordu: En altta kare; ortada sekizgen ve tepede içinde ışığı aynalarla denizde uzak mesafelere kadar yansıtılan ateşin de yandığı dairesel kat vardı. Pharos'un orijinal yüksekliği yaklaşık 120 metre olarak tahmin ediliyor.

Yunanlılar ve Mısırlılar: Ayrı ama Eşit mi?

Ptolemaioslar inatla Yunanlı kaldı, öyle ki, yalnızca hanedanın son hükümdarı VII. Kleopatra Mısır dilini öğrendi. Her şeye rağmen, iki kültürü birleştirme çabaları eksik olmadı. Geleneksel Mısır tarzını çağrıştıran bir şekilde Ptolemaioslar kardeş evlilikleri yaptı. Dahası, Mısır dini geleneklerine saygı gösterme konusunda dikkatli davrandılar ve Mısır tapınaklarının her zaman olduğu gibi işlemeye devam etmesine izin vererek onlara cömert bağışlar yaptılar. Gerçekten de, antik Mısır tapınakların planlarını, dekorasyonlarını, sembolizmlerini ve işlevlerini anlamanın en iyi yolu Ptolemaios örneklerini incelemektir. Edfu'daki (Yukarı Mısır) Horus Tapınağı gibi geleneksel tarzda yeni inşa edilen tapınaklarda, Ptolemaioslar, uzun geçmişe sahip geleneklere uygun olarak tanrıları sofuca yüceltir halde tasvir ettirdi. Tapınak sütunları ve duvarlarında yontulan bu rölyeflerin tarzı her zaman katıksız Mısırlıydı. Resmedilen hükümdarların Mısırlı değil Yunanlı olduğunu yalnızca adlarından anlayabiliyoruz.

ŞEKİL 18.9 Serapis'in bazalt heykeli, daha eski Helenistik bir orijinalden Roma dönemine ait kopya. Villa Albani, Roma.

Helenistik tanrı Serapis'in yaratılması Yunan ile Mısır'ın karışımının nasıl işleyebileceğinine bir örnektir (**ŞEKİL 18.9**). Mısırlı Apis boğası ile başta yeraltı tanrısı Hades olmak üzere, Yunan ilahlarının bir karışımı olan ve gerçekçi Yunan tarzında sakallı, olgun bir erkek olarak tasvir edilen bu tanrı, Mısır'ın Mısırlı ve Yunanlı sakinlerini dini ibadetler açısından birleştirmek amacıyla yayılmaya çalışılmıştı. Belki de hiç de Mısırlıya benzemediği için, Mısırlılar Serapis'e pek ısınmadı, ama Yunanlılar ve daha sonra Romalılar ona coşkuyla taptı. Güçlü bir şekilde Yunan yeraltını Mısırlıların mistik inançlarıyla birleştiren bu tanrının temsil ettiği bu bağdaştırma, klasik dünyada ölümden sonra yaşam vaat eden kültler nüfuzlarını artırdıkça daha cazip hale gelmeye başladı.

İskenderiye mezarlıklarındaki dekoratif resimler Yunan ve Mısır motif ve tarzlarını harmanlamaya çalıştı, ama sonuçlar biçimsiz olduğundan maya pek tutmadı. Bu durum Yunan sanatının Mısırlıların heykelcilik ve mimarideki uygulamalarını özümsediği ve sindirdiği arkaik dönemden ne kadar da farklıydı! Artık, Helenistik dönemde, Mısır sanatı gibi Yunan sanatının amaç ve uzlaşımları da yerleşmişti. İkisi de diğerine fazla hitap etmiyordu.

Delos: Ticari Bir Merkez

Krallıkların görkemli başkentleri Pergamon ve İskenderiye'den farklı olarak, Orta Ege'deki minik Delos Adası Helenistik dönemin ortalarında köle ticaretinde uzmanlaşmış bir ticari liman olarak zenginleşti (**ŞEKİL 18.10**). Sözde Atina'ya bağlı olan ve Roma'nın göz kulak olduğu Delos, fiilen Akdeniz'in her yerinden gelerek burada yerleşmiş bulunan tüccarlarca ve onların lehine yönetiliyordu. İtalyan nüfus özellikle önemliydi; öyle ki, Akdeniz'in herhangi bir yerindeki Roma ticaret topluluklarına ait ilk kalıntılar Delos'tadır.

Delos uzun zamandan beri Leto'nun ikizleri Apollon ve Artemis'i doğurduğu yer olarak yüceltilmiştir. Demir çağından itibaren, ikiz tanrıların *temenos*'u Yunan dünyasının her köşesinden hacıları buraya çekiyordu. Atina, adalar ve Doğu Ege'deki esas İonya kentlerinde yaşayan Yunanlılar için özel

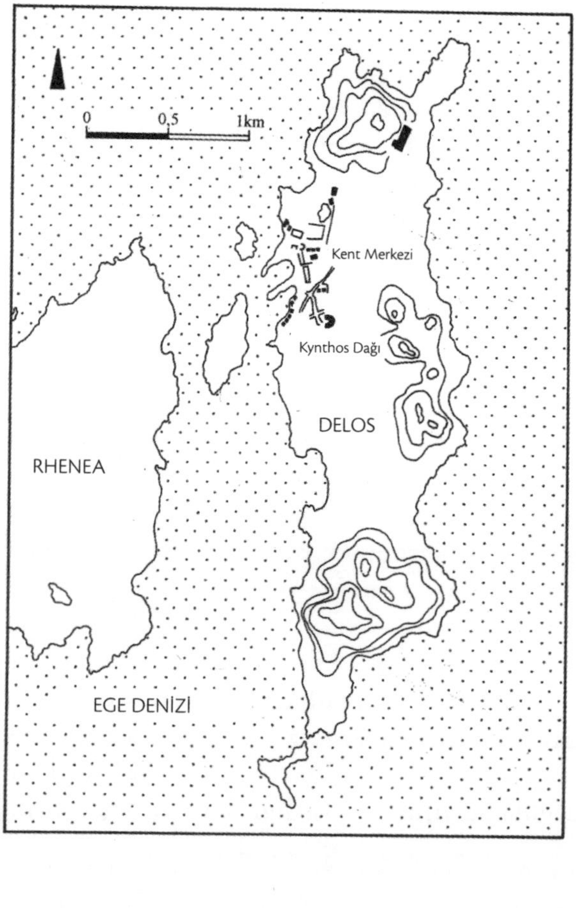

ŞEKİL 18.10 Delos genel planı.

bir yer sahip olan Delos, MÖ beşinci yüzyılda Delos Birliği ile hazinesine ev sahipliği yapmış, daha sonraki yüzyıllarda ise küçük ama bağımsız bir şehir-devlet olarak yoluna devam etmişti.

Delos'un statüsü MÖ 166'da dramatik şekilde değişti. Roma adayı burayı bir serbest liman haline getiren Atina'ya verdi: Mallar vergi veya işlem olmadan

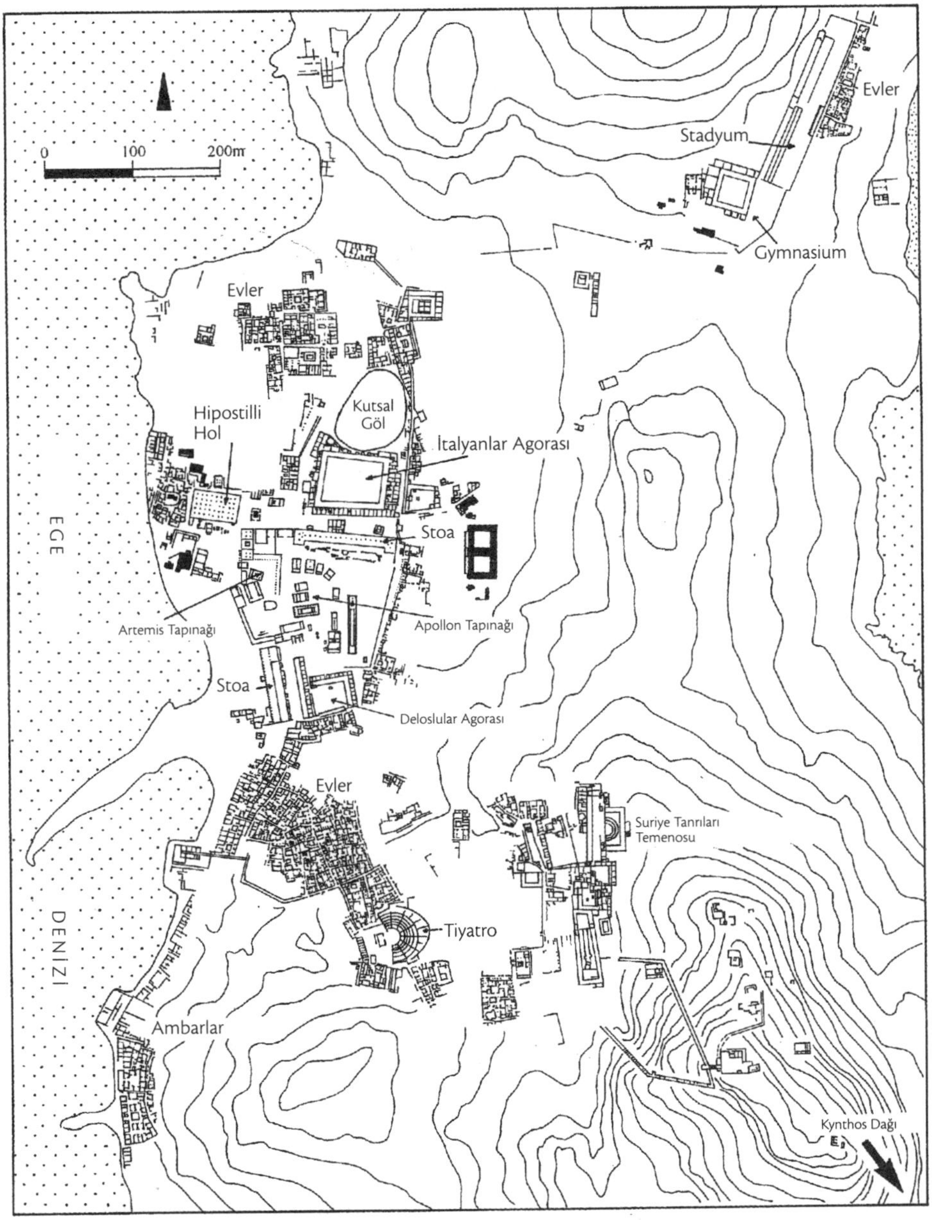

ŞEKİL 18.11 Delos kent merkezi planı.

getirilebilir, satılabilir ve ihraç edilebilirdi. Bundan sonraki yüzyıl boyunca, MÖ 88'de Roma'ya karşı ayaklanması sırasında Pontus kralı VI. Mithridates'in birliklerince, daha sonra da MÖ 69'da korsanlarca yağmalanıncaya dek Delos son derece varlıklı bir ticaret merkezi, Doğu Akdeniz'in Singapur veya Hong Kong'uydu. Ayrıca, Roma İmparatorluğu döneminde ticaret yollarının değişmesiyle tekrar canlandırılmasına gerek kalmamıştı. MS yedinci yüzyılda son olarak terk edilene dek ada yalnızca az sayıda sakin barındırdı.

1873'ten beri Delos'ta Atina'daki Fransız Arkeoloji Okulu'nca gerçekleştirilen kazılar antik kentin büyük kısmını ortaya çıkarmıştır (**ŞEKİL 18.11**). Batı kıyısındaki korunaklı liman yerleşimin odak noktasıydı. İlk dönemlerde kurulan tapınaklar fazla uzakta değildi. Yerleşim ve ticaret bölgeleri kuzeye ve güneye doğru uzanırken aralarına daha yeni tapınaklar serpiştirilmişti. Helenistik döneme ait bazı evler, kaliteli mozaiklerle süslenmiş peristil avlularıyla özellikle ihtişamlıdır. Ama burada yaşam pamuk ipliğine bağlıydı: Bu susuz adada yaşam, yağmur suyunun özenle avluların altındaki sarnıçlarda biriktirilmesiyle sürdürülüyordu.

Ticari binalar arasında ambarlar ve agoralar öne çıkıyordu. Üstü kapalı veya açık olan bu geniş alanlı yapıların içlerinde tam olarak neler geçtiğini anlamak pek kolay değildir. Delos'ta bir konuda kimin ne yaptığından bahseden yazıtlardan çok yararlanılmıştır (onlar da genellikle parçalı halde), ama onlar bile bizim soracağımız türden sorulara nadiren yanıt verir. Örneğin, alınıp satılan binlerce köle neredeydi? Bu işe yarayabilecek birden fazla yer olduğundan bunu bilemiyoruz. Limanın güney kıyısı boyunca uzanan ve yerleşim bölgesinden, denizden gelen ve denize giden geçici ticaret ile onların arkasındaki kalıcı yerleşimlerin arasında muhtemel bir ayraç görevi gören geniş bir sokakla ayrılan ambarların bu işlevi görmüş olma ihtimalleri yüksektir. MÖ üçüncü yüzyıl sonlarından kalma Posedion Stoası veya modern adıyla Hipostilli Hol için bu ihtimal daha düşüktür (**ŞEKİL 18.12** ve **18.13**). Bu yapının mimarisi sıra dışı ve akıl kurcalayıcıdır: Tam işlevi bilinmemekle beraber ticari bir bina olarak sınıflandırılmıştır. 65,45 x 34,30 metre boyutlarında geniş, üstü kapalı bir holden ibarettir. Üç yan kapalı duvarlardan meydana gelirken dördüncüyü de Dor düzeninde on beş sütunluk geniş bir giriş oluşturur. Kırmaçatı içeriden dokuzarlı beş sıra halinde dizilmiş ve ortadaki sütun atlanmış halde kırk dört sütunla taşınır. Daha dıştaki yirmi dördü Dor tarzıyken, içteki daha yüksek olanlar İon düzenindedir; bir kare meydana getiren merkezi sekiz sütun, aydınlatma amacıyla bir lamba ve bir asma pencere katını taşıyordu. Asma pencere katı binanın içinde, yanındakilerden yükseğe çıkan bir kısımdır; daha yukarıdaki bu duvarlardaki pencereler içerinin aydınlatılmasını sağlar. Asma pencerelere daha önce Mısır evlerinde ve Karnak'taki Hipostil Hol'de rastlamıştık ve Roma mimarisi ile Erken Hıristiyan kilise mimarisinde tekrar karşımıza çıkacaklar.

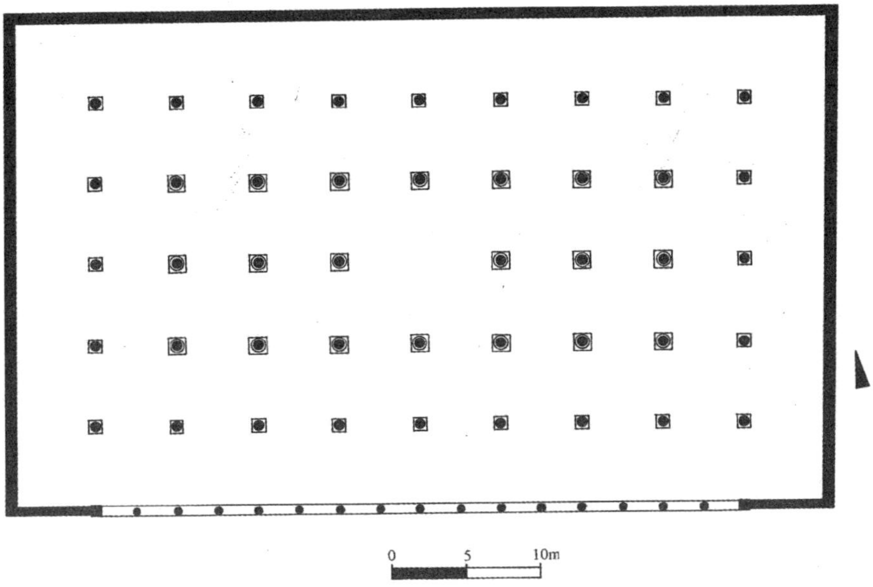

ŞEKİL 18.12 Hipostil Hol planı, Delos.

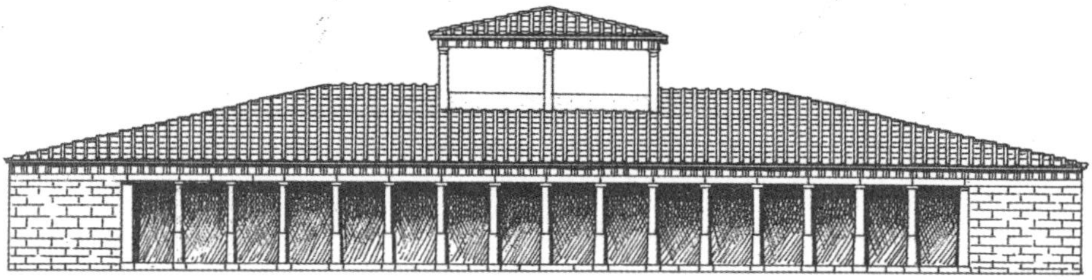

ŞEKİL 18.13 Hipostil Hol rekonstrüksiyonu, Delos.

Çoğunlukla köle ticaretinin açık hava meydanları olan agoralarda yapıldığı söylenir. Ama bu kanıtlanmamış olup bir ihtimalden ibarettir. Ticari merkezler olduklarına kuşku bulunmayan agoralar, genellikle sunak ve tapınak gibi dini nesnelerle dolu olur, ama bu bize Helenistik Delos'ta ticaretin dini bir havada gerçekleştirildiğini anımsatıyor. Güçlü bir otoritenin yokluğunda, şahit olarak tanrılar gösteriliyordu; işlemler her zaman tanrılar üzerine edilen yeminlerle bitiriliyordu.

Delos'un en geniş agorası olan İtalyanlar Agorası, diğer agoralardaki dini öğelerden yoksun olduğundan farklı bir amaca hizmet ediyor olmalı. MÖ ikinci yüzyıl sonlarında inşa edilen bu agora yaklaşık 70 x 50 metre boyutlarında, 112 Dor sütunundan meydana gelen bir revakla çevirli yamuk bir dikdörtgendir (**ŞEKİL 18.14**). Revağın arkasında nişler vardı. Dışarıdan girilmeleri nedeniyle dükkânlar agoranın içindeki işlevlerden ayrılmıştı. Burası bir köle ticareti

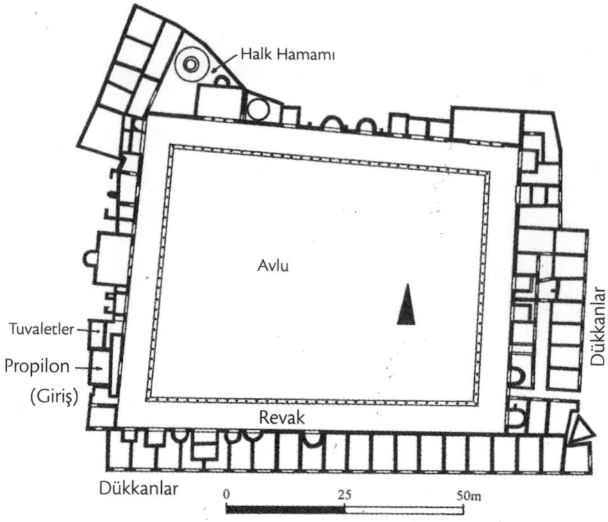

ŞEKİL 18.14 İtalyanlar Agorası planı, Delos.

merkezi olabilir mi? Henüz kanıt yoktur. Onun yerine, spor için bir *palaestra* ve hamamla, Romalıların seyretmekten hoşlandığı gladyatör dövüşleri için kullanılabilecek bir alanla ve bir ihtimal bir şölen salonuyla donatılmış bu agora, Delos'taki İtalyan topluluğu için bir kulüp ve eğlence tesisi işlevi görüyor olabilir. Tek bir propilondan girilen duvarlarla çevrili bu alan savunmaya da elverişli görünüyor, ki bu evinden uzaktaki bir azınlık topluluğu için önemli olabilir. Eğer bu görüş doğruysa, MÖ 88'de VI. Mithridates'in askerleri saldırarak Doğu Ege'deki İtalyanları katlettiğinde bu agora sınanmış olabilir. Mithridates'in ölümü ve Roma egemenliğinin tekrar sağlanmasından sonra agora onarılmıştı, ama daha sonra MÖ 60–50 gibi Delos'un düşüşüyle terk edilmişti.

Sinop: Bir Karadeniz Limanı

Bu bölümü daha mütevazı, ama seçkin ve büyüleyici tarihe sahip bir kentle sonlandıralım: Karadeniz'in güney kıyısındaki Sinop. Edebi kanıtlar ile tarihlendirilebilen en eski Yunan çömleklerinin eşleştirilmesi sonucunda MÖ yedinci yüzyıl sonlarında Miletoslu kolonicilerce kurulduğu anlaşılan Sinop, doğuya doğru bir çengel gibi uzanarak güneyinde korunaklı bir liman meydana getiren etkileyici bir yarımadada yer alır. Yarımadanın ucu bir ada gibi yükselir; antik ve modern Sinop bunun hemen batısındaki kıstakta yer alır (**ŞEKİL 18.15**). Kentin artbölgesindeki dar kıyı şeridi bir miktar tarıma imkân tanır; zeytinyağı önemli bir ihraç maddesiydi. Diğer değerli kaynaklar arasında dağlardan gelen kereste ile sinoper veya miltos adı verilen boyalarda ve gemi yapımında kullanılan bir tür kırmızı tebeşirli mermer de vardı. Ayrıca, balıkçılık her zaman ekonominin önemli bir parçası olmuştur. Batı ve Kuzey Karadeniz'e dökülen Tuna, Dniyeper ve Don gibi büyük ırmaklar sayesinde bu deniz balıklar için mükemmel bir ortam olmuştur, ancak günümüzde aynı ırmakların taşıdırğı endüstriyel kirlilik hasara yol açmıştır.

Antik Sinop zenginliğini, Karadeniz Havzası'ndaki diğer topluluklarla ticaret ve iletişim açısından elverişli kılan Karadeniz'in güney kıyısındaki merkezi coğrafi konumuna borçluydu. Ne var ki, karadan bağlantılar zayıftı. Kuzey Türkiye boyunca doğu-batı yönünde uzanan dağlar, yüksek ve kıyıya yakın olduğundan güneydeki yayla ile ulaşımı zorlaştırırlar. Kıyı şeridinin kendisi de sık sık denize kadar inen dağlarla kesintiye uğrar. En kolay ulaşım yöntemi tekneydi. Bu durum yirminci yüzyıl ortası ve sonlarında asfalt yollar döşenene dek devam etti. Ancak, Sinop kıyı bölgesiyle ilgileniyordu. Kendisi bir koloni olan Sinop da kendi kolonilerini kurdu. Tüm bunlar antikçağlarda Yunan ve Roma dönemleri boyunca MS dördüncü yüzyıl başlarına kadar zenginliğine katkıda bulundu. Doğudaki üç ana kolonisi olan Kotyora, Kerasous ve Trapezous (modern Ordu, Giresun ve Trabzon) günümüzde hâlâ bölgenin başlıca kentleridir.

Coğrafi olarak kuzeydeki Kırım Yarımadası'na yakın olan kent, Karadeniz'in ortasından geçişi kolaylaştıran deniz akıntılarından da yararlanıyordu. Gerçekten de, bu limanın klasik antikçağlar, hatta ortaçağlarda Karadeniz'deki başlıca gemicilik merkezi olarak gelişmesini mümkün kılan, Kırım ve kuzeyde başka

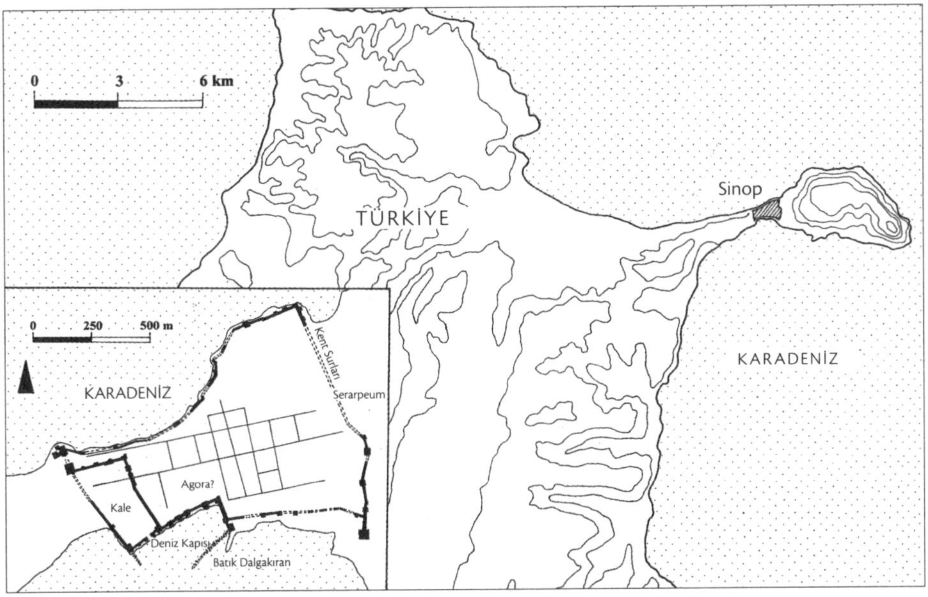

ŞEKİL 18.15 Daha geniş coğrafyası içinde Sinop ve kent planı (içte).

yerlerdeki Yunan kentleriyle bağlantı kurulmasını sağlayan bu konumuydu. Ne var ki, on dokuzuncu yüzyıldaki teknolojik gelişmeler sonucunda burası soyutlandı. Rüzgâr ve akıntılara gerek duymayan buharlı gemiler, o dönemin canlı ticari merkezleri olan İstanbul, Odessa, Kırım ve Trabzon arasında doğrudan iletişimi mümkün kılıyordu.

Sinop, antik Yunan ve Roma tarihsel metinlerinde düzenli olarak boy gösterir. Pers egemenliği ve Helenistik dönemin çoğu boyunca özerk olan Sinop MÖ 183'te Pontus kralı I. Pharnakes tarafından ele geçirilmiştir. Büyük İskender'in ölümünden sonraki savaşlardan doğan pek çok devletten biri olan Pontus Krallığı yaklaşık MÖ 300'de Kuzey Anadolu'nun ortasında, Karadeniz'deki dağlara yayılmış olarak kuruldu. MÖ 183'ten sonra içerideki Amaseia [bugünkü Amasya] ile birlikte Sinop bu krallığın başkenti olacaktı. Bu nedenle MÖ birinci yüzyılın ilk yarısında VI. Mithridates ile Romalılar arasındaki çetin mücadelede bir hedef haline geldi. MÖ 70'te Sinop'u ele geçiren ve yağmalayan Romalılar kısa süre sonra kente özerkliğini geri vererek tekrar kurdu. MÖ 47'de Julius Caesar'ın düzenlemesiyle bir Roma kolonisi haline getirilen Colonia Julia Felix Sinopensis imparatorluk döneminde zenginleşmeye devam edecekti.

Antik kentten geriye fazla bir şey kalmamıştır. Kendisi Amaseia'nın yerlisi olan coğrafyacı Strabon kenti şöyle anlatır: "Kentin kendisi güzel duvarlarla çevrilidir ve aynı zamanda harika *gymnasium*, çarşı ve stoalarla donatılmıştır" (Bryer ve Winfield 1985: 69). Bu iyi işçiliğe sahip duvarlar hâlâ durur ve antik kent bölgesi hakkında iyi bir fikir verirler (**ŞEKİL 18.15**). Orijinal olarak Sinop'un Pontus'un başkenti olduğu MÖ ikinci yüzyıla dayanıyor olabilirler. Batı kısmında modern zamanlarda (1887–1997) hapishane olarak kullanılan, ama artık halka açık bir kale de bulunur. Eğer modern sokak planının antiği yansıttığını kabul edersek, kentin yerleşiminde bir ızgara plan kullanıldığını söyleyebiliriz. MÖ beşinci yüzyılda yaşayan kent planlamacısı Hippodamos Miletoslu idi; Bryer ve Winfield bu Miletos ruhunun, ilk bağlantıdan birkaç yüzyıl sonra bile bu Miletos kolonisinde etkili olduğunu ileri sürmüştür. Diğer antik kalıntılar arasında MÖ ikinci yüzyıla tarihlendirilen ve Serapis'e atfedilen bir tapınağın temelleri ve güney limandaki dalgakıranın izleri sayılabilir. Strabon'un sözünü ettiği *gymnasium*, pazar ve stoalardan bir iz kalmamıştır.

Son yıllarda amfora atölyelerinin incelenmesiyle Helenistik Sinop'a yeni bir açıdan bakılması sağlanmıştır. 1990'larda Sinop Müzesi ile Fransız ekiplerin işbirliğiyle gerçekleştirilen kazılarda, zeytinyağı ve şarapla doldurularak başta kuzey kıyılardaki topluluklara olmak üzere, Karadeniz boyunca nakliyatta kullanılan amforaların, yani seramik sıvı kaplarının Sinop ve civarında aktif olarak üretildiği ortaya çıkmıştır. Fırınların ve kusurlu çömleklerin (kırık, yamuk veya fazla pişmiş çömleklerin parçaları) kalıntıları üretim sürecini aydınlatmıştır. Atölyelerin tarihlendirilmesinde özellikle damgalanmış amfora saplarından yararlanılmıştır (bkz. yukarıda Bölüm 17). Sinop'ta, damga o yılki görevlinin adı, üreticinin adı ve görevli veya üreticiyle ilgili bir amblem içerirdi. Uzmanlar bu damgaları on yıllık bir hata payıyla tarihlendirebilmektedir. Büyük kısmı Karadeniz çevresinde olmak üzere, Sinop'ta imal edilmiş vazolardan yaklaşık 20.000 damga izi bulunmuştur. Bu, kentin ekonomisi için yaşamsal öneme sahip ticaret ağları hakkında bilgi edinmek açısından çok değerli bir kaynaktır.

KISIM ÜÇ

ANTİK İTALYA VE ROMA İMPARATORLUĞU'NDA KENTLER

BÖLÜM 19

İtalya'daki Yunan ve Etrüsk Kentleri

- Güney İtalya ve Sicilya'da Yunan yerleşimleri: MÖ sekizinci ile üçüncü yüzyıllar arası
- Siracusa'nın Romalılarca fethi: MÖ 212
- Etrüskler: MÖ sekizinci ile ikinci yüzyıllar arası

Akdeniz Havzası'nın güç odağı, MÖ birinci bin yılın sonlarına doğru batıya, Roma kentine kaydı. Roma, demir çağının başlarında kalıcı bir yerleşim olarak kurulmuştu, ama bu köy, bölgesel ve uluslararası önem kazanana dek birkaç yüzyıl geçmesi gerekecekti. Gelişimi sırasında Roma devleti, demir çağının başlarından itibaren İtalyan yarımadasında yerleşmiş iki kentsel kültürden önce ödünç alacak, daha sonra da bu kültürleri fethedecekti: Yunan (Güney İtalya ve Sicilya) ve Etrüsk (merkezi Roma'nın kuzeyindeki Etruria, bugünkü Toskana). Karşılaşılan ve özümsenen diğer kültürler bu kadar hissedilir etkiye sahip olmayacaklardı: En büyükleri modern Tunus yakınlarındaki Kartaca (bkz. Bölüm 11) olan Batı Sicilya, Sardinya, İspanya kıyıları ve Kuzey Afrika'daki Fenike yerleşimleri ile İtalya ve Sicilya'daki bazı kırsal, bölgesel kültürler. Roma'nın kendisine gelmeden önce bunların ilki, Batılı Yunanlılar ile Etrüsklerin kentsel başarılarını, Akdeniz Havzası'nın kültürel tarihindeki yerlerini ve Roma'ya bıraktıkları mirası göz önünde bulundurarak ele alalım (**ŞEKİL 19.1**).

Güney İtalya ve Sicilya'daki Yunan Kentleri: Paestum ve Siracusa

Daha sonraki dönemlerde yaşamış Thukydides (MÖ beşinci yüzyıl sonları) gibi Yunanlı tarihçilerin ifadelerine ve İtalya'daki kentsel kazı alanlarında geometrik tarz Yunan çömlekleri buluntularına göre İtalyan Yarımadası ve Sicilya'da Yunan kolonileri kurulması MÖ sekizinci yüzyıl ortalarında başlamıştır. Yunanlılar bilinmeyen bir maceraya atılmıyordu; bu kasabalar daha çok süregelen ve özellikle Fenikeliler tarafından geliştirilen Akdeniz içi ticaret ilişkilerinde yeni bir sayfayı temsil ediyordu. Bu tür yerleşimlerin ilki Euboialı Yunanlılarca, modern Napoli yakınlarındaki İschia adasında Pithekoussai'de kurulmuştu. Bunu izleyen diğer yerleşimlerin ilkleri arasında İtalyan anaka-

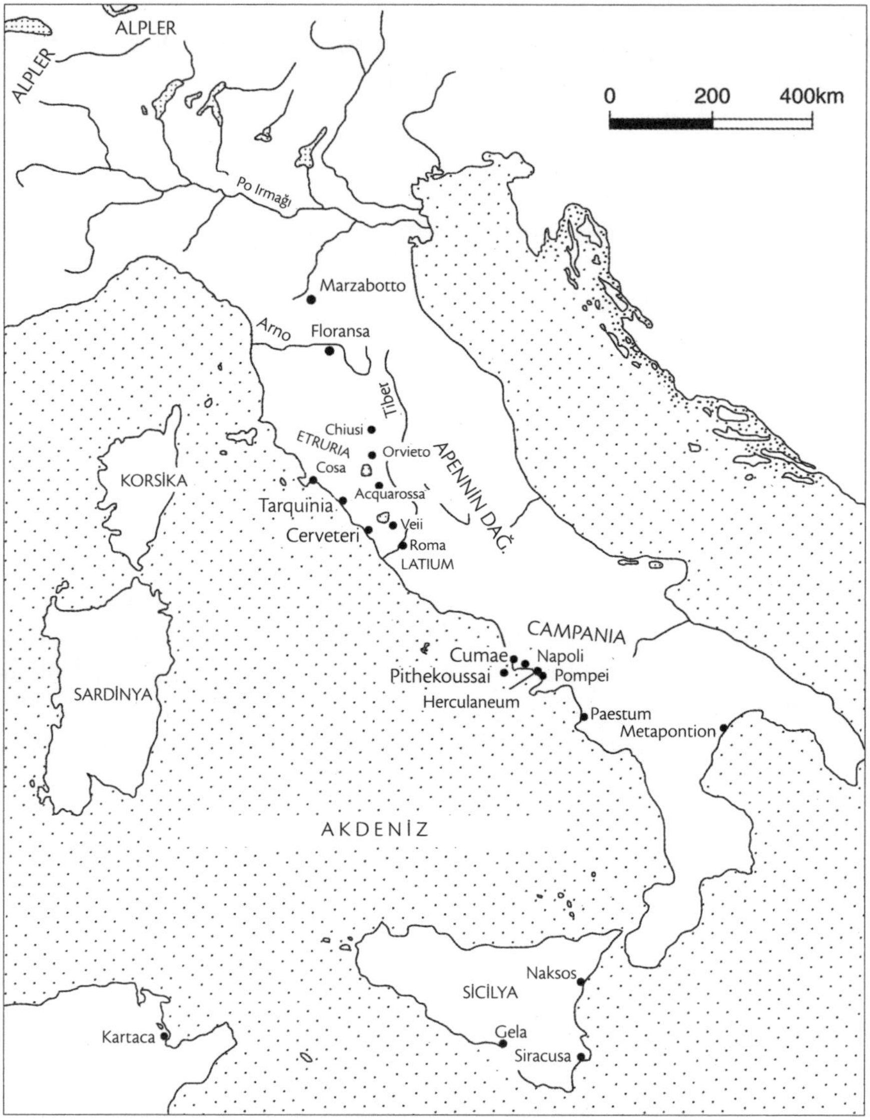

ŞEKİL 19.1 İtalya ve Orta Akdeniz.

rasında, Pithekoussai'nin hemen karşısında Kyme (Cumae) ve Sicilya'nın doğu kıyılarındaki Naksos'tu; en son koloniler ise MÖ beşinci yüzyılda kurulmuştu. Yunanlılar kıyı ovalarında kalarak yerel halklarla sürtüşmeleri asgariye indirdi. Sınırları kesin şekilde belirlenmiş, kasabayı çevreleyen bir kırsal bölgede tarım yapılırdı; kır çiftlik evlerinin yanı sıra önemli dini mekânlar da barındırırdı. Toprakların geniş anlamda sınırları bağlamında ise, kuşkusuz güçlü Etrüsklerin hegemonya alanına girdiğinden (bkz. aşağıda) Yunanlılar Napoli'nin kuzeyindeki topraklara yayılmadıkları gibi Fenikelilerin hak iddia etmiş oldukları Batı Sicilya ve Sardinya'ya da yerleşmediler.

Önemli koloniciler arasında Euboia Adası ile Korinthos, Megara ve Miletos vardı; şaşırtıcı bir şekilde Atina ve Sparta yalnızca birkaç tane kurdu. Güney İtalya, Sicilya ve başka yerlere (özellike Karadeniz bölgesine) doğru bu büyük göç dalgasının nedenleri arasında, anayurttaki nüfus artışı ve gıda kıtlığı; siyasal çalkantılı toplumlardaki muhalifler için bir kaçış ve Yunan yaşam tarzının uzak topraklarda var olabileceği, hatta gelişebileceğine yönelik bir anlayış vardı. Kurumlar benzeşiyordu; Batı Yunan kentleri de *poleis*, yani kendi kendini yöneten şehir-devletler halinde örgütlenmişti. Anayurttakinin aksine demokrasi hiçbir zaman kalıcılık elde edemedi ve tiranlıklar baskın oldu. Kurucu, anakentlerle ilişkiler normalde güçlüydü, ama bu yeni kasabaların, kurucu kentlerin uyduları olmayıp tam bağımsız olduklarına dikkat çekmek gerekir. Özellikle tarımdan, ama aynı zamanda ticaretten zenginleşen Güney İtalya ve Sicilya'daki Yunan kentleri Akdeniz'de izlerini bıraktı ve Helenistik dünyanın tam üyeleri olarak kabul edildiler. Gerçekten de, Sicilyalı bir Yunanlı tarafından, Delphoi'deki Panhelenik *temenos*'a armağan edilmiş bir heykel grubuyla zaten karşılaşmıştık: Delphoi'deki MÖ 478 veya 474'teki Pythios Oyunları'ndaki araba yarışındaki zaferinden sonra Gela kentinin tiranı Polyzalos'un hediye ettiği "Delphoi Arabacısı" (**ŞEKİL 15.5**).

Batılı Yunanlıların tarihi, doğudakilerden biraz farklıydı. Pers istilası tehdidiyle karşı karşıya kalmamışlardı. Ama Kartaca sürekli bir tehdit unsuruydu ve Kartaca ile Roma arasında kalan bu bölge bu iki kent arasındaki Pön Savaşları'nda (MÖ 264–146) süregelen mücadeleden zarar görüyordu. Yunan kentleri zaman içinde genişleyen Roma Cumhuriyeti'ne yenik düştü ve bu süreç MÖ 212'de Romalıların Siracusa'yı ele geçirmesiyle tamamlandı. Ancak, en azından Sicilya'da, Yunan dili ve kültürü adanın MS dokuzuncu yüzyılda Araplarca ele geçirilişine kadar varlığını sürdürdü.

Paestum (Poseidonia)

Genellikle Romalıların daha sonra vereceği adla Paestum olarak bilinen Poseidonia, iyi korunmuş dört anıt sayesinde İtalyan yarımadasındaki Yunan kentlerinin en iyi bilinenidir: MÖ altıncı ve beşinci yüzyıllardan üç tapınak ve Dalgıcın Mezarı'ndaki figüratif resimler. Bu alandaki ciddi keşif çalışmaları on sekizinci yüzyılda başlamış, yirminci yüzyıl boyunca İtalyan arkeologların ağırlıklı olduğu kazılar yapılmıştır.

Yaklaşık MÖ 600'de Güney İtalya'daki Yunan kolonilerinden Sybaris'ten göçmenlerce kurulan Poseidonia, modern kıyı çizgisinin hemen içindeki alçak bir sırt üzerinde, daha önceki sakinlerin fazla iz bırakmadığı bir yerde kurulmuştur. Göçmenleri buraya çeken, tatlı su ve tarıma elverişli topraklardı. Doğal bir

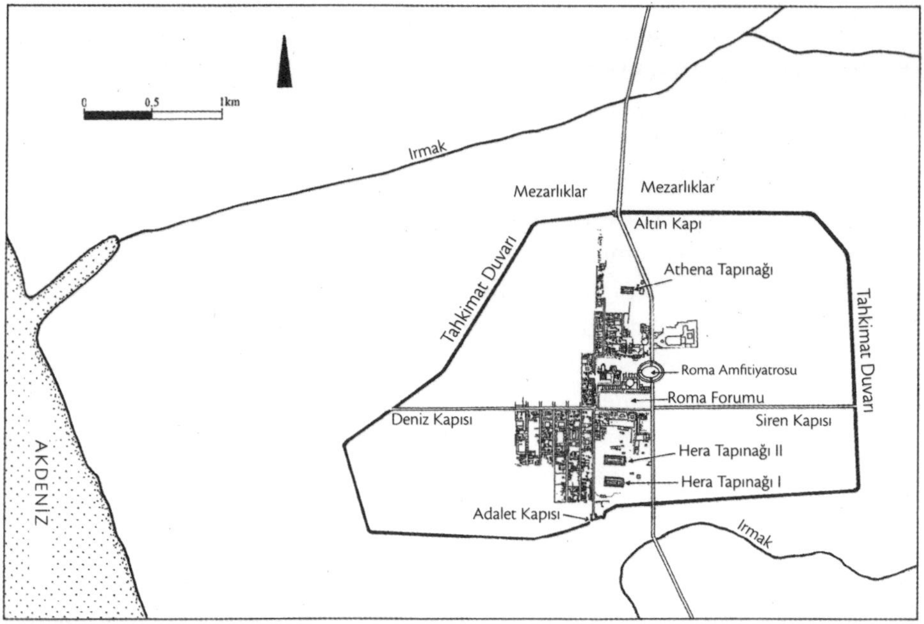

ŞEKİL 19.2 Paestum kent planı.

liman bulunmaması nedeniyle gemiler kumsala çekiliyordu. İki yüzyıl boyunca kent Yunan kaldı; agorada bulunan *bouleuterion*'dan da anlaşılabileceği gibi burada demokrasi gelişmişti. MÖ 400'de, iç bölgede yaşayan İtalik halklardan Lucanianlar kenti ele geçirdi. Romalılar MÖ 273'te kasabayı kendilerine kattılar ve adını Paestum'a değiştirerek burada bir Latin kolonisi kurdular. Kısa süre sonra kent düşüşe geçti. MÖ 133'te inşa edilen önemli bir kuzey-güney yolu olan Via Popilia Paestum'u es geçti ve Napoli Körfezi'ndeki (60 km kuzeyde) kentler deniz ticaretinin zengin merkezleri haline geldi. Yöredeki akarsuların biriktirdiği siltler sellere neden oldu ve sıtma yayan bataklıklar oluştu. İmparatorluğun son dönemlerinde nüfus azalmış ve MS yedinci ile dokuzuncu yüzyıllar arasında yerleşim tümüyle içerideki daha sağlıklı tepelere kaymıştı.

Hava fotoğraflarından anlaşıldığı kadarıyla, en azından Roma döneminde, birbirine paralel sokakların diğerleriyle dik açıyla kesiştiği kent, Hippodamos ilkelerine göre yerleştirilmişti (**ŞEKİL 19.2**). Orijinali Yunan olan ve kenti kuşatan 4,8 km'lik tahkimat duvarında kabaca pusulanın yönlerine göre yerleştirilmiş dört ana kapı vardı. Poseidonia'nın MÖ altıncı yüzyıldaki planı bilinmemesine rağmen, kentin benzer şekilde bir ızgara plana göre düzenlenmiş olduğu varsayılmıştır. Güney İtalya'daki bir başka Yunan kolonisi MÖ altıncı yüzyıl kenti Metapontion'da gerçekleştirilen araştırmalarda da böyle bir plana rastlanmıştır, ki bu plan düz arazide kurulan yeni kentlerin tipik yerleşim biçimi gibi görünmektedir. Ancak, Yunan Poseidonia'nın planı Roma kentininkinden farklı olmalı, zira kuzey ve güneydeki kent kapıları ile Roma öncesinden kalma üç büyük tapınak Roma ızgarasına aykırı bir hat meydana getirmektedir.

Batı Yunanistan'da tercih edilen Dor düzeninde inşa edilmiş üç arkaik ve klasik tapınak, Yunan dünyasındaki en iyi korunmuş örneklerdendir (**ŞEKİL 19.3**). Yunan mimarisinin standart ilkelerine genelde uyulmuş olmakla beraber, tümü de yöresel Batı Yunan uygulamaları olarak nitelenebilecek yapım ve tasarım özellikleri gösterirler. Atina Akropolis'indeki Perikles dönemi yapılarında kullanılan bazı çözümleri öngören çeşitli ayrıntılar Batı Yunanistan'ın mimari açıdan geri bir bölge olmayıp bir yenilik merkezi olduğunu gösterir.

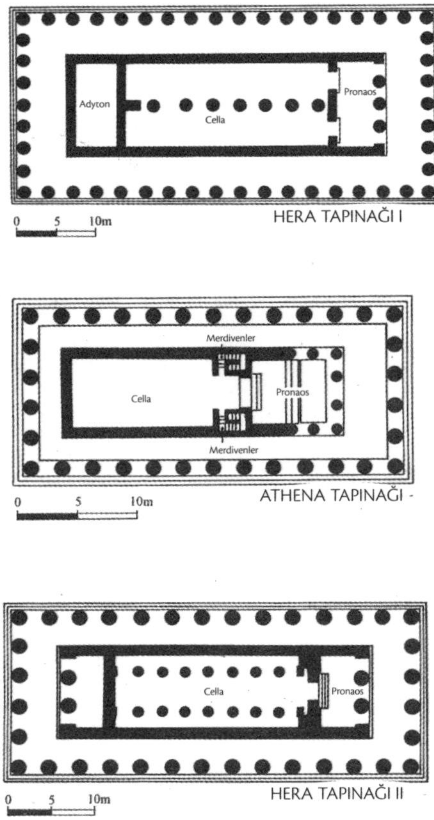

ŞEKİL 19.3 Paestum'daki arkaik ve klasik tapınaklara ait planlar: Hera Tapınağı I, Athena Tapınağı ve Hera Tapınağı II.

Tapınaklar tümü de doğuya bakar halde kentin ortasında bir kuzey-güney hattında dizilidir. Ege Yunanistan'ından farklı olarak bu bölgede mermer bulunmadığı için, yapılar yerel traverten (yöresel bir kireçtaşı) ve kumtaşından yapılmıştı. İçlerinde en eskisi MÖ altıncı yüzyıl ortalarına tarihlendirilen Hera Tapınağı I'dir. Bazı unsurları beklenenden farklıdır. Yaklaşık 54,3 x 24,5 metre boyutlarında ve dolayısıyla normalden geniş olan bu tapınağın kolonadları kısa yanlarda dokuzar, uzun yanlarda on sekizer sütundan meydana gelir. Ayrıca, Batı Yunan tarzında zemini sundurmadan daha yüksek olan *cella*'nın ortasında, bilerek veya şans eseri, Sisam'daki daha eski Hera Tapınağı'nı çağrıştırır şekilde merkezi bir sütun sırası vardır. Bu sütun sırası kutsal alanı bir ihtimal bir tarafta Hera, diğerinde Zeus olmak üzere iki kült için ikiye ayırmış olabilir. Sütunlar Yunanlıların favori mimari rötuşlarından birine sahiptir: Dikey çizginin dışarı doğru şişirilmesi, burada neredeyse dışarı fırlaması, yani *entasis*. Sütun başlığının alt yarısı, *echinus*, son derece alçak ve geniş profiliyle yassılmış bir mantarı andırır.

ŞEKİL 19.4 Athena Tapınağı, Paestum.

Yaklaşık MÖ 500'de inşa edilmiş olan ikinci büyük tapınak Athena olarak teşhis edilen adak sunulara göre, Athena'ya adanmıştı (**ŞEKİL 19.4**). Yaklaşık 33 x 14,5 metrelik bu tapınağın kolonadının normal şekilde kısa yanlarda altışar, uzun yanlarda on üçer sütunu, bir ön sundurması (*pronaos*) vardır, ama *opisthodomos*'u yoktur. Kolonadın üzerinde sıra dışı bir saçaklama bulunmaktadır: Alttan yukarı doğru, (a) alışıldık tarzda bir arşitrav, (b) fazladan bir kumtaşı sırası; (c) heykelsiz bir triglif ve metoplu friz ve (d) en altında yatay bir korniş bulunmayan, ama tepesinde vurgulanmış dışarı çıkıntı yapan eğimli kornişlere sahip bir alınlık alanı.

Tapınağa girdiğimizde, dış kolonadın ardına yerleştirilmiş derin sundurmanın sekiz İon sütunuyla çevrelenmiş olduğunu görürüz: Ön cephede dört ve her iki yanda ikişer (bunların ikincileri girişlerin köşelerinde olmak üzere) sütun vardır. Aynı binada bu şekilde Dor ve İon sütunlarının kullanılması, Atina akropolisinden elli yıl sonra, bu kadar çarpıcı biçimde geliştirilmiş bir bileşimin rastlanılan ilk örneğidir. Yine Batı Yunanistan'da yaygın olduğu şekilde sundurma sütunları ve *cella*'nın duvarları dış kolonadın sütunlarıyla bire bir değildir. Hera Tapınağı I'den farklı olarak *cella*'nın içinde sütun yoktur, ama kapının iki yanındaki iki şık merdivenden belki *cella* ve kült heykeline tepeden bakan bir üst odaya geçiliyordu.

Bu tapınakların en sonuncusu, en büyüğü ve en iyi duurmda olanı yaklaşık MÖ 470–460'ta inşa edilmiş olan Hera Tapınağı II'dir. Kime adandığını yine sunulardan anlıyoruz. Boyutları yaklaşık 60 x 24,25 metredir. Kısa yanlarda altışar, uzun yanlarda on dörder olarak dizilmiş dış sütunları, yine Batı Yunanistan'a özgü bir uygulama ile taştaki kusurları örtmek ve mermeri andırmasını sağlamak adına orijinal olarak yalancı mermerle kaplıydı. Sundurma ve opsithodomos mevcuttur ve her birinde *in antis* durumda ikişer sütun vardır. *Cella'*daki iki sıra iç sütun, bir nef ile iki koridor yaratır; sütunlar tavan ve çatıyı doğrudan taşır, ama anlaşılan koridorların üzerindeki galeriyi değil. Dış cephe standart Dor düzenindedir. Metoplar veya alınlıklarda heykel yoktu. Mimari rötuşlar arasında stilobatın kıvrımı, sütunların hafifçe yatık olması ve entasis sayılabilir, ki sonuncusu dışında bunların tümüne Batı Yunanistan'da nadiren rastlanırdı, ama tümü de Parthenon'da mevcut olacaktı.

Mezarlıklar Yunan dünyasında hep olduğu gibi kentin dışındaydı. Bunların arasından özellikle çarpıcı olan yaklaşık MÖ 480'den kalma ve 1968'de Mario Napoli tarafından kentin 1,5 km güneyindeki keşifleri sırasında bulunan Dalgıcın Mezarı'dır. Az sayıda mezar eşyasına sahip bu adamın basit gömüsü erken klasik dönemden kalma panel resimleri arasında önemli bir yere sahip olan iyi durumdaki figüratif resimleri olmasaydı bu kadar dikkatimizi çekmezdi. Mezar, dört yan ve bir kapak olmak üzere, tümü de resimli beş traverten levhanın kayadaki dikdörtgen biçimli yarıklara oturtularak resimsiz bir zemine yerleştirilmesiyle yapılmıştır (**ŞEKİL 19.5**). Kapağın alt yüzündeki mezara adını veren sahnede, bir platformdan bir havuza dalan genç bir erkek resmedilmiştir. Dört yanda ise bir şölende, tipik şekilde ikişerli halde sofalara uzanmış erkekler ile bunlara eşlik eden hizmetçi ve müzisyenler tasvir edilmiştir. İki

ŞEKİL 19.5 Dalgıcın Mezarı rekonstrüksiyonu, Paestum.

çift romantik açıdan meşgulken, diğerleri onları seyreder, *kottabos* (birinin bir hedefe kadehinden şarap tortuları fırlattığı bir oyun) oynamakta veya flüt ve lir çalmaktadırlar. Sahneler gündelik yaşamın sade tasvirleri gibi görünmektedir, ancak cenaze bağlamı nedeniyle cenaze kutlamaları veya öbür dünyada yapıldığı tasavvur edilen faaliyetler (bkz. aşağıda, Etrüsk mezar sanatı üzerine) gibi diğer anlamları da olabileceğini aklımızda bulundurmalıyız. Kompozisyon ve teknik açısından resim, derinlik sağlama çabasına girişilmeden bir zemin çizgisi üzerine oturtulması ve dış hatların içinin tek renge boyanması (gölgeleme veya ek iç ayrıntılar olmaksızın) gibi arkaik Yunan sanatında görmeyi bekleyeceğimiz özelliklere sahiptir.

Siracusa

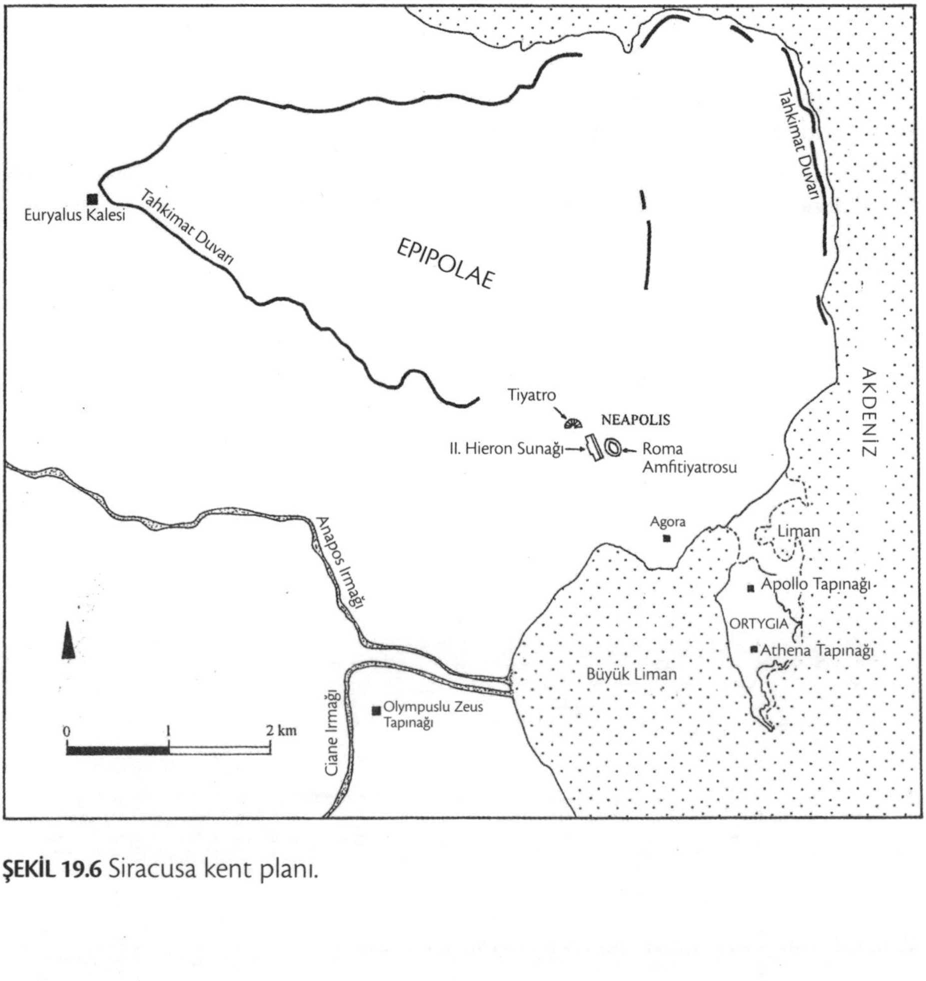

ŞEKİL 19.6 Siracusa kent planı.

Akdeniz'in ortasında, İtalyan Yarımadası'ndan sadece 3 km ve Afrika'dan 160 km mesafede bulunan Sicilya Adası her zaman kültürler arası bir kavşak olmuştur. Antik Yunan-Roma döneminde, Siracusa adanın en önemli kentiydi. MÖ sekizinci yüzyılın ikinci yarısında Korinthoslularca kurulan kent küçük ama savunmaya elverişli ve iki yanında doğal limanlar bulunan Ortygia ("Keklik") Adası'ndan dışarı anakaraya doğru genişlemiştir. MÖ altıncı yüzyıl ortalarında ada ile anakara yapay bir yolla birbirine bağlanmıştır (**ŞEKİL 19.6**). Kent, Yunan dünyasının en büyüklerinden biri haline gelmiştir: Klasik dönemde 250.000 gibi yalnızca Atina'nınki ile karşılaştırılabilir bir nüfusa erişmişti.

Siracusa'nın zenginliği tarım, kireçtaşı ocakları ve limanlardan geliyordu. Ama kentin siyasal tarihi çalkantılıydı. Sicilya'da tipik olduğu üzere ağırlık olarak yönetim şekli demokrasi yerine tiranlık olarak kaldı. Yine başka yerlerde olduğu gibi, hükümdarın sanatsal ve mimari eserler yaratılmasında önemli bir rolü vardı. Ancak, üç tiranı kısaca incelerken, Siracusa'nın tüm yöneticilerinin kendilerini sanat ve mimari ile yüceltme ihtiyacı hissetmediklerini göreceğiz.

MÖ 480'de Himera'nın (Kuzey Sicilya) tahtından indirilmiş tiranı Kartacalılardan yardım istedi. Buna karşılık, Gela ve Siracusa'nın tiranı Gelon, koalisyon kuvvetlerinin başında sefere çıktı ve büyük bir zafer kazandı. Himera'da Yunanlı olmayan Kartacalılara karşı kazanılan zafer, Yunanlıların Persleri yendiği Salamis Savaşı'nın batıdaki karşılığı haline geldi; öyle ki, Herodotos ikisinin aynı gün gerçekleştiğini yazacaktı. Diodoros Sikeliotes'e göre, Kartacalılar hafif ateşkes şartları sağlamayı başarmıştı; lehlerine müdahalesine şükranlarını sunmak için, Gelon'un karısı Damarete'ye 100 talent ağırlığında altından bir taç sundular. Zaferin anısına, bu altından on Attika drahmisi değerinde, olağanüstü büyük bir para birimi olan bir *dekadrahmi* sikke bastırmıştı: Buna onun adına "Damareteion" adı verilmişti. Bu sikke günümüze gelmemiştir. Ama anma amacı, bize ulaşan çok güzel bir gümüş dekadrahmide görülebilir. Sikkenin turasında dört atın çektiği bir arabada bir sürücü, yazı tarafında ise kentin sembolü olan yöresel su perisi Arethusa'nın başı yunus balıklarıyla çevrili olarak tasvir edilmiştir (**ŞEKİL 19.7**). Uzun zaman bunun da Himera'daki zaferin anısına olduğunu düşünen nümizmatlar, artık bu sikkeyi daha

ŞEKİL 19.7 Arethusalı gümüş dekadrahmi, Siracusa. British Museum, Londra.

sonraya tarihlendirirken, kimi uzmanlar bunu MÖ 466'da tiranların kovulmasıyla bağdaştırır.

Gelon'un kendisi, zaferi Dor düzeninde iki büyük tapınak ısmarlayarak kutlamıştı: Biri Himera'da, diğeri Siracusa'da, Ortygia'da. Athena'ya adanmış olan ikincisinin boyutları 52 x 22 metre olup, kısa yanlarında altışar, uzun yanlarında on dörder sütun vardı. Yapımında yerel kireçtaşı kullanılmış, ayrıntılar mermerle çalışılmıştı. Zenginlik ifadesi ayrıntılar (artık kayıptırlar) arasında altın ve fildişinden kapılar vardı; ayrıca, dışarıda alınlıklardan birinin zirvesine yerleştirilen Athena heykelinin, parlaması denizde uzak mesafeden görünen, altından bir kalkanı vardı. MS yedinci yüzyılda tapınak bir Hıristiyan kilisesine dönüştürülmüş ve başta sütunlar olmak üzere pek çok öğesi tasarıma dahil edilmişti.

MÖ 415–413'te Atinalılar o dönemde Sparta'nın müttefiği olan Siracusa'yı ele geçirmeye kalkıştı. Korkunç bir felaketle sonuçlanan bu sefer Peloponnesos Savaşı'nın sonunda Sparta'nın Atina'yı yenmesinin önünü açtı. Kısa süre sonra, Kartacalılar Sicilya'yı işgal ettiler ve başarısız oldular. MÖ 405'e gelindiğinde önemli tiran I. Dionysios iktidara gelmişti. Kentte acımasız, dışarıda saldırgan olan bu tiran Kartaca, Etrüskler ve Yunan kentlerine karşı savaşarak bir noktada adanın yarısına egemen oldu ve MÖ 367'ye kadar iktidarda kaldı. Bu kitapta değinilen pek çok hükümdardan farklı olarak namını heykel veya resim olsun görsel imgelemlerle yaymayı veya büyük dini anıtlar yaratmayı tercih etmedi. Onun yerine, şair ve yazarlara hamilik etti; kendisi de tragedyalar yazdı. Anımsandığı mimari proje askeri nitelikliydi: Siracusa'yı koruyan yeni bir tahkimatlar sistemi yaptırmıştı. Ortygia'nın savunması güçlendirildi, Epipolae Yaylası'nın kuşatan yeni bir duvar yapıldı ve daha önce surlarla çevrili olanın sekiz katı bir alan kuşatıldı. Uzak köşede savunma açısından çok önemli olan Euryalus tepesi yer alır. Dionysios'un burada yaptırdığı kale hakkında fazla bilgimiz yok, ama MÖ dördüncü ve üçüncü yüzyıllardaki güçlendirmeler iyi korunmuş durumdadır. Bu tahkimatlar arasında kuleler, anakayada oyulmuş kuru hendekler ve askerlerin duvarlara ve düşmanların içine doldurduğu molozları temizlemek için kuru hendeklere kolayca ulaşmalarını sağlayan yeraltı geçitlerinden oluşan gelişmiş bir kompleks de sayılabilir.

MÖ üçüncü yüzyıla tiran II. Hieron (saltanatı yaklaşık MÖ 271–216) egemen olmuştur. Gerçek bir Helenistik çağ hükümdarı olduğunu kanıtlamıştır: Helenistik doğudaki krallardan etkilenerek eşi Philistis ile birlikte kendilerini kentin sikkelerinde tasvir ettiren ilk Siracusa yöneticileri oldular. İnşaat projeleri tam da başarılı bir hükümdardan bekleneceği gibi büyük kamusal anıtlar, bir tiyatronun baştan düzenlenmesi ile anıtsal bir sunaktan oluşur. Tiyatro, tasarımda Yunan'dan Roma'ya geçişi sergiler. 15.000 kişi alacak şekilde genişletilen tiyatro, bir tepenin yamacı oyularak yapılmıştı ve yarım daire biçiminde oturma yerleri ile mimari açıdan karmaşık bir arkaplana sahip, yakınlaştırılmış bir sahne yapısından meydana geliyordu. Oturma yerinin ve sahne yapısının birleştirilmesi Roma tiyatrosunun ayırt edici özelliği olacak ve Romalılar tepe yamaçlarının yanı sıra düz zemin üzerine de (tonozlarla) inşaat yapabilme becerileriyle Yunanlıları geride bırakacaklardı. II. Hieron, tiyatronun yakınlarına yıllık Zeus Eleutherios festivalinde gerçekleştirilen 450 öküzün kurban edilme töreni için anıtsal bir sunak yaptırdı. Bir tapınakla bağlantılı olmayıp müstakil olması açısından Pergamon'daki Zeus Sunağı'nı hatırlatan bu sunak, devasa boyutlarıyla (198 x 22,8 metre) dikkat çeker.

II. Hieron, Roma ile yakın ve dostane bir ilişki geliştirmişti. Ölümünden sonra bu ilişki bozuldu ve iki yıl süren acılı bir kuşatmadan sonra MÖ 212'de Romalılar kenti ele geçirip yağmaladılar. Kurbanlardan biri de, dâhi matematikçi ve mucit Arkhimedes'ti. Bu zaferle Romalılar Güney İtalya ve Sicilya fetihlerini tamamlamış oldular ve dikkatlarini Orta Akdeniz'deki ezeli rakipleri Kartaca'ya yönelttiler.

Etrüskler

Artık dikkatimizi MÖ birinci binyılın büyük kısmında İtalyan Yarımadası'nın Roma'nın kuzeyindeki kısmında yaşamış olan Etrüsklere çeviriyoruz. Yunanlılardan ayrı, zaman içinde onları bünyesinde sindiren Romalılar üzerinde son derece etkili olmuş olan Etrüsklerin, hâlâ çok iyi anlaşılamamış kendilerine özgü bir kültürleri vardı. Kentlerini mimariye ve mezarlara odaklanarak incelemeden önce, Etrüsk tarihinin ve kültürünün kilit yönlerine kısaca bir göz atalım.

Etrüsk Tarihi ve Kültürü

Etrüskleri adlandırmada Romalıları temel alıyoruz: "Etrusci." Yunanlıların kullandığı "Tyrrhenoi" veya kendilerine verdikleri adla "Rasenna" veya "Rasna"yı tercih etmiyoruz. Yunanlılar ve Latinler (Romalılar) gibi Etrüsklerin de önemli uluslararası bağlantılara sahip bir kentsel kültürleri vardı. Ticaret yaptıkları batılı Yunanlılardan alfabe, arkaik heykel, resim tarzı ve tapınakların anıtsallığı gibi pek çok şey almışlardı, ancak yakından incelendiklerinde, Yunan-Roma örneğiyle karşılaştırıldığında tuhaflıklarla dolu gibi görünen kendi âdetleri, ilahları ve inançlarının olduğu görülür.

Yurtları Roma'ya yakın olan Etrüskler Romalıların ilk büyük rakipleriydi, hatta MÖ altıncı yüzyılda o kente de egemen olmuşlardı. Roma kültürü üzerinde kalıcı bir etkileri olmuştur. Katkılarının boyutları tartışmalıdır, ama aralarında Toskana türü tapınak, *atrium* tarzı ev, heykelcilikte gerçekçilik, toga, alfabe, "Roma" rakamları, kent kuruluş ritüelleri ve ilahların niyetlerini öğrenme istekleri ve kanlı sporlara düşkünlük var gibi görünmektedir.

Euboia Yunan alfabesinin (Romalılara da aktardılar) bir türünde yazılmış dillerine en erken yaklaşık MÖ 700'de rastlanmış olup, Yunanca, Latince veya antik İtalya'daki diğer dillerden farklıdır. Öyle ki, Hint-Avrupa dil grubunun üyesi değildir ve bilinen akrabası yoktur. Bize ulaşan metinler kısa olduğu için dil çok iyi anlaşılamamıştır. 1964'te bilinen en uzun adama yazıtlarını içeren yaklaşık MÖ 500 tarihli, tümü de Caere kralı Thefarie Velianas'tan tanrıça Uni'ye adamış (Romalıların İuno'su=Fenikelilerin Astarte'si) üç altın levhanın, Caere'nin (Cerveteri) limanı Pyrgi'de bulunmasıyla dilin çözüleceği ümidi doğdu. İkisi Etrüskçe, biri Pön dilinde (Fenikece/Kartaca dili) yazılmıştı. Ne yazık ki, Pön ve Etrüskçe metinler birbirlerinin bire bir tercümeleri değildir, dolayısıyla dilin çözülmesi açısından değerleri sınırlıdır.

Etrüsk tarihi için özellikle Roma edebiyatından yararlanıyoruz. Etrüskler hakkındaki diğer bilgi kaynağımız boyalı veya yontulmuş duvarları olan, en şık örnekleri etkileyici kayadan oyma odalardan oluşan mezarları ile mezar hırsızlarınca ellenmemiş olmaları durumunda, yerel ve yabancı nesnelerden oluşan harika birikimlerdir. Bunun aksine, kentleri iyi korunmamış ve daha sonraki kasabaların altlarında kalmıştır, ayrıca geleneksel olarak mezarlardan elde edilen zengin buluntulara alışmış arkeologların pek ilgisini çekmemiştir. Kentlere yönelik son dönemlerde gerçekleştirilen kazılar bu boşluğu kapatmaya çalışmaktadır.

Etrüsk ülkesinin kalbi Etruria bölgesi, kuzeyde Arno Irmağı, doğusunda Tiber Irmağı ve Apennin Dağları ve kuzeybatıdan güneydoğuya bir hipotenüs olarak da batıdaki Tiren (Tyrrhenum) Denizi arasında bir üçgendir. Bu tepelik ve ovalık bölge sulak olup, tarım ve hayvancılığa elverişlidir. Ayrıca, bu bölgede başta demir (özellikle Elba Adası'nda), bakır ve gümüş olmak üzere maden kaynakları vardır. Özellikle Etruria'da bulunan Yunan çömleklerinden anlaşıldığı kadarıyla, bu kaynakların uluslararası ticareti yapılıyordu, ancak başlıca kentler asla doğrudan deniz kıyısında yer almazdı. Bunun nedeni Etrüsklerin kendilerinin de kötü bir üne sahip olduğu korsanlık tehlikesiydi.

Etrüsklerin kökenleri klasik antikçağlardan itibaren bir tartışma konusu olmuştur. MÖ sekizinci ve yedinci yüzyıllarda, Etrüsk kültürü yarımadadaki diğer kültürlerin çok ilerisinde bir gelişmişlik düzeyine ulaşmıştı. Bu olağanüstü ve hızlı yükseliş nesiller boyu araştırmacıların merakını kurcalamıştır. Açıklaması ne olabilir? Etrüskler MÖ birinci binyıl başlarında zaten İtalyan Yarımadası'nda bulunan çok sayıdaki halktan biri miydi, yoksa İtalya'ya başka bir yerden mi göç etmişlerdi?

Antik dönemde dolanan bir kurama göre, Etrüsk kültürü İtalya'ya istilacılar tarafından getirilmişti. Herodotos bize bir kıtlıktan kaçan Lydialı mülteciler olarak Batı Anadolu'dan geldiklerini söyler. Diğer Yunanlı yazarlar ise onları yazı öncesi dönemden, hakkında fazla bilgi olmayan Egeli halk Pelasglarla özdeşleştiriyordu. Gerçekten de, Anadolu ile bazı şaşırtıcı paralellikler vardır: Tümülüs gömüleri (Anadolu'daki Lydialılar ve Friglerle ortak) ile MÖ altıncı yüzyıl sonlarından Kuzeydoğu Ege'deki Lemnos Adası'ndaki bir cenaze stelinde Etrüskçeye benzeyen bir yazıt.

Bunlara karşıt bir görüşü savunan Halikarnassoslu Dionysios'a (MÖ birinci yüzyıl) göre Etrüskler, Etruria'ya göç etmemiş ve her zaman orada yaşamışlardı. Gerçekten de, arkeolojik kanıtlar Kuzey ve Orta İtalya'daki demir çağı Villanova Kültürü'nden Etrüsklere evrimin sürekliliğine işaret eder. Ama Ege, Anadolu, hatta daha kuzey Avrupa'daki çarpıcı paralellikler, Etrüsk kültürünün oluşum evlerinde yabancı etkilerin Etruria'ya işlemiş olduğunu gösterir. Dolayısıyla, bu eski tartışmanın her iki yanı da bir derecede haklı durumdadır.

Etrüskler bir siyasal birliğe sahip değildi; Yunanlılar gibi şehir-devletleri halinde örgütlenmişler, bunlar da geleneksel olarak on iki üyeden oluşan bir birlik meydana getirmişti. Kentler krallar ve aristokratlarca yönetilirdi. Sekizinci ve yedinci yüzyıllarda Etrüskler, nüfuz alanlarını kuzeye Po Irmağı Vadisi'ne ve güneye, Latium ve Campania'ya doğru genişlettiler. Roma'nın kendisi de yaklaşık MÖ 600–509 arasında Etrüsk krallarca yönetildi. Daha sonra Etrüskler uzun bir dizi darbeye maruz kaldı. MÖ 474'te bir deniz savaşında Siracusa tarafından yenillediler ve deniz gücü düşüşe geçti. MÖ beşinci ve dördüncü yüzyıllarda Galyalılar kuzeyden İtalya'ya akınlar düzenledi ve Umber-Sabel kabileleri, yarımadada batıya doğru göçleri sırasında Campania'daki Etrüsk kentlerini ele geçirdi. Roma ile uzun bir mücadele başladı ve MÖ birinci yüzyılda Roma'nın kesin zaferiyle sonuçlandı. Etrüskler MÖ 90'da Roma yurttaşlığı hakkı kazandı ve gerçekten de bu noktada Etrüsk medeniyeti tümüyle Roma dünyasına dahil olmuştu.

Kentleri ve Mimarisi

Yukarıda da belirtildiği üzere, arkeolojik kayıtlarda kentler günümüze pek ulaşmamıştır. Kent alanlarında uzun zaman boyunca, hatta Perugia ve Orvieto gibi içerlek kasabalarda günümüze değin yerleşimlerin bulunması, eski kalıntıları değiştirmiş veya yok etmiştir. Ayrıca, evlerin yalnızca temelleri taştandı; üstyapı ahşap ve güneşte kurutulmuş kerpiçler gibi dayanıksız maddelerden yapılmıştı. Taş temeller ve kerpiç üstyapı bileşimi kent surlarında da tercih edildiğinden, bunlar da iyi korunamamıştı. Ama, daha iyi incelenmiş mezarların Etrüsk toplumu hakkında cevaplayamadığı sorulara yanıt arayan arkeologların ilgisi, gittikçe daha çok kent kalıntılarına yönelmektedir.

Güney Etruria'nın kendine özgü topografyası kentlerin yerleşimini belirliyordu. Burada yaygın olan yumuşak volkanik kaya olan tüf ırmak vadilerince kesilmiş, geriye dik yanları olan sivri tepeler kalmıştır. Böyle sarp uçurumlar savunma konusunda avantajlar sağlıyordu ve Etrüskler de daha demir çağı-

ŞEKİL 19.8 Villanova kültüründen kulübe urna. Museo Nazionale Preistorico, Roma.

nın başlarından veya Villanova döneminden (MÖ onuncu yüzyıldan) itibaren geleneksel olarak yerleşim için buraları seçmişti. Evler dal örgü duvarlı ve saz çatılı basit, tek odalı kulübelerdi. Bu tür evlerin tasarımı, yapısal ayrıntıları ve süslemeleri hakkındaki en iyi bilgilerimiz, yakılmış cesetlerin kül ve kemik kalıntılarını saklamakta kullanılan popüler bir kap türü olan ufak terakota kulübe biçimli urnalardan gelir (**ŞEKİL 19.8**). Bu tür ev modelleri Yunanistan'daki demir çağından kalanları çağrıştırarak, Yunan modeller kül urnaları yerine sunu olarak kullanılmak gibi farklı işlevlere sahip olmasına rağmen benzer bir ev tasarımı olduğunu gösterir.

Etrüsk ülkesindeki kentlerin planlarının bireysel alanların topografik ihtiyaçlarına göre belirlendiği anlaşılmaktadır. Sokakların tepe üstlerinin düzensiz konturlarına uyması gerekiyordu. Ama Etrüskler, kasabanın merkezinde dik açılarla kesişen iki ana sokağın baskın olduğu dik açılı kent planlarıyla ünlüydü. Romalılar da bunu tercih etti ve bu iki sokağa *cardo* (kuzey-güney yönünde) ve *decumanus* (doğu-batı) adını verdiler. Dik açılı planlara, özellikle daha elverişli arazideki kolonilerde rastlanır; bunun ünlü bir örneği için aşağıda Marzabotto'ya bakınız. Etruria içinde, Orvieto'daki nekropolis sokakların pusula yönlerine göre yerleştiği böyle dik açılı bir plana sahipti. Cerveteri'deki bunun çağdaşı mezarlığın bir kısmında da düzenli bir plan yaratılmaya çalışılmıştı.

Romalı yazarlar Etrüsklerin yeni kent kuruluş ritüelini aktarır. Romalıların kendileri de erken bir tarihte bu ritüeli benimsedi. Kentin kurucusu bir sabana bir öküzü ve bir ineği bağlar ve kasabanın dış sınır çizgisini çizerdi. Kapıların yerleştirileceği yerlerde kurucu sabanı kaldırır ve o mesafe boyunca taşırdı. Dolayısıyla girişler kutsal dairedeki kesintiler, içinden ölümlüler, hayvanlar ve onların kirli eşyalarının geçebileceği yerlerdi. Servius'a (MS dördüncü yüzyıl) göre ideal Etrüsk kentinin üç ana kapısı, üç ana sokağı ve en büyük ilahlar Jupiter, Iuno ve Minerva'ya adanmış üç ana tapınağı vardı. Bu özelliklere sahip bir Etrüsk kenti henüz bulunamamıştır. Ancak, MÖ 273'te Etruria'da kurulan Roma kolonisi Cosa'da görülebilirler (bkz. Bölüm 20).

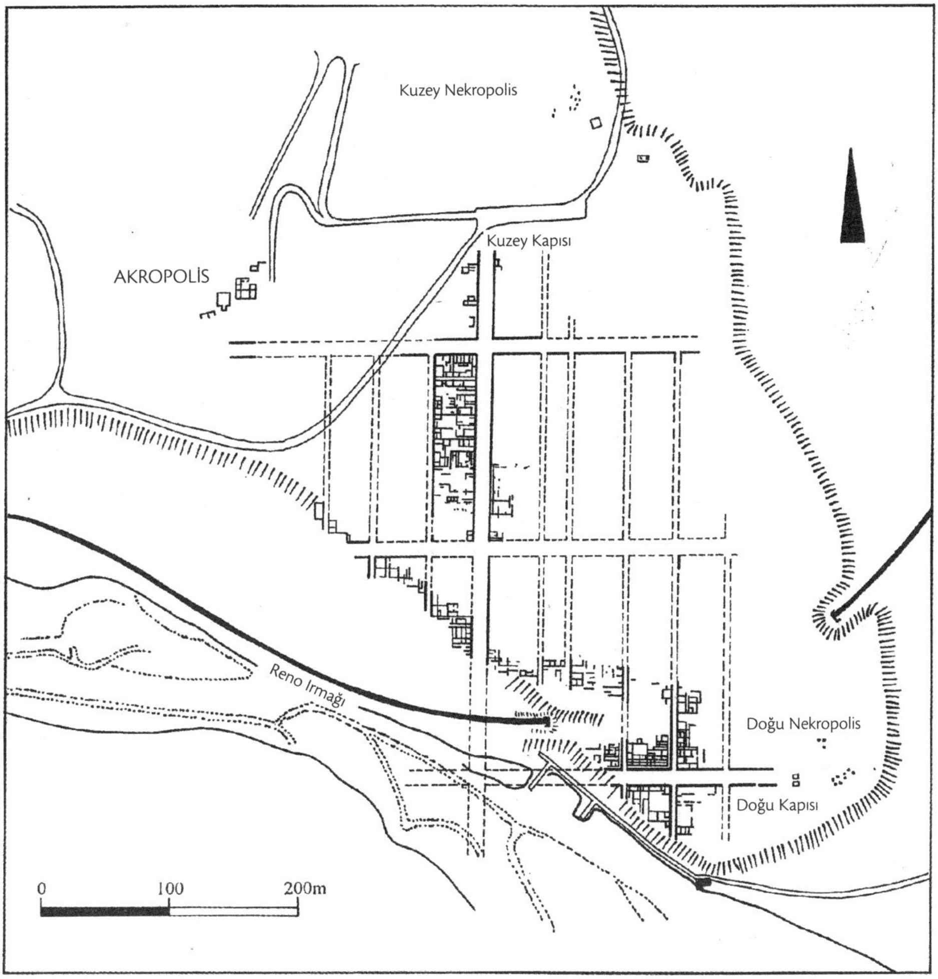

ŞEKİL 19.9 Marzabotto kent planı.

Marzabotto ve Acquarossa

MÖ altıncı yüzyıl sonlarında Etrüskler, Po Vadisi'nde Bologna yakınlarında, Floransa'ya göre Apenninler'in öteki yanında Marzabotto'nun bulunduğu yerde bir koloni kurdu. Antik adı bilinmemektedir. Bu yerleşimin görece kısa bir ömrü oldu. MÖ dördüncü yüzyılda kuzeyden gelen Galyalılar kasabayı yok ederek Etrüskleri anayurtları Etruria'ya geri püskürttü. İyi çalışılmış olan Marzabotto, erken Etrüsk dik açılı kent planının klasik örneğini oluşturur.

Sıfırdan kurulduğu için kasaba düzgün şekilde planlanabilirdi. Gerçekten de, kuzey-güney ve doğu-batı yönlerinde geniş sokaklar ile bunların arasında daha dar sokaklarıyla planı düzgündü (**ŞEKİL 19.9**). Kuzey-güney yönünde tek bir ana arter bilinmesine rağmen, doğu-batı doğrultusunda üç geniş sokak

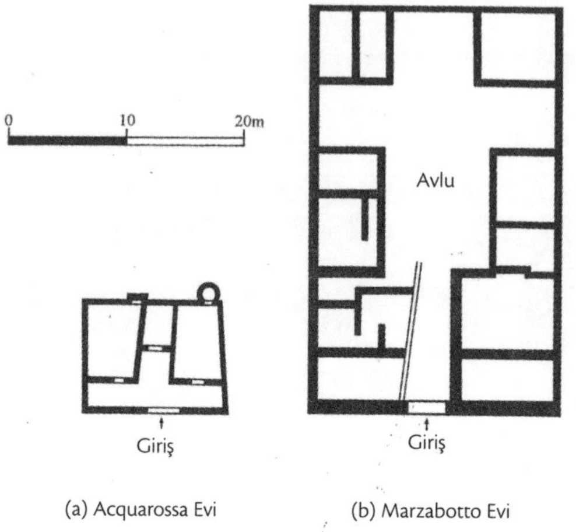

ŞEKİL 19.10 Ev planları: (a) Acquarossa ve (b) Marzabotto.

keşfedilmişti. Doğu-batı yönündeki sokaklardan biri *decumanus* olarak teşhis edilebilir, çünkü kuzey-güney sokak ile doğu-batı sokakların yalnızca birinin kesişiminde arazi ölçüm işaretleri vardır. Tüm caddeler boyunca bir veya iki kanalizasyon kanalı vardı; bazı sokakların ortasına yerleştirilmiş basamak taşları yayaları yağmur, çamur ve lağım taşması durumunda koruyordu. Esas kasabanın kuzeybatısındaki bir terasta tapınak ve sunaklar yer alıyor ve tapınaklardan üçü, kasabanın ızgara planıyla aynı yönlere bakıyordu. Yunan kentlerinden farklı olarak bir agora veya kamusal yapıların bulunduğu bir kent merkezi yok gibi görünmektedir.

Hem tapınaklar hem evler, taş temeller üzerine yükseltilmiş ahşap ve kerpiç üstyapılardan oluşuyordu. Evler alçak bir duvarla çevrili, bir havuzu olan, altında ise içme suyu biriktirmek için bir sarnıca sahip geniş merkezi bir avlu çevresinde düzenlenmişti (**ŞEKİL 19.10B**). Üstü kapalı bir boru sokağa uzanıyordu. Avlunun arkasındaki, geniş bir odanın avluya bakan tarafı tümüyle açıktı. Bu odanın her iki yanında daha küçük birer oda vardı. Bu plan daha sonraki Roma *atrium* türü evleri çağrıştırır ve dolayısıyla Romalılara özgü bu ev biçiminin Etrüsk kökenli olduğunu düşündürtür.

Roma'da İsveç Enstitüsü'nün 1966–75 arasında Viterbo yakınlarındaki Acquarossa'da gerçekleştirdiği kazılar, MÖ yedinci ve altıncı yüzyıllardan kalma Etrüsk evlerine dair önemli kalıntılar ortaya çıkarmıştır. Bu evlerin duvarlarının alt kısımları tüf bloklardan, üstyapıları ise alışıldık şekilde keresteden, dikey ve yatay unsurlarla desteklenen kerpiç tuğlalardan yapılmıştı. Ayrıca, dikey ve yatay kirişler arasına dallar örülmüş ve bunun üzeri sıvayla kaplanmıştı. Bu tür dal örgü duvar yapımı, önemli Romalı mimar ve yazar Vitruvius tarafından da tarif edilmişti. Çatı öğeleri de bulunmuştu; bunlar tava ve mahya çatı kiremitleri ve çatı tavan kirişi için daha büyük eğri kiriş kiremitleriydi. Tava kiremit düz kiremitin kenarları yukarı dönük halidir, mahya ise yağmurun kiremitlerin arasına girmesini engellemek için bitişiğindeki tava kiremitlerin kenarları üzerine ters şekilde yerleştirilen U veya V biçimli bir kiremittir. Bir tava kiremitin yanında ufak bir gün ışığı veya duman deliği olsun diye açılmış bir geniş bir de ufak delik bile vardı.

Evlerin planları merkezi avlu odaklı değildir (**ŞEKİL 19.10A**). Bunun yerine, bir sundurmadan iki odaya geçilir veya sokaktan ufak taş döşeli bir giriş holünden geçilerek sağ, sol ve arkadaki odalara erişilir.

Veii ve "Toskana Tapınağı"

Roma'ya en yakın Etrüsk kenti Veii, MÖ 396'da Romalılar tarafından ele geçirilene dek önemli ve güçlüydü. Bir tepenin üzerinde yer alan Veii'nin yerleşim alanı, bazı kısımları ızgara olan düzensiz bir plana sahiptir (topografya nedeniyle). Ama bu alandaki araştırmalar çok düzenlice gerçekleştirilememiştir. Bizim için daha önemli olan, kent surlarının dışındaki Portonaccio kutsal bölgesindeki tapınaktır. Kutsal bölgenin kendisi kötü durumda ve rekonstrüksiyonun ayrıntıları tartışmalı olsa da, bu tapınak Roma dini mimarisinin başköşesinde kendine yer bulacak bir Etrüsk biçimi olan, Toskana tapınaklarının tipik bir örneğidir.

Romalı mimar Vitruvius, *de Architectura* adlı eserinde Toskana tapınağını uzun uzadıya ele alır. Bir antik sanatçı veya mimar tarafından yazılıp da günümüze ulaşan tek kitap olan bu çalışma, Yunan-Roma mimarisinin anlaşılması

ŞEKİL 19.11 Veii'deki Portonaccio Tapınağı gibi bir Etrüsk tapınağının rekonstrüksiyonu.

ŞEKİL 19.12 Apollon'dan terakota heykel, Veii. Museo Nazionale di Villa Giulia, Roma.

ve değerlendirilmesinde çok etkili olmuştur. Toskana tapınağı kilit yönlerden Yunan tapınağından farklıdır (**ŞEKİL 19.11**). Bir podyum üzerinde durur ve Vitruvius'un da aktardığı gibi (Kitap IV. 7. 1–5), uzunluğu beş birim, genişliği altı birim olmak üzere neredeyse kare olmalıdır ve ayrıca, önde derin bir sundurma ve arka yarısında bir *cella* (veya *cella*'lar) olmak üzere iki eşit parçaya ayrılır. Yalnızca önden girilir ve özel basamaklardan sundurmaya çıkılır. Sütunların gövdeleri düzdü, ama kaideler üzerinde duruyorlardı. "Toskana düzeni" adı verilen bu tarzda sütun başlıkları, Yunan Dor düzenindekine benzerdi. Toskana tapınağı genel olarak Yunan tapınaklarından çok farklı bir estetik izlenim yaratıyordu: Yunan tapınağının çevresindeki basamaklar ve kolonad ile görsel birliğinin aksine bir podyumda yukarıda duruyor ve ön cephesine vurgu yapılıyordu.

Veii'deki tapınak bir sütunlu *pronaos* (sundurma) ve üçlü bir *cella*'dan meydana geliyordu. Burada tapılan başlıca ilah, Romalılarda Minerva adını alacak tanrıça Menrva'ydı. Rekonstrüksiyonda, binaya ayrıksı tepe ağırlıklı görüntüsünü veren kerpiç duvarları hava şartlarından korumak için tasarlanmış geniş saçaklar göze çarpar.

Tapınak boyanmış terakota dekorasyonlara dayanılarak yaklaşık MÖ 500 olarak tarihlendirilmiştir. Bu terakotalar çatının ahşap iskeletini kaplayan levhalardan; *antefiksler*, yani iki uzun yan boyunca çatı kiremitlerinin altında uzanan ve yağmur suyu için bazı akaçlar da barındıran dekorasyonlar ile bir grup heykelin çatının kiriş hattı boyunca dizili durduğu *akroterlerden* [Yun. *akroterion/akroteria*] meydana geliyordu. Taştan veya terakotadan akroterler Yunan tapınaklarının çatı hatları boyunca yaygın olarak dekorasyon amacıyla kullanılırdı. Etrüskler benimsedikleri bu Yunan âdetini çok sevmişlerdi. En ünlü Etrüsk akroteri, Veii'den gelen, tarzı arkaik Yunan heykellerini anımsatan terakotadan doğal boyuttaki "Apollon"dur (**ŞEKİL 19.12**). Bu heykel ve bununla birlikte Portonaccio'daki tapınaktan gelen diğerlerinin içleri boştu ve fırında pişirilmişlerdi; kaideleri çatı tavan kirişini koruyan kıvrık kiremitlere geçecek şekilde özel olarak biçimlendirilmişti. Veii'deki örneklerin kırılmış ama özenle gömülmüş olarak bulunması, bunlara gösterilen saygının bir işaretiydi.

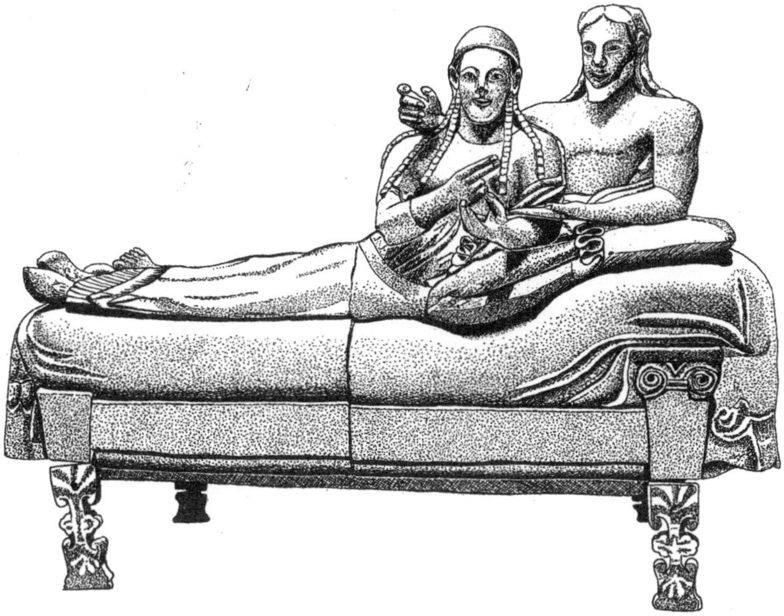

ŞEKİL 19.13 Evli bir çifte ait terakota lahit, Caere (Cerveteri). Museo Nazionale di Villa Giulia, Roma.

Mezarlar

Etrüsklerin en çarpıcı anıtları mezarlarıdır. Kalıcı maddelerden (çoğunlukla volkanik tüften oluşan anakayadan oyulmuş) inşa edilen, canlı duvar resimleri, heykel bezemeli lahitler ve bol miktarda mezar eşyası barındıran Etrüsk mezarları Mısır'daki gömüleri çağrıştırır ve öteki dünya hazırlıklarında da benzer bir bağlılığa işaret eder. Bol miktarda günümüze ulaşan bu mezarlar ve içerikleri, Etrüsk kültürü hakkındaki başlıca bilgi kaynağımızdır. Ayrıca, mezarlar önemli Yunan vazosu birikimleri de içerir. Etrüskler Attika çömleklerini beğenir, ithal eder ve mezarlarına yerleştirirlerdi. Tıpkı Mısırlılarınkiler gibi, Etrüsk mezarları da Rönesans'tan itibaren gezginleri büyülemiştir. İngiliz gezgin George Dennis, 1848'de gezilerini bugün hâlâ yararlanılan ünlü bir kitap halinde yayımlamıştır: *The Cities and Cemeteries of Etruria.* Gezginlerin yanı sıra, mezarlar antikçağlardan bugüne yağmacıları da kendilerine çekmiştir. Antik nesnelere büyük paralar ödemeye hazır, etikten yoksun koleksiyoncular yüzünden, mezar soygunları azalmadan devam etmektedir. Kayıtları tutulmayan bu yasadışı kazılar nedeniyle, Etrüskler hakkında çok değerli bilgiler sonsuza dek yok olmuştur.

Etrüskler ölülerini çeşitli biçimlerde gömüyordu. İlk yüzyıllarda norm yakılmaydı. Kuzey Etruria'da yakılmalar, Etrüsk medeniyetinin sonuna dek popülerliklerini korudular. Beşinci ve dördüncü yüzyıllara gelindiğinde, güneyde

ŞEKİL 19.14 Terakota cenaze urnası, Volterra. Ölü erkek (kapak); Galyalılar ile savaş (ön). Worcester (Massachusetts) Sanat Müzesi.

baskın cenaze şekli gömü olmuştu. Gömülerde, beden keten kumaşlarla sarılarak bir cenaze sofasına veya taştan yontulmuş dengine yerleştirilir veya ahşap, terakotadan ya da taştan ahşap sandık taklidi bir lahte yerleştirilirdi. Yakıldıktan sonra, küller metal veya seramikten bir urnaya konurdu (**ŞEKİL 19.8**'dekine benzer), urna ise mezara yerleştirilirdi. Yaklaşık MÖ 525 tarihli, Caere'de bulunan bir terakota lahitte doğal boyutta bir erkek ve kadın, bir şölen sofasında uzanmış olarak tasvir edilmiştir (**ŞEKİL 19.13**). Yunanlılar ve erken dönem Romalılarından farklı olarak, Etrüsk kadınları kocalarıyla birlikte yemek yerlerdi, ki bu özel ve kamusal yaşamda cinsiyetlerin daha çok iç içe olduğunun göstergelerinden biridir. Çift, Yunanlılardan ödünç alınan arkaik tarzda gülümser, ama birkaç yüzyıl içinde Etrüsk urnaları ve lahitleri genel tipler yerine, bireylerin gerçekçi portrelerini sergileyecekti (**ŞEKİL 19.14**). Romalıların gerçekçi portrelere düşkünlüklerinin Etrüsk uygulamalarından kaynaklanmış olması mümkündür.

Mezarların kendileri ya tüften oyulmuş veya tüf bloklarıyla yeraltında inşa edilmişti. Bazen bir tümülüs içinde bir mezar öbeğine rastlanır. Diğer vakalarda ise mezarlara dair yer üstünde bir işaret yoktur. Mezarların içleri beşik çatılı odalarla bir evin içini andırırdı ve bu nedenle günümüze ulaşan temellerden

ŞEKİL 19.15 Kâhinler Mezarı'ndan duvar resmi, Tarquinia.

ve yerleşim alanlarında bulunan molozlardan evler hakkında edinilen bilgileri pekiştiririrler.

Tarquinia'da, kenti çevreleyen tepelerin üstleri devasa mezarlıklarla kaplıdır. Yaklaşık olarak MÖ 530'a tarihlendirilen Kâhinler Mezarı iyi durumdaki duvar resimleriyle erken dönem oda mezarlara iyi bir örnektir (**ŞEKİL 19.15**). Mezarın kendisi küçük, tek bir odadır. Boyanmış bezemeler, altıncı yüzyıldan itibaren popüler olacak düzenlemeleri sergiler. Daha eski mezarlarda resimler sahte veya gerçek bir kapı çevresinde yoğunlaşırdı; kapıyı koruyan hayvan veya canavar tasvirleri yaygındı. Orta arkaik tarzdaki Kâhinlerin Mezarı'nda odanın tüm duvarları kaplanmıştır. Dekorasyonlar dört yatay bölgeye ayrılmıştır: Alttan yukarı doğru, (1) siyaha boyalı bir süpürgelik veya kaide; bunun üzerinde (2) kırmızı bir taban çizgisi üzerinde insan figürlerinin yürüdüğü uzun bir bölge; daha sonra (3) saçaklamanın yerine şeritler; son olarak da (4) bir alınlık alanı. Arka duvarda içeri doğru eğimli direklere yaslanan tek parça bir lentoya sahip ve kanatları geniş çizilerle güçlendirilmiş bir sahte kapı, ölüler diyarına açılan sembolik bir geçit resmedilmiştir. Kapının her iki yanında yas tutan erkekler durmaktadır. Üzerlerinde Romalıların togasının atası olan giysileri vardır.

Odanın geri kalanında ölüleri onurlandıran faaliyetler, cenaze oyunları ve bunlara eşlik eden eğlenceler gösterilmiştir. Romalılar gladyatör dövüşlerinin vahşi görüntüsüne bayılıyorlardı; bunlar da cenaze oyunları olarak başlamıştı ve kökenlerini Etrüsklerin uygulamalarında aramak çekicidir. Uzun yanlarda, adları yukarılarına yazılmış iki çıplak erkek, zafer ödüllü olan metal çanaklar yığınının üzerinde güreşmektedir. Mücadeleleri Yunanlılarınkini çağrıştırır. Ama bu mezarın duvarlarındaki diğer figürler Yunan dünyasından ayrılır. Güreçşilerin solunda cüppeli bir erkek bir asa tutar. Bu görevli, Romalıların *augur*, yani kâhinlerinin Etrüsk versiyonu olarak yorumlanmıştır; mezarın adı da buradan gelir. Sağda, iblis maskesi takmış bir erkek, bir köpek ile kafasına bir çuval geçirilmiş ve köpek tarafından vahşice ısırılan bir erkeği tasmalarından tutar. Kan çizilmiştir; sıkça tasvir edilen kan dökülmesi, ritüel veya sembolik nedenlerle yapılırdı. Örneğin kan, ölü ruhlara canlılık verirdi. Başka bir yerde, benzer şekilde maskeli bir erkek bir koşucuyu tahrik etmeye çalışır. Bu maskeli erkekler *phersu* (Latince *persona*[7]) olarak yaftalanmıştır ve yeraltından figürleri temsil ediyor gibi görünmektedir. Alınlık alanlarında aslanlar bir geyik veya ceylana saldırmaktadır.

Mezar dekorasyonlarında popüler olan diğer sahneler arasında, Tarquinia'da bulunan yaklaşık MÖ 510–500 tarihli Av ve Balıkçılık Mezarı'nın iç odasının arka duvarında resmedilen teknede balıkçılar ve çevrelerinde kuşlar tarzında gündelik yaşam temalı olanlar da vardı. MÖ 480'den hemen sonraki dönemde, sofalara uzanmış şölen misafirleri ile onları eğlendiren dançı resimleri popülerleşti (aynı temalı daha eski heykelli bir temsil için bkz. **ŞEKİL 19.13**). Şölen tasvirlerinin ölenlerin dünyevi yaşamını mı, şerefine düzenlenen cenaze şölenini mi, yoksa öteki dünyadaki yaşamın keyiflerini mi temsil ettiği bilinmiyor. Yine Tarquinia'daki Leoparlı Mezar, yaklaşık MÖ 480–470, bu konunun iyi bir örneğini içerir.

Daha sonraki yüzyıllarda mezar resimleri, adeta kaçınılmaz düşüşünün farkında olan bir toplumun kötümserliğini yansıtırcasına karanlıklaşmaya başlar. Ancak işçilik kalitesinde gerileme yoktur. Tarquinia'daki Orcus Mezarı yeni eğilimler sergiler. Mezar, orijinal olarak ayrı kazılmış ama sonra bilinmeyen nedenlerle bir koridorla birleştirilmiştir. İlk oda yaklaşık MÖ 350'de, ikincisi MÖ üçüncü yüzyıl başlarında dekore edilmişti. İlk odanın duvarında hasarlı bir şölen sahnesi vardır. Sıkça tasvir edilen bu öğünde artık Charun adlı bir iblisin de varlığı bu olayın yeraltında geçtiğini kesinleştirir. Yunan mitolojisinde, Charon ölüleri yeraltına inişteki öğelerden biri olan Styks Irmağı'nın öte yakasına taşıyan kayıkçıydı. Etrüsklerin Charun'u Yunanlıların Charon'undan türemiştir, ama Yunan figürüyle bağdaştırılan tekne veya kürekten yoksundur.

---

7 Piyeslerdeki maskeli aktörler tarafından canlandırılan karakterler—çn.

ŞEKİL 19.16 Kalkan ve Koltuklar Mezarı, Caere (Cerveteri).

Onun yerine bir çekiç tutar ve Charon'dan çok daha korkunç bir şekilde tasvir edilmiştir. Ölüm meleği Vanth ve Orcus Mezarı'nın ikinci odasındaki yeraltı sahnesinde Theseus'un yanında uçan canavar Tuchulcha gibi figürler kendisine eşlik eder. Orcus Mezarı'nın ilk odasındaki resimde, kendisi çürüyen bedenin rengi olan korkunç bir yeşil-mavi tonuna boyanmış Charun, şölendekilerin ardında havada duran karanlık bulutlarla daha büyük gibi gösterilmiştir.

Caere'de (Cerveteri) başka tür bir Etrüsk mezarı tercih edilmişti. Burada kayada oyulmuş yeraltı mezarları öbeklerinin üzerine çapı bazen 33 metreye kadar ulaşabilen tümülüsler yığılmıştır. Tümülüsler arasında, antik cenaze arabaları için oyulmuş, tekerlek izleri hâlâ görülebilen sokaklar vardı. Mezarlar bazen bir aile grubu olduğunu düşündürerecek şekilde aynı yöne bakardı; bu mezarlar yeni gömüler için tekrar kullanılabilirdi. Tepeye eklenen tümülüs, bu aile mezarlıklarına bir anıtsallık havası katardı.

İlk mezarlarda odalar bir eksen üzerinde, bir çizgi halinde dizilmişti. İçleri çağdaşları olan ev türlerine göre düzenlenmişti. MÖ yedinci yüzyıl başlarından kalma Saz Çatılı Mezar'da dik bir alınlıklı çatı hattı ve çadır tavan kirişi görüyoruz. Daha sonraki mezar türlerinde, odalar daha sıkışık düzenlenmiştir. "Karmaşık Etrüsk Mezar Planı"nda, odalar birbirinin yanına yerleştirilir, girişler ana eksenden verilirdi. Kayada oyulmuş bu yapımın mimari özellikleri arasında, giriş alanında bindirme tonoz, kapı çerçeveleri, arka odalara açılmış pencereler, tavan kirişleri, başlıklı sütunlar ve bir sundurma uyarlaması vardı.

Caere'deki mezarların en büyüklerinden biri MÖ üçüncü yüzyıl başlarından Boyalı Rölyefler Mezarı'dır. Etrüsk Helenistik döneminde popüler olan bir plana sahip mezar artık ufak odalar yerine alçak tavanı kare sütunlarca taşınan tek, geniş bir mekândan meydana geliyordu. Odada yaklaşık otuz gömü için raf ve nişler vardı. Duvarlarda boyalı resimler yoktu. Yerine, duvarlar ve sütunların yüzlerinde kadehler, aletler, mutfak aletleri ve zırh gibi tümü de kayadan yontulmuş veya yalancı mermerle yapılmış gündelik yaşam nesneleri tasvir edilmişti; bu rölyef heykeller daha sonra boyanmıştı. Üç başlı köpek Cerberus yeraltını korur, ama insanlar resmedilmemiştir. Bu rölyef heykeller bir Etrüsk mezarı için sıra dışı bir süsleme ve en çarpıcılarından biri kabul edilir. Burada rölyef motifleri olan, yine Caere'den daha basit ve eski Kalkan ve Koltuklar Mezarı, (yaklaşık MÖ 600–550) görülmektedir (**ŞEKİL 19.16**).

Etrüskler nasıl bir insanın sabit sayıda yıl yaşayacağına inanıyorlarsa, aynı şekilde kentleri ve hatta uluslarının da varlığının bir sonu olduğuna inanıyorlardı. Uluslarının kaderi on *saecula* boyunca var olmaktı. Bir *saeculum* "*saeculum*'un başladığı anda doğan insanlardan en uzun yaşayanın ömrüne karşılık gelir"di (E. Richardson 1976: 249). Gerçekten de, eğer 10 x 80 yıl kabul eder ve MÖ 800'den başlarsak, Augustus'un dönemine geldiğimizde Etrüsk kültürü Roma tarafından özümsenmişti. Etrüskler medeniyetlerinin ömrü konusunda şaşırtıcı derecede öngörülüydü.

BÖLÜM 20

Roma: Doğuşundan Cumhuriyet'in Sonuna

- Geleneksel kuruluş tarihi: 21 Nisan, MÖ 753
- Etrüsk egemenliği: yaklaşık MÖ 600–509
- Roma Cumhuriyeti: MÖ 509–27
- Julius Caesar: etkin olduğu dönem MÖ 60'tan MÖ 44'te suikaste uğrayana kadar; veliahtı: Octavius
- Aktium Savaşı: MÖ 31
- Octavius'un Augustus ilan edilişi: MÖ 27

Artık antik dönemlerde Akdeniz bölgesine egemen olan son büyük medeniyet Roma'ya gelmiş bulunuyoruz. Orta İtalya'daki Tiber Irmağı üzerinde mütevazı bir geçiş noktası olarak başlayan Roma, zaman içinde Britanya'dan Kuzey Arabistan'a, Tuna Irmağı'ndan Fas'a uzanan dev bir bölgeye egemen olacaktı. Özellikle Yunan ve Etrüsk kültürlerini takdir eden ve özümseyen Romalıların yarattığı kendilerine özgü toplumsal ve sanatsal sentez, Akdeniz dünyası ve Avrupa'yı pagan antikçağlar sona erdikten sonra bile, ortaçağlardan günümüze dek derinden etkileyen bir bakış olacaktı.

Roma tarihi iki ana döneme ayrılır. İlk yerleşim ve Etrüsk krallarının yüzyıl süren egemenliğinden sonra, Romalılar bir cumhuriyet biçiminde örgütlendi. Roma medeniyetinin oluşum dönemi olan Roma Cumhuriyeti, MÖ 509'dan 27'ye, neredeyse 500 yıl sürdü. Uzun yıllar süren yıkıcı iç savaştan sonra, daha sonra Augustus adını alacak olan Octavius, sönmeye yüz tutmuş Cumhuriyet'e barış getirdi ve devleti yeni, uyum içinde bir birlik olan imparatorluğa dönüştürdü. İki yüzyıl boyunca refahını ve zenginliğini koruyan imparatorluk MS üçüncü yüzyılda parçalanmaya başladı. Her şeye rağmen, Roma İmparatorluğu ortaçağlara kadar, geleneksel kronolojilere göre batı yarısı MS 476'ya, doğu yarısı olan Bizans ise MS 1453'e kadar varlığını sürdürecekti. Bu kitap Romalıları, pagan antikçağların sonunda imparatorluğun karakterinin devlet dininin Hıristiyanlık yapılmasıyla derin bir dönüşüm geçirdiği MS dördüncü yüzyıla kadar ele alacaktır.

Roma'nın doğuşu ve Cumhuriyet dönemindeki gelişimiyle başlıyoruz. Cumhuriyet Roma'sı imparatorluk döneminde ve ortaçağlarda yoğun bir şekilde tekrar düzenleme ve inşaatlar geçirdiği için, kentten elde edilen kanıtlar parçalıdır; bu nedenle Roma üzerine incelemelerimizi o dönemi daha iyi anlamak için daha iyi korunmuş başka kasabalara yapacağımız ziyaretlerle pekiştireceğiz: Özellikle Cosa ama aynı zamanda (Bölüm 22'de) Cumhuriyet'te kurulan ve İmparatorluk döneminde varlığını sürdüren Pompei ve Ostia.

Coğrafya

Roma kenti, Akdeniz'den 24 km içeride, Tiber Irmağı'nın (Tiber'deki küçük adadan yararlanılarak) daha kolayca geçilebildiği bir noktada, Etrüsk topraklarına giden kuzey-güney yolu ve denizden elde edilen tuzun Sabine çobanlara ve içeri bölgelerde yaşayan diğer halklara ulaştırılmasında önemli olan doğu-batı yolu üzerinde yer alır. Bu ticaretin izleri bugün hâlâ kullanılan bir antik sokak adı olan "Via Salaria," yani "Tuz Yolu"nda görülebilir. Tiber, kuzeydeki Etruria (Etrüsk anayurdu) ile Roma'nın egemen olduğu Latium bölgesi arasındaki sınırı oluşturur. Latium'un büyük kısmı bir ovadır, ama aynı zamanda volkanik faaliyetlerce oluşturulmuş Alba Tepeleri ve göllerini de içerir; bu tepeler Romalı inşaatçıların tercih ettiği yumuşak kahverengi volkanik tüf kayaları için iyi bir kaynaktır. Roma'nın kendisi yaylaların Tiber'e doğru batıya uzanan parmaklara benzer uzantılarının uçları olan yedi ana tepeyi kapsar. Orijinal olarak bu tepeler arasında dereler vardı. Tepelerden üçü, Capitolium, Palatium ve Aventinus ırmağa yakınken, diğer dördü, Quirinalis, Viminalis, Esquilinus (küçük tepelerden oluşan bir öbek) ve Caelius daha arkada kalır (**ŞEKİL 20.1**). Etrüsk kentlerinde de olduğu gibi (ki Veii çok yakın olup, yalnızca kuzeydoğuda 20 km mesafededir) ilk yerleşim tepelerdeydi.

İlk Dönemler ve Yerleşim, Yaklaşık MÖ 753–509

Roma tarihinin ilk dönemleri, en azından başta Augustus döneminde yaşamış tarihçi Livius'un aktardığı efsanelerden yola çıkıldığında, iki döneme ayrılır: Birincisi dört Latin kralın iktidarı (yaklaşık MÖ 753–600), ikincisi üç Etrüsk kralın iktidarı (yaklaşık MÖ 600–509). Efsaneye göre, Roma Romulus ile ikiz kardeşi Remus tarafından 21 Nisan MÖ 753'te kurulmuştur. Musa ve Telephos (Pergamon'un mitik kurucusu) diğer önderlere olduğu gibi, Alba Longa'nın tahtından indirilmiş kralının torunları ve yeni krala potansiyel tehdit olan Romulus ve Remus bir sepet içinde ırmağa bırakılmıştır. Sepet alabora olup batmamış ve bebekler kurtarılarak şanlı bir ömür sürmüştür. Bu durumda kurtarıcı, çoban ve karısı çocukları himayesine alana kadar, onlara sütünden veren dişi bir kurttu. MÖ üçüncü yüzyıl başlarından itibaren Romalılar bu mucizevi olayın anısına bir dişi kurt heykeli dikmiş ve sürekliliğini sağlamışlar, hatta Capitolinus tepesinde kafeslerde kurtlar beslemişlerdi. Yetişkinliğe

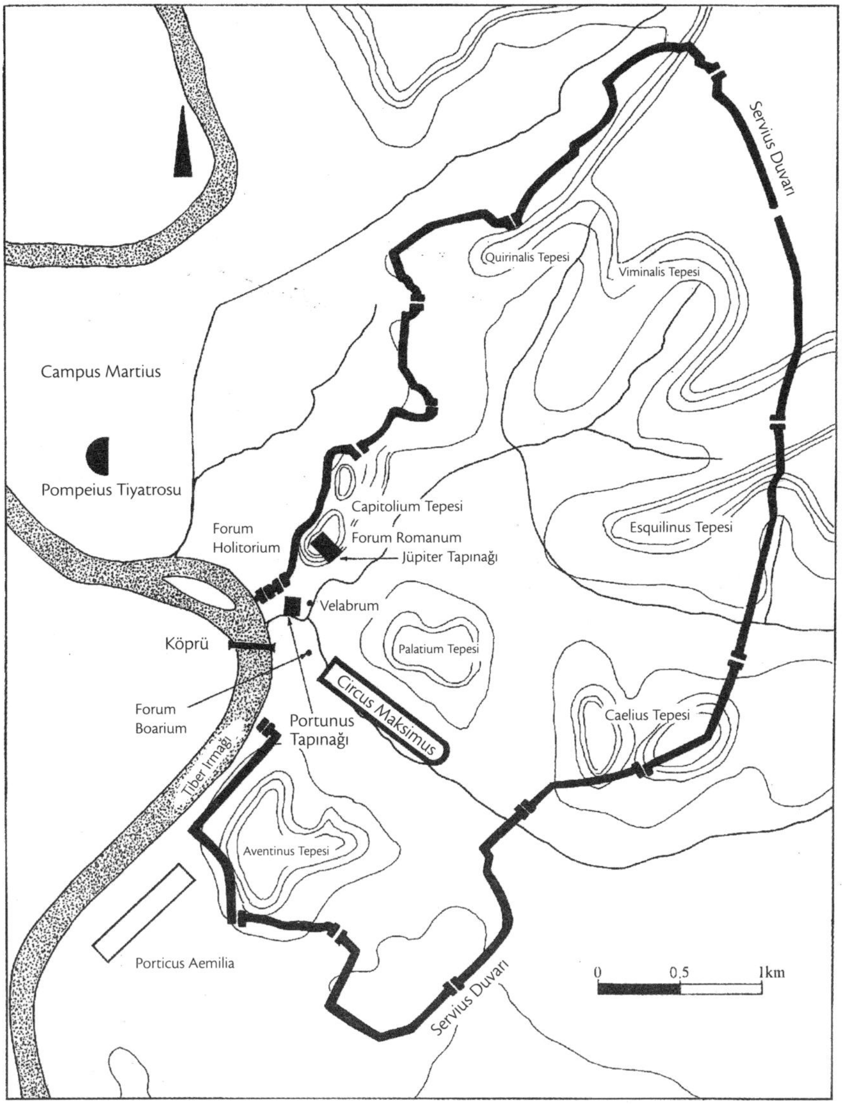

ŞEKİL 20.1 Roma kent planı, Cumhuriyet dönemi.

ulaştıklarında, Romulus ve Remus büyükbabalarını tahtına tekrar çıkarmış, daha sonra ise yakınlarda yeni bir kent kurmuşlardı: Roma. Romulus bir tartışma sırasında ikizini öldürmüş, ama daha sonra kenti yönetmeye devam etmişti. Efsane üretilirken kentin ve kurucusunun adları birbirine karışmıştır; ilk Roma'nın mı yoksa Romulus'un mu geldiği bilinmemektedir.

Arkeoloji, erken Roma'ya dair bu tabloya mimari ve topografik gerçeklik katar. Bilinen ilk yerleşim Palatium tepesindeydi. Kulübe temelleri ile bu basit evlerin direklerinin girmesi için taşta oyulmuş delikler keşfedilmiştir. Evler

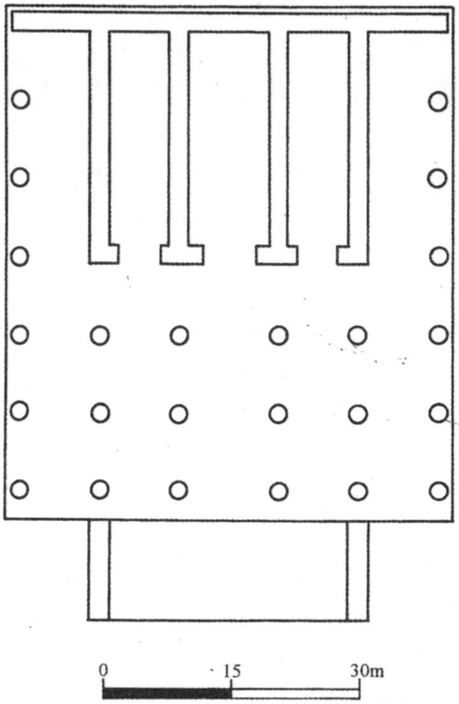

ŞEKİL 20.2 Jupiter Optimus Maximus Tapınağı planı rekonstrüksiyonu, Roma.

basitti: Tek oda, dal örgü duvarlar ve sazdan bir çatıyı taşıyan dikey direklerden oluşuyorlardı. Demir çağında Yunanistan'daki evleri çağrıştırırlar ve Orta İtalya'daki diğer demir çağı köylerinden edindiğimiz görüntüyle uyum içindedirler. Bu evlerin görünüşü hakkında kanıtlarımızın bir kısmı da kulübe urnalardan gelir; kulübe biçimli bu küçük çömlekler yakılan cesetlerin küllerini barındırırdı (**ŞEKİL 19.8**'deki gibi). Bu urnaların dik meyilli çatılarında dumanın çıkışı için bir delik gösterilmiş ve çatı maddesinin saman veya saz olduğu ima edilmiştir. Daha sonraki yüzyıllarda Palatium'un yamaçlarında böyle bir kulübe dururdu. MS dördüncü yüzyıla kadar özenle bakımı yapılan ve sık sık restore edilen Casa Romuli (Romulus'un Evi) kentin mütevazı kökenlerinin sürekli akılda kalmasını sağlardı.

Palatium Tepesi'nin kuzey eteklerindeki alan ileride Roma Forumu'nun yeri olacaktı. Ancak, ilk zamanlarda bu alçak, bataklık arazi bir mezarlık işlevi görüyordu. MÖ sekizinci yüzyılda ölüler yakılırdı. Ölülerin külleri kulübe urnalara veya küçük çömleklere konurdu; bunlar da daha geniş bir çömleğe konur ve bu çömlek de toprakta kazılan dairesel bir çukura yerleştirilirdi.

Kentin maddi kültüründe değişimler MÖ altıncı yüzyılda Etrüsk egemenliği yüzyılında meydana geldi. Suyla ilgili düzenlemelerdeki becerileriyle dikkati çeken Etrüskler, özellikle kentin merkezi olacak Forum Romanum bölgesindeki bataklıkları kuruttular ve onları besleyen derelerin yolunu değiştirdiler. Yukarıda, Palatium'un yanındaki Capitolium Tepesi'nde kalelerini ve tanrı Jüpiter'a adanmış ana tapınaklarını inşa ettiler. Michelangelo'nun Capitolium Tepesi'nin iki zirvesi için tasarladığı Campidoglio Meydanı'nın güneyindeki Rönesans'tan kalma Palazzo dei Conservatori ile bunun yanındaki Palazzo Caffarelli'nin altında bu eski Jupiter Capitolinus veya Jüpiter Optimus Maximus Tapınağı'na ait olması muhtemel kalıntılar bulunmuştur. Kalıntıların miktarı az olduğundan tapınağın görünüşünü kesin olarak oluşturamıyoruz (**ŞEKİL 20.2**). Tipik Etrüsk tarzında, ortada Jüpiter, iki yanında Iuno ve Minerva'ya ait üç *cella*'sı olduğunu biliyoruz. Bu üçü Roma devletinin ana tanrıları oldu. Kibirli Tarquinus döneminde (MÖ 530–509), Etrüsklü sanatçı Veiili Vulca'ya ayakta duran, kırmızıya boyanmış ve yıldırım tutan bir terakota Jüpiter heykeli ısmarlanmıştı. Bu kült heykeli yok olmuştur, ama Veii'deki Portonaccio Tapınak Bölgesi'nde bulunan aşağı yukarı aynı dönemlerden terakota figürler (bkz. **ŞEKİL 19.11** ve **19.12**) görünüşü hakkında bir fikir verir. Tapınak MÖ 83 ve MS 80'de iki kere yanacak, her seferinde orijinal plana sadık kalınarak muhteşem şekilde tekrar yapılacaktı.

Roma Cumhuriyeti: Kamu Kurumları

MÖ altıncı yüzyıl sonlarında Etrüsk krallardan bağımsızlıklarını kazandıktan sonra neredeyse 500 yıl boyunca, Roma kentinin kendisi ve ele geçirdiği topraklar bir cumhuriyet olarak örgütlenmişti. Cumhuriyet sözcüğünün batı dillerindeki karşılıklarının kaynağı olan Latince *res publica*, yani "halk şeyi" Romalıların devletlerine vedikleri ad, üyeleri için net şekilde tanımlanmış yükümlülükleri ve ödülleri olan, güçlü, yaşamı biçimlendiren bir toplumsal varlık için kullanılan geniş ve muğlak anlamlı bir kavramdı. Yunan "demokrasi"sinde ("halkın iktidarı") olduğu gibi, Cumhuriyet yönetimine de katılım kısıtlıydı. İdareyi erkek yurttaşlar ele alıyordu, dolayısıyla nüfusun büyük bir kısmını oluşturan kadınlar, köleler, özgürleşmiş köleler ve fethedilmiş halklar dışlanıyordu. Erkek yurttaşlar içinde, güç ağırlıklı olarak soylu ailelerin, özellikle de zenginlerin elindeydi: Patriciler ile bunun karşısında sıradan halkı oluşturan plebler. Bu oligarşinin merkezi kurumu olan Senato, MÖ ikinci yüzyılda 300 zengin, nüfuzlu yurttaştan, büyük ölçüde eski *magistratus*'lardan[8] oluşan ve üyeliğin yaşam boyu olduğu bir konseydi. Senato *magistratus*'lara tavsiyede

8 Lat. *Magistratus*, çoğ. *magistrati*, sözcüğü modern kullanımda yargıca karşılık gelmekle beraber Roma'da yargısalın yanı sıra idari görevi de olan yüksek devlet görevlileri için kullanılırdı—çn.

bulunur, onlar da önerilerini onaylanması için genel halka sunarlardı (bkz. aşağıda). Gerçekten de, Latince *Senatus populusque romanus* (SPQR olarak kısaltılır), yani "Senato ve Roma Halkı" ifadesine dayanılarak yasaların çıkarılması Senato'nun itibar ve gücünün bir göstergesidir. Cumhuriyet büyüdükçe, gittikçe güç kazanan plebler patricilerden tavizler kopardı ve böylece yönetim çevrelerine daha fazla erişim kazandılar. Bu gelişme arkaik ve klasik Atina'daki toplumsal ve siyasal evrimi anımsatır.

Senato'ya ek olarak bazı kararlar tüm yurttaşların, patricilerin ve pleblerin ya doğuştan ya da zenginlik düzeylerine göre atandıkları çeşitli meclislerce alınırdı. Bu meclisler genelde soylulardan oluşan ve en önemlileri *consul*'lar olan *magistratus*'larca yönetilirdi. *Magistratus*'lar toplantıları idare ederek yasa önerilerini sunardı, ama son karar meclisin oylarıyla verilirdi.

Romalıları örgütleme yöntemi olarak iş gören meclisler (Latince *comitia*) dört taneydi. (1) Curiae Meclisi (*Comitia curiata*), kökleri bir ihtimal akrabalık grupları veya yöresel ailelere dayanan otuz *curiae*'ye bölünmüştü. Bu meclisin görevleri arasında *magistratus*'ların ve rahiplerin atamalarını onaylamak da vardı. (2) Centuriata Meclisi (*Comitia centuriata*) bir askeri örgütlenmeydi, zira temel birimi *centuria*, orduda bir lejyonun (bir lejyon=altmış *centuria*) en ufak birimini oluşturan 100 kişilik bir gruptu. Ancak, MÖ dördüncü yüzyıla gelindiğinde askeri konular ile bu meclis arasındaki doğrudan bağ ortadan kalkmıştı; *centuria* yalnızca bir oy birimine karşılık gelmeye başladı. Bu meclis mülkiyet miktarına göre beş dereceye ayrılan 193 *centuria*'dan meydana geliyordu. Kişinin serveti ne kadar büyükse nüfuzu da o kadar büyüktü. Daha yoksullar alt dereceleri doldururlardı; üst derecelere göre sayıları çok daha fazla olmasına rağmen, bu sayısal üstünlük onlara oylama gücünde de üstünlük sağlamıyordu. Bu meclis yasaları oylar, savaş veya barış ilan ederdi. (3) Pleb Kabile meclisi (*Comitia plebis tributa*) ile bununla bağlantılı (4) Halkın Kabile Meclisi (*Comitia populi tributa*) vardı. Bu sonuncu pleblerin yanı sıra patricilere de açıktı. Yurttaşlar otuz beş kabileye göre gruplanırdı: Dört kentsel (Roma kentinden) ve otuz bir kırsal (İtalya'dan) kabile söz konusuydu. Bazı görevlilerin seçilmesi, bazı yasaların yerine getirilmesi ve önemsiz davaların görülmesi bu meclislerin yönetimdeki rolleriydi.

Roma Cumhuriyeti, Roma kentinden ve MÖ üçüncü yüzyıl sonlarında İtalya Yarımadası'ndan ibaret olduğu dönemlerde tasarlanan sistem, MÖ ikinci yüzyılda Akdeniz'deki genişlemelerle baş edemeyerek çöktü. Çok sayıda nüfus, toprak ve zenginliğin hızla sisteme girişi, gruplar arasındaki toplumsal sözleşmenin dengesini bozarak suiistimallere, toplumsal kargaşaya ve MÖ birinci yüzyılda diktatörlük ve iç savaşlara yol açtı.

Roma'nın Genişlemesi

Roma'nın dramatik genişlemesi MÖ dördüncü yüzyıl başlarında, Roma'ya en yakın Etrüsk kenti Veii'nin fethiyle başladı. Daha sonra MÖ 390'da bir yenilgi geldi: Akın yapan Galyalılar Roma'yı yağmaladı. Buna yanıt olarak Romalılar yaklaşık MÖ 380'de, yanlış şekilde duvarı yaptırdığına inanılan MÖ altıncı yüzyılda yaşamış Servius Tullus adlı kralın adından dolayı Servius Duvarı adı verilen ilk tahkimat duvarlarını inşa etti. 11 km uzunluğundaki bu duvar Tiber'in doğu kıyısında 400 hektarlık bir alanı kuşatıyordu; ünlü yedi tepe de duvar içinde kalıyordu. Kent daha sonra bu duvarın ötesinde büyümeye devam etmesine rağmen, duvarın içindeki alan esas kent olarak tanımlanmaya devam edildi. Antik kentin ikinci ve son tahkimatı olan daha büyük bir alanı kuşatan daha uzun Aurelianus Duvarı çok sonraları, MS 271'de, imparatorluğun son dönemlerindeki istikrarsız dönem nedeniyle yapılacaktı.

MÖ dördüncü yüzyıl sonları ve üçüncü yüzyılın başlarındaki Samnit Savaşları'nda Romalılar, başta Samnitler, Etrüskler ve Galyalılar olmak üzere Orta İtalya'daki komşularıyla savaştılar ve onları yendiler. Kısa süre sonra çatışmalar güneye yayılarak Yunan Tarentum [bugünkü Tarento] kentiyle bir savaşa (bitişi MÖ 272), onun ardından da Sicilya Adası'nın denetimi için Kartaca ile bir savaşa (Birinci Pön Savaşı, MÖ 264–241) dönüştü. MÖ üçüncü yüzyıl sonuna gelindiğinde, Roma tüm İtalyan Yarımadası ile Sicilya, Korsika ve Sardinya adalarını denetimi altına almıştı. Özellikle zengin kültürel geleneklere sahip Etrüsk ve Yunan bölgelerinin bünyeye katılmasının Roma toplumu üzerinde çok büyük bir etkisi olacaktı. Kartaca ile devam eden savaş (İkinci Pön Savaşı, MÖ 218–201 ve Üçüncü Pön Savaşı, MÖ 149–146) kesin Roma galibiyeti ve Roma'nın Batı ve Orta Akdeniz üzerinde egemenliğiyle sonuçlandı.

Bu sürekli zaferleri kutlamak için *triumphus* [zafer] töreni kurumsallaştı; Roma'da, masrafları muzaffer komutan tarafından ganimetlerden karşılanan bir geçit töreni haline geldi. MÖ ikinci yüzyıl başlarından itibaren, bu *triumphus*'lar büyük müstakil kemerlerle anıtlaştırılırdı (bkz. Bölüm 23 ve 25'teki Titus Takı ve Constantinus Kemeri).

Yaklaşık MÖ 200'den itibaren Romalılar, Doğu Akdeniz'deki Helenistik krallar arasındaki çatışmaların içine gittikçe daha çok çekilmeye başladılar ve askeri desteklerinin karşılığında genellikle topraklarla ödüllendirildiler. MÖ 146'da Yunanistan fiilen Roma denetimine girdi. Kısa süre sonra, MÖ 133'te Pergamon mirası ile Batı Anadolu'da Asia eyaleti kuruldu. Romalılar batıya doğru da yayıldı. MÖ 58–51 arasında Julius Caesar, Kuzeybatı Avrupa'ya sefere çıktı ve modern Fransa, Belçika ve Ren'in batısında kalan Almanya ile İsviçre'nin bazı kısımlarını fethetti. MÖ 44'te ise Roma Cumhuriyeti'nin bu son yüzyılına damgasını vuran iç karışıklıkların bir kurbanı olarak suikaste uğradı. Barış ancak Caesar'ın evlatlığı ve vârisi Octavius'un rakibi Marcus Antonius ile

Mısır kraliçesi VII. Kleopatra'yı Yunanistan'ın kuzeybatı kıyılarının açığında Aktium Savaşı'nda yenerek tüm Doğu Akdeniz'i Roma egemenliğine almasıyla sağlandı. MÖ 27'de Octavius, Augustus unvanını aldı. Cumhuriyet ve Roma genişleme dönemi sona ermişti. Artık Roma İmparatorluğu vardı.

Yollar, Kamplar ve Koloniler

Bu geniş alana yayılmış toprakların Roma devletiyle bütünleşmesi etkili bir altyapıyı gerekli kılıyordu. Bu altyapının üç kilit öğesi *yollar*, *ordu kamplarının* kurulması ve yeni kentler veya *koloniler* kurulmasıydı.

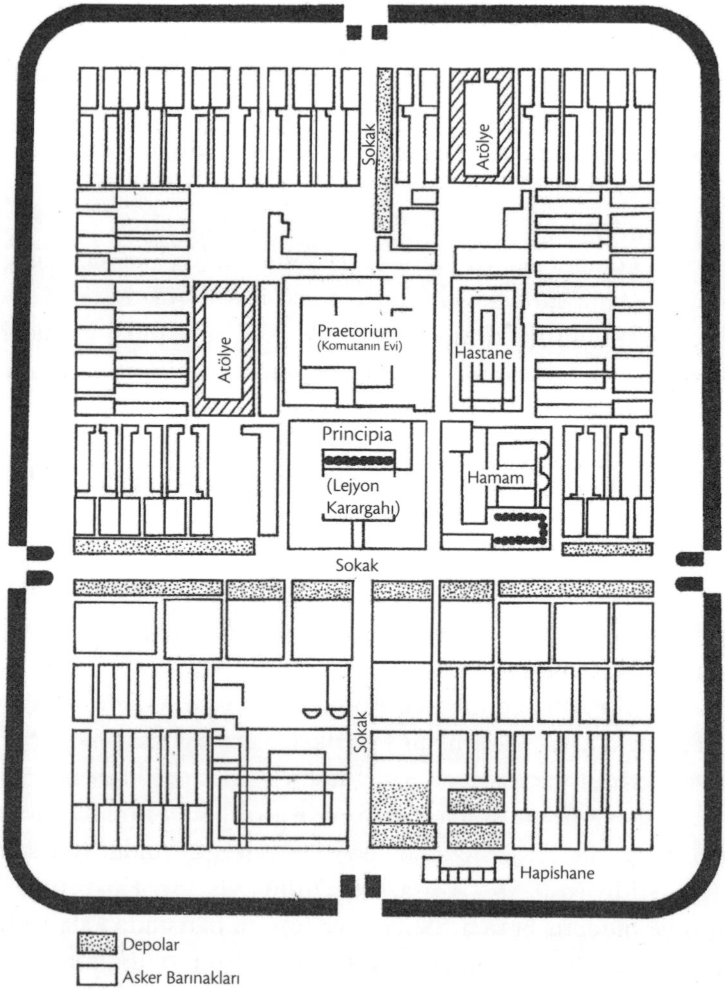

ŞEKİL 20.3 Novaesium lejyon kalesi diyagramı, Aşağı Almanya'da Ren üzerinde.

Yollar

MS birinci yüzyıla gelindiğinde imparatorluk dev bir yol şebekesiyle kaplanmıştı. Bunun ilk örneklerinden biri, MÖ dördüncü yüzyıl sonlarında Samnit Savaşları'nın başında döşenen, Roma'dan Campania'ya (Napoli'nin çevresi) giden Via Appia, yani Appia Yolu idi. Diğer ünlü yollar arasında Roma'dan Adriyatik kıyısındaki Arminium (modern Rimini) kentine giden Via Flaminia ile Arnavutluk'un Adriyatik kıyılarından Thessalonike [Selanik] ve Byzantion'a (daha sonra Konstantinopolis) ulaşan Via Egnatia idi. Roma yolları, en azından yerel veya özel imkânlarla yapılanlar haricinde devletin inşa ettiği büyük kentler arası yollar, sırf tekerlekli araçlara uygun topraktan değil, tüm mevsimler için elverişli, iyi bakılan taş döşeli yollardı. Ayrıca, sürekli olarak güvenlik sağlanırdı. Bu nitelikler uzun mesafeler arasında hızlı iletişim ve birliklerin naklinin sağlanması için yaşamsal görülüyordu.

Yapım yöntemleri değişiyordu. İmparatorluğun kuzeydoğusunda (Trakya, Anadolu ve Suriye) yolların üç standart öğesi vardı: (1) Kenarlar yassı olarak döşenen büyük taşlarla çiziliyordu; (2) dikey olarak yan kenarları üzerinde duran daha ufak taşlardan bir orta hat yolu ikiye bölüyordu ve (3) iki şerit küçük taşlarla dolduruluyordu. Başka yerlerde bir hendek kazılıp, yolu sabitlemek ve suyun dışarı akışını kolaylaştırmak için kenarlarına set çekilmiş bir temel döşenir ve son olarak da bunun üzerine çakıl veya kum gibi farklı bir malzemeden bir yüzey eklenirdi. Yolların çoğu hem yayalar hem de araçların geçişine elverişliydi; dik arazideki diğer yollar, basamaklardan dolayı yaya trafiği ile kısıtlı olurdu.

Yollar birer Roma mili (1.485 km) aralıklarla, farklı biçim ve boyutlarda miltaşlarıyla işaretlenir ve bunların üzerine uzaklıkların yanı sıra bazen yapım veya onarım tarihi, mevcut imparatorun adı, yerel görevliler ve askeri birlikler gibi bilgiler yazılırdı. Yolcular için her ne kadar ölçeğe uygun olmayan krokiler halinde olsalar da, yol haritaları ve yol rehberleri veya bir yol üzerindeki yerler ile uzaklıklarının belirtildiği listeler mevcuttu. Yolcu, yol boyunca kalacak yer, posta hizmeti, ahır ve diğer ulaşım hizmetlerini sağlayan işletmelerin düzenli aralıklarla bulunacağından emin olabilirdi.

Ordu Kampları

Ordu kampları (Latince *castrum*, çoğ. *castra*) Roma toprakları boyunca, ama özellikle sınır bölgelerinde kurulurdu. Bu kampların yerleşiminde, dik açılarla kesişen düz sokaklara sahip bir kare, merkezde komutanın çadırı, askerlerin çadırları ile diğer tesislerin sokaklar boyunca düzgünce sıralanmış olduğu standart bir plan kullanılırdı (**ŞEKİL 20.3**). Bu kamplar yeni kurulan kasabaların planlarına çok benzerdi. Gerçekten de, Hippodamos ızgara sistemini kullanan Yunan-Roma kent planları kamp yerleşimini de etkilemiş olmalı, ayrıca kamp planları da kent planlarını etkiliyordu. Kampların kendileri, Eboracum (modern York, İngiltere), Colonia Agrippina (Köln, Almanya) ve Augusta Praetoria (Aosta, İtalya) gibi çoğunlukla kalıcı kasabalara dönüşüyordu.

Castra gecelik "yürüyüş kampları" veya kalıcı kaleler olabilirdi. MÖ ikinci yüzyılda yaşamış Yunanlı tarihçi Polybios, bir yürüyüş kampının nasıl kurulduğu hakkında net bir tarif bırakmıştır. Önce, komutan çadırının yerini belirlemek için alem dikilirdi. Bunun çevresine kampın geri kalanı düzenli bir şekilde yerleştirilir ve dış duvarlara yakın askerlerin toplanabilmesi, eğitim yapabilmesi, sığır ve ganimetlerin toplanabilmesi ve düşman ateşinin geçmesi gerekecek fazladan boşluk olması için bir boş alan bırakılırdı.

Koloniler: Eski Ostia

Romalıların *colonia*'sı Yunan kolonisinden farklı, kurucu ana kentten özerk normal bir kent olmayıp, başlangıçta belli bir bölgede, karada veya (kıyılarda) denize askeri denetim ve siyasal egemenlik sağlamak adına kurulan bir kasabaydı. Daha sonraları Roma'nın limanı olarak gelişecek Ostia, bu kolonilerin ilklerinden olup, MÖ dördüncü yüzyıl ortalarında deniz ve ırmak trafiğini denetlemek ve Roma'yı denizden gelecek saldırılara karşı korumak amacıyla Tiber Irmağı'nın ağzında kurulmuştu. Alışıldık kare yerine dikdörtgen biçimli (194 x 125 metre) olmasına rağmen bir askeri kamp olarak kurulan Ostia kesişen iki ana sokak, *cardo* (kuzey-güney) ve *decumanus* (doğu-batı) ile bunların kesiştiği bir forum gibi standart öğelere sahipti. İlerki yüzyıllarda, Romalılar İtalya'daki egemenliklerini pekiştirdikçe İtalya Yarımadası'nda müstahkem kamplara olan ihtiyaç azaldı. Bu durumda bir kasaba kampın ilk sınırlarının dışına rahatça genişleyebilirdi, ki MÖ birinci yüzyıla gelindiğinde Ostia'da da böyle olmuştu (Ostia'nın daha sonraki gelişimi için, bkz. Bölüm 22).

Cumhuriyet'in son dönemlerinde ve imparatorluk döneminde koloniler, büyük kentlerdeki nüfus baskısını azaltmak ve gazileri kimi zaman önceki sahiplerinin elinden alınmış bedava topraklarla ödüllendirmek amacıyla kuruluyordu. Kolonilerin kent merkezi ve çiftlikler de dahil toprak genişliği gibi nüfusu da birkaç yüz aileden birkaç bine kadar değişebiliyordu.

Yönetimleri Roma'nın kurumlarını taklit eden koloniler, bir konsey (senato) ve görevliler (*magistratus*'lar) tarafından yönetilirdi. Kamusal binalar da başkenti andırırdı: Üç ilah Jüpiter, Iuno ve Minerva'ya tapınaklar; *curia* (Senato'nun buluşma yeri), *comitium* (Meclislerin buluşma yeri) ve *basilica* [bazilika] (mahkemeler; muhtelif iş meseleleri). Bilinçli olarak sınır bölgelerine veya yeni fethedilmiş topraklara yerleştirilen bu kentler, Roma kent yaşamının kalıplarını imparatorluktaki çeşitli halklara yayıyordu.

Colonia belli bir rutine göre resmi olarak kurulurdu. Önce, Romalılarca Etrüsk uygulamalarına bağlanan dini ritüeller gerçekleştirilirdi. Tunç bir sabana bağlanan bir boğa ve inekle ritüel sınır çizgisi, *pomerium* toprakta sürülerek çizilirdi. Sokak veya kapılarda saban kaldırılır ve diğer tarafa taşınırdı. Bundan sonra, *colonia*'nın toprağı *centuriation* adı verilen bir süreçle, profesyonel yer ölçümcüler tarafından ölçülürdü. Burada kullanılan başlıca alet, dik açıyla kesişen iki çubuk ile çeküllerden meydana gelen ve dik açılar ile düz uzantılarının belirlenmesine yarayan *groma* idi. Arazi *cardo* ve *decumanus* ile çeyreklere bölünür, daha sonra uzun ince birimlere ayrılırdı. Temel toprak ölçüsü *centuria* olup, yaklaşık 50 hektarlık bu alan da 100 *heredia*'dan oluşurdu. Yaklaşık 0,50 hektar olan bir *heredium,* bir çiftçi veya aileye normalde verilen toprak miktarıydı ve bir ailenin geçinebilmesi için gerekli toprak kabul edilirdi. Güney Fransa'daki Arausio (modern Orange) kentinde MS 77'den kalma, bireysel *centuria*'ları, numaralandırılmış ve sahipleri ile vergi oranları listelenmiş olan bir haritanın mermer parçaları bulunmuştur. Tipik olarak, bu bilgilerin tunçtan bir kopyası yerel kasaba yönetim ofisinde sergilenir, keten üzerine bir kopyası da Roma'ya gönderilirdi.

Cosa, Bir Roma Cumhuriyet Kasabası

Ostia'nın ilginçliğine ve Roma'nın edebi kaynaklarında da kapsamlı olarak belgelenen önemine rağmen, bu uzun ömürlü kentlerde ileri tarihlerdeki inşaatlar, Cumhuriyet yüzyıllarının kalıntılarını yok veya tahrip etmiştir. Ancak, Roma'dan kalan parçalar göz ardı edilemeyecek denli önemlidir ve kısa süre sonra ele alınacaktır. Ama ilk önce bütün olarak incelenebilecek bir Cumhuriyet kasabasını ziyaret edelim: MÖ 273'te kurulan Cosa kolonisi, Etrüsk Vulci kentinden ele geçirilen topraklarda, Etrüsklerin denize ulaşımını engelleyen stratejik bir konumdaydı (Bölüm 17). Bu kasabanın modern arkeolojideki önemi Priene gibi mütevazı geçmişinden gelir. Cosa MÖ 70–60 arasında, bir ihtimal korsanlarca yağmalanmıştı; bundan sonra yerleşim mütevazı düzeyde kaldı. Bu kasabadan antik edebi kaynaklarda yalnızca çok kısa bahsedildiği için, Cosa'ya dair bildiklerimiz 1948–54 ve 1965–72 yılları arasında Roma'daki Amerikan Akademisi'nden Frank Brown yönetiminde gerçekleştirilen kazılara dayanır.

Kasaba, Roma'nın 140 km kuzeyindeki elverişli bir limanın yanındaki bir tepenin üzerinde 13,25 hektarlık bir alan kaplar. Çevredeki çiftlikler verimliydi, öyle ki çoğu Cosalı (yurttaşların yüzde 90'ı) duvarlı kasabanın dışında yaşardı. Limanın yanındaki bir lagün, özellikle yılanbalığı ve tekirlerde, belki de Romalıların çok sevdiği *garum* adı verilen balık sosunun üretiminde uzmanlaşmış, kârlı bir yerel balıkçılık endüstrisi doğurdu.

Arx olarak bilinen kale, kasabanın en yüksek noktasındaydı. Romalılar kasabanın geri kalanını burayı esas alarak planlamıştı. Önce, 2 km'nin hemen altında uzunluğa sahip, biri yeraltında üç kapısı ve on sekiz kulesi olan düzensiz biçimli surlar yapıldı. Kalınlığı 2 metre olan ve düzensiz biçimli kireçtaşı bloklarından yapılan bu sağlam duvarlar, hâlâ 9–10 metre yükselikleriyle iyi korunmuş durumdadır. Priene'deki kentsel planlamayı anımsatan söz dinlemez doğaya inatla düzen dayatama çabası içinde, arazinin farklılık gösteren kontürlerine rağmen kent içindeki alan düzenli bir ızgara şeklinde planlanmıştı (**ŞEKİL 20.4**)

Kendi ayrı tahkimat duvarlarıyla korunan Arx, kasabanın başlıca tapınağı olan Jüpiter Tapınağı ile bunun önünde bir sarnıç ve bir sunak barındırırdı. Roma'daki gibi, burada da Jüpiter'e adanmış kutsal alan yüksek kesimde yer alıyordu. Tapınak bir podyum üzerinde yükseltilmiş olarak duruyordu; planı dört sütunlu bir ön sundurma ve tipik üçlü *cella*'dan oluşuyordu. Üstyapı, mimari dekorasyonların terakota parçalarına dayanarak ve Vitruvius'un yorumlarından yararlanılarak canlandırılmıştır (**ŞEKİL 20.5**). Tapınak ilk olarak MÖ 241'den sonra inşa edilmişti, daha sonra yaklaşık MÖ 150'de tekrar inşa edildi. Terakota süslerin tarzlarındaki çeşitlilik uzun bir tekrar donatma ve onarım dönemine işaret eder.

Arx'tan yokuş aşağı inen bir geniş sokak, doğrudan kasabanın diğer önemli kesimi olan ve kamusal işlevlere adanmış binalarla çevrili dikdörtgen bir alandan oluşan *forum*, yani kent merkezine çıkıyordu (**ŞEKİL 20.6**). MÖ üçüncü yüzyıl

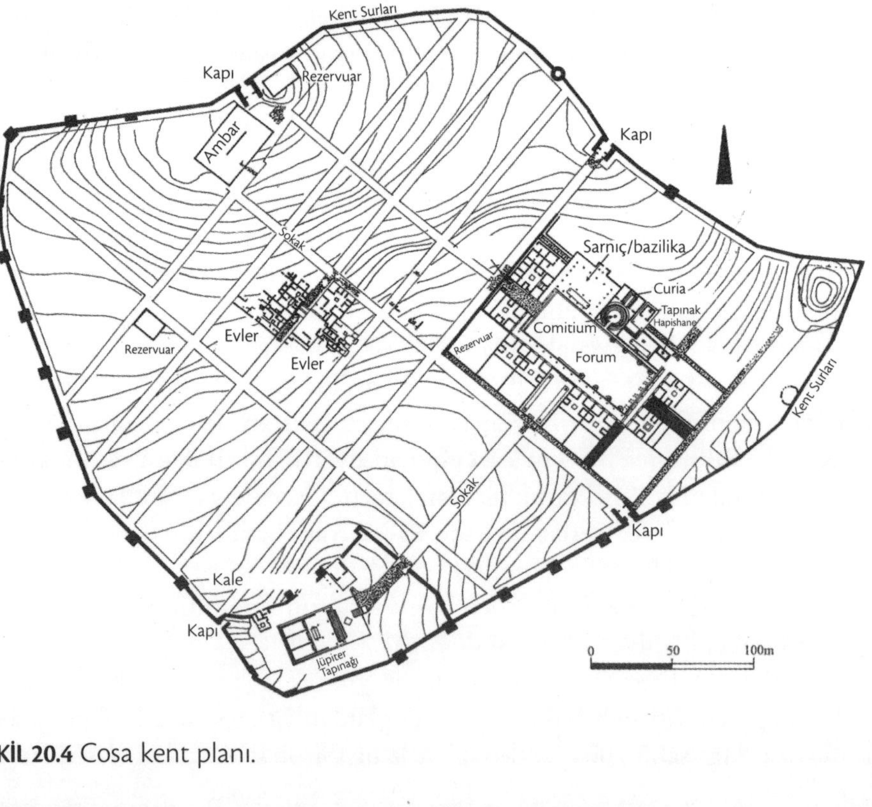

ŞEKİL 20.4 Cosa kent planı.

ŞEKİL 20.5 Arx Tapınaklar: Capitolium ve Mater Matuta rekonstrüksiyonları, Cosa.

sonlarında, bu yapılar arasında halk meclisinin toplandığı *comitium* ile bunun ardında yerel senato veya ihtiyarlar meclisinin evi olan üstü kapalı dikdörtgen biçimli hol, *curia* bulunurdu. *Comitium*'un bir yanında bir küçük tapınak ve hapishane, diğer tarafında ise bir sarnıç vardı. MÖ ikinci yüzyılda, buraya yapılan eklemeler içinde forumun kuzeybatı girişinde anıtsal bir üçlü kemer ile sarnıç üzerine inşa edilen bazilika da bulunuyordu. Forumun geri kalanını arşiv ve ofis binaları çevreliyordu.

Bazilika, Roma dünyasında MÖ ikinci yüzyıldan itibaren popülerleşen bir bina türüydü. MS dördüncü yüzyılda bazilika planı Hıristiyan kiliselerinin standart tasarımı olarak benimsenecekti. Roma döneminde dini bir işlevi olmayan bazilika avukatlar, yargıçlar ve kentsel ve hukuki meselelerle ilgili diğer görevlileri barındırırdı. Her zaman için forum veya benzeri açık bir alan yanında bulunur, cephelerinden birinde kapılar olurdu. Bazilika tipik olarak üstü çatıyla kaplı bir merkezi dikdörtgen ile dört yandan çevresini kuşatan yine üstü kapalı bir peristil ve yürüyüş yollarından meydana gelirdi. Merkez çatı, yan hollerinkinden daha yüksek olurdu. Bu yükseltilmiş çatı, asma pencelereler olarak bilinen bir sıra pencere açılmasına imkân tanırdı (Hipostil Hol, Delos'ta da kullanılmıştı: Bölüm 18).

ŞEKİL 20.6 Cosa Forum'un altıncı evre rekonstrüksiyonu.

Kemerler, Tonozlar, Beton ve Beton Cepheleme

Forumun kuzeybatı girişinde üçlü bir kemerli yolun, *gerçek kemerin* Romalı ilk örneklerinden birinin kalıntıları vardır. Yakındoğu'da icat edilmiş olması muhtemel, MÖ dördüncü yüzyıl Yunan ve Etrüsk mimarisinde nadiren kullanılan gerçek kemer, Roma mimarisinin simgelerinden biri olacaktı. Gerçek kemer taşın ağırlığından kaynaklanan baskıyı doğrudan aşağıya ek olarak yanlara da aktaran takoz biçimli kemer taşlarından oluşur (bkz. **ŞEKİL 2.18A**).

Kemer iki boyutlu bir şekildir. Üç boyutta devam ettirildiğinde bir *beşik tonoz* ortaya çıkar (**ŞEKİL 2.18B**). Roma mimarisinde, başta beşik tonozların kesişiminden oluşan *çapraz tonoz* olmak üzere başka tonoz türleri de kullanılmıştır (**ŞEKİL 2.18C**).

Cosa'daki üçlü kemerli yolda kullanılan öğelerden biri harçlı molozdur, ki bu *betonun* ilk kullanımlarından biridir. Beton kireç, kum ve suyun bir karışımı olup, bu bileşim iyi katılaşma özelliğine sahip bir tür zamk meydana getirir. Augustus dönemine gelindiğinde, Romalılar genelde Etruria-Latium-Campania bölgesinden, Napoli Körfezi'ndeki Pozzuoli (antik Puteoli) kasabasından dolayı adına "pozzolana" adı verilen volkanik bir toz da katardı. Bu bileşim, ek olarak hidrolik özelliğe de sahip olan özellikle güçlü bir beton meydana getirirdi: Su altında kuruyabiliyordu, dolayısıyla liman temelleri, sukemerleri ve sarnıçlarda su geçirmez bir kaplama olarak kullanılabilirdi. Ayrıca beton moloz veya çakıl gibi farklı biçimlerde küçük taşlarla da karıştırılarak bir duvarın içini oluşturmakta kullanılabiliyordu. Tıpkı gerçek kemer gibi beton da Roma mimarisinin tipik özelliklerinden biri olacaktı: Bu mucize madde imparatorluk döneminde

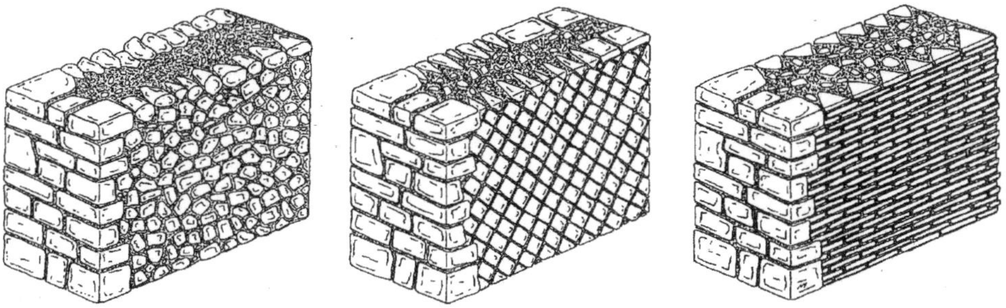

ŞEKİL 20.7 Üç tür Roma duvar kaplaması: *Opus incertum, opus reticulatum ve opus testaceum.*

geleneksel Yunan ve hatta İtalyan uygulamalarından radikal derecede farklı, çok çeşitli mimari biçimlere imkân tanıyacaktı.

Bir yapının betondan çekirdeği normalde kesme taşlarla veya tuğlalarla kaplanarak, dış cepheye alışılan tarzda bir görünüm kazandırılırdı (ŞEKİL 20.7). İyi bilinen cephe kaplama tazları şunlardır: (1) *opus incertum*, düzensiz biçimli küçük taşlar; (2) *opus reticulatum*, yüzü kare biçiminde olacak şekilde kesilen küçük taşlar, baklava desenleri şeklinde yerleştirilir; (3) *opus testaceum*, cephe tuğla veya çinilerle kaplanır. İlki MÖ ikinci ve birinci yüzyılın başlarında, ikincisi özellikle MÖ birinci yüzyıl ve MS birinci yüzyıl, üçünücüyse MS birinci yüzyılın ortalarından başlayarak popüler olmuştur. İnce mermer levhalarla kaplanarak şık bir cephe de yaratılabiliyordu. Ancak, Kuzey İtalya veya Ege gibi uzak bölgelerden geldiği için mermer pahalıydı.

Cumhuriyet Döneminde Roma

Cosa'daki kazılar, Cumhuriyet döneminden bir kasabanın duvarları, ızgara planı, kalesi, forumu, hatta özel evler ve ekonomisi (limanı, lagün ve çiftlikler) hakkında bilgilerle genel bir tablosunu sağlar. Ama bu, Roma'daki durumu ne kadar yansıtıyor?

500 yıllık Cumhuriyet dönemi başkentte çok büyük bir gelişmeye şahit oldu. Roma'nın bu yüzyıllar içindeki gelişimini değerlendirmek zordur, çünkü mimari kalıntılar daha sonraki imparatorluk dönemindeki inşaat faaliyetlerince tahrip edilmiş veya ortadan kaldırılmış olup parçalıdır. Ne var ki, edebi kaynaklar kentin görünüm ve işleyişini anlamak açısından oldukça yararlıdır. Net olarak bilinen, Cumhuriyet'in son dönemlerinde Roma kentinin tipik biçimini kazanmış ve çoğu standart yapı türünün o dönemde ortaya çıkmış olduğudur. Çoğu Roma Forumu'nda duruyordu; dolayısıyla Cumhuriyet dönemi başkenti üzerindeki araştırmamız kentin bu merkezi bölgesine odaklanacak. Cosa'daki

yapıların Roma'nın kamusal sivil mimarisinin damıtılmış hali olduğunu göreceğiz. Ancak, Cosa'nın düzenli planı, yüzyıllar içinde organik olarak büyüyen başkent örneğinden ilham almamış, zamanda belli bir noktada kurulmuş olmasından kaynaklanmıştır.

Roma Forumu (Forum Romanum)

Palatium Tepesi'nin kuzeyindeki ve Capitolium Tepesi'nin doğusundaki alçak arazi, ilk dönemlerden itibaren Roma kentinin kamusal merkezi olmuştur (**ŞEKİL 20.8**). Yüzyıllar boyunca süren kullanım ve düzenlemeler nedeniyle, bu alanın imar tarihi son derece karmaşıktır. Erken modern dönemlere kadar, bu bölge evlerle kaplıydı ve kent bütününün bir parçası durumundaydı. On dokuzuncu yüzyılın başlarında, eski eserlere karşı ilgi arttı ve 1870'te sistematik kazılar başladı. Benito Mussolini'nin diktatörlüğü döneminde (1922–43) Faşist İtalya'yı antik Roma'nın şanıyla bağdaştırma çabaları kapsamında araştırmalar daha da yoğunlaştı. Çalışmalar bugün de devam ederken, büyük ve sıkışık bir kentin göbeğindeki eserleri koruma sorunlarına özel bir dikkat gösterilir.

Bu arazi orijinal olarak derelerle dolu bir bataklıktı. Bölgenin kullanılabilmesi için derelerin yönlendirilmesi gerekiyordu. Gerçekten de, Livius'a göre Etrüsk krallar da tam bunu yaptı. Bu arazi boyunca derelerin, yağmur sularının ve sıvı atıkların Tiber Irmağı'na boşaltılması için *cloaca maxima* adı verilen bir kanalizasyon inşa edildi; zaman içinde içine taş döşenen ve betonla tonozlanan bu etkileyici yapı yaklaşık 2,0 metre–4,5 metre genişliğinde, 2,7 metre–4,2 metre yüksekliğindeydi.

Cumhuriyet döneminde forum köşelerinde Curia, daha sonra yapılacak Antoninus Tapınağı, Castor Tapınağı ve Satürn Tapınağı bulunan düzensiz bir dikdörtgen biçimindeydi (bkz. **ŞEKİL 20.8**). Bu foruma, varlığı Atina ve antik Yakındoğu'da gördüklerimize benzer şekilde Roma'da da dini olan ile kamusal olanın birbiri içine geçmiş olduğunu gösteren Kutsal Yol adı verilen eski bir sokak bağlanırdı. Tıpkı Atina Agorası gibi, Roma Forumu da yüzyıllar içinde, yapıların ihtiyaç doğrultusunda oraya buraya, belli bir düzen izlenmeden yerleştirilmesiyle gelişmişti. Bu gelişigüzel gelişme Cosa'daki forumun ve daha sonra Roma'daki İmparatorluk Forumları'nın düzeniyle bir tezat içindedir.

Dini Yapılar

Forumdaki dini yapılar ilahlar Vesta, Satürn ve Castor'a adanmış üç ana tapınak ile önemli Lacus İuturnae tapınağıdır. Vesta ocak tanrıçasıydı. Tapınağında bir kült heykeli yerine devletin kutsal ateşi bulunurdu; ocak ve ateşi, Roma dininde merkezi öneme sahip sembollerdi. Tapınağın kendisi yuvarlaktı. Orijinal olarak demir çağı İtalya'sındaki saz çatılı kulübelere benziyordu. Ama bina sürekli yı-

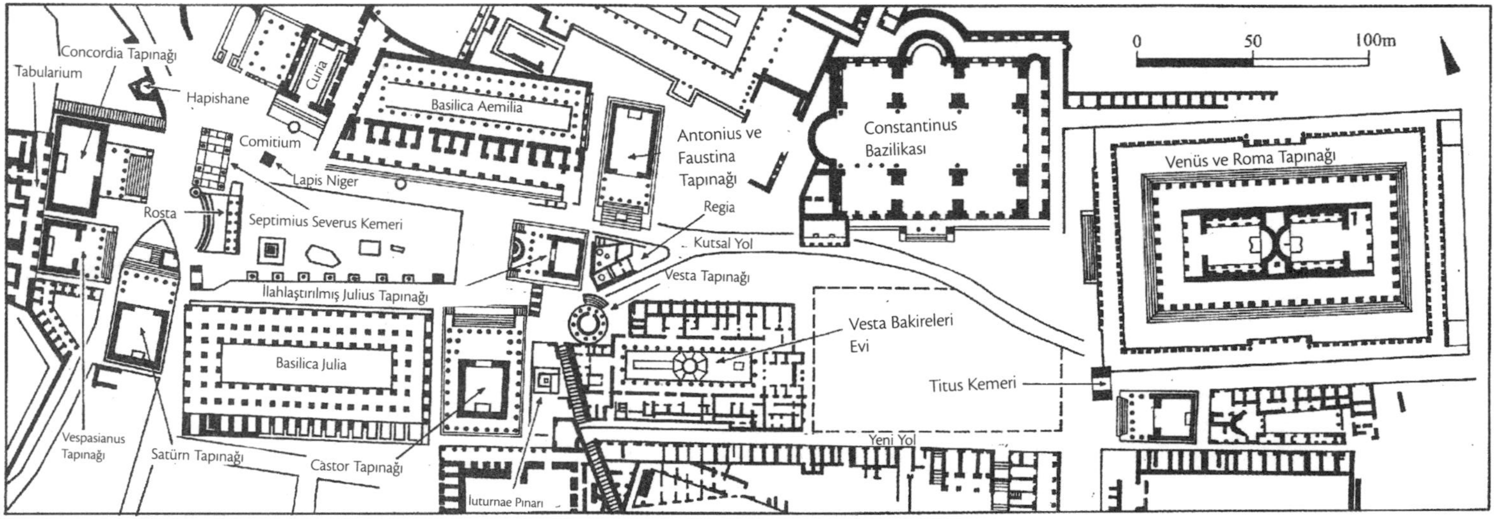

ŞEKİL 20.8 Forum Romanum'a ait çok dönemli plan (MS dördüncü yüzyıl başlarına dek), Roma.

kılmış, yangınlarda hasar görmüş ve çok kereler tekrar inşa edilmişti; MS ikinci yüzyıl sonlarında Septimius Severus'un eşi Julia Domna tarafından yaptırılan son versiyonu, Korent başlıklı yirmi sütunla çevrili, mermerden şık bir *tholos*'tu.

İlk Satürn Tapınağı, Cumhuriyet'in ilk yıllarından kalmaydı, ama mevcut kalıntılar MÖ 42'de tekrar inşa edilmiş olan yapıya ve daha sonraki elden geçirmelere (MS dördüncü yılda bir yangından sona) aittir. Tapınak, İtalik stilinde tipik olduğu üzere, yüksek bir platform üzerinde duruyordu; devlet hazinesini de içeriyordu. Satürn tarımsal verimlilik ve medeni yaşam tanrısıydı. Büyük oranda fildişinden yapılmış olan kült heykeli, cömertliğinin meyvesi olan bitkisel yağlarla doldurulurdu.

Bu ilahların sonuncusu olan ilahi ikizler Castor ve Pollux, ki forumda iki kere onurlandırılmışlardır, Romalıların MÖ 496'da Regillus Gölü Savaşı'nda Latinleri yenmesine yardım etmişlerdi. Savaştan sonra Juturna Pınarı'nda (*Lacus İuturnae*) atlarına su içirirken görülmüşlerdi. Bu ilahi koruyucular Roma Forumu'ndaki ilk anıtlardan birine sahipti. Pınarda ise adlarına bir çeşme binası dikilmişti. Bunun yakınlarında Castor'a (ve belki de Pollux'a) bir tapınak yapılmıştı. Bugün görünen kalıntılar, Augustus dönemindeki yapıdandır: Tapınak yüksek bir podyum üzerinde duruyordu, ama bunun dışında dört yanını kuşatan Korent sütunlu bir peristille, büyük ölçüde Yunan tarzındaydı.

Kamusal Yapılar

Forum, hükümet ve diğer kamusal işlevlere hizmet veren pek çok yapı içeriyordu. Regia adlı küçük bina, devlet dininin başı olan *pontifex maximus*'un makamıydı. Senato Curia'da toplanırdı; bu toplantı holü çeşitli kereler tekrar inşa edildi. Mevcut yapı MS 283'teki bir yangından sonra Diocletianus tarafından, MÖ 44'te Julius Caesar tarafından yapımı başlatılan versiyon temel alınarak tekrar inşa edilmiş olandır. Resmi olarak kutsanmış bir açık alan olan *Comitium*, *Comitium curiata*'nın buluşma yeri olarak hizmet veriyordu. Orijinal halinde mimari bir biçimden yoksun olan bu alana zaman içinde basamaklı bir yelpaze biçimi verilmişti. Konuşmacıların kullandıkları platform, *rostra*, ilk önceleri burada duruyordu, ama daha sonra Augustus forumun kuzeybatı ucunda yeni bir podyum inşa ettirmişti. Çoğul bir sözcük olan rostra, gemilerin sivri pruvaları için kullanılır. MÖ üçüncü yüzyıldan itibaren yenilgiye uğratılmış düşman savaş gemilerinin tunç koçbaşları burada sergilenmeye başlanmıştı. Lapis Niger (kara taş), efsaneye göre Romulus'un mezarı da dahil daha önceki mabetleri örten, siyah mermerle kaplı bir alandır. Ama kentin yerleşiminin ilk dönemlerinden çok sayıda eşya bulunmasına rağmen burada herhangi bir mezara rastlanmamıştır.

Forumun kuzey ve güney yanları boyunca iki üstü kapalı hol uzanırdı: Basilica Aemilia (Basilica Paulli) ve Basilica Julia. MÖ 179 tarihli Basilica Aemilia, Roma'da türünün ilk örneğiydi, ama MÖ 54–34'te L. Aemilius Paullus ile oğlu tarafından neredeyse baştan inşa edilmiş, daha sonra da Augustus tarafından MÖ 13'te bir yangından sonra ve MS 22'de tekrardan inşa edilmişti. Foruma bir sıra dükkân açılıyordu; dükkânlar arasındaki geçitlerden esas bazilikaya geçiliyordu. Orta nefinin boyutları 82 x 16 metre, iki yan koridorunun genişlikleri 7,5 metreydi. MS birinci yüzyılın önde gelen yazarlarından Yaşlı Plinius'a göre, özellikle yüksek kalite Frigya mermeriyle bu, kentteki en güzel yapılardan biriydi. MÖ 54'te Galya Savaşı'ndan elde edilen ganimetlerle Julius Caesar'ın yapımını başlattığı, Augustus tarafından bitirilen ve çeşitli yangınlardan sonra elden geçirilen Basilica Julia, Castor ve Satürn tapınaklarının arasında, Basilica Aemilia'nın karşısında yer alırdı. Bu bazilika özellikle bankacılık işlemlerine ev sahipliği yapardı.

Forumun Capitolium Tepesi'nin batı kesiminde yer alan Tabularium, Cumhuriyet Roma'sından kalma en iyi durumdaki yapıdır. Burada devlet arşivleri dururdu. Bir yazıtta yapım tarihi MÖ 78, yaptıran Q. Lutatius Catulus ve mimari Lucius Cornelius olarak belirtilmiştir. Plan düzensiz ve biraz belirsizdir; en azından iki katı vardı ve üst katı forumun iyi bir manzarasına sahip, Dor tarzı gömme sütunlarla kuşatılmış bir arkaddı. Rönesans'taki uyarlamaların en önemlisi, Michelangelo'nun harap üst kısımların yerine yaptığı Palazzo del Senatore'dir.

Capitolium ve Palatium Tepeleri

Roma Forumu'nun batı ve güneyinde sırasıyla Capitolium ve Palatium Tepeleri yer alırdı. Capitolium'da kentin en önemli mabedi olan Jüpiter Tapınağı bulunurken, Palatium Tepesi'nde yukarı sınıftan Romalıların kent malikâneleri vardı. Ayrıca Palatium Tepesi'nde MÖ 203'ten sonra inşa edilen (kutsanması MÖ 191) ama daha sonra yanan ve tekrar yapılan Magna Mater, yani Büyük Ana tapınağı yer alırdı. Bu tapınakta Roma'ya İç Anadolu'da Pessinus'tan [Bugünkü Sivrihisar yakınlarındaki Ballıhisar köyü] getirilen, Anadolulu ana tanrıçanın kutsal siyah taşı dururdu, ki bu Romalılarca fethedilen pek çok halktan kültlerin bağdaştırıcı bir şekilde alınmasının ilk ve en ünlü örneklerinden biridir.

Forum Dışındaki Roma

Cumhuriyet döneminde Forum Romanum dışındaki alanlar hakkında çok bilgiye sahibiz. Bu bölümün geri kalanında pazar yerleri, köprüler, sukemerleri, tiyatrolar ve sirke uğrayacağız (bkz. **ŞEKİL 20.1**).

Pazar Yerleri

Ana pazar yeri ırmağa yakındı. Önemli pazarlar arasında şunlar sayılabilir: Forum Holitorium, meyve ve sebze pazarı; Forum Boarium, "sığır pazarı" adlı dükkân ve depolarla dolup taşan bir ticari bölge; bunun yakınlarındaki Velabrum, devasa bir genel pazar alanı. Bu pazar yerlerinde tapınaklar da vardı. Biri yuvarlak, biri dikdörtgen biçimli iki tanesi özellikle iyi durumdadır: Dikdörtgen olan Portunus Tapınağı, kentin ilk dönemlerinde Tiber'in geçildiği bu sığ noktanın tanrısına adanmış olup, zamanında kiliseye dönüştürülmüş olması sayesinde özellikle iyi durumdadır (**ŞEKİL 20.9**). MÖ birinci yüzyılda inşa edilen bu yapı, güçlü Yunan etkileri taşıyan Toskana türü tapınaklara iyi bir örnektir. Toskana öğeleri arasında yüksek bir podyum üzerinde durması (2,3 metre yüksekliğinde) ile ön cephede geniş bir merdiven, *cella*'nın yanlarında ve arkasında yalnızca gömülü sütunlarla birlikte derin bir ön sundurmanın bileşimiyle ön cepheye verilen ağırlık sayılabilir. Yunan etkisi İon başlıklarda ve sığ alınlıkta kendini gösterir. Bu tapınağın çevresindeki "Portinium" semti, çiçekçi ve çelenkçilerin yoğunlaştığı bir merkezdi.

Güneyde, Tiber boyunca bir başka pazar holü uzanırdı: MÖ 193'te iki memur, iki *aedilis,*[9] M. Aemilius Lepidus ve L. Aemilius Paullus tarafından yaptırılan ve MÖ 174'te restore edilen Porticus Aemilia. Bu uzun hol (487 x 60 metre), ırmak yoluyla gelen ve giden malların dağıtım noktası olarak hizmet veren bir dizi pazar holünden biriydi. Tasarımında birbirine paralel beşik tonozlar ve bunların uzun yanlarındaki kemerli açıklıklar ile geniş bir iç mekân yaratılmıştı. Diğer holler ahşapken Porticus Aemilia betondan yapılmıştı.

ŞEKİL 20.9 Portunus Tapınağı, Roma.

Köprüler

Zamanla Tiber üzerinde kalıcı köprüler ortaya çıktı; bunlardan ikisi özellikle ilgi çekicidir. Aemilianus Köprüsü (Pons Aemilius), ahşap ve yüzer köprülere ek olarak

9 Kamusal yapıların bakımı ve halk festivallerinin düzenlenmesinden sorumlu görevli—çn.

yapılmış ilk taş köprüydü; MÖ 179'da yapılan ayakları, MÖ 142'de kemerlerle birbirine bağlanmıştı. Bu köprü 1557 ve 1598'deki sellerde kısmen yıkılmıştı; 1887'de kalan üç kemerden ikisi yıkılmış ve geriye tek kemer kalmıştı. Bu nedenle bugün Ponte Rotto, yani Kırık Köprü olarak bilinir. Kentin kuzeyinde Mulvius Köprüsü (Pons Mulvius) yer alır; kuzeye giden önemli Via Flaminia, Tiber'i buradan geçerdi. Via Flaminia MÖ 220'de inşa edilmişti, ama köprünün taş versiyonu yüzyıl sonra MÖ 109'da gelecekti. MS 312'de Constantinus rakibi Maxentius'u burada yenecek, böylece Roma İmparatorluğu'nun batı yarısı üzerindeki egemenliğini pekiştirecekti.

Sukemerleri

Sukemerleri suyun kentlere ve kasabalara taşındığı kanallardı. Su yokuş aşağı, yerçekimiyle akarak uzak kaynaklardan merkeze ulaşıyordu. Kanallar normalde yeraltındaydı, ama gerektiğinde kemerler üzerinde de taşınabiliyorlardı. Zamanla Roma pek çok sukemeriyle besleniyor olacaktı. Bunların en eskisi MÖ 312'de iki *censor*[10] Appius Claudius Caecus (Via Appia da onun tarafından döşenmişti) ve C. Plautius Venox tarafından yaptırılan Aqua Appia'ydı. Henüz yeri belirlenemeyen bir yeraltı kaynağından kente uzanan yolunun büyük kısmı (16 km) yerin altındaydı. Aqua Appia, başta Forum Boarium olmak üzere alçak kesimlere su taşırdı. Kentin sukemerlerinin en uzunu olan Aqua Marcia'nın 91 km'sinin 80 km'si yeraltındaydı. Gündelik su taşıma kapasitesi olan 187.000 m^3 yalnızca Anio Novus sukemerince geçilirdi.

Cumhuriyet döneminin hemen sonrasından kalma olağanüstü bir sukemeri örneği için Güney Fransa'daki, MS 14'ten kalma Pont du Gard'a bakabiliriz (**ŞEKİL 20.10**). Bu köprü Uzès'ten Roma kasabası Nemausus'a (günümüzdeki Nîmes) su taşıyan sukemerinin parçalarından yalnızca biriydi. 48 km uzunluğu boyunca su kanalının düzeyi yavaşça 18 metre kadar azalıyordu. Üç katlı ve 54 metre yüksekliğindeki bu köprünün tepesinde, içi su geçirmez betonla kaplı su kanalı vardı ve böylece su kanalının özenle korunan düzeyinin ırmak vadisi tarafından kesintiye uğratılmaması sağlanıyordu. Her kat tipik yuvarlak Roma kemerlerinden oluşurdu. Üzerinde su kanalı olan en küçük üst kat, en küçük kemerlere sahipti.

Pompeius Tiyatrosu ve Circus Maximus

Cumhuriyet Roma'sı, aynı zamanda Yunan etkisi altında tiyatroların ve başta Circus Maximus olmak üzere resmi eğlence yapılarının yapımına şahit olmuştu. İlklerden Pompeius Tiyatrosu (MÖ 55) kentin en önemlisi olarak kalacaktı.

---

10 Çoğulu *censores*. Roma'da nüfus sayımı, kamu ahlakının korunması ve bazı mali konulardan sorumlu görevli—çn.

ŞEKİL 20.10 Pont du Gard, Fransa.

Doğu Akdeniz'de kazandığı zaferleri, General Pompeius, Roma'nın ilk taş tiyatrosunu ve bunun ardındaki peristille çevrili bahçeyi yaptırarak kutladı. İmparatorların gözbebeği olan tiyatro antikçağlarda çok kereler tekrar yapılmış olmasına rağmen, yalnızca *cavea*'nın temelleri bugüne kalmıştır; ayrıca, kontürleri Roma'nın modern sokak planında da korunmuştur. Edebi kaynaklarda bahsedilmiş olması ve kentin Severus döneminde MS 203–211 arasında yontulmuş mermer planı *Forma Urbis*'in kalan parçalarındaki görünümü sayesinde hakkında çok fazla sayıda ayrıntıyı biliyoruz (**ŞEKİL 20.11**).

Tiyatro bir Yunan etkinliği olarak ortaya çıktığından, bu tiyatro da Yunan örnekleri temel almıştır. Bu tarihte İtalya'da, özellikle de daha doğrudan Yunan etkisi altındaki güney bölgelerde, ahşap ve taş tiyatrolar zaten kullanımdaydı. Tiyatro gösterileri Yunan dini faaliyetlerinden doğmuş olmasına rağmen, anlaşıldığı kadarıyla MÖ birinci yüzyıla gelindiğinde dini bağlantı azalmıştı. Pompeius azalan bu dini bağlantıyı *cavea*'nın tepesine, yüzü sahneye dönük şekilde bir Venus Victrix Tapınağı ile üç ya da dört küçük tapınak daha yaptırarak yenilemişti. Bundan sonraki Roma tiyatrolarında böyle tapınaklar olmayacaktı.

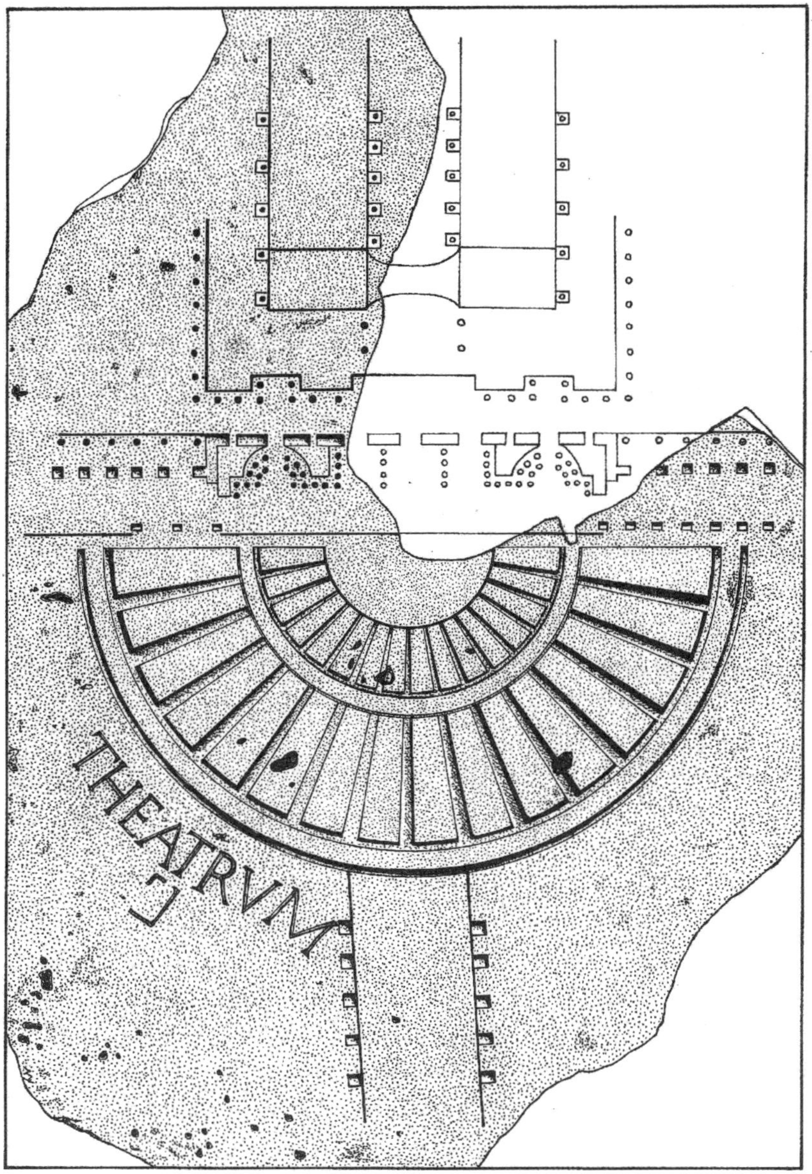

ŞEKİL 20.11 Forma Urbis Romae'de gösterildiği şekliyle Pompeius Tiyatrosu.

Yunan tiyatroları tepe yamaçlarına inşa edilirdi; bu yapı ise tepe yamacı yerine Romalıların teknolojik ilerlemelerinden yararlanılarak kısmen *opus reticulatum* tarzı cephelenmiş beton tonozlar üzerine inşa edilmişti. *Cavea*'nın yarım daire olması ile plan tipik Yunan tiyatrosundan ayrılır. Oturma kapasitesi 11.000 olarak tahmin edilmektedir. Ama hâlâ açık parodoslara ve muhtemelen ahşaptan yapılarak heykel portrelerle bezenmiş alçak ve geniş bir sahneye sahiptir.

İmparatorluk döneminde tiyatrolar daha da karmaşıklaşacaktı. *Cavea* ile sahne yapısı tek bir bina olarak birleştirilecekti. Mermer kaplamalarla süslenmiş çokkatlı sahne yapıları, doğal boyutlu heykellerin sergilenebileceği nişler yaratan arşitravlar ve sütunlardan oluşan karmaşık mimari çerçevelerle donatılacaktı.

Roma'nın en eski ve en büyük at yarışı meydanı olan Circus Maximus, Cumhuriyet'in ilk dönemlerinde Palatium Tepesi'nin güneyine yapılmıştı. Muhtemelen ahşap olan ama parlak renklere boyalı ilk başlangıç kapıları MÖ 329 olarak tarihlendirilmiştir. Uzun ve dar pist, boylu boyunca, başlangıçta yalnızca bu bölgeden geçen doğal bir dereden ibaret olan, ama daha sonra heykelli köprüler ve yapılar ile Mısır Kralı II. Ramses'in dikilitaşı gibi diğer anıtlarla bezenen *spina* ile bölünmüştü. Nihai boyutları olan 621 x 118 metreye genişletilmesi, Cumhuriyet dönemi sonlarına denk gelir. Zamanla üç *cavea* bölgesinin en alttakine önce ahşap, daha sonra taştan kalıcı oturma yerleri yerleştirilecekti. Plinius'a göre, azami kapasite 250.000 kişiydi, ki bu sayı sevilen dört atlı araba yarışlarının çok büyük popülerliğinin de bir göstergesidir. Takımlar veya gruplar modern profesyonel spor takımları gibi yöneticilere, hamilere, eksiksiz destek ekipleri ve yarışçıların kendilerinin yanı sıra, fanatik taraftarlara sahipti. Normal bir yarış, spinanın çevresinde yedi turdan oluşurdu; tam bir gün yirmi dört yarıştan meydana gelirdi.

Cumhuriyet Döneminde Roma: Özet

Günümüze ulaşan kanıtların parçalanmış haline rağmen, Cumhuriyet Roma'sının, özellikle de MÖ ikinci ve birinci yüzyıllarda, gelişmiş dini, idari, ticari ve eğlence faaliyetleri ile yol, köprü, kanalizasyon ve su tedarik altyapısına dahip zengin bir kent olduğunu görebiliyoruz. İmparatorluk dönemi, Cumhuriyet'te yerleşen çizgileri devam ettirecek; özellikle de sanat sponsorluğunda oligarşiden monarşiye geçişin sonucu olarak iktidar özellikle saraylar, dev halk hamam kompleksleri ve heykelli kamusal anıtlar ekleyecekti. Betonun kullanımına bağlı gelişmeler sonucunda mimari biçimler repertuarının genişlemesi de önemli olacaktı. İlk olarak Cumhuriyet'ten İmparatorluk'a geçiş dönemine, Augustus döneminde Roma kentine değineceğiz.

BÖLÜM 21

Augustus Döneminde Roma

➤ Augustus doğumu MÖ 63; saltanatı MÖ 31–MS 14

Roma kenti ilk Roma imparatoru Augustus'un saltanatında dönüşüm geçirmişti. Augustus imgeler, yapılar ve materyallerin bir kentin itibarı üzerindeki etkisini olağanüstü iyi kavramıştı. Roma kentinin fiziksel dünyası için birkaç yüzyıl boyunca sürecek bir standart yarattı. Roma'daki bazı imar projelerini incelemeden önce, yaşamına ve ünlü tasvirlerinden birine, kent ortamının yaratılmasında önem verdiği öğeleri görmek adına bir göz atalım.

Augustus: İlk Roma İmparatoru

Julius Caesar'ın yeğeninin oğlu ve evlatlığı olan Octavius, MÖ 31'de Marcus Antonius ve Kleopatra'yı Aktium Savaşı'nda yendikten sonra Roma devletinin mutlak kontrolünü eline geçirdi. Dört yıl sonra, Senato kendisine Augustus unvanını verdi, ki biz de onu daha çok bu adıyla biliyoruz. MS 14'te ölümüne dek Roma İmparatorluğu'nu olağanüstü bir görü ve beceriyle yöneterek, uzun yıllar süren iç savaştan sonra kalıcı barış ve refah getirdi. İlginçtir ki, kamusal alanda ihtişamın değerini bu kadar iyi anlayan bu büyük hükümdar ölçülülük, kararlılık ve nefsine hâkim olma üzerine kurulu bir şahsi yaşam sürdürdü. MS birinci yüzyıl sonu–ikinci yüzyıl başlarında yaşamış olan, yaşam öyküsü yazarı Suetonius tarafından kendisine atfedilen iki deyiş bu dünya görüşünü açıkça yansıtır: Sevdiği bir Yunan deyişi olan, "Yavaşça acele et" (enerjisi ile kararlılığının bileşimini yansıtır) ve yaşamının sonunda sarf edilen şu dikkat çekici sözler: "Nasıl görünüyor? Yaşam komedisini düzgün oynayabildim mi?"

Primaportalı Augustus

Augustus'un Primaporta'da bulunan görkemli heykeli, imgelerin gücüne dair bu anlayışı sergiler (**ŞEKİL 21.1**). Yunan ve Romalı özellikleri birleştiren bu eser imparatorun resmi imgesi haline gelen idealize ve şahsına özel tasarlanmış bir karışımdır. Baş, Augustus'u genç bir adam olarak gösterir. Etrüsk ve Roma portrelerinin gerçekçi geleneğine uygun olarak geniş kafatası, dar çene gibi özellikler şahsa özel gibi görünür ve Suetonius'un Augustus'un son derece yakışıklı olarak tasvirini doğrular. Bu çekici, idealize edilmiş yüz, Yunanlıların

ŞEKİL 21.1 Primaportalı Augustus'u tasvir eden mermer heykel, Roma. Vatikan Müzeleri.

portrelerinin görsel açıdan sadık kayıtlardan çok tipler olarak işlev görmesi gerektiği yönündeki görüşleri doğrultusunda, Augustus'un uzun ömrünün sonuna dek kullanacağı standart bir imge haline gelmiştir.

Ancak bedende imge gerçeklikten ayrılır, zira Suetonius Augustus'u biraz kısaca, ama iyi orantılı olarak tarif eder. Beden, MÖ beşinci yüzyıla ait ve Romalılarca çok kopyalanmış bir Yunan eseri olan Polykleitos'un "Doryphoros"unun duruşu ve kas yapısını yineler ve böylece Augustus'u, Yunanlıların çıplak atlet heykellerinde yansıttıkları idealize kahraman imgesiyle bağdaştırır. Ama, göğüs zırhı açıkça vücudunu sarıyor olmasına rağmen, Augustus giyiniktir. Askeri giysileri onun bir asker olduğunu ifade eder ve Roma devleti adına şahsi kahramanlıklarına gönderme yapar. Dahası, zırhı Augustus'un askeri başarıları hakkında ayrıntılar için bir araç işlevi görür. Göğüs zırhındaki kabartma resimlerde bir Partlı, ele geçirilmiş alemleri bir Romalı'ya iade eder ve böylece Roma İmparatorluğu'nun karışık doğu sınırına getirilen barış temsil edilmiş olur.

Bu heykel, Romalılar MÖ 20'de alemlerini geri aldıktan sonra yapılan bir tunç orijinalin mermer kopyası olabilir. 1863'te, Roma dışında Primaporta'da, bir ihtimal Augustus'un eşi Livia'ya ait olabilecek bir villada bulunmuştu; Roma zamanında taş heykellerin genellikle kullanım şekli olan bir bahçe süsü olarak dışarıda durmuş olabilir.

Augustus ve Roma'nın Mimarisi

Suetonius'un Augustus'a atfettiği bir başka deyişle, kenti tuğla bulup mermer bıraktığı ifadesiyle, Roma kentinin kendisine geri dönüyoruz. Augustus başkent Roma'yı bir mimari harikalar sergisine dönüştürmenin öneminin farkındaydı. Diğer sanatlarda olduğu gibi, burada da büyük planı Yunanlı biçim ve materyaller ile geleneksel İtalyan özelliklerinin bütünleşmesini yansıtıyordu. Bugüne dek Roma'ya ithal edilen o pek sevilen Yunan materyali mermer, Kuzeybatı İtalya'da Carrara madenlerinin açılması sayesinde artık aşinalaşmıştı.

Augustus'un pek çok mimari katkısı arasında özellikle üç yapı semboller, mimari ve kendi şahsi imgesine yaklaşımını yansıtır: Augustus'un Evi, Augustus Forumu ve Ara Pacis (Barış Sunağı). En basitleri olan Augustus Evi ile başlayalım.

Augustus'un Evi

Böylesine zengin ve güçlü bir hükümdar için, Augustus'un yaşamayı seçtiği ev şaşırtıcı derecede mütevazıydı. Yine de çok basit denemezdi: En azından iki katlı, odaları görece küçük ama kesinlikle iyi donatılmış bir binaydı. Çoğunlukla mimari sahnelerin tasvir edildiği duvar resimleri çok kaliteliydi. Ama ardıllarının pek çoğunca tercih edilecek müsrifçe donatılmış saraylardan değildi. Augustus için bu tevazu önemliydi. Evin yerinin sembolik değeri de önemliydi. Ev, Palatium Tepesi'nde, modern arkeolojinin ilk Roma'ya, demir çağına ait ev kalıntıları ortaya çıkardığı bir alandaydı. Gerçekten de, Romulus'un Evi'nin bir örneği yakınlarda olmalıydı. Bu yakınlık, Augustus'un kentin efsanevi kurucusu ile sembolik bir bağ kurmasını sağlıyordu. Ayrıca evin yanında Apollon Palatinus Tapınağı vardı: Apollon'un Augustus'a Aktium'daki kilit zaferinde destek verdiği söyleniyordu. Augustus'un yaşamı sırasında yanmış ve tekrar inşa edilmiş olan ev, ölümünden sonra terk edilmiş ve MS 64'te, Neron'un saltanatı sırasındaki büyük yangında ciddi hasar görmüş gibi görünmektedir.

İmparatorluk Forumları: Julius Forumu ve Augustus Forumu

Bu dönemde Roma kentindeki en büyük mimari kompleks Augustus Forumu'ydu. Ama onu daha iyi anlayabilmek için, önce Julius Forumu'na dönmeliyiz (**ŞEKİL 21.2**).

Yaklaşık MÖ 60'tan MÖ 44'te suikaste uğrayana dek egemen siyasal ve askeri önder durumunda olan Julius Caesar, tıpkı kendisinden sonraki Augustus gibi, başkentin mimarisinin ve hizmetlerinin geliştirilmesinde faal bir rol oynadı.

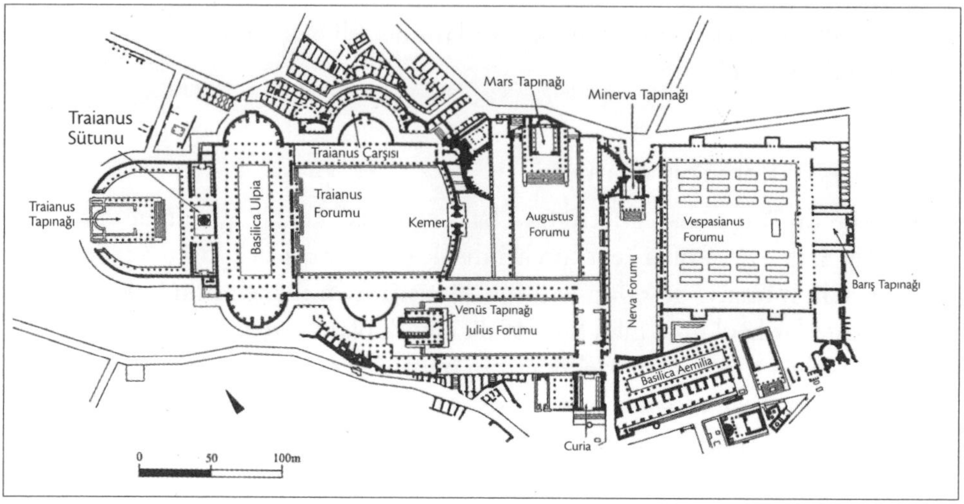

ŞEKİL 21.2 Roma imparatorluk forumları planı.

MÖ 54'te kalabalık Roma Forumu'na bir genişletme işlevi görecek, anıtsal bir kamusal meydan ısmarladı. Kent merkezindeki elverişli konumu nedeniyle, özel maliklerden satın alınan arazi aşırı pahalıya gelmişti. Ortaya çıkan Julius Forumu, kolonadlarla çevrili bir üstü açık alandı. Meydana Venus Genetrix Tapınağı egemendi. Julius kendisini aşk tanrıçası Venüs'ün soyundan kabul ediyordu. Truvalı kahraman ve Roma'nın efsanevi kurucularının atası olan Aeneis'in annesi olan Venüs, ayrıca Roma devletinin özel bir atası olduğu için geleneksel olarak yüceltilirdi. Kolonadlı bir avluda tapınak, bir Yunan tasarımı olmakla ve Yunanlılığı şık bir yapım malzemesi olan mermer kullanımıyla daha da vurgulanmakla beraber, tapınağın alanın bir ucundaki yüksek bir podyuma yerleştirilmesiyle bir İtalyan havası da katılmıştı. Tapınak MÖ 46'da Julius Caesar tarafından adanmış, ama Augustus tarafından tamamlanmıştı. Julius Forumu, her biri ayrı planlanan ve tümü de yüzyıllar içinde yavaşça ve düzensizce gelişen Roma Forumu'ndan çok farklı, müstakil mimari birimler olan bir dizi imparatorluk forumunun ilkiydi.

Augustus Forumu, Julius Forumu'nun konsepti üzerine inşa edilmiştir: Anıtsal ve merkezi konumda bir kamusal komplekstir; Helen dekorasyonuyla medenidir; tanrılarla bağlantılı (bir tapınak içerir) ve devlet için önemli sembolizm açısından zengindir. MÖ 42'de Kuzey Yunanistan'da Philippi [Bugünkü Filibe (Plovdiv), Bulgaristan] Savaşı'nda Julius Caesar'ın katilleri karşısındaki zaferinden sonra, Octavius (daha sonra Augustus olacaktı) İntikamcı Mars'a (Mars Ultor) bir tapınak dikmeye ant içmişti. Bu yeni tapınak Augustus Forumu içinde olacaktı. Forum üzerindeki çalışmalar muhtemelen MÖ 24'e kadar başlamıştı; tapınak nihayet MÖ 2'de adanmış ama tam bitmemişti. Julius

ŞEKİL 21.3 Augustus Forumu ile Mars Ultor Tapınağı rekonstrüksiyonu, Roma.

Forumu gibi, bu forum da iki yanında kolonadlı revak bulunan dikdörtgen bir alandan ibaretti (boyutları yaklaşık 125 x 90 metre). Ancak, kolonadlı revağın ardındaki, bir ihtimal kolonadların arasından foruma ışık getiren, üstü açık yarım dairesel alanlar yeniydi. Sütunlar farklı renkli bir taştan yapılmış olup, beyaz mermerden şık Korent başlıklarına sahipti. Julius Forumu'ndaki Venus Genetrix Tapınağı gibi, bu geniş dikdörtgen alanın odağı da forumun arka duvarına yaslanmış bulunan Mars Ultor Tapınağı idi (**ŞEKİL 21.3**). Yunan havasını kazandıran Korent düzeninin yanı sıra tapınak üzerinde durduğu yüksek platform ve sundurmaya çıkan geniş merdivenlerle kazandırılan ön cephe vurgusu ile geleneksel İtalyan özelliklerine de sahipti.

MS ikinci yüzyıl sonları ile üçüncü yüzyılın başlarında yaşamış senatör ve tarihçi Dio Cassius, bu forumda gerçekleşen faaliyetlerin ayrıntılı bir listesini vermiştir. Özellikle eyaletlerin yönetim merkezi olan Augustus Forumu, aynı zamanda oğlanların erkeklik sembolü olan togayı resmi olarak kuşandığı; yurtdışına gönderilen komutanların görevlerine başladığı; Senato'nun muzaffer generaller için zafer geçitlerini onayladığı ve o generallerin zafer taçları ve asaları ile ele geçirilmiş askeri alemleri sunarak savaş tanrısı Mars'a saygılarını sundukları yerdi.

Bu forum duruma uygun olarak Roma devletinin görkemli geçmişine gönderme yapan heykellerle donatılmıştı. Devletin işlevleri açısından bu kadar önemli bu alanda, konular sembolik anlamlarına göre özenle seçilirdi. Yarım dairelerden her birinin içinde öne çıkan geniş bir nişte, Latin ulusunun ve Roma'nın kurucularına göndermeleri bir araya getiren heykeller dururdu:

Batıda, babasını taşıyan ve oğlu ardında olmak üzere yanan Troya'dan çıkan Aeneis ve doğuda omuzlarında MÖ 750'deki ilk Roma zaferinin ganimetini taşıyan Romulus. Diğer nişler Julia ailesinin üyeleri ve belki de Augustus'un dev heykeli gibi önemli insanların heykelleriyle doluydu. Bu heykellerden geriye sadece birkaç parça kalmıştır.

Tapınağın içinde anlaşıldığı kadarıyla üç adet kült heykeli vardı: Bekleneceği gibi intikamcı olarak silahlarını eksiksiz kuşanmış olan Mars ile onun yanında Venüs ile Cupido (Mars'ın sağında) ve ilahi Julius Caesar (Mars'ın solunda). Alınlıkta da benzer figürler tasvir edilmişti.

Korent tarzı kolonadın üzerinde, Atina akropolisindeki Erekhtheion'daki karyatidlerin daha küçük ölçekli kopyaları olan altmış iki adet karyatid, ikinci bir katı taşıyordu. Romalılar için bu karyaditler sadece dekoratif amaçlı değildi. Vitruvius'a göre barışı sağlamak için tabi kılınmış, yenilgiye uğratılmış halkları temsil ediyorlardı. Karyatidlerin arasında, tanrıların başlarıyla süslenmiş kalkanlar vardı. Boynuzlu Jüpiter başları, belki de önemli bir bağdaştırıcı Mısır tanrısı olan Jüpiter Ammon, Romalıların Mısır'ı fethine gönderme yapıyor olabilir.

Ara Pacis

Augustus dönemi Roma'sından, büyük mimari anıtların sonuncusu Ara Pacis Augustae, Augustus Barışı Sunağı, tanrıça Pax, yani Barış'a kurbanlar için tasarlanmış müstakil, mütevazı boyutlu (yaklaşık 10 m^2) bir sunaktı (**ŞEKİL 21.4**). MÖ 13'te Senato tarafından onaylanan ve ana yollardan Via Flaminia üzerindeki Campus Martius'ta inşa edilen sunak resmi olarak MÖ 9'da adanmıştı. Bu anıt günümüze sağlam şekilde ulaşmamıştır. On altıncı yüzyıldan itibaren, özel mülkiyet olan Palazzo Fiano'nun altından heykel parçaları çıkmış, 1903 ve 1937–38'de kazılar gerçekleştirilmiştir. Bulunan parçalarla sunak tekrar oluşturulmuştur, ancak orjinal yeri ve yönünde değildir.

Esas sunak, çevresini kuşatan duvarla sınırlanan ve girişleri batı (ana giriş) ile doğuda bulunan üstü açık bir alanda yer alıyordu. Tüm anıt rölyef, heykellerle bezenmiş olup en çok ilgi çekenler duvarın dış cephesinin üst yarısındaki figüratif sahnelerdi. Anıt Augustus'un Roma devletine getirdiği barışın şerefinedir ve dolaylı olarak Augustus'u kentin ve devletin yeni kurucusu, Romulus ve Aeneis'e yakışır bir ardıl olarak onurlandırıyordu. Yukarıda da gördüğümüz gibi, barış getirme ve Augustus döneminin devletin efsanevi kökenlerine bağlanması gibi temalar Augustus Roma'sının kamusal sanatlarında önemli bir yere sahiptir. Heykeller büyük ölçüde Yunan sanatının doğalcı geleneğine uygundur, ki bu gerçek konular ne kadar İtalyan veya Romalı olursa olsun, Yunan sunum tarzının hâlâ çok önemli olduğunu bizlere hatırlatır.

Doğu ve batıdaki girişlerin iki yanında Roma devletinin ilahi ve kahramansal temellerine vurgu yapan alegorik sahnelerle bezenmiş geniş rölyef paneller

ŞEKİL 21.4 Ara Pacis, Roma.

yer alırdı. Kuzeydoğuda tanrıça Roma'nın kişiselleştirilmiş hali bir zırh yığını üzerinde oturur. Burada verilmek istenen mesaj açıktır: Barışı sağlamak için düşmanlarını yenen Roma ve barışın zaferle sağlanması. Sol tarafta "Barış'ın Meyveleri"ni gösteren iyi durumda (ve kısmen restore edilmiş) bir panel vardır. Bolluğun, Toprak Ana (Tellus), Venüs, İtalya veya Barış olarak farklı farklı yorumlanan kişileştirilmiş hali olan bir kadın, iki bebeği tutarak bir kaya üzerinde oturur; çevresinde hayvanlar, bitkiler ve meyveler bulunur. İki yanında rüzgârdan şişmiş pelerinleri olan *nympha*'lar, karada ve denizde barışı temsil eder. Hayvanlara binmişlerdir: Kadınlardan biri ilkbaharın başlangıcını simgeleyen ters çevrilmiş bir testinin üzerindeki kuğunun sırtında, diğer yandaysa bir başka *nympha* biraz korkutucu bir deniz yaratığına binmiş durumdadır.

Sunağın ana girişi olan batı girişinin yanındaki parçalanmış kuzeybatı paneli, Romulus ve Remus'u emziren dişi kurdu gösterir. Çocukların babası Mars ile daha sonra çocukları büyüten çoban sahneyi seyreder. Daha iyi korunmuş olan güneybatı panelinde, Latium'a yeni ayak basmış olan Aeneis bir sunağa kutsal su dökerek şükranlarını gösterir. İki oğlan ise adak olarak meyve ve bir domuz getirir.

Güney ve kuzey dış cephelerin yine üst yarılarında (alt yarı tümüyle şık çiçek desenleriyle kaplıdır) bambaşka bir sahne resmedilmiştir. Burada belli

ŞEKİL 21.5 Ara Pacis geçit frizinden ayrıntı, Roma.

bir tarihsel olayı görmekteyiz: 4 Temmuz MÖ 13'te, sunağın temel taşının yerleştirilişini kutlamaya gelen erkek, kadın ve çocuklardan oluşan bir geçit (**ŞEKİL 21.5**). Güney yanın ortasında, Augustus da onların arasında yürümektedir, ama yansıtmayı sevdiği kamusal kişiliğe uygun olarak aradan sıyrılmamıştır. Yürüyenler arasında görevliler, rahipler, kadınlar ve çocuklar da dahil Augustus'un aile üyeleri, her biri azıcık daha farklı bir duruş, hareket veya ifadeyle tasvir edilmiş halde bulunmaktadır. Sahne huzurlu, sakin ve ağırbaşlıdır. Tarzı, insanların idealize edilmiş doğalcı tasvirleriyle MÖ beşinci yüzyıl Atina'sındaki Parthenon frizlerini çağrıştırır, ama arada önemli farklar vardır. Parthenon frizi de bir dini tören göstermesine rağmen, bu genelleştirilmiştir; belli bir yıldaki belli bir tören resmedilmemiştir. Dahası, karakterler de farklıdır: Ata binenler, kurban edilmek üzere getirilen hayvanlar ve tanrılar vardır, ama Atina'nın siyasal önderleri yoktur. Görmüş olduğumuz başka bir dizi geçit töreni tasvirinde, Akamenişlerin Persepolis'indekilerin (Bölüm 10) genel sakinliği, uyumlu havası Ara Pacis'inkine uyar. Ama Persepolis'te geçite katılanlar haraç sunmaya gelmiştir; kral ise oturmuş olarak kabul etmek üzere beklemektedir. İmparatorluğun düzgün işleyişi vurgulanmıştır, ama aynı zamanda yöneten ile yönetilen arasındaki ayrım da. Bunun aksine, Augustus hükümdarlığını gizler, bunun yerine hep birlikte Roma devletini meydana getiren çok sayıdaki görevlinin arasındaki yerini alır.

Ara Pacis geçidince verilen mesaj, Augustus ve ailesinin, düzenli ve hayırlı iktidarıdır. Ara Pacis'in doğu ve batı yanlarındaki mitolojik paneller ile Augustus Forumu'ndaki heykeller gibi resimsel ideolojik araçlar ve Palatium Tepesi'nde özenle seçilmiş konumdaki dikkat çekmeyen evinin ilettiği dersle, Augustus başkentteki kamusal sanat ve mimarinin tümüyle Roma tarihinin yeni bir sayfasına katkıda bulunduğundan emin olabilirdi: Çok uzun yıllar süren iç savaşın bitişi ve Roma devletinin yeniden doğuşu. Roma halkının kilit tanrıları ve kahramanları ile bağlantılarla vurgulanan meşruluk; asla kendi şanı için değil, her zaman Roma devletinin istikrarı ve refahı için gerçekleştirildiğine kuşku bırakılmayan kendi başarıları; işte Augustus tüm bu temaları kendi iktidar kavramının temeline yerleştirmişti. Bunun çok Yunan, daha doğrusu MÖ beşinci yüzyıl Atina'sını andıran bir yanı vardır. Göreceğimiz gibi, Augustus'un ardılları kenti büyük anıtlarla donatmaya devam edecekti. Ama Perikles'ten daha çok Helenistik bir tarzda, imparator olma statülerine uygun gördükleri özel ve kamusal ihtişamı kendilerinden esirgemeyeceklerdi.

BÖLÜM 22

Başkentin Dışındaki İtalya

Pompei ve Ostia

Bir an için Roma'yı bırakıp, arkeolojik kazıların antik Roma kent yaşamı hakkında başkentten öğrendiklerimizi tamamlayan değerli bilgiler sağladığı iki kente uğrayalım. Pompei, Napoli yakınlarında mütevazı bir tarım kentiydi. Cumhuriyet döneminde gelişen kent, İmparatorluk döneminin başlarında Vezüv volkanının patlamasıyla yok olmuştu. Roma'nın limanı olan Ostia kenti, Cumhuriyet'ten İmparatorluk dönemi sonlarına dek zenginleşti. Kalıntılarının büyük ölçüde korunmuş olması nedeniyle, bu iki kasaba Roma İtalya'sındaki en zengin arkeolojik kazılar arasında sayılır.

Pompei

MS 79'da Vezüv Dağı'ndan yağan volkanik atıkların altında son derece iyi korunmuş olan Pompei ve başta Herculaneum olmak üzere komşuları, Roma arkeolojisinde özel bir yere sahiptir. Harabeler, geç Cumhuriyet ve erken İmparatorluk dönemlerinde kasaba sakinlerinin gündelik yaşamına benzersiz bir bakış fırsatı sunar. Bunun aksine, İmparatorluk dönemi boyunca devam eden inşaatlar yüzünden Roma'nın kendisinde bu dönemlerden kalıntılar yalnızca yer yer korunmuştur. Klasik alandaki ilk önemli arkeolojik kazılar olan araştırma çalışmaları Herculaneum'da 1732'de ve Pompei'de 1748'de, İki Sicilya Krallığı hükümetinin sponsorluğunda başlamıştı. Başta yöntemler ilkeldi; ancak 1860'larda, Giuseppe Fiorelli yönetiminde araştırmalar sistemli hale geldi. Kazılar o zamandan beri devam etmekte olup, Pompei'nin büyük bölümü artık ortaya çıkarılmıştır.

Tarihsel Giriş

Pompei Napoli Körfezi'nde, Napoli kentinin güneyinde yer alır (**ŞEKİL 22.1**). Kasaba denize yakın, içerilere giden önemli bir yolun kıyı yolundan ayrıldığı bir kavşakta, elverişli bir yerdeydi. MÖ altıncı yüzyılda, Pompei'ye ilk defa yerleşildiğinde daha geniş Campania bölgesi ve Napoli Körfezi zaten çok gelişmişti. İki yüzyıl önce Yunanlılar körfezin kuzey ucunda, önce İschia

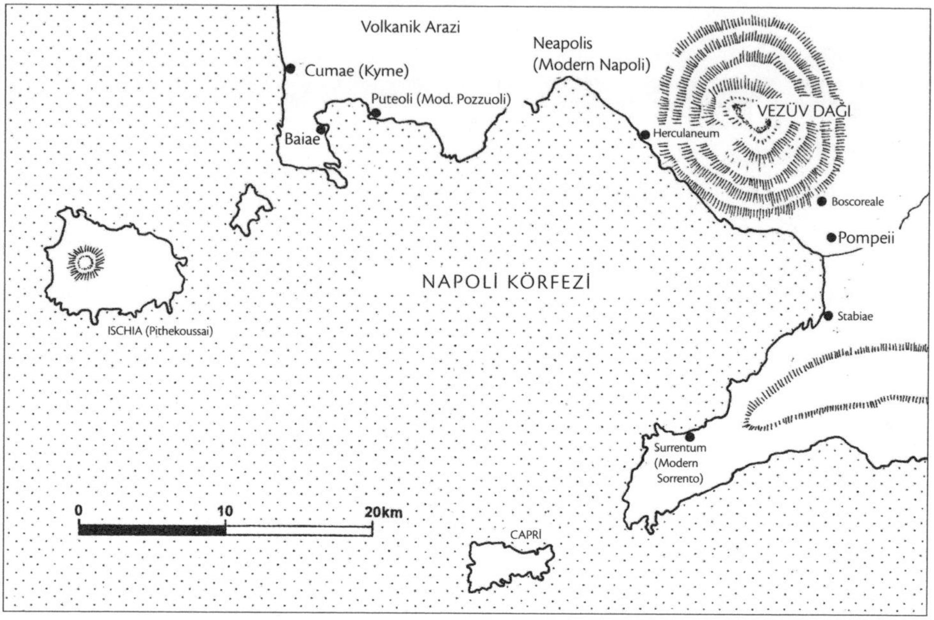

ŞEKİL 22.1 Napoli Körfezi.

Adası'nda Pithekoussai'de, daha sonra karşısındaki anakarada Kyme'de (daha sonra Cumae) yerleşmişlerdi. Üçgen Forum'daki MÖ altıncı yüzyıldan kalma Dor düzeninde bir tapınak, Pompei'nin ilk dönemlerindeki nüfuzlarını gösterir. Etrüskler MÖ altıncı yüzyılda Campania'ya yayıldı, ama MÖ 474'te Yunanlılar tarafından püskürtüldüler; Pompei'nin ana forumunun altında yapılan derin kazılarda, ses dalgalarıyla bulunan Etrüsk çömlekleri bu kentle temaslarının göstergesidir. MÖ beşinci yüzyıla gelindiğinde Pompei, Latinlerle akraba yerel halklardan Samnitlerin egemenlik alanındaydı. Ama Romalılar yayılıyorlardı ve MÖ 290'da Samnitleri yenerek Campania'yı ele geçirdiler. Ancak, Pompei etnik olarak Samnit kaldı. MÖ 80'lerde Pompei "Sosyal Savaş" adı verilen, Roma egemenliğine karşı başarısız bir ayaklanmada, diğer Campania kentlerin yanında yer aldı. Bu zaferden sonra, Romalı general Sulla Pompei'de bir gaziler kolonisi kurdu ve gaziler yerel Samnit ileri gelenlerinin yerini aldı. Kentin Romalılaşması artık tamamlanmıştı.

MS birinci yüzyılda Pompei bir ticaret ve tarım merkezi olarak zenginleşti ve nüfusu 10.000–20.000'e ulaştı. Ana ürünleri yün, çiçekler, parfüm ve fermente edilmiş sardalya içlerinden yapılan garum adlı çok değerli bir balık sosuydu. MS 62'de doğa yıkıcı bir depremle ilk darbesini vurdu. Daha sonra, 24 Ağustos 79'da, Vezüv aniden patlayarak ponza, taş, zehirli gazlar, kül ve çamur püskürttü. Çoğu insan kaçtı, ama bazıları kapana kısılmıştı; bedenlerinin biçimleri et ve kemikleri yok olduktan sonra bile uzun yıllar volkanik kalıplar

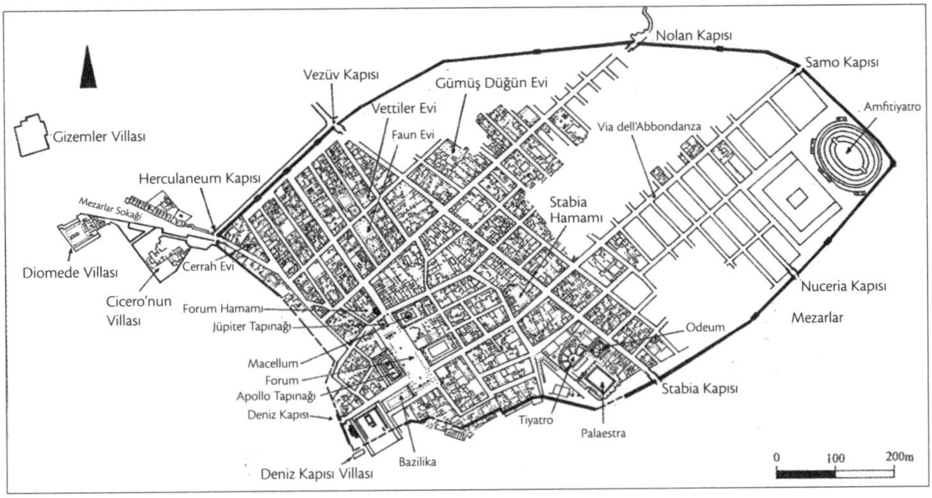

ŞEKİL 22.2 Pompei kent planı.

içinde korunacaktı. Yaklaşık otuz yıl sonra Genç Plinius'un tarihçi Tacitus'a yazdığı bir mektupta felaket anlatılarak, Plinius'un amcası Yaşlı Plinius'un nasıl öldüğü aktarılmıştı. Pompei ve Herculanum büyük ölçüde kaplanmıştı; Pompei 4 metre ponza ve kül altında, Herculanum 16 metreye kadar ulaşan volkanik çamur altındaydı. Pompei'de kurtarma ve yağma, hatta belki bir miktar yerleşim de devam etti, ama kentin tümüyle tekrar inşa edilmesi imkânsız gibi görünmüş olmalı. Harap kasabalar kısa süre sonra unutuldu gitti.

Kent Planı

İlk kent güneybatıda, düzensiz sokaklara sahip küçük bir alandı (**ŞEKİL 22.2**). Forum bu kesimde kalmaktadır. MÖ dördüncü yüzyılda kasaba artık, forumun kuzeyine doğru bir ızgara planla genişlemişti. Kuzeydeki bu alandaki kent blokları, Pompei'nin günümüze ulaşan en eski evlerinden bazılarını barındırır. MÖ üçüncü yüzyılda, yaklaşık 1200 x 720 metre boyutlarında, tarla ve bahçeleri çevreleyen bir kent suru yapılmıştı. MÖ 200 civarında doğuya doğru bir genişleme daha oldu. MÖ ikinci yüzyılda, son Samnit döneminde, kasabanın iki ana kuzey-güney ve doğu-batı sokağı vardı; tiyatro, hamamlar ve forumu çevreleyen revak gibi çok sayıda inşaat yapılmıştı. Sulla'nın gazilerinin gelişi yeni bir inşaat patlaması yarattı ve MÖ birinci yüzyılda amfitiyatro ve odeon [Lat. *odeum*; Yun. *odeion*] gibi binalar yapıldı.

Forum

Forum ve çevresindeki bölge, kentin en önemli kamusal yapı grubunu barındırır (**ŞEKİL 22.3**). Forumun kendisi uzun (142 metre) ve normalden daha dar

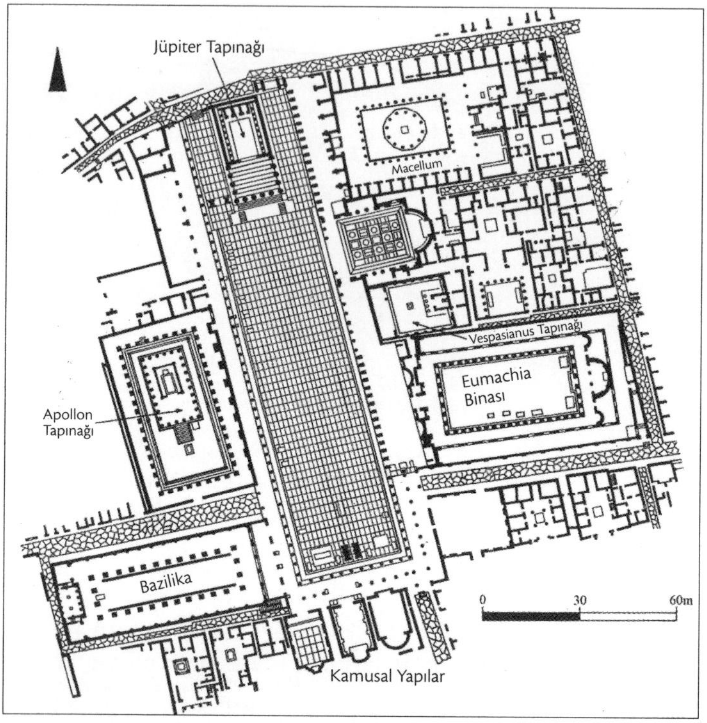

ŞEKİL 22.3 Pompei Forumu planı.

dikdörtgen bir alandır. Başta bu alan kolonadlarla çevriliydi, revaklar veya üstü kapalı yürüyüş yolları, arkalarında kalan binaları Cosa'da görmüş olduğumuz tipik Helenistik tarzda gizliyordu. Forumun kuzeyinde, kısa kenarında öne çıkacak şekilde yerleştirilmiş Jüpiter Tapınağı bulunurdu. Tapınak MÖ ikinci yüzyılda İtalyan tarzında, önde merdivenlerle yüksek bir podyum üzerinde, ama Korent sütunlarıyla inşa edilmişti. Pompei MÖ birinci yüzyılda Romalı olduğunda, tapınağın iç mekânı Iuno ve Minerva'nın Jüpiter'in yanında yerlerini alabilmeleri için uyarlanmıştı. Roma ilahi üçlüsünün yerlerini almasıyla, bu merkezi tapınak Roma'nın saygın Capitolium'unu çağrıştırır olmuştu, ki bu başkentle önemli bir bağlantıydı. Forumun biçimselliği ileri gelen yurttaşların heykellerinin sergilenmesi ve tekerlekli araçların yasaklanmasıyla daha da belirgin hale gelmişti.

Kolonadların arkasında çeşitli dini, kamusal ve ticari işlevlere hizmet eden binalar bulunuyordu. Capitolium'a ek olarak forumla bağlantılı en az iki tapınak daha vardı. Foruma paralel olarak, kendi kolonadlı bölgesinin içinde bir Apollon Tapınağı duruyordu. Tapınağın sütunları Korent tarzıyken, kolonadlarınki İon'du. Üzerleri yazılı Etrüsk vazolarından da anlaşıldığı kadarıyla, Apollon kültü MÖ altıncı yüzyıl gibi erken bir dönemde başlanmıştı, ama tapınak daha sonra MÖ ikinci yüzyılda inşa edilmişti.

Forumun karşı tarafındaki bir başka tapınak ise, tanrılaştırılmış imparator Vespasianus'u onurlandırıyordu. 62'deki depremden sonra Vespasianus onarım çalışmalarına katkıda bulunmuş ve forumun doğu yanındaki bu önemli yerle ödüllendirilmişti. İmparatorlara tanrı olarak tapılması alışıldık bir şeydi; ilah imparator kültü, dev imparatorluk içindeki kasabaları hem uzak başkente, hem de birbirine bağlıyordu.

Forumun güney ucu kamusal yapılarla doluydu. *Comitium*'a ek olarak; kentin baş *magistratus*'ları, *duoviri*; kentte asayişi sağlayan *aedile*'ler ve üyelerine *decuriones* adı verilen kent konseyi burada toplanırdı. Güneybatıda, foruma dik açıda duran *bazilika* bulunurdu. Yaklaşık MÖ 125'te yapılan ve orta kısmı asma pencerelere imkân tanıyan daha yüksek çatıya sahip geniş üstü kapalı bir hol (yaklaşık 60 x 26 metre), bu bazilika türünün herhangi bir yerdeki günümüze ulaşmış en eski örneğidir. Sütunları geç Cumhuriyet dönemi için sıra dışı bir tercih ile pişmiş tuğladan yapılmıştı, ama daha pahalı taşı taklit etmek için yalancı mermerle kaplanmıştı. Alt katta İon, üst katta Korent başlıkları kullanılmıştı. Bu binada mahkemeler ve iş faaliyetleri gibi çeşitli işlevler gerçekleştirilirdi.

Forumun doğu yanı boyunca uzanan diğer önemli binaların işlevi ticariydi. En büyükleri olan Eumachia Binası (MS 14–37), Pompeili yün işleyiciler için bir lonca merkeziydi. Varlıklı bir kadın olan Eumachia, yapıyı kendi ve oğlunun adına bağışlamıştı. Yurttaş olmayan kadınlar siyasal sürece doğrudan katılamıyordu, ama kamuya yönelik bağışları her zaman makbule geçerdi. En kuzeydoğuda ise et ve balık pazarları ile imparatorluk kültüne adanmış küçük bir tapınak içeren *macellum* kompleksi bulunuyordu.

Sokakta Yaşam

Forumu geride bırakarak kentin diğer kesimlerine yönelen ziyaretçinin izleyebileceği çok sayıda farklı yol vardı. En etkileyicilerinin bugünkü adı Via dell'Abbondanza'dır. Pek çok başka sokak gibi, bu da lav bloklarıyla döşelidir, kaldırımları ve bordür taşları ile kavşaklarda çamur veya lağıma basmadan karşıya geçilebilmesi için geniş basamak taşları vardır. Sık aralıklarla dükkânlar dizilidir. Bu dükkânların arasında içeceklerin kolayca sunulabilmesi için tezgaha gömülü büyük kil küpler bulunan *thermopolia* adı verilen şarap dükkânları veya büfeler de vardı. Sıcak şarap çok gözdeydi. Ayrıca, un öğütmek için değirmentaşı içeren bir değirmen ile ekmek pişirilen bir fırın göze çarpar. Sokak duvarlarındaki pek çok ilan arasında marangoz, siyasetçi ve gladyatör gösterileri hakkında olanlar da vardır. Yaygın şekilde fallus tasvirlerine rastlanıyor, ki bu sayede genelevlerin yerleri de belirlenmiştir. Her yerde grafitiler vardır.

Bir seçim sloganı veya esprili bir yergi şöyle der: "Lucius Popidus Sabinus'a oy verin; büyükannesi son seçiminde çok çaba harcadı ve sonuçlardan memnun." Seks ve aşk popüler konulardandır. Biri, "Fortunatus, seni küçük tatlı sevgilim, seni muhteşem âşık, bu seni bilen biri tarafından yazılmıştır!" derken, diğer bir örnek ise daha ciddidir: "Noete, hayatımın ışığı, elveda, elveda, sonsuza dek elveda!" (Grant 1971: 208, 210).

Tiyatrolar ve Amfitiyatro

Belli bir boyuttaki tüm Roma kentleri gibi, Pompei de kendi tiyatrolarına sahipti. Tiyatro bölgesi kentin güney kısmındaydı. Yunan tarzında, doğal bir yamaca at nalı biçiminde geniş bir tiyatro inşa edilmişti; MÖ üçüncü yüzyıl sonları veya ikinci yüzyılın ilk yarısı olarak belirlenen tarihi, bunu Roma'dan günümüze ulaşan tüm tiyatrolardan daha eski kılıyor. En son Augustus döneminde tekrar biçimlendirilmişti. Roma tarzına uygun olarak, sahne yapısı oturma kısmıyla birleşikti ve sahnenin kendisi de ön sırada oturan önemli seyircilerin zorlanmamaları için alçak yapılmıştı.

Büyük tiyatronun yanında, odeon adı verilen küçük, üstü çatıyla örtülü, 1.000–1.500 kişi kapasiteli bir tiyatro vardı. Yaklaşık MÖ 80–75 gibi, büyük tiyatrodan çok sonra inşa edilmişti. Konser ve resitaller için kullanılan, her zaman üstü kapalı küçük bir hol olan odeon, antik Yunanlılardan alınan büyük açık hava tiyatrosuna iyi bir tamamlayıcı ve Roma dünyasında popüler bir bina türü olacaktı.

Geniş tiyatronun ardında yağmur halinde seyircilerin sığınabileceği bir yer ve tiyatro için bir sahne arkası olarak düşünülmüş olan Dor düzeninde bir kolonadla çevrili geniş bir meydan vardı. Kentin yok olduğu dönemde bu revak, buluntulara göre gladyatör kışlası olarak hizmet veriyordu. Miğferler, zırhlar, silahlar ve gladyatörlerle alakalı başla ekipmanların yanı sıra gladyatör takımlarından bahsedilen grafitiler bulunmuştu. 1767–68 kazılarında, kolonadın doğu tarafında çocuklar da dahil en azından elli iki kişinin iskeleti ve çok miktarda mücevher bulunmuştu. Kuşkusuz, bu insanlar yakınlardaki Stabia Kapısı'ndan limana kaçmak için buraya toplanmıştı, ama kaçamadan yaşamlarını yitimişlerdi.

Romalıların seyretmekten keyif aldığı vahşi gösterilerde savaşanlara gladyatör adı verilirdi. Silahlı insanlar arasında ölümüne savaşların Etrüsklerin ve Campanialıların cenaze ritüellerine dayalı uzun bir geçmişi vardı. MÖ üçüncü ve ikinci yüzyıllarda, cenaze bağlamından ayrılmış bu tür savaşlar, genellikle zengin biri tarafından sponsorluğu yapılan ve kamusal kutlamaların standart parçası olan gösteriler haline gelmişti. Bu tür eğlencelerin popülerliği imparatorluk dönemi boyunca da azalmadan devam etti. Çoğunlukla savaş esirleri olan gladyatörler, iyi eğitilmiş ve iyi donanmış gerçek profesyoneller haline geliyorlardı, zira başarının ödülü çok büyük olabiliyordu. Dövüş türlerinin sayısı yaratıcı şekilde sürekli artıyordu. Gladyatörler uzak ülkelerden getirilmiş egzotik hayvanlarla veya ölüm cezasına çarptırılmış silahsız suçlularla karşılaşabiliyorlardı. Daha büyük ölçekte, göstermelik savaşlar, hatta arenanın suyla doldurulabileceği durumlarda deniz savaşları bile gerçekleştirilebiliyordu.

Bu gösteriler için geliştirilen yapının adı *amfitiyatro* idi. Bu sözcük "çifte tiyatro" anlamına gelir, ki gerçekten de Romalıların amfitiyatrosu tümüyle yuvarlak veya ovaldi. Kentin güneydoğu kesiminde, yaklaşık MÖ 80'de inşa edilen Pompei amfitiyatrosu, günümüze ulaşan en eski örneklerden biridir. Başta amfitiyatro yerine "*arena* ve *spectacula*" denirdi. *Arena* gösterinin gerçekleştiği alan veya kum, *spectacula* da seyircilerin oturduğu kısımdı. Pompei'nin tiyatrosu yer kazılarak yapılmış olması ve dolayısıyla zemininin toprak hizasından aşağıda olması, oturma yerlerinin ise kısmen toprak üzerine, kısmen topraktan yüksek şekilde yapılmış olması açısından sıra dışıdır. Amfitiyatrolardaki gösteriler normalde bedava olmakla beraber, oturma yerleri de toplumsal statüye göre düzenlenir, önemli insanlar en alttaki en iyi koltuklara otururken, orta sınıf ortalara, yoksullar ve bir ihtimal de kadınların çoğu en üst kısma otururdu.

20.000 oturma kapasitesine sahip amfitiyatroya, kent içinden ve çevresindeki bölgeden seyirci gelirdi. Gerçekten de, Romalı tarihçi Tacitus MS 59'da amfitiyatroda Pompeililer ile yakınlardaki Nuceria'dan gelen taraftarlar arasında patlak veren bir arbededen söz eder. Bu olay amfitiyatro ile kavga edenlerin gösterildiği Pompei'deki bir duvar resmiyle de doğrulanır. Bu kavgalarda ölümler olduğu için, Roma senatosu Pompei'ye on yıllık gösteri düzenleme yasağı getirmişti.

Hamamlar

Patlama zamanında, Pompei'de dört büyük halk hamamı kompleksi ile pek çok küçük hamam vardı. Halk hamamları Roma dünyasının önemli kurumlarındandı. Bazı zengin evler kendi yıkanma tesislerine sahipti, ancak halkın çoğu halk hamamlarına giderdi. Hamamlar yalnızca yıkanıp temizlenme yerleri değil, aynı zamanda insanların spor yaptığı, dinlendiği, yemek yediği, kültürel faaliyetlere katıldığı, arkadaşları ve iş ortaklarıyla buluştuğu yerlerdi. Genellikle öğlen açılır ve gün batımıyla kapanırlardı. Erkek ve kadınların ayrı bölgeleri veya küçük tesislerde ayrı saat veya günleri vardı. En görkemli hamam yapıları, imparatorluğun son dönemlerinde başkentteydi. Beklenebileceği gibi Pompei'deki örnekler daha mütevazıydı.

Roma hamam komplekslerinin kökenleri tartışmalıdır. Hamamların pek çok öğesinin adı Yunanca olduğu için, Romalılar Helenistik Yunanlılardan pek çok şey almış olabilir. Ama Baiae, Campania gibi bölgelerde doğal kaynar-

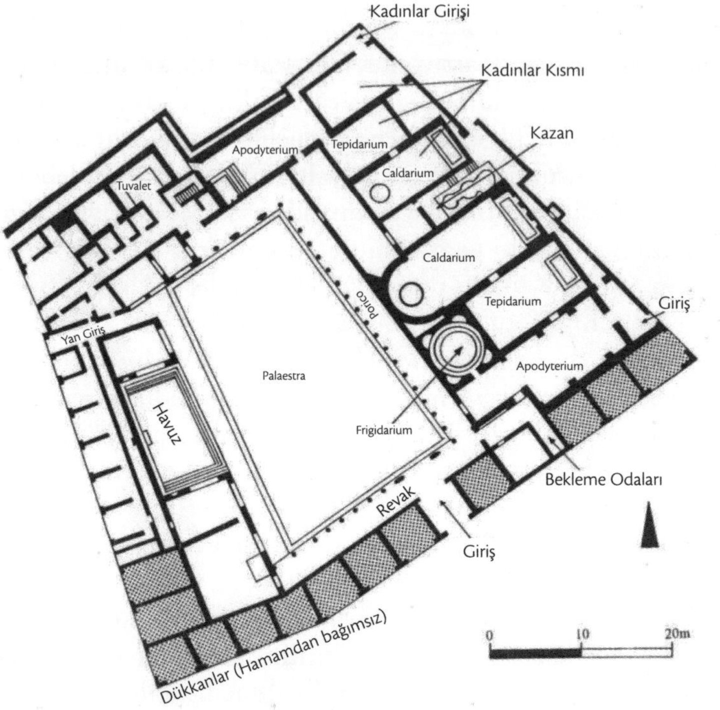

ŞEKİL 22.4 Pompei Stabia Hamamı planı.

calardan yararlanma gibi yöresel uygulamalar da geleneğe katkıda bulunmuş olmalıdır.

Pompei'nin en eskisi olan Stabia Hamamları, ilk olarak MÖ ikinci yüzyılda inşa edilmiş, MÖ 80'den sonra tekrar biçimlendirilmişti. Plan düzensizdir (**ŞEKİL 22.4**), ama tipik bir hamamı meydana getiren kilit odalara sahiptir. Sokaktan soyunma odasına (*apodyterium*) girilir, buradan bir ılık odaya geçilir (*tepidarium*), belki ufak bir ter odasına (*laconicum*) ve bir sıcak odaya (*caldarium*) geçilir, son olarak da soğuk bir havuza girilerek bitirilir (*frigidarium*). Stabia Hamamları'nda geniş bir üstü açık yüzme havuzu (*natatio*), spor yapılan bir avlu (*palaestra*), daha küçük odalar ve bir tuvalet de vardı.

Isıtma başta Yunan uygulamalarında olduğu gibi taşınabilir mangallarla sağlanırdı, ama zamanla ılık ve sıcak odalar zeminin altından ısıtılır oldu. Bu *hypocaustum* sisteminde, söz konusu odaların zeminleri, merkezi fırından gelen sıcak havanın serbestçe dolaşabileceği bir boşluk yaratmak için tuğla yığınları üzerinde yükseltilirdi. Bazı hamamlarda duvarlarda da sıcak havanın dolaşabileceği geçitler vardı. Bu ek ısıtma tarzı özellikle Germanya, Galya ve Britanya gibi imparatorluğun daha soğuk kuzey bölgelerinde popülerdi.

MS birinci yüzyılda Roma'da bir hamam tesisinin üstünde yaşayan Seneca, hamamların kalabalık, canlı, enerjik dünyası hakkında renkli ifadeler kullanmıştır. Zenginler yanlarında hizmetkârlarıyla, ihtişamlı girişler yapar; hamam personeli dolanarak banyo yağları, kek ve sucuk gibi gıdalar ve kıl yolma ile masaj gibi hizmetler sunarlardı; köleler de fırınları çalıştırır ve temizlik yaparlardı.

Roma hamam kültürü büyük miktarlarda su taşıyan sukemerlerine dayanıyordu; sukemerlerinin işler halde tutulması ise ekonomik ve siyasal istikrar gerektiriyordu. Ortaçağlardaki kesintilerle sistem çöktü. Batı Avrupa'da hamam kültürü dokuzuncu yüzyıla gelindiğinde son ermişti. Öte yandan, hamamlar siyasi açıdan daha istikrarlı olan doğuda, kesintiye uğramadan Bizans, Arap ve Osmanlı Türk kültürleri boyunca devam ederek günümüze dek gelmiştir.

Evler

Pompei ve Herculaneum'daki en önemli buluntular arasında çok sayıda iyi korunmuş özel ev başı çeker. Cumhuriyet ve erken İmparatorluk dönemlerinde farklı zamanlarda yapılmış olan evler, gelişen mimari ve dekoratif tarzları Roma dünyasında benzeri olmayan bir bütünlükle belgelerler.

Hali vakti yerinde olanlara ait geleneksel İtalyan tarzı evlerde, muhtemelen Etrüsklerden gelme bir *atrium* (çoğ. *atria*) bulunurdu. Pompei ve Herculaneum'da apartmanlar veya bahçelerle çevrili müstakil villalar yerine, başlıca kentsel ev türü *atrium*'lu evlerdir. Doğrudan sokağa kadar uzanırlar, çoğunun sokak cephesinde dükkânlar vardır ve yandaki evlerle duvarları bitişiktir. Yapım malzemesi moloz ve taş üzerine alçı sıvalı beton olup, iç yüzler genellikle süslenmiştir.

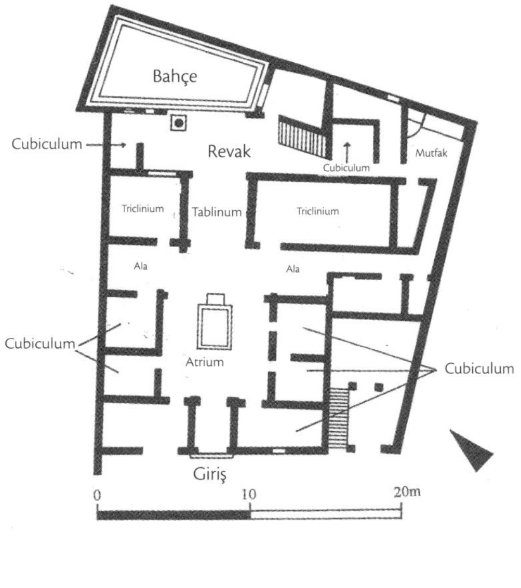

ŞEKİL 22.5 Cerrah Evi planı, Pompei.

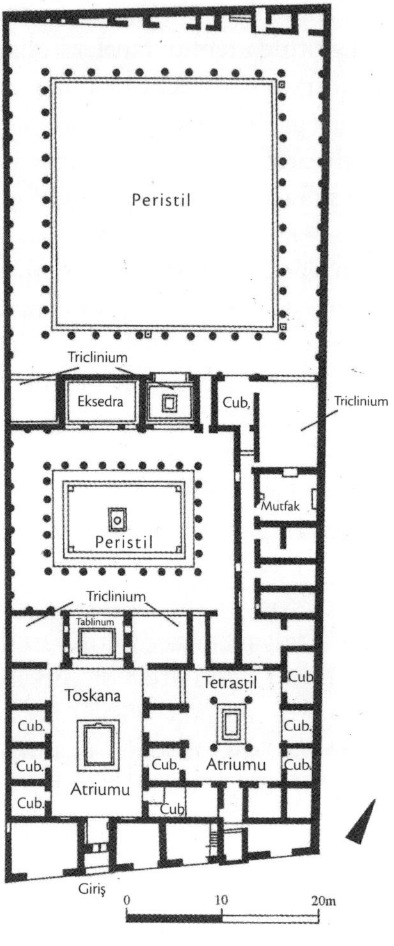

ŞEKİL 22.6 Faun Evi planı, Pompei.

Romalı mimar Vitruvius, beş tür *atrium*'lu ev tarif eder. İki tür daha yaygındır: Toskana (en popüler olanı) ve *tetrastil* [dört sütunlu]. Orijinal olarak MÖ dördüncü yüzyıla ait ve Pompei'de bize ulaşan en eski evlerden biri olan Cerrah Evi'nin ortasında bir Toskana *atrium*'u vardır (**ŞEKİL 22.5**). Sokaktan bir giriş holünden [*fauces*] geçilerek *atrium*'a girilir. Oda *compluvium* yoluyla göğe açılır; yağmur sığ bir havuza [*impluvium*] ve aşağıdaki su deposuna akar. Bu *atrium*'u Toskanalı kılan özelliği, havuzun çevresinde sütun bulunmamasıdır; tavan bunun yerine güçlü merteklerle desteklenir. *Compluvium*, önemli bir işlevi daha yerine getirir: Normalde yalnızca küçük yarık pencerelerden ve gerideki revaktan gelen ve yağ kandilleri ile yağdan mumlarla desteklenen ışığın içeri girmesini sağlar. Bu ana oda, daha ılık havalarda hoş, ama soğuk mevsimlerde son derece serin olmalı. O dönemlerde aile mangallarıyla daha küçük kapalı odalara çekilirdi.

Atrium'dan genellikle simetrik olarak dizilmiş daha küçük odalara geçilir. Mobilyalar genellikle basit ve taşınabilir olduklarından herhangi bir odanın işlevi kısa sürede değiştirilebilirdi. Ana işlevler şöyleydi: Yatak odası olarak kullanılabilen küçük odalar (*cubiculum*, çoğ. *cubicula*); ataların portre büstlerinin durduğu iki kanat (*alae*); arkada, en önemli odalar olan yemek odası (*triclinium*) ve ana kabul odası (*tablinum*). *Tablinum*'da, ev sahibi ile ailesi misafirleri resmi şekilde karşılarlardı. Zengin bir adamın öneri, para ve destek için eline bakan pek çok "müşterisi" olurdu ve onları burada kabul ederdi.

Cerrah Evi'nin arka tarafında, bir revak ve bahçe vardır. Sıra dışı yamuk biçimindeki bahçe mülkün tuhaf biçimini yansıtır. Aynı şekilde, mutfak da tuhaf biçimli bir köşededir; böyle evlerde mutfaklar küçüktü ve mümkün olan bir noktaya sıkıştırılırdı.

ŞEKİL 22.7 Vettiler Evi planı, Pompei.

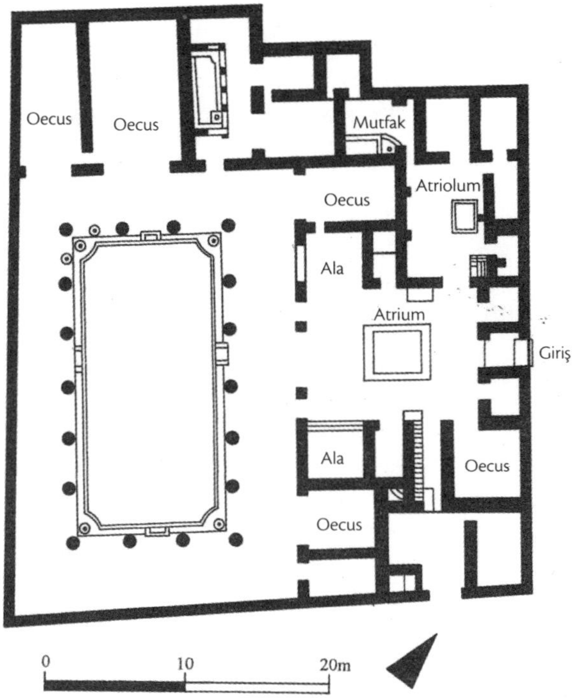

MÖ 185–175 civarında inşa edilen ama daha sonra değişiklik yapılan Faun Evi'nde Helenistik Yunan etkisi geleneksel İtalyan tarzıyla bir araya gelir (**ŞEKİL 22.6**). Pompei'deki en büyük ev olan ve bir kent bloğunu kaplayan Faun Evi üç kısımdan oluşuyordu: kamusal ve özel kesimler ile peristilli bahçeler. Kamusal kesim, Cerrah Evi'ndeki gibi konumlanmış olup sokaktan girilen Toskana *atrium*'uydu. Özel kesim ise, dört kolonun *impluvium*'u çevrelediği ve tavanı taşıdığı, Vitruvius'un bahsettiği ikinci tür olan, *tetrastyle atrium* merkezliydi.

Bu kamusal ve özel *atrium*'ların ardında, bir kolonadla çevrili bahçelerin bulunduğu peristiller yer alır. Kolonadlı avlular Yunan dünyasında popülerdi, ama bunlarda bahçe bulunmazdı. Örneğin, Delos'ta, Helenistik evlerin en iyilerinin ortalarında mozaikli zeminler bulunan kolonadlı avluları vardı. Ama Delos'ta hiç doğal su kaynağı yoktu ve yağmur suyunun depolanarak tasarruflu kullanılması gerekiyordu. Ne olursa olsun, Romalılar için bahçeler değerli ve keyif vericiydi. Bitki köklerinin bıraktığı boşlukların incelenmesi, araştırmacıların yetiştirilen bitki türlerini öğrenmesini ve bazı bahçeleri antikçağda olduğu şekilleriyle tekrar bitkilerle donatmasını sağlamıştır.

Faun Evi'ndeki peristil yaklaşık MÖ 125'te eklenmişti; MÖ birinci yüzyılda da ikinci, daha büyük bir peristil eklenmişti. Aralarında Yunanlılardan alınmış bir oda türü olan bir eksedra, yani ekoylum bulunur. Bu eksedranın zemini, ünlü "İskender Mozaiği"ni barındırır (bkz. **ŞEKİL 17.13**).

ŞEKİL 22.8 Vettiler Evi Atriumu, Pompei.

Sonradan zengin olmuş özgür köle ve şarap tüccarı olan Aulus Vettius Restitutus ve Aulus Vettius Conviva tarafından, geç dönemde yeniden biçimlendirilen ve modern dönemde restore edilen Vettiler Evi'nde farklı bir plan vardır. Evin planı sıkışık, ama karmaşıktır (**ŞEKİL 22.7**). Giriş, geniş ve derin bir *impluvium*'a sahip ana *atrium*a açılır (**ŞEKİL 22.8**). *Atrium*'da bir *tablinum* yoktur; onun yerine doğrudan peristil bahçeye geçilir. Geniş *atrium*'un bir yanında, içinde bir *lararium*, yani ev ve aileyi koruyan tanrılar olan Larlara (Lat. *lares*) adanmış bir mihrap bulunan küçük, aileye özel bir *atrium* vardır. Buradan mutfağa ve hizmetçilerin kaldığı bölüme geçilir. Evin Yunan tarzında yemek odaları olan *oecus*'ları (çoğ. *oecae*), peristile açılan geniş odalardır. Bu odalar, Pompei duvar resimlerinin dördüncü ve son tarzında karmaşık mimari sahnelerle bezelidir.

Duvar Resimleri ve Gizemler Villası

Vezüv'ün patlaması, Pompei ve civarında yüzlerce duvar resminin korunmasına yol açmıştır ve bunlar günümüze ulaşan Roma duvar resimlerinin önemli özü-

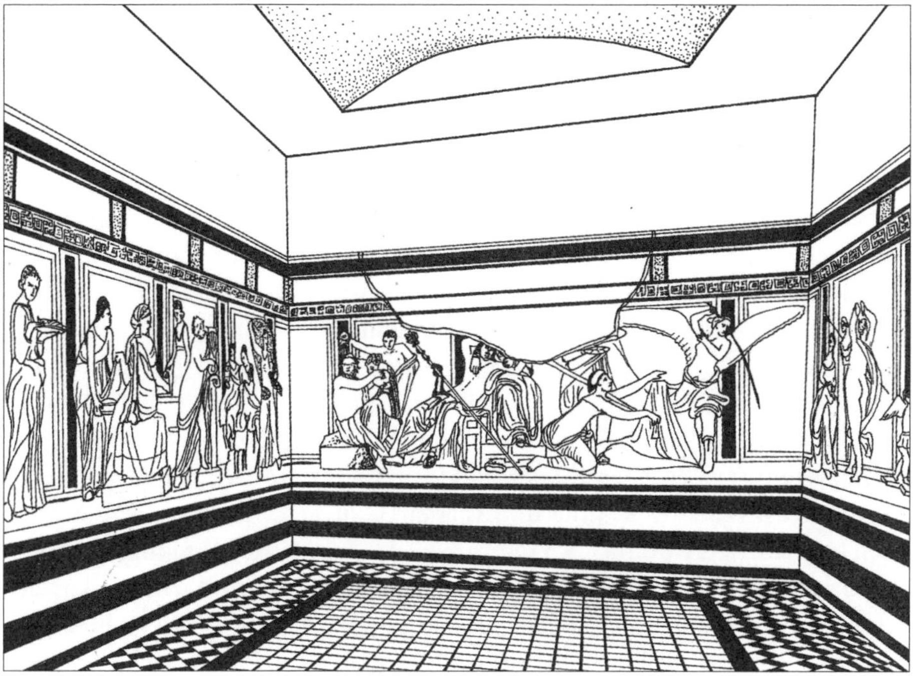

ŞEKİL 22.9 Gizemler Villası'ndan Gizemler adlı duvar resimleri, Pompei.

nü oluşturur. Doğal olarak, geç Cumhuriyet ve erken İmparatorluk dönemine aittirler; Roma resminin MS 79'dan sonraki öyküsü için başka yerlere bakmak gerekecektir.

Pompei ve civarındaki kasabalardaki duvar resimleri ve diğer çağdaş kentlerin (başta Roma olmak üzere) duvar resimleri 1882'de Alman biliminsanı August Mau tarafından dört grup halinde sınıflandırılmıştır. Türler hem kronolojik, hem de tarz olarak birbiriyle örtüşür, ama yine de duvar süsleme sanatına farklı yaklaşımları anlamak açısından yararlıdırlar. En azından ilk iki tarz Yunan Doğu'sunun, Delos (İlk Tarz) ve İskenderiye (İkinci Tarz) gibi yerlerin duvar resmi geleneklerinden doğmuştur.

Yalnızca iyi kesilmiş taş duvarlar resmedildiği için İlk Tarzı tanımak kolaydır. Figürler yoktur. Bu tarz erken, MÖ ikinci yüzyılın başlarından itibaren ortaya çıkar. Yaklaşık MÖ 90'dan itibaren görülen İkinci Tarz, mimariyi ve üç boyutlu derinlik yanılsamalarını getirir. Bu tarzın gelişimini tiyatrodaki manzaralar ve sahnelerin mimari arkaplanları etkilemiştir. Ama Pompei dışındaki Gizemler Villası'ndaki ünlü bir çeşitlemede, insan figürleri asgari bir mimari arkaplan önünde dramatik bir kült töreni gerkçekleştirmektedir.

Klasik arkeolojide kullanımıyla villalar, kırsal bölgedeki büyük müstakil evlerdi. Genelde büyük malikânelerin merkezi olan bu evler yaşama alanları ile çiftçilik faaliyetlerine adanmış odaları birleştirirdi. Gizemler Villası'nın 1909–10 ve 1929–30'daki İtalyan kazılarıyla ortaya çıkarılmış karmaşık bir yapım tarihçesi vardır. İnşaata yaklaşık MÖ 200'de bir *cryptoporticus* (sahte revak, sade kemerlerin bir yürüyüş yolunu kuşattığı yüksek bir platform) ve bunun üzerinde bir *atrium* ile başlamıştı. MÖ ikinci yüzyıl sonlarında yapılan eklemeler arasında ana peristil, küçük bir tetrastil *atrium* ve hamamlar vardı. MS birinci yüzyılda bir ara podyum üzerindeki terasta, yarım daire biçimli bir ekoylum inşa edilmişti. Artık odaların sayısı altmışın üzerindeydi. Pompei'nin son yıllarında, sanki villa sadece bir iş merkezi olmuşçasına tam ortaya tarımsal tesisler eklenmişti. Şarap presi, ana yatak odasında bir soğan yığını ve çiftçilik aletleri (budama kancaları, kazmalar, çekiçler, çapalar, ve kürekler) gibi buluntular bu villanın son yıllarındaki durumunun belirlenmesinde yardımcı olmuştur.

Binaya adını veren önemli Dionysos Gizemleri resimleri, villanın ortasındaki küçük bir odayı (7 x 5 metre) süslerler (ŞEKİL 22.9). Yaklaşık olarak MÖ 50'den kalmadırlar. Resimler 3,3 metre, figürler 1,5 metre yüksekliğe sahiptir. Sütunlarla bölünmüş koyu kırmızı panellerden oluşan İkinci Tarz bir arkaplan üzerinde, kimliği belirtilmemiş genç bir kadın, tanrı Dionysos'un Gizemleri'ne kabul ritüelinden geçmektedir. Sahneler, bir çizgi roman gibi sürekli bir anlatım içinde, en kaliteli Helenistik-Roma tarzında gerçekçi olarak resmedilmiş figürler halinde aktarılır. Öyküde gerçekler ile hayali olanlar bir araya gelmiştir. Genç kadın, *satyr*'ler, elinde kırbaç tutan kanatlı bir kadın ve Dionysos (Roma'da Bacchus) ile eşi Ariadne gibi bazıları doğrudan Yunan-Roma mitolojisinden gelen çeşitli figürlerle karşılaşır. Figürlerin hiçbirinin adı belirtilmemiştir ve bize ulaşan metinlerde de bu sahnelerden bahsedilmemektedir. Bu yüzden bu tasvirler ile bu kır villasındaki varlıkları açıklanmamış olarak kalacaktır.

Üçüncü Tarz "süsleme" tarzı duvar resimlerinde mimari geri plana atılır ve bunun yerine iki boyutlu çerçeveli alanlara ve kimi zaman duvarlara asılmış ayrı resimlermişçesine geniş alanlar içindeki ufak panellere vurgu yapılır. Çerçevelerin kendileri de gayet dekoratif olabilir. Bu tarz Roma'da Augustus döneminde ortaya çıkar ve Pompei'de 62'deki depreme kadar kullanılmıştır. Kentin son yıllarında Dördüncü Tarz ağırlıklı olmuştur. Bu tarz üç boyutlu mimarinin büyük resimleri ile karmaşık çerçeveler içinde yerleştirilen figürler gibi kullanımlarıyla önceki iki tarzın özelliklerini birleştirir. Vettiler Evi'nde bu tarz öne çıkar.

Ostia

Pompei'nin kalıntıları bize tarıma dayalı orta ölçekli bir Roma kentine benzersiz bir bakış sağlarken, Roma'nın limanı olan Ostia'nın, Tiber Irmağı'nın ağzındaki kalıntıları ticari öneme sahip bir kenti belgeler. Pompei gibi, Ostia'da

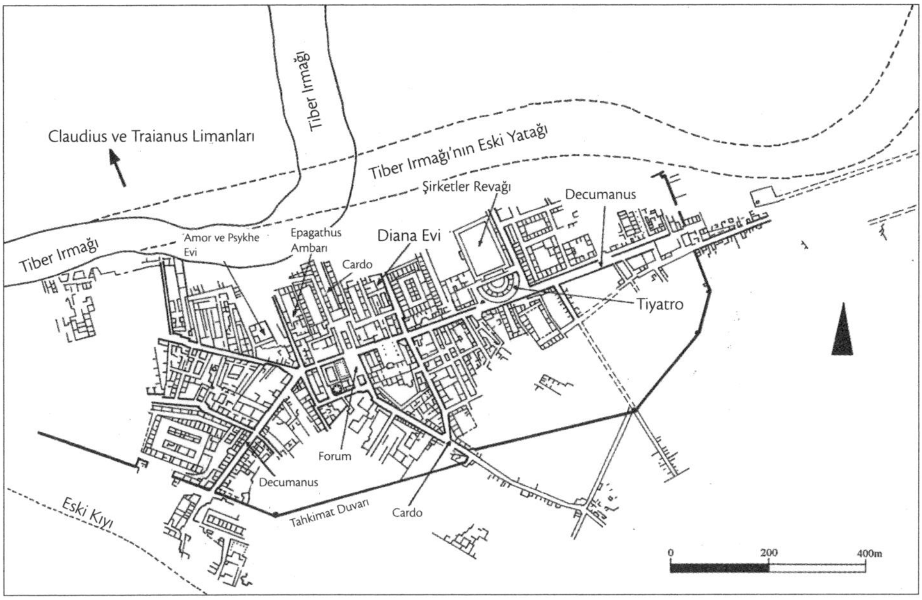

ŞEKİL 22.10 Ostia kent planı.

Roma kentçiliği hakkında Roma'nın kendisinden elde edilmeyen türde bilgiler sağlar. Roma'dan farklı olarak, Ostia antikçağdan sonra sönükleşmiştir. Bakımı yapılmayan limanlar bataklık ve sıtma kaynağı haline gelmiştir; yerleşim azalmıştır. Roma harabelerini kum tepeleri kaplayarak mükemmel bir koruyucu örtü meydana getirmişlerdir.

Ostia, yaklaşık MÖ 350'de Tiber Irmağı'na ve Roma'ya erişimi koruyan bir kale (*castrum*) olarak başlamıştır (Bölüm 20). Kalın duvarları 2 hektarın biraz üzerinde dikdörtgen biçimli bir alanı kuşatıyordu (**ŞEKİL 22.10**). Dik açıyla kesişen ve dört kent kapısına çıkan iki ana sokakla bu müstahkem yerleşim ızgara planın İtalya'daki ilk örneklerindendi. Pön Savaşları sırasında bir askeri liman olarak kullanılmıştı.

MÖ ikinci ve birinci yüzyıllarda Ostia ilk koloninin duvarlarını aşarak genişledi. Roma'nın büyük nüfusunu beslemek açısından ithal edilen gıda kaynakları yaşamsal önem taşırdı. Ostia limanı özellikle Sicilya'dan (geç Cumhuriyet) ve Mısır'dan (İmparatorluk dönemi) ithal edilen tahılların girişinde ana limandı; tahıl Ostia ve roma'daki geniş ambarlarda (*horrea*) depolanırdı. Kentin büyümesinin bir göstergesi olarak yaklaşık MÖ 80'de 64 hektarlık bir alanı kuşatan yeni duvarlar yapılmıştı. İki ana yol olan *cardo* (kuzey-güney) ve *decumanus*'un (doğu-batı) kesişimindeki bulunan eski *castrum* genişleyen kentin forumu oldu.

Ostia'nın ticari önemi imparatorlar Claudius ve Neron'un müdahaleleri sayesinde büyümeye devam etti. İmparatorluğun ilk dönemlerinde Tiber'in ağzı kentin gemi trafiği için fazla küçük kalmıştı. Dahası, ırmak ve liman silt dolup duruyordu. Bu yüzden, Tiber'in ağzının 3 km kuzeyinde, bir yapay liman, yaklaşık MS 42 gibi Claudius döneminde başlanarak ve Neron döneminde bitirilerek yapıldı. Genişliği yaklaşık 1000 metre idi ve bir denizfeneri vardı, ama rüzgârlardan yeterince korunaklı değildi. Bir kanal limanı Tiber'e bağlıyordu; Antik limanın bulunduğu yere yapılan modern Roma'nın havaalanı Fiumicino adını bu eski kanaldan alır. Traianus döneminde, yaklaşık MS 112'de, Claudius'un limanının yanına altıgen biçimli bir liman daha eklenmişti. Bu limanların yakınında bir kentsel merkez oluştu. Zamanla, geç imparatorluk döneminde, artık duvarla kuşatılmış bu yeni yerleşime Portus adıyla Ostia'dan bağımsız bir kent statüsü tanındı. Ama ikinci yüzyıl boyunca liman bölgesi, Ostia'nın denetiminde kalarak Ostia'nın artan refahı ve büyüyen nüfusunun ardındaki itici güç oldu: Bir tahmine göre 50.000–60.000 (Meiggs 1973), ama başka bir tahmine göre ise yalnızca 22.000 (Storey 1997).

Ticari Yapılar

Ostia ticari kompleksler, ambarlar ve dükkânlar hakkında bolca kanıt sunmuştur. Küçük tiyatronun arkasında yer alan Şirketler Revağı (Piazzale delle Corporazioni) Ostia'daki iş merkezlerinin en tipik örneğidir. Revak ve tiyatro Augustus döneminde yapılmış, ama MS ikinci yüzyıl sonları veya üçüncü yüzyıl başlarında tekrar biçimlendirilmişti. İş kompleksi yaklaşık 125 x 80 metre boyutlarında bir çifte kolonadlı revakla çevrili dikdörtgen bir alandan meydana geliyordu; ortada içinde bir ihtimal Mercurius'a adanmış küçük bir tapınak bulunan bir bahçe vardı. Revağın ardında altmış bir adet küçük oda Akdeniz'de gemicilik yapan şirketlerin şubeleri olarak hizmet veriyordu. Ofislerin çoğu uzmanlık alanlarını kapılarının önündeki mozaik kaldırımda duyuruyordu. Örneğin, bir fil resmi ile *Stat(io) Sabratensium* ifadesi, Tripolitania'da (bugünkü Libya) Sabratha'dan fildişi ticareti yapan, hatta belki Colosseum için Afrika fillerinin taşınmasını ayarlamış olabilecek tüccarları gösteriyordu. Ostia'da rastlanan çok çeşitli dini kült gibi bu iş revağı da kentin kozmopolit niteliğini çok güzel örnekler.

Ostia'daki ambarlar arasında, Epagathus ve Epaphroditus adında iki azat edilmiş köle tarafından, Antonius Pius (138–161) döneminde yaptırılan Horrea Epagathiana et Epaphroditiana [Epagathus ve Epaphroditus Ambarı] da vardı. Yapım malzemesi tuğlaydı. Gerçekten de, Ostia'da beton iç üzerine taş kaplama (Pompei'deki gibi) yerine, normal sıralar halinde tuğla tercih ediliyordu. Ambarların dış cephesi sokağa açılan dükkânları barındırıyordu. Ostia'da 800'den fazla dükkânın (*tabernae*) varlığı bilinmektedir. Normalde tek bir yüksek, derin, beşik tonozlu ve çoğunlukla depolama veya uyumak için bir

ŞEKİL 22.11 Apartman rekonstrüksiyonu, Ostia.

asma kata sahip tek bir odadan oluşurlardı. Kapının üzerindeki tek bir pencere, ön kapı kanatları açık olduğunda ışık girmesini sağlardı.

İki yanında tuğla sütunlar ve alınlıklar bulunan görkemli bir giriş, sokaktan ambarın iç avlusuna geçişi gösteriyordu. Demir sürgüleri olan bir çifte kapı güvenliği sağlıyordu. İç avlu mozaik döşeliydi ve kemerli revaklarla çevriliydi. Binanın zemin katında on altı oda vardı. Ayrı girişleri olan merdivenler üst katlara, ofislere ve bir ihtimal maliklerin dairelerine çıkıyordu.

Bazı ambarlarda ticareti yapılan ürünlerin izleri kalmıştı. Forumun kuzeydoğusundaki bir örnekte, toprağa gömülü olarak 100 *dolia* (dev seramik kazanlar) bulunmuştu, ki bu 84.000 litreden fazla yağ veya şarap alacak bir kapasite demekti.

Meskûn Yapılar: Adalar

İnsula (çoğ. *insulae*) sözcüğü bire bir "ada" demek olup, bir kent bloğuna ve aynı zamanda Roma İmparatorluğu'nda kentsel yerleşimin yaşamsal bir öğesi olan çokkatlı bir apartmana verilen addı. Nüfusun artmasıyla, kent sakinleri sıklıkla bu tür evlere yöneliyordu. Roma'nın kendisinde, nüfusun neredeyse yüzde 90'ı bu tür binalarda yaşardı. Ama başkentteki eski apartmanlar günümüze çok iyi durumda ulaşmamıştır; Ostia'dakilerin durumu çok daha iyidir.

Beton *insula*'ların yaygın şekilde yapımı, kısmen MS 64'te, Neron'un saltanatı sırasında Roma'da yaşanan Büyük Yangın'a bağlanabilir. Sıradan evler ahşap ve kerpiç gibi ucuz, ama aynı zamanda son derece kolay alev alan maddelerden yapılmıştı. Yangından sonra, tekrar yapım çalışmaları düzenlemeye bağlanmıştı. Ateşe dayanıklı malzemelere ağırlık verilmişti; ahşap kullanımı azaldı. Sokak genişlikleri belirlenmişti. Yapıların yüksekliği azami dört veya beş kat, Neron döneminde yaklaşık 24 metre, Traianus'ta yaklaşık 20 metre ile kısıtlanmıştı. Yeni imar kurallarına uygun apartmanlar boy atmaya başladı. Ne var ki, pek çok kentte olduğu gibi muhtemelen burada da kuralara her zaman uyulmuyordu, mimari kalite ve bakım durumu kötü olabiliyordu, arka sokaklar karanlık, gürültülü ve pisti.

Görünüşte *insula*'lar ambarları andırıyorlardı (**ŞEKİL 22.11**). Geniş, cepheleri üzeri normalde sıvanmamış tuğla kaplı, güçlü beton duvarları vardı. Dış cephede dükkânlar da olabiliyordu. Binaya ve bireysel dairelere erişimin çoklu girişle sağlanması, yangın durumunda yararlıydı. Dış cephedeki pencerelerin yanı sıra, mevcut olması durumunda orta avlular da hava ve ışık sağlıyordu.

Tipik bir apartman nispeten genişti. Küçük odaların açıldığı geniş bir koridor planda merkezi konuma sahipti. Koridorun iki ucunda, daha geniş misafir ve yemek odaları bulunurdu. Çoğunlukla yerler geometrik desenlere sahip mozaiklerle kaplıydı; daha yoksul evlerde, tuğla zemindeki desenlerle yetiniliyordu. Duvarlar basitçe boyanırdı. Mutfak olabiliyordu, ama baca yoktu. Tuvaletler bir lüks durumundaydı; normalde zemin kattaki umumi tuvaletler kullanılırdı. Zemin kattaki tesisler, çeşmeler ve avluda bir ekmek fırını içerebiliyordu. Bu imkânlara kolay erişim neden zemin kattaki dairelerin daha pahalı ve daha arzulanır olduğunu açıklayabilir. Ostia *insula*'larına iyi bir örnek yaklaşık MS 130–140 arasında yapılan ve orada bulunan tanrıça Diana'yı gösteren bir terakota rölyef levhadan adını alan Diana Evi'ydi.

Geç imparatorluk döneminde, Ostia'nın nüfusu MS üçüncü yüzyıldan başlayarak azaldıkça, Pompei'de gördüğümüz lüks müstakil evler tekrar belirmeye başladı. Ticaretteki genel gerilemeye rağmen, anlaşıldığı kadarıyla Ostia zengin Romalıların mesire yeri olarak hâlâ değerliydi. MS dördüncü yüzyıla ait Amor ve Psykhe Evi bu eğilimin bir örneğidir. Pompei evlerinden farklı olarak, bu evin lükslüğü, duvar resimleri yerine zemin ve duvarlardaki çok renkli mermer süslemelerle sergilenmiştir. Bu gelecek yüzyıllarda büyük kamusal yapılar ve kiliselerin yanı sıra hali vakti yerinde olanların evlerinin tipik bir özelliği olacaktı.

BÖLÜM 23

Neron'dan Hadrianus'a Roma

İmparatorların Hamiliği ve Mimari Devrim

MS birinci ile üçüncü yüzyılın başları arasındaki imparatorlar

➤ Julius-Claudiuslar (MS 14–69)	
Tiberius	saltanatı 14–37
Gaius (Caligula)	37–41
Claudius	41–54
Neron	54–68
➤ Üç kısa saltanat 68–69	
Galba, Otho, Vitellius	
➤ Flaviuslar (69–96)	
Vespasianus	69–79
Titus	79–81
Domitianus	81–96
➤ Yüksek İmparatorluk (96–193)	
Nerva	96–98
Traianus	98–117
Hadrianus	117–138
Antoninus Pius	138–161
Marcus Aurelius	161–180
Commodus	180–192
Pertinax	192–193
➤ Severuslar (193–235)	
Septimius Severus	193–211
Caracalla	211–217
Elagabalus	218–222
Severus Alexander	222–235

Başkent Roma MS dördüncü yüzyıl ortalarına kadar imparatorluğun çekirdeği olmayı sürdürdü. Roma'nın gelişimini, doğuşundan Augustus dönemine kadar izledik, Etrüsk ve Yunan sanat ve mimari biçimlerinin özümsenmesi ve kamusal yaşamın değişen ihtiyaçları doğrultusunda görünümde meydana gelen çok sayıdaki değişimleri gördük. Bu bölüm ve Bölüm 25'te kenti imparatorluk yüzyılları süresince gözlemleyeceğiz.

Tarihsel Giriş: İmparatorluk

Augustus'un ölümünü izleyen iki yüzyıl Roma İmparatorluğu'nun büyük refah ve güce sahip olduğu bir dönemdi (**ŞEKİL 23.1**). Augustus'un Mısır'ı alarak (MÖ 30) ve İspanya ile Ren'in batısındaki ve Tuna'nın güneyindeki Avrupa'nın nihai fethiyle sağlamlaştırdığı, Britanya (MS 43) ve Dacia'nın (aşağı yukarı bugünkü Romanya) (MS 101–106) fetihleriyle daha da genişleyen bu dev topraklar dış ve iç tehlikelere karşı başarıyla savunuldu. Bu *Pax Romana* (Roma Barışı) döneminde, tarım, endüstri ve ticaret gelişerek etnik, dini ve dilsel açıdan birbirinden çok farklı çok büyük bir nüfusa istikrarlı ve müreffeh bir yaşam sağladı.

Bu çok çeşitli nüfus yurttaşlar, yurttaş olmayan özgür insanlar ve köleler gibi ayrı gruplardan önemli toplumsal farklılıklar barındırıyordu. Yurttaşlık başlarda kısıtlı olmakla beraber, üçüncü yüzyılda tüm özgür insanlara bahşedilecekti. Her zaman sayıca çok olan köleler ucuz emek sağlıyordu. Toplumsal sınırlara rağmen, birinci ve ikinci yüzyıllar boyunca statü değiştirmek, bir kölenin özgür olması, özgür ama yurttaş olmayan birinin yurttaş olması mümkündü. İmparatorluğun son dönemlerinde, yurttaşlar arasında bile sosyoekonomik sınıf ayrımları katılaşacak, toplumsal hareketlilik zorlaşacaktı.

Dev imparatorlukta ordu istikrar, barış ve refahın sağlanmasında önemli bir etmendi. İyi örgütlenmiş ve eğitilmiş ordu başlarda ödevlerini yerine getiren yurttaşlardan oluşuyorken, zamanla profesyonel askerlerden kurulu hale geldi. MS ilk iki yüzyılda, ordu esas olarak imparatorluğun merkezi yerine 10.000 km'lik sınır hattı boyunca konumlandırılmıştı. Asla sayıca çok fazla olmayan, en fazla 400.000 adama sahip ordu dışarıdan gelen saldırılar eş zamanlı olmadığı sürece sınırı koruyabiliyordu; birlikler ihtiyaca göre kriz bölgelerine sevk ediliyordu. Roma'nın gücüyle boy ölçüşebilecek tek bir komşusu vardı: İran ve Mezopotamya'da MÖ 210'dan MS 225'e kadar hüküm süren Partlar. Daha sonraki yüzyıllarda saldırılar sınır boyunca farklı noktalardan aynı anda gelecek ve Roma'nın savunmasını zorlayacaktı.

Ordu, Roma kurumlarının eyaletlere yayılmasına da yardımcı oldu. Gördüğümüz gibi, ordu kampı, *castrum*, çoğunlukla tüccarların ve diğer hizmet sunanların yakınlara yerleşmesiyle bir kente dönüşüyordu. Çiftçiler kendi ihtiyaçlarının yanı sıra ordu ve kasabalara da gıda sağlayabilmek için çalışıyordu. Ayrıca, ordudan emekli olan gaziler için, yeni kentler (*coloniae*) yaratılıyor, yerleşimin planlanmasında kamp düzeninin ilkelerine (dik açıyla kesişen *cardo* ve *decumanus* adıyla iki ana sokak, kavşakta bir forum) uyuluyordu. Gündelik işleri yerel yönetim idare etse bile, olmazsa olmaz tapınaklar ve Roma devlet

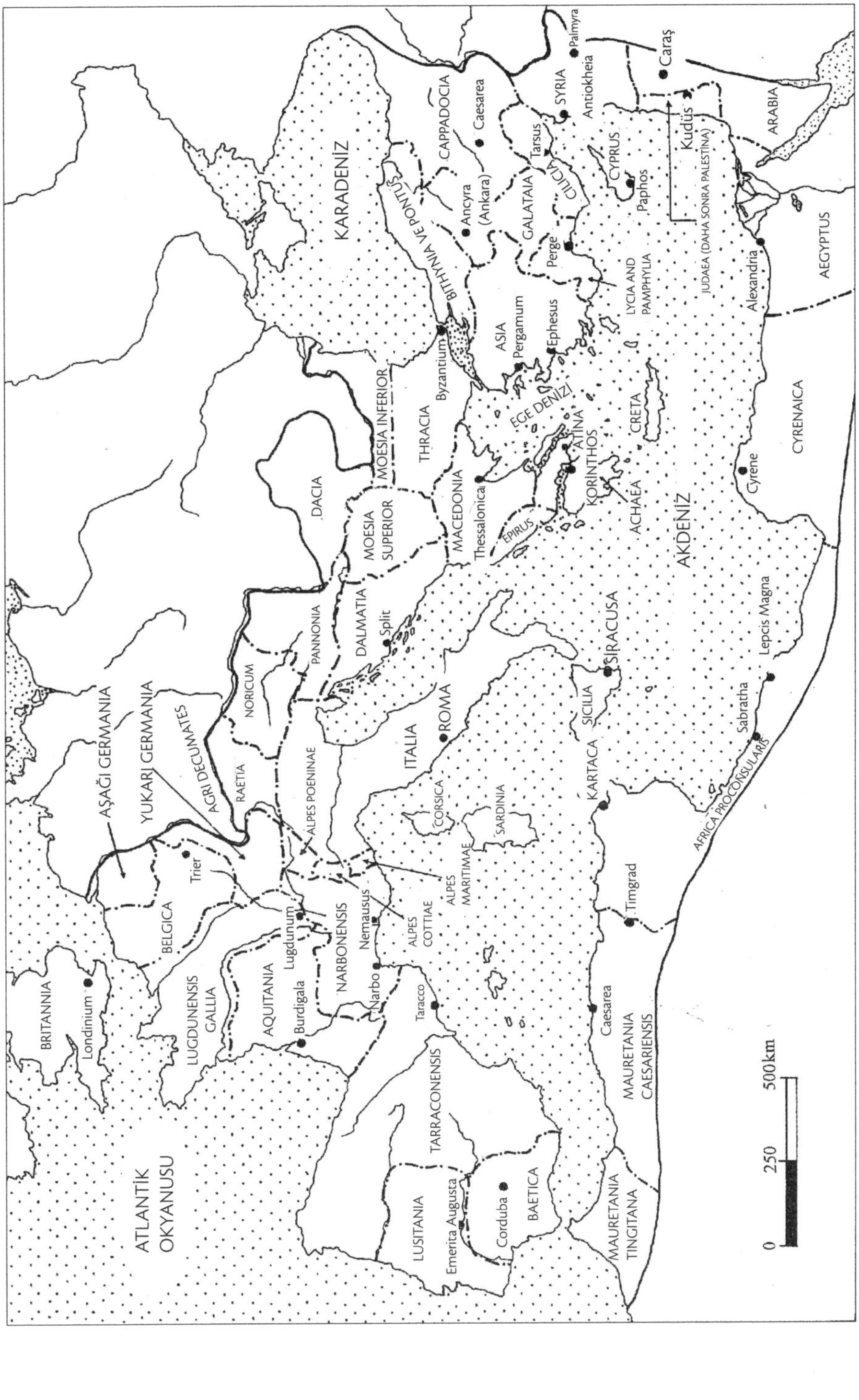

ŞEKİL 23.1 Hadrianus döneminde Roma İmparatorluğu: Eyaletler, bazı eyalet başkentleri ve diğer önemli kentler.

kurumları baş köşelere yerleşiyordu. Bunlar Jüpiter, Iuno ve Minerva'nın tapınağı; tanrı imparator kültüne adanmış bir tapınak; forum ile kamusal yapılardı. Roma'nın toplumsal ve ekonomik birliğini sağlayan diğer etmenler arasında, Cumhuriyet'te geliştirilen hukuk sistemi; altın, gümüş ve tunç sikkeler ile gündelik alışverişler için küçük birime sahip istikrarlı bir parasal sistem ve bakımlı bir iletişim şebekesi vardı. Kır ve kent, uzak eyaletler ve İtalya, Latince konuşanlar ve diğerlerince paylaşılan bu öğeler, herkesçe Roma İmparatorluğu adı verilen bu çok büyük topluluğa üyelik sembolleri olarak kabul ediliyordu.

Roma: İmparatorluk Başkenti

Cumhuriyet Roma'sı ile başlıca fark, imparatorların yönetimi ve hamiliğidir. İlk imparator veya kendine uygun gördüğü unvan ile *princeps* Augustus, iktidarının Cumhuriyet'ten yeni bir şeye bir geçişin başlangıcı olduğunun farkındaydı. İstikrarı sağlamak için, eskiyle devamlılığa vurgu yapıyordu. Örneğin, şahsi gösterişten kaçınması, eski Cumhuriyet ideallerine saygı göstermenin bir yoluydu. Ardılları zamanla Augustus'un göze batmama çabasını terk ederek, onun yerine Helenistik dünyada popüler olan türde krallığın zengin debdebesini benimsediler. Bu değişen krallık kavramı, imparatorlarca yaptırılan görkemli saraylar, tapınaklar, anıtlar ve kamusal yapılarla Roma'nın görünümüne de yansıdı (**ŞEKİL 23.2**). Bu mimaride, beton kullanımıyla mümkün kılınan, Yunan mimarisinin tutuculuğunca korunan geleneksel kolon-kiriş sisteminden kopuşla kendini gösteren biçimsel bir devrim gizliydi. Kilit değişimler kısa bir süre içinde, Neron'dan Hadrianus dönemine kadar geçen zamanda gerçekleşti. Etkileriyse bundan sonra Avrupa ve Akdeniz mimarisinde yaşamaya devam edecekti.

Saraylar

Roma'nın nüfusu MS birinci yüzyıla gelindiğinde yarım milyonun üzerine, hatta belki bir milyon gibi, bir antikçağ kenti için çok büyük, ama böyle dev bir devletin başkentine yakışır bir düzeye çıkmıştı. İnsanların çoğu sefalet içinde, geceleri ışıksız kalan, dar sokaklar boyunca inşa edilmiş derme çatma çokkatlı apartmanlarda kalıyordu. Çöken yapılar ve en ünlüsü 64'te Neron döneminde yaşanan yangınlarla felaketler sıklıkla yaşanıyordu. Hizmetkârları tarafından işleri görülen ve korunan zenginler böyle sorunlara maruz kalmıyor ve bu büyük kentin sunduğu zevklerden keyif alabiliyorlardı. Bu lüks evlerin çoğu yok olmuştur, ama bunları Pompei'de incelediklerimizin daha görkemli versiyonları olarak düşünebiliriz. Buna karşın, imparatorların ikametgâhları bir dereceye kadar bize ulaşmıştır. Augustus sonrası yüzyıllardaki kraliyet beklentileri hakkında üç saraydan bir fikir edinebiliriz: Neron'un Domus Aurea'sı

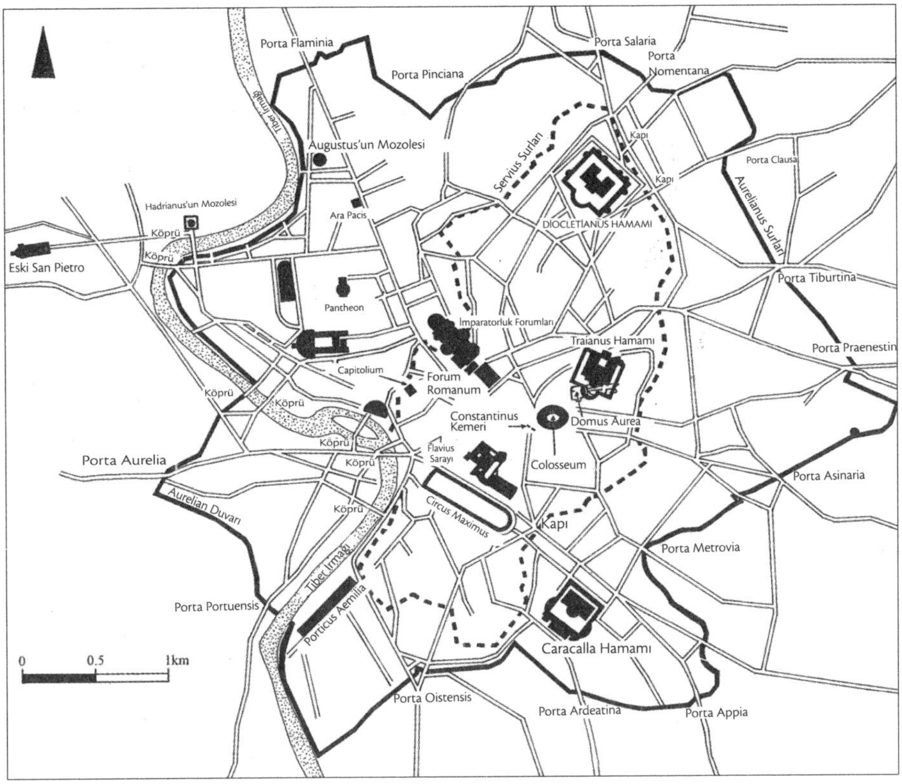

ŞEKİL 23.2 Roma imparatorluk dönemi kent planı.

(Altın Ev); Palatium Tepesi'ndeki Flavius Sarayı ve Hadrianus'un Roma dışında Tivoli'deki Villası. Bunlar tümü de Augustus'un evinden daha ihtişamlıydı. Ayrıca, üçü de bu dönemi ayrı kılan mimari yeniliklere sahipti.

Domus Aurea

Neron 54 yılında, 17 yaşında imparator oldu ve kısa sürede kaprisli ve acımasız olarak nam saldı. İhtişama da meraklıydı ve bu, ifadesini en iyi şekilde iddialı yeni saray projesinde buluyordu. Tiberius'un Palatium Tepesi'ndeki Domus Tiberiana'sıyla tatmin olmayan Neron, Palatium'dan başlayarak alçak arazi boyunca kuzeydeki Esquilinus Tepesi'ne kadar uzanan Domus Transitoria adında yeni bir konuta başladı. Bu saray 64 yılında, Circus Maximus'ta başlayan ve kuzeye doğru yayılarak korkunç sonuçlara yol açan büyük yangında yok oldu. Kent merkezinin yarısı, on dört idari bölgeden üçü tamamen yanmış, ayrıca yedi bölge de hasar görmüştü. Neron hemen mimar Severus ve mühendis Celer'in yardımıyla yenisini yapmaya koyuldu. Yeni topraklara el konması sayesinde, *Domus Aurea,* Altın Ev olarak bilinen yeni saray kentin merkezinde öncülünden de büyük, yaklaşık 50 hektarlık bir alan kaplıyordu. Parklar, göller ve yapıların

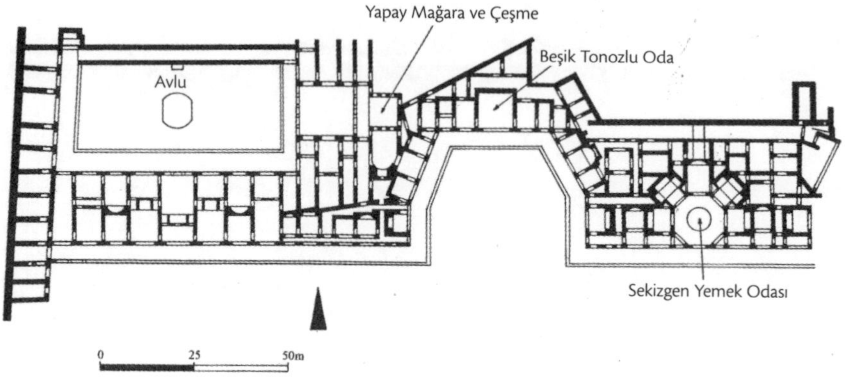

ŞEKİL 23.3 Domus Aurea planı, Roma.

bir bileşimi olan Domus Aurea, kentsel ortama yerleştirilmiş bir kır villasıydı. Geniş girişinde, Neron'un heykeltıraş Zenodorus tarafından yapılan dev bir tunç heykeli duruyordu. Birinci yüzyıl yazarı Suetonius'a göre heykelin boyu 120 Roma adımıydı (35,48 metre).

Sarayın ardında kalan alçak arazide (daha sonra Colosseum olacak yerde) yapay bir göl oluşturulmuştu. Esas sarayın yaşama kısmı, Esquilinus Tepesi'nin güney yamacındaydı (**ŞEKİL 23.3**). Göl, bahçeler ve ikametgâhtan oluşan bütün kompleks, muhtemelen anısını lanetlemek adına (*damnatio memoriae*) Neron'un ölümünden sonra yıkılarak üzerine yeniden inşaat yapılmıştı. Ancak, Suetonius ve Plinius'un tasvirleri ile modern dönemde keşfedilen mimari ve duvar resmi kalıntıları yapının müsrifliğini ortaya koyar. Orijinal ve etkili bir mimari tasarım örneği olan merkezi yemek odası özellikle önemliydi (**ŞEKİL 23.4** ve

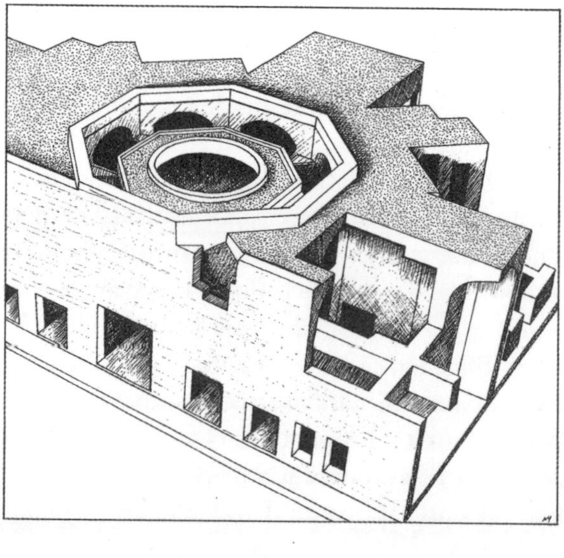

ŞEKİL 23.4 Domus Aurea'da Sekizgen Yemek Odası'nın dışarıdan görünümü (rekonstrüksiyon), Roma.

ŞEKİL 23.5 Domus Aurea'da Sekizgen Yemek Odası, Roma.

23.5). Sekizgen plana sahip odada girintili nişlerle dönüşümlü düz duvarlardan oluşan karmaşık ama muntazam bir düzenleme söz konusuydu. En sıra dışı olarak da, odanın üzerinde, gökleri temsil eden dönen bir tavan (bir tür tente belki?) ve onun üzerinde de bir kubbe vardı. Tavan uzun zaman önce yok olmuştur, ama kubbe günümüze ulaşmıştır: Kubbe parçalıydı, yani sürekli bir yarımküre yerine betondan yapılmış sekiz eğri panelden oluşuyordu. Yuvarlak veya sekizgen mekânlar, bu zamana dek geleneksel Çin şapkasını andırır düz kenarlı konik çatılarla örtülüyordu. Alçaldıkça dışarı doğru kıvrılan kubbe, çatı yapımında yeni bir anlayışı temsil ediyordu. Kısa süre sonra Pantheon'da göreceğimiz küresel kubbe, kemer biçiminin tam daire döndürülmüş halinden ibarettir. Romalılar zaten kemeri mimarilerinin önde gelen parçalarından biri yaptıklarına göre, kubbeyi geliştirmiş olmaları da bizi şaşırtmamalı. Domus Aurae aynı zamanda, doğrusal hatlı kolon ve kiriş yapı ve dış görünüşün baskın olduğu Yunan mimari tasarımının antitezi biçiminde, Romalıların eğrisel hatlı biçimlere ve iç mekâna karşı ilgisini de yansıtıyor.

Flavius Sarayı (Domus Augustiana)

Augustus'un oturduğu Livia Evi'nin ve Romulus'a atfedilen dal örgü kulübenin bulunduğu Palatium Tepesi, imparatorluk yüzyılları boyunca kraliyet konutunun yeri olmaya devam etti. Öyle ki, tepenin adı çoğunlukla bu konutu ifade eder oldu: Palatium. İngilizcede "saray" anlamına gelen *palace* sözcüğü de buradan gelir.

Augustus'un ardılı Tiberius, mütevazı Livia Evi'nin yerine tepenin kuzey yanında Forum Romanum'a tepeden bakan daha büyük bir konut yaptırdı. Bu, Domus Tiberiana birinci yüzyıl sonlarında Flavius hanedanı imparatorlarından

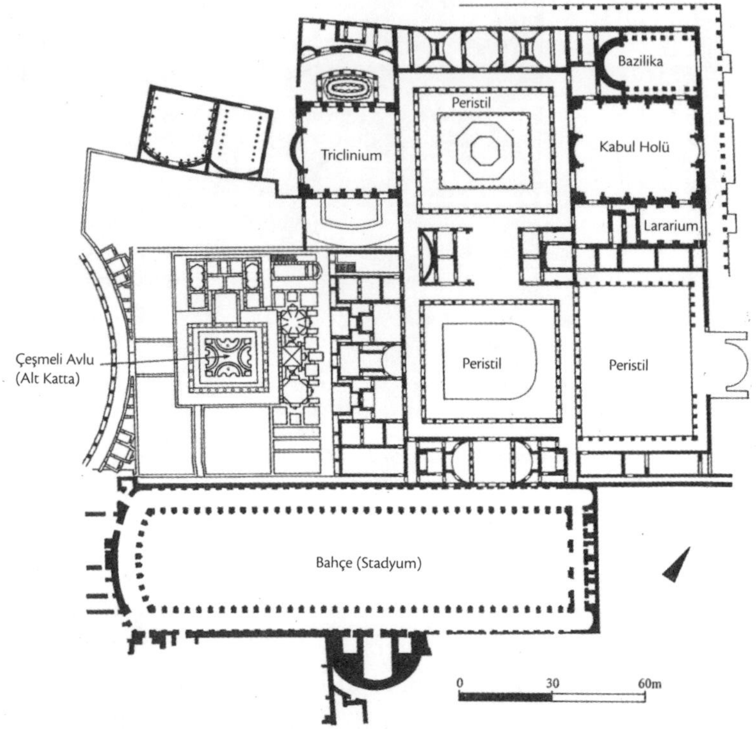

ŞEKİL 23.6 Flavius Sarayı (Domus Augustiana) planı, Roma.

Domitianus tarafından tadil edildi ve buna ek olarak tepenin güney yanında Domus Augustiana adında, çok daha büyük, çokkatlı, etkileyici manzaralar ve mimari süprizlerle dolu, mimar Rabirius'un tasarladığı bir saray yapıldı.

Flavius Sarayı adını verebileceğimiz bu yeni yapı, biri kamusal veya resmi diğeri özel iki kısımdan meydana geliyordu (**ŞEKİL 23.6**). Resmi kısma giriş kuzeydeki mütevazı ve tam ortada durmayan bir girişten, sade ama geniş tonozlu bir odadan yapılıyordu. Buradan kuzey kanadındaki üç görkemli odaya geçiliyordu. Güney ucunda bir apsis bulunan dikdörtgen bir hol olan *bazilika*'nın tepesi dönemine göre sıra dışı şekilde, bir beşik tonozla örtülüydü. Orta oda kraliyet kabul odası olarak kullanılıyor, imparatorluk tahtı güneydeki apsise yerleştiriliyordu. Bu üç odanın en küçüğü hane tanrılarının tapınağı olan *lararium*'du. Bu bloğun güneyinde, iki yanında eğri hatlı küçük odalar dizili bir peristil avlu vardı; avlunun ötesinde büyük resmi şölen holü *triclinium* bulunurdu. Bu odanın uzun kenarlarından oval çeşmeli bahçelere kapılar açılırdı.

Peristil avludan, bunun yanındaki bir peristil bahçeye geçerek sarayın özel kısmına girilmiş oluyordu. Bu noktada tepe Circus'a doğru aşağı eğim kazanıyordu; bunu dengelemek adına saray da çokkatlılaşıyordu. Aslında, en alt katta, güneydeki kıvrılan bir revaktan resmi bir giriş bulunurdu; daha sonra buradan çeşmeli bir avluya geçilirdi. Avlunun kuzeyinde, Domus Aurea'nın sekizgen yemek odasının ardılları olan kubbe çatılı sekizgen odalar vardı. Domus Aurea'nın etkisi sıkça beton sayesinde mümkün olan eğri hatlı mekân kullanımlarıyla kendini gösteriyordu.

Bu özel bloğun doğusunda, stadyum biçiminde, 160 x 50 metre, üç yanı iki katlı bir revakla çevrili büyük bir bahçe vardı. Bahçenin güney ucundaki imparatorluk locası Circus Maximus'a tepeden bakıyordu. Saraydan bir seyir noktasına doğrudan erişim, dördüncü yüzyıl başkenti Konstantinopolis'te de tekrarlanacak bir tasarım öğesiydi.

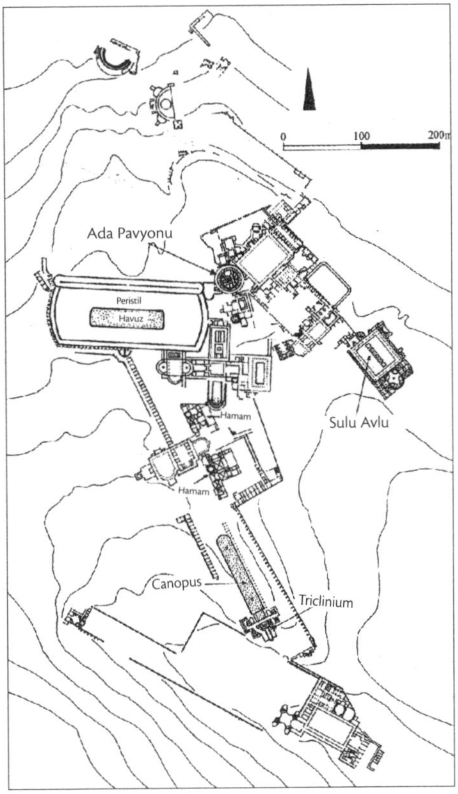

ŞEKİL 23.7 Hadrianus'un Villası planı, Tivoli.

Hadrianus'un Tivoli'deki Villası

Roma'nın merkezindeki Palatium Tepesi'nde yaşamamayı seçen imparatorlardan biri de Hadrianus'tu. Hadrianus başka açılardan da diğerlerinden ayrılıyordu. Barışçıl veya askeri amaçlarla, durmak bilmeksizin imparatorlukta yolculuk halindeydi. Yunan kültürünün Augustus ve Neron'dan beri en ateşli savunucusu olan bu imparator, başkentte Yunan sanatı ve mimarisine karşı resmi ilgiyi tekrar canlandırdı.

Roma'nın 25 km doğusunda Tivoli'de inşa ettirdiği kompleks, Hadrianus'un Villası olarak bilinir (**ŞEKİL 23.7**). Geniş bir alana yayılmış (yaklaşık 120 hektar) pavyonlar, avlular, sular, bahçeler ve büyük yapılardan oluşan bu eklektik derleme, kent dışındaki konumu sayesinde iyi durumda kalmıştır. Mimarisi standarttan şaşırtıcıya dek uzanır. Şaşırtıcı olanlara örnekler arasında, Hadrianus'un yolculuklarında gezdiği yerlerin anısını taşıyanlar da vardı. "Ada Pavyonu" (geleneksel olarak yanlış şekilde "Denizcilik Tiyatrosu" diye adlandırılır) adlı dairesel bir adada inşa edilmiş bir yapı Büyük Herodes'in Kudüs'ün 12 km güneyindeki Herodium Sarayı'nı (MÖ 23–15) çağrıştırır. Mısır da villa içinde dağılmış firavun tarzı heykellerle temsil edilmiştir. Ne var ki, uzun ve ince bir havuzun sonunda yer alan mağaramsı bir şölen holünün geleneksel olarak

ŞEKİL 23.8 Hadrianus'un Villası'ndan Kanopos (Manzaralı Kanal), Tivoli.

Nil'i andırması için yapılmış Mısırlılaştırıcı bir kompleks olduğu teşhisi, yakın zamanlarda reddedilmiştir; MacDonald ve Pinto, uzun yıllardır Serapis Tapınağı ile ünlü Mısır kenti Kanopos'tan dolayı "Canopus" olarak bilinen bu iki öğeyi "Manzaralı Triclinium" ve "Manzaralı Kanal" olarak yeniden adlandırmıştır (**ŞEKİL 23.8**).

Tıpkı Domus Aurea gibi Hadrianus'un Villası da yenilikçi bir mimari tasarıma sahiptir; Hadrianus mimariyle fiilen ilgilenirdi ve bazı yerleri kendisi tasarlamış olabilir. Canopus/Manzaralı Triclinium'un yarım kubbesi parçalı bir kubbedir, ama bu parçalar dikey olduğu kaday yatay olarak da kıvrılır. Bu önemli mimarlardan Damascuslu [Şamlı] Apollodorus'un yerdiği o "balkabağı" biçimindeki kubbe olabilir. Canopus/Manzaralı Kanal'ın bittiği yerde tekrar yükselen kolonadın tepesinde, standart Yunan saçaklığının bir Romalı çeşidi görülür. Yatay öğeler kemerlerle dönüşümlü olarak sıralanır ve böylece kemerler Yunan mimarisinin kolon ve kiriş sisteminin yatay hatlarını kesintiye uğratır. Bu dönüşümlülük, geç imparatorluk mimarisinde standartlaşmıştır.

Bir diğer çarpıcı kompleks de sekizgen bir girişi, ortasında su kanalı bulunan geniş revaklı bir avlu ve girişin karşısında bir *nymphaeum* (çeşme) odasından meydana gelen Piazza d'Oro (MacDonald ve Pinto tarafından "Su Avlusu" olarak yeniden adlandırılmıştır) adındaki geniş (yaklaşık 59 x 88 metre) bir yapıdır. Ortada bir çeşme, dört köşenin her birinde birer çeşme ve avlunun karşısında kıvrılan geniş bir altıncı çeşme ile bu oda şaşırtıcı olmalı. İnce sütunlarla taşınan arşitrav düzeyinde tekrarlanan, eğrisel kat planı da şaşırtıcıdır. Bu odanın çatısı olup olmadığı veya nasıl bir çatısı olduğu bilinmiyor. Roma mimarisinde daha sonra ortaya çıkacak eğilimlere işaret etmekle beraber, oval ve eğrisel biçimler Roma'da 1.500 yıl sonraki Barok tasarımları, özellikle de Borromini'nin mimarisini çağrıştırır.

Tapınaklar

Her zaman tutucu olan dini mimari, yine ağırlıklı olarak Yunan ve Toskana geleneklerinden besleniyordu, ancak yenilik ruhu burada bile filizlenmişti. Geleneksel ile yeninin çarpıcı kullanımı, Hadrianus döneminde inşa edilen iki önemli tapınak olan Pantheon ile Venüs ve Roma Tapınağı'nda görülebilir.

Pantheon

Tüm tanrılara adanmış Pantheon tapınağını Hadrianus tekrar inşa ettirmişti (**ŞEKİL 23.9, 23.10** ve **23.11**). Pantheon ilk olarak MÖ 27'de Augustus'un yakın dostlarından Marcus Agrippa tarafından yaptırılmıştı. MS 80 yangınında hasar gören tapınak, Domitianus tarafından restore edilmişti. Hadrianus'un versiyonunda ise tümüyle baştan inşa edilmişti; bu benzersiz tasarımın mimarı bilinmiyor, ama Hadrianus'un kendisinin bu inşaata büyük bir ilgi gösterdiği kuşkusuzdur. Eski planın tüm izleri ortadan kaldırılmış, ama ilginç bir şekilde Agrippa'nın adama yazısı korunmuştu. Hadrianus'un binasına birkaç uyarlama

ŞEKİL 23.9 Pantheon, Roma.

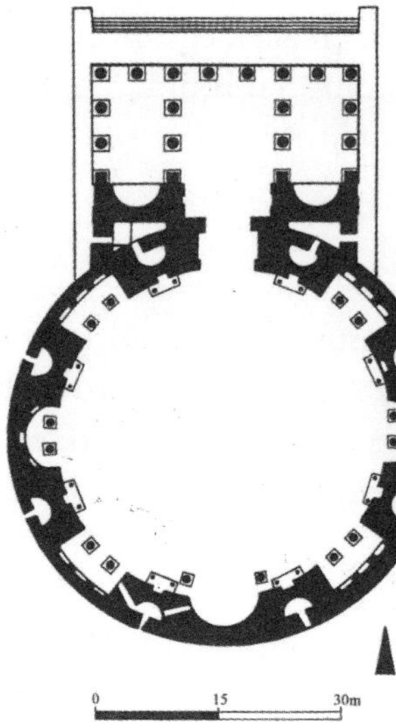

ŞEKİL 23.10 Pantheon planı.

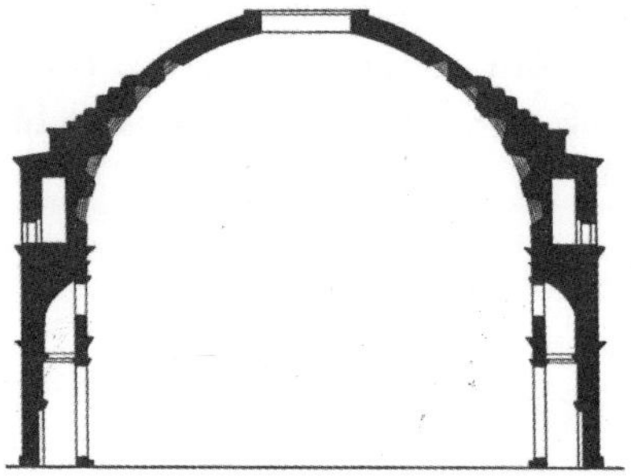

ŞEKİL 23.11 Cella'dan kesit, Pantheon.

ile, bir Hıristiyan kilisesine dönüştürülen bu yapı son derece iyi korunmuştur. Ancak bugün ortam farklıdır: Çevredeki toprak zemin antikçağlardakinden çok daha yüksektir ve orijinal olarak tapınağın önünde bulunan ve dikkati tapınağın girişine yönlendiren revaklı dikdörtgen avlunun yerini şimdi her yöne sokakların uzandığı bir meydan almıştır.

Hadrianus'un Pantheon'unun yapımı yaklaşık 117'de başladı ve tuğlalarındaki damgalara göre 126–128'de tamamlandı. Tuğla damgaları, imparatorluk Roma'sının arkeolojik kayıtlarının kendine özgü bir öğesini meydana getirir. Augustus zamanından başlayarak, pişmiş tuğla yapım malzemesi olarak kullanılmış, Neron'dan Hadrianus'a kadarki dönemde çok popüler olmuştur. Roma ve civarında yapılan tuğlalar, Augustus'tan Caracalla döneminin sonuna dek ve daha sonra yine Diocletianus (284–306) döneminden başlayarak farklı tür bilgilerle damgalanırdı. Bu bilgiler arasında ürünün türü; kilin kaynağı veya tuğla imalathanesinin adı; kil kaynağının sahibi; tuğlayı yapanın veya tuğlanın yapıldığı dönemde görev başında olan *consul*'lerin adları bulunurdu. Bu sonuncu bilgi MS 110–164 arasında *consul*'lerin damgalarda belirtildiği dönemdeki tarihlendirme çalışmaları açısından özellikle yararlıdır, zira edebi kaynaklardan gayet iyi bir şekilde bilindiği üzere görev süreleri bir yıldı.

Pantheon'un sıra dışı tasarımı geleneksel Etrüsk (Toskana) ve Yunan mimari öğeleri yeniliklerle birleştiriyordu. Tapınak iki kısımdan oluşur: Kolonadlı geniş bir avludan yaklaşılan bir Toskana-Yunan tarzı sundurma ve onun ardında yarım küre biçiminde bir kubbe ile örtülü dairesel bir *cella*. Bu ikisi, nişli bir geçiş bölgesiyle eğreti olarak birbirine iliştirilmiş gibidir. Tümü de Toskana tarzı olan yalnızca önünde geniş basamaklar bulunan ve bir podyum üzerinde yükseltilmiş derin sundurmanın üzeri Mısır granitinden ve Korent başlıklı yekpare taştan sütunlarla taşınan bir alınlık ve beşikçatı ile örtülmüştür. Yaygın olarak kullanılan mermer şık bir hava vermiştir. Bunun tersine, *cella* büyük oranda betondan olup arada tuğla ve taş öğeler barındırır. Yapıyı inşa edenler yenilikçi yapım teknikleri geliştirmiştir, ancak bunun büyük kısmı ziyaretçinin görebileceği yerlerde değildir. Duvarların içi dolu olmayıp, birbiri üzerine bindirilmiş tonozlu boşluklardan meydana gelir. Tuğladan tonozlar, aşağı doğru baskıyı dairedeki sekiz iri sütuna yöneltir ve yapıya çeşitlilik ile dayanıklılık kazandırır. Kubbenin kendisi dev bir ahşap iskeletin üzerine dökülmüş betondan yapılmıştır ve betonun ağırlığı aşağı duvarlarda kullanılan agregalar yerine ponza kullanımıyla hafifletilmiştir.

Yarım küre kubbe, kubbenin yarıçapına eşit bir yükseklikte iç duvardan başlamasına rağmen, dış duvar bu başlangıç noktasından daha yükselir ve kubbenin aşağı kısımlarına fazladan payanda görevi görür. Bu düzenleme yüzünden, dışarıdan kubbenin tüm biçimi görülemez. Bunun yerine, kubbe sığ ve yalnızca hafifçe eğri görünür.

İçeriden tüm yarım küre görünür. Kubbe kutularla, iç içe karelerle dekore edilmiştir. Orijinal olarak, her bir kutunun ortasında tunç varaklı bir rozet vardı; ışık yansıdığı zaman rozetler yıldızlara benziyor olmalı. Tepede göğe açılan bir *oculus* vardır. İbadet edenler göğe bakabilirler; güneş, yağmur, hatta kar tapınağa girebilirdi. Gökte yol alan güneş, her dakika ayrı bir noktayı aydınlatırdı. Yerdeki giderler su birikmesine izin vermezdi.

Pantheon'un kubbesi antikçağ sonrası mimari üzerinde çok etkili olmuştur. Kubbe dini mimaride, Bizanslıların Ayasofya'sında veya Müslümanların Kubbetü's Sahra'sında, ilahinin ve semavinin somutlaşmış hali; Washington'daki Capitol gibi seküler yapılardaysa, Roma devlet düzeninin dayandığı temel bir fikrin sembolü olarak, insan düşüncesi ve rasyonelliğin zaferini temsil eder.

Buna göre, 1632'de Papa VIII. Urbanus'un Pantheon'un sundurmasının arka tarafına yerleştirdiği yazıtın ilk üç satırı bizi şaşırtmamalıdır: "Pantheon, tüm dünyanın en ünlü yapısı" (MacDonald 1976:94).

Venüs ve Roma Tapınağı

Pahalı malzemelerle muhteşem şekilde inşa edilmiş olan Venüs ve Roma Tapınağı'nın yalnızca kat planı kalmıştır (bkz. **ŞEKİL 20.8**). Pantheon'dan sonra 121'de başlanan ve muhtemelen 135'te adanan yapı Antonius Pius döneminde tamamlanmıştı. Bu yapının dikilebilmesi için, Hadrianus dev Sol (Güneş, daha önce Neron) heykelini Flavius amfitiyatrosunun (Colosseum) kuzeybatısına taşıtmıştı. Bu büyük tapınak (136 x 66 metre) yedi basamaklı yüksek bir stilobat üzerinde, Forum Romanum'un doğu ucundaki geniş bir platformun (145 x 100 metre) merkezinde, müstakil halde duruyordu. Platformun uzun yanları Mısır gri granitinden sütunları olan bir kolonadla çevriliydi; bu alanın resmi girişi güneyden, kolonadın ortasındaki bir propiledendi.

Tapınağın kendisi, kısa yanlarda on, uzunlarda yirmi Korent sütunlu tipik Yunan peristiliyle çevrili bir dikdörtgen olarak dışarıdan Yunan görünümlüydü. İçeride, batıda Roma Forumu'na bakan tanrıça Roma'ya, doğuda Venüs'e adanmış iki *cella* vardı. Tapınak üzeri tuğla kaplanmış betondan yapılmış, bunun üzeri de Yunanistan'dan getirilen mermerle kaplanmıştı. Mimari süslemelerin teknik ayrıntıları, işçilerin de Ege bölgesinden geldiklerini gösterir. Önceki yüzyılın alışkanlıklarından saparak, yabancı malzeme ve işçi kullanılması çok seyahat eden Hadrianus'un geniş zevk yelpazesinin yanı sıra, başkent ve İtalya dışındaki kent ve bölgelerin artan önemine de işaret eder. Traianus'un başmimarı Apollodorus, bu yapıyı fazla alçak olmasıyla eleştirmişti; daha yüksek bir platforma yerleştirilmiş olsaydı sıra dışı genişliği, görsel açıdan daha etkileyici olurdu. Böyle açıksözlü yorumlar, özellikle de daha eski aşağılama ifadelerinin ardından geldikleri için Hadrianus'un hiç hoşuna gitmemişti. Sonunda Hadrianus, Apollodorus'u idam ettirecekti.

Anıtlar

Başkentin yine imparatorların bağışları olan önemli kamusal yapılarıyla devam etmeden önce, heykelli dekorasyonları kendilerini bağışlayan imparatorların askeri başarılarının önemli görsel anımsatıcıları olan iki anıta değinelim. Titus Takı ve Traianus Sütunu, halkın görmesi için yapılmış tarihsel rölyef heykeller geleneğini sürdürmektedir. İlk olarak Ara Pacis'te görülen Roma sanatının bu ayırıcı geleneği, geç imparatorluk döneminde başkent Konstantinopolis'e taşındıktan sonra bile devam edecekti.

Titus Takı

ŞEKİL 23.12 Titus Kemeri'nin güneydoğudan görünümü, Roma.

Bir general, büyük bir zafer kazandığında, Roma'da bir geçit töreni yapma hakkı kazanırdı. General, tüm ihtişamıyla ve askerleri eşliğinde kente girerdi. Tutsaklar zorla yürütülür ve ganimetler herkesin görmesi için sergilenirdi. Triumphus adı verilen bu zafer töreni anısına çoğunlukla anıtsal bir kemer yapılırdı. Kemerlerin ilki MÖ 196'da yapılmıştı, ama günümüze ulaşmamıştır. Geriye kalanlardan ikisi bizim için özellikle ilgi çekicidir: Titus Takı ve Constantinus Kemeri (Bölüm 25).

Titus Takı, taştan tek bir müstakil anıtsal kemer olup, eğris kemer düz hatlı bir biçimin içine yerleştirilmiştir (**ŞEKİL 23.12**). 81'den sonra Domitianus tarafından, ölen ağabeyi Titus'u onurlandırmak için yaptırılan kemer, 70 yılında Filistin'deki bir Yahudi isyanının Vespasianus ve oğlu Titus tarafından bastırılmasını anar. Bezemeler arasında öne çıkanlar, kemerli geçidin içinde, göz hizasının hemen üzerine yerleştirilmiş iki rölyef heykelli paneldir. Bu iki sahne savaş yerine, zaferden sonra Roma'da gerçekleştirilen törenden iki anı gösterir.

İki sahnede de figürler batıya, Roma dininin yüce merkezi Capitolium'daki Jüpiter Tapınağı'na doğru yürüyüştedir. Bir yanda bu geçidin önemli noktalarından birini, muzaffer generalin dört atın çektiği arabasında, çevresinde mızraklı askerlerle görürüz (**ŞEKİL 23.13**). Bu kurgusal eserde, Titus'un arabasının Roma kentinin dişi kişileştirilmesi olan Roma tarafından yönlendirilmesi ve kanatlı tanrıça Venüs'ün Titus'a zafer tacı giydirmesiyle ilahi olan ölümlüyle bir araya gelir. Figürlerin hepsi, ayakta duran veya belli belirsiz yürüyenler de dahil, farklı bir hareket içindedir. Panelin üst yarısı, çizgileri çarpıcı desenler meydana getiren mızraklar haricinde boştur. Sahnenin görsel gücü, rölyefin güçlü gölgelere imkân tanıyan derin yontmalarıyla da vurgulanmıştır.

Yürüyüş yolunun karşı tarafındaki panelde, törenden başka bir an, yağmalanan ve yok edilen Kudüs Tapınağı'ndan önemli ganimetlerin taşınması gösterilir: Bunlar Menora adı verilen yedi kollu dev şamdan; ritüel eşyalarıyla altın masa ve uzun ince tören borularıdır (**ŞEKİL 23.14**). Bu iki kapsayıcı sahnede, imparatorluk zafer töreni ve çok sayıdaki tabi halktan birinin ezici şekilde yenilgiye uğratılışının özünü buluruz.

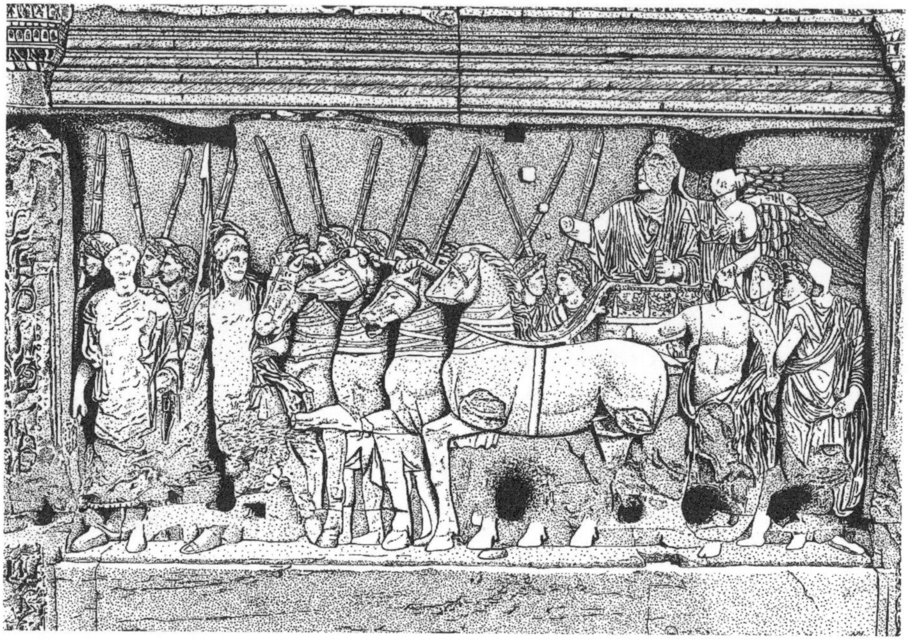

ŞEKİL 23.13 Titus Kemeri'nden zafer töreninde İmparator tasvirli rölyef heykel.

ŞEKİL 23.14 Titus Kemeri'nden zafer töreni ve *menorah* tasvirli rölyef heykel.

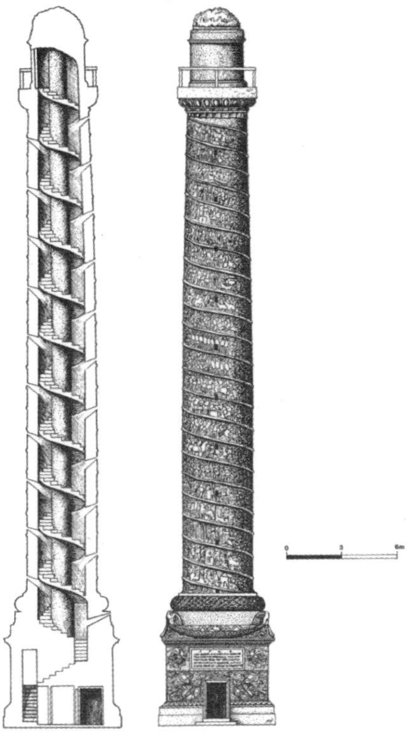

ŞEKİL 23.15 Traianus Sütunu, Roma.

Traianus Sütunu

Bunun aksine, Traianus Sütunu benzer bir mesajı iletmek için uzun ve sürekli bir sarmal halinde dizilmiş resimlerden yararlanır (ŞEKİL 23.15). Roma ve Konstantinopolis'te dikilen ve şerit halinde öykülerin anlatıldığı sütunlardan ilki olan bu anıt, Traianus'u hem Dacia'daki (bugünkü Romanya) muzaffer seferlerinin heykel tasvirleriyle, hem de tepede imparatorun tunç heykeliyle anar; ayrıca, külleri kaidenin içindeki bir altın vazoda saklanıyordu. Carrara ocaklarından gelen Luna mermerinden yapılan sütunun yüksekliği 29,78, dibinde çapı 3,83, tepede çapı 3,66 metredir ve 5,37 metre yüksekliğinde dikdörtgen bir blok üzerinde durur. On yedi aşamasının içinde 185 basamaklı bir merdiven vardır. Merdiven kaidenin içinde düz kısımlar halinde yükselirken esas sütunun içinde sarmallaşır. Sütun gövdesinde açılmış kırk üç yarık pencere merdivenlere ışık ve hava sağlar. Bugün Traianus Forumu'nun (bkz. aşağıda) diğer öğeleri olan iki yandaki kütüphaneler, Ulpia Bazilikası ve yakınlardaki ilahi Traianus Tapınağı'nın yalnızca temelleri kalmış ve Traianus heykeli 1588'de Aziz Petrus heykeliyle değiştirilmiştir, ama Roma sanatının başlıca anıtlarından biri olan rölyef sahneler hâlâ yerlerindedir.

Rölyeflerde Traianus'un 101–102 ve 105–106'daki iki Dacia seferi gösterilir. Anlatı en altta başlayan ve bir sarmal halinde tepeye kadar çıkan, toplam 200 metrelik bir sürekli şerit biçiminde düzenlenmiştir. Savaşlar, hazırlıklar, yürüyüş, nakliye, ırmaklar, tepeler, kamplar gibi 155 sahnede 2.500'den fazla figürle heykeller bir askeri seferin antik sanatta benzeri olmayan bir görsel kaydını sunar (ŞEKİL 23.16). Kaynak olarak antik yazarların dediği gibi seferlere katılan ressamlarca paneller ve rulolar üzerine yapılan resimler kullanılmış olabilir. Heykellerin görülmesi için bazı tavizler verilmiştir, mesela şerit sütun yükseldikçe genişleyerek altta 0,89 metre iken tepede 1,25 metreye ulaşır olmasına rağmen, bu resimlerin iki kütüphaneye tırmanmaktan yüksünmeyen ve göz sağlıkları mükemmel seyirciler tarafından bile seçilmesi zor olmalı. Anıt olasılıkla, yanından geçenleri bilgilendirme kabiliyetinden daha çok sanatsal tasarımı açısından saygı uyandırmıştı.

ŞEKİL 23.16 Traianus Sütunu'ndan rölyef heykel ayrıntısı.

Kamusal Yapılar

Roma'daki kamusal yapılar da imparatorların cömertliği için araçlar ve önemli propaganda öğeleriydi. Bu mimari yenilik döneminden en iyi bilinenleri Colosseum, Traianus Forumu (Sütun da buradaydı) ve Çarşısı ile Traianus Hamamları idi.

Colosseum (Flavius Amfitiyatrosu)

Roma'daki en ünlü amfitiyatro Flavius imparatorları döneminde yapılmış, Vespasianus tarafından başlatılmış, 79'da adanmış, Titus tarafından bitirilmiş ve 80'de tekrar adanmıştı (**ŞEKİL 23.17**). Resmi adıyla Flavius Amfitiyatrosu olarak bilinen yapı, geç imparatorluk dönemleri boyunca duran dev Sol (Güneş) heykelinden dolayı MS 1000'den itibaren Colosseum adıyla anıldı.

Pompei ile ilgili olarak da ifade ettiğimiz gibi (Bölüm 22), amfitiyatro veya çifte tiyatro, İtalya'da ve imparatorluğun orta ve batı kesimlerinde yaygın olan, ama doğu yarısında nadiren rastlanan bir mimari türdür. Geniş bir oval olan Colosseum (arena: 86 x 54 metre; bina geneli 188 x 156 metre), Neron'un Domus Aurea'sının yapay gölünün bulunduğu yere inşa edilmişti; böylece Flaviuslar kent merkezinin bir kısmını halka geri kazandırmış oluyorlardı. Yapı gladyatör dövüşleri ve avlanma da dahil vahşi hayvanların bulunduğu gösteriler (*venatio*) için kullanılırdı. Son gladyatör dövüşü 404'te gerçekleşti, ama venatiolar altıncı yüzyılın ortalarına kadar devam etti. Binanın yıkımı dokuzuncu yüzyılda, kazı ve restorasyonu on dokuzuncu yüzyılda başladı.

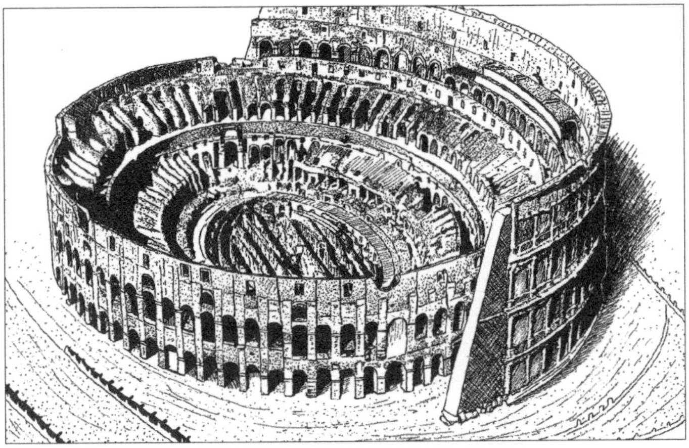

ŞEKİL 23.17 Colosseum (Flavius Amfitiyatrosu), Roma.

Colosseum betondan inşa edilmişti, bazı yerlerde tuğlayla, dış cephesi Tivoli yakınlarından çıkan yüksek kalite travertenle kaplanmıştı. Otuma yerleri mermer kaplıydı. Dış cephe dört katlıydı (ŞEKİL 23.18). İlk üçünde Romalılara özgü bir dekoratif bileşimle kemerler arasında onların devamı olan sütunlar vardı. Alt katın sütunları Toskana; ikinci katınkiler İon; üçüncününkiler Korent düzenindeydi. En üst kat kesintisiz bir duvar ile bunun üzerindeki Korent pilasterlerden oluşuyordu, birer atlayarak pencereler açılmıştı. Dış cephenin toplam yüksekliği 48,5 metre idi. İkinci ve üçünü katlardaki kemerlerin heykellerle doldurulması amaçlanmış olabilir; bu heykeller sikkelerde gösterilmelerine rağmen, hiç var olmamış olabilirler, çünkü heykel kaidelerine rastlanmamıştır.

Cavea adı verilen oturma yerleri yaklaşık 45.000 kişi alabiliyordu. Beş dairesel geçidin üzerine yerleştirilmiş olan oturma yerleri farklı eğimlerle yükseliyordu. En dıştaki iki geçit tonozluydu ve üstlerinde başka tonozlar taşıyorlardı. Oturma yerlerine merdivenlerden çıkılıyordu. Seyircilerin ayrılmış olan koltukları için üzerinde *vomitorium* (giriş geçidi), *gradus* (sıra) ve *locus* (yer) numaraları bulunan bilet veya fişleri vardı. Bazı yerler arenanın tepesine iliştirilmiş tentelerle güneşten korunurdu. Muhtemelen devriye gezen silahlı muhafızlar için dar bir yol ile bir çit vardı. İmparatorun locası güneyde, *magistratus*ların locasının tam karşısındaydı; her ikisine de ayrı tören girişlerinden girilirdi.

Arena tahta zeminliydi. Bu zeminin altında üç dairesel geçitle çevrili dört paralel sıra hücre bulunurdu ve bu alan su giderleriyle donatılmıştı. Bir uçtaki makineler vahşi hayvanları yukarı arenaya çıkarırdı.

Traianus Forumu

Traianus Forumu, Forum Romanorum ile Capitolium Tepesi'nin yanındaki beş resmi kamusal alan olan imparatorluk forumlarının sonuncusu, en büyüğü

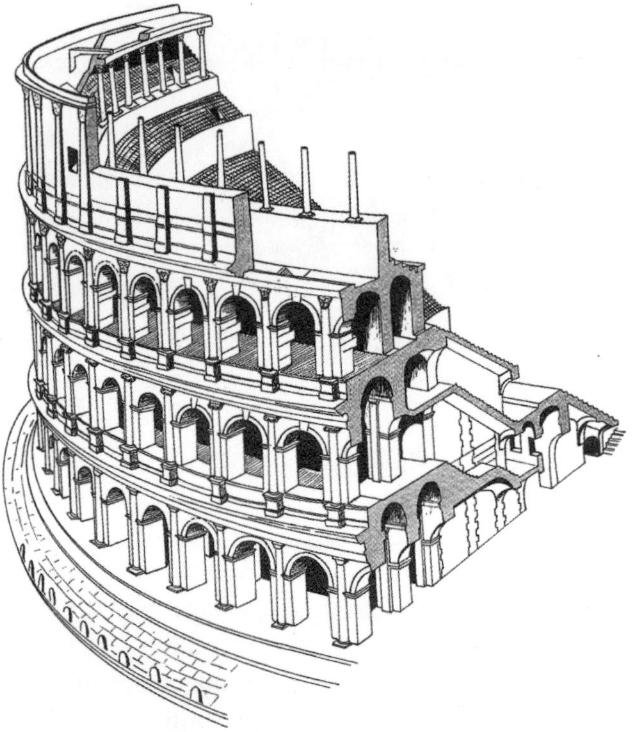

ŞEKİL 23.18 Colosseum'dan kesit.

ve en karmaşığıydı. Julius Caesar ve Augustus tarafından başlanan forumlara şu ekler yapılmıştı: (a) Vespasianus'un Neron'un ölümünü izleyen kargaşa ortamından sonra barışı sağlamasının anısına yaptırdığı 75 tarihli Forum Pacis (Barış Forumu); daha sonra (b) Vespasianus tarafından başlanan, Domitianus tarafından tamamlanan, ama Nerva tarafından adanan, Forum Transitorium veya Nerva Forumu adındaki, bir ucundaki yüksek podyumun üzerinde Minerva Tapınağı bulunan dar bir alan; son olarak da (c) Traianus Forumu (bkz. **ŞEKİL 21.2**).

Traianus Forumu, Traianus'un en gözdesi olan mimar ve mühendis Şamlı Apollodorus tarafından tasarlanmış ve 113'te adanmıştı. Hükümet işleri, özellikle de bazı hukuk mahkemeleri ve arşivlere ev sahipliği yapıyordu. Birkaç kısımdan meydana geliyordu: Augustus Forumu'na bilinçli gönderme olarak güney ve kuzeyinde ekoylumlar bulunan revaklı bir meydan; bir bazilika; ortalarında Traianus Sütunu olan iki kütüphane ve arkada tanrılaştırılmış Traianus'a adanmış bir tapınak. Kuzeydeki Traianus çarşısı, Quirinalis Tepesi'nin kısmen düzlenmesiyle forumun bir parçası gibi inşa edilmiştir.

Meydana, bir zafer kemerini andıran üç açıklığı bulunan bir kapıdan girilirdi. İlk halinde kapının tepesinde imparatoru Dacia'daki başarılı seferlerinden sonra, altı atın çektiği bir arabada gösteren bir heykel grubu vardı. Meydanın ortasında Traianus'un at üzerinde bir heykeli duruyordu. Meydanın ardında, tipik bazilika planının aksine, girişleri kısa yerine uzun yanlardan olacak şekilde enine yerleştirilmiş Ulpia Bazilikası vardı. Bu bazilikanın içinde, beklendiği gibi, nef ile iki yan koridor bulunuyordu. Ancak, her iki kısa uçta apsislerin kullanımı sıra dışıydı. Kuzey apsiste bir özgürlük heykeli dururdu; köleler burada azat edilirdi. Güney apsis imparatorluk kültüne adanmış olabilir.

Bunun ötesinde biri Latince, diğeri Yunanca eserlere adanmış iki kütüphane vardı. Bunların ortasındaysa olağanüstü Traianus Sütunu ve onun ötesinde de İlahi Traianus Tapınağı bulunuyordu.

Traianus Çarşısı (Mercati Traiani)

Kaidesindeki yazıta göre, Traianus Sütunu'nun yüksekliği, Forum ile yanındaki Traianus Çarşısı için Quirinalis Tepesi'nden çıkarılan toprağın derinliğine eşitmiş. En azından altı katlı olan bu büyük ticaret kompleksi, tepenin oyulan bölgesinin en derin kısmında, forum meydanındaki kuzey ekoylumun hemen kuzeyinde ve ondan fiziksel olarak ayrı konumdaydı (**ŞEKİL 23.19**). 170'ten fazla odası ve holünün, geleneksel olarak gıda ticareti ve hükümet faaliyetlerine ayrılmış dükkân ve ofisler olduğu kabul edilmiştir. Satılan gıdalar arasında biber (üçüncü kat boyunca dolanan sokağın adı da buradan gelir, Via Biberatica) ve balık (balık tankları bulunmuştur) da vardır.

Via Biberatica'dan girilen geniş bazilika tipi hol, Roma mimari devriminin önemli eserlerinden biri kabul edilir. Betondan yapılmış bu bina, asma pencereli uzun nef ile bunu kesen ve sütunlar üzerinde duran yedi tonoz (çapraz tonoz) gibi imparatorluğun ileri dönemlerindeki dev hamam yapılarında tekrar ortaya çıkacak öğelere sahiptir. Nefin her iki yanında iki kat dükkân vardı. Karmaşık, asimetrik, çokkatlı planıyla çarşı holü, hatta bütün kompleks Traianus Forumu'nun çağdaş ama tutucu şekilde Augustusçu tasarımıyla tezat oluşturur. Her iki yaklaşım da başkentteki imparatorluk mimarisinde kendi değerine sahipti.

Traianus Hamamı

Pompei'de de gördüğümüz gibi, halk hamamları bir Roma kentinin vazgeçilmez unsurlarındandı. Büyük nüfusa sahip başkentte hamamlara sıkça rastlanırdı; betonun özellikleri sayesinde, tonozlarla dev alanların kaplanması yoluyla çok büyük olabiliyorlardı. Cömertliklerini kanıtlamak isteyen geç imparatorluk dönemi imparatorları, genellikle hem bir kamusal hizmet sunmak, hem de imparatorluğun ihtişamını sergilemek için hamam komplekslerini tercih etmişlerdir.

Traianus Hamamı hamam komplekslerinin anıtsallaşması yönünde önemli bir adımdır (**ŞEKİL 23.20**). Halk hamamlarının farklı ısıda odalar ve bir soğuk su

ŞEKİL 23.19 Traianus Çarşısı rekonstrüksiyonu, Roma.

havuzu gibi ilkeleri zaten Cumhuriyet'te belirlenmişti. İmparatorluk başkentindeki daha eski hamamların, özellikle de Titus'unkilerin tasarımına uymakla beraber, Traianus'un hamam binası Titus'unkinin üç katı boyutlarındaydı ve yıkanma tesislerine ek olarak ders odaları, kütüphaneler, toplantı odaları ve bahçeler gibi çeşitli toplumsal ve dinlence amaçlı odalar içeriyordu. Bu plan, daha iyi korunmuş durumda olan Caracalla (211–216) (**ŞEKİL 23.21**) ve Diocletianus (yaklaşık 298–306) hamamları gibi bundan sonraki birkaç yüzyıl boyunca yapılan hamam komplekslerine örnek oluşturacaktı.

Oppius Tepesi'nde (Esquilinus'un güney yamacı), Domus Aurea'nın kalıntılarının üzerine yapılan bir terasta inşa edilen hamamlar, Damascuslu Apollodorus'un eseriydi. Hamam binası 250 x 210 metrelik geniş bir platformun ortasında yer alır. Platformun doğu ve batı yanlarında küçük odalar dizilidir; aralarında, ana binayı üç yandan kuşatan bahçeler vardır. Kuzeyden girilen ana odalar bir kuzey-güney ekseninde, ikincil odalar da her iki yanda simetrik ola-

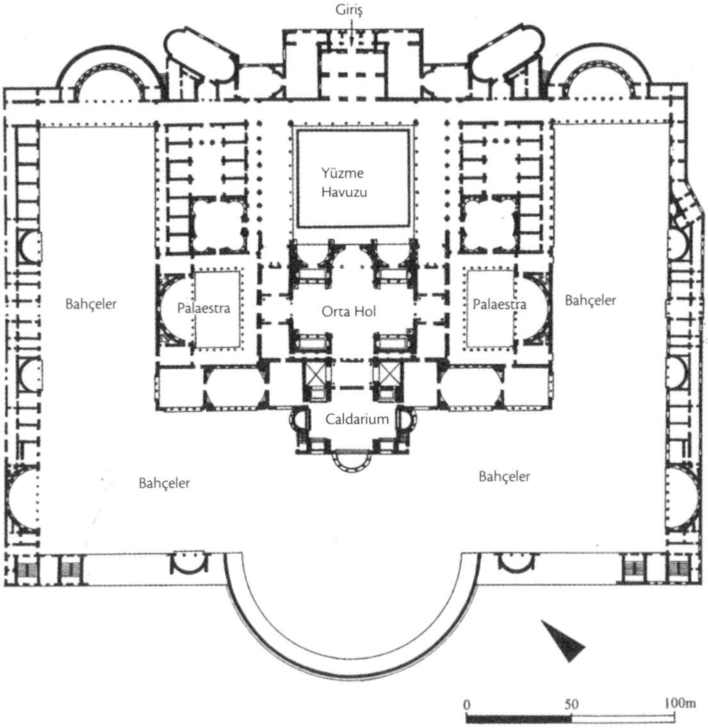

ŞEKİL 23.20 Traianus Hamamı planı, Roma.

ŞEKİL 23.21 Caracalla Hamamı'nın havadan görünümü, Roma.

rak dizilidir. Girişten sonra, önce üç yanı kolonadlarla çevrili yüzme havuzuna ulaşılır; güneyinde iki ekoylum vardır. Havuzun her iki yanında aynı boyda küçük odalar ve bir ihtimal *frigidarium*'lar olabilecek nişli iki rotond bulunur. Havuzu geçerek devam edildiğinde, bir merkezi hole (doğu ve batıda *palaestra*'lar, yani spor yapılan dikdörtgen ve buna ekli bir yarım daireden oluşan avlular), daha sonra yıkanma odalarına ve son olarak da, güneşten yararlanmak için en güneye yerleştirilmiş olan, dikdörtgen nişleri ve yarım daire apsisleri olan üç tonozlu odadan oluşan *caldarium*'a ulaşılır.

İmparatorluk Mezarları

Gördüğümüz gibi, mezarlar çoğunlukla ölünün veya soyundan gelenlerin itibarını yansıtan araçlar olmuştur. Gerçekten de, Gize piramitlerinin anıtsallığı ve Halikarnassos'taki Mausoleion'un şık heykelli süslemeleri, içlerinde yatanların adlarını ölümsüzleştirmişti. Ama mezarların ihtişamlı olmaları gerekmez. Mısır'daki Yeni Krallık döneminde olduğu gibi, krallar bile mezarlarının gizli kalmasını isteyebilir. Roma İmparatorluğu'nda, her iki tarz da, basit ve görkemli olan da yaygındı. Burada bazı görkemli örneklere göz atacağız: Augustus ve Hadrianus'un mozoleleri [Lat. *mausoleum,* çoğ. *mausolea*] ve Bölüm 25'te kısaca Diocletianus ve Constantinus'unkiler.

İmparatorluk anıtmezarlarının prototipi, Augustus, ailesi ve Julius-Claudius hanedanından ardıllarının çoğunun mezarı olan Augustus Mozolesi'dir. Bu yapıyı saltanatının ilk dönemlerinde, yaklaşık MÖ 28–23'te, muhtemelen anıtsallığı iktidarının gerekli bir pekiştiricisi olarak gördüğü bir dönemde yaptırmıştı. Mozole Tiber ve Via Flaminia yakınlarında, herkese açık bir parkta yer alıyordu. Oysa sıradan insanlar kentin dışında defnedilirlerdi. Mezar, çapı 87, yüksekliği 44 metre, iç içe beton duvarlar ve tonozlu geçitlerin toprakla örtülmesi, üzerine ağaçlar ve en tepeye de Augustus'un tunçtan bir heykelinin dikilmesiyle oluşturulan dairesel bir tümsekti. Bu dairesel mezar Etrüsk ve İtalyan tümülüs geleneğini çağrıştırıyordu, ki bu yine Augustus adına özenle seçilmiş bir imgelemdi.

Yaklaşık MÖ 400'ten MS ikinci yüzyıla kadar moda olduğu üzere, Augustus yakılmıştı. Traianus da yakılmış, külleri anıtsal sütununun kaidesine yerleştirilmişti. İkinci yüzyılda imparatorlukta gömülme zamanla yakılmanın yerini aldı ve taştan, oymalı lahitler popülerlik kazandı. İmparatorların gömülme şekilleri değişiyordu, ki pek fazlasını da bilemiyoruz. Örneğin, Hadrianus'un bedenine ne yapıldığı kesin değildir. Ne var ki Hadrianus da, Hadrianus'tan Caracalla'ya dek imparatorlar ve ailelerince kullanılacak ve dış görünüşü Augustus'unkini andıran yeni bir mezarın inşaatını başlatmıştı. Dışarıdan bakıldığında mezar, Augustus tümseğini andırıyordu; kare biçimli alçak bir platform üzerinde duran, ortasına doğru yükselen, üzerinde ağaçlar ve Hadrianus'un dört atlı bir arabada heykeli bulunan, 64 metre çapı olan dairesel bir yapıydı. İç planı Augustus Mausoleumu'ndan farklıydı. Sarmal bir rampayla, birbiri üzerine yerleştirilmiş üç kare gömü odasına erişiliyor ve birinden diğerine merdivenlerle geçiliyordu. Tiber'in batı kıyısında stratejik bir konuma sahip mozole, altıncı yüzyılda kentin tahkimatlarının parçası haline geldi. Bir Başmelek Mikhail heykelinin tekrar dikilmesinden sonra Castel Sant'Angelo [Aziz Melek Kalesi] adını alan mozole, modern dönemlere kadar bir papalık kalesi olarak hizmet vermiştir. İtalyan operalarına meraklı olanlar bunu iyi bilir: Floria Tosca, ölümüne buranın duvarından atlamıştı.

Hadrianus'un Mozolesi'nin antikçağ sonrasındaki bu renkli tarihçesi, bu yapı ve anıtların MS dördüncü yüzyılda, pagan antikçağların ve bu kitabın bitişiyle birlikte sona ermediğini, ortaçağlardan modern dönemlere kadar sürdüğünü anımsatır. Hızlı veya yavaşça harap olmuşlardı; üzerlerine inşaat yapılmış veya açıkta kalmışlardı; inşaat malzemeleri için yağmalanmışlardı; dönüştürülmüş ve tekrar kullanılmışlar veya olduğu gibi kalmışlardı. Daha sonra zamanla, Rönesans'tan başlayarak, sanatçılar, mimarlar, tarihçiler, arkeologlar (amatör veya profesyonel), papalar, siyasetçiler ve aslında tüm kamuoyunun ilgi ve çabalarıyla kamuoyunun dikkatine taşınmışlardı.

BÖLÜM 24

Roma Eyalet Kentleri

"Avlamak, yıkanmak, eğlenmek, gülmek: İşte yaşamak buna denir!" (Finley 1977: 73). Bu ifade Latince olarak, Cezayir'deki Roma kentlerinden Thamugadi'nin forumunun taşlarına kazınmış olarak bulunmuştur, ki gerçekten de, birinciden üçüncü yüzyılın başlarına kadarki müreffeh ve huzurlu dönemde yaşayan pek çok Romalının ideal yaşam düşüncesini yansıtıyor olmalı. Roma İmparatorluğu'nun kalbi olan İtalyan Yarımadası'ndaki Roma kentlerini ele almıştık: Cosa, Ostia, Pompei ve Roma'nın kendisi. Şimdi İtalya'nın dışına yolculuk ederek, eyaletlerdeki kentlerin İtalya'dakilere ne ölçüde benzediğini ve onlardan ne ölçüde farklı olduklarını görelim. Uğranabilecek adayların sayısı çoktur. Nasıl seçmeli? Doğu Akdeniz ve Yakındoğu'da kentçiliğin gelişimini takip ettiğimiz için bu bölgelerde yoğunlaşarak Roma kentlerinin daha eski gelenekleri ne derecede sürdürdüğüne bakacağız. Dahası, imparatorluğun doğu yarısındaki kanıtlar son derece zengindir. Bu bölgede yerleşimdeki değişimler pek çok önemli Roma kentinin terk edilmesine yol açmış ve böylece korunmalarını sağlamıştır. İmparatorluğun batı yarısına da bakmak gerekir. Bu bölgenin Roma öncesi geçmişi büyük ölçüde bu kitabın kapsamı dışında kalmıştır. İspanya ve Fransa'nın Akdeniz kıyılarındaki Fenike ve Yunan yerleşimleri dışında buralarda Romalılar getirene dek bir kent geleneği gelişmemişti. Dolayısıyla yerel bağlamlar doğudakinden son derece farklıdır. Bu nedenle, Batı Roma kentlerinin incelenmesi çok farklı izlenimler doğuracaktır.

On kenti inceleyeceğiz: Doğu Akdeniz'den yedi ve Batı Avrupa'dan üç örnek. Atina'yla başlayıp saat yönünde ilerleyerek Ephesos, Pergamon, Perge, Palmyra, Caraş ve Leptis Magna'yı ele alacağız. Daha sonra Akdeniz'i geçerek Fransa, İngiltere ve Almanya'ya ilerleyeceğiz ve Nîmes, Londra ve Trier'le turumuzu sonlandıracağız (bkz. harita, **ŞEKİL 23.1**). Bu kentler Roma kentlerini incelerken göz önünde bulundurmamız gereken soruları akla getirir. Bu temalardan yedisi bizim için özellikle ilgi çekicidir. Birincisi, Roma kültürünün daha önceden var olan kültürlerle karışımı ve bu karışımın kentsel ortamda nasıl ifade edildiği, birkaç bin yıllık kentsel deneyime sahip doğu bölgelerde kilit bir soru olacaktır. Saygın Yunan kültürünün evi olan Atina, Romalıların gözünde kültürel bir mirastı, ama yine de Romalılar buraya da kendi tercih ettikleri yapı türlerini inşa etmişti. İkincisi, dini bağdaştırmalar veya kültlerin çeşitliliği, tapınak ve mezar yapılarında çeşitlemelere yol açmıştır. Ephesos ve Pergamon'da Mısırlı kültler Yunan ve Roma dinleriyle kaynaşırken, Suriye'de Palmyra'da, klasikler yerli Yakındoğulular ile karışır. Üçüncüsü, kentlerin coğrafi konumuna bağlı olan farklı ekonomik temelleri, kentlerin görünümünü ve sakinlerinin deneyimlerini etkileyebilir. Dördüncüsü, kent yerleşim düzenleri değişiklik gösterebilir, yeni kurulmuş kentlerin planları daha eski, yerleşik kentlerinkinden farklı olabilir. Ayrıca, yerel topografyalar kent planlarını etkileyebilir. Beşincisi, kentin fiziksel dünyasının unsurları olan yapı türleri ve planları bu bölge boyunca ne derece aynı, ne derece farklıdır? Altıncısı, yapım gelenekleri: Bu teknikler ne derecede yereldi, ne derecede İtalya'dan gelmişti? Yedinci ve sonuncu olarak da, ister imparatorluktan ister yerel olsun, hamilerle de ilgileniyoruz: Kimdiler ve kente bağışlarıyla ne kazanmayı amaçlıyorlardı? Sonuçta, bir Roma kentini meydana getirenler nelerdir? İmparatorluğun neresinde olursak olalım bir Roma kentini tanımak mümkün müdür?

Atina

"Tutsak edilmiş Yunanistan, kendini yenen vahşiyi tutsak aldı ve köylü Latium'a sanatları getirdi" (Alcock 1993: 1). Horatius, Romalıların Yunan dünyasını askeri olarak ele geçirmelerine rağmen, Yunan kültürünün Romalılar üzerindeki kalıcı etkisi hakkında böyle diyordu. Romalılar için Yunan kültürünün başarılarını Atina'dan daha iyi temsil edebilecek bir kent yoktu. Roma egemenliğinde Yunan Yarımadası'nın başıca ticari ve idari kenti olmamasına rağmen (bu paye, Romalılarca MÖ 146'da yok edilen ve MÖ 44'te bir koloni olarak tekrar kurulan Korinthos'a aitti), Atina o özel havasını koruyordu. Kent düşünsel bir merkez olma namını yüzyıllar boyunca, hatta Doğu Avrupa'dan gelen Heruller adlı Germen kabilesinin 267'deki yıkıcı saldırılarına rağmen korudu. Bu uzun geçmişe sahip gelenek nihayet 529'da, Bizans imparatoru İustinianos'un ünlü felsefe okullarını kapamasıyla sona erdi.

Bir Roma imparatoru, Helen hayranlığına vurgu yapmak istediğinde Atina'ya muhteşem bir yeni anıt bağışlar, böylece bu kente ve kentin yüzyıllar boyu beslediği düşünsel ve sanatsal yaşama saygılarını sunardı. Kentsel mimari konusunda Yunan örneklerinden en çok yararlanan iki imparator, Augustus ve Hadrianus'tu. Gerçekten de her ikisi de Atina'ya bağışta bulunmuştu (bkz. Atina haritası, **ŞEKİL 14.1**). Augustus'un anıtları arasında, Parthenon'un doğusuna yerleştirilen küçük dairesel bir tapınak olan ve İon düzeni kısa süre önce tadilat geçirmiş Erekhtheion'dan kopya edilmiş Roma Tapınağı ile eski, yerleşik agoranın doğusunda inşa edilen revaklı, dikdörtgen biçimindeki pazar meydanı, Roma Agorası'ydı. Bu döneme ait en önemli yapı MÖ 15'te eski agorada inşa edilen üstü kapalı tiyatro, Augustus'un damadının armağanı olan Agrippa Odeion'uydu.

Hadrianus, Atina'yı 133'te ziyaret etmiş ve ziyaretinin şerefine anıtsal bir kapı inşa ettirmişti (**ŞEKİL 24.1**). Bu kapı Romalı ve Yunan biçimlerini bünyesinde birleştirir: Alt kısmı bir Roma kemeridir, ama üst katı Yunan sütun ve kiriş tarzındadır. Yerleşik eski Yunan kentiyle, Romalılar tarafından kent surlarına ek yapılmış bir bölgede geliştirilen yeni kesim arasındaki sınırı çizer. Bu işlev alt frizlerine kazınmış yazıtlarda da belirtilmiştir: "Burası Atina, Theseus'un antik kenti" (batıda) ve "Bu Theseus'un değil Hadrianus'un kenti" (doğuda). Hadrianus'un diğer imar projeleri arasında daha önce yapılmış Roma Agorası'nın yanına inşa edilen kütüphane ile MÖ altıncı yüzyıl sonlarında başlanan ve MÖ 175–164'te çok yol kat edilmesine rağmen bitirilememiş dev Zeus tapınağı Olympieion'un bitirilmesi de vardı. En azından Olympieion, Hadrianus'un kemerinin hemen doğusunda, yani Hadrianus'un kenti içinde kalıyordu.

ŞEKİL 24.1 Hadrianus Kemeri, Atina.

Kente bağışta bulunan hamiler sadece imparatorluktan değildi. Yerel hayır işleri de mevcuttu. İkinci yüzyıl ortalarında yaşamış zengin bir Atinalı olan Herodes Atticus, karısı Regilla'nın anısına, Akropolis'in güneybatı yamacına inşa edilen büyük *odeion*'u bağışlamıştı.

267'deki Herul saldırısından sonra "Valerianus Duvarı" adı verilen yeni bir sur inşa edildi. Kuşatılan alan, Themistokles Suru ile buna Hadrianus döneminde yapılan eklemenin çevrelediğinden çok daha küçüktü ve kentin ne kadar küçülmüş olduğunun bir göstergesiydi. Geçmişten gelen itibarı ne kadar büyük olursa olsun, Atina artık iktisadi açıdan geri kalmış, yalnızca bölgesel açıdan önem taşıyan küçük bir kent haline gelmişti. Bu durum ortaçağlar ve Osmanlı dönemi boyunca sürdü. Kentin kaderi, 1834'te yeni bağımsız olan Yunanistan Krallığı'nın başkenti seçilmesiyle keskin bir şekilde değişti.

Ephesos ve Pergamon

Roma İmparatorluğu'nun, Yunan bölgelerinin önemli merkezleri Yunan Yarımadası'nda değil, daha doğudaydı: Ege kıyılarında Asya eyaletinde (Ephesos ve Pergamon), Suriye eyaletinde (Antiokheia, bugün Antakya) ve Mısır'da (İskenderiye) gibi tümü de daha önceki Helenistik dönemde iyice yerleşik hale gelmiş kentlerdeydi. Son iki kentteki antik kalıntılara ulaşmak silt altında kalmış olması (Antiokheia) ve daha sona yerleşimin devam etmiş olması (her iki kentte de) nedeniyle zordur. Ancak, Ephesos ve Pergamon'un büyük kısmı antik dönemden ortaçağlara ve modern dönemlere yerleşimlerin yerlerinin kayması sonucunda antik kalıntılara ulaşımın kolay kalmasıyla çok verimli arkeolojik kazılara imkân vermişlerdir.

Roma dönemindeki Pergamon'a Bölüm 18'de değinmiştik. Bu dönemden, Akropolis'teki başlıca bina ikinci yüzyıl başlarında yapılan Traianeum ya da İlahi Traianus Tapınağı'ydı. Izgara planın yönünü aşağıdaki, ovadaki inşaatların bile yönlerini belirleyecek şekilde kuruyordu. Kentin hemen dışındaki, ikinci yüzyılda önemli inşaat geçiren Asklepieion *temenos*'undan da söz etmiştik.

Roma'nın Asya eyaletinin başkenti Ephesos, 250.000 olarak tahmin edilen büyük bir nüfusa sahipti. Tunç çağından beri yerleşilen Ephesos, Artemis Tapınağı ile ünlü ve iyi liman tesislerine sahip önemli bir Yunan ve Roma kentiydi. Roma döneminin sonlarına doğru, Cayster Irmağı'ndan [Küçük Menderes] gelen siltler limanı doldurdukça, ticari ve siyasal önemini kaybetti. Bugün, Roma harabeleri Ege kıyısından birkaç kilometre içeridedir (**ŞEKİL 24.2**). İustinianos dönemine gelindiğinde (altıncı yüzyıl), Roma kentinin yeri terk edilerek, havari ve İncil yazarı Aziz Yuhanna'nın mezarı ve bazilika kilisesi civarında, savunmaya daha elverişli, denizden uzak bir yere taşınılmıştı.

Roma kenti, 1897'den itibaren Avusturyalı ekipler tarafından yapılan kazılarla gün ışığına çıkarılmıştır. Bu geniş harabeler içinde yapılacak bir yürüyüş, bu önemli Roma kentinin ihtişamına dair iyi bir izlenim verecektir (**ŞEKİL 24.3**). Topografya kentin yerleşiminde çok belirleyici olmuştur, zira kent iki tepe arasında yer alır. Planda büyük öneme sahip, merkezi bir sokak (Curetes Sokağı) batıdan, iki tepe arasındaki eğer biçimli araziden aşağı doğru iner. En azından güney yamacında, kazılar zenginlerin teraslar halinde dizilmiş iyi durumdaki evlerini ortaya çıkarmıştır. Ana sokak Celsus Kütüphanesi'ne kadar devam eder, daha sonra Yunan-Roma tiyatrosuna (burada Aziz Pavlus, Artemis heykelleri yapan bir heykeltıraş tarafından toplanan kalabalığa sorun çıkaran biri olarak ilan edilmiştir) doğru kuzeye döner ve tekrar batıya dönerek doğrudan limana gider. Bu son etap dördüncü veya beşinci yüzyılda tekrar elden geçirilmiş olup, o dönemde halen sıra dışı olan bir şekilde sokak lambaları eklenmiştir.

Türkiye'deki büyük Yunan-Roma kazı projelerinde, hükümet tarafından seçilen bazı yapıların restore edilmesi teşvik edilmektedir. Ephesos'taki Avusturyalı arkeologlar şu aralar, yukarıda sözü geçen yamaçtaki evlere odaklanmış durumdadır. Daha önce Celsus Kütüphanesi'nin cephesini restore etmişlerdir (**ŞEKİL 24.4**). Bu kütüphane 110'da Gaius Julius Aquila tarafından babası, 106–107

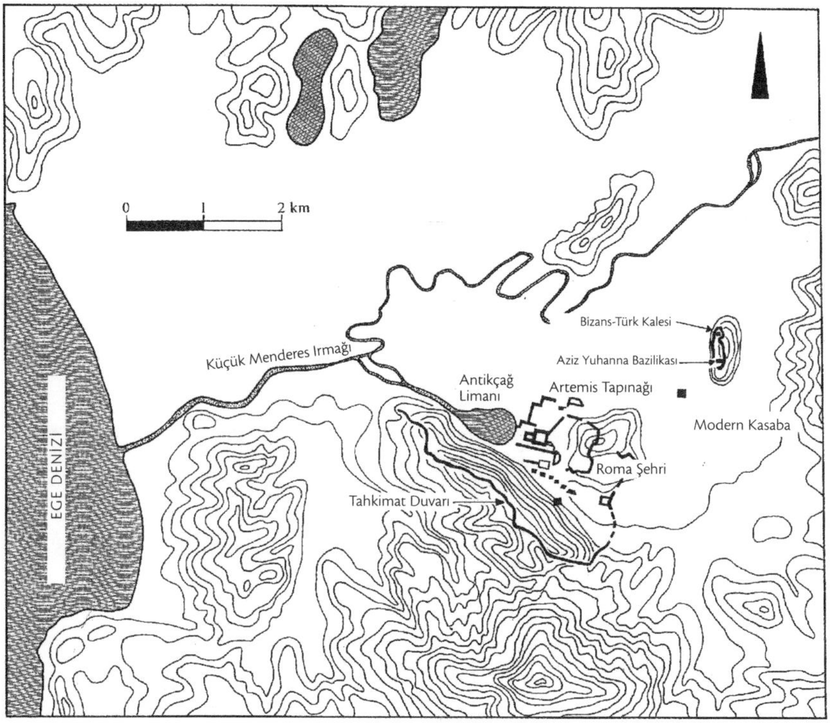

ŞEKİL 24.2 Ephesos ve çevresine ait bölgesel plan.

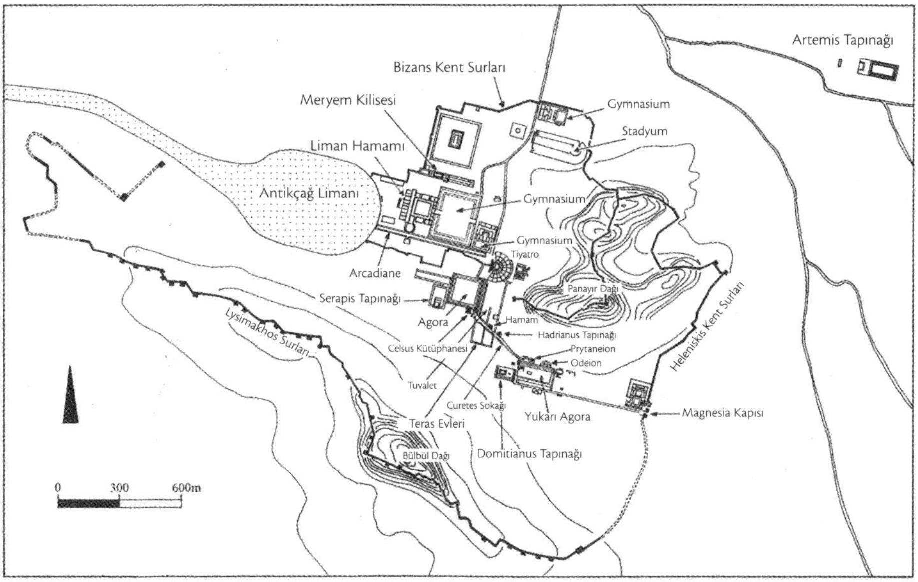

ŞEKİL 24.3 Kent planı, Ephesos.

ŞEKİL 24.4 Celsus Kütüphanesi ve Agora'nın Güney Kapısı, Ephesos.

arasında Asya proconsulü olan Gaius Julius Celsus Polemaenus onuruna yaptırılmıştır. Güzel cephesi, Roma tiyatrolarının sahne yapılarını andıran çıkıntı ve nişlerle bezenmiştir. Celsus'un bilgelik ve erdem gibi niteliklerinin kişileştirilmiş hali olan heykeller orta girişin iki yanındaki nişleri doldurur. Cephenin ardında, yapının kendisi daha sade ve küçüktür. Orijinal olarak içerideki tek bir oda, elyazmalarının saklandığı üç kat galeriyle donatılmıştı. Celsus'un kendisi, mahzendeki bir odada, yerinde bulunan ama açılmamış mermer bir lahtin içindeki kurşun bir tabutta gömülmüştür. Bir bireyin kent sınırları içinde gömülü olması çok enderdir ve Celsus'un saygınlığının bir göstergesidir.

Doğu Akdeniz'de yerel inşaat gelenekleri Romalıların gelişiyle pek değişmemişti. Hâlâ en çok kesme taş tercih edilirken, İtalya ile Orta ve Batı Akdeniz'de tipik olan beton ve tuğla yapılara pek rastlanmazdı. İki inşaat tarzı arasındaki çarpıcı bir fark, geleneksel olarak Serapis'le bağdaştırılan (ki tartışma konusudur), biri Ephesos'ta, diğeri Pergamon'daki iki tapınakta görülebilir. Serapis Ptolemaioslar Mısır'ında, Mısırlı Apis ile Yunanlı Hades'in harmanlanmasıyla doğmuştu (Bölüm 18); kültü Mısır'da ve imparatorluk döneminde Mısır ile ticari temas içinde olan bölgelerde popülerliğini korumuştu. Ephesos'taki ikinci yüzyıl başlarına ait Serapis Tapınağı standart bir Yunan-Roma tapınağı gibi görünür. Sütun ve kirişli yapısı, sundurmadaki Korent sütunları, boncuk ve makara ile yumurta ve dart gibi yontma mimari dekoratif motifleri, Yunan geleneğinden geliyordu. Konseptin Romalı olan tarafı ise, girişe çıkan basamaklarla ön cepheye vurgu yapılmasıdır. Öyle ki, görülecek tek şey zaten ön cephedir, çünkü tapınak anakayadan oyulmuş bir teras üzerine, tepe yamacına yaslanmış olarak inşa edilmiştir. Çevresinden yürümek mümkün değildir. *Cella* mütevazı boyutlu tek bir odadır; su kanalları için oyulmuş yerler, kültte suyun önemine işaret eder. Tapınağın çok büyük ölçeği, özellikle de ön sundurması Mısır geleneğinden gelir. Sütunlar yekpare taştan 14–15 metre yüksekliğindedir ve kapının çerçevesi dev bloklardan oluşur. Dev kapı kanatlarının uçlarını taşıyan tekerlekler, yerdeki bloklarda kesilmiş geniş yaylar boyunca hareket eder.

Pergamon'daki Serapis Tapınağı veya Mısır Tanrıları Tapınağı son derece farklıdır. Bugün Kızıl Avlu olarak bilinen bu yapı kompleksi akropolis tepesinin eteğinde, düz arazide yer alır. Kızıl Avlu, Roma Anadolu'su için sıra dışı bir tercihle pişmiş tuğla ve betondan yapılmıştır. Bu çok büyük yapı iki kat yüksekliğindeydi. Duvarlar mermerle kaplanmış olabilir ama bunlar çıkartılmıştır. İçinde daha sonra bir Hıristiyan kilisesi inşa edilmiş (Ephesos'taki Serapeion'un kaderi de aynıydı), bu sırada Hıristiyanlık öncesi mimari öğelerden bazıları değiştirilmiş veya yok edilmişti.

Kızıl Avlu'nun Mısır tanrılarına adanmış bir tapınak olduğu teşhisi kesin değildir. Ne var ki, bazı çarpıcı özellikler bu ihtimali güçlendirir. Kompleks çok büyüktür. Ana binanın boyutları 60 x 26 metredir. İki tarafında, her birinin önünde ufak avlular bulunan yuvarlak iki kule vardır. Bu üç parçalı yapının önünde bugün büyük ölçüde modern binalarla kaplanmış dev bir avlu (yaklaşık 200 x 100 metre) bulunur. Bu avlunun altından Selinus (modern Bergama Çayı) hâlâ akar; bu çayın Nil'i temsil ettiği ileri sürülmüştür. Ayrıca, ana binanın iki yanındaki daha ufak avlularda kullanılan karyatid sütunların her iki yanı erkek ve kadın biçiminde yontulmuştur; her iki yüzleri de gerçekçi Yunan-Roma tarzındadır, ama bazıları Mısır tarzı firavun başlığı giyer. Kızıl Avlu belki de Serapis'e ait olan dev bir heykel barındırıyordu. Heykelin içi boştu ve bir rahip içine tırmanarak tanrıymışçasına konuşabiliyordu. Heykel kaidesindeki delik halen görülebilir.

İstanbul'daki Alman Arkeoloji Enstitüsü'nün bu yapının baştan belgelenmesi ve analize tabi tutulması yönündeki projesi, kimliği ve işlevi hakkında yeni cevaplar sağlayabilir. Sonuçlar ne olursa olsun, Kızıl Avlu, uzaklardan gelen bir inşaat tekniği ile tuğladan inşa edilmiş anıtsal bir kompleks olarak Anadolu'da benzersizdir. Ölçeği, planı ve kullanılan malzemelerden beklenen etkinin çok özel olduğuna kuşku yoktur.

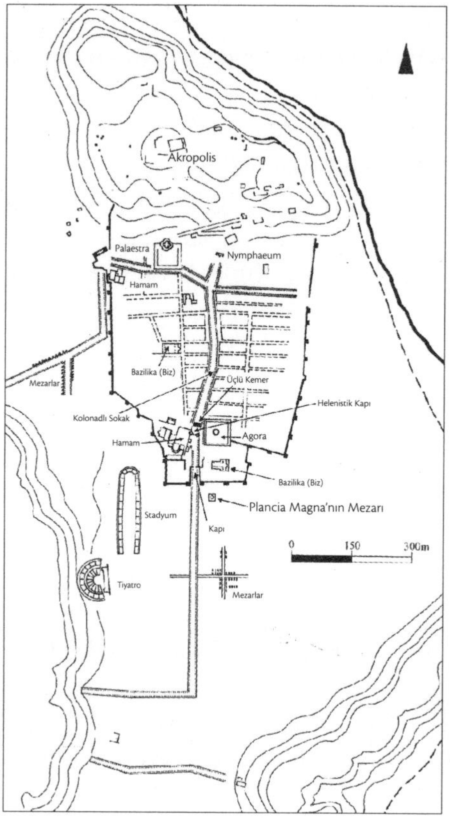

ŞEKİL 24.5 Perge kent planı.

Perge

Kralların hamiliği ve Herodes Atticus gibi zenginlerin ilgisi kentlerin donatılmasında önemli bir etmen olmuştur. Bu hamiler neredeyse tümüyle erkekti. Bu nedenle, en ünlü haminin Plancia Magna adlı bir kadın olduğu Anadolu'nun güney kıyılarındaki Pamphylia bölgesindeki Perge kenti diğerlerinden ayrılır. Saygın bir aileden gelen Plancia Magna, sadece erkeklerin şanının maşası değildir; Perge'de Türklerce yapılan kazılarda bulunan adanma ve anma yazıtları, ikinci yüzyıl başlarıda ailesinin güçlü bir önderi olduğunu ortaya çıkarmıştır.

Perge, Attaleia (bugünkü Antalya) liman kentinden birkaç kilometre içeride, bu bölgede çok tercih edilen türde alçak ve düz bir tepe merkezli olarak yer alır. Kentin tarihinin büyük kısmı boyunca, bu düz tepe savunulan akropolis olmuştur. Buradaki kazılarda erken tunç çağına kadar geriye giden buluntular kaydedilmiştir; ne var ki, halen bir Hitit kentine rastlanmamıştır. Muhtemelen yerleşim Helenistik dönemde tepe yamaçlarından aşağı doğru, daha sonra, geç Helenistik ve Roma dönemlerinde de tepenin güneyindeki hafif eğimli, neredeyse düz araziye doğru genişlemiştir. Kent, MÖ üçüncü yüzyılda Selefkilerce inşa edilen ve MS dördüncü yüzyılda ekleme yapılan bir duvarla kuşatılmıştı. Duvarlı kentin dışında, yakın bir tepeye yaslanmış tiyatro ve iyi korunmuş bir stadyum bulunuyordu. Yine kent dışında, edebi kaynaklara göre Perge'nin en ünlü yapısı olan Artemis Tapınağı vardı. Bu bölgedeki yoğun aramalara rağmen tapınak henüz bulunabilmiş değildir.

Kent, birbirini kesen sokaklarca, eşit olmayan dört bölgeye ve farklı boylarda kent bloklarına ayrılır (**ŞEKİL 24.5**). Her iki yanı revaklı ve ortasında taş döşeli bir su kanalı bulunan ana kuzey-güney sokağı, akropolisin (**ŞEKİL 24.7** ve **24.8**) dibindeki şık bir *nymphaeum*'dan (çeşme binası) güneye, kent kapılarına doğru uzanır. Helenistik kapı, kendisini iki yanındaki yuvarlak kulelerle belli eder (**ŞEKİL 24.6**). Yazıtlara göre, Plancia Magna kapıyı yeniletmiş, at nalı biçimin-

ŞEKİL 24.6 Helenistik dönemde Perge Güney Kapısı.

deki avlusunu ve avlunun kuzey ucundaki anıtsal üç kemerli girişi ekletmiştir. Avlunun iç duvarlarında, her bir yanda, yedi üstte ve yedi altta olmak üzere, tümünde kentin kurucularından veya önemli yurttaşlarından birinin heykeli bulunan iki kat niş dizilidir. Gerçekten de, Perge'de çok sayıda heykel bulunmuş ve Antalya Müzesi'nde sergilenmeye alınmıştır. Yerel üretimi ciddi düzeydeydi, ama kuzeybatıda, önemli bir ihraç kaynağı olan bu endüstri için yerel mermer ocaklarından yararlanan Menderes Irmağı vadisindeki Aphrodisias ile boy ölçüşebilecek düzeyde değildi.

Palmyra

Eski Semitik adı Tadmor'un Roma versiyonuyla bilinen Palmyra, "palmiyeli yer," Suriye Çölü'nde bir vahada yer alırdı. Tarih öncesi dönemlerden beri yerleşilen bir yer olmasına rağmen, ilk yerleşimler hakkında fazla bir şey bilinmiyor. Kentin refah dönemi ve günümüze ulaşan mimarinin büyük kısmı, geç Helenistik dönem ile MS üçüncü yüzyıl arasındandır. Özellikle de ikinci ve üçüncü yüzyıllarda Palmyra, Akdeniz kıyısı ile Fırat Irmağı ve Mezopotamya arasındaki doğu-batı ticaret yolu üzerindeki merkezi konumu sayesinde uzun mesafe kervan ticaretinden zenginleşti. Siyasal koşullar o dönemde bu yolu önemli kılmıştı. Güneyde, daha önce başkentleri Petra'da (bugünkü Ürdün'de) ticarete egemen olan Nebatiler, ikinci yüzyıl başlarında Romalılar tarafından ilhak edildiler ve ticari üstünlüklerini kaybettiler. Ayrıca, Palmyra, Romalılar ile ezeli rakipleri, yani doğuda Mezopotamya ve İran'a egemen olan Partlar arasında, elverişli bir konuma sahipti. Kent Romalılara ait olmasına rağmen, Palmyralılar Sami idi. Bu nedenle kültürleri yerel Suriyeli ile Akdenizli Yunan-Roma öğelerinin bir karışımıydı.

Romalılar Palmyra'nın denetimini birinci yüzyılda ele geçirdi. Hadrianus 129'da büyük törenlerle kenti ziyaret etti. Kentin tarihindeki en heyecanlı

ŞEKİL 24.7 Kuzey *nymphaeum* rekonstrüksiyonu, Perge.

ŞEKİL 24.8 Kuzey *nymphaeum*, Perge.

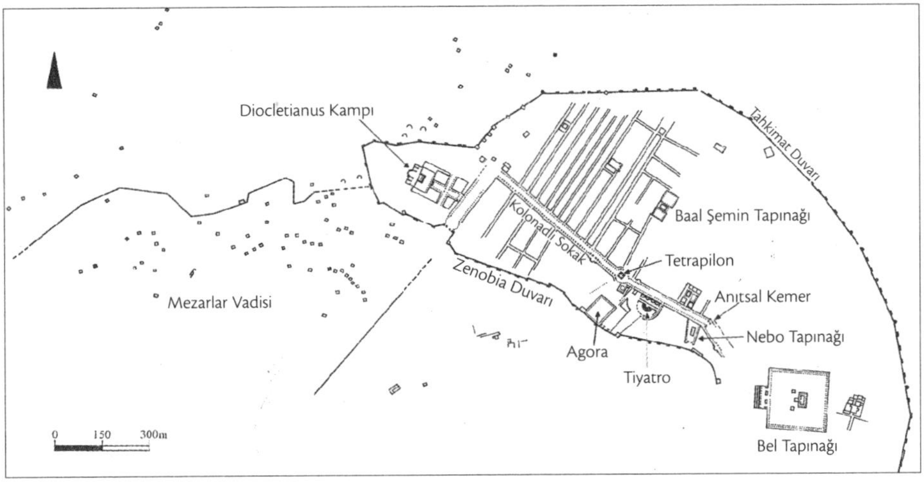

ŞEKİL 24.9 Palmyra kent planı.

bölüm üçüncü yüzyıl sonlarında gerçekleşti. İranlı Sasaniler (Partların yerini alan) 260'ta Edessa'da [bugünkü Urfa] Roma imparatoru Valerianus'u tutsak ettikten sonra, Suriye'deki Roma egemenliği yıkılıyor gibi görünüyordu. Palmyralı kabile önderi Odainat (Latincede Odaenathus) kentin çıkarlarını korumak üzere boşluğu doldurmaya soyundu. Sözde Roma'ya bağlı kalmakla beraber kendini Palmyra kralı ilan etti. Roma'nın bölgedeki müttefiki olarak hareket ederek Sasaniler karşısında aldığı zaferlerle konumunu pekiştirdi. Başarıları uzun ömürlü olmadı: 267'de bir suikaste kurban gitti. Dul karısı Bat Zabbai (daha çok bilinen şekliyle Zenobia), çocuk yaştaki oğullarının naibesi olarak iktidarı ele geçirdi ve kısa sürede iddialı bir fetih programını yürürlüğe koydu. Orduları Mısır'ı ele geçirdi ve Anadolu'ya girdi. Oğlunu, Augustus, yani Roma'dan bağımsız bir hükümdar ilan etti. Bu noktada Romalılar nihayet harekete geçti. 272'de imparator Aurelianus saldırıya geçerek Palmyra'yı aldı ama kente dokunmadı. Çoğu kaynağa göre Zenobia, Roma'ya götürülmüş ve Aurelianus'un zafer töreninde halka teşhir edilmişti; yaşamının geri kalanını Roma dışındaki Tivoli'de rahat bir tutsaklık içinde geçirmiştir. Aurelianus'un zaferinden kısa süre sonra Palmyralılar işgal garnizonunu katletti; buna intikam olarak Romalılar kenti yağmaladı. Kent bu darbeden sonra bir daha toparlanamadı.

Palmyra son derece heyecan verici bir kazı alanıdır. Bu terk edilmiş vaha kentinin sıcak renkli, incelikle oyulmuş klasik mimarisi çıplak bir dağın eteklerinde çöl kumları üzerinde yayılır (**ŞEKİL 24.9**). On yedinci yüzyıldan itibaren batılı yolcular harabeleri ziyaret etmeye ve hakkında yazmaya başladı. Sistematik araştırmalar on dokuzuncu yüzyıl sonlarında bir Rus ekip tarafından

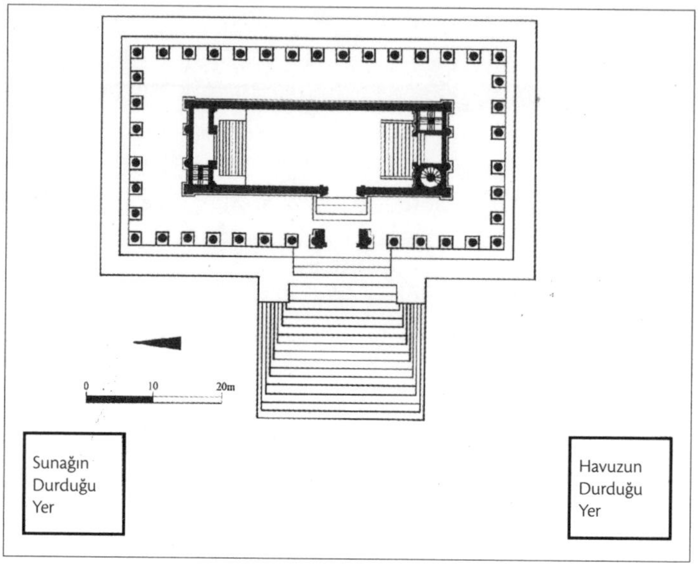

ŞEKİL 24.10 Bel Tapınağı planı, Palmyra.

başlatıldı; sırasıyla Alman, Fransız, İsviçreli, Polonyalı ve Suriyeli araştırmacılar çalışmaları sürdürdü.

Palmyra'nın mimarisi genelde Yunan-Roma'dır, ama kendi tanrılarına ve âdetlerine sahip bu Sami halkınca uyarlamalar da yapılmıştı. Anıtsal kemerli girişi ve *tetrapilon*'u ile kolonadlı ana sokak sağlam şekilde Romalıdır; tiyatro da öyledir. Kolonadlı sokaklar, girişler ve tiyatrolar Roma dünyası boyunca belli işlevleri yerine getiren mimari biçimlerdir, dolayısıyla Roma mimari tarzına burada rastlamak şaşırtıcı değildir. Buna karşın, tapınak ve mezar gibi yerel dini uygulamaları yansıtan yapı türlerinin tarzları farklıdır.

Palmyra'daki ana tapınak Sami tanrılarından Bel'e adanmıştı. Buradaki kült, Roma döneminde yapılan tapınaktan eski olmalıdır, çünkü tapınak ve civarının yönelimi, merkezi kolonadlı sokak ve esas kentin kaba ızgara planınınkinden farklıdır. Birinci yüzyılın ilk yarısında yapılan ve 32'de adanan Bel Tapınağı, Yakındoğu ve Yunan-Roma biçimlerinin dikkat çekici bir sentezidir (**ŞEKİL 24.10** ve **24.11**). Dışarıdan, tapınak klasik geleneklere uygundur. Revaklarla çevrili büyük bir alanın içinde yer alır. Dikdörtgen biçimli, kuzey-güney doğrultusunda yerleştirilmiş ve tipik Roma tarzından bir kolonadla kuşatılmıştır. Kolonadın içinde, *cella*'nın kuzey ve güney dış duvarları yapışık İon sütunlarıyla bezelidir.

Tapınağın diğer özellikleri, özellikle de iç planı, standart Yunan ve Roma uygulamalarından önemli ölçüde farklıdır. *Cella* duvarlarının tepesini dış kolonada bağlayan, çatıyı destekleyen taş kirişler rölyef heykellerle süslenmişti; işlenen

ŞEKİL 24.11 Bel Tapınağı'nın güneydoğudan görünümü, Palmyra.

konular arasında yerel tanrılar ile ibadet edenler, rahipler, peçeli kadınlar ve sırtında bir mihrap taşıyan bir deveden oluşan bir tören alayı da vardır. Batıdaki basamaklardan tapınağa, iki uzun duvarda yüksekte açılmış pencerelerle aydınlatılan bir merkez hole girilir. Kuzey ve güneyde geniş basamaklarla ulaşılabilen, Bel ve diğer yerel tanrıların mihraplarının bulunduğu iki küçük oda bulunur. Yapının üç köşesinde bulunan sarmal merdivenlerden çatıdaki terasa çıkılır, ki bu da standart Roma tapınaklarında rastlanmayan bir özelliktir.

Ölüler, taş duvarlardan oluşan ve kentin batısındaki çölde bulunan kulelerde defnedilirdi. 150'den fazlası bilinen kule mezarlar, 10 kat yüksekliğindeydi ve cesedin yerleştirildiği merkez odadan geriye doğru boylu boyunca uzanan ve dışarıdan çıkıntı yapan dikdörtgen nişlere sahiptiler. Açıklık, üzerinde ölünün heykel büstü bulunan ve yerel Aramice dilinde adının yazdığı bir taş levha ile kapatılırdı. Bu heykelli levhaların pek çoğu günümüze ulaşmıştır. Gergin, hiyeroglifleri andırır bir tarzları vardır; standart Romalı portrelerin klasik gerçekçiliği yerine, imparatorluğun sınırlarındaki bu kentteki yerel gelenekleri yansıtırlar.

Caraş (Gerasa)

Gerasa, buradaki modern kasabanın daha iyi bilinen adıyla Caraş, Roma yapılarının ve özellikle de kent planının iyi korunmuş olması hasebiyle çok ilgi çekicidir. Kent planı büyük ölçüde standart ızgaraya uygun, ama Roma öncesi yerleşimler ve topografik koşulların sonucu gibi görünen büyüleyici tuhaflıklar

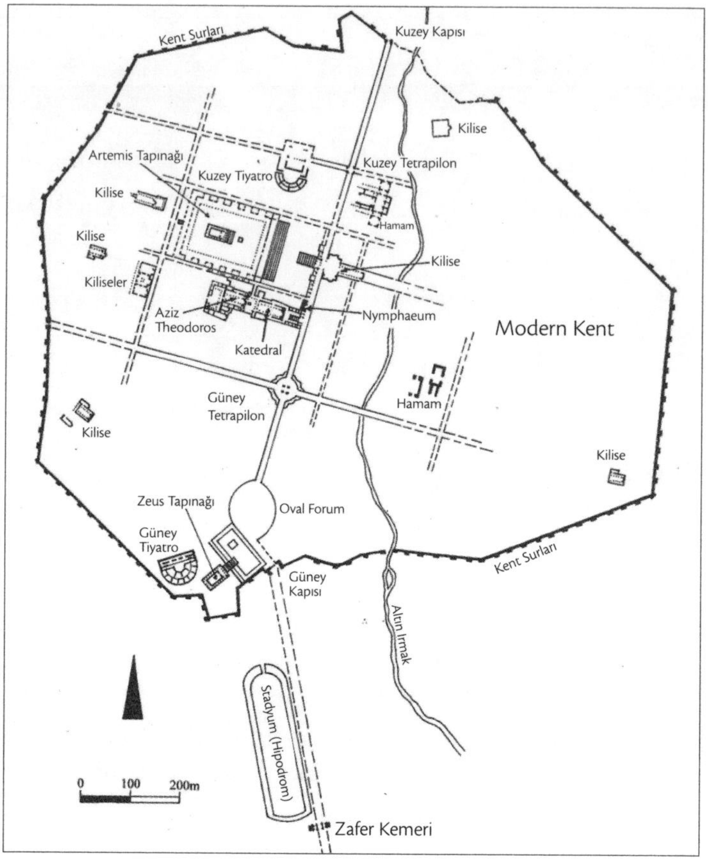

ŞEKİL 24.12 Caraş kent planı.

içerir. Caraş, Ürdün'ün başkenti Amman'ın (antik Philadelphia) 48 km kuzeyindedir. Antik kent Helenistik dönemde, bir ihtimal Selefki kralı IV. Antiokhos Epiphanes (MÖ 175–164) tarafından Chrysorhoas (Altın Irmak) üzerindeki Antiokhos olarak kurulmuştu. Kısa süreliğine Yahudi Hasmon krallığının eline geçen kent, MÖ 63'te Romalılara geçti ve Pompeius tarafından Ürdün Irmağı vadisi ve civarında on kentten oluşan Decapolis grubuna eklendi. Hadrianus burayı 130'da ziyaret etti. Kent orta boyutlu olup, MS birinci yüzyılın ikinci yarısında yapılan surların kuşattığı alan yaklaşık 100 hektar kadardı. Chrysorhoas Irmağı kentin ortasındaki bir vadiden kuzey-güney yönünde akar; antik Caraş her yanda, ırmağa doğru eğimli bir arazide inşa edilmiştir. İkinci yüzyıl başlarında, nüfusun 10.000–15.000 olabileceği tahmin edilmiştir.

Üçüncü yüzyıl ortalarından dördüncü yüzyıl sonlarına kadar kent geriledi. Daha sonra, Hıristiyanlığın önemli merkezlerinden biri oldu ve tarım, madencilik ve kervan ticaretinden elde ettiği zenginliği İranlı Sasaniler (614) ve Araplar (635) tarafından ele geçirilince sona erdi ve daha sonra zamanla terk edildi. Antik ken-

ŞEKİL 24.13 Oval Forum, Caraş.

tin doğu yarısı üzerinde, 1878'de Çerkez mültecilerce modern bir köy kuruldu. Gezginler sayesinde, on dokuzuncu yüzyılın başlarından itibaren antik kent, Batı Avrupa'nın dikkatini çekti; yüzeydeki araştırmalar on dokuzuncu yüzyılın sonlarına doğru yoğunlaştı, yirminci yüzyıldaysa ses dalgalarıyla aramalar yapıldı ve kalıntılar açığa çıkarıldı. Kudüs'teki İngiliz Arkeoloji Okulu ile işbirliği içinde Yale Üniversitesi burada 1928–34 arasında kazılar yaptı.

Modern zamanlara dek yakınlarda antik malzemeleri tekrar kullanmaya meyilli yerleşimlerin bulunmaması nedeniyle, Caraş'taki mimari eserler nispeten iyi durumdadır. Mimari, Helenistik ve Roma imparatorluk tarzlarının zengin, başarılı bir harmanıdır. Nefes kesici düzensiz oval plazası ve kolonadlı kuzey-güney yönündeki *cardo* sokağı ile kentsel yerleşimi de ihtişamlıdır (**ŞEKİL 24.12**). Bugün görünen kalıntılar büyük ölçüde Roma döneminden sokaklar ve kamusal yapılardan ibarettir. Özel veya evlere ait pek az kalıntı kazılmıştır.

Kente güneyden yaklaşıldığında ziyaretçilerin karşısına, muhtemelen Hadrianus'un 128–129'daki ziyaretinin anısına yapılmış büyük bir zafer kemeri çıkacaktır. 37,5 metre genişliğindeki bu geçidin üç kemerli açıklığı ile her iki yanında ek kemer desenleri vardır. Stadyum veya hipodrom hemen kuzeydedir. Daha sonra güneydeki ana kapı ile kent surlarına varılır. Ana kapılar kuzey ve güneyde olup, Petra'dan kuzeye Bostra ve Şam'a giden ana kentlerarası yola çıkar. Bu iki kapı tam karşılıklı değildir. Güney kapıdan çapraz şekilde Oval Forum'a gelinir (**ŞEKİL 24.13**). Biçimi düzensiz ve hafifçe güneye doğru meyilli olan bu meydanın boyutları yaklaşık 66 x 99 metredir. Taşları iç içe dairesel sıralar halinde döşenmiştir. Her iki yanından İon düzeninde kolonadlarla kuşatılır. Üç eğrisel kenarın üçüncüsü olan güneybatı yanında bir tepe ve buradaki bir podyum üzerinde yüksekte, birinci yüzyıl başlarından kalma ama 160'larda bitirilen bir Zeus Tapınağı vardır. Bu tapınak ön cepheye vurgu yapılması ve buraya çıkan etkileyici basamaklarla Roma-Suriye tarzındadır. Yüksek tavanlı tek *cella* 8 x 12 yivsiz sütundan oluşan bir peristille çevrilidir. *Cella*'nın duvarlarının dışında festonlu nişler, iç yüzeyde ise geniş pilastrlar vardır. Tapınağın aşağısında geniş bir sunağın bulunduğu geniş bir teras yer alır; teras bir dizi tonozlu odayla desteklenmiştir. Tapınağın yanında, hatta aynı tepeyi paylaşır olarak, orijinal hali birinci yüzyıla ait ve şık bir sahne yapısı veya *scaenae frons*'a sahip Güney Tiyatrosu bulunur.

Oval Forum, Bernini'nin Vatikan'daki barok San Pietro Meydanı gibi etkileyici ve akıl karıştırıcı, muhteşem şekilde yaratılmış mekânlardan biridir. Meydan bir kırılma noktası işlevi görür, zira *cardo* burada hafifçe yön değiştirerek dümdüz kuzey kapısına gider. Bu noktadan itibaren kent, imparatorluğun ilk dönemlerinden kalma olduğu anlaşılan, dik açılı bir ızgara plan çerçevesinde yerleşmiştir. Güney kapısı ile oval meydan arasındaki farklı yönelimin daha eski bir kent planını yansıttığına inanılır. *Cardo*, sokakların kesiştiği iki ana noktada birer *tetrapilon* ile donatılmıştır; bunların en güneyde olanı çevresinde dükkânlar (*tabernae*) bulunan dairesel bir alanda yer alır. *Cardo*'nun böyle işaretlenmesi sıra dışı ve etkileyicidir ve kent içinde yapılan bir yürüyüşe görsel vurgu katar.

Kentin merkezinde başlıca Roma yapısı ikinci yüzyılda inşa edilmiş olan Artemis Tapınağı'dır. Zengin süslemelere sahip tapınağın 6 x 11 sütunları Korent düzenindedir ve uzunluğu 52,5 metredir. 121 x 161 metre boyutlu, revaklı bir plaformun arkasına doğru, *cardo*'dan kentin tepesinin batı yamacı boyunca yukarı çıkan geniş basamakların en tepesinde etkileyici bir konumda bulunur. Klasik Toskana-Roma tarzında ön cepheye vurgu yapar bir şekilde tapınağın giriş sundurması derin tutulmuştur.

Cardo'nun doğusunda iki hamam kompleksi vardır. Kuzeydekinde, taştan gerçek bir pandantif kubbe çatıya sahip, iyi durumda bulunan bir oda vardır. *Cardo*'nun batı yanında, kuzey tiyatrosu ile bunun kuzeyinde dikdörtgen biçimli bir plaza yer alır. Daha küçük, üçüncü bir tiyatro ise kent surlarının dışında, kuzeydedir.

Caraş'ın kent planındaki son tuhaflık 115'te inşa edilen kuzey kapıda karşımıza çıkar: Kapının kat planı takoz biçmindedir. Kuzeydeki Pella kentinden gelen yol Caraş'ın *cardo*'suyla tam eksenden buluşmaz; onun yerine kuzeybatıdan 18 derecelik bir açıyla gelir. Bu takoz biçmiyle kuzey kapısı, hem Pella yolu (kuzeyde), hem de kentin *cardo*'suna (güneyde) tam karşıdan bakar. Böyle yön değişimlerini gizleme işlevi bulunan yapılara, Roma İmparatorluğu'nun doğusunda başka yerlerde de rastlanır. Buna en şık örneklerden biri, merkezi kolonadlı sokaktaki 30 derecelik bir değişimi örten Palmyra'daki Anıtsal Kemer'dir.

Leptis Magna

Roma Afrika'sı, Afrika'nın tüm kuzey kıyısını kapsıyor ve Roma öncesi geçmişine göre üç kısma ayrılıyordu: Doğuda Mısır; Cyrene (Kuzeybatı Libya) çevresinde odaklı bir Yunan sektörü ve Kartaca merkezli bir Fenike kesimi. Bu bölgeden yalnızca Leptis Magna kentini inceleyeceğiz. Burada özellikle iki temaya dikkat edeceğiz: Hamiliğe hevesli bir imparatorun kentin görünümü üzerindeki etkileri ve Roma öncesinden Roma İmparatorluk dönemine kent planının gelişimi.

Leptis (bazen Lepcis diye yazılır) Magna, modern Libya'nın başkenti Trablus'un 120 km doğusunda yer alır. Orijinal olarak MÖ 500'ten önce kurulmuş, Akdeniz kıyısında, bir ırmağın denize döküldüğü noktadaki küçük bir doğal limanda bulunan bir Kartaca yerleşimiydi. MÖ birinci yüzyıl ortalarında Roma denetimine giren Leptis, Tripolitania eyaletini meydana getiren ve buraya adını veren üç kentin en doğusundakiydi; imparatorlar Augustus ve özellikle de buralı olan Septimius Severus tarafından el üzerinde tutulan bir kentti. Fildişi, arenalar için vahşi hayvan, altın tozu, lal, abanoz gibi değerli ağaçlar ve devekuşu tüyü gibi mallar için yapılan Sahra ötesi ticaretten zenginleşmişti. Refahı 455'teki Vandal fethiyle sarsıldı ve yerleşim, 643'teki Arap saldırısıyla

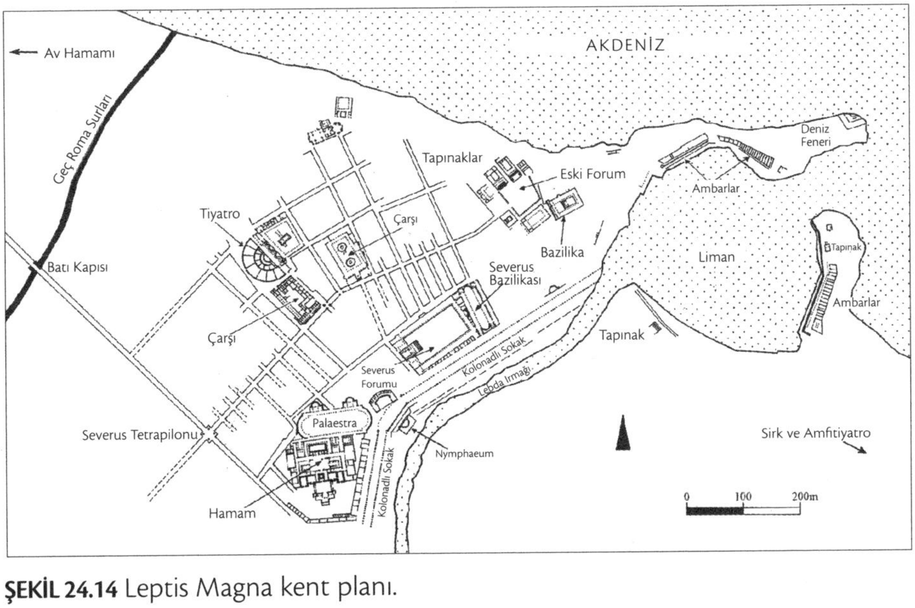

ŞEKİL 24.14 Leptis Magna kent planı.

sona erdi. Çöl kumlarına gömülü duran kent yirminci yüzyılda, 1920'lerde Libya'daki İtalyan işgali sırasında İtalyan arkeologlar kazılara başlayana dek iyi korunmuş olarak kaldı.

Roma öncesi dönemden kalma iki yol, kentin Roma dönemindeki gelişimini de biçimlendirdi (ŞEKİL 24.14): *Cardo*'yu oluşturan, denizden içeriye uzanan (kabaca) kuzey-güney yolu Via Trionfale ve kentin *decumanus*'u haline gelen ana doğu-batı kıyı yolu. İlk Kartaca yerleşimi kuzeyde, deniz kıyısında ve liman civarındaydı. Bu bölgede imparatorluk dönemi başlarında inşa edilen Roma yapıları arasında MÖ birinci yüzyıl ve MS birinci yüzyıldan altı tapınak, bir bazilika ve bir *curia* ile Eski Forum (Forum Vetus); revaklı bir çarşı binası (orijinal olarak MÖ birinci yüzyıl sonları) ve bir Kartaca mezarlığının üzerine yapılan tiyatro (birinci yüzyıl başları) sayılabilir.

Buradan dışarıya doğru olan alanlar kısa süre sonra gelişime uğradı. Hadrianus döneminde, bir sukemerinin yapımından sonra kentin güney ucunda dev bir hamam kompleksi yapılmıştı. Otuz-kırk yıl sonra bir *palaestra* eklenmişti. Doğuda, Lebda Irmağı'nın çok ötesinde, 56 yılında bir amfitiyatro inşa edilmiş, bir sonraki yüzyılda da geniş bir sirk eklenmişti. En batı uçta Avcılık Hamamı bulunuyordu; bu ikinci yüzyıl sonlarından kalma beton tonozlu yapı resim ve mozaiklerle süslenmişti. Duvar resimleri ve mozaiklerde avcılar, vahşi hayvanlar ve Nil tarzı manzaralar tasvir edilmişti. Avcıların adları bile belirtilmişti: Nuber, İuginus, İbentius ve Bictor. Güneyde, Lebda Irmağı'nın yukarısında, iki büyük sarnıç ile kente sel basmasını önlemek amacıyla yapılmış büyük bir bent vardı.

Septimius Severus'un (saltanatı 193–211) cömert bağışlarıyla, Leptis yeni bir ışıltıya büründü. Gerçekten de, Leptis, en azından bu bölümde, imparatorların gözdesi olmanın büyükçe bir kentin görünümünde nasıl çok büyük bir fark yaratabildiğinin en iyi örneğidir. Bu dönemden dört inşaat projesine göz atacağız: Kolonadlı sokak; *cardo* ile *decumanus*'un kavşağındaki *tetrapilon*; forum ve bazilika ile limanın tekrar biçimlendirilmesi. Tüm yapıların, imparatorluğun başka yerlerinden karşılıkları vardır. Burada farklı olan programın iddiası ve zenginliğinin boyutları, yirmi yıllık bir sürede bu kadar büyük proje geçekleştirilmiş olması ve ithal edilmiş mermer ve granitin bolca kullanılmasıdır. Yapılan masraf çok büyüktü.

Kolonadlı sokak (366 metre uzunluğunda, 21 metre eninde) limandan güneye doğru, Lebda boyunca uzanırdı. İki yandaki revakların sütunları yeşil Karistos mermerindendi ve üzerinde alışıldık arşitravlar yerine kemerler taşıyordu. Önceden orada bulunan hamam ve *palaestra* kompleksi yüzünden yolun kıvrılması gerekiyordu. Bu nokta caddeyi aşan takoz biçimli bir kemer (Palmyra'daki gibi) yerine, bir yanındaki geniş *nymphaeum* (çeşme binası) ile donatılmıştı.

203'te inşa edilen *tetrapilon*, her dört yöne de açılan ve birbiriyle kesişen geçitler içeren bir çoklu kemerdi. Saçaklığı, Septimius Severus ve ailesini onurlandıran heykellerle bezeli dört geniş rölyef panelle dekore edilmişti. Bir panelde Septimius Severus bir at arabasında, yanında iki oğluyla, bir sıra tutsağa eşlik ve süvarilerine önderlik etmektedir. Başka bir yerde ise tanrı olarak tasvir edilmiştir. Bir kurban kesimi sahnesinde, kendisi ve eşi Julia Domna, ilahlarla birlikte bir boğa kurban eder; bu bir imparatorun eşinin resmi faaliyetlere katılırken tasvir edilişine ilk örnektir. Kemerin üzerinde aile uyum içinde, kutsal nesneler tutar ve ilahlarla çevrili olarak gösterilmiştir. Bu huzurlu aile tablosunun geleceği farklı olacaktı: Septimius Severus'un oğlu Caracalla kardeşini annesinin huzurunda öldürtecek ve bu olay hanedanı sarsacak şiddet olaylarının sadece başlangıcı olacaktı. Kemerin iç yüzü figürlü sekiz panel barındırıyordu. Tüm yontma işleri Anadolu'daki Aphrodisias'tan gelen heykeltıraşlarca yapılmıştı.

Büyük Severus projelerinin üçüncüsü, bir forum ile buna eşlik eden bir bazilikadan oluşuyordu. Forum neredeyse 60 metre genişliğinde dev bir açık alandı ve üç yanı kemerli uzun revaklarla çevriliydi. Sütunlar Euboia'dan gelen yeşil ve beyaz şeritli *cipollino* mermerinden, başlıklar Penteliko mermerindendi (Parthenon'da kullanılan türde). Yerler Prokonnesos (Marmara Denizi'ndeki Prokonnesos [bugünkü Marmara Adası]) mermeriyle döşenmişti. Dördüncü tarafta yüksek bir poydum üzerinde, bir ihtimal kentin koruyucu tanrıları Bacchus (veya Liber Pater, yani Dionysos) ve Herakles'e adanmış geniş bir tapınak bulunuyordu. Başlık ve kaideler Penteliko mermerindendi; tapınağın ve yanındaki bazilikanın 112 sütunu kırmızı Asvan (Mısır'dan) granitindendi.

Forum'un yanına inşa edilen bazilika, yaklaşık 30,5 yüksekliğe sahip, altı yan koridor ve galeri içeren, geniş dikdörtgen biçimli bir holdü. Nefin her iki ucuna geniş, beton tonozlu bir apsis ile bir çift yapışık sütun yerleştirilmişti. Onların yanında Bacchus ve Herakles'ten bahseden heykelli sahneler barındıran bir çift pilastr duruyordu.

Severus'tan önce liman, ırmak ağzındaki korunaklı doğal liman boyunca, özellikle de batı kıyısındaki iskele ve ambarlardan oluşuyordu. Elden geçirildikten sonra liman, 21 hektar genişliğinde bir havza ile denize doğru uzanan iki yapay dalgakıran arasında dar bir girişten meydana geliyordu. Batı dalgakıran boyunca ambarlar ve en uçta da bir denizfeneri; doğu dalgakırandaysa bir işaret kulesi, küçük bir tapınak ve bir revakla çevrili bir sıra ambar bulunuyordu. Daha uzakta, yüksek bir podyum üzerinde ve limana bakar şekilde bir Jüpiter Tapınağı vardı. Denize inen basamaklar ile gemi bağlama halkaları gibi, gemileri güvenceye alma düzenlemeleri iyi korunmuştur.

Nîmes (Nemausus)

Nîmes, antik Nemausus, Güney Fransa'da Provence bölgesinde, Rhone Irmağı'nın batısında yer alır. Burada batıdan gelen tepeler ırmağın aktığı

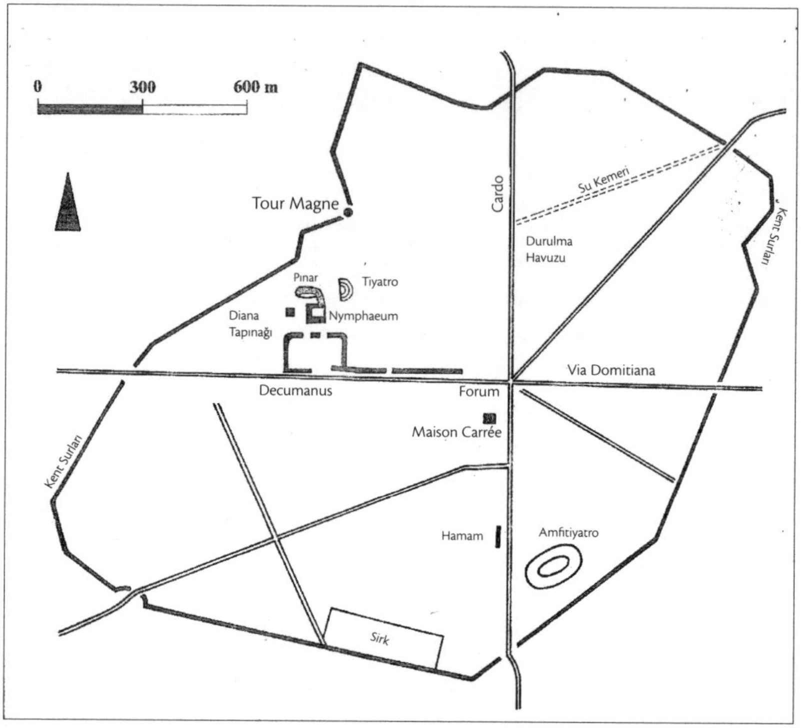

ŞEKİL 24.15 Nîmes (Nemausus) kent planı.

ovayla buluşur; Rhone Deltası da uzakta değildir. Bu yer, antik dönemlerden çağımıza dek değerini korumuştur. Roma İmparatorluğu zamanında kent İtalya'dan İspanya'ya giden Via Domitiana gibi bir ana yolun üzerinde olmanın yararını görmüştür.

Kent Roma öncesi dönemde ortaya çıkmıştır. Coğrafyacı Strabon'a (4.1.12) göre, bu *oppidum* (Latince "kasaba" demek olup, Romalılarca Batı Avrupa'daki yerli halkların yerleşimlerini ifade etmek için kullanılır) bir Kelt kabilesi olan Volcae Arecomici'nin başkentiydi. Şifalı bir pınar, ana cazibe noktalarından biriydi. Öyle ki, yerel bir su tanrısı olan Nemausus'un adı kentin adı olarak kullanılacaktı. MÖ ikinci yüzyıl sonlarında Romalıların ele geçirdiği Nîmes, yaklaşık MÖ 27'de Augustus döneminde gaziler için bir koloni olarak (Colonia Augusta Nemausus) tekrar düzenlenmişti. Gaziler yerlilerle sorunsuz şekilde kaynaşmış gibi görünüyor. Gazilerin büyük kısmı Mısır'da savaşmış olduğundan, Roma'nın Mısır'ı fethini sembolize eden bir palmiye ağacı ve zincirlenmiş bir timsah kentin amblemleri haline geldi ve paralara basıldı.

Kent Augustus döneminde, yaklaşık MÖ 16'da duvarlarla çevrildi (**ŞEKİL 24.15**). Etkileyici bir sekizgen kule (Tour Magne [Büyük Kule]) dışında bu tahkimatlardan geriye fazla bir şey kalmamıştır. Ancak duvarın izlediği yol belirlenmiştir. İçeride, kent *cardo* ve *decumanus* çevresinde kurulmuştu. Via Domitiana doğu kısımda *decumanus*'tan ilerlerken, bir köşeyi döndükten sonra güney kısımda *cardo* olarak ilerler. İki sokağın kesişiminde forum bulunur. Burada, ilk halinde Roma ve Augustus'a adanmış bir Roma tapınağı olan ve Fransızcada Maison Carrée ("kare ev") adı verilen bu yapı hâlâ ayaktadır. MÖ birinci yüzyıl sonlarına ait bu iyi durumdaki yapı, Etrüsk ve Yunan öğelerinin bileşimiyle Roma'daki Portunus Tapınağı'nı (bkz. **ŞEKİL 20.9**) çağrıştırır: Yalnızca ön cephede bulunan basamaklar, Korent sütunlu ve Yunan saçaklamalı derin bir sundurma ve tüm yapı yükselten bir platforma sahiptir.

Roma döneminden sağlam kalan bir diğer önemli yapı da, tüm Roma dünyasındaki en iyi korunmuş örneklerden biri olan tiyatrodur. Yakınlardaki Arles'daki (antik Arelate), T. Crispius Reburrus adlı aynı mimar tarafından yapılmış benzer amfitiyatro gibi bu da Flavius döneminde, MS birinci yüzyıl sonlarında yapılmıştı. Oval biçimli bu tiyatronun kapasitesi 24.000 kişiydi. Beton bir çekirdeğin üzeri yerel kesme taşlarla kaplanmıştı. Dış cephe, her biri altmışar kemerli iki kattan oluşur. Roma döneminde burada gladyatör dövüşleri ve güçlü hayvanlarla dövüşen insanlar gibi gösteriler sergileniyordu. Ortaçağın ilk dönemlerinde Hıristiyanlık bu tür eğlencelere son verdikten sonra, amfitiyatro bir kaleye ve daha sonra da surlarla çevrili bir kasabaya dönüştürülmüştü. On dokuzuncu yüzyılda evlerin kaldırılmasıyla, antik bir anıt olarak restore edilmişti. Günümüzde bu amfitiyatro özellikle boğa güreşleri için kullanılır; diğer modern gösterilerden bazıları gladyatörler ve araba yarışları gibi antik Roma oyunlarının tekrar canlandırılmasına dayanır.

Müreffeh MS ikinci yüzyıl süresince, pınarı ve çevresini koruyan mimari yenilenerek bir *nymphaeum* (Perge'deki gibi; bkz. **ŞEKİL 24.7** ve **24.8**), bir tiyatro ve küçük bir tapınak (Diana Tapınağı olarak bilinen) yapılmıştır. Yakınlarda, sukemerlerince getirilen tatlı suyun, kurşun döşeli on kanalla kentin farklı kesimlerine dağıtılmadan önce durulması için bekletildiği geniş dairesel havuz, yani *castellum*'un kalıntıları bulunur. Ünlü Pont du Gard (bkz. **ŞEKİL 20.10**) antik Nîmes tarafından kullanılan sukemeri şebekesinin sadece bir ayağıydı.

Londra (Londinium)

Nîmes'in aksine, Londra (Londinium Augusta) Roma öncesi bir yerleşim üzerine kurulmamıştı. Bu alan elverişli konumu yüzünden tercih edilmişti: Thames Nehri'nin ağzına bir köprünün yapılabileceği en yakın noktaydı. Bir kavşakta bulunan kent, ticari bir merkez olarak gelişti. Kuruluş tarihi belli değildir, belki MS 43'te Britanya'ya yapılan büyük Roma istilasından sonra olabilir. MS 60'ta Boudicca'nın Roma'ya karşı ayaklanması sırasında yıkılan Londra, kısa süre sonra tekrar inşa edilmişti. Roma'nın Britanya'daki varlığının başlarında önemli

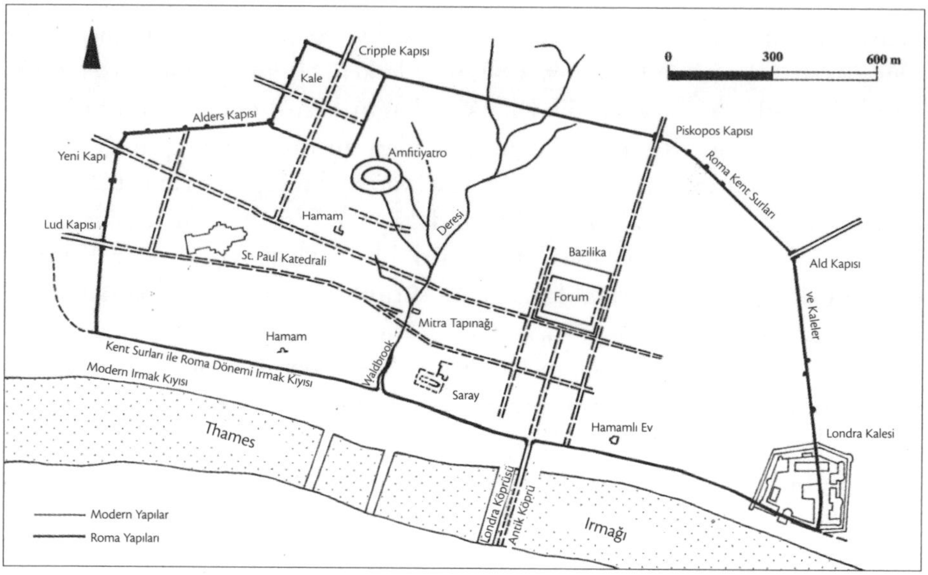

ŞEKİL 24.16 Londra (Londinium) kent planı.

kentlerden biri olmayan Londra (kuzeydoğudaki Camulodumun, bugünkü adıyla Colchester ilk Roma başkentiydi), mali önemi arttıkça, zamanla gerçek bir kente dönüştü ve imparatorluğun son dönemlerinde en önemli kentlerden biri haline geldi.

Roma Londra'sının kalıntıları parçalı halde, orada burada bugünkü metropolün merkezinin altında bulunur. Londra'nın bu erken dönemdeki mimarisine ulaşmadaki bir başka güçlük de inşaatlarda tercih edilen malzemenin pek dayanıklı olmayan ahşap olmasıydı. Bu zorluklara rağmen, kentin temel planı bilinmektedir (**ŞEKİL 24.16**). Dikdörtgen biçimli kent, Thames'e bağlanan Walbrook deresiyle iki kısıma ayrılıyordu. İlk yerleşimler doğu yarıdaydı. Doğu yarıda, kuzey ucunda çok büyük bir bazilika bulunan geniş bir forum inşa edilmişti; kent yönetimi burada bulunurdu. Kent ızgara plana sahip gibi görünür. Ne var ki, modern Londra'nın son derece düzensiz planında bu birbirine dik sokaklar korunmamıştır. Bir noktada, muhtemelen zenginlik ve nüfusun sert şekilde düşüşe geçtiği ve hakkında fazla bilgi olmayan beşinci ve altıncı yüzyıllarda, kentin refahı ve kentsel dokusu ciddi kesintilere uğramıştı.

İkinci yüzyıl yapıları arasında, nehir kenarında yönetim ofisleri, kuzeybatı uçta, yaklaşık 5 hektar alan kaplayan geniş bir kale ve kale yakınlarında bir amfitiyatro vardı. Yapılan kazılarda güneybatıda, nehir yakınlarında ve güneydoğudaki özel bir evde hamamlar ortaya çıkarılmıştır.

Nihayet üçüncü yüzyıl başlarında, nehir kıyısı da dahil kentin çevresini kuşatan bir duvar yapılmıştı. Kuzeybatıdaki kalenin iki cephesi bu savunma sistemine dahil edilmişti. Kuşatılan alan 132 hektar kadar olup, Londra'yı Roma Britanya'sındaki en büyük kent kılıyordu. Ek kulelerle desteklenen bu tahkimat, ortaçağlara kadar hizmet verecekti.

Londra'da Roma döneminden kalma en önemli buluntulardan biri 1953–54'te Walbrook'un doğu kıyısı boyunca yapılan kazılarda ortaya çıkarılan Mitra Tapınağı'ydı. İkinci yüzyıl sonları olarak tarihlendirilen bu tapınak, muhtemelen İran kökenli olan tanrı Mitra'ya adanmıştı. Kült gizliydi; erkeklerle kısıtlıydı ve üyelik ritüelinden geçilmesi gerekiyordu. Özellikle imparatorluk sınırları boyunca konumlandırılmış ordu içinde, ama aynı zamanda Roma ve limanı Ostia'da popülerdi. Dördüncü yüzyıldan sonra popülerliği hızla söndü. Mitra inancı tam olarak anlaşılamamıştır. Metinlerden çok bilgi elde edilemediğinden, anlayışımız tasvirlerin ve bina kalıntılarının yorumlanışına dayanır. Mitra tapınakları mağaraları andıracak şekilde inşa edilir ve dekore edilirdi. Hatta, Londra'daki kısmen yeraltındaydı. Bu dindeki kilit olay olan Mitra'nın bir kutsal boğayı öldürüşü düzenli olarak tapınaklarda tasvir edilmiştir. Ayrıca sıkça gösterilen bir tasvirde de Mitra ile güneş tanrısı Sol'ün öldürülmüş boğanın yanında paylaştıkları ziyafettir. Çoğunluk tarafından kozmik öneme sahip bir kurban eylemi olarak görülse de bu olayların anlamı bilinmemektedir.

Trier (Augusta Treverorum)

Özellikle üçüncü ve dördüncü yüzyıllarda siyasal, kültürel ve ekonomik açıdan büyük öneme sahip olan Trier kentiyle bölümü bitiriyoruz. Trier, Güneybatı Almanya'da Moselle Irmağı üzerinde, Roma öncesinde Germen-Kelt Treveri kabilesine (veya Romalıların kabileler için kullandıkları sözcükle, *civitas*) ait olan topraklardadır. Yüz kilometre kuzeyde, Moselle'nin Ren Irmağı ile birleştiği nokta, yüzyıllar boyunca Roma İmparatorluğu'nun kuzeybatı sınırını belirlemiştir. Augustus döneminde bir ordu kampı olarak kurulan Trier, zamanla bugünkü Kuzey Fransa, Belçika, Lüksemburg ve Ren'in batısında kalan Almanya'dan oluşan kuzeybatı bölgesinin siyasal ve ekonomik merkezi haline gelmişti. Bölgenin mali görevlisi *procurator*'un ve 337'den itibaren bölgenin en üst düzey adli görevlisi olan *praetor praefectus*'un karargâhı buradaydı; kentte yapılan işlerden bazıları şarap ticareti ile çömlek, tekstil ve silah imalatıydı. Ayrıca, üçüncü yüzyıl sonları ile dördüncüde kent bir imparatorluk ikametgâhı oldu, kültürel ve dini (Hıristiyan) bir merkeze dönüştü. Bu nedenlerle Trier, Nîmes veya Londra'dan çok daha önemliydi. Bu statü mimarisine de yansımıştır. Ancak, güvenlik nedeniyle 395'te Romalılar idari bir merkez olarak Trier'i terk etti: Ren sınır bölgesindeki askeri çarpışmalar yoğunlaşıyordu. Kısa süre sonra, beşinci yüzyıl başlarında, kent imparatorluğun batısını fethedecek Germen kabilelerinden biri olan Franklar tarafından ele geçirilecekti.

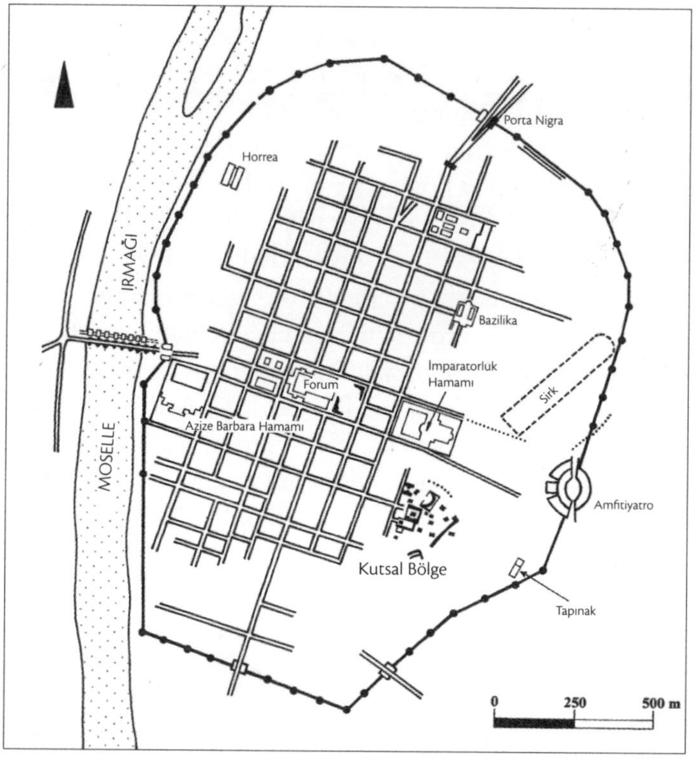

ŞEKİL 24.17 Trier (Augusta Treverorum) kent planı.

Kentin birinci yüzyıla ait kalıntıları hakkında fazla bir şey bilinmemektedir. Kazıklı bir köprü ve ızgara planın başlangıçları bu döneme ait olabilir. İkinci yüzyılda, inşaat faaliyetleri hız kazandı (**ŞEKİL 24.17**). Bu döneme ait bir ızgara plan ile merkezde batık bir *cryptoporticus*, yani bir yeraltı galerisi olan geniş bir forumun (400 x 100 metre) varlığı bilinir. Bu dönemden diğer yapılar arasında bir taş köprü; ırmak yakınlarında dev bir hamam kompleksi (yakınlardaki bir kiliseden dolayı Azize Barbara Hamamı adı verilir); belki Roma öncesinden gelen elliden fazla küçük tapınaktan oluşan bir kutsal bölge Altbachtal ve kentin doğu ucunda, 20.000 kişi kapasiteli bir amfitiyatro sayılabilir.

Kentin önemli siyasal statüsü en iyi şekilde imparatorluğun son dönemlerinde yapılan görkemli binalardan anlaşılabilir. Bunlardan bazıları, Porta Nigra ("kara kapı"), anıtsal İmparatorluk Hamamı (Kaiserthermen) ve aynı zamanda Constantinus Bazilikası adıyla da bilinen Aula Palatina'dır ("sarayvari hol"). Bu sonuncusu orijinal olarak bir saray kompleksinin parçası olup, kraliyet kabul salonu olarak hizmet veriyordu. Boyutları 67 x 25 x 33 metre olan, bir ucunda geniş bir apsise sahip dikdörtgen biçimli bu görkemli yapı, Roma döneminden kalma en büyük holdür.

ŞEKİL 24.18 Porta Nigra, Trier.

İmparatorluğun batısından kalan en büyük kapı yapılarından biri olan Roma dönemi Trier'inin kendine özgü kuzey kapısı ve Porta Nigra özellikle ilginçtir (**ŞEKİL 24.18**). Tahkimat duvarında inşa edilen dört ana kapıdan biri ve günümüze tek ulaşanıdır. Tarihi tartışmalıdır; ikinci, üçüncü sonları ve dördüncü yüzyıl başları önerilmiş olup, daha ileri tarihler ağır basıyor gibi görünmektedir. Kapı gri kumtaşındandır. Taş duvarların kaba dokusu bilinçli olmayıp, yapının hiçbir zaman bitirilmemiş olduğunun bir göstergesidir. Harç kullanılmamıştır; onun yerine, bloklar yerlerine paslanmalarını önlemek için kurşun kaplanmış demir kıskaçlarla sabitlenmiştir. Bugün görünen yapı, metale erişmek isteyen ortaçağ insanlarının açtığı deliklerle kaplıdır. Orijinal olarak Porta Nigra, bir geçidin iki yanındaki dört katlı iki kuleden meydana geliyordu: Hem iç, hem de dış yanlardan bir çifte kemerle kuşatılmış bir avlu söz konusuydu. Kuzeyde, dışta, kuleler eğrisel, hatta neredeyse yarım daire biçimindedir, güney cephe düzdür. Bütün katlar sütunlarla süslenmiştir; üstteki üç kattaki sütunların arasında kemerli açıklıklar vardır. Ortaçağlarda, Porta Nigra bir kiliseye dönüştürülmüştü. Pek çok başka değişikliğin yanı sıra, doğu yanına bir apsis eklenmiş ve batıda tek bir baskın kule yaratmak adına doğu kulenin tepe katı kaldırılmıştır. Yapının orjinal işlevi ve görünümünün kazandırılması için yapılan restorasyon çalışmaları on dokuzuncu yüzyılda, Napoléon'un emriyle başlatılmıştır.

Sonuç

Eyaletlerdeki kentleri ele alışımızda, bölümün başında da belirttiğimiz gibi, belli temalara vurgu yaptık. Bir Roma kentini neyin oluşturduğu sorumuza ise artık bir yanıt verebiliriz. Kolonadlı sokak, forum, tapınaklar, hamam, bir tiyatro gibi kamusal yapı türleri açısından bir tekbiçimlilik söz konusuydu. Dahası, bu yapılar bölgesel farklılıklar barındırmakla birlikte, Yunan-Roma mimari tarzında yapılmışlardı. Doğu kentlerinde tercih edilen yapı malzemesi tuğla ve beton yerine kesmetaştı; bu tercih Romalıların gelişinden çok önceleri yerleşmiş yapım tekniklerinden kaynaklanıyordu. Ayrıca, yine önemli bir nokta, kesişen *cardo* ve *decumanus* sokaklarının kent planının ana eksenlerini oluşturmasıyla, bu kentlerin yerleşimlerinde sıkı bir düzen eğilimi sergilemeleridir. Çoğunlukla buna bir de dik açılı ızgara plan eklenirdi. Yöre topografyasının gerekleri veya Roma öncesi planlardan kaynaklanan düzensizlikler sıktı. Ama bireysel herhangi bir kaygının ötesinde, kent bütününü kapsayan bir yapı arzusu her zaman mevcuttu. Bu kentsel planlama düşüncesi, Romalıların *castrum*'una çok şey borçludur. Ayrıca, imparatorların hamiliğinin önemi ile önde gelen erkek ve kadınların katkılarını da gözlemledik. Kişinin kentinin maddi refahı, MS birinci ile üçüncü yüzyıllar arasında desteklenmesi ve korunmasına önem verilen bir şeydi. Sonuçta, evet: Gerçekten de coğrafya, iklim, dini uygulamalar ve etnik köken gibi bölgesel farklılıklara rağmen bir Roma kentini, fiziksel görünüşünü ve orada gerçekleşen faaliyetleri tanımak mümkündür.

BÖLÜM 25

Geç Antikçağdaki Dönüşümler

Constantinus Çağında Roma, Kudüs ve Konstantinopolis

Severuslardan I. Constantinus'a Bazı Roma İmparatorları:

➢ On beş imparator (anarşi dönemi):	235–270
➢ Aurelianus:	270–275
➢ Altı imparator:	275–284
➢ Diocletianus:	284–305
Dörtlü Yönetimin (Tetrarchia) Başlangıcı:	293
➢ I. Constantinus (Büyük):	306–337
Milvius Köprüsü Savaşı:	312
Milano Fermanı:	313
Konstantinopolis'in Kuruluşu:	324

Büyük Constantinus çağı antikçağın sonu, ortaçağların başlangıcı, Akdeniz ve Yakındoğu'nun tarihinde yeni bir sayfanın açılması anlamına geliyordu. Tüm ilgi çekiciliğine rağmen ortaçağlar bu kitabın kapsamının dışındadır. Bu bölümde bu dönüşümü temsil eden bazı öğeler, özellikle de Akdeniz Havzası'ndaki kentlerin değişen görünüş ve işlevleri üzerinde bir etkisi olan unsurlar sunulacaktır. Yolculuğumuzu Konstantinopolis'te bitireceğiz, zira bitiş ve yeni bir başlangıç en güçlü şekilde burada, Roma İmparatorluğu'nun bu yeni başkentinde hissedilebilir (bu bölümde geçen yer adları için, bkz. **ŞEKİL 23.1**).

Tarihsel Özet

Severus hanedanından sonra Roma İmparatorluğu tepede, imparator makamında büyük istikrarsızlıklar yaşanan bir kargaşa dönemine girdi. Aynı zamanda, başta doğuda İranlı Sasaniler ve Kuzey Avrupa'daki Gotlar ve diğer Germen kabilelerinden olmak üzere dış tehditler artıyordu. Buna yanıt olarak Aurelianus başkentin çevresine bir tahkimat duvarı yaptırdı (bkz. **ŞEKİL 23.2**). 271'de başlanan Aurelianus Duvarı, MÖ dördüncü yüzyıldaki Servius Duvarı'ndan sonra Roma'nın ikinci tahkimat duvarıydı. Yeni duvar 19 km uzunluğunda, 381 kuleli ve on sekiz kapılı ve neredeyse tümü beton üzerine tekrar kullanılan tuğladandı, ama kapılar taştan yapılmıştı. Servius Duvarı'ndan çok daha geniş

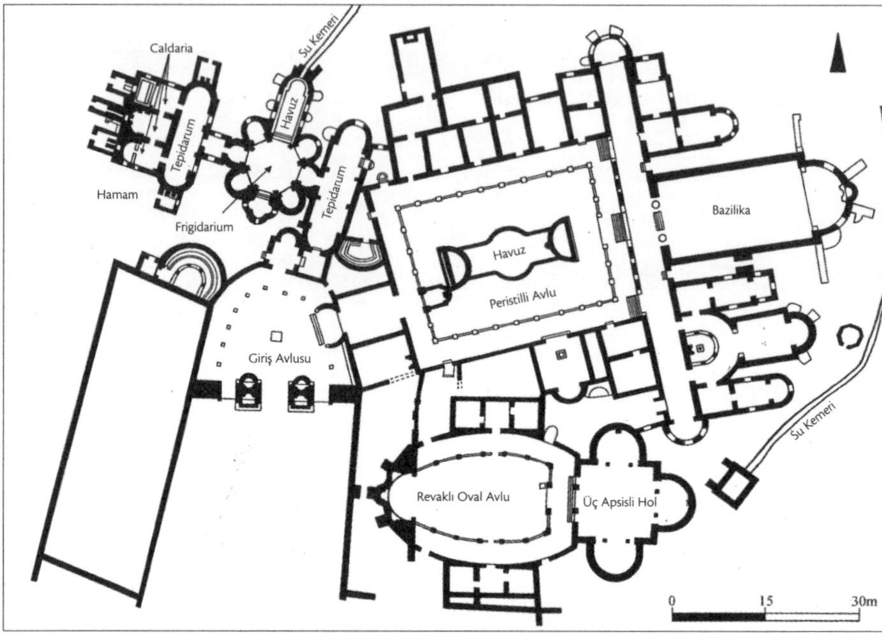

ŞEKİL 25.1 Piazza Armerina planı.

bir alan kuşatıyordu; bu, kentin Cumhuriyet ve İmparatorluk dönemlerindeki genişlemesinin bir göstergesidir. Kent 1980'de İtalya'yı birleştirme seferleri sırasında Papalık'tan alındığında bu duvar halen kullanımdaydı. Büyük kısmı hâlâ ayaktadır.

İç ve dış çözülme 284–305 arasında hüküm süren Diocletianus tarafından engellendi. Yeni yasalar ve dörtlü yönetim adıyla bilinen, imparatorluğun Latince konuşan batı ve Yunanca konuşan doğu yarılarının her birinin bir imparator (*augustus,* çoğ. *augusti*) ile bir yardımcısı (*caesar*) tarafından yönetileceği bir güç paylaşım planını içeren önemli reformlar yaptı. İki *augusti* yirmi yıldan sonra emekli olacak, yerlerine *caesar*'lar geçecek ve kendilerine yeni yardımcılar seçeceklerdi. Diocletianus ile iktidar ortağı I. Maximianus, 305'te planlandığı gibi emekli oldu, ama ondan sonra ardıllarının hırsları yüzünden sistem çöktü. Rakipler arasında savaş çıktı. Batıdaki üstünlük, 312'de I. Constantinus'un, Roma'nın kuzey dış mahallelerindeki Milvius Köprüsü Savaşı'nda Maxentius'u yenmesiyle belirlendi. 324'te Khalkedon'da [Byzantion'un karşısı, bugünkü Kadıköy] Licinius'u yenmesiyle birlikte I. Constantinus, iki yarısı tekrar birleştirilmiş olan tüm Roma İmparatorluğu'nun tek yöneticisi durumunda kaldı. Ama birlik kısa sürdü. Doğu ile batı arasındaki ayrılık derinleşmeye devam etti. Constantinus imparatorluk başkentini Roma'dan, Konstantinopolis olarak yeniden adlandırdığı Byzantion'a taşıdı. Ölümünden sonra kuzeyden gelen

ŞEKİL 25.2 Piazza Armerina'dan komik bir araba yarışını tasvir eden mozaik ayrıntısı.

tehditler devam etti; beşinci yüzyılda, imparatorluğun batı yarısı Germenler tarafından istila edildi. Gotlar 410'da Roma'yı yağmaladı, Vandallar 439'da Kuzey Afrika'yı, Vizigotlar İspanya ve Portekiz'i, Ostrogotlar da İtalya ve Balkanlar'ın bazı kısımlarını ele geçirdi. 476'da batıdaki son Roma imparatoru tahtı bıraktı; Roma egemenliği sözde olarak bile bitmişti. Ne var ki, doğuda Roma İmparatorluğu 1453'e kadar devam edecekti. Modern çağda bu devlet yaygın olarak Bizans İmparatorluğu olarak bilinir.

Başkenti taşımasının dışında, Constantinus'un iktidarı Hıristiyanlığın kamusal alana girişi açısından da önemlidir. İddiaya göre, Milvius Köprüsü Savaşı'nda, Constantinus vahiy şeklinde bir haç görür ve bir sesin "Bu sembolle fethedeceksin," dediğini duyar. Hıristiyanlığa karşı kendi şahsi tavrı bilinmese ve bazıları ölüm döşeğinde Hıristiyan olduğunu iddia etseler de, 313'teki Milano Fermanı ile en azından Hıristiyanlık dinine yasal bir statü kazandırmış oldu. Dördüncü yüzyıl sonlarında, I. Theodosius döneminde, Hıristiyanlık tek yasal din ilan edilecekti. Bu din değişimi, dördüncü ve beşinci yüzyıllarda Roma toplumunda gerçekleşen çok sayıda değişimin en büyük göstergelerinden biridir.

Saraylar: Piazza Armerina ve Diocletianus'un Sarayı

Bu dönemdeki değişimleri gözlemlemek için iyi bir başlangıç noktası, üçüncü yüzyıl sonlarından ve dördüncü başlarından iki sarayı birbiriyle karşılaştırmaktır. Piazza Armerina, Sicilya içlerinde, Hadrianus'un Tivoli'deki villasını çağrıştıran geniş bir kır villasıdır; oysa, Diocletianus'un Split'teki (Hırvatistan'ın Adriyatik kıyısı) sarayı, Roma askeri kamplarını çağrıştıran katı bir plana sahip, ama mimaride gelecekte kullanılacak özellikleri barındıran bir komplekstir.

Piazza Armerina, dördüncü yüzyıl başlarında kimliği belirsiz, seçkin ve zengin bir kimse tarafından yaptırılmıştı. Bu saray Hadrianus'un Villa'sından (**ŞEKİL 25.1**) daha sıkışık bir düzende yerleştirilmiş bir dizi pavyondan meydana gelir (**ŞEKİL 25.1**). Toplamda yaklaşık 3.000 m^2 alan kaplayan zemin, çok sayıdaki mozaikleriyle ünlüdür. Buradaki tasvirler arasında at arabalarının flamingolar ve güvercinlerce çekildiği ve erkek çocukları taşıdığı komik bir araba yarışı da vardır (**ŞEKİL 25.2**). Bu tarz, antikçağ sonlarına aittir ve bu dönemin sanatının mükemmel bir örneğidir. Böyle yer mozaikleri başka yerlerde de döşenmeye devam edecektir, ki bunun altıncı yüzyıldan başlıca örneklerinden biri, Konstantinopolis'teki Büyük Saray'dadır.

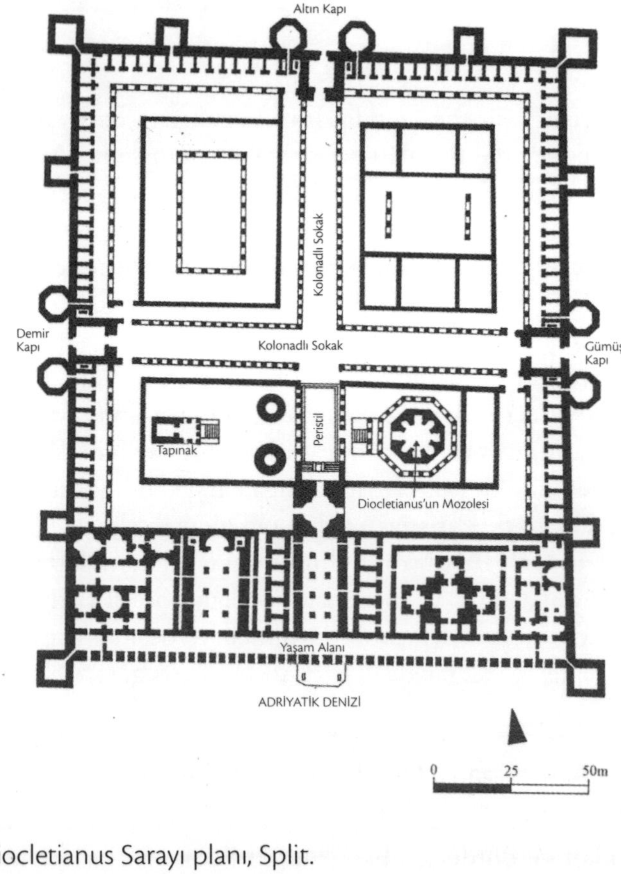

ŞEKİL 25.3 Diocletianus Sarayı planı, Split.

Diocletianus'un Split'teki sarayı geçmiş ile geleceğin farklı bir sentezini sunar (**ŞEKİL 25.3** ve **25.4**). Neredeyse tam bir kare biçiminde, 175 metre ve 181 x 216 metre boyutlarında olup, kare ve sekizgen kuleleri olan tahkimatlı duvarlara sahiptir; içeride, adeta bir *cardo* ve *decumanus* gibi iki ana sokak kesişir. Kesinlikle bir müstahkem askeri kamp hissi verir, ki o dönemlerdeki belirsizlikler yüzünden, görevleri arasında askeri önderlik de bulunan Diocletianus, yüzyıllar önce geliştirilmiş bir Roma planlama ilkesine bağlı kalmış olabilir. Ancak içeri girildiğinde, bazı öğelerin daha önceye değil üçüncü yüzyıl sonları ve dördüncü yüzyıl başlarına ait olduğu görülür. Birincisi, revaklar merkezi konumdaki peristilli bir avluda, arka tarafta, geç Roma mimarisinin en çok tercih edilen tasarımlarından birine uygun olarak bir Roma kemeri ile birleştirilmiş Yunan tarzı bir alınlığa bağlanır (**ŞEKİL 25.5**). Ve ikincisi, imparatorun mozolesinin tipinde *martyrium* olarak bilinen, müstakil yuvarlak veya buradaki gibi sekizgen bir bina türündendir. Bu, önemli kişiler veya azizlerin mezarını belirten veya Hıristiyanlık dönemlerinde önemli dini olayların gerçekleştiği mekânlara yapılan (İsa'nın Doğumu gibi) standart bir yapı biçimi olacaktı.

Ayrıca bu saray kompleksi bünyesinde, kuzeyde bir Altın Kapı (Porta Aurea) da vardı; daha sonra Konstantinopolis de kendi ünlü Altın Kapı'sına sahip olacaktı. Mozolenin simetrik olarak karşısında, peristil avlunun diğer yanında beşik tonozlu bir Jüpiter Tapınağı bulunur. Güneyde ise, dikdörtgen biçimli büyük bir hol ile batıya doğru iki hol daha, binanın bu yanı boyunca uzanan deniz kenarındaki galeriye açılan kabul odalarıdır (burada "Yaşam

ŞEKİL 25.4 Diocletianus Sarayı rekonstrüksiyonu, Split.

ŞEKİL 25.5 Diocletianus Sarayı'nda peristil avlu, Split.

Alanı" olarak belirtilmiş). Daha sonraki inşa çalışmalarından dolayı, sarayın geri kalanı çok iyi bilinmemektedir.

Roma

Üçüncü yüzyıl sonlarına doğru Roma binalarla doluydu. Karşılanmamış ne ihtiyaç kalmıştı? Bir imparator kentte Augustus veya Hadrianus gibi mimari açıdan izini nasıl bırakabilirdi? Çözümler bulunmuştu. Diocletianus, o zamana dek Roma'da inşa edilenlerin en büyüğü ve Traianus Hamamı'nda görülen türün geliştirilmiş bir hali olan büyük bir hamam kompleksi yaptırdı. Constantinus'un kendisi bir bazilika ekledi, daha doğrusu rakibi Maxentius'un Forum Romanum'da yapımını başlattığı bir bazilikayı tamamlattı. Constantinus, Colosseum'un yanına bir de zafer kemeri yaptırdı. Bu kemer eski ile yeninin bir karışımı olan heykelli dekorasyonu açısından önemlidir. Ne var ki, hamam, bazilika ve zafer kemeri yapı türlerinin tümü de geçmişteki Roma geleneklerinden aşinadır. Yeni bir yönelim bu dönemde ilk kamusal kiliselerin yapılmasıyla ortaya çıkar. Eski San Pietro bu değişimin iyi bir örneğidir.

Maxentius ve Constantinus Bazilikası

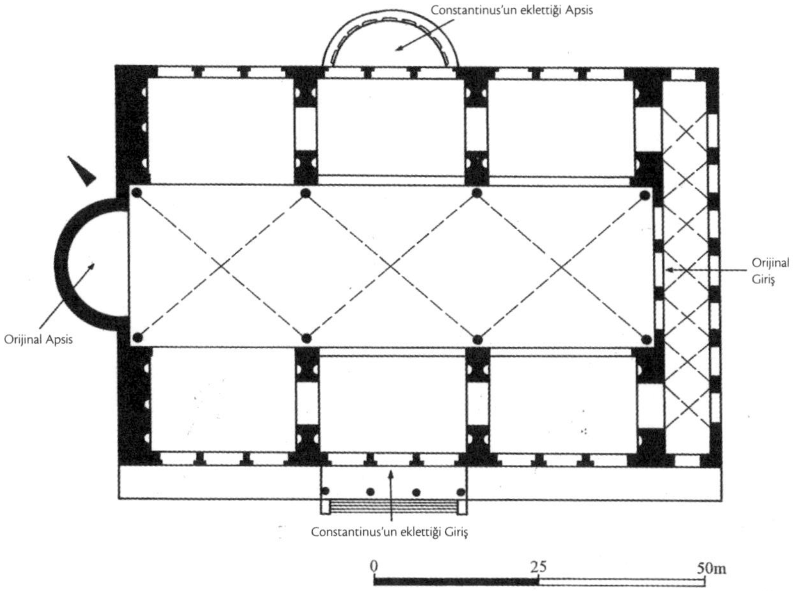

ŞEKİL 25.6 Maxentius ve Constantinus Bazilikası planı, Roma.

Yeni Bazilika (Basilica Nova) adı da verilen bu çok büyük yapı, 306-310 arasında Maxentius tarafından başlatılmış ve 313'ten sonra Constantinus tarafından bitirilmiştir (**ŞEKİL 25.6**). Forum Romanum'un kuzey tarafına yapılmıştı (**ŞEKİL 20.8**). Bina 100 x 65 metrelik beton bir platform üzerinde durur. Nefi 80 metre uzunluğunda ve 25 metre genişliğindedir; en yüksek yerinde yüksekliği 38 metredir. Kuzeydeki üç girinti günümüze ulaşmıştır. Nefin tepesinde bir tür asma pencere olarak kemerli pencereler, tavanında beton çapraz tonozlar vardır ve iç duvarlar kırmızı tuğla ile kaplanmıştır. Bazilikanın dışı, mermer taş işçiliğini andıran beyaz yalancı mermerle kaplıydı. Orijinal halinde doğu-batı ekseninde duran bu plan, Constantinus'un kuzeye bir apsis ve güneye foruma çıkan basamaklar yerleştirmesiyle değişmişti.

Batı apsiste, dev bir kaide üzerinde Constantinus'un oturur halde, 324-330'da yapılmış dev bir heykeli yer alıyordu. 1486'da bu heykelin parçaları bulunmuştur. Yakındoğu'daki uygulamalara kadar geri giden bir geleneğe uygun olarak, heykel farklı malzemelerden yapılmıştı: Tuğladan bir çekirdek; gövde ahşap üzerine tunç kaplama, baş ve kollar Pentelikos mermerindendi. Baş 2,6 metre yüksekliğinde ve 8-9 ton ağırlığındaydı (**ŞEKİL 25.7**). Boyna alçıyla tutturulmuştu. İmparatorun gözleri hafifçe yukarı dönüktü; baş kesinlikle Yunan-Roma tarzında olmasına rağmen, sabit bakış ve gözlerin yukarı dönük olması sıradan insanlarla Tanrı arasında aracı kabul edilen Hıristiyan imparatorun, optik açıdan gerçekçi olmayan bir biçimde tasvir edildiği ortaçağların habercisi gibidir.

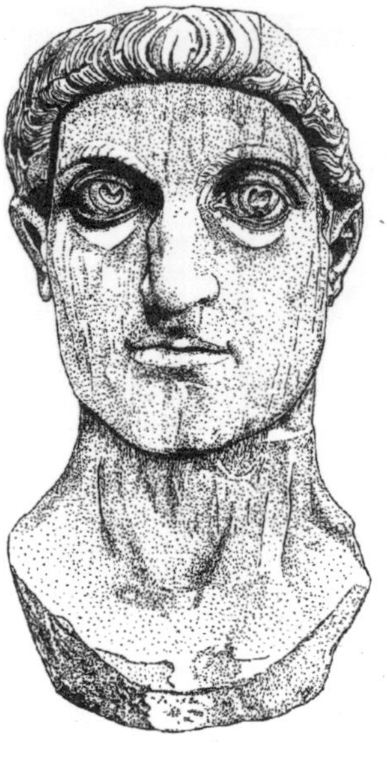

ŞEKİL 25.7 Büyük Constantinus'un mermerden dev heykeli. Musei Capitolini, Roma.

Constantinus Kemeri

Ortaçağ tarzının önemli bir imparatorluk anıtı üzerindeki en eski örneklerinden olan frizi nedeniyle, Constantinus Kemeri'ne modern sanat tarihçilerince "ortaçağlara açılan kapı" nitelemesi yapılmıştır. 312–315 arasında Constantinus'un Maxentius karşısındaki zaferini ve Licinius ile ortak yönetimini kutlamak için yapılan kemerde, ortadaki en büyükleri olmak üzere üç kemerli açıklık vardır (**ŞEKİL 25.8**). Kemer, heykelli süslemelerinin eklektik karışımıyla öne çıkar. Paneller ikinci yüzyıl anıtlarından, diskler Hadrianus döneminden, dikdörtgen levhalar Marcus Aurelius döneminden alınarak, kemerin saçaklığına iliştirilmiştir. Taş heykellerin ve mimari öğelerin böyle tekrar kullanımına *spolia* adı verilir. Ortaçağlarda, harap veya bakımsız Yunan ve Roma yapıları yeni inşaatlar için mükemmel yapım malzemesi kaynaklarıydı; *spolia* bazen süsleme amaçlı olarak kullanılırdı.

Ancak, yan kemerlerin hemen üzerindeki frizler Constantinus Kemeri ile çağdaştır. Frizde, anıtın dört yanındaki altı panelde, Constantinus'un seferi, Milano'dan ayrılışından Verona Kuşatması'na (**ŞEKİL 25.9**), Milvius Köprüsü Savaşı'na ve Forum Romanum'da Roma halkına seslenişi ve para dağıtışına kadar anlatılmıştır. İkinci yüzyıl heykelleri, hareket halindeki insan bedeninin görsel açıdan gerçekçi tasvirleri ile katıksız klasik tarzda iken, ortaya imparatoru yerleştiren friz, katı ve resmi bir düzene sahiptir. Ayrıca, tıknaz beden tipleri kullanılmış ve insanlar bireyler yerine tipler olarak gösterilmiştir. Rönesans'tan bu yana gözlemcilere, bir imparatorun (Batı Avrupa'da Rönesans'tan beri el üzerinde tutulan) klasik tarzı reddetmesi ve yerine daha geri bir ortaçağ tarzını tercih etmesi şaşırtıcı gelmiştir. Çünkü gerçekten de bu ortaçağ tarzıdır ve yukarının onayı olmadan yapılmadığına da kuşku yoktur. Neden? Klasik tarzın çöküşü ve ortaçağ tarzının benimsenmesi Avrupa sanat tarihinde önemli bir andır. Açıklama bariz değildir, ama dev imparatorluk içinde işlemekte olan pek çok etmene bağlı olmalıdır. Bu değişim ani değildi, tam tersine Yunan-Roma sanatı ortaçağlar boyunca değişen derecelerde nüfuzlu olmaya devam etmişti. Anlaşıldığı kadarıyla sanat, imparatorun sağlam şekilde tepede olduğu, diğerlerinin kendi rütbe ve mesleklerinde sabit oldukları

ŞEKİL 25.8 Constantinus Kemeri'nin kuzey kesimi, Roma.

yeni bir hiyerarşik toplum görüşünü yansıtacak şekilde değişiyordu. Bu frizler toplumsal grupların statülerini görsel olarak açıklama görevini yerine getirir; görsel gerçekçilik artık aranan bir özellik değildi.

Kiliseler

313'teki Milano Fermanı'nın hemen ardından Hıristiyan kiliseleri açıkça inşa edilmeye başlandı. Roma'daki ilk büyük kilise başkentin dışlarına doğru bir yerde ve böylece kentin merkezinden, Capitolium, Pantheon gibi önemli tapınaklardan uzakta bulunan Lateran'daki Aziz Yahya (daha sonra çok kereler tekrar yapılmıştır) idi. Tiber'in batı kıyısında, Aziz Petrus'un mezarında başka bir tapınak ortaya çıkmıştı bile. Dördüncü yüzyıl başlarında burada büyük bir kilise yapıldı. Bu Eski San Pietro'ydu. On altıncı yüzyıl başlarında yıkılarak,

ŞEKİL 25.9 Verona Kuşatması'nı tasvir eden rölyef heykel, güneybatı friz, Constantinus Kemeri.

daha da muhteşem bir kilise olan bugün halen kullanımdaki Rönesans-Barok San Pietro katedrali yapılana dek 1.000 yıldan fazla duracaktı.

Roma: Eski San Pietro

Eski San Pietro, erken dönem kilise mimarisindeki kilit bir gelişmeyi açıkça yansıtır: Halen mevcut bir kamusal yapı türü olan bazilika, dini bir yapı olarak kullanıma uyarlanmıştı (**ŞEKİL 25.10** ve **25.11**). Törenlerin dışarıdaki bir sunakta gerçekleştirildiği standart Yunan-Roma dininden farklı olarak, Hıristiyanlık

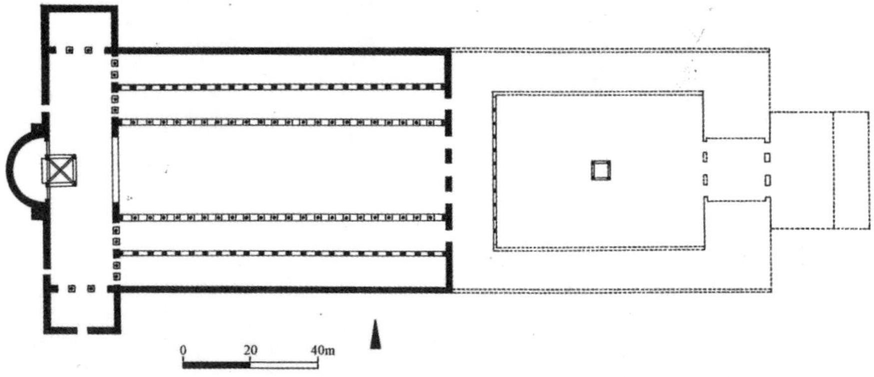

ŞEKİL 25.10 Eski San Pietro Bazilikası planı rekonstrüksiyonu, Roma.

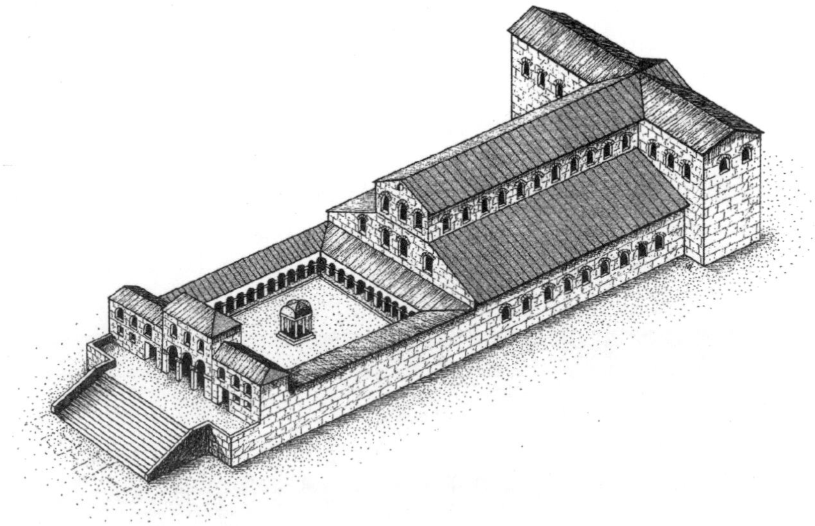

ŞEKİL 25.11 Eski San Pietro Bazilikası rekonstrüksiyonu, Roma.

evkaristiya veya İsa ile on iki havarisinin katıldığı yemeğin anılma törenini bir iç sunakta gerçekleştirmeyi tercih ediyordu. Bazilika biçimi kullanışlı gelmişti. Bu plan kilise tasarımında bir standart halini alacak ve günümüze dek kullanılmaya devam edecekti.

Tıpkı standart Roma bazilikası gibi, Eski San Pietro da bir orta nef (asma pencereli) ve yan koridorlara bölünüyordu, ama sütunlar dört kenar yerine yalnızca uzun kenarlar boyunca yerleştiriliyordu. Giriş kısa taraftandandı. Bunun karşı ucunda bir apsis bulunuyordu. Bu kilisenin iki yan kolu vardı; nef ile yan kolların kesiştiği noktada törenlerin odağı olan ana sunak bulunurdu. Aziz Petrus'un mezarı sunağın altındaydı. Nef ve yan koridorlar katılımcı ve gözlemcilercilere yer sağlıyordu. Nef figüratif mozaiklerle süslenmişti. Yapının önünde *atrium* (Pompei'de gördüklerimiz gibi Roma evlerinin *atrium*uyla karıştırılmamalıdır) adı verilen ve çevresi revaklı bir avlu vardı. Zamanla bu kilise, bir gömü mekânı olarak popülerlik kazancaktı, zira büyük bir azize yakın gömülmek arzulanan bir şeydi.

Kudüs

Kudüs'ün planı, Constantinus tarafından Hıristiyanlar için önemli bir hac merkezi olarak yeni statüsünü yansıtacak şekilde değiştirilmişti. Ama önce biraz tarihçe: Roma İmparatorluğu döneminde Kudüs'ün tarihini kısaca özetleyelim. İsa'nın doğumu döneminde kent, Roma'ya tabi bir yerel hükümdar olan Büyük Herodes'in denetimindeydi. 66–73'te Romalılara karşı bir Yahudi ayaklanması Titus tarafından bastırılmıştı; bu sırada Herodes'in tekrar inşa ettirdiği İkinci Tapınak yıkılmıştı. Görmüş olduğumuz gibi, bu olaydan Roma'daki Titus Takı'nın rölyef heykellerinde bahsedilmişti (**ŞEKİL 23.13** ve **23.14**). Bunun ardından 132–135'te Hadrianus döneminde Bar Kohba önderliğindeki ikinci bir ayaklanma, yine sert bir Roma tepkisine yol açtı. Bu sefer, kentin adı Aelia Capitolina olarak değiştirildi ve bir *cardo* ve *decumanus* ile kesişim noktalarında bir forumla tekrar yapıldı (**ŞEKİL 25.12**; **ŞEKİL 10.10** ile karşılaştırınız).

Kutsal Kabir Kilisesi

Constantinus yönetiminde, kentin itibarı Hıristiyanlık ile ilgili konulara yöneltildi. Ana forumun kuzey ucunda, vaftizhanesi olan bir katedral inşa edildi. Böylece, forum (kamusal merkez) ile ana tanrılar Jüpiter, Iuno ve Minerva'ya adanmış ana tapınaktan meydana gelen eski Roma kalıpları tekrar edilmiş, ama şimdi bu itibarlı bileşim Hıristiyan bağlamda tahsis edilmişti. Benzer şekilde, mevcut Roma gelenekleri diğer alanlarda uyarlanacaktı. Gördüğümüz gibi, kilise mimarisinde Romalıların bazilikası, Hıristiyanlar tarafından dini

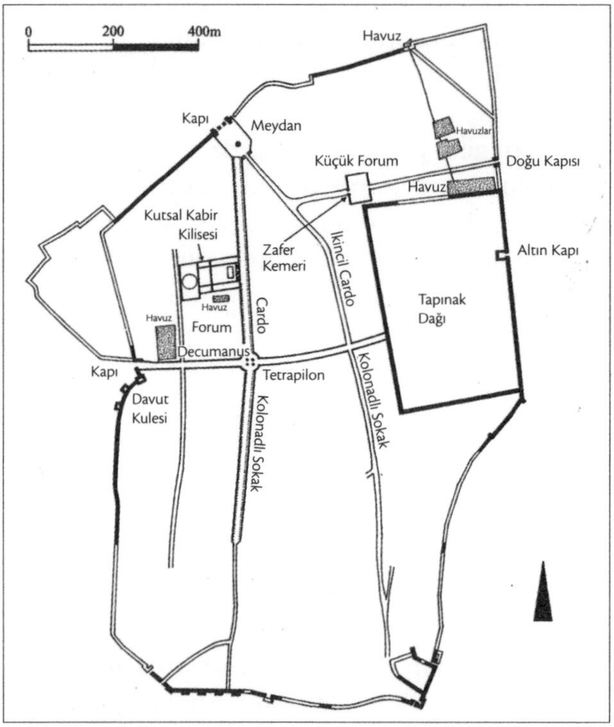

ŞEKİL 25.12 Kudüs kent planı, MS dördüncü yüzyıl.

kullanıma uyarlanmıştı. Resim sanatında, mevcut Yunan-Roma motiflerinin pek çoğu Hıristiyan bir izleyici kitlesi için tekrar yorumlanmıştı; tarzı açıkça o günün yaygın Roma sanatının tarzıydı.

Bu kilisenin yapımı sırasında kayaya oyulmuş bir mezar keşfedilmişti: Bu kendi başına şaşırtıcı değildi, zira daha eski dönemlerde bu alan bir Yahudi mezarlığı olarak kullanılmıştı. Ama İsa'nın mezarı ve dolayısıyla Hıristiyanlık'taki kilit olay olan dirilişin gerçekleştiği mekân olarak belirlenen bu mezar, kısa süre içinde Anastasis (diriliş) Rotund'u olarak bilinen yuvarlak bir martyrium ile çevrilecekti. Kısa süre sonra kilisenin Gerçek Haç (İsa'nın üzerinde can verdiği tahta haç) kutsal emanetine ev sahipliği yapmaya başlamasıyla, *atrium* avlu, bazilika kilise, ikinci avlu ve rotunddan meydana gelen dört parçalı kompleks Hıristiyan hacıların başlıca uğraklarından biri haline geldi (**ŞEKİL 25.13**).

Constantinus döneminin rotundu ve kilisesi 1009'da Fatımi hükümdarlarından Hâkim tarafından yıkılacak, daha sonra 1048'de Bizans imparatoru IX. Konstantinos Monomakhos'un hamiliğiyle tekrar inşa edilecekti. Haçlılar 1099'da Kudüs'ü ele geçirdikten sonra pek çok değişiklik yaptılar. Bu yüzden bugünkü kilise dördüncü yüzyıldaki ilk halinden son derece farklıdır.

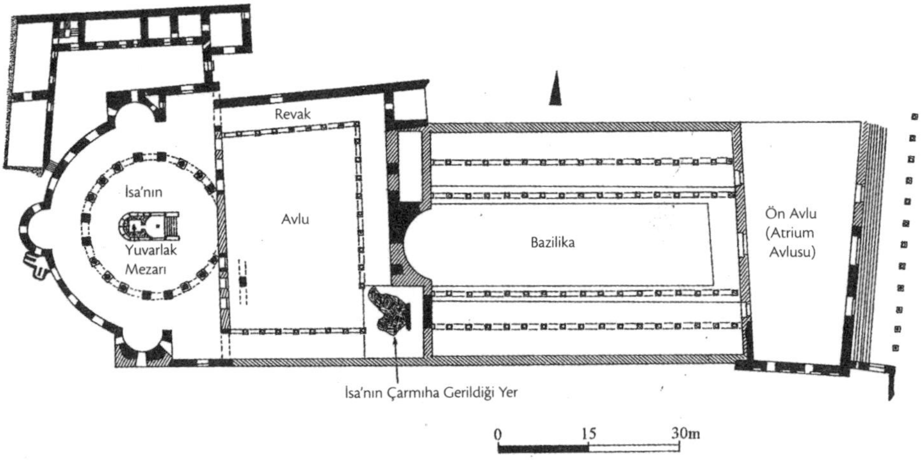

ŞEKİL 25.13 Kutsal Kabir Kilisesi, Kudüs planı rekonstrüksiyonu, MS dördüncü yüzyıl.

Konstantinopolis, "Yeni Roma"

Her zaman Roma'ya destek olmakla ve Kudüs ile Antiokheia'daki dini merkezlere yeni yapılar eklemekle beraber, Constantinus gözlerini kuzeydoğuya, Byzantion (Lat. Byzantium) kentine çevirdi. İmparatorluğun doğusunun daha büyük zenginliğinin, doğuya ve Tuna sınırlarına yakın bir karargâhın pratik avantajlarının farkına varan Constantinus, imparatorluk başkentini Roma'dan Byzantion'a taşıma kararı aldı. Adama töreni 11 Mayıs 330'da, hipodromda gerçekleşti. Tunç çağından beri yerleşim bulunan ve demir çağında bir Yunan kenti olarak tekrar kurulan Byzantion, Yunan ve Roma tarihinde mütevazı bir role sahipti. İkinci yüzyıl sonlarında, Septimius Severus'un başarısız bir rakibini desteklediği için, Severus kenti ele geçirmiş ve yağmalamış, ama daha sonra surlarını tekrar inşa etmişti (bu surlar günümüze ulaşmamıştır). Kentin Marmara Denizi'inden Karadeniz'e uzanan bir boğazın (İstanbul Boğazı) güney ucunda bir yarımadadaki konumu artık stratejik ve ticari öneme sahip kabul ediliyordu. Hem deniz, hem de karayolları (Asya ile Avrupa arasında) açısından bir kavşak olan bu dikkat çekici konum, kentin 1.600 yıl boyunca, önce Bizans, sonra da Osmanlı İmparatorlukları'nın başkenti olmasını sağladı.

Konstantinopolis daha sonraki yüzyıllarda çok inşaat geçirdiğinden Constantinus'un yeni başkentinden geriye pek bir şey kalmamıştır. Ancak, özellikle edebi kaynaklardan ne yaptığı ve kenti imparatorluk başkenti olmaya layık kılmak için nasıl tasarladığı hakkında bir fikir edinebiliriz (**ŞEKİL 25.14**). Başkentin sınırlarını belirleyen yeni kent surları önemliydi; ne var ki, bu surlar artık mevcut değildir. Mese adındaki ana cadde, yarımadanın burnundan

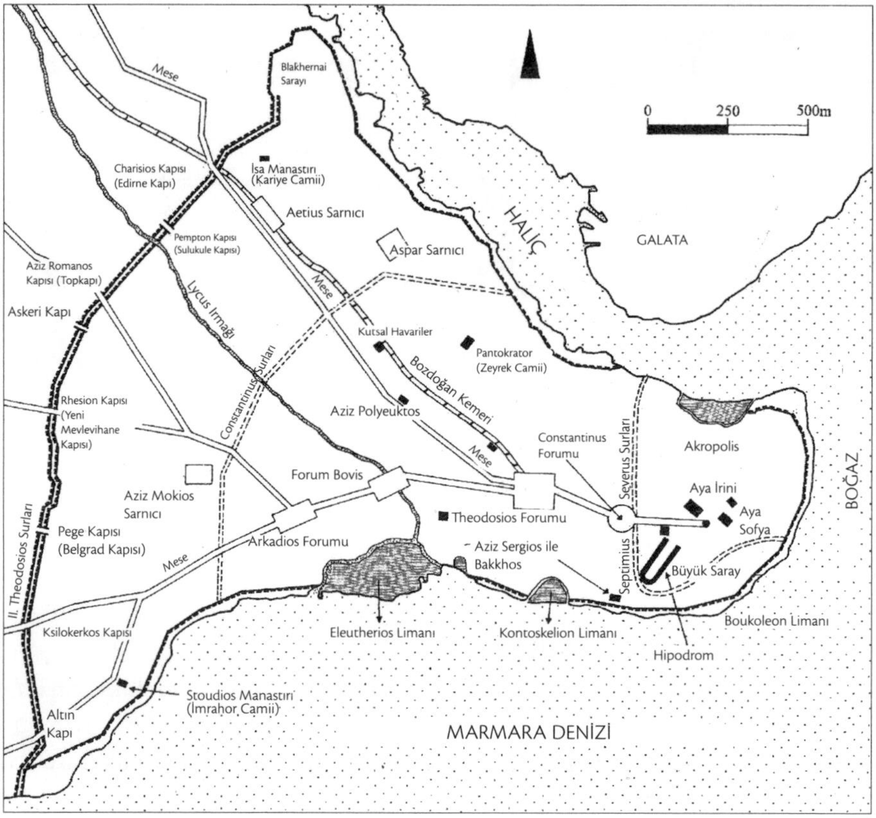

ŞEKİL 25.14 Bizans Konstantinopolisi (İstanbul) planı, 1453'e kadarki dönem.

başlayarak omurgası boyunca batıya gider, daha sonra Theodosius Forumu'nda çatal yaparak kara surlarına ulaşırdı. Bundan kısa süre sonra, Constantinus Forumu adı verilen, ortasında anma amaçlı bir porfir sütun ve bunun üzerinde Constantinus'un güneş tanrısı Helios olarak tunç bir heykeli (bu heykel, 1106'da bir fırtınada devrilene kadar durmuştur) bulunan oval bir meydana gelinirdi. Sütunun gövdesi heykelli değildi. Ancak, yeni başkentin adanması sırasında Yunan-Roma geçmişten ve Hıristiyan bugünden gelen, mesela orijinal olarak Truva'dan geldiği düşünülen Palladium adı verilen eski bir Athena heykeli gibi itibarlı nesneler kaidenin içine yerleştirilmişti. Bu forum yeni kentin kamusal yapılarının bulunduğu yerdi. Constantinus'un oval forumunun zemininin düzeyi artık bugünkü sokakların 3 metre altında kalmış olsa da, hasarlı, tepesindeki heykelden yoksun ve metal çemberlerle sabitlenmiş bir dizi tamburdan oluşan parçaları halindeki sütun halen ayaktadır.

Bir başka büyük kurum da, yaklaşık 200'de Septimius Severus tarafından yaptırılan ve daha sonra Constantinus tarafından tekrar inşa ettirilen araba yarışı stadyumu, yani hipodromdu. İmparator sarayının (sonraki yüzyıllar içinde gelişecekti) yanında bulunan hipodrom, 480 x 117,5 metre boyutlarında, uzun dar bir sirkti. Pistin bir ucu başlangıç ve bitişleri için düzken, kıvrılan güneydeki diğer ucu, *sphendone*, tepenin Marmara Denizi'ne doğru meyillendiği alanda bulunduğundan tonozlardan oluşan dev bir yapıyla destekleniyordu. Kentin ana kamusal toplanma alanı olan Hipodrom, imparatorluğun çeşitli yerlerinden getirilen itibarlı nesnelerle donatılmıştı. Bugün Constantinus döneminden geriye tek kalan, hipodromun pistini ortadan bölen spina boyunca duran pek çok süsten biri olan Delphoi'den gelen parçalanmış, tunç Yılan Sütun'dur (bkz. Bölüm 15). Yılanlı Sütun, Yunanlıların MÖ 479'da Plataia'da Perslere karşı zaferinin anısınaydı. Bu anıtı yeni başkentine getirip böyle göz önünde bir yere yerleştirmekle Constantinus, devletinin, kentinin tümüyle yeni bir şey olmayıp, bölgede geçmişteki başarılara uzanan derin kökleri olduğunu açıkça ifade etmiş oluyordu. Benzer şekilde, dördüncü yüzyıl sonlarında imparator olan I. Theodosius da, daha da geçmişe uzanarak bu spina üzerine III. Tutmosis döneminde (MÖ on beşinci yüzyıl) yontulan bir Mısır dikilitaşını dikecekti.

Constaninus, Konstantinopolis'te, yuvarlak bir mozolde olan, bir *martyrium*'da gömülmüştü. Anlaşıldığı kadarıyla bir sunakla donatılan bu yapı, daha başından itibaren bir şapel veya kilise olarak hizmet vermişti. Bir noktada, 336 veya 356–357'de, havariler Timotheos, Luka ve Andreas'a ait kutsal emanetler hemen yanda haç biçimli bir kilise tamamlanıp 370'te adanana dek burada saklanmışlardı. Bu Kutsal Havariler Kilisesi birkaç yüzyıl boyunca Bizans imparator ailesinin gömüldüğü yer oldu. İustinianos döneminde (527–565) tekrar inşa edilen kilise, Latinler 1204'te kenti yağmaladığında zaten harabe halindeydi. Ne kilise ne de mezar günümüze ulaşmamıştır.

Sonuç

Hıristiyanlık öncesi antikçağ bu yeni dünya düzeninin kentlerine ne miras bırakmıştı? İyi tahkimatlar, önemli caddeler, çok sevilen araba yarışları için bir hipodrom, kent planında imparatorun ikametgâhı için ayrıcalıklı bir yer ve Romalılar sayesinde göğün sembolü ve ibadet yerlerine uygun bir çatı olan kubbe. Neler yok oluyordu? Mimari ve kentsel öğeler asla aniden yok olmaz. Genellikle bir kent, ticaret yollarından uzak kalması, limanı ırmağın getirdiği siltlerle dolması, direncinin istilacılar tarafından kırılması, deprem veya sıtma getiren sivrisinekleri barındıran bataklıkların büyümesi sonucunda tüm nitelikleriyle birlikte silinip gider. Yeni önem kazanan kentler bunları anımsamaya çalışır: İşe yaradığı sürece geçmiş hayatta kalır. Ama yenilik de yapmaları gereklidir. Kentsel yaşam sürekli yeniden, yeniden yaratır.

Kavramlar Sözlüğü

Agora: Bir Yunan kentinin kamusal, ticari ve dini yapıları barındıran kamusal merkezi.

Akropolis: Yunanca, "yüksek kent;" bir antik Yunan kentindeki müstahkem tepe üstü.

Akroter: Yunan, Etrüsk Roma mimarisinde, alınlığın tepesindeki ufak bir platforma yerleştirilen taş veya terakota süs veya heykel; Yun. *acroterion*, çoğ. *acroteria*. Etrüsk mimarisinde çatı kirişi veya alınlığın eğimli üst kenarları boyunca da yerleştirilebiliyordu.

Alınlık: Bir Yunan veya Roma tapınağında kolonad ile saçaklığın üzerindeki veya klasik mimaride sütunlu bir sundurmanın üzerindeki üçgen biçimli alan.

Amfitiyatro: Roma mimarisinde, gösteriler için kullanılan yuvarlak veya oval açık hava yapısı.

Amfora: Yunan ve Roma seramiklerinde, iki dikey sap ve dar bir boyna sahip uzun çömlek. Genellikle şarap ve zeytinyağı nakliyatında kullanılır.

Anadolu: Batı Asya'da, Karadeniz, Ege ve Akdeniz ile çevrili ve doğu sınırı çeşitli şekillerde belirlenen yarımada; bugünkü Türkiye'nin batı kısmı.

Arkeolojik yüzey araştırmaları: Kazıya başvurmadan, yüzeydeki kalıntıların kaydedilmesi. Küçük alan boyutlarının kazı maliyetini haklı gösteremeyeceği kırsal alanlarda yararlıdır.

Aryballos: Antik Yunan çömlekçiliğinde, tipik olarak parfümlü yağlar için kullanılan küçük vazo; çoğ. *aryballoi*.

Aşağı ve Yukarı Mısır: Eski Mısır'ın iki ana bölümü. Bu adlandırma kuzeye doğru akan Nil üzerindeki coğrafi konumlarıdan gelir. Aşağı Mısır, ırmağın aşağı kısmında, kuzeyde, Nil Deltası'ndadır. Yukarı Mısır ise ırmağın üst kısımlarında, Aşağı Mısır'ın güneyinde, bugünkü Kahire'den Asvan'a kadarki bölgedir.

Asma pencere katı: Bir yapı veya odanın, diğer kısımların çatılarından daha yükseğe çıkan ve hava ile ışığın girmesi için pencerelerle donatılmış bir üst katı.

Atribü: Resimsel imgelemde, bir kişi, varlık veya yapının kimliğini belirlemeye yarayan giysiler, tutulan nesneler veya belirleyici mimari biçimler (örneğin, kapılar, kuleler, vb.) gibi bir özellik.

Atrium: Roma ev mimarisinde, göğü gören ve altında bir havuz bulunan merkezi konuma sahip bir oda; çoğ. *atria*. Tetrastil atriumda havuz çevresinde dört sütun vardır; Toskana atriumunda ise hiç yoktur. Erken dönem Hıristiyan mimarisinde, bir kilisenin revaklı ön avlusu.

Attika: Atina'nın kentsel ve kırsal bölgeleriyle birlikte şehir-devletinin toplamı.

Bazilika: Daha yüksek orta kısmının asma pencerelerle aydınlatıldığı dikdörtgen bir yapı. Roma Cumhuriyet ve İmparatorluk dönemlerinde, tipik olarak kamusal işlevler için kullanılırken, dördüncü yüzyıldan itibaren bir Hıristiyan kilisesi türü.

Bindirme kemer: Bkz. Kemer.

Bindirme tonoz: Bkz. Tonoz.

Bouleuterion: Bir Yunan kentinde konseyin (Yun. *boule*) toplandığı yapı.

Cardo: Bir Roma kentinin kuzey-güney doğrultusundaki ana sokağı; *decumanus* ile dik açıyla kesişir.

Cella: Bir Yunan veya Roma tapınağında tanrının heykelinin durduğu ana oda. "Naos" da denir.

Civitas: Romalılar tarafından yerel yönetimler için kullanılan Latince bir sözcük; kent (Yunan polisi de dahil); devlet (veya Romalı olmayan halklar için kabile); yurttaşlık ve yurttaşlar.

Cryptoporticus: Sahte revak. Çoğunlukla yeraltında ve çoğunlukla bir revak veya başka bir yapının altyapısını oluşturan, üstü kapalı, tonozlu bir geçit; ışık ve hava tonozlu tavanda veya yan duvarlarda bulunan açıklıklardan sağlanır.

Çağlayan: Mısır ve Sudan'da, Nil Irmağı'nın ırmak ulaşımını engelleyen veya zorlaştıran taşlar, kayalar ve adacıklarla dolu bölgeleri. Asvan'daki Birinci Çağlayan antik Mısır'ın güney sınırını belirlerdi. Güneye doğru, bugünkü Sudan'da beş çağlayan daha vardır.

Çiviyazısı: *Protoliterate* dönemden MS birinci yüzyıla değin, antik Yakındoğu'da kullanılan bir yazı türü; çivi biçimli işaretlerin bileşiminden oluşur. Çiviyazısı günümüze kil tabletler ve taş yazıtlar halinde ulaşmıştır. Bu kavram on yedinci yüzyıl sonlarında kullanılmaya başlanmıştır.

Dal örgü: Aralarında üzeri çamur veya kil kaplı örülmüş dallar bulunan kazık veya çubuklar kullanarak duvar veya çit yapma tarzı.

Decumanus: Bir Roma kentinin ana doğu-batı sokağı; *cardo* ile dik açıyla kesişir.

Dikilitaş: Yüksek, kare kesitli, tepesi piramit biçimli bir taş sütun. Antik Mısır'da dikilitaşlar güneşi simgelerdi ve dini bir anlama sahiptiler.

Düzen: Yunan ve Roma mimarisinde, dar bir orantısal ilişki aralığı içinde net şekilde tanımlanmış biçimsel öğeler barındıran bir tasarım sistemi. İki ana düzen Dor ve İon'dur.

Ekoylum: Eksedra. Roma mimarisinde, bir binanın cephesindeki yarım dairesel bir girinti veya bir kolonaddaki eğrisel bir boşluk. Ayrıca, Pompei'deki Faun Evi'ndeki gibi fazladan bir oda.

Ethnos: Antik Yunanistan'da, Yunan Yarımadası'nın batı ve kuzey yörelerinde yaygın olan, köylerden oluşan gevşek siyasal örgütlenmeler.

Etnoarkeoloji: Mevcut davranışlardan yola çıkarak antik insanlarca maddi nesne yapımını ve kullanımını aydınlatmaya yönelik etnografik araştırmalar.

Forum: Bir Roma kentinin açık alan, çarşı, kamusal ve dini yapılar bulunan kamusal merkezi; çoğ. fora. Yunan agorasının Roma'daki karşılığı.

Fresk: Sıvanmış bir duvar veya tavandaki resimler için kullanılan İtalyanca kökenli bir kavram. Başlıca iki teknik gerçek fresk ve kuru fresktir. Gerçek fresk yeni hazırlanmış ıslak kireç sıva üzerine yapılır; sıva kurudukça boya pigmentlerini emer. Kuru fresk ise kuru sıva üzerine yapılan resimlerdir; boyanın yüzeyde kalıcı olması için pigmentin ek maddelerde karıştırılması gerekir.

Friz: Yunan ve Roma mimarisinde, kolonadın üzerinde duran iki yatay bantın üstte olanı. Dor düzeninde friz triglifler ve metoplarla süslenir. İon frizi ya sadedir ya da rölyef heykellerle bezelidir.

Gymnasium: Yunanca "çıplak" anlamına gelen bir sözcükten türemiştir. Tipik olarak bir revakla çevrili bir avlu ile genellikle ek odalardan oluşan, bedensel egzersiz ve spor antrenmanları için kullanılan bir bina; yan odalar erkek çocuklar için okul olarak kullanılabiliyordu. Biçim ve işlev açısından, bir palaestra ile çok benzeşir.

Herm: Tepesinde portre bir baş bulunan sade, dikdörtgen biçimli bir taş. Klasik dünyada, sakallı tanrı Hermes, taşın ortasında erkek cinsel organı yontulmuş olarak böyle tasvir edilirdi; bu tür Hermler sınır taşları veya koruyucu tasvir olarak kullanılırlar ve iyi şans getirdiklerine inanılırdı.

Herodotos: En önemli Yunan tarihçilerinden, yaklaşık MÖ 484-425, Herodot Tarihi (*Historiai*) adlı eserinde anakara Yunanistan'ın Akameniş Persler tarafından istilasını (Pers Savaşları, MÖ 490-479) anlatır. Çatışmanın arkaplanını sunarken, Karadeniz'den Mısır'a dek daha geniş bir bölgenin kültürlerine değinir.

Heroon: Antik Yunanistan'da, bir kahramana, ölümlü veya efsanevi bir adama adanmış bir anıt veya türbe.

Hipodrom: At veya araba yarışlarının yapıldığı bir stadyum; Latince, *circus*.

Hipostil hol: Çatısı sütun veya kirişlerce desteklenen geniş bir oda.

Hiyeroglif yazısı: Yunanca "kutsal yazıt"tan. Eski Mısırlılar, Hititler (Luvi dilinde yazmak için) ve başkalarınca geliştirilen, ses, sözcük veya kavramları (bir sözcüğün ait olduğu sınıfı belirten belirteçler gibi) temsil eden stilize resimler, yani çeşitli hiyeroglifler kullanan yazı sistemleri.

Höyük: Bkz. Tel.

Işık kuyusu: Bir mini avlu; Minos mimarisinde yaygın bir tasarım öğesi.

Izgara plan: Dik açılarla kesişen sokaklara sahip bir kentsel yerleşim biçimi; dik açılı bir plan.

İnsula: Latince "ada," antik Akdeniz bölgesinde bir kent bloğu; ayrıca Roma kentlerindeki çokkatlı apartmanlar; çoğ. *insulae.*

Ka: Eski Mısır inancında, insanın doğarken sahip olduğu ruhlardan biri. Fiziksel ölümde bu ruhani öz, bedeni terk eder, ama gıda ve içecekle beslenmeye devam edebilirdi.

Kapılı sütunlu bölme: Minos mimarisinde bir öğe. Yanlarında, sıcak aylarda hava dolaşımı istendiğinde ahşap kapı kanatlarının katlanabileceği nişler bulunan bir sıra sütun ile yaratılan çoklu giriş.

Kaplama: Özellikle Roma mimarisinde, başta mermerden olmak üzere, ince taş levhalar halinde, daha sıradan malzemelerden yapılan duvarları örtmek için kullanılan cephe kaplamaları.

Karbon 14 yöntemi: Organik maddeler için (bitki, tohumlar, vs.) mutlak tarihler belirlemede kullanılan bir yöntem. İstikrarlı karbon 12 ile radyoaktif bir izotop olan karbon 14 arasındaki öngörülebilir şekilde değişen orandan yararlanılır. Bir bitki öldükten sonra karbon 14 çözülmeye başlar; yaklaşık 5.730 yıldan sonra ("yarı ömrü") orijinal miktarın yalnızca yarısı kalır.

Karyatid: Giyinik bir kadın biçiminde yontulmuş, sütun benzeri bir mimari destekleme öğesi.

Kazamat duvar: Temelleri, içleri taş yerine toprakla doldurulmuş, taş duvarlı bölmelerden oluşan bir tahkimat duvarı çeşidi; tunç çağında Anadolu'da kullanılan bir tasarım.

Kemer: Mimaride, bir açıklığın üstündeki eğrisel bir biçim. Antikçağda, teknik açıdan farklı iki kemer türü vardı: bindirme (aşılacak boşluğun iki yanında, yatay olarak dizilen taş sıraları yukarı doğru çıkıldıkça birer taş içeri doğru çıkıntı yaparlar ve en tepede buluşurlar) ve gerçek (düzgün bir eğri yaratmak için takoz biçimli taşlar birbirlerine yaslanırlar). Gerçek kemer Roma mimarisinin ayırıcı özelliklerinden biriydi.

Kesmetaş taş işçiliği: Duvar yapımında kare kenarlı ve düzgün yüzeyli dikdörtgen bloklardan oluşan taş işçiliği.

Kiklop duvar: Kabaca oturtulmuş dev bloklar ile araları dolduran minik taşlardan oluşan taş duvarlar; özellikle Mykenai döneminde Yunanistan'da ve Hitit başkenti Hattuşa'da kullanılmıştır. Bu adı daha sonraki dönemlerde yaşayan Yunanlıların böyle büyük taşları ancak kikloplar gibi devlerin kaldırabileceği inancından dolayı almıştır.

Kırmızı figür: En iyi bilinen örnekleri arkaik ve klasik dönemlerde Atina kaynaklı olan bir çömlek süsleme tekniği; tasvirler Atina'nın doğal turuncu-kırmızı kil renginde bırakılırken arkaplan siyahtır. Siyah figürün tersi.

Koloni: Hükümet tarafından fethedilmiş bölgede askeri denetim veya siyasal egemenlik sağlamak için kurulan bir Roma yerleşimi; daha sonraki dönemlerde *colonia*'lar büyük kentlerdeki nüfus baskısını azaltmak veya gazilere toprak armağan etmek için kurulacaktı. Kurucu kentten özerk, normal bir yerleşim olan Yunan kolonisinden farklıdır.

Kore: Yunanca "genç kadın." Arkaik Yunan heykelciliğinde, tipik olarak giyinik, gülümser ve ayakları bitişik halde müstakil bir genç kadın heykeli; çoğ. *korai.*

Koreg anıtı: Bir *khoregos* (çoğ. *khoregoi*), yani bir tiyatro oyununda koronun eğitim ve diğer masraflarını karşılayan zengin bir Atina yurttaşınca, bir tiyatro yarışmasında kazanılan ödülün anısına yapılan anıt.

Kouros: Yunanca "genç erkek." Tipik olarak çıplak, gülümser ve bir ayağı diğerinin önünde halde, arkaik Yunan heykelciliğinde müstakil bir genç erkek heykeli; çoğ. *kouroi.*

Krater: Yunan çömlekçiliğinde, büyükçe, geniş ağızlı, genellikle şarap ile suyu karıştırmak için kullanılan bir çanak.

Kutsal su havuzu: Minos mimarsinde, küçük, yere gömülü, genellikle alçıtaşı kaplı ve L biçimli bir merdivenle ulaşılan dikdörtgen bir oda. Dini bir işlevi vardı.

Lahit: Tipik olarak taştan bir tabut; ancak bazen terakota, metal veya ahşap da olabilir.

Lamassu: İnsan başlı, kanatlı boğa veya aslan; Yeni Asur saraylarında kapılar çoğunlukla dev lamassu heykellerince korunurdu.

Lineer B yazısı: Mykenai Yunancasını yazmakta kullanılan bir yazı sistemi. Minoslular tarafından henüz çözülememiş dillerini yazmakta kullanılan Lineer A yazısından türemiştir. Daha sonraki Yunan alfabesinden farklı olarak, bu bir hece yazısı türüydü.

Martyrium: Hıristiyan mimarisinde, İsa'nın yaşamından bir olayın gerçekleştiği yeri belirten veya bir din şehidi anısına yapı, şehitliğin gerçekleştiği yer veya şehidin mezarı. Tipik olarak yuvarlak veya sekizgen biçimli olan martyrium yapısı, Roma imparatorluk mezarları mimarisinden doğmuştur.

Mastaba mezar: Arapça "tezgâh" sözcüğünden türemiştir. Antik Mısır'da toprak altındaki bir gömüyü koruyan alçak, düz çatılı, dikdörtgen yapı; tipik olarak güneşte kurumuş kerpiçten yapılır.

Megaron: Ortasında bir ocak bulunan dikdörtgen biçimli bir oda, tipik olarak tavanı taşıyan dört sütunla çevrili ve önünde sığ bir sundurma ile bazen de ufak bir giriş odası bulunur. Bu plan neolitik Yunanistan ile erken tunç çağında Batı Anadolu'daki müstakil yapılar ve daha sonraları da Mykenai saraylarının merkezi birimi olarak kullanılmıştır. Sözcük antikçağ kökenli olup Homeros tarafından da kullanılmıştır; çoğ. *megara.*

Mozole: Anıtmezar. MÖ dördüncü yüzyıl ortalarında Halikarnassos'ta yapılan Karia hükümdarı Mausolos'un lüks mezarı, Mausoleion sayesinde bu sözcük artık mezar veya mezarlar barındıran tüm şık toprakustü yapılar için kullanılır hale gelmiştir.

Mutlak kronoloji: Takvim tarihleri, zaman içinde sabit noktaların belirlenmesi. Nispi kronolojinin tersi.

Neolitik Devrim: V.G. Childe tarafından uzun süren neolitik dönem sırasında geçim tekniklerindeki değişimlerin etkileyici boyutunu anlatmak için kullanılan bir ifade: Tarım (yetiştiricilik) ve hayvancılık; ayrıca bu dönemde gelişen çömlek yapımı, metalurji ve kaydetme sistemleri (yazı öncesi) gibi başka becerileri de kapsar.

Nispi kronoloji: Nesne veya olayların, takvim (mutlak) tarihlerle bağdaştırmadan erken ve geç olarak bir sıralama halinde dizilmesi. Mutlak kronolojinin tersi.

Nümizmatik: Sikke, madalya ve banknotların incelenmesi.

Nymphaeum: Su sağlayan çeşme yapısı; orijinal olarak su perileri, *nympha*'lara bir tapınak olarak ortaya çıkmıştır; çoğ. *nymphaea.*

Obsidiyen: Koyu renkli, cam benzeri bir volkanik taş; özellikle metalurjinin gelişiminden önce, keskin kenarlı alet yapımı açısından değerli.

Odeon: Yunanca bir sözcük; aynı zamanda odeion, Latince odeum; çoğ. *odea.* Yunan ve Roma mimarisinde üstü kapalı, genellikle küçük tiyatro veya konser salonu; normalde konserler, şiir resitalleri, vb. için

Ortostat: Bir duvarın dibine dik yaslanmış geniş taş levha; rölyef heykellerce bezeli olabilir. Asur, Kuzey Suriye ve Anadolu'da yaygındır.

Ostraka: Üzerine bir şeyler yazılı olan çömlek parçası veya taş pullar.

Öküz derisi külçe: Düz, dikdörtgen, normalde iki veya dört köşesi kolay taşınabilmesi için çekilip uzatılmış külçe. Bakır ve kalay cevherleri geç tunç çağında bu biçimde nakledilirdi. Modern adı (rastlantısal olarak) köşelerinden kuruması için çivilenmiş bir hayvan derisine benzemesinden kaynaklanmıştır.

Palaestra: Yunanca güreşmek anlamında bir sözcükten gelmiştir; revakla çevrili bir avlu ve genellikle odalardan oluşan, güreş ve diğer sporlar için antrenmanlar için kullanılan yapı. Biçim ve işlev olarak *gymnasium* ile benzeşir.

Payanda üçgeni: Mykenai mimarisinde, lento üzerindeki duvarın ağırlığını hafifletmek için bir kapıyı çerçeveleyen lentonun üzerinde bırakılan üçgen boşluk. Boşluk süslü ince bir taş levha ile örtülü olabilir.

Peristil: Sütunlarla çevrili. Bir peristil avlu, sütunlu revaklarla çevrili bir avludur.

Pilon: Antik Mısır mimarisinde, üstü açık bir geçitle bölünen, yamuk biçimindeki bir duvar. Tapınaklarda pilon arasından güneşin doğup battığı ufuktaki dağları simgelerdi.

Pithos: Kil saklama çömlekleri; çoğ. *pithoi.*

Polis: Antik Yunanistan'da şehir-devlet, kent; çoğ. *poleis*.

Potern: Özellikle tahkimatlarda kullanılan küçük, ikincil bir giriş; çoğunlukla gizli bir yerde.

Propilon: Yunan mimarisinde bir kapı, giriş.

Revak: Bir çatı ile bunu taşıyan düzenli aralıklarla sütun sırası veya sıralarından oluşan bir yapı; çoğunlukla bir yanı bir başka yapıya ilişiktir.

Rhyton: Genellikle seramik veya metalden (altın ve gümüş dahil) antik içki veya tören kabı; tipik olarak ya uzun ve sivri veya bir hayvan başı biçiminde; çoğ. *rhyta*.

Rölyef heykel: Yontulmuş imgelerin arkaplana bağlı kalırken yüzeyden ayrı durdukları bir heykel türü. Bakanların etrafında yürüyebilecekleri, herhangi bir arkaplandan bağımsız, müstakil heykellerin tersi.

Rötuşlar: Yunan mimarisinde tam yatay ve dikey hatlardan bilinçli yapılan hafif sapmalar; Romalı mimar ve mimari yazarı Vitruvius'a göre beklenen görsel yanılsamaları dengelemek için yapılır. Modern araştırmacılar başka açıklamalar da ortaya atmıştır.

Serileme: Nesnelerin tarzdaki değişimlere göre üretim tarihlerinin sıralanmasına dayanan bir nispi kronoloji yöntemi.

Silindir mühür: Dışında bir desen veya tasvir bulunan, içinden ip geçmesi için boydan boya delik, genellikle taştan küçük silindir. Yetki veya maliklik işareti olarak desen yaş kil üzerinde yuvarlanırdı. Silindir mühür Mezopotamya'da *Protoliterate* dönemden demir çağı sonuna dek popülerken, diğer bölgelerde genellikle damga mühürler (yalnızca düz altında desen vardır) kullanılmıştır.

Siyah figür: En iyi bilinen örnekleri arkaik ve klasik dönemlerde Atina'dan çıkan bir çömlek süsleme tekniği; resimler siyah, arkaplan ise Atina kilinin doğal turuncu-kırmızı rengindedir. Kırmızı figürün tersi.

Stel: Genelde bir desen veya yazıt barındıran dik taş levha. Yunanca kökenli; tek. *stele*, çoğ. *stelai*.

Stoa: Yunan mimarisinde, müstakil bir revak (bir yanda sütunlar, arkada duvar olan çatılı bir bina). Tipik olarak bir kent merkezinde veya dini bölgede alanların sınırlarını belirlemek için kullanılır.

Stratigrafi: Bir arkeolojik alandaki birikim katlarının, özelliklerinin ve birbirleriyle ilişkilerinin incelenmesi.

Sunu: Adak. Bir tanrı veya tanrıçaya sunulan veya adanan bir nesne.

Şev: Tahkimatların dış temellerinde tabanı genişletmek ve güçlendirmek ve duvara tırmanmaya çalışan saldırganları görünür kılmak için kullanılan eğimli bir rampa.

Tel: Arapça ve İbranicede "tepe" anlamında bir sözcük. Arkeolojide yerleşim kalıntılarından (antik, ortaçağ, modern) meydana gelen yapay bir tepe. Yakındoğu'da bu tür tepelerin ana öğesi çözülmüş kerpiçtir. **Tepe** (Farsça) ve höyük (Türkçe) de bulundukları bölgeye göre Yakındoğu'da aynı oluşumlar için kullanılan başka sözcüklerdir.

Temenos: Kutsal bir bölge veya alan, tapınak bölgesi.

Tepe: Bkz. Tel.

Terakota: Pişmiş kil; tipik olarak Yakındoğu ve Akdeniz'deki antikçağlara ait, kilden yapılmış, elle veya kalıpla biçimlendirilerek ateşte pişirilmiş figürinler ve diğer nesneleri ifade eder.

Tetrapilon: Roma mimarisinde, iki kesişen geçit ve dört cepheden oluşan, genellikle (ama her zaman değil) kemerli anıtsal giriş; normalde kavşaklara yapılır.

Tholos: Yuvarlak bir yapı anlamında Yunanca bir sözcük; çoğ. *tholoi*. Ege'de tunç çağı bağlamında, *tholos*, Girit'teki Minos tarzı ve daha sonra Mykenai Yunanistan'ında anıtsal versiyonları bulunan yuvarlak kat planlı bir mezarı ifade eder. Daha sonraki Yunan döneminde, *tholos* bir mezar yerine seküler veya dini işlevi olan yuvarlak herhangi bir binadır.

Tonoz: Bir oda veya başka bir üç boyutlu mekânı kaplayan kemerli çatı. Roma mimarisinde beşik tonoz, çapraz tonoz ve kubbe popüler tonoz türleridir. Daha eski teknikler arasında bindirme tonoz (bindirme kemere dayanır; bkz. yukarıda "kemer") ve eğimli tuğla tonoz (eğrisel bir biçim yaratmak için tuğlaların eğimli bir açıda yerleştirilmesi) vardır.

Tophet: Özellikle Kartaca dünyasında, ritüel adak olarak kurban edilen çocuklar için bir mezarlık.

Triumph: Zafer töreni. Antik Roma'da muzaffer bir komutanın tören kutlamaları ve dini ayinler eşliğinde kente girişi.

Tümülüs: Bir antik mezar tümseği.

Yazıt: Bir taş, sikke veya bir anıt üzerideki yazı, kitabe; genellikle (özellikle de taş üzerinde) oyulmuştur, ama boyanmış veya kalıpla yapılmış, vb. de olabilir.

Yitik mum tekniği: Bir kil iç ile mum kaplamanın bir kalıba konulmasıyla tunç dökme tekniği. Mum kalıpta eritilir ve boşaltılır; kalan yere sıvı tunç dökülür. Tunç soğuyup katılaşınca, iç çıkartılır ve geriye bir içi boş tunç nesne kalır.

Zigurat: Basamaklı anıtsal boyutta bir platform; Yunanlı tarihçi Herodotos'a göre tepesinde küçük bir tapınak olurdu. Güneşte kurutulmuş tuğlalardan yapılan zigurat tunç ve demir çağında Mezopotamya ve Batı İran'da popüler olan bir mimari biçimdi.

Ek Okumalar

Önsöz

Afrika kentleri: Connah 1987; Kusimba 2008; S. McIntosh ve R. McIntosh 1993, ve T. Shaw, Sinclair, Andah ve Okpoko 1993 içindeki başka makaleler.

Çin kentleri: Chang 1986; Falkenhausen 2008; Steinhardt 1990; Wheatley 1971.

Orta Amerika kentleri: Hirth 2008; Pyburn 2008; Sabloff 1989; Sanders ve Webster 1988.

Kaynak: Hawkes 1974.

Giriş

Kentler: C. Gates 2008; Hansen 2008; Hutchison 2010; Kostof 1991 ve 1992; Lynch 1960 and 1984; Marcus ve Sabloff 2008a, b ve c; Mumford 1938 ve 1961; Sinclair, Shaw ve Andah 1993; Sjoberg 1960; Smith, M. E. 2007 ve 2010; Smith, M. L. 2003; Stein 1998; Wheatley 1972; Wirth 1938; Zenner 1996.

V. G. Childe ve "Kentsel Devrim:" Childe 1950; Hansen 2008; M. E. Smith 2009.

Arkeolojik amaç ve tarihlendirme de dahil yöntemler: Bahn ve Renfrew 2008; Fagan 1996; Hayden 1993; Heizer 1959; Hester, Shafer ve Feder 2008; Joukowsky 1980; Pearsall 2008; Wenke 1999; Willey ve Sabloff 1993.

Etnoarkeoloji: David ve Kramer 2001.

Akdeniz coğrafya ve tarihçesi: Braudel 1973; Horden ve Purcell 2000.

Takvimler ve kronoloji: Bickerman 1980; Biers 1992; Ehrich 1992; Richards 1998.

Tel/höyük/tepe oluşumu: Rosen 1986; Schiffer 1987.

Kerpiç mimari: Claasz Coockson 2010.

Neolitik Kentler

Genel: Childe 1953; McCarter 2007; Meyers 1997; Nissen 1988 ve 1995; Redman 1978; Roaf 1990; Sasson 1995; Simmons 2007; Ucko, Tringham ve Dimbleby 1972; Wenke 1999.

Tarım: Bar-Yosef ve Meadow 1995.

Ayn Gazal figürinleri: Schmandt-Besserat 1998.

Anadolu: M. Özdoğan 1995; M. Özdoğan ve N. Başgelen 1999; Sagona ve Zimansky 2009; Sey 1996; Yakar 1991.

Çatalhöyük: Hodder 2006; Mellaart 1967; Todd 1976.

Çayönü: Cambel ve Braidwood 1980; M. Özdoğan ve A. Özdoğan 1989; Özdoğan 1995.

Göbekli Tepe: K. Schmidt 2008 ve 2009.
Ceriko: Bar-Yosef 1986; Kenyon 1957.
Obeyt dönemi: Henrickson ve Thuesen 1989.

Mezopotamya Kentleri

Kaynak: Bryce 2009; Meyers 1997; Sasson 1995.
Genel: Averback, Chavalas ve Weissberg 2003; J. Curtis 1982; Foster ve Foster 2009; Kuhrt 1995 (tarih); Leick 2009; Lloyd 1984; Matthews 2003; Meyers 1997; Roaf 1990; Roux 1980; Snell 2007; Stone 2007b; Van De Mieroop 2006 (tarih); Weiss 1985.
Suriye arkeolojisi: Akkermans ve Schwartz 2004.
Akameniş Pers İmparatorluğu: Curtis ve Tallis 2005.
Coğrafya ve çevre koşulları: Buringh 1957; Butzer 1995.
Keşif tarihi: Larsen 1996; Lloyd 1980.
Kentler ve kent planlaması: Adams 1966; Aufrecht, Mirau ve Gauley 1997; Frankfort 1950; Kubba 1987; Lampl 1968; Lapidus 1969 ve 1986; Oppenheim 1969; Pollock 1999; Stone 1995 ve 2007a; Van De Mieroop 1997; Yoffee 2005.
Gündelik yaşam: Nemet-Nejat 1998.
Nüfus: C. Kramer 1980; Postgate 1994.
Protoliterate (Uruk) dönemi: Adams 1966 ve 1981; Adams ve Nissen 1972; Algaze 1993 ve 2008; Nissen 1988; Pollock 1999; Yoffee 2005.
Sümerler: Crawford 1991; S. Kramer 1963; Pollock 1999; Postgate 1992.
Sanat ve mimari: Aruz 2003; Aruz, Benzel ve Evans 2008; Collon 1995; Cooper 1990; Frankfort 1989; Gunter 1990; Lloyd 1984; I. Winter 1985.
Silindrik mühürler: Collon 1987.
Gıda: Wilkins, Harvey ve Dobson 1995.
Materyaller ve imalat: Moorey 1994.
Din: Jacobsen 1976; Black ve Green 1992.
Kraliyet ritüelleri: Kuhrt 1987.
Yazı: Michalowski 1990; Pollock 1999; Schmandt-Besserat 1996; C. B. F. Walker, Hooker vd. 1996 içinde.

Belli Kentler

Babil: Oates 1979.
Habuba Kabira: Strommenger 1985.
Hafaci: Delougaz 1940.
Mari: Gates 1984; Margueron 2004 (Fransızca).
Nemrut: Cohen ve Kangas 2010; Mallowan 1966; Oates ve Oates 2001.
Ninive: Lumsden 1991.
Persepolis: Schmidt 1953; Wilber 1989.

Ur: Canby 2001; Moorey 1977; Pollock 1991; Woolley 1934 ve 1982; Zettler ve Horne 1998.
Uruk: Adams ve Nissen 1972; Liverani 2006; Nissen 1990 ve 1995.

İndus Vadisi Medeniyeti

Genel: Allchin ve Allchin 1968 ve 1982; Chakrabarti 1997; Kenoyer 1998 ve 2008; Possehl 1994; Wheeler 1968: Wright 2009.
Kentçilik: Possehl 1990.
Harappa: Meadow 1991.
Lothal: Rao 1979 ve 1985.
Mohenco-daro: Mackay 1938; Marshall 1931.
Yazı: Parpola 1994.

Egypt

Genel: Baines ve Malek 1984; Bard 1999 ve 2007; Ikram 2009; James 1979 ve 1982; Kemp 2005; Lloyd 2010; Redford 2001; Sasson 1995; Shaw ve Nicholson 1995; Wilkinson 2008.
Kentçilik: Bard 2008; Fairman 1949; Hassan 1993; Kemp 1977a ve 1977b; D. O'Connor 1993; Redford 1997.
Tarih: Shaw 2004; Trigger, Kemp, O'Connor ve Lloyd 1983.
Krallık: O'Connor ve Silverman 1995.
Sanat ve mimari: Arnold 1991 ve 2003; Robins 2008; W. S. Smith 1981.
Piramitler: Edwards 1993; Lehner 1997.
Tapınaklar: Wilkinson 2000.
Arkaik dönem: Spencer 1993.
Sakkara: Lauer 1976.
Ahenaton: Redford 1984.
Amarna: Kemp 1977a ve 2005.
Teb: Dorman ve Bryan 2007.
Deir el-Medina: Bierbrier 1982; Lesko 1994.
Krallar Vadisi: Reeves ve Wilkinson 1996.
Tutankamon: Reeves 1990.
Gündelik yaşam: Hoffmeier 2003; Strouhal 1992.
Mumyalama: Ikram ve Dodson 1998.
Yazı: W. V. Davies, Hooker ve diğerleri 1996 içinde.
Abu Simbel, Buhen, vb. kurtarma operasyonları: Save-Soderbergh 1987.

Ege'de Tunç Çağı

Genel: Cline 2010; Preziosi ve Hitchcock 1999; Rutter 1997; Shelmerdine 2008.
Kentçilik: Branigan 2001; Lagopoulos 2009; Owen ve Preston 2009.

Sanat ve mimari: Bretschneider, Driessen ve van Lerberghe 2007; Graham 1987; Hood 1978; McEnroe 2010.
Kronoloji: Manning 1999; Warren ve Hankey 1989.
Knossos: Cadogan, Hatzaki ve Vasilakis 2004; Macdonald 2005; Palmer 1969; Soles 1995.
Mykenai: Iakovidis 1979; Mylonas 1966.
Pylos ve Messenia: Blegen, Rawson, Davis ve Shelmerdine 2001; Davis 2007.
Thera: Doumas 1983 ve 1992.
Yazı : J. Chadwick, Hooker vd. 1996 içinde.

Anadolu, Kıbrıs ve Levant

General: Sagona ve Zimansky 2009; Sasson 1995; Sey 1996.
Hitit tarihi ve kültürü: Bryce 2004 ve 2006; Hoffner 2003.
Hattuşa/Boğazköy: Neve 1996 (Almanca); Seeher 2006 ve 2007.
Troya: Blegen 1963; Bryce 2005; Wood 1985 mevcut kazılardan sonuçlar için, bkz. *Studia Troica*, 1. cilt (1992) – bugüne.
Gordion: Darbyshire ve Pizzorno 2009; Kealhofer 2005.
Kıbrıs: Karageorghis 1982; Knapp 2008; Smith 2009; Steel 2004; S. Swiny, Hohlfelder ve H. Swiny 1997.
Geç tunç çağında Kıbrıs: Knapp 1997; Smith 2009.
Enkomi: Courtois, J. Lagarce ve E. Lagarce 1986 (Fransızca); Crewe 2007.
Kition: Karageorghis 1976; Yon 2006b (Fransızca).
Ugarit: A. Curtis 1985; Klengel 1992; Saade 1979 (Fransızca); Watson 2003; Yon 1992, 1997 (Fransızca), ve 2006a.
Deniz halkları: Sandars 1985.
Gelidonya Burnu ve Uluburun Batıkları: Bass vd. 1967; Bass 1987 ve 1991; Pulak 1997 ve 1998.
Suriye Arkeolojisi: Akkermans ve Schwartz 2004.
İsrail Arkeolojisi: Ben-Tor 1994; Stern 1993 ve 2008.
Filistîler: Dothan ve Dothan 1992; Gitin, Mazar ve Stern 1998.
Fenikeliler: Aubet 1993 ve 2001; Blas de Robles, Pieri ve Yon 2004 (Fransızca); Markoe 2000; Moscati 1999; Parrot, Chehab ve Moscati 2007 (Fransızca).
Demir çağında kolonileşme: Hodos 2006.
Pers döneminde Fenike: Jigoulov 2010.
Atlit: Haggi ve Artzy 2007.
Tel Dor: Gilboa and Sharon 2008.
Tyros: Katzenstein 1997.
Kartaca: Hurst 1987; Lancel 1995; Miles 2010.

Yunan Kentleri ve Medeniyeti

Genel kaynak: Bickerman 1980; Biers 1992; de Grummond 1996; Fagan 1996; Finley 1977; Gagarin 2010; Grant ve Kitzinger 1988; Hornblower ve Spawforth 2003; Stillwell 1976; Talbert 2000.
Yunan tarihi: Bury ve Meiggs 1975; Cartledge 2002 ve 2009; Ehrenberg 1969; Hammond 1967; Osborne 1996.
Büyük İskender ve imparatorluğu: Briant 2010; Cherry, Alcock ve Osborne 2007 içinde.
Yunanistan'da sanat ve mimari, genel: Alcock ve Osborne 2007; Biers 1996; Boardman 1993; Kostof 1995; Robertson 1975; Roebuck 1969; Snodgrass 1987; Whitley 2001.
Demir çağında Yunanistan: Boardman 1980; Coldstream 1977; Descoeudres 1990; Osborne 1996; Polignac 1995; Snodgrass 1971; Thomas ve Conant 1999.
Demir çağında kolonileşme: Hodos 2006.

Demir çağı kazı alanları

Lefkandi: Catling ve Lemos 1990; Popham, Calligas ve Sackett 1993; Popham, Touloupa ve Sackett 1982.
Arkaik Yunanistan: Osborne 1996; Snodgrass 1980.
Klasik dönem sanat ve mimarisi: Pollitt 1972.
Yunan mimarisi: Coulton 1977; Dinsmoor 1950; Korres 1995; Kostof 1995; Lawrence 1996; Scully 1979.
Yunan kentleri: Bean 1979; Cartledge 2009; Hansen 2006 ve 2008; Holscher, Alcock ve Osborne 2007 içinde; Lagopoulos 2009; Martin 1974 (Fransızca); Murray ve Price 1990; Owen ve Preston 2009; Owens 1991; Tomlinson 1992; Ward-Perkins 1974; Wycherley 1967.
Anadolu'da Yunan kentleri ve evleri: Radt 2006 (Almanca ve İngilizce); Sey 1996.
Yunan tahkimatları: Winter 1971.
Yunan evleri: Nevett, Alcock ve Osborne 2007 içinde.
Yunan heykelciliği: Boardman 1978, 1985 ve 1995; Leipen 1971; Mattusch 1988 ve 1996; Spivey 1996; Stewart 1990, 1993 ve 1996.
Yunan çömlekçiliği: R. Cook 1997; Grace 1961.
Yunan sikkeleri: Kraay 1966; Carradice ve Price 1988.
Haritalar: Dilke 1985.
Teknoloji: Landels 2000; Roebuck 1969; White 1984.
Yazı: B. Cook, Hooker vd. 1996 içinde.
Gıda: Dalby 1996; Wilkins, Harvey ve Dobson 1995.
Atletizm ve sporlar: Miller 2004a ve 2004b; Morgan 1990; Raschke 1988; Romano 1993.
*Temenos*lar ve din: Marinatos ve Hagg 1993; Parke 1967; Tomlinson 1976.

Atina: Neils vd. 1992; Parke 1977; Simon 1983.
Delphoi: Bommelaer 1991 (Fransızca); Fontenrose 1978; Scott 2010; Valavanis 2004; Walker 1977.
Didyma: Bean 1979; Fontenrose 1988; Tuchelt 1992 (Almanca).
Ephesos: Bean 1979; Wood 1877.
Epidauros: Tomlinson 1983.
Olympia: Morgan 1990; Raschke 1988; Scott 2010; Valavanis 2004.
Sisam: City: Tolle 1969 (Almanca). Heraion: Kyrieleis 1981 ve 1993. Dev *kouros*: Kyrieleis 1996 (Almanca).
Tiyatro: Bieber 1961; Green 1994.
Atina: Camp 2004; Connelly ve Dodge 1998; Wycherley 1978.
Agora: Camp 1986 ve 2010; Thompson 1971.
Akropolis: Beard 2003; Bowie ve Thimme 1971; Hurwit 1999; Korres 1995; Leipen 1971; Neils ve diğerleri 1992; Pollitt 1972; Rhodes 1995; Tournikiotis 1996.
Miletos: Greaves 2002.
Sardes: Hanfmann ve diğerleri 1983.
Geç Klasik Kazı Alanları
Mausoleion: B. Cook 2005; Jeppesen tarihsiz.
Olynthos: Cahill 2002.
Priene: Bean 1979; Ferla 2006; Raeck, Radt 2006 içinde (Almanca); Rumscheid 1998; Schede 1964 (Almanca).
Vergina: Andronicos 1984.
Helenistik sanat ve mimari: Nielsen 1994; Pollitt 1986; R. Smith 1991; Stewart 1993.
Mozaikler: Dunbabin 1999.
İskender Mozaiği: Cohen 1997.
Hellenistik Kentler
İskenderiye: Bowman 1986; Fraser 1972; Holbl 2000; McKenzie 2007.
Delos: Bruneau ve Ducat 1983 (Fransızca); Rauh 1993.
Pergamon: Bean 1979; Radt 1984, 1999 (Almanca), ve Parrish, 2001 içinde.
Sinop: Bryer ve Winfield 1985: 69–88; Doonan 2004; Garlan ve Tatlıcan 1995 (Fransızca).

İtalya ve Roma İmparatorluğu: Kentler ve Medeniyetler

Genel kaynak: Bickerman 1980; Biers 1992; de Grummond 1996; Fagan 1996; Finley 1977; Hornblower ve Spawforth 1996; Stillwell 1976; Talbert 2000.
Journal of Roman Archaeology, 1. cilt (1988)'den günümüze: Makalelerinin yanı sıra kitap eleştirileri içinde çok tavsiye edilir.

Etrüsk medeniyeti: Bonfante 1986; Haynes 2000; E. Richardson 1976; Torelli 2000.
Etrüsk yazısı: Bonfante, Hooker ve diğerleri 1996 içinde.
Etrüsk sanat ve mimarisi: Boethius 1978; Brendel 1995.
Roma medeniyeti (genel): Cornell ve Matthews 1982; Grant ve Kitzinger 1988; Scarre 1995; Wacher 1987.
Roma sanatı: Boardman 1993; Elsner 1998; Ling 1991; Ramage ve Ramage 1995.
Roma tarihi: Scullard 1980 ve 1982.
Roma İtalyası: Potter 1987.
Batı Yunanlılar: Cerchiai, Jannelli ve Longo 2004; Pugliese Carratelli 1996; Ridgway 1992.
Paestum: Pedley 1990.
Sicilya: Finley 1979; Holloway 1991.
Siracusa: Wescoat 1989.
Kuzey Afrika: MacKendrick 1980; Mattingly 1995; Raven 1993.
Roma kentleri: Fentress 2000; DeLaine 2008; Grimal 1983; Jones 2008; MacDonald 1986; Owens 1991; Purcell, Alcock ve Osborne 2007 içinde; Stambaugh 1988; Ward-Perkins 1974.
Roma (kenti): Anderson 1997; Connelly ve Dodge 1998; Coulston ve Dodge 2000; Dyson 2010; Nash 1968; L. Richardson 1992.
Kentsel nüfus: Storey 1997.
Erken dönem ve Cumhuriyet döneminde Roma: Bremmer 1987; Dupont 1992; Potter 1987.
Augustus döneminde Roma: Favro 1996.
Cosa: Brown 1980; McCann vd. 1987.
Ostia: DeLaine 2008; Meiggs 1973.
Pompei ve Herculaneum: Berry 2007; Dobbins ve Foss 2007; Grant 1971; Laurence 2007; Ling 1987; Parslow 1995; L. Richardson 1988; Wallace-Hadrill 1994; Zanker 1998.
Sukemerleri: Aicher 1995; Hodge 1992.
Roma mimarisi (genel): Adam 1994; Anderson 1997; Boethius 1978; Kostof 1995; MacDonald 1982 ve 1986; Sear 1989; Ward-Perkins 1981.
  Hamamlar: Yegul 1992.
  Köprüler: C. O'Connor 1993.
  Sirkler: Humphrey 1986.
  Colosseum: Hopkins ve Beard 2005.
  Yapım: Taylor 2003.
  Diocletianus'un Sarayı, Split: Wilkes 1993.
  Hadrianus'un Villası: MacDonald ve Pinto 1995.
  Evler: Bergmann, in Alcock and Osborne 2007.

Pantheon: MacDonald 1976.
Piazza Armerina: Wilson 1983.
Tiyatrolar: Bieber 1961.
Mezarlar: Toynbee 1971.
Ekonomi: Greene 1986.
Bahçeler: Jashemski 1979–93.
Roma heykelciliği: Kleiner 1992; Mattusch 1996.
Mozaikler: Dunbabin 1999; Ling 1998.
Romalıların gündelik yaşamı: Dupont 1992; Paoli 1963.
Cenaze uygulamaları: Toynbee 1971.
Gıda: Wilkins, Harvey ve Dobson 1995.
Haritalar ve yollar: Dilke 1985; French 1996.
Zanaat ve teknoloji: Adam 1994; Landels 2000; Roebuck 1969; Strong ve Brown 1976; White 1984.
Roma İmparatorluğu'nun Kentleri:
Anadolu: Radt 2006 (Almanca ve İngilizce); Sey 1996.
Mısır: Bowman 1986.
Ephesos: DeLaine 2008; Krinzinger, Radt 2006 içinde (Almanca); Scherrer 2000; Scherrer, Parrish, 2001 içinde.
Yunanistan: Alcock 1993; Tobin 1997.
Caraş: Browning 1982; Wharton 1995.
Kudüs: Wharton 1995.
Yakındoğu: Ball 2000; Levick 1987.
Lepcis Magna ve Kuzey Afrika: DeLaine 2008; MacKendrick 1980; Mattingly 1995; Raven 1993; Ward-Perkins 1993.
Kuzeybatı Avrupa: Jones 2008; King 1990.
Roma Britanya'sı: Jones 2006; Todd 2006; Wacher 1995.
Palmyra: Browning 1979.
Pergamon: bkz. "Yunan kentleri ve medeniyeti"
Perge: Abbasoğlu, Parrish 2001 içinde ve Radt 2006 içinde (ikincisi Almanca); Boatwright 1993.
Batı imparatorluk: Drinkwater 1987; Grimal 1983.
Büyük Constantinus çağında Mimari: Krautheimer 1986.

Kaynakça

Adam, J.-P. (1999) *Roman Building Materials and Techniques*, çev. A. Mathews, Londra: Routledge.

Adams, R. McC. (1966) *The Evolution of Urban Society*, Chicago: Aldine.

—— (1981) *The Heartland of Cities: Surveys of Ancient Settlement and Land Use on the Central Floodplain of the Euphrates*, Chicago: University of Chicago Press.

Adams, R. McC. ve Nissen, H. J. (1972) *The Uruk Countryside*, Chicago: University of Chicago Press.

Aicher, P. (1995) *Guide to the Aqueducts of Ancient Rome*, Wauconda, İl: Bolchazy-Carducci.

Akkermans, P. M. G. ve Schwartz, G. M. (2004) *The Archaeology of Syria: From Complex Hunter-Gatherers to Early Urban Societies*, Cambridge: Cambridge University Press.

Alcock, S. (1993) *Graecia Capta: The Landscapes of Roman Greece*, Cambridge: Cambridge University Press.

Alcock, S. ve Osborne, R. (der.) (2007) *Classical Archaeology*, Malden, MA: Blackwell.

Algaze, G. (1993) *The Uruk World System. The Dynamics of Expansion of Early Mesopotamian Civilization*, Chicago: University of Chicago Press.

—— (2008) *Ancient Mesopotamia at the Dawn of Civilization: The Evolution of an Urban Landscape*, Chicago: University of Chicago Press.

Allchin, B. ve Allchin, F. R. (1968) *The Birth of Indian Civilization*, Harmondsworth: Penguin Books.

—— (1982) *The Rise of Civilization in India and Pakistan*, Cambridge: Cambridge University Press.

Anderson, J. (1997) *Roman Architecture and Society*, Baltimore: The Johns Hopkins University Press.

Andronicos, M. (1984) *Vergina. The Royal Tombs and the Ancient City*, Atina: Ekdotike Athenon.

Arnold, D. (1991) *Building in Egypt: Pharaonic Stone Masonry*, Oxford: Oxford University Press.

—— (2003) *The Encyclopedia of Ancient Egyptian Architecture*, çev. S. H. Gardiner ve H. Strudwick, Princeton: Princeton University Press.

Aruz, J. (der.) (2003) *Art of the First Cities: The Third Millennium B.C. from the Mediterranean to the Indus*, New York: Metropolitan Museum of Art.

Aruz, J., Benzel, K. ve Evans, J. M. (der.) (2008) *Beyond Babylon: Art, Trade, and Diplomacy in the Second Millennium B.C.*, New York: Metropolitan Museum of Art.

Aubet, M. E. (1993) *The Phoenicians and the West. Politics, Colonies and Trade*, çev. M. Turton, Cambridge: Cambridge University Press.

—— (2001) *The Phoenicians and the West: Politics, Colonies and Trade*, 2. bas, çev. M. Turton, Cambridge: Cambridge University Press.

Aufrecht, W. E., Mirau, N. A. ve Gauley, S. W. (der.) (1997) *Urbanism in Antiquity: From Mesopotamia to Crete*, Sheffield: Sheffield Academic Press.

Averbeck, R., Chavalas, M. ve Weisberg, D. B. (der.) (2003) *Life and Culture in the Ancient Near East*, Bethesda, MD: CDL Press.

Bahn, P. ve Renfrew, C. (2008) *Archaeology: Theories, Methods and Practice*, 5. Bas., New York: Thames and Hudson.

Baines, J. ve Malek, J.(1984) *Atlas of Ancient Egypt*, Oxford: Phaidon.

Ball, W. (2000) *Rome in the East: The Transformation of an Empire*, Londra ve New York: Routledge.

Bar-Yosef, O. (1986) "The Walls of Jericho: An Alternative Interpretation," *Current Anthropology* 27: s.157–162.

Bar-Yosef, O. ve Meadow, R. (1995) "The Origins of Agriculture in the Near East," Price ve Gebauer içinde, 1995, s. 39–94.

Bard, K. (2007) *An Introduction to the Archaeology of Ancient Egypt*, Hoboken, NJ: Wiley-Blackwell.

—— (2008) "Royal Cities and Cult Centers, Administrative Towns, and Workmen's Settlements in Ancient Egypt," Marcus ve Sabloff 2008 içinde, s.165–182.

Bard, K. (der.) (1999) *Encyclopedia of the Archaeology of Ancient Egypt*, Londra ve New York: Routledge.

Barrelet, M.-Th. (der.) (1980) *L'archéologie de l'Iraq du début de l'époque néolithique à 333 avant notre ère*, Paris: Centre National de la Recherche Scientifique.

Bass, G. (1987) "Oldest Known Shipwreck Reveals Splendors of the Bronze Age," *National Geographic* 172 (Aralık), s.692–733.

—— (1991) "Evidence of Trade from Bronze Age Shipwrecks," Gale 1991 içinde, s. 69–82.

Bass, G. vd. (1967) *Cape Gelidonya: A Bronze Age Shipwreck*, Philadelphia: American Philosophical Society.

Bean, G. (1979) *Aegean Turkey*, 2. bas, Londra: Murray.

Beard, M. (2003) *The Parthenon*, Cambridge, MA: Harvard University Press.

Benger, C. ve J. Wagner (der.) (2009) *Erste Tempel–Frühe Siedlungen. 12000 Jahre Kunst und Kultur, Ausgrabungen und Forschungen zwischen Donau und Euphrat.* Oldenburg: Isensee Verlag.

Ben-Tor, A. (der.) (1994) *The Archaeology of Ancient Israel*, çev. R. Greenberg, New Haven: Yale University Press.
Berry, J. (2007) *The Complete Pompeii*, Londra ve New York: Thames and Hudson.
Bickerman, E. (1980) *Chronology of the Ancient World*, gözden geçirilmiş basım, Londra: Thames and Hudson.
Bieber, M. (1961) *The History of the Greek and Roman Theater*, Princeton: Princeton University Press.
Bierbrier, M. (1982) *The Tomb-builders of the Pharaohs*, Londra: British Museum Publications.
Biers, W. (1992) *Art, Artefacts, and Chronology in Classical Archaeology*, Londra: Routledge.
—— (1996) *The Archaeology of Greece*, 2. Bas., Ithaca, NY: Cornell University Press.
Black, J. ve Green, A. (1992) *Gods, Demons and Symbols of Ancient Mesopotamia. An Illustrated Dictionary*, Londra: British Museum Press.
Blas de Robles, J.-M., Pieri, D. ve Yon, J.-B. (2004) *Vestiges archéologiques du Liban*, Aix-en-Provence: Edisud.
Blegen, C. (1963) *Troy and the Trojans*, Londra: Thames and Hudson.
Blegen, C., Rawson, M., Davis, J. ve Shelmerdine, C. (2001) *A Guide to the Palace of Nestor*, gözden geçirilmiş basım, Princeton: American School of Classical Studies at Athens.
Boardman, J. (1978) *Greek Sculpture: The Archaic Period. A Handbook*, Londra: Thames and Hudson.
—— (1985) *Greek Sculpture: The Classical Period. A Handbook*, Londra: Thames and Hudson.
—— (der.) (1993) *The Oxford History of Classical Art*, Oxford: Oxford University Press.
—— (1995) *Greek Sculpture: The Late Classical Period and Sculpture in Colonies and Overseas. A Handbook*, Londra: Thames and Hudson.
—— (1999) *The Greeks Overseas*, 4. Bas., Londra: Thames and Hudson.
Boatwright, M. T. (1993) "The City Gate of Plancia Magna in Perge," D'Ambra 1993 içinde, s.189–207.
Boethius, A. (1978) *Etruscan and Early Roman Architecture*, Harmondsworth: Penguin.
Bommelaer, J.-F. (1991) *Guide de Delphes: le site et le musée*, Paris: de Boccard.
Bonfante, L. (der.) (1986) *Etruscan Life and Afterlife*, Warminster: Aris and Phillips.
Bowie, T. ve Thimme, D. (der.) (1971) *The Carrey Drawings of the Parthenon Sculptures*, Bloomington: Indiana University Press.

Bowman, A. (1986) *Egypt after the Pharaohs 332 BC–AD 642: from Alexander to the Arab Conquest*, Berkeley: University of California Press.
Branigan, K. (der.) (2001) *Urbanism in the Aegean Bronze Age*, Londra: Sheffield Academic Press.
Braudel, F. (1973) *The Mediterranean and the Mediterranean World in the Age of Philip II*, 2. cilt, 2. gözden geçirilmiş basım, çev. S. Reynolds, New York: Harper and Row.
—— (1980) *On History*, çev. S. Matthews, Chicago: University of Chicago Press.
—— (1993) *A History of Civilizations*, çev. R. Mayne, New York: Penguin Books.
Bremmer, J. (1987) "Romulus, Remus and the Foundation of Rome," Bremmer ve Horsfal 1987 içinde, s. 25–48.
Bremmer, J. ve Horsfal, N. (der.) (1987) *Roman Myth and Mythography*. Bulletin supplement 52, Londra: University of London, Institute of Classical Studies.
Brendel, O. (1995) *Etruscan Art*, 2. bas., New Haven: Yale University Press.
Bretschneider, J., Driessen, J. ve Lerberghe, K. van (der.) (2007) *Power and Architecture: Monumental Public Architecture in the Bronze Age Near East and Aegean*, Leuven: Peeters.
Briant, P. (2010) *Alexander the Great and his Empire: A Short Introduction*, çev. A. Kuhrt, Princeton: Princeton University Press.
Brown, F. (1980) *Cosa. The Making of a Roman Town*, Ann Arbor: University of Michigan Press.
Browning, I. (1979) *Palmyra*, Park Ridge, NJ: Noyes Press.
—— (1982) *Jerash and the Decapolis*, Londra: Chatto and Windus.
Bruneau, P. ve Ducat, J. (1983) *Guide de Délos*, 3. bas., Paris: Ecole Francaise d'Athenes.
Bryce, T. (2004) *Life and Society in the Hittite World*, Oxford: Oxford University Press.
—— (2005) *The Trojans and their Neighbours: An Introduction*, Londra: Routledge.
—— (2006) *The Kingdom of the Hittites*, yeni bas., Oxford: Oxford University Press.
—— (der.) (2009) *The Routledge Handbook of the Peoples and Places of Ancient Western Asia*, Londra: Routledge.
Bryer, A. ve Winfield, D. (1985) *The Byzantine Monuments and Topography of the Pontos*, 2. cilt., Washington, DC: Dumbarton Oaks.
Buringh, P. (1957) "Living Conditions in the Lower Mesopotamian Plain in Ancient Times," *Sumer* 13, s. 30–57.
Bury, J. ve Meiggs, R. (1975) *A History of Greece to the Death of Alexander the Great*, 4. bas., Londra: Macmillan Press.

Butzer, K. (1995) "Environmental Change in the Near East and Human Impact on the Land," Sasson 1995 içinde, s.123–151.
Cadogan, G., Hatzaki, E. ve Vasilakis, A. (der.) (2004) *Knossos: Palace, City, State*. Londra: British School at Athens.
Cahill, N. (2002) *Household and City Organization at Olynthus*, New Haven: Yale University Press.
Camp, J. (1986) *The Athenian Agora. Excavations in the Heart of Classical Athens*, Londra: Thames and Hudson.
—— (2004) *The Archaeology of Athens*, New Haven: Yale University Press.
—— (2010) *The Athenian Agora: Site Guide*, 5. bas., Princeton: American School of Classical Studies at Athens.
Canby, J. V. (2001) *The "Ur-Nammu" Stela*, University Museum Monograph 110, Philadelphia: University of Pennsylvania Museum of Archaeology and Anthropology.
Cannadine, D. ve Price, S. (der.) (1987) *Rituals of Royalty: Power and Ceremonial in Traditional Societies*, Cambridge: Cambridge University Press.
Carradice, I. ve Price, M. (1988) *Coinage in the Greek World*, Londra: Seaby.
Cartledge, P. (2009) *Ancient Greece: A History in Eleven Cities*, Oxford ve New York: Oxford University Press.
—— (der.) (2002) *The Cambridge Illustrated History of Ancient Greece*, Cambridge: Cambridge University Press.
Catling, R. ve Lemos, I. (1990) *Lefkandi II: The Protogeometric Building at Toumba. Part I: The Pottery*, Londra: British School of Archaeology at Athens.
Cerchiai, L., Jannelli, L. ve Longo, F. (2004) *The Greek Cities of Magna Graecia and Sicily*, Los Angeles: Getty Publications.
Chakrabarti, D. (1997) *The Archaeology of Ancient Indian Cities*, Delhi: Oxford University Press.
Chang, K. C. (1986) *The Archaeology of Ancient China*, 4. bas., New Haven ve Londra: Yale University Press.
Childe, V. G. (1950) "The Urban Revolution," *Town Planning Review* 21, s. 3–17.
—— (1953) *New Light on the Most Ancient East*, 4. bas., New York: W. W. Norton.
Claasz Coockson, B. (2010) *Living in Mud*, İstanbul: Ege Yayınları.
Cline, E. (der.) (2010) *The Oxford Handbook of the Bronze Age Aegean*, New York: Oxford University Press.
Cohen, A. (1997) *The Alexander Mosaic. Stories of Victory and Defeat*, Cambridge: Cambridge University Press.
Cohen, A. ve Kangas, S. (der.) (2010) *Assyrian Reliefs from the Palace of Ashurnasirpal II: A Cultural Biography*, Lebanon, NH: University Press of New England.

Coldstream, J. (1977) *Geometric Greece*, Londra: Methuen.
Collon, D. (1987) *First Impressions. Cylinder Seals in the Ancient Near East*, Londra: British Museum Press.
—— (1995) *Ancient Near Eastern Art*, Londra: British Museum Press.
Connah, G. (1987) *African Civilizations: Precolonial Cities and States in Tropical Africa. An Archaeological Perspective*, Cambridge: Cambridge University Press.
Connelly, P. ve Dodge, H. (1998) *The Ancient City: Life in Classical Athens and Rome*, Oxford ve New York: Oxford University Press.
Cook, B. (2005) *Relief Sculpture of the Mausoleum at Halicarnassus*, Oxford ve New York: Oxford University Press.
Cook, R. (1997) *Greek Painted Pottery*, 3. bas., Londra ve New York: Routledge.
Cooper, J. (1990) "Mesopotamian Historical Consciousness and the Production of Monumental Art in the Third Millennium B.C.," Gunter 1990 içinde, s. 39–51.
Cornell, T. ve Matthews, J. (1982) *Atlas of the Roman World*, Oxford: Phaidon.
Coulston, J. ve Dodge, H. (der.) (2000) *Ancient Rome: The Archaeology of the Eternal City*, Oxford: Oxford University School of Archaeology.
Coulton, J. (1977) *Greek Architects at Work. Problems of Structure and Design*, Londra: Paul Elek.
Courtois, J.-C., Lagarce, J. ve Lagarce, E. 1986. *Enkomi et le bronze récent à Chypre*, Lefkoşa: A.G. Leventis Foundation.
Crawford, H. (1991) *Sumer and the Sumerians*, Cambridge: Cambridge University Press.
Crewe, L. (2007) *Early Enkomi: Regionalism, Trade and Society at the Beginning of the Late Bronze Age on Cyprus*. British Archaeological Reports S1706. Oxford: Archaeopress.
Cunliffe, B. (der.) (1987) *Origins. The Roots of European Civilisation*, Londra: BBC Books.
Curtis, A. (1985) *Ugarit (Ras Shamra)*, Cambridge: Lutterworth Press.
Curtis, J. (der.) (1982) *Fifty Years of Mesopotamian Discovery: the Work of the British School of Archaeology in Iraq, 1932–1982*, Londra: British School of Archaeology in Iraq.
Curtis, J. ve Tallis, N. (der.) (2005) *Forgotten Empire: The World of Ancient Persia*, Berkeley ve Los Angeles: University of California Press; Londra: British Museum Press.
Çambel, H. ve Braidwood, R. J. (der.) (1980) *Prehistoric Research in Southeastern Anatolia*, İstanbul: Edebiyat Fakültesi.
Dalby, A. (1996) *Siren Feasts. A History of Food and Gastronomy in Greece*, Londra ve New York: Routledge.

D'Ambra, E. (der.) (1993) *Roman Art in Context: An Anthology*, Englewood Cliffs, NJ: Prentice Hall.
Darbyshire, G. ve Pizzorno, G. (2009) "Gordion in History," *Expedition* 51/2, s.11–22.
David, N. ve Kramer, C. (2001) *Ethnoarchaeology in Action*, Cambridge: Cambridge University Press.
Davis, J. L. (der.) (2007) *Sandy Pylos. An Archaeological History from Nestor to Navarino*, 2. bas., Princeton: American School of Classical Studies at Athens.
de Grummond, N. (der.) (1996) *An Encyclopedia of the History of Classical Archaeology*, 2. cilt, Londra ve Chicago: Fitzroy Dearborn.
DeLaine, J. (2008) "Between Concept and Reality: Case Studies in the Development of Roman Cities in the Mediterranean," Marcus ve Sabloff 2008 içinde, s. 95–116.
Delougaz, P. (1940) *The Temple Oval at Khafajah*, Chicago: University of Chicago Press.
Descoeudres, J.-P. (der.) (1990) *Greek Colonists and Native Populations*, Oxford: Clarendon Press.
Dilke, O. (1985) *Greek and Roman Maps*, Londra: Thames and Hudson.
Dinsmoor, W. (1950) *The Architecture of Ancient Greece. An Account of its Historic Development*, 3. gözden geçirilmiş basım, Londra: B. T. Batsford.
Dobbins, J. ve Foss, P. (der.) (2007) *The World of Pompeii*, Londra: Routledge.
Doonan, O. (2004) *Sinop Landscapes: Exploring Connection in a Black Sea Hinterland*, Philadelphia: University of Pennsylvania Museum of Archaeology and Anthropology.
Dorman, P. ve Bryan, B. (der.) (2007) *Sacred Space and Sacred Function in Ancient Thebes*, Chicago: Oriental Institute of the University of Chicago.
Dorpfeld, W. (1902) *Troja und Ilion*, Atina: Beck and Barth.
Dothan, T. ve Dothan, M. (1992) *People of the Sea: Search for the Philistines*, New York: Macmillan.
Doumas, C. (1983) *Thera, Pompeii of the Ancient Aegean: Excavations at Akrotiri 1967–79*, Londra: Thames and Hudson.
—— (1992) *The Wall-paintings of Thera*, Atina: The Thera Foundation – Petros M. Nomikos.
Drinkwater, J. F. (1987) "Urbanization in Italy and the Western Empire," Wacher 1987 içinde, s.345–387.
Dunbabin, K. M. D.(1999) *Mosaics of the Greek and Roman World*, Cambridge: Cambridge University Press.
Dupont, F. (1992) *Daily Life in Ancient Rome*, çev. C. Woodall, Oxford ve Cambridge, MA: Blackwell.

Dyson, S. (2010) *Rome: A Living Portrait of an Ancient City*, Baltimore: Johns Hopkins University Press.
Edwards, I. E. S. (1993) *The Pyramids of Egypt*, elden geç bas., Londra: Penguin Books.
Ehrenberg, V. (1969) *The Greek State*, 2. bas., Londra: Methuen.
Ehrich, R.(der.) (1992) *Chronologies in Old World Archaeology*, 2. cilt, 3. bas., Chicago ve Londra: University of Chicago Press.
Elsner, J. (1998) *Imperial Rome and Christian Triumph*, Oxford: Oxford University Press.
Fagan, B. (der.) (1996) *The Oxford Companion to Archaeology*, Oxford ve New York: Oxford University Press.
Fairman, H. (1949) "Town Planning in Pharaonic Egypt," *Town Planning Review* 20, s. 32–51.
Falkenhausen, L.v. (2008) "Stages in the Development of 'Cities' in Pre-Imperial China," Marcus ve Sabloff 2008a içinde, s. 209–228.
Favro, D. (1996) *The Urban Image of Augustan Rome*, Cambridge: Cambridge University Press.
Fentress, E. (der.) (2000) *Romanization and the City: Creation, Transformations, and Failures*, Portsmouth, RI: Journal of Roman Archaeology.
Ferla, K. (der.) (2006) *Priene*, 2. bas., Atina: Foundation of the Hellenic World; Washington, DC: Center for Hellenic Studies.
Finley, M. (der.) (1977) *Atlas of Classical Archaeology*, Londra: Chatto and Windus.
—— (1979) *Ancient Sicily*, gözden geçirilmiş basım, Londra: Chatto and Windus.
Fontenrose, J. (1978) *The Delphic Oracle. Its Responses and Operations with a Catalogue of Responses*, Berkeley ve Los Angeles: University of California Press.
—— (1988) *Didyma. Apollo's Oracle, Cult, and Companions*, Berkeley ve Los Angeles: University of California Press.
Foster, B. R. ve Foster, K. P. (2009) *Civilizations of Ancient Iraq*, Princeton: Princeton University Press.
Frankfort, H. (1950) "Town Planning in Ancient Mesopotamia," *Town Planning Review* 21, s. 98–115.
—— (1989) *The Art and Architecture of the Ancient Orient*, 5. bas., New Haven ve Londra: Yale University Press.
Fraser, P. (1972) *Ptolemaic Alexandria*, Oxford: Clarendon Press.
French, D. (1996) "Roman Roads," Fagan 1996, s. 612–614.
Gagarin, M. (der.) (2010) *The Oxford Encyclopedia of Ancient Greece and Rome*, 7. cilt., New York: Oxford University Press.
Gale, N. H. (der.) (1991) *Bronze Age Trade in the Mediterranean*, Jonsered: Paul Astroms Forlag.

Garlan, Y. ve Tatlıcan, I. (1995) "Sinope, ville reine de mer Noire," *Archéologia* 308, s. 32–39.
Gates, C. (2008) "Cities, Ancient, and Daily Life," Pearsall 2008 içinde, s. 996–1002.
—— (2010) "City: Historical Overview and Theoretical Issues," Gagarin 2010, 2. cilt, içinde, s. 151–161.
Gates, M.-H. (1984) "The Palace of Zimri-Lim at Mari," *Biblical Archaeologist* 47, s. 70–87.
Gilboa, A. ve Sharon, I. (2008) "Between the Carmel and the Sea: Tel Dor's Iron Age Reconsidered," *Near Eastern Archaeology* 71, s. 146–170.
Gitin, S., Mazar, A. ve Stern, E. (der.) (1998) *Mediterranean Peoples in Transition: Thirteenth to Early Tenth Centuries BCE*, Kudüs: Israel Exploration Society.
Grace, V. (1961) *Amphoras and the Ancient Wine Trade*. Excavations of the Athenian Agora, Picture Book No. 6, Princeton: American School of Classical Studies at Athens.
Graham, J. W. (1987) *The Palaces of Crete*, gözden geçirilmiş basım, Princeton: Princeton University Press.
Grant, M. (1971) *Cities of Vesuvius, Pompeii and Herculaneum*, New York: Macmillan.
Grant, M. ve Kitzinger, R. (der.) (1988) *Civilization of the Ancient Mediterranean: Greece and Rome*, 3. cilt, New York: Charles Scribner's Sons.
Greaves, A. (2002) *Miletos: A History*, Londra ve New York: Routledge.
Green, J. (1994) *Theatre in Ancient Greek Society*, Londra ve New York: Routledge.
Greene, K. (1986) *The Archaeology of the Roman Economy*, Londra: B. T. Batsford.
Grimal, P. (1983) *Roman Cities*, çev. ve der. G. M. Woloch, Madison, WI: University of Wisconsin Press.
Gunter, A. (der.) (1990) *Investigating Artistic Environments in the Ancient Near East*, Washington, DC: Smithsonian Institution Press.
Haggi, A. ve Artzy, M. (2007) "The Harbor of Atlit in Northern Canaanite/Phoenician Context," *Near Eastern Archaeology* 70, s. 75–84.
Hammond, N. (1967) *A History of Greece*, 2. bas., Oxford: Oxford University Press.
Hanfmann, G. (1975) *Roman Art*, New York: W. W. Norton.
Hanfmann, G. vd. (1983) *Sardis from Prehistoric to Roman Times. Results of the Archaeological Exploration of Sardis 1958–1975*, Cambridge, MA. ve Londra: Harvard University Press.
Hansen, M.H. (2006) *Polis: An Introduction to the Ancient Greek City-State*, Oxford ve New York: Oxford University Press.
—— (2008) "Analyzing Cities," Marcus ve Sabloff 2008 içinde, s. 67–76.

Hassan, F. A. (1993) "Town and Village in Ancient Egypt: Ecology, Society and Urbanization," T. Shaw vd. 1993 içinde, s. 551–569.
Hawkes, J. (der.) (1974) *Atlas of Ancient Archaeology*, New York: McGraw-Hill.
Hayden, B. (1993) *Archaeology: The Science of Once and Future Things*, New York: W. H. Freeman.
Haynes, S. (2000) *Etruscan Civilization: A Cultural History*, Los Angeles: J. Paul Getty Museum.
Heizer, R. F.(der.) (1959) *The Archaeologist at Work*, New York: Harper and Row.
Henrickson, E. ve Thuesen, I. (der.) 1989) *Upon this Foundation: The 'Ubaid Reconsidered*, Kopenhag: Carsten Niebuhr Institute of Ancient Near Eastern Studies, University of Copenhagen, and Museum Tusculanum Press.
Hester, T. R., Shafer, H. J. ve Feder, K. L. (2008) *Field Methods in Archaeology*, 7. bas., Walnut Creek, CA: Left Coast Press.
Hirth, K. G. (2008) "Incidental Urbanism: The Structure of the Prehispanic City in Central Mexico," Marcus ve Sabloff 2008a içinde, s. 273–297.
Hodder, I. (2006) *The Leopard's Tale: Revealing the Mysteries of Turkey's Ancient 'Town'*, Londra: Thames and Hudson.
Hodge, A. (1992) *Roman Aqueducts and Water Supply*, Londra: Duckworth.
Hodos, T. (2006) *Local Responses to Colonization in the Iron Age Mediterranean*, Londra ve New York: Routledge.
Hoffmeier, J. K. (2003) "Everyday Life in Ancient Egypt," Averbeck, Chavalas ve Weisberg 2003 içinde, s.327–351.
Hoffner, H. A. (2003) "Daily Life among the Hittites," Averbeck, Chavalas ve Weisberg 2003 içinde, s. 95–118.
Holbl, G. (2000) *A History of the Ptolemaic World*, çev. T. Saavedra, Londra: Routledge.
Holloway, R. (1991) *The Archaeology of Ancient Sicily*, Londra ve New York: Routledge.
Hood, S. (1978) *The Arts in Prehistoric Greece*, Harmondsworth: Penguin.
Hooker, J. vd. (1996) *Reading the Past. Ancient Writing from Cuneiform to the Alphabet*, Londra: British Museum Press.
Hopkins, K. ve Beard, M. (2005) *The Colosseum*, Cambridge, MA: Harvard University Press.
Horden, P. ve Purcell, N. (2000) *The Corrupting Sea: A Study of Mediterranean History*, Malden, MA: Wiley-Blackwell.
Hornblower, S. ve Spawforth, A. (der.) (2003) *The Oxford Classical Dictionary*, 3. elden geç bas., Oxford ve New York: Oxford University Press.
Humphrey, J. H. (1986) *Roman Circuses. Arenas for Chariot Racing*, Londra: B. T. Batsford.
Hurst, H. (1987) "Carthage: the Punic City," Cunliffe 1987 içinde, s.135–147.

Hurwit, J. M. (1999) *The Athenian Acropolis*, Cambridge: Cambridge University Press.

Hutchison, R. (der.) (2010) *Encyclopedia of Urban Studies*, Thousand Oaks, CA: Sage Publications.

Iakovidis, S. E. (1979) *Mycenae-Epidaurus*, Atina: Ekdotike Athenon.

Ikram, S. (2009) *Ancient Egypt: An Introduction*, Cambridge: Cambridge University Press.

Ikram, S. ve Dodson, A. (1998) *The Mummy in Ancient Egypt*, Londra: Thames and Hudson.

Jacobsen, T. (1976) *The Treasures of Darkness: A History of Mesopotamian Religion*, New Haven: Yale University Press.

James, T. G. H. (1979) *An Introduction to Ancient Egypt*, Londra: Trustees of the British Museum.

—— (der.) (1982) *Excavating in Egypt: The Egypt Exploration Society 1882–1982*, Chicago: The University of Chicago Press.

Jashemski, W. (1979–93) *The Gardens of Pompeii, Herculaneum and the Villas Destroyed by Vesuvius*, 2. cilt, New Rochelle, NY: Caratzas Brothers, 1979, cilt 1; Aristide D. Caratzas, 1993, 2. cilt.

Jeppesen, K. (tarihsiz) *The Maussolleion at Ancient Halicarnassus*, Ankara: Dönmez Yayınları.

Jigoulov, S. (2010) *The Social History of Achaemenid Phoenicia*, Londra: Equinox.

Jones, M. (2006) "Cities and Urban Life," Todd 2006, s. 162–192.

—— (2008) "Urban Foundation, Planning, and Sustainability in the Roman Northwestern Provinces," Marcus ve Sabloff 2008 içinde, s. 117–139.

Joukowsky, M. (1980) *A Complete Manual of Field Archaeology*, Englewood Cliffs, NJ: Prentice-Hall.

Karageorghis, V. (1976) *Kition*, Londra: Thames and Hudson.

—— (1982) *Cyprus, From the Stone Age to the Romans*, Londra: Thames and Hudson.

Katzenstein, H. J. (1997) *The History of Tyre, from the Beginning of the Second Millennium B.C.E. until the Fall of the Neo-Babylonian Empire in 539 B.C.E.*, 2. bas., Birüssebi: Ben Gurion University of the Negev Press.

Kealhofer, L. (der.) (2005) *The Archaeology of Midas and the Phrygians: Recent Work at Gordion*, Philadelphia: University of Pennsylvania Museum of Archaeology and Anthropology.

Kemp, B. (1977a) "The City of el-Amarna as a Source for the Study of Urban Society in Ancient Egypt," *World Archaeology* 9, s. 123–139.

—— (1977b) "The Early Development of Towns in Egypt," *Antiquity* 51, s. 185–200.

—— (2005) *Ancient Egypt: Anatomy of a Civilisation*, 2. basım, Londra ve New York: Routledge.

Kenoyer, J. M. (1998) *Ancient Cities of the Indus Valley Civilization*, Karachi ve Oxford: Oxford University Press.

—— (2008) "Indus Urbanism: New Perspectives on Its Origin and Character," Marcus ve Sabloff içinde, s.183–208.

Kenyon, K. (1957) *Digging Up Jericho*, Londra: E. Benn.

Kessler, H. and Simpson, M. (der) (1985) *Pictorial Narrative in Antiquity and the Middle Ages*, Washington, DC: National Gallery of Art.

King, A. (1990) *Roman Gaul and Germany*, Londra: British Museum Publications.

Kleiner, D. (1992) *Roman Sculpture*, New Haven ve Londra: Yale University Press.

Klengel, H. (1992) *Syria, 3000–300 B.C.*, Berlin: Akademie Verlag.

Knapp, A. B. (1997) *The Archaeology of Late Bronze Age Cypriot Society: The Study of Settlement, Survey and Landscape*, Glasgow: University of Glasgow, Department of Archaeology.

—— (2008) *Prehistoric and Protohistoric Cyprus: Identity, Insularity, and Connectivity*, Oxford: Oxford University Press.

Korres, M. (1995) *From Pentelicon to the Parthenon*, Atina: Melissa.

Kostof, S. (1991) *The City Shaped. Urban Patterns and Meanings through History*, Londra: Thames and Hudson.

—— (1992) *The City Assembled. The Elements of Urban Form through History*, Londra: Thames and Hudson.

—— (1995) *A History of Architecture, Settings and Rituals*, 2. bas., Oxford ve New York: Oxford University Press.

Kraay, C. (1966) *Greek Coins*, Londra: Thames and Hudson.

Kraeling, C. H. ve Adams, R. McC. (der.) (1960) *City Invincible*, Chicago: University of Chicago Press.

Kramer, C. (1980) "Estimating Prehistoric Populations: An Ethnoarchaeological Approach," Barrelet 1980 içinde, s.315–334.

Kramer, S. N. (1963) *The Sumerians. Their History, Culture, and Character*, Chicago ve Londra: The University of Chicago Press.

Krautheimer, R. (1986) *Early Christian and Byzantine Architecture*, 4. bas., gözden geçirilmiş yardım S. Ćurčić, New Haven ve Londra: Yale University Press.

Kubba, S. (1987) *Mesopotamian Architecture and Town Planning from the Mesolithic to the End of the Proto-historic Period c. 10,000 3,500 B.C.*, Oxford: BAR International Series.

Kuhrt, A. (1987) "Usurpation, Conquest and Ceremonial: From Babylon to Persia," Cannadine ve Price 1987 içinde, s.20–55.

—— (1995) *The Ancient Near East, c. 3000–330 BC*, 2. cilt, Londra ve New York: Routledge.
Kusimba, C. M. (2008) "Early African Cities: Their Role in the Shaping of Urban and Rural Interaction Spheres," Marcus ve Sabloff 2008a içinde, s. 229–246.
Kyrieleis, H. (1981) *Führer durch das Heraion von Samos*, Atina: Deutsches Archaologisches Institut Athen.
—— (1993) "The Heraion at Samos," Marinatos ve Hagg 1993 içinde, s. 125–133.
—— (1996) *Der grosse Kuros von Samos* (Samos vol. X), Bonn: Rudolf Habelt.
Lagopoulos, A. (der.) (2009) *A History of the Greek City*, British Archaeological Reports S2050, Oxford: Archaeopress.
Lampl, P. (1968) *Cities and Planning in the Ancient Near East*, New York: George Braziller.
Lancel, S. (1995) *Carthage. A History*, çev. A. Nevill, Oxford ve Cambridge, MA: Blackwell.
Landels, J. (2000) *Engineering in the Ancient World*, elden geç bas., Berkeley ve Los Angeles: University of California Press.
Lapidus, I. M. (der.) (1969) *Middle Eastern Cities: a Symposium on Ancient, Islamic, and Contemporary Middle Eastern Urbanism*, Berkeley ve Los Angeles: University of California Press.
—— (1986) "Cities and Societies: A Comparative Study of the Emergence of Urban Civilization in Mesopotamia and Greece," *Journal of Urban History* 12, s. 257–292.
Larsen, M. T. (1996) *The Conquest of Assyria: Excavations in an Antique Land, 1840–1860*, Londra: Routledge.
Lauer, J.-P. (1976) *Saqqara: The Royal Cemetery of Memphis, Excavations and Discoveries since 1850*, Londra: Thames and Hudson.
Laurence, R. (2007) *Roman Pompeii. Space and Society*, 2. bas., Londra ve New York: Routledge.
Lawrence, A. (1996) *Greek Architecture*, 5. elden geç bas. R. Tomlinson, New Haven ve Londra: Yale University Press.
Lehner, M. (1997) *The Complete Pyramids*, Londra: Thames and Hudson.
Leick, G. (der.) (2009) *The Babylonian World*, Londra: Routledge.
Leipen, N. (1971) *Athena Parthenos. A Reconstruction*, Toronto: Royal Ontario Museum.
Lesko, L. (der.) 1994. *Pharaoh's Workers: The Villagers of Deir el Medina*, Ithaca: Cornell University Press.
Levick, B. (1987) "Urbanization in the Eastern Empire," Wacher 1987 içinde, s. 328–344.

Levinson, D. ve Ember, M. (der.) (1996) *Encyclopedia of Cultural Anthropology*, 4. cilt., New York: Henry Holt.
Ling, R. (1987) "A New Look at Pompeii," Cunliffe 1987 içinde, s. 148–160.
—— (1991) *Roman Painting*, Cambridge: Cambridge University Press.
Liverani, M. (2006) *Uruk: The First City*, çev. Z. Bahrani ve M. Van De Mieroop, Londra: Equinox.
Lloyd, A. B. (der.) (2010) *A Companion to Ancient Egypt*, 2. cilt, Malden, MA: Wiley-Blackwell.
Lloyd, S. (1980) *Foundations in the Dust: A Story of Mesopotamian Exploration*, gözden geçirilmiş ve genişletilmiş basım, New York: Thames and Hudson.
—— (1984) *The Archaeology of Mesopotamia*, gözden geçirilmiş basım, Londra: Thames and Hudson.
Luff, R. ve Rowley-Conwy, P. (der.) (1994) *Whither Environmental Archaeology?* Oxford: Oxbow Books.
Lumsden, S. (1991) "Urban Nineveh: Investigations within the Lower Town of the Last Assyrian Capital," *Mar Šipri* 4.
Lynch, K. (1960) *The Image of the City*, Cambridge, MA: The M.I.T. Press.
—— (1984) *Good City Form*, Cambridge, MA: The M.I.T. Press.
McCann, A. vd. (1987) *The Roman Port and Fishery of Cosa*, Princeton: Princeton University Press.
McCarter, S. (2007) *Neolithic*, Londra and New York: Routledge.
Macdonald, C. (2005) *Knossos*, Londra: Folio Society.
MacDonald, W. L. (1976) *The Pantheon. Design, Meaning, and Progeny*, Londra: Allen Lane.
—— (1982) *The Architecture of the Roman Empire. I: An Introductory Study*, elden geç bas., New Haven ve Londra: Yale University Press.
—— (1986) *The Architecture of the Roman Empire. II: An Urban Appraisal*, New Haven ve Londra: Yale University Press.
MacDonald, W. L. ve Pinto, J. (1995) *Hadrian's Villa and Its Legacy*, New Haven ve Londra: Yale University Press.
McEnroe, J. C. (2010) *Architecture of Minoan Crete: Constructing Identity in the Aegean Bronze Age,* Austin: University of Texas Press.
McIntosh, S. K. ve McIntosh, R. J. (1993) "Cities without Citadels: Understanding Urban Origins along the Middle Niger," T. Shaw vd. 1993 içinde, s.622–641.
Mackay, E. J. H. (1938) *Further Excavations at Mohenjodaro*, Yeni Delhi: Government of India.
MacKendrick, P. (1980) *The North African Stones Speak*, Chapel Hill, NC: The University of North Carolina Press.

McKenzie, J. (2007) *The Architecture of Alexandria and Egypt, c. 300 B.C. to A.D. 700*, New Haven: Yale University Press.
Mallowan, M. (1966) *Nimrud and its Remains*, 3. cilt, Londra: Collins.
Manning, S. W. (1999) *A Test of Time. The Volcano of Thera and the Chronology and History of the Aegean and East Mediterranean in the Mid Second Millennium BC*, Oxford: Oxbow Books.
Marcus, J. and Sabloff, J. A. (der.) (2008a) *The Ancient City. New Perspectives on Urbanism in the Old and New World*, Santa Fe, NM: School for Advanced Research Press.
—— (2008b) "Introduction," Marcus ve Sabloff 2008a içinde, s. 3–26.
—— (2008c) "Cities and Urbanism: Central Themes and Future Directions," Marcus ve Sabloff 2008a içinde, s. 323–336.
Margueron, J.-C. (2004) *Mari: Métropole de l'Euphrate, au IIIe et au début du IIe millénaire av. JC.* Paris: A. and J. Picard.
Marinatos, N. ve Hagg, R. (der.) (1993) *Greek Sanctuaries: New Approaches*, Londra ve New York: Routledge.
Markoe, G. (2000) *The Phoenicians*, Berkeley ve Los Angeles: University of California Press.
Marshall, J. (1931) *Mohenjo-daro and the Indus Civilization*, Londra: Probsthain.
Martin, R. (1974) *L'urbanisme dans la Grèce antique*, Paris: A. and J. Picard.
Matthews, R. (2003) *The Archaeology of Mesopotamia: Theories and Approaches*, Londra: Routledge.
Matthews, W. ve Postgate, J. N. (1994) "The Imprint of Living in an Early Mesopotamian City: Questions and Answers," Luff ve Rowley-Conwy 1994 içinde, s.171–212.
Mattingly, D. J. (1995) *Tripolitania*, Londra: B. J. Batsford.
Mattusch, C. (1988) *Greek Bronze Statuary: From the Beginnings through the Fifth Century B.C.*, Ithaca: Cornell University Press.
—— (1996) *Classical Bronzes: The Art and Craft of Greek and Roman Statuary*, Ithaca: Cornell University Press.
Meadow, R. (der.) (1991) *Harappa Excavations 1986–1990: A Multidisciplinary Approach to Third Millennium Urbanism*, Madison, WI: Prehistory Press.
Meiggs, R. (1973) *Roman Ostia*, 2. bas., Oxford: Clarendon Press.
Mellaart, J. (1967) *Çatal Hüyük, A Neolithic Town in Anatolia*, Londra: Thames and Hudson.
Meyers, E. (der.) (1997) *The Oxford Encyclopedia of Archaeology in the Near East*, 5. cilt, Oxford ve New York: Oxford University Press.
Michalowski, P. (1990) "Early Mesopotamian Communicative Systems: Art, Literature, and Writing," Gunter 1990 içinde, s. 53–69.

Miles, R. (2010) *Carthage Must Be Destroyed: The Rise and Fall of an Ancient Civilization*, Londra: Allen Lane.
Miller, S. (2004a) *Arete. Greek Sports from Ancient Sources*, 3. elden geç bas., Berkeley ve Los Angeles: University of California Press.
—— (2004b) *Ancient Greek Athletics*, New Haven: Yale University Press.
Moorey, P. R. S. (1977) "What Do We Know About the People Buried in the Royal Cemetery?" *Expedition* 20, s. 24–40.
—— (1994) *Ancient Mesopotamian Materials and Industries. The Archaeological Evidence*, Oxford: Clarendon Press.
Morgan, C. (1990) *Athletes and Oracles. The Transformation of Olympia and Delphi in the Eighth Century B.C.*, Cambridge: Cambridge University Press.
Moscati, S. (der.) (1999) *The Phoencians*, New York: Rizzoli.
Mumford, L. (1938) *The Culture of Cities*, New York: Harcourt, Brace.
—— (1961) *The City in History*, New York: Harcourt, Brace and World.
Murray, O. ve Price, S. (der.) (1990) *The Greek City. From Homer to Alexander*, Oxford: Clarendon Press.
Mylonas, G. (1966) *Mycenae and the Mycenaean Age*, Princeton: Princeton University Press.
Nash, E. (1968) *Pictorial Dictionary of Ancient Rome*, 2. cilt, gözden geçirilmiş basım, Londra: Thames and Hudson.
Neils, J. vd. (1992) *Goddess and Polis. The Panathenaic Festival in Ancient Athens*, Hanover, NH: Hood Museum of Art; ayrıca Princeton: Princeton University Press.
Nemet-Nejat, K. R. (1998) *Daily Life in Ancient Mesopotamia*, Westport, CT: Greenwood Press.
Neve, P. (1996) *Hattusa: Stadt der Götter und Tempel*, 2. bas., Mainz am Rhein: Philipp von Zabern.
Nielsen, I. (1994) *Hellenistic Palaces*, Aarhus: Aarhus University Press.
Nissen. H. J. (1988) *The Early History of the Ancient Near East, 9000–2000 B.C.*, çev. E. Lutzeier ile K. J. Northcott, Chicago: University of Chicago Press.
—— (1995) "Ancient Western Asia Before the Age of Empires," Sasson 1995 içinde, s. 791–806.
Oates, D. ve Oates, J. (2001) *Nimrud: An Assyrian Imperial City Revealed*, Londra: British School of Archaeology in Iraq.
Oates, J. (1979) *Babylon*, Londra: Thames and Hudson.
O'Connor, C. (1993) *Roman Bridges*, Cambridge: Cambridge University Press.
O'Connor, D. (1993) "Urbanism in Bronze Age Egypt and Northeast Africa," T. Shaw vd. 1993 içinde, s.570–586.
O'Connor, D. ve Silverman, D. (der.) (1995) *Ancient Egyptian Kingship*, Leiden: E. J. Brill.

Oppenheim, A. L. (1969) "Mesopotamia—Land of Many Cities," Lapidus 1969 içinde, s. 3–18.
Osborne, R. (1996) *Greece in the Making, 1200–479 BC*, Londra ve New York: Routledge.
Owen, S. ve Preston, L. (der.) (2009) *Inside the City in the Greek World. Studies of Urbanism from the Bronze Age to the Hellenistic Period*, Oxford: Oxbow Books.
Owens, E. (1991) *The City in the Greek and Roman World*, Londra: Routledge.
Özdoğan, A. (1995) "Life at Cayonu During the Pre-Pottery Neolithic Period," Prehistorya Anabilim Dalı, İstanbul Üniversitesi, 1995 içinde, s. 79–100.
Özdoğan, M. (1995) "Neolithic in Turkey: The Status of Research," Prehistorya Anabilim Dalı, İstanbul Üniversitesi, 1995 içinde, s. 41–59.
Özdoğan, M. ve Başgelen, N. (der) (1999) *Neolithic in Turkey, the Cradle of Civilization: New Discoveries*, İstanbul: Arkeoloji ve Sanat Yayınları.
Özdoğan, M. ve Özdoğan, A. (1989) "Cayonu: A Conspectus of Recent Work," *Paléorient* 15, s. 65–74.
Palmer, L. (1969) *A New Guide to the Palace of Knossos*, New York: Praeger.
Paoli, U. (1963) *Rome. Its People, Life, and Customs*, çev. R. Macnaghten, Londra: Longman.
Parke, H. (1967) *Greek Oracles*, Londra: Hutchinson.
—— (1977) *Festivals of the Athenians*, Londra: Thames and Hudson.
Parpola, A. (1994) *Deciphering the Indus Script*, Cambridge: Cambridge University Press.
Parrish, D. (der.) (2001) "Urbanism in Western Asia Minor: New Studies on Aphrodisias, Ephesos, Hierapolis, Pergamon, Perge and Xanthos," *Journal of Roman Archaeology*, ek, seri 45, Portsmouth, RI.
Parrot, A., Chehab, M. ve Moscati, S. (2007) *Les Phéniciens*, 2. bas., Paris: Gallimard.
Parslow, C. (1995) *Rediscovering Antiquity. Karl Weber and the Excavation of Herculaneum, Pompeii, and Stabiae*, Cambridge: Cambridge University Press.
Pearsall, D. (der.) (2008) *Encyclopedia of Archaeology*, San Diego, CA: Elsevier/Academic Press.
Pedley, J. (1990) *Paestum. Greeks and Romans in Southern Italy*, Londra: Thames and Hudson.
Polignac, F. de (1995) *Cults, Territory, and the Origins of the Greek City-State*, çev. J. Lloyd, Chicago: University of Chicago Press.
Pollitt, J. (1972) *Art and Experience in Classical Greece*, Cambridge: Cambridge University Press.
—— (1986) *Art in the Hellenistic Age*, Cambridge: Cambridge University Press.

Pollock, S. (1991) "Of Priestesses, Princes, and Poor Relations: The Dead in the Royal Cemetery of Ur," *Cambridge Archaeological Journal* 1, s. 171–189.

—— (1999) *Ancient Mesopotamia: The Eden that Never Was*, Cambridge: Cambridge University Press.

Popham, M., Calligas, P. and Sackett, L.(der.) (1993) *Lefkandi II. The Protogeometric Building at Toumba. Part 2: The Excavation, Architecture and Finds*, Oxford: The British School of Archaeology at Athens.

Popham, M., Touloupa, E. ve Sackett, L. (1982) "The Hero of Lefkandi," *Antiquity* 56, s. 169–174.

Possehl, G. (1990) "Revolution in the Urban Revolution: The Emergence of Indus Urbanism," *Annual Review of Anthropology* 19, s. 261–282.

—— (1994) *Harappan Civilization: a Recent Perspective*, 2. elden geç bas., Yeni Delhi: American Institute of Indian Studies.

Postgate, J. N. (1992) *Early Mesopotamia. Society and Economy at the Dawn of History*, Londra ve New York: Routledge.

—— (1994) "How Many Sumerians Per Hectare? Probing the Anatomy of an Early City," *Cambridge Archaeological Journal* 4, s. 47–65.

Potter, T. (1987) *Roman Italy*, Londra: British Museum Publications.

Prehistorya Anabilim Dalı, İstanbul Üniversitesi. (1995) *Readings in Prehistory: Studies Presented to Halet Çambel*, İstanbul: Graphis.

Preziosi, D. ve Hitchcock, L. (1999) *Aegean Art and Architecture*, Oxford ve New York: Oxford University Press.

Price, T. D. ve Gebauer, A. B. (der.) (1995) *Last Hunters – First Farmers*, Santa Fe, NM: School of American Research Press.

Pugliese Carratelli, G. (der.) (1996) *The Western Greeks. Classical Civilization in the Western Mediterranean*, Londra: Thames and Hudson.

Pulak, C. (1997) "The Uluburun Shipwreck," S. Swiny, R. L. Hohlfelder ve H. Swiny 1997 içinde, s. 233–262.

—— (1998) "The Uluburun Shipwreck: An Overview," *International Journal of Nautical Archaeology* 27, s.188–224.

Pyburn, K.A. (2008) "Pomp and Circumstance before Belize: Ancient Maya Commerce and the New River Conurbation," Marcus ve Sabloff 2008a içinde, s. 247–272.

Radt, W. (1984) *Pergamon. Archaeological Guide*, 3. bas., çev. D. Boyd, J. Carpenter ve M. Schneeweiss, İstanbul: Türkiye Turing ve Otomobil Kurumu.

(1999) *Pergamon. Geschichte und Bauten einer Antiken Metropole*, Darmstadt: Primus.

—— (der.) (2006) *Stadtgrabungen und Stadtforschung im westlichen Kleinasien. Geplantes und Erreichtes*, *Byzas* 3, Deutsches Archaologisches Institut, İstanbul, İstanbul: Ege Yayınları.

Ramage, N. H. ve Ramage, A. (1995) *Roman Art*, 2. bas., Londra: Laurence King.
Rao, S. R. (1979) *Lothal: A Harappan Port Town (1955–62)*, 1. cilt, Yeni Delhi: Archaeological Survey of India.
—— (1985) *Lothal: A Harappan Port Town (1955–62)*, cilt 2, yeni Delhi: Archaeological Survey of India.
Raschke, W. (der.) (1988) *The Archaeology of the Olympics. The Olympics and Other Festivals in Antiquity*, Madison: University of Wisconsin Press.
Rauh, N. (1993) *The Sacred Bonds of Commerce. Religion, Economy, and Trade Society at Hellenistic Roman Delos, 166–87 B.C.*, Amsterdam: J. C. Gieben.
Raven, S. (1993) *Rome in Africa*, 3. bas., Londra ve New York: Routledge.
Redford, D. (1984) *Akhenaten, The Heretic King*, Princeton: Princeton University Press.
—— (1997) "The Ancient Egyptian 'City': Figment or Reality?" Aufrecht, Mirau ve Gauley 1997 içinde, s.210–220.
Redford, D. (der.) (2001) *The Oxford Encyclopedia of Ancient Egypt*, Oxford: Oxford University Press.
Redman, C. (1978) *The Rise of Civilization. From Early Farmers to Urban Society in the Ancient Near East*, San Francisco: W. H. Freeman.
Reeves, N. (1990) *The Complete Tutankhamun*, Londra: Thames and Hudson.
Reeves, N. ve Wilkinson, R. H. (1996) *The Complete Valley of the Kings*, Londra: Thames and Hudson.
Rhodes, R. (1995) *Architecture and Meaning in the Athenian Acropolis*, Cambridge: Cambridge University Press.
Richards, E. G. (1998) *Mapping Time: The Calendar and its History*, Oxford: Oxford University Press.
Richardson, E. (1976) *The Etruscans: Their Art and Civilization*, Chicago: University of Chicago Press.
Richardson, L. (1988) *Pompeii. An Architectural History*, Baltimore ve Londra: Johns Hopkins University Press.
—— (1992) *A New Topographical Dictionary of Ancient Rome*, Baltimore ve Londra: Johns Hopkins University Press.
Ridgway, D. (1992) *The First Western Greeks*, Cambridge: Cambridge University Press.
Robertson, M. (1975) *A History of Greek Art*, 2. cilt, Cambridge: Cambridge University Press.
Robins, G. (2008) *The Art of Ancient Egypt*, gözden geçirilmiş basım, Cambridge, MA: Harvard University Press.
Roaf, M. (1990) *Cultural Atlas of Mesopotamia and the Ancient Near East*, Oxford ve New York: Facts On File.

Roebuck, C. (der.) (1969) *The Muses at Work. Arts, Crafts, and Professions in Ancient Greece and Rome*, Cambridge, MA. ve Londra: The MIT Press.
Romano, D. (1993) *Athletics and Mathematics in Archaic Corinth: The Origins of the Greek Stadion*, Philadelphia: American Philosophical Society.
Rosen, A. M. (1986) *Cities of Clay: The Geoarcheology of Tells*, Chicago ve Londra: University of Chicago Press.
Roux, G. (1980) *Ancient Iraq*, 2. bas., Harmondsworth: Penguin Books.
Rumscheid, F. (1998) *Priene: A Guide to the 'Pompeii of Asia Minor'*, İstanbul: Ege Yayınları.
Rutter, J. (1997) *The Prehistoric Archaeology of the Aegean*. İnternet: http://www.dartmouth.edu/~prehistory/aegean/.
Saade, G. (1979) *Ougarit, Métropole Canaéenne*, Beyrut: Imprimerie Catholique.
Sabloff, J. (1989) *The Cities of Ancient Mexico*, Londra ve New York: Thames and Hudson.
Sagona, A. ve Zimansky, P. (2009) *Ancient Turkey*, Londra ve New York: Routledge.
Sandars, N. K. (1985) *The Sea Peoples: Warriors of the Ancient Mediterranean, 1250–1150 BC*, gözden geçirilmiş basım, Londra: Thames and Hudson.
Sanders, W. ve Webster, D. (1988) "The Mesoamerican Urban Tradition," *American Anthropologist* 90, s.521–546.
Sasson, J. (der.) (1995) *Civilizations of the Ancient Near East*, 4. cilt, New York: Charles Scribner's Sons.
Save-Soderbergh, T. (der.) (1987) *Temples and Tombs of Ancient Nubia. The International Rescue Campaign at Abu Simbel, Philae and Other Sites*, New York ve Londra: UNESCO and Thames and Hudson.
Scarre, C. (1995) *The Penguin Historical Atlas of Ancient Rome*, Londra: Penguin Books.
Schede, M. (1964) *Die Ruinen von Priene*, 2. bas., Berlin: Walter de Gruyter.
Scherrer, P. (der.) (2000) *Ephesus: The New Guide*, çev. L. Bier ve G. Luxon, İstanbul: Ege Yayınları.
Schiffer, M. B. (1987) *Formation Processes of the Archaeological Record*, Albuquerque: University of New Mexico Press.
Schmandt-Besserat, D. (1996) *How Writing Came About*, Austin: University of Texas Press.
—— (1998) "'Ain Ghazal 'Monumental' Figurines," *BASOR* 310, s. 1–17.
Schmidt, E. (1953) *Persepolis I*, Chicago: University of Chicago Press.
Schmidt, K. (2008) *Sie bauten die ersten Tempel: Das rätselhafte Heiligtum der Steinzeitjäger*, Münih: Deutscher Taschenbuch Verlag.

—— (2009) "Gobekli Tepe. Eine Beschreibung der wichtigsten Befunde erstellt nach den Arbeiten der Grabungsteams der Jahre 1995–2007," Benger ve Wagner 2009 içinde, s. 187–223.
Scott, M. (2010) *Delphi and Olympia: The Spatial Politics of Panhellenism in the Archaic and Classical Periods*, Cambridge: Cambridge University Press.
Scullard, H. (1980) *A History of the Roman World, 753–146 BC*, 4. bas., Londra ve New York: Methuen.
—— (1982) *From the Gracchi to Nero. A History of Rome from 133 B.C. to A.D. 68*, 5. bas., Londra: Methuen.
Scully, V. (1979) *The Earth, the Temple, and the Gods*, gözden geçirilmiş basım, New Haven ve Londra: Yale University Press.
Sear, F. (1989) *Roman Architecture*, gözden geçirilmiş basım, Londra: Batsford Academic and Educational.
Seeher, J. (2006) *Hattusha-Guide. A Day in the Hittite Capital*, 3. gözden geçirilmiş ve genişletilmiş basım, İstanbul: Ege Yayınları.
—— (2007) *A Mudbrick City Wall at Hattusa: Diary of a Reconstruction*, çev. J. Carpenter Efe, İstanbul: Ege Yayınları.
Seton-Williams, V. ve Stocks, P. (1993) *Blue Guide: Egypt*, 3. basım, New York: W. W. Norton.
Sey, Y. (der.) (1996) *Housing and Settlement in Anatolia: A Historical Perspective*, İstanbul: Türkiye Ekonomik ve Toplumsal Tarih Vakfı Yayınları
Shaw, I. (der.) (2004) *The Oxford History of Ancient Egypt*, Oxford ve New York: Oxford University Press.
Shaw, I. ve Nicholson, P. (1995) *British Museum Dictionary of Ancient Egypt*, Londra: Trustees of the British Museum.
Shaw, T., Sinclair, P., Andah, B. ve Okpoko, A. (der.) (1993) *The Archaeology of Africa: Food, Metals and Towns*, Londra ve New York: Routledge.
Shelmerdine, C. (der.) (2008) *The Cambridge Companion to the Aegean Bronze Age*, Cambridge: Cambridge University Press.
Simmons, A. H. (2007) *The Neolithic Revolution in the Near East: Transforming the Human Landscape*, Tucson: University of Arizona Press.
Simon, E. (1983) *Festivals of Attica. An Archaeological Commentary*, Madison: University of Wisconsin Press.
Sinclair, P. J. J., Shaw, T. ve Andah, B. (1993) "Introduction," T. Shaw vd. 1993 içinde, s. 1–31.
Sjoberg, G. (1960) *The Preindustrial City, Past and Present*, Glencoe, Il: Free Press.
Smith, J. (2009) *Art and Society in Cyprus from the Bronze Age into the Iron Age*, Cambridge: Cambridge University Press.
Smith, M.E. (2007) "Form and Meaning in the Earliest Cities: A New Approach to Ancient Urban Planning," *Journal of Planning History* 6, s. 3–47.

—— (2009) "V. Gordon Childe and the Urban Revolution: An Historical Perspective on a Revolution in Urban Studies," *Town Planning Review* 80, s. 3–29.

—— (2010) "Ancient Cities," Hutchison 2010 içinde, s. 24–28.

Smith, M. L. (der.) (2003) *The Social Construction of Ancient Cities*, Washington ve Londra: Smithsonian Institution.

Smith, R. R. R. (1991) *Hellenistic Sculpture: A Handbook*, Londra: Thames and Hudson.

Smith, W. S. (1981) *The Art and Architecture of Ancient Egypt*, 2. bas., gözden geçiren ve eklemeleri yapan W. K. Simpson, Harmondsworth: Penguin.

Snell, D. (der.) 2007. *A Companion to the Ancient Near East*. Malden, MA: Wiley-Blackwell.

Snodgrass, A. (1971) *The Dark Age of Greece: An Archaeological Survey of the Eleventh to the Eighth Centuries B.C.*, Edinburgh: Edinburgh University Press.

—— (1980) *Archaic Greece: The Age of Experiment*, Londra: Dent; ayrıca Berkeley: University of California Press.

—— (1987) *An Archaeology of Greece: The Present State and Future Scope of a Discipline*, Berkeley ve Los Angeles: University of California Press.

Soles, J. S. (1995) "The Functions of a Cosmological Center: Knossos in Palatial Crete," *Aegeaum* 12, s.405–414.

Spencer, A. J. (1993) *Early Egypt: The Rise of Civilisation in the Nile Valley*, Londra: Trustees of the British Museum.

Spivey, N. (1996) *Understanding Greek Sculpture. Ancient Meanings, Modern Readings*, Londra: Thames and Hudson.

Stambaugh, J. (1988) *The Ancient Roman City*, Baltimore ve Londra: Johns Hopkins University Press.

Steel, L. (2004) *Cyprus before History: From the Earliest Settlers to the End of the Bronze Age*, Londra: Duckworth.

Stein, G. J. (1998) "Heterogeneity, Power, and Political Economy: Some Current Research Issues in the Archaeology of Old World Complex Societies," *Journal of Archaeological Research* 6, s. 1–44.

Steinhardt, N. S. (1990) *Chinese Imperial City Planning*, Honolulu: University of Hawaii Press.

Stern, E. (der.) (1993) *The New Encyclopedia of Archaeological Excavations in the Holy Land*, 4. cilt, Kudüs: Carta.

—— (der.) (2008) *The New Encyclopedia of Archaeological Excavations in the Holy Land*, 5. cilt (Ek cilt), Kudüs: Israel Exploration Society.

Stewart, A. (1990) *Greek Sculpture: An Exploration*, New Haven ve Londra: Yale University Press.

—— (1993) *Faces of Power: Alexander's Image and Hellenistic Politics*, Berkeley ve Los Angeles: University of California Press.
—— (1996) *Art, Desire and the Body in Ancient Greece*, Cambridge: Cambridge University Press.
Stillwell, R. (der.) (1976) *The Princeton Encyclopedia of Classical Sites*, Princeton: Princeton University Press.
Stone, E. C. (1995) "The Development of Cities in Ancient Mesopotamia," Sasson 1995 içinde, s. 235–448.
—— (2007a) "Mesopotamian Cities and Countryside," Snell 2007 içinde, s. 141–154.
—— (der.) (2007b) *Settlement and Society: Essays Dedicated to Robert McCormick Adams,* Los Angeles: Cotsen Institute of Archaeology Press.
Storey, G. (1997) "The Population of Ancient Rome," *Antiquity* 71, s. 966–978.
Strommenger, E. (1964) *5000 Years of the Art of Mesopotamia*, fotolar M. Hirmer; çev. C. Haglund, New York: Harry N. Abrams.
—— (1985) "Habuba Kabira South/Tell Qannas and Jebel Aruda," Weiss 1985 içinde, s. 83–86.
Strong, D. ve Brown, D. (der.) (1976) *Roman Crafts*, Londra: Duckworth.
Strouhal, E. (1992) *Life in Ancient Egypt*, Cambridge: Cambridge University Press.
Swaddling, J. (1984) *The Ancient Olympic Games*, 1980 bas. tekrar bas., Londra: The Trustees of the British Museum.
Swiny, S., Hohlfelder, R. ve Swiny, H. (der.) (1997) *Res Maritimae. Cyprus and the Eastern Mediterranean from Prehistory to Late Antiquity*, Atlanta: Scholars Press.
Talbert, R. J. A. (der.) (2000) *Barrington Atlas of the Greek and Roman World*, Princeton: Princeton University Press.
Taylor, R. (2003) *Roman Builders: A Study in Architectural Process*, Cambridge: Cambridge University Press.
Thomas, C. ve Conant, C. (1999) *Citadel to City-State. The Transformation of Greece, 1200–700 B.C.E.*, Bloomington: Indiana University Press.
Thompson, D. (1971) *The Athenian Agora. An Ancient Shopping Center.* Excavations of the Athenian Agora, Picture Book No. 12, Princeton, NJ: American School of Classical Studies at Athens.
Tobin, J. (1997) *Herodes Attikos and the City of Athens: Patronage and Conflict under the Antonines*, Amsterdam: J. C. Gieben.
Todd, I. (1976) *Çatal Hüyük in Perspective*, Menlo Park, CA: Cummings.
Todd, M. (der.) (2006) *A Companion to Roman Britain*, Malden, MA: Wiley-Blackwell.
Tomlinson, R. (1976) *Greek Sanctuaries*, Londra: Paul Elek.

—— (1983) *Epidauros*, Londra: Granada.

—— (1992) *From Mycenae to Constantinople. The Evolution of the Ancient City*, Londra: Routledge.

Torelli, M. (der.) (2000) *The Etruscans*, Milano: Bompiani.

Tournikiotis, P. (1996) *The Parthenon and its Impact in Modern Times*, Atina: Melissa; New York: Harry N. Abrams.

Toynbee, J. (1971) *Death and Burial in the Roman World*, Ithaca, NY: Cornell University Press.

Tölle, R. (1969) *Die Antike Stadt Samos*, Mainz am Rhein: Philipp von Zabern.

Trigger, B. (2003) *Understanding Early Civilizations: A Comparative Study*, Cambridge: Cambridge University Press.

Trigger, B., Kemp, B., O'Connor, D. ve Lloyd, A. (1983) *Ancient Egypt: A Social History*, Cambridge: Cambridge University Press.

Tuchelt, K. (1992) *Branchidai – Didyma. Geschichte und Ausgrabung eines antiken Heiligtums*, Mainz am Rhein: Philipp von Zabern.

Ucko, P., Tringham, R. ve Dimbleby, G. W. (der.) (1972) *Man, Settlement and Urbanism*, Londra: Duckworth.

Valavanis, P. (2004) *Games and Sanctuaries in Ancient Greece: Olympia, Delphi, Isthmia, Nemea, Athens*, çev. D. Hardy, Los Angeles: Getty Publishing.

Van De Mieroop, M. (1997) *The Ancient Mesopotamian City*, Oxford: Clarendon Press.

—— (2006) *A History of the Ancient Near East ca. 3000–323 BC*, 2. bas., Malden, MA: Wiley-Blackwell.

Wacher, J. (der.) (1987) *The Roman World*, 2. cilt, Londra ve New York: Routledge and Kegan Paul.

—— (1995) *The Towns of Roman Britain*, 2. gözden geçirilmiş basım, Londra: Routledge.

Walker, A. (1977) *Delphi*, Atina: Lycabettus Press.

Wallace-Hadrill, A. (1994) *Houses and Society in Pompeii and Herculaneum*, Princeton: Princeton University Press.

Ward-Perkins, J. (1974) *Cities of Ancient Greece and Italy: Planning in Classical Antiquity*, Londra: Sidgwick and Jackson.

—— (1981) *Roman Imperial Architecture*, Harmondsworth: Penguin Books.

—— (1993) *The Severan Buildings of Lepcis Magna: An Architectural Survey*, der. P. Kenrick, Londra: Society for Libyan Studies.

Warren, P. ve Hankey, V. (1989) *Aegean Bronze Age Chronology*, Bristol: Bristol Classical Press.

Watson, W. (2003) "Daily Life in Ancient Ugarit (Syria)," Averbeck, Chavalas ve Weisberg 2003 içinde, s.121–152.

Weiss, H. (der.) (1985) *Ebla to Damascus: Art and Archaeology of Ancient Syria*, Washington, DC: Smithsonian Institution.

Wenke, R. (1999) *Patterns in Prehistory*, 4. bas., Oxford ve New York: Oxford University Press.

Wescoat, B. (der.) (1989) *Syracuse, the Fairest Greek City*, Roma: De Luca.

Wharton, A. (1995) *Refiguring the Post Classical City: Dura Europos, Jerash, Jerusalem, and Ravenna*, Cambridge: Cambridge University Press.

Wheatley, P. (1971) *The Pivot of the Four Quarters: A Preliminary Enquiry into the Origins and Character of the Ancient Chinese City*, Chicago: Aldine.

—— (1972) "The Concept of Urbanism," Ucko, Tringham ve Dimbleby 1972 içinde, s. 601–637.

Wheeler, R. E. M. (1968) *The Indus Civilization*, 3. bas., Cambridge: Cambridge University Press.

White, K. (1984) *Greek and Roman Technology*, Londra: Thames and Hudson.

Whitley, J. (2001) *The Archaeology of Ancient Greece*, Cambridge: Cambridge University Press.

Wilber, D. (1989) *Persepolis, the Archaeology of Parsa, Seat of the Persian Kings*, gözden geçirilmiş basım, Princeton: Darwin Press.

Wilkes, J. J. (1993) *Diocletian's Palace, Split: Residence of a Retired Roman Emperor*, Sheffield: The Department of Ancient History and Classical Archaeology, University of Sheffield.

Wilkins, J., Harvey, D. ve Dobson, M. (der.) (1995) *Food in Antiquity*, Exeter: University of Exeter Press.

Wilkinson, R. H. (2000) *The Complete Temples of Ancient Egypt*, New York: Thames and Hudson.

—— (der.) (2008) *Egyptology Today*, Cambridge: Cambridge University Press.

Willey, G. W. ve Sabloff, J. A. (1993) *A History of American Archaeology*, 3. bas., New York: W. H. Freeman.

Wilson, R. J. A. (1983) *Piazza Armerina*, Londra: Granada.

Winter, F. (1971) *Greek Fortifications*, Londra: Routledge and Kegan Paul.

Winter, I. (1985) "After the Battle is Over: The Stele of the Vultures and the Beginning of Historical Narrative in the Art of the Ancient Near East," Kessler ve Simpson 1985 içinde, s. 11–32.

Wirth, L. (1938) "Urbanism as a Way of Life," *American Journal of Sociology* 44, s.1–24.

Wood, J. (1877) *Discoveries at Ephesus: Including the Site and Remains of the Great Temple of Diana*, Londra: Longmans, Green, and Co.

Wood, M. (1985) *In Search of the Trojan War*, Londra: BBC.

Woolley, C. L. (1934) *Ur Excavations, Vol. 2: The Royal Cemetery*, Londra ve Philadelphia: British Museum and University Museum.

—— (1982) *Ur of the Chaldees*, elden geç ve günc. P. R. S. Moorey, Londra: Herbert Press.
Wright, R. (2009) *The Ancient Indus: Urbanism, Economy, and Society*, Cambridge: Cambridge University Press.
Wycherley, R. (1967) *How the Greeks Built Cities*, 2. bas., Londra: Macmillan.
—— (1978) *The Stones of Athens*, Princeton: Princeton University Press.
Yakar, J. (1991) *Prehistoric Anatolia: The Neolithic Transformation and the Early Chalcolithic Period*, Tel Aviv: Institute of Archaeology, University of Tel Aviv.
Yegül, F. (1992) *Baths and Bathing in Classical Antiquity*, New York: The Architectural History Foundation; ayrıca Cambridge, MA. ve Londra: The MIT Press.
Yoffee, N. (2005) *Myths of the Archaic State: Evolution of the Earliest Cities, States, and Civilizations*, Cambridge: Cambridge University Press.
Yon, M. (1992) "Ugarit: The Urban Habitat – The Present State of the Archaeological Picture," *BASOR* 286, s. 19–34.
—— (1997) *La cité d'Ougarit sur le tell de Ras Shamra*, Paris: Editions Recherche sur les Civilisations.
—— (2006a) *The City of Ugarit at Tell Ras Shamra*, Winona Lake, IN: Eisenbrauns.
—— (2006b) *Kition de Chypre*, Paris: Editions Recherche sur les Civilisations.
Zanker, P. (1998) *Pompeii: Public and Private Life*, çev. D. L. Schneider, Cambridge, MA: Harvard University Press.
Zenner, W. P. (1996) "Cities," Levinson ve Ember 1996 içinde, cilt 1, s. 202–206.
Zettler, R. ve Horne, L. (der.) (1998) *Treasures from the Royal Tombs of Ur*, Philadelphia: University of Pennsylvania Museum of Archaeology and Anthropology.

Görsel Kaynaklar

Aksi belirtilmediği sürece tüm haritalar, planlar ve çizimler Neslihan Yılmaz tarafından çizilmişir.

Bölüm 1

1.2 dayanak Bar-Yosef ve Meadow 1995: 74, fig. 3.5.
1.6 dayanak A. Özdoğan 1995: pl. 2.
1.7 dayanak Schmidt 2009: 190, basitleştirilmiş 3.
1.8 foto: Charles Gates.
1.10 dayanak Mellaart 1967: 62, fig. 12.
1.11 dayanak Mellaart 1967: 128, figs. 41–42.
1.12 dayanak Mellaart 1967: pl. 59.

Bölüm 2

2.2 dayanak Roaf 1990: 60.
2.3 dayanak Frankfort 1996: 21, fig. 4.
2.4 dayanak Nissen 1988: 101, fig. 40.
2.5 dayanak Roaf 1990: 63.
2.7 Neslihan Yılmaz ve Margaret Reid.
2.9 dayanak National Geographic Society 1981: 40.
2.10 dayanak Nissen 1988: 120–121, fig. 50.
2.11a ve b) dayanak çizimler Elizabeth Simpson, I. Winter 1985 içinde, s.13, fig. 3 (ön yüz) ve 16, fig. 18 (arka).
2.12 dayanak canlandırma Hamilton D. Darby (Frankfort 1970 içinde, s. 43, fig. 36).
2.14 foto: Oriental Institute of The University of Chicago. İzin alınarak kullanılmıştır.
2.15 dayanak Hawkes 1974: 173.
2.16 foto: The University Museum, University of Pennsylvania izniyle, film #139328. İzin alınarak kullanılmıştır.
2.19 dayanak Lloyd 1984: 168, fig. 115.

Bölüm 3

3.2 Margaret Reid ve Neslihan Yılmaz.
3.4 dayanak Hawkes 1974: 173; ve Roaf 1990: 101.

3.5 dayanak A. Eggebrecht, W. Konrad ve E. Pusch, (der.) *Sumer, Assur, Babylon: 7000 Jahre Kunst und Kultur zwischen Euphrat und Tigris,* Hildesheim: Roemer- und Pelizaeus Museum, 1978, s. 16, fig. 9.
3.6 dayanak Canby 2001: pl. 10.
3.7 dayanak Frankfort 1996: 109, fig. 117.
3.8 dayanak çizim A. S. Whitburn: Örneğin, C. L. Woolley, *The Sumerians,* New York: W. W. Norton, 1965 içinde, s.157, fig. 27.
3.10 dayanak M.-H. Gates 1984: 73.
3.11 dayanak M.-H. Gates 1984: 76–77; ve Lloyd 1984: 166, fig. 113.
3.13 dayanak M.-H. Gates 1984: 83.

Bölüm 4

4.2 dayanak Wheeler 1968: 39, fig. 7.
4.3 foto: telif hakkı J. M. Kenoyer, Arkeoloji ve Müzeler Bölümü, Pakistan Hükümeti izniyle kullanılmıştır.
4.4 dayanak Chakrabarti 1997: pl. 8 ve G. Possehl'ın yorumlarıyla (kişisel irtibat).

Bölüm 5

5.3 dayanak Spencer 1993: 82, fig. 61.
5.4 dayanak C. Hobson, *Exploring the World of the Pharaohs,* Londra: Thames ve Hudson, 1987, s.59.
5.5 dayanak Lehner 1997: 76.
5.6 dayanak Spencer 1993: 76 ve Lehner 1997: 75.
5.7 dayanak Lehner 1997: 77.
5.8 dayanak C. Aldred vd., *Le temps des Pyramides,* Paris: Gallimard, 1978, s. 305, fig. 362.
5.9 dayanak C. Aldred vd., *Le temps des Pyramides,* Paris: Gallimard, 1978, s. 305, fig. 361.
5.11 foto: Charles Gates.
5.12 dayanak Lehner 1997: 64–65.
5.13 dayanak C. Aldred vd., *Le temps des Pyramides,* Paris: Gallimard, 1978, s. 309, fig. 376 ve 383–384.
5.15 fotograph c2002 Museum of Fine Arts, Boston. İzin alınarak kullanılmıştır.
5.16 dayanak C. Aldred vd., *Le temps des Pyramides,* Paris: Gallimard, 1978, s. 316, fig.417.

Bölüm 6

6.1 dayanak Kemp 1989: 150, fig. 53.

6.2 dayanak W. B. Emery, H. S. Smith ve A. Millard, *The Fortress of Buhen,* Londra: Egypt Exploration Society, 1979, pl. 3.
6.4 dayanak J. Ruffle, *The Egyptians,* Ithaca, NY: Cornell University Press, 1977, s. 65.
6.5 dayanak C. Aldred vd., *L'Empire des Conquérants,* Paris: Gallimard, 1979, s.310, fig. 393.
6.6 foto: Charles Gates.
6.7 dayanak C. Aldred vd., *L'Empire des Conquérants,* Paris: Gallimard, 1979, s. 308, fig. 390.
6.8 dayanak C. Aldred vd., *L'Empire des Conquérants,* Paris: Gallimard, 1979, s. 301, fig. 377 ve C. Hobson, *Exploring the World of the Pharaohs,* Londra: Thames ve Hudson, 1987, s. 137.
6.9 foto: Charles Gates.
6.11 dayanak C. Hobson, *Exploring the World of the Pharaohs,* Londra: Thames ve Hudson, 1987, s.107.
6.12 dayanak C. Hobson, *Exploring the World of the Pharaohs,* Londra: Thames ve Hudson, 1987, s.108.
6.13 dayanak Fairman 1949: 38, fig. 3.
6.14 dayanak W. S. Smith 1998: 182, fig. 304.
6.15 dayanak C. Aldred vd., *L'Empire des Conquérants,* Paris: Gallimard, 1979, s.317, fig. 422.
6.16 dayanak Reeves ve Wilkinson 1996, s. 99, 122, ve 164.
6.18 foto: Charles Gates.

Bölüm 7

7.2 dayanak G. Cadogan, *Palaces of Minoan Crete,* Londra ve New York: Methuen, 1976, s.56–57, fig. 6.
7.6 çizim Juliana Bianco, kaynak Graham, James Walter; *The Palaces of Crete,* fig. 58. Telif hakkı c 1962 Princeton University Press, 1969 elden ge. bas., 1990 yenilenmiş. Princeton University Press izniyle kullanılmıştır.
7.7 dayanak Graham 1987: fig. 8.
7.10 foto: Marie-Henriette Gates. İzin alınarak kullanılmıştır.
7.12 dayanak S. Iakovidis, *Mycenae-Epidaurus,* Atina: Ekdotike Athenon, 1979, s. 48.
7.14 Margaret Reid ve Neslihan Yılmaz.
7.15 foto: Charles Gates.
7.16 foto: Alison Frantz Fotographic Collection, American School of Classical Studies at Athens. İzin alınarak kullanılmıştır.

7.17 dayanak D. Preziosi ve L. Hitchcock, *Aegean Art ve Architecture,* Oxford: Oxford University Press, 1999, s. 157, fig. 97.

Bölüm 8

8.2 dayanak M. Korfmann vd., *A Guide to Troia, İ*stanbul: Ege Yayınları, 1997, s. 28 ve 75, katlanır plan.
8.3 foto: Charles Gates.
8.4 dayanak Seeher 2006: son katlanır plan.
8.5 foto: Ben Claasz Coockson. İzin alınarak kullanılmıştır.
8.6 foto: Charles Gates.
8.7 dayanak Seeher 2006: 138, fi g. 140.

Bölüm 9

9.1 dayanak Karageorghis 1982: 104; ve Svears 1985: 42 ve 101.
9.3 dayanak Courtois ve J. ve E. Lagarce 1986: 3 ve V. Karageorghis, *Les anciens Chypriotes. Entre Orient et Occident,* Paris: Armve Colin, 1991, s. 90.
9.4 dayanak C. F. A. Schaeffer, *Enkomi-Alasia. Nouvelles Missions en Chypre 1946–1950,* Paris: Klincksieck, 1952, s. 244, fig. 90.
9.5 dayanak A. Curtis 1985, s. 50, fig. 3; Yon 1992, s. 22, fig. 2 ve Yon 1997, s. 6, fig. 1.
9.6 foto: Charles Gates.
9.7 dayanak Saade 1979, s.10, fig. 11 ve Yon 1997, s.47, fig. 20.
9.8 dayanak Yon 1992: 28, fig. 6a ve Yon 1997: 89, fig. 44.
9.9 dayanak Saade 1979, s. 133, fig. 38 ve A. Curtis 1985, s.87, fig. 5.

Bölüm 10

10.2 dayanak Strommenger 1964, s. 438, fig. 50.
10.5 dayanak Strommenger 1964, s. 445, fig. 52.
10.6 dayanak Strommenger 1964, s. 446, fig. 53 ve 55.
10.7 dayanak Stone 1995, s. 246.
10.11 dayanak Lloyd 1984, s.224, fig. 167.
10.12 dayanak Oates 1979, s. 148, fig. 100 ve D. J. Wiseman, *Nebuchadrezzar ve Babylon,* Oxford: The British Academy and Oxford University Press, 1985, s. 46, fig. 3.
10.13 dayanak Kuhrt 1987, s. 34, fig. 3.
10.15 dayanak Frankfort 1996, s. 352, fig. 414.
10.16 foto: Oriental Institute of the University of Chicago'nun izniyle. İzin alınarak kullanılmıştır.

10.17 foto: Oriental Institute of the University of Chicago'nun izniyle. İzin alınarak kullanılmıştır.

Bölüm 11

11.2 dayanak Aubet 1993, s. 28, fig. 4.
11.4 dayanak Blas de Robles, Pieri ve Yon 2004, s. 53.
11.5 dayanak Haggi ve Artzy 2007, s. 76.
11.6 foto: Charles Gates.
11.7 dayanak Aubet 2001, s.60, fig. 34.
11.8 dayanak Aubet 2001, s.263, fig. 63a.
11.9 dayanak Aubet 2001, s.268, fig. 65.
11.10 dayanak Aubet 2001, s.221, fig. 48.

Bölüm 12

12.2 dayanak suluboya resim Verew Fletcher.
12.3 dayanak Finley 1977, s.145.
12.5 dayanak Popham, Calligas ve Sackett 1993, pl. 5.
12.6 foto: Alison Frantz Fotographic Collection, American School of Classical Studies at Athens. İzin alınarak kullanılmıştır.
12.8 dayanak Kyrieleis 1981, s.80, fig. 56 en üst.
12.9 dayanak Kyrieleis 1981, s. 80, fig. 56 en alt ve sondaki katlanır plan.
12.10 foto c2002 Museum of Fine Arts, Boston. İzin alınarak kullanılmıştır.

Bölüm 13

13.3 dayanak Coulton 1977, s.42.
13.4 dayanak Coulton 1977, s.42.
13.5 dayanak Lawrence 1996, s.166.
13.6 dayanak Tolle 1969, s. 40'tan sonraki katlanır plan.

Bölüm 14

14.1 dayanak Finley 1977, s. 148.
14.2 dayanak Camp 1986, s. 37 ve Finley 1977, s.150.
14.3 foto: Alison Frantz Fotographic Collection, American School of Classical Studies at Athens. Reproduced with permission.
14.7 foto: Alison Frantz Fotographic Collection, American School of Classical Studies at Athens. İzin alınarak kullanılmıştır.

Bölüm 15

15.1 dayanak P. Amandry, *Delphi ve its History,* Atina: "Greece—an Archaeological Guide" Editions, 1984, s. 34–35.
15.4 dayanak P. Amandry, *Delphi ve its History,* Atina: "Greece—an Archaeological Guide" Editions, 1984, s. 8–9.
15.6 dayanak B. Ashmole, *Architect ve Sculptor in Classical Greece,* New York: New York University Press, 1972, s. 5.
15.9 dayanak E. Melas (der.) *Temples ve Sanctuaries of Ancient Greece,* Londra: Thames ve Hudson, 1970, s.114 (bu eserin kendisi de F. Adler'in 1894 tarihli bir rekonstrüksiyonudan yararlanmıştır).
15.10 foto: Alison Frantz Fotographic Collection, American School of Classical Studies at Athens. İzin alınarak kullanılmıştır.

Bölüm 16

16.1 dayanak Finley 1977, s. 147.
16.2 dayanak Lawrence 1996, s.108, fig. 159.
16.3 dayanak A. Powell, *Ancient Greece. Cultural Atlas for Young People,*New York ve Oxford: Facts on File 1989, s. 76–77.
16.4 foto: Charles Gates.
16.7 dayanak Bowie ve Thimme 1971, s. 40–41 ve 90.
16.9 foto: Alison Frantz Fotographic Collection, American School of Classical Studies at Athens. İzin alınarak kullanılmıştır.
16.10 foto: Charles Gates.
16.11 foto: Charles Gates.
16.12 iki çizim Wycherley, R. E.; *The Stones of Athens,* s. 242, fig. 68: 3 ve 5. c 1978c Princeton University Press. Princeton University Press'in izniyle basılmıştır.
16.13 dayanak Camp 1986, s. 89, fig. 66.

Bölüm 17

17.2 dayanak Tomlinson 1983, s.42, fig. 5.
17.4 foto: Charles Gates.
17.5 dayanak Finley 1977, s.208.
17.6 foto: Charles Gates.
17.7 dayanak Wycherley 1967, s.131, fig. 37.
17.8 dayanak Rumscheid 1998, s.163, fig. 147.
17.9 dayanak Rumscheid 1998, s.146, fig. 128 ve 129.
17.10 dayanak Rumscheid 1998, s.147, fig. 130.
17.11 dayanak R. A. Tomlinson, *Greek ve Roman Architecture,* Londra: The Trustees of the British Museum, 1995, s. 38, fig. 20.

17.13 dayanak Cohen 1997, s.9–12 ve 88.
17.15 dayanak Jeppesen tarihsiz, arka kapak.

Bölüm 18

18.2 dayanak Dinsmoor 1950, s.230, fi g. 83.
18.3 dayanak Radt 1984, s.74, fig. 38 ve W. Radt, *Pergamon,* Köln: DuMont, 1988, s. 78, fig. 8.
18.5 foto: Charles Gates.
18.6 dayanak Radt 1984, s.39, fig. 3.
18.8 dayanak Holbl 2000: Harita 3.
18.11 dayanak Finley 1977: 170 ve P. Zaphiropoulou, *Delos, Monuments ve Museum,* Atina: Krene Editions, 1983, en sondaki katlanır plan.
18.12 dayanak Bruneau ve Ducat 1983, s.162.
18.13 dayanak Bruneau ve Ducat 1983, s.162.
18.14 dayanak Bruneau ve Ducat 1983, s.169, fig. 42.
18.15 dayanak Bryer ve Winfield 1985, s.88.

Bölüm 19

19.2 dayanak Pedley 1990, s.13, fig. 3 ve s.31, fig. 8 ve Finley 1977, s. 130.
19.3 dayanak Pedley 1990, s.42, fig. 18; s.56, fig. 27 ve s.82, fig. 49.
19.4 foto: Charles Gates.
19.5 dayanak Pedley 1990, s.90, fig. 54.
19.6 dayanak Finley 1977, s.82 ve Wescoat 1989, s. 11, fig. 2a–b.
19.9 dayanak Boethius 1978, s.72, fig. 62 ve R. Bianchi Bandinelli, *Les Etrusques et l'Italie avant Rome,* Paris: Gallimard, 1973, s.364, fig. 418.
19.10 dayanak Bonfante 1986, s.192, fig V-32, no. 6 ve 10.
19.11 dayanak Vitruvius'un tariflerinden yola çıkılarak University of Rome, Istituto di Etruscologia ed Antichita Italiche'de yapılan bir model rekonstrüksiyon (görülebileceği yerlerden biri, M. Stokstad, *Art History,* 2. bas., Upper Saddle River, NJ ve New York: Prentice Hall and Harry N. Abrams, 2002, s.226, fig. 6.3).

Bölüm 20

20.1 dayanak Finley 1977, s.105–106; Paoli 1963, s. 17 ve arkadaki katlanır plan; Scarre 1995, s. 21.
20.2 dayanak Boethius 1978, s.46, fig. 34.
20.3 dayanak Scarre 1995, s.63.
20.4 dayanak Brown 1980, arkadaki katlanır plan.
20.5 dayanak Brown 1980, fig. 68.
20.6 dayanak Brown 1980, fig. 73.

20.7 dayanak Sear 1989, s. 74, fig. 40.
20.8 dayanak Hanfmann 1975, s.130–131, fig. 2; Finley 1977, s.108.
20.9 foto: Conway Library, The Courtauld Institute of Art, Londra. Foto A. F. Kersting.
20.10 foto: Marie-Henriette Gates. İzin alınarak kullanılmıştır.

Bölüm 21

21.2 dayanak Finley 1977, s.108.
21.3 dayanak Ward-Perkins 1981, s. 31, fig. 8.
21.4 foto: Fototeca Unione, American Academy, Rome. İzin alınarak kullanılmıştır.

Bölüm 22

22.1 dayanak Grant 1971, s.25, fig. 2.
22.2 dayanak Finley 1977, s.127.
22.3 dayanak E. La Rocca, M. ve A. de Vos ve F. Coarelli, *Guida archeologica di Pompeii,* Milano: Arnoldo Mondadori, 1976, s. 105.
22.4 dayanak Sear 1989, s.40, fig. 19 ve Paoli 1963, s.222, fig. 30.
22.5 dayanak Paoli 1963, s.55, fig. 12.
22.6 dayanak E. La Rocca, M. ve A. de Vos ve F. Coarelli, *Guida archeologica di Pompeii,* Milano: Arnoldo Mondadori, 1976, s. 269.
22.7 dayanak Grant 1971, s.124.
22.10 dayanak Finley 1977, s. 113.

Bölüm 23

23.1 dayanak Cornell ve Matthews 1982, s.107 ve Scarre 1995, s. 63.
23.2 dayanak Cornell ve Matthews 1982, s. 90 ve 206.
23.3 dayanak Sear 1989, s.98, fig. 53.
23.4 dayanak Museo della Civilta Romana'daki bir model; foto MacDonald 1982, pl. 32.
23.6 dayanak Sear 1982, s.150, fig. 87.
23.7 dayanak Sear 1982, s.173, fig. 100; s.175, fig. 102; s.177, fig. 103 ve s.180, fig. 106.
23.8 foto: Charles Gates.
23.9 foto: Ahmet Keten. İzin alınarak kullanılmıştır.
23.10 dayanak Sear 1982, s.167, fig. 96.
23.11 dayanak MacDonald 1982, pl. 105.
23.12 foto: Charles Gates.
23.15 dayanak gravür Enea Vico (1523–67), tekrar basım R. Bianchi Bandinelli, *Rome: The Center of Power, 500 B.C. to A.D. 200* içinde,

çev. P. Green, New York: George Braziller, 1970, s. 239, fig. 264. Gravürde sarmal yanlışi yazıt ise doğru şekilde gösterilmişti; buradaki çizim en azından sarmalı doğru yönde göstermek için ters döndürülmüştür.

23.18 dayanak Ward-Perkins 1981, s.69, fig. 31.
23.19 dayanak MacDonald 1982, s.pl. 75.
23.20 dayanak MacDonald 1982, pl. 73 ve Sear 1982, s.156, fig. 90.
22.21 foto: Fototeca Unione, American Academy, Roma. İzin alınarak kullanılmıştır.

Bölüm 24

24.1 foto: Charles Gates.
24.2 dayanak Finley 1977, s.212.
24.3 dayanak Scherrer 2000, arkadaki katlanır plan ve Finley 1977, s.212.
24.5 dayanak Finley 1977, s.215 ve M. E. Özgür, *Perge*, 2. bas., İstanbul: NET Turistik Yayınlar, 1989, s. 4.
24.6 foto: c 1998 John Kunstadter, Jr. İzin alınarak kullanılmıştır.
24.7 dayanak M. E. Özgür, *Perge*, 2. bas., İstanbul: NET Turistik Yayınlar, 1989, s. 77, fig. 101.
24.8 dayanak Finley 1977, s.235 ve Browning 1979, s. 46–47 ve 82–83.
24.9 dayanak Ward-Perkins 1981, s.357, fig. 232b ve Browning 1979, s.100, fig. 41.
24.10 foto: Charles Gates.
24.11 dayanak Finley 1977, s.224 ve Browning 1982, s.83, Harita 3.
24.12 foto: Charles Gates.
24.13 dayanak Finley 1977, s.76.
24.14 dayanak Finley 1977, s.54.
24.15 dayanak Finley 1977, s.22 ve "On the Londinium trail," ("Londinium yolunda"), Londra Müzesi'nden, interneten erişilebilen bir harita.
24.16 dayanak Finley 1977, s.43 (sol üst).

Bölüm 25

25.1 dayanak Wilson 1983, s.12, fig. 1.
25.3 dayanak Finley 1977, s.137.
25.4 dayanak rekonstrüksiyon Ernest Hebrard, sık sık kullanılır (örneğin, M. Wheeler, *Roman Art ve Architecture*, Oxford ve New York: Oxford University Press, 1964, s. 145, fig.127).
25.6 dayanak M. Stokstad, *Art History*, 2. bas, Upper Saddle River, NJ ve New York: Prentice Hall and Harry N. Abrams, 2002, s. 284.
25.10 dayanak Krautheimer 1986, s.55, fig. 22.

25.11 dayanak M. Stokstad, *Art History*, 2. bas., Upper Saddle River, NJ ve New York: Prentice Hall and Harry N. Abrams, 2002, s. 297.
25.13 dayanak R. Ousterhout, "The Church of the Holy Sepulchre (in Bologna, Italy)," *Biblical Archaeology Review* 26, sayı :6 (2000), s.24.
25.14 dayanak C. Mango, "Constantinople," A. Kazhdan vd. (der.), *Oxford Dictionary of Byzantium içinde,* Oxford: Oxford University Press, 1991, s. 509.

Dizin

A

M

N

O